KB069472

신교육재정학

윤정일 · 송기창 · 김병주 · 나민주 공저

New Educational Finance

학지사

머/ 리/ 말/

2008년 2월에 서울대학교에서 정년을 하고 민족사관고등학교 교장으로 취임하면서 더 이상 대학 교재를 집필하거나 개정판을 내는 일은 하지 않겠다는 각오를 하였다. 그 이유는 고등학교 운영에 전심전력하고, 후진들이 새로운 시각에서 보다 훌륭한 대학 교재를 출판해 주기를 바라는 마음에서였다. 더욱이 당초에 『교육재정학원론』을 출판하던 출판사가 문을 닫게 되어서 책은 자동으로 절판되었다.

그러나 이 책이 2004년에 개정판을 내놓은 이후 10년이 지나도록 이 분야의 적절한 대학 교재가 출판되지 못하였으며, 교육현장에서 『교육재정학원론』 개정판에 대한 요구가 지속적으로 있어 왔다. 그럼에도 불구하고 저자는 교육재정학자 중에 누군가는 이러한 요구에 부응하여 줄 것으로 믿었으나 별다른 변화가 없었다. 대학에서 교재로 활용할 적절한 교재가 없다는 것은 학문 발전의 저해요인으로 작용할 것이다. 더구나 한국교육재정경제학회를 창립한 주역 3인 중 한 사람인 저자는 이를 그대로 방관할 수 없었다. 한국에서 교육재정학이 발전할 수 있는 기틀을 마련하는 데 일조하겠다는 생각으로 마음을 바꾸어서 『교육재정학원론』의 개정판을 내기로 결심하였다.

10년간이나 수정·보완하는 작업을 하지 않았으므로 대폭적인 개정 작업이 필요하다고 판단하였다. 그러나 이러한 큰 작업을 저자 혼자서 하기는 어렵다고 생각하여, 현재 교육재정경제학회 활동에 적극적으로 참여하여 학회 발전을 선도하고 있는 송기창 교수, 김병주 교수, 나민주 교수와 공동 집필하는 방식으로 전면적인 개편을 하기로 결정하였다.

이 『신교육재정학』은 『교육재정학원론』을 수정·보완하였지만 시대적으로 덜 중요한 장은 과감히 삭제해 버리고 새로운 내용으로 교체하였으며, 나머지 내용들도 최신의 이론과 연구 결과로 보완하고, 정부의 교육재정정책의 변화와 재정 현황의 변화를 반영하는 등 상당히 큰 폭으로 수정 · 보완하였다. 삭제된 내용은 '자립형 사립고교 적정 납입금'과 '업적주의 보수체제'이며, 대신 '사학재정'과 '취학전 교육재정'이 추가되었다.

이 책의 특징은 교육재정의 이론적인 측면과 실제적인 측면을 균형 있게 취급하면서 교육재정학의 학문적 체계를 확립하려고 노력했다는 데 있다. 특히 교육재정학과 가장 근접해 있는 교육경제학에서 다루고 있는 교육의 경제적 측면은 이 책에서 의도적으로 배제하였다. 또한 교육재정학의 속성상 시간이 경과함에 따라 교육재정 관련 통계자료는 시의성을 상실하게 되므로 가능한 한 이러한 자료의 인용을 제한하였다.

이 책이 대학원 석 · 박사과정 강의, 학교장 및 교육전문직 연수, 교육행정 현장 등에서 광범하게 활용되어 교육재정학 발전에 기여할 수 있기를 바란다. 공동저자들이 최선의 노력을 경주하였으나 아직도 미흡한 부분이 많이 있을 것으로 생각한다. 독자 여러분의 관심과 적극적인 도움으로 이 책이 지속적으로 수정 · 보완될 수 있기를 기대한다. 끝으로 이 책의 출판을 흔쾌히 수락해 주신 학지사의 김진환 사장님께 감사를 드린다.

2015년 2월
공동집필자 대표 윤정일

차/ 례/

제 **1** 장

교육의 개념

교육은 인간의 생활에서 가장 중요한 활동 가운데 하나다. 요람에서 무덤에 이르기까지 인간은 서로 가르치고 스스로 배우면서 성장하고, 사회는 교육을 통하여 통합을 이루고 발전한다. 경제와 문화가 발전하는 것도 상당부분 교육의 힘에 의한 것이다. 부존자원이 빈약한 우리나라가 현재의 수준까지 경제를 발전시킬 수 있었던 것도, 앞으로 더욱 높은 수준으로 도약할 수 있느냐 없느냐를 결정하는 것도 바로 교육이라고 본다. 따라서 교육의 중요성은 아무리 강조하여도 지나치다고 할 수 없다.

이와 같이 교육은 개인적 측면과 국가 · 사회적 측면에서 동시에 중요한 의미를 가진다. 교육을 통하여 인간은 계속적으로 성장 · 발달하고, 사회의 일원으로서 제 역할을 할 수 있게 된다. 또한 교육은 곧 국가와 사회 발전의 원동력이라 할 수 있다. 우리 국민의 교육열은 세계 어느 국민의 교육열보다 높으며, 교육에 대하여는 모든 사람이 나름대로의 견해를 가지고 있다.

이 장에서는 교육의 본질적 의미, 교육의 종류와 영역, 그리고 정치 · 경제 · 사회 등 타 부문과의 관계, 교육의 경제적 가치 등을 탐색하여, 다음 장에서 기술하게 될 교육재정의 개념과 영역을 설정하는 데 필요한 기초로 활용하고자 한다.

제1절 교육의 의미

1. 사전적 의미

교육학용어사전[1]에서는 교육을 "인간의 정신적·신체적 성장과 발달을 어떤 이상이나 목적 혹은 어떤 가치기준에 의하여 통제하거나 조력하는 일련의 인위적 과정"이라고 정의하고 부연해서 다음과 같이 설명하고 있다. "자연적 성장이나 우연적 학습은 엄격한 의미의 교육에서는 제외되며, 교육은 적어도 그것을 계획하고 주도하는 사람이나 사회의 의도를 내포하고 있어야 한다. 이와 같은 의도는 직접적·명시적일 수도 있으며, 간접적·암시적일 수도 있고, 또 단기적·미시적일 수도 있으며, 장기적·거시적일 수도 있다. 교육을 계획하고 관리하는 개인이나 사회의 의도가 개재한다는 것은 적어도 가치로운 것을 추구하는 태도나 정열을 수반한다는 것을 뜻하므로 교육은 본질적으로 가치지향성을 특징으로 한다." 또한 이 정의에서는 교육이 지향하는 가치 혹은 가치체제는 그 교육을 계획하고 관리하는 집단이나 사회의 이상 또는 이데올로기와 일치하여야 한다고 하며, 교육을 실시하는 형태에 따라서 학교를 중심으로 실시하는 형식교육과 일정한 계통이나 체계적인 계획 없이 실시하는 비형식교육의 두 가지로 구분하고 있다.

대영백과사전[2]에서는 "교육이란 한 사회의 가치와 축적된 지식을 전수하는 것으로 간주될 수 있으며, 이러한 의미에서 그것은 사회과학자들이 말하는 사회화(socialization)나 문화적응과정(enculturation)에 상응하는 말이다."라고 정의하고 있다. 즉, 교육이란 아무런 문화적 배경 없이 탄생한 어린이로 하여금 문화를

---

1) 서울대학교 교육연구소 편, 교육학용어사전(서울: 하우, 1994), pp. 95~96.
2) http://www.britannica.com/EBchecked/topic/179408/education

배우고, 성인의 방식으로 그의 행동을 도야해서 결과적으로는 사회의 일원으로서 제 역할을 수행할 수 있도록 돕는 것이란 뜻이다. 모든 환경과 활동이 학교이며 교육이고, 모든 성인이 교사라고 할 수 있었던 원시적인 문화에 있어서는 형식적인 학습이 거의 필요 없었다. 그러나 사회가 점차 복잡해짐에 따라서 한 세대로부터 다음 세대로 전달해야 하는 지식의 양이 폭발적으로 증가하기 때문에 문화전수의 방법은 보다 선택적이고 효율적이어야만 했는데, 그 방법이 바로 학교와 교사를 중심으로 한 형식적 교육이라는 것이 이 정의의 요점이다.

한편, 웹스터 사전[3]에서는 교육이란 단어를 다음과 같이 네 가지의 뜻으로 설명하고 있다. 첫째는 기르거나 양육하는 행동 혹은 과정을 의미하며, 둘째는 기관에 의하여 제공되는 학습 · 교수 혹은 훈련의 형식적 과정(過程)이나 과정(課程)을 의미하고, 셋째는 교육에 의하여 획득된 지식 · 기술 · 능력 혹은 성격의 질 전체를 의미하며, 넷째는 형식적 교육에 있어서 교수나 학습의 원칙과 방법에 주로 관심을 두는 학문 연구의 분야를 의미한다.

이상의 세 가지 정의에서 알 수 있는 바와 같이, 교육은 개인의 성장 · 발달을 위한 의도적 활동으로 정의되기도 하고, 문화전달의 활동으로, 또는 교수 · 학습의 형식적 과정으로 정의되기도 한다. 이처럼 교육에 대한 개념 정의가 다양한 것은 교육이라는 현상이 매우 광범하고 복잡하여 각각의 입장과 견해에 따라서 교육에 대한 해석과 설명이 달라지기 때문이다.

2. 교육의 정의

교육의 정의는 교육학자의 수만큼이나 많고 다양하다. 모두가 자신의 교육관과 관심영역에 따라서 달리 정의하고 있는 것이다. 이와 같은 각양각색의 정의를 분류 · 정리해 보면 대체로 기능적 정의, 목적론적 정의, 기술적 정의의 세 가지로 요약할 수 있다.[4]

3) *Webster's Third New International Dictionary*(Chicago: Encyclopaedia Britannica Inc., 1981), p. 723.
4) 정범모, 교육과 교육학(서울: 배영사, 1968), p. 18.

1) 기능적 정의

교육을 기능적 측면에서 정의할 때에는 교육이 다른 무엇의 수단이라고 표현된다. "교육은 사회문화의 계승 및 발전의 수단이다."라고 정의하는 것이 그 대표적인 예다. 따라서 교육을 기능적으로 정의할 때에는 교육이 봉사해야 하는 대상을 정치·경제·사회·문화로 보느냐, 아니면 개인 또는 국가로 보느냐에 따라 서로 다르게 표현될 수 있다.

교육을 기능적으로 정의한 한 가지 예로서 몰먼(Moehlman)의 정의를 보면 다음과 같다.[5] 몰먼은 문화적인 유산의 전달이나 사회적 재생산을 교육이라고 하였으며, 이러한 교육은 교수(teaching)와 학습(learning)으로 표현된다고 하였다. 그는 모든 문화의 기본적인 내용을 의사소통의 기술, 산업의 기술, 사회적 기술, 미적 기술, 지적 기술의 다섯 가지로 규정하고 이와 같은 기술들은 마치 인종이 생물학적 재생산을 통하여 보존되는 것과 같이 사회적 재생산을 통하여 보존되며, 이 과정이 넓은 의미의 교육이라고 설명하고 있다. 다시 말하면, 교육은 어린이로 하여금 자신이 태어난 사회의 행동양식에 동화되도록 훈련시키는 과정이며, 이러한 교육은 사회 기관이 존속하는 한 존재하게 된다는 것이다.

교육을 사회유기체의 생리학적 과정이라고 보고 있는 화이트(White)도 교육을 기능적 측면에서 정의하고 있다. 그의 정의에 의하면 "교육은 사회가 그 자체의 활동을 수행하고, 그 자체의 목표를 추구하기 위하여 사용하는 수단이다. 따라서 평화 시에 사회는 평화를 위하여 교육하지만 국가가 전쟁에 직면하고 있을 때는 전쟁을 위해서 교육한다."[6]는 것이다.

2) 목적론적 정의

교육의 궁극적인 목적이 무엇이냐에 기초를 두고 교육을 정의하는 경우에 해당하는데, 대표적인 예가 "교육은 인간의 자아실현을 위한 활동이다."라고 할 수 있다. 이와 같은 견지에서는 교육을 민주적 인격의 계발과정이라든가 또는 진·

---

5) Arthur B. Moehlman, *School Administration*, 2nd ed.(Boston: Houghton Mifflin Co., 1951), pp. 3~5.
6) Leslie A. White, "Education: America's Magic", *School and Society* 61, pp. 353~354(June 2, 1945), *Ibid.*, p. 6에서 재인용.

선·미·성(眞·善·美·聖)과 같은 어떤 진리와 가치에의 접근과정이라고 정의
할 수도 있다.[7)]

　우리 「교육기본법」 제2조(교육이념)에서는 "교육은 홍익인간의 이념 아래 모
든 국민으로 하여금 인격을 도야하고 자주적 생활능력과 민주시민으로서 필요
한 자질을 갖추게 함으로써 인간다운 삶을 영위하게 하고 민주국가의 발전과 인
류공영의 이상을 실현하는 데에 이바지하게 함"을 목적으로 한다고 규정하여 목
적적인 측면에서 교육을 정의하고 있다.

　교육의 본질은 지·덕·체를 균형 있게 갖춘 인간을 육성하는 것이라고 하는
데 대하여 누구나 동의하고 있다. 그러나 교육을 정의할 때는 많은 경우에 본질
적인 측면만을 강조하지 않고 기능적인 측면도 함께 고려하는 경향이 있는 것 같
다. 특히 교육행정학자나 교육사회학자의 경우에는 일반적으로 개인과 사회, 또
는 목적과 수단의 양면을 조화시키려고 노력한다. 예를 들면, 백현기는 교육을
"인간형성의 과정이며, 사회개조의 수단"이라고 정의한 바 있으며,[8)] 김종철은
"개인의 인격완성 내지 인간형성 작용으로서의 교육과 사회적 기능을 담당하는
사회적 사실로서의 교육은 서로 상관관계에 있다."[9)]는 것을 강조하였다. 이와는
달리 강길수는 교육목적과 방법으로서 교육을 정의하고 있다. 즉, "교육이란 선
(善)과 덕(德)을 가르쳐 배워서 개명(開明)하게 하는 것"이라고 하여 목적과 방법
은 교육에 없어서는 안 될 두 요소라고 하였다.[10)] 따라서 교육은 선·덕만 있고
가르침·배움이 없거나, 반대로 가르침·배움은 있어도 선·덕이 없으면 성립
할 수 없다는 것이다.

3) 기술적 정의

　기술적(記述的) 정의는 일명 조작적 정의(operational definition) 또는 행동과학
적 정의라고도 한다. 그 대표적인 정의는 정범모의 "교육은 인간행동의 계획적
인 변화다."[11)]라고 하는 것이다. 그는 교육에 관한 지금까지의 정의들을 기능적

7) 이수덕 외, 현대교육원리(서울: 교육출판사, 1983), p. 14.
8) 백현기, 신고 교육행정(서울: 을유문화사, 1964), pp. 11~14.
9) 김종철, 교육행정학신강(서울: 세영사, 1985), pp. 22~24.
10) 강길수, "교육행정학의 개념", 교육행정학연구, 제1권 제1호(1983), pp. 5~18.

정의와 목적론적 혹은 규범적 정의로 분류하고, 이러한 정의들은 교육의 어떤 일면에 대한 이해는 도와주지만 그 전반적이고 분석적 · 중핵적인 파악에는 미흡하다고 비판하고 새로운 각도에서 교육을 정의하였다. 그에 따르면, 기술적 정의는 실제적으로 의미 있는 개념들로써 교육을 규정하고 있으며, 교육 속에 포함되는 기본적인 요인을 갖추고 있고, 또 교육인 것과 아닌 것을 명백하게 구별해 주고 있는 것이다.

이 정의의 특징은 '계획적'이라는 요소에 있다. 어떤 행동을 어떻게 변화시키겠다는 의도와 계획이 있는 것만이 교육이라고 규정하고 있다. 무의도적인 교육은 학습이기 때문에 교육의 개념에서 배제한다는 것이 핵심이다. 계획적이라 함은 교육목적과 교육프로그램 내지 교육과정이 있다는 것을 의미하기 때문에 교육목적이나 교육과정이 없는 교육은 교육이라고 할 수 없다고 명백히 규정하고 있다.[12]

3. 교육의 형태

교육은 일반적으로 가정교육 · 학교교육 · 사회교육으로 분류되며, 교육이 학교 내부에서 이루어지느냐 외부에서 이루어지느냐에 따라서 학교교육과 학교외(學校外) 교육으로 구분되기도 한다. 따라서 학교외 교육은 사회교육과 가정교육을 포함한다. 평생교육은 학교교육과 학교외 교육, 즉 가정교육 · 학교교육 · 사회교육을 모두 포함하는 상위의 개념이라고 할 수 있다.[13] [그림 1-1]은 이와 같은 교육형태의 분류를 개념적으로 제시하고 있다. 이 그림에 나타난 교육형태의 각각을 구체적으로 설명하면 다음과 같다.

---

11) 정범모, 전게서, p. 16.

12) 상계서, pp. 22~25.

13) 김종서 외, 평생교육원론, 현노 김종서교수 정년기념집(서울: 교육과학사, 1987), p. 24.

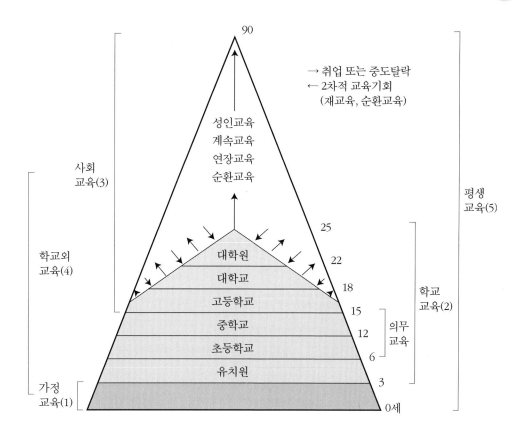

[그림 1-1] 교육형태의 분류

1) 가정교육

넓게 보면, 가정교육은 가정에서 부모가 자녀의 교육을 지도하고 돕는 교육형태를 말한다.[14] 과거에는 가정교육을 좁게 정의하여 출생에서부터 학교에 입학하기 전까지 각 가정에서 이루어지는 교육을 지칭하였으나, 유아교육의 공교육화로 유치원도 학교의 범주에 포함시키게 됨에 따라 이러한 정의는 설득력이 떨어진다. 「유아교육법」 제2조에서는 유아를 "만 3세부터 초등학교 취학 전까지의 어린이"를 말한다고 규정하고 있으므로, 가정교육을 학교입학 전까지의 교육이라고 한다면 가정교육의 대상은 0~2세로 축소된다. 그러나 유치원 교육의 대상 연령인 3~5세에도 다른 연령층과 달리 가정에서의 교육이 보다 중요하다는 점

---

14) 서울대학교 교육연구소 편, 전게서, p. 4.

에서 유아교육과 가정교육은 많이 중첩된다고 볼 수 있다.

인간행동의 기본방향이 만 4~5세 이전에 형성된다는 발달심리학자들의 주장에 따라 가정교육이나 유아교육의 중요성이 크게 인식되고 있다. 가정교육은 부모형제 등의 혈연관계에 의해서 사랑을 중심으로 한 친밀한 인간적 교섭과 일상생활 속에서 자연스럽게 이루어지는 교육으로서 지적인 활동을 중심으로 한 교육이라기보다는 가치관·태도·성격형성 등 정의(情意)의 교육이 주로 베풀어지는 교육이라고 하겠다.[15] 따라서 가정교육은 뒤에서 설명하게 될 무형식교육(informal education)에 속한다고 할 수 있다. 그러나 가정교육은 인간이 일생을 살아가는 데 있어서 필요한 제 요소의 기초를 형성하는 역할을 담당하고 있으므로 어떤 의미에서는 학교교육보다 더 중요한 교육적 기능을 맡고 있다고 볼 수 있다.

2) 학교교육

학교교육은 교육을 의도적·계획적으로 실시하기 위하여 설립된 교육기관인 학교 내에서 실시되는 교육을 말한다. 따라서 3세부터 25세까지의 연령층을 대상으로 실시하는 유치원 교육부터 대학원 교육까지를 총칭한다. 각급 학교는 각각의 교육목적과 교육내용을 가지고 엄격한 제도 속에서 운영되고 있으므로 이를 제도교육 또는 형식적 교육이라고 한다. 형식적 교육이란 용어는 듀이(Dewey)가 학교교육을 Formal Education이라고 규정한 데서 시작된 용어인데, 듀이는 형식적 교육이라는 말을 Informal Education과 대조되는 개념으로 사용하였다.[16]

세계의 어느 나라나 국민으로 하여금 각각의 국민생활에 필요한 기초적인 자질을 함양시키기 위하여 일정한 교육수준까지는 의무교육으로 규정하고 있다. 우리나라의 경우에는 「교육기본법」 제8조 제1항 및 제2항에 모든 국민은 6년의 초등교육과 3년의 중등교육을 받을 권리가 있음을 명시하고 있다. 이와 같은 이유 때문에 앞의 [그림 1-1]에서 취업 또는 중도탈락과 2차적 교육기회가 고등학교 단계에서부터 나타나게 되는 것이다.

---

15) 대한교육연합회, 교육학사전(1965), pp. 892~893.

16) John Dewey, *Democracy and Education: An Introduction to the Philosophy of Education*(New York: Macmillan, 1916).

3) 사회교육

사회교육을 넓게 보면 학교교육을 제외한 모든 형태의 조직적인 교육활동이라고 할 수 있다. 이 정의에 따르면 취학전 교육도 사회교육에 포함된다. 그러나 통상적으로는 가정교육과 학교교육에서 다루지 않는 교육으로서 주로 성인교육·청소년교육·직장교육 등을 그 범주로 삼고 있다.[17] 즉, 사회교육은 학교교육에 의한 교육활동을 제외한 청소년 및 성인에 대한 모든 형태의 조직적인 교육활동을 말하는 것이다.[18] 그러므로 사회교육은 그 대상 및 교육영역에 있어 유아나 정규학교 학생, 가정교육 및 정규학교 교육을 포함하지 아니하며, 교육방식에 있어서도 형식적 교육과 무형식적 교육을 배제한다.[19]

그런데 1999년 9월 1일자로 「사회교육법」이 「평생교육법」으로 전부개정됨에 따라 개념상의 혼동이 있을 소지가 발생하였다. 「평생교육법」 제2조에서는 "평생교육이란 학교의 정규교육과정을 제외한 학력보완교육, 성인 문자해득교육, 직업능력 향상교육, 인문교양교육, 문화예술교육, 시민참여교육 등을 포함하는 모든 형태의 조직적인 교육활동을 말한다."고 규정하고 있다.[20] 이렇게 볼 때 「평생교육법」상에서 규정하고 있는 '평생교육'이라는 개념은 학교외 교육과정인 사회교육을 지칭하는 협의의 평생교육이라고 이해할 수 있다.

사회교육과 유사한 개념들로는 성인교육(adult education), 계속교육(continuing education), 연장교육 또는 추가교육(further education), 순환교육, 재교육 또는 회귀교육(recurrent education), 비정규교육 또는 비형식교육(nonformal education) 등 여러 가지가 있다. 각 용어들이 뜻하는 바는 약간씩 다르나 일반적으로 사회교육을 뜻하는 것이라고 할 수 있다. 또한 지역 및 국가별로 사회교육의 뜻으로 사용하는 용어가 각기 다르다. 예를 들면, 미국·유럽·호주에서는 Adult Education, 동남아 지역에서는 Nonformal Education, 영국에서는 Further Education, OECD에서는 Recurrent Education이라는 용어를 주로 쓰고 있다.[21]

17) 이영덕, "평생교육에 있어서의 학교교육과 사회교육의 방향", 평생교육논단(서울: 정민사, 1981), pp. 49~61.
18) 김종서 외, 전게서, p. 24.
19) 조석호, 최운실, 평생교육 진흥방안(서울: 한국교육개발원, 1986), p. 38.
20) 「평생교육법 개정법률」(일부개정, 법률 제12130호, 2013. 12. 30).
21) 구체적인 설명은 김종서 외, 전게서, pp. 24~27 참조.

4) 학교외 교육

학교외 교육은 학교 밖에서 일어나는 모든 교육활동을 말하므로 여기에는 가정교육과 사회교육이 포함된다. 학교외 교육은 의도성·체계성 등의 정도에 따라 무형식적 교육(informal education)과 비형식적 교육(nonformal education)으로 나누어 볼 수 있다.[22]

무형식적 교육이란 무의도적·자연발생적인 학습 또는 비체계적·비조직적 교육활동을 말하며, 비형식적 교육이란 학교외 교육 중 무형식적인 교육을 제외한 의도적·체계적·조직적인 교육을 말한다. 예를 들면, 대중매체 및 정보제공시설, 클럽 및 자원단체 등에서 벌이는 활동과 내용은 무형식적 교육에 속하고, 소비자교육·인구교육·새마을교육 등과 같은 지역사회개발 및 사회운동, 학교와 대학의 평생교육 등은 비형식적 교육에 속한다고 볼 수 있다.[23]

따라서 의도성·체계성·조직성이 강한 순서로 보면, 형식적 교육 → 비형식적 교육 → 무형식적 교육이라고 할 수 있다. 이렇게 볼 때 가정교육은 무형식적 교육이라고 할 수 있으며, 사회교육의 대부분은 비형식적 교육이라 할 수 있다.

5) 평생교육

평생교육이란 가정교육·학교교육·사회교육을 포괄하는 개념이다. 지식·정보가 폭증하고, 과학·기술이 급속도로 발전함에 따라 생활환경이 급변하는 현대 산업사회에서 계속적으로 가치 있는 생활을 영위하기 위하여 일정기간 동안의 학교교육은 물론 평생을 통한 계속교육이 불가피하게 되었다.

1965년 유네스코 성인교육 발전을 위한 국제위원회에서 랑그랑(Paul Lengrand)이 '요람에서 무덤까지의 교육'이라는 의미로 평생교육[24]이라는 말을 사용한 후 세계 여러 나라에서 이에 대한 관심이 점차 고조되었으며, 특히 우리나라에서는 제5공화국 헌법에 '평생교육의 진흥'을 명문화하였다. 평생교육 개념 도입의 필

---

22) 사회교육이 발전하기 이전에는 학교외 교육을 학교교육(formal education)에 대칭해서 informal education으로 사용하였음. 현재에는 대부분의 학자가 informal education은 무형식적 교육, nonformal education은 비형식적 교육으로 사용하고 있음.

23) Seth Spaulding, "Lifelong Education: A Model for Planning and Research", *Comparative Education*, 1974, 김신일, 교육사회학(서울: 교육과학사, 1993), p. 86에서 재인용.

24) 서울특별시 교육위원회, 평생교육(서울: 서울특별시 교육연구원, 1981), p. 17에서 재인용.

요성에 대한 여러 학자의 주장을 종합해 보면 대체로 다음과 같이 네 가지로 요약할 수 있다.[25]

첫째는 지식·기술의 배증 및 반감기의 단축과 산업·직업구조의 급변이다. 인간의 지식·기술의 총량이 배증하는 기간이 20년에서 10년, 5년으로 단축되는 동시에 지식·기술 총량의 반감기도 동등한 속도로 단축되고 있다. 또한 지식산업이 GNP 중 차지하는 비율이 1965년에 1/3에서 1970년에는 1/2로 증가되고 지식산업이 점차 1차 산업으로 부상하고 있으며, 직종의 수도 산업혁명 당시 400종에서 1974년에는 20만 종으로 증가하였으며, 인간은 평균 12년마다 직종을 바꾸어야 할 만큼 직업 변동이 극심하다.[26]

둘째는 사회·문화의 급변과 그 속에서의 인간소외 현상이다. 사회의 구조와 문화의 빠른 변화는 인간으로 하여금 일생을 부단한 학습의 과정에서 살아가도록 강요하고 있다. 가치관의 변화, 사회규범의 변화, 산업의 기계화, 경제구조의 거대화, 도시화, 핵가족화 등은 개인과 조직 사이에 갈등의식을 심화하고, 인간의 소외의식을 조장하고 공동체의식을 약화시킨다.[27]

셋째는 여가시간의 증대와 인간 평균수명의 연장이다. 산업사회화 과정에서 노동생산성이 증대되고 사회복지정책이 개선됨으로 인하여 여가시간이 현격하게 증가되기 때문에 여가의 선용을 위한 대책이 요청되고 있다. 또한 현대 의학의 발전과 경제생활 여건의 개선에 따른 평균수명의 연장, 그리고 가족제도의 변화는 노령 인구층에 대한 특별정책의 수립을 필요로 한다.[28]

넷째는 교육수요의 증대로 인한 학교교육의 한계성과 교육재정의 한계성이다. 지식·기술의 폭증과 사회·문화·산업·직업구조의 급변은 교육에 대한

25) 윤정일, "평생교육과 교육재정", 유네스코 한국위원회·한국평생교육기구 공편, **평생교육의 기초와 체제**(서울: 법문사, 1983), pp. 269~270.
26) 김종서, "평생교육의 필요와 개념", 교육관리기술, 10월호(1981), pp. 41~43; 김난수, "평생교육의 필요성과 특징", 평생교육의 이념 정립에 관한 연구(서울: 한국교육개발원, 1981), pp. 17~49; 유네스코 한국위원회, 평생교육발전 세미나 보고서(1973), pp. 6~7; 김정흠, "과학·기술발전", 2000년대의 사회발전과 교육, 한국교육개발원 창립 10주년 세미나 보고서(1982), pp. 59~70 등.
27) 김신일, "평생교육의 사회적 측면", 한국지역사회학교 후원회 편, **평생교육논단**(서울: 정민사, 1981), pp. 7~13; 김난수, "상계논문", pp. 17~49; 유네스코 한국위원회, 상게서, pp. 6~7; 김승한, **평생교육입문**(서울: 정민사, 1981), pp. 16~17 등.
28) 김난수, "상계논문", pp. 17~49; 김종서, "전게논문"(1981).

수요를 대폭 증대시켜 학교교육과 이를 위한 교육재정의 한계성을 노출시켰다. 따라서 학습사회 · 교육사회를 지향하는 평생교육체제를 도입하여 모든 개인의 교육수요를 충족하고, 이 체제가 갖는 경제적 효율성으로 교육재정의 부족을 해소할 필요가 있다.[29]

요컨대, 평생교육이 발전하게 된 배경은 지식정보화 사회를 맞아 지식과 기술의 급진적 증가로 드러난 학교교육의 한계성, 고학력사회 · 다양화사회 · 고령화사회의 도래, 산업구조의 변화, 가치관 및 생활양식의 급격한 변화, 여가시간 증대, 인간교육의 필요성 강조, 학습권에 대한 요구 증대, 국제화의 가속화 등으로 정리할 수 있다.[30]

이상과 같이 현대사회가 급격하게 변화하는 데 따른 여러 가지 문제와 급증하는 교육수요를 충족하는 데 필요한 자원의 제약과 형식교육의 한계성을 극복하기 위하여는 현재의 교육체제와는 다른 형태의 교육체제를 도입할 필요가 있다.[31] 학교만이 교육을 독점하지 않고, 사회의 모든 교육역량이 모든 국민의 교육을 위하여 총동원될 수 있는 새로운 교육체제의 필요에 따라 대두된 것이 바로 평생교육인 것이다. 즉, 평생교육이란 문자 그대로 평생을 통한 계속적인 교육을 의미하며, 급변하는 현대사회에 있어서 한편으로는 일정 연령을 대상으로 하는 한정된 기간의 교육으로서의 학교교육과, 다른 한편으로는 조직화되지 못한 비효율적 상태로 방치되어 있는 사회교육의 기능을 다 같이 개편 · 강화하고, 한 사회가 가지고 있는 교육자원을 효율화함으로써 교육역량의 극대화를 지향하려는 노력을 의미하는 것이다.[32]

---

29) 김선양, "한국평생교육의 좌표", 교육관리기술, 10월호(1981), pp. 38~40; 김승한, 전게서, pp. 16~17; 유네스코 한국위원회, 전게서, pp. 6~7 등.

30) 김종서 외, 평생교육개론(개정판)(서울: 교육과학사, 2009), pp. 27~37.

31) 형식교육의 한계성에 대하여는 Ivan Illich, *Deschooling Society*(New York: Harper & Row, 1971); Everett Reimer, *School is Dead*(New York: Doubleday, 1971) 참조.

32) 유네스코 한국위원회, 전게서, p. 6.

제2절 교육과 타 부문의 관계[33)]

1. 국가발전의 한 지표로서의 교육

한 나라가 선진국에 속하느냐 혹은 후진국에 속하느냐를 말할 때 일반적으로 우리는 정치발전이나 경제발전의 수준이 어느 정도인가를 가지고 판단하게 된다. 즉, 정치나 경제가 발전한 국가는 선진국이라고 하고 그렇지 못한 국가는 후진국이라고 한다. 그러나 좀 더 정확하게 국가발전의 수준을 설명하기 위해서는 정치·경제발전은 물론 사회·문화의 발전과 더불어 교육발전의 수준이 어느 정도인가를 알아야 하는 것이다. 다시 말하면 정치·경제·사회·문화·교육이 국가발전의 지표를 구성한다는 것이다.

한 개인의 경우를 보면 물질적으로는 풍요로운 생활을 영위하면서도 정신적으로는 빈곤한 생활을 하는 경우가 있다. 경제적으로는 충분한 부를 축적하고 있으면서도 전혀 교육을 받지 않은 경우가 그 예라고 할 수 있다. 이러한 경우에 그 사람은 물질적으로는 만족할 수 있을지 모르나 정신적으로는 불만을 느끼게 될 것이다. 개인은 교육을 통하여 자신의 목표를 달성하고, 사회·경제적인 지위를 획득하게 되며, 문화생활을 영위할 수 있게 되고, 나아가서는 국가·사회발전에 기여하게 된다. 어떤 의미에서는 교육수준이 개인의 사회적 지위, 경제 및 문화생활의 수준을 종합적으로 설명해 주고 있다고 할 수 있다. 또한 개인에 있어서 무엇을 배워서 안다고 하는 사실은 그것이 생활의 방편으로 활용되든 그렇지 않든 간에 그 자체가 만족을 가져다주는 것이며, 보람된 것이라고 할 수 있다. 따라서 개인에 있어서 교육은 대단히 중요한 의미를 지니고 있는 것이다. 이는 국가와 사회에 있어서도 마찬가지다.

국민의 인간다운 삶을 보장해 주는 것이 곧 국가발전의 목표라고 볼 때, 이러한 국가발전은 물량적인 성장과 더불어 정신적인 가치의 구현에 의해서 가능해

---

33) 이 부분은 윤정일 외, 2000년을 향한 국가장기발전구상 중 교육부문 보고서(서울: 한국교육개발원, 1985), pp. 2~16을 주로 참조하였음.

지는 것이다. 특히 사회구성원의 인간다운 삶의 기회를 더욱 확충하고 그 질적
발전가능성을 최대한으로 실현하도록 돕고, 그런 것을 가능하게 하는 활동에 정
당한 가치를 부여할 때 진정한 의미의 국가발전이 이룩되는 것이다.

교육의 고유한 기능은 모든 개인으로 하여금 자아를 실현하도록 돕는 것이다.
그러나 국가발전을 위한 계획 속에서 일반적으로 정치·경제·사회·문화라는
부문들이 높은 위치를 차지하여 왔으며, 교육은 단지 그러한 부문의 발전을 촉진
시키는 하나의 수단으로 간주되어 왔다.

교육이 타 부문의 발전에 공헌해야 한다는 점에는 의심의 여지가 없다. 그러나
그 기능을 교육의 고유한 기능보다 우선해서는 안 된다. 왜냐하면 교육은 개인의
자아실현과 인격완성을 통하여 타 부문의 발전에 공헌하게 되며, 타 부문 역시
직접·간접으로 교육부문의 발전에 기여해야 하기 때문이다. 즉, 교육과 타 부문
의 관계는 일방적인 관계가 아닌 상보적인 관계이며, 다 같이 국가발전의 수준을
나타내는 주요한 지표인 것이다. 개인의 경우와 마찬가지로 한 나라의 교육발전
수준은 그 나라의 정치·경제·사회·문화발전의 수준을 종합적으로 설명하고
있다고 할 수 있다.

이와 같은 논리의 기본구조는 [그림 1-2]에서 제시하는 바와 같다. 이 그림에

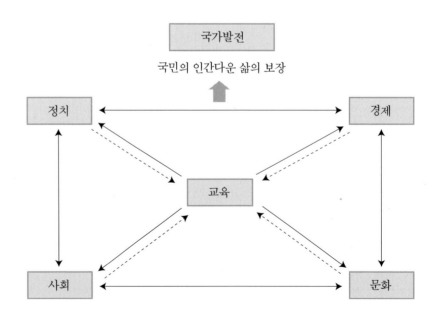

[그림 1-2] 교육과 타 부문의 관계

서 국가발전의 지표들 중에 교육을 중앙에 위치시킨 것은 그 나름의 이유가 있다. 정치·경제·사회·문화발전의 궁극적인 요인은 결국 인간요인으로 귀착되기 때문이다. 모든 부문의 발전을 가능케 하는 요인들 중에서 가장 중요한 요인으로 지적되고 있는 것은 인간의 지식·기술은 물론, 동기·행동·태도·가치인 것이다.[34] 이와 같은 요인들은 교육의 대상이 되고 있으며, 교육을 통하여 획득하고 변화되는 것이다. 따라서 교육은 국가발전의 여러 지표 중에서도 핵심적인 지표라고 할 수 있다.

2. 교육과 정치

교육이 정치로부터 분리·독립하여 정치적 중립성을 유지해야 한다는 주장에 대하여 이의를 제기하는 사람은 없을 것이다.[35] 이는 교육이 정치적 도구로 이용되어서는 안 되며, 교육활동에 대하여 정치로부터의 부당한 간섭과 개입이 있어서도 안 된다는 것을 뜻하는 것이다. 이처럼 교육이 정치와 분리되어야 하는 까닭은 교육은 본질적으로 미래를 대비하는 활동이고, 정치는 현실을 다루는 활동이므로 정치적 변화에 따라 교육의 방향과 목표가 일관성을 유지할 수 없게 되기 때문이다. 또한 정치가의 단기적인 안목이나 특정한 정당의 이해관계는 교육이 그 본래의 기능을 자율적이고 전문적으로 수행하는 데 저해요인으로 작용할 수 있기 때문이다.

그러나 교육과 정치는 전혀 무관한 것은 아니다. 정치로부터 괴리된 교육은 그 실천력을 약화시킬 수도 있으며, 교육정책은 사실상 정치과정을 통해 수립되고 집행되기 때문이다. 또 정치적 불안정은 직간접으로 교육발전을 저해하는 요소로 작용하기도 한다. 교육과 정치체제 간의 연계성은 현재만의 독특한 흥미가 아니고, 플라톤(Plato)과 아리스토텔레스(Aristotle)도 이들 두 사회기관 간의 상호작용에 관해서 관심을 가졌다. 이 관심사는 콜먼(Coleman)[36]이 인용한 학교와 국가

---

34) 고병익 외, 발전론서설(서울: 박영사, 1968), pp. 35~36.

35) 정치로부터의 분리·독립은 엄밀히 말하면 특정한 정당으로부터의 분리·독립임.

36) James S. Coleman, Ed., *Education and Political Development*(Princeton, NJ: Princeton University Press, 1965), p. 6.

에 관한 다음의 상식적인 글 속에 잘 나타나 있다. 즉, "국가가 그러니까 학교도 그렇다."라는 것과 "국가에서 원하는 것이 있다면 그것을 학교 프로그램에 끼워 넣어야 한다."는 것이다.[37)]

과거 70여 년 동안 우리나라는 민주주의를 정치발전의 목표로 삼아 왔지만 아직도 성숙한 단계에 이르지 못하고 있다. 건국 초 한국의 통치 계층은 권력 유지에 급급한 나머지 민주주의라는 구호만 외쳤을 뿐 실제로는 민주주의를 실현시키지 못하였다. 또한 민족중흥을 위한 근대화 정책은 개발과 행정에 중점을 두고 모든 것을 관료적·기계적으로 해결하려는 행정 중심의 사고에 의존함으로써 민의수렴을 중시하는 참다운 민주정치는 유보되어 왔다. 우리의 교육정책이 장기적인 안목과 일관성이 유지되지 못하고 조령모개식을 답습하였던 것도 이러한 정치적인 역기능의 결과였다고 할 수 있다.

한편, 교육은 정치발전에 지대한 영향을 미치고 있다. 정치발전이란 정치적 안정과 국가통합 또는 통합된 국가의식의 형성이라고 할 수 있다.[38)] 아무리 훌륭한 정치제도가 도입된다고 하여도 이것이 전근대적인 사고나 가치관을 가진 사람에 의해서 운영된다면 그 제도는 파행성을 면치 못하게 되며, 또 국민에게 민주적 역량이 결여되어 있다면 그 제도는 왜곡될 수밖에 없다.

정치체제를 유지하는 것과 정치발전에 공헌하는 것으로서 교육은 세 가지의 주요 기능에 이바지하는 것으로 생각되어 왔다. 즉, ① 정치적 사회화를 통해 젊은이들을 국가의 정치풍토에 입문시키는 주요 동인으로서의 기능, ② 정치적 엘리트의 훈련과 선발을 위한 최고의 동인으로서의 기능, ③ 국민의 정치적 의식의 확립과 정치통합에 기여하는 기능이다. 서구식의 개념으로 보면 형식교육이란 이 각각의 기능들이 발생할 수 있도록 해 주는 장치로 간주되고 있다.[39)]

정치적 사회화라는 개념은 일반적으로 "개인이 정치체제의 가치와 규범을 내면화하는 과정"[40)]으로 정의된다. 정치적 가치와 행위를 세대 간에 지속시키는

---

37) Ingemar Fägerlind & Lawrence J. Saha, *Education and National Development: A Comparative Perspective*(Oxford: Pergamon Press, 1983), p. 118.

38) 정범모, 발전의 서장: 교육개혁을 위한 수상(서울: 배영사, 1968), pp. 252~253.

39) Ingemar Fägerlind & Lawrence J. Saha, *op. cit.,*, p. 120.

40) Byron G. Massialas, *Education and the Political System*(Boston: Addison-Wesley, 1969), pp. 20~21.

이런 과정은 분명히 많은 요인에 기인되는데 그중에 가족과 동료집단은 가장 중요한 요인이 되고 있다. 그러나 학교는 제도적인 자율성을 행사할 수 있으므로 이런 정치적 사회화 과정이 일어날 수 있는 최적의 영역으로 간주되어 왔다. 헤스(Hess)와 토니(Torney)는 정치적 사회화와 관련해서 "공립학교는 미국에서 정치적 사회화를 위한 가장 중요하고 효율적인 기관"[41]이라고 진술하고 있다.

교육은 유능한 정치 지도자를 양성·배출함과 동시에 국민들의 정치참여의식을 높임으로써 정치적 안정과 국가 통합에 크게 기여하고 있다. 만일 민의를 존중하는 정치지도자와 민주주의 체제의 우월성에 대한 투철한 신념과 자부심을 가지고 정치과정에 적극적으로 참여하는 시민이 있다면, 정치적 병폐는 존속되기 어려울 것이다.

국가적 차원에서 우리나라가 타개해야 할 가장 큰 정치적 과제는 민주주의의 토착화와 민족화합·민주통일이다. 이러한 정치적인 과제는 일반 국민과 자라나는 세대가 민주주의와 통일에 대한 지식·태도·감정 및 동기 등을 올바로 가질 때 쉽게 달성될 수 있다. 교육은 그 고유한 기능을 통하여 인간적인 특성에 이러한 지식·태도·신념·동기를 부여함으로써 정치발전에 중요한 일익을 담당하게 된다.

3. 교육과 경제

교육과 경제의 관계는 흔히 일방적인 관계만을 논의의 대상으로 삼고 있다. 즉, 교육이 경제발전에 어느 정도 공헌하고 있느냐에 관심을 두고 있지 경제가 교육발전에 얼마나 기여하고 있는가에 대해서는 무관심하다.[42] 교육발전과 경제발전의 관계는 상당히 밀접한 관계에 있기 때문에 어느 것이 선행조건이라고 하기가 매우 힘들다. 그러나 교육투자의 측면에서 보면 1인당 GDP의 성장과 자본의 축적은 교육발전을 위하여 중요한 의의를 지니고 있다고 할 것이다. 왜냐하면 GDP의 증가는 교육투자 능력의 향상을 의미하기 때문이다.

---

41) Robert D. Hess & Judith V. Torney, *The Development of Political Attitudes in Children*(Chicago: Aldine Publishing Co., 1967), p. 200.
42) 경제발전에 대한 교육의 기여도에 대해서는 상당히 많은 연구가 있음.

일반적으로 경제성장과 경제발전이라는 용어는 동의어로 쓰인다. 그러나 어떤 학자들은 성장은 주로 1인당 국민소득의 증가를 의미하고, 발전은 예컨대 기술의 진보와 자연자원의 개발이나 이용과 같은 전체 경제구조의 팽창을 지칭하기 때문에 개념적으로 구별해야 된다고 주장한다.[43] 경제발전의 수준은 1인당 GDP의 증가, 농업에서 공업 분야로 노동력이 이동하는 추세, 에너지 소비의 증가, 자동차나 텔레비전과 같은 첨단 기술의 사용 등으로 나타낼 수 있는데, 하겐(Hagen)은 〈표 1-1〉에서 볼 수 있는 바와 같이 다섯 가지 영역에 걸쳐 경제발전의 열한 가지 지수를 제시하고 있다.[44]

[그림 1-3]은 국민 1인당 GDP와 GDP에 대한 정부재원 투자비율을 통하여 교육발전의 수준을 가늠해 볼 수 있는 모형이다. 여기에서 회귀선 위에 분포한 국가들은 OECD 및 G20 국가 평균 이상으로 교육투자를 하는 국가들이며, 회귀선 아래에 분포한 국가들은 평균 이하의 교육투자를 하는 국가들을 나타낸다. 대체로 GDP 대비 비율 5.5%와 국민 1인당 GDP $30,000를 기준으로 사분면을 구분해 볼 때, I상한은 교육투자능력과 노력이 다 같이 높은 경우를 말하며, III상한은 그 반대의 경우를 말한다. II와 IV상한은 교육투자능력과 노력 중 어느 한쪽만

〈표 1-1〉 하겐의 경제발전 지수

영역별	경제발전 지수
복 지	1. 1인당 국민소득
	2. 인구 1,000명당 의사 수
교 통	3. 인구 1만 명당 자동차 수
	4. 인구 1만 명당 전화 수
	5. 인구 1,000명당 라디오 수
	6. 인구 1,000명당 신문구독자 수
산업화	7. 1인당 에너지 소비량(보통 Kw/h)
	8. 농업과 서비스 분야 이외에 고용된 노동력 비율
도시화	9. 10만 명 이상의 인구를 가진 도시에 거주하는 인구 비율
교 육	10. 문자해득률
	11. 학령인구의 초등학교 취학률

43) Szymon Chodak, *Societal Development*(New York: Oxford University Press, 1973).
44) *Ibid.*, p. 214.

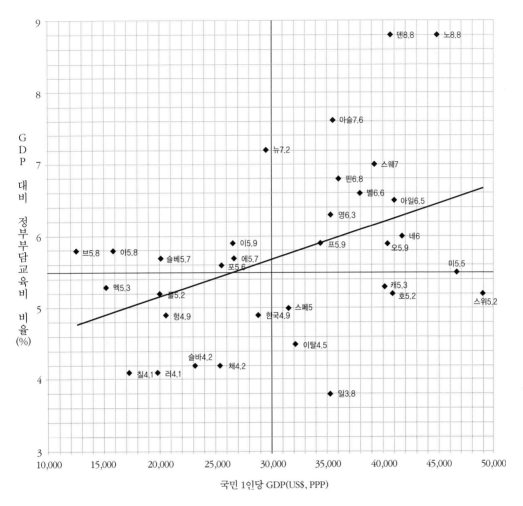

[그림 1-3] OECD 및 G20 국가들의 국민 1인당 GDP와 GDP 대비 정부재원 교육투자 비율(2010)
자료: 한국교육개발원, OECD 교육지표(2013).

높고 다른 한쪽은 낮은 경우를 말한다. 따라서 교육재정 면에 있어서 I상한은 교육투자능력과 투자율이 높은 국가라고 할 수 있으며, II상한은 능력에 비하여 높은 투자를 하는 국가, III상한은 능력도 낮고 투자율도 낮은 국가, IV상한은 능력에 비하여 투자율이 낮은 국가라고 할 수 있다.

우리나라의 경우, III상한과 IV상한을 구분하는 경계선 상에 있지만, 아직도 III상한을 벗어나지 못한, 능력도 낮고 투자도 낮은 국가에 속한 것을 알 수 있다. 이는 국가의 경제적 능력에 비해 정부의 교육에 대한 투자는 매우 후진적인 구조를 이루고 있다는 것을 의미한다.

1인당 GDP와 GDP에 대한 교육투자율 간의 관계를 밝히고 있는 한 연구에서는 1인당 GDP가 높은 국가일수록 교육투자율이 높고, 1인당 GDP가 낮은 국가일수록 교육투자율이 낮다고 하는 사실을 제시하고 있다.[45] 따라서 경제발전의 수준은 교육투자의 수준을 어느 정도 결정하고 있다고 하겠다.

우리나라의 경우에는 오랫동안 경제우위의 정책이 지속됨으로 인하여 경제가 교육발전을 촉진시키기보다는 지체시켰다고 볼 수 있다. 특히 1972년에 경제의 지속적 발전과 국민생활의 안정을 위한 8 · 3 긴급조치는 사채의 동결과 함께 지방교육재정교부금의 법정교부율의 효력을 정지시키는 등 긴축 · 비상재정 정책을 취하게 하였다. 이로 인하여 지방교육재정교부금은 1982년에 「교부금법」이 개정되기까지 막대한 손실을 보았다. 이때 우리 교육이 받은 영향의 여파는 상당 기간 회복되지 못하였다. 이 시점에서 다시 한 번 상기해 보아야 할 것은 8 · 3 긴급조치처럼 경제문제 해결을 위하여 교육예산을 삭감해서는 안 된다는 점이다.

경제발전의 목표는 국민경제의 양적 규모의 확대와 질적 구조의 변화를 통해서 국민의 물질적 생활수준을 향상시키는 데 있다. 이러한 목표는 인적 요소의 뒷받침 없이 경제내적 요인만으로는 달성될 수 없다. 즉, 아무리 풍부한 자원을 가지고 있고 훌륭한 정책이 수립된다고 하여도 그것을 효율적으로 추진할 수 있는 인력자원이 뒷받침되지 않으면 경제발전의 목표는 달성될 수 없는 것이다. 교육이 경제발전에 크게 기여하고 있다는 사실은 많은 연구에서 밝혀지고 있을 뿐만 아니라 우리의 경제가 이를 입증하고 있다.[46] 지난날 우리의 경제가 경제 내적으로는 불리한 조건에 처해 있으면서도 풍부하고 잘 훈련된 인적자원을 동원함으로써 세계의 주목을 끌 정도로 경이적인 발전을 이룩하였다. 우리 교육은 과거 70여 년 동안 경제발전을 추진하는 데 필요한 인력을 효율적으로 양성 · 공급함으로써 성공적인 경제발전을 이룩하는 원동력이 되었던 것이다.

---

45) 윤정일, 박종렬, 교육재정의 현황과 문제: 교육비 분석 연구(서울: 한국교육개발원, 1978), p. 76.

46) Theodore W. Schultz, "Education and Economic Growth", in Nelson B. Henry, Ed., *Social Force Influencing American Education*(Chicago: University of Chicago Press, 1961), pp. 46~88; Edward F. Denison, *The Source of Economic Growth in the United States and the Alternatives Before Us*(New York: Committee for Economic Development, 1962).

4. 교육과 사회

최근에 와서 경제발전은 발전정책의 유일한 목표라는 관점으로부터 인간의 사회적 여건의 향상을 강조하는 관점 쪽으로 급격한 변화가 있어 왔다. 후자의 목적은 때때로 인간의 기본적인 욕구의 충족이라는 말로 표현되고 있다.

사회발전이란 삶의 질적인 향상 혹은 인간의 기본적인 욕구를 충족하는 데에 기여하는 근대화의 과정이라고 할 수 있다. 사회는 근대화된 정도에 따라서 분류할 수 있음에도 불구하고 근대화라는 용어의 개념은 대단히 애매모호하다. 어떤 학자들은 근대화를 서구적인 의미에서의 공업화라는 개념으로 정의하고 있으며, 또 일부 학자는 환경을 정복하기 위해 인간의 합리성과 지식이 최대한으로 활용되는 것으로, 혹은 도덕적 · 사회적 · 개인적 선택의 증가로 정의하고 있다. 무어(Moore)는 근대화 과정을 기본적으로 더 합리적으로 변해 가는 과정으로 간주하고 있다. 즉, 근대사회란 특별한 기술이나 제도에 의해 규정되는 것이 아니라 오히려 의사결정 유형이나 사고방식에 따라 특징이 결정된다고 주장한다.[47] 그러나 일반적으로 근대화의 보편적인 개념의 기본 방향은 서구적이고 자본주의적이며 도시적이어서 그것의 실제적인 작업은 서구적 · 자본주의적 · 도시적 유형의 발전을 촉진시킨다.

사회가 근대화되어 폐쇄적 사회이동체제로부터 개방적인 사회이동체제로 전환되면, 교육기회도 개방되어 능력 있는 국민은 누구나 원하는 만큼의 학문과 인격을 도야할 수 있게 된다. 개방사회는 업적 위주의 성향을 갖고, 학교는 이러한 업적을 축적시킬 수 있는 실질적인 기관으로 기대되기 때문에 교육에 대한 욕구가 높아지게 된다. 근대화는 높은 문자해득률과 다양한 지식 · 기술을 요구하게 되므로 의무교육의 확장과 대학의 설치 등 교육팽창에 대한 압력을 증가시킨다.

해방과 더불어 서구사회의 과학적 합리성 · 보편성 · 업적성 · 개인주의 등이 점차 유입되어 우리 생활의 여러 측면에 영향을 주기 시작하였다. 서구화 물결은 한국의 전통적인 사회구조 및 대인관계의 형태와 혼합되어 이중의식구조를 형성시켰다. 즉, 형식과 명분은 근대화되었으나 그 내용과 행동은 전근대적 상태에

---

47) Wilbert E. Moore, *World Modernization: The Limits of Convergence*(New York: Elsevier Press, 1979).

머물러 있다. 교육도 이러한 의식구조의 영향으로 발전을 저해받아 왔다. 흔히 '한국인의 높은 교육열'이라고 불리는 열풍은 교육의 본질적인 과업과는 동떨어진 방향으로 교육을 오도하였다. 또한 부모의 전근대적인 자녀관이 우리 교육을 왜곡시키고 있다. 부모는 자식을 교육하여 출세시키는 것을 도리로 여기고 있고, 자녀는 그 기대에 부응하는 것을 효도로 여기고 있다. 이러한 규범화된 공생적 의존관계에 따라 대부분의 부모는 자녀의 적성과 흥미를 무시한 채 자녀를 자신의 분신으로 여기며 그들의 야심을 성취시키려고 하고 있으며, 자녀들은 부모들의 기대를 충족하기 위하여 어쩔 수 없이 노력하고 있는 것이다.

사회발전은 앞에서 말한 바와 같이 그 사회 구성원의 인간적인 삶이 풍요롭게 변화되는 것을 말하는데 이러한 사회적 변화는 외형적인 제도의 도입과 개혁만으로 이루어지는 것이 아니다. 사회 구성원의 신념·태도·가치관 등의 질적인 향상이 수반되어야 사회가 발전되고 근대화되었다고 할 수 있기 때문이다. 교육은 사회의 근대화를 위하여 전근대적인 의식구조와 가치관의 혼란 등을 극복하고 새로운 사회구조에 적합한 의식구조와 가치관을 확립하고 내면화하는 가장 강력한 수단이 되고 있다. 또한 교육은 사회적 이동을 가능하게 하는 사회적으로 가치가 주어진 자원(예를 들면, 직업적 지위, 경제적 보상, 명예, 사회적 위신 등)을 획득하는 데 중요한 역할을 수행하고 있다. 즉, 교육은 교육제도의 합리적인 운용과 교육기회의 균등배분을 통하여 모든 국민이 각자의 능력과 적성에 적합한 사회적 이동이 가능토록 하고 있다. 더욱이 사회발전과 관련하여 학교는 학생들에게 일반사회에서 체험할 수 없는 것들, 즉 인간존중 의식, 수평적 인간관계, 공과 사의 구분, 공동체 의식, 인간관계의 친밀성을 경험하도록 하여 그것의 효과가 사회 전반에 파급되도록 하고 있다.

5. 교육과 문화

교육의 전통적인 목표는 문화를 전수하는 것이며, 과거와 현재를 보존하고, 지력을 개발하는 것이다. 그러나 이것만으로는 불충분하다. 상황이 변화하면, 과거의 지식은 쓸모없게 되며 부적절하게 된다. 교육은 단지 지식을 제공하고 과거와 현재를 이해하는 것만이 아니라 사람들로 하여금 미래를 준비하도록 해야 한다.

따라서 어떤 사람들은 사람들에게 학습하는 방법을 가르치는 것이 교육이라고 말하고 있다.[48] 이러한 의미에서 보면 교육은 단순히 기존의 문화를 성장세대에게 전수하는 기능만을 수행하는 것이 아니라 성장세대 스스로가 새로운 문화를 창달하도록 돕는 역할을 수행해야 한다는 것을 알 수 있다.

　문화란 인간이 오랜 세월을 두고 살아온 삶의 경험들 속에서 창조, 누적된 관습, 신념, 지식, 기술, 예술 등을 포괄하는 경험의 복합체로서 교육과 밀접한 관계를 맺고 있다. 문화가 발전한 국가는 교육내용이 풍부하게 되고, 교육이 발전한 국가는 훌륭한 문화를 계승・발전시키게 된다. 따라서 한 국가의 문화수준은 그 국가의 교육수준과 비례한다고 할 수 있다.

　우리나라는 지정학적으로 다양한 미래문화와 접촉할 수 있는 좋은 위치에 놓여 있다. 동서문화가 자연적으로 교차하고, 대륙문화와 해양문화, 자본주의 문화와 사회주의 문화가 접하는 곳에 위치하고 있다. 따라서 우리나라는 다양한 특성을 고루 갖춘 고유한 문화를 창조・발전시킬 수 있는 최적의 조건을 구비하고 있다고 할 수 있다. 그러나 반대로 우리에게 주체의식이 결여되어 있을 경우에는 자신의 고유한 문화를 보존・창달하기보다는 외래문화의 지배를 받게 될 가능성도 큰 것이다. 역사적으로 보면 긍정적인 측면보다는 부정적인 측면이 더 많았다고 할 수 있다.

　강대국들의 정치적 지배가 교차함에 따라 우리는 다양한 외래문화를 충격적・비연속적으로 경험하였을 뿐 이를 제대로 소화시키고 조화시키지 못하여 오히려 문화적 갈등과 혼란만을 경험하게 되었다. 더욱이 근래에는 서구 문물은 무조건 우리의 것보다 좋다는 그릇된 생각 때문에 이를 무비판적・맹목적으로 받아들이고 흠모하는 폐습까지 생기게 되었다. 예를 들면, 일부에서 일고 있는 외제선호사상과 전통적인 의・식・주에 관한 풍습, 예의범절을 서구의 것으로 대치시키면 근대화되고 상류시민이 된 것으로 착각하는 태도가 바로 그것이다. 가치판단의 기준을 우리의 것에 두지 않고 외국의 것에 둔다고 하는 것은 문화적 주체의식의 결여를 나타내는 것이다. 그렇다고 하여 외래문화에 대한 편협한 폐쇄주의나 과거 지향적 복고주의를 견지해야 한다는 것은 아니다. 전통문화와 외

---

48) C. H. Patterson, *Humanistic Education*(Englewood Cliffs, NJ: Prentice-Hall Inc., 1973), p. 20.

래문화를 대비시켜 놓고 무조건 우리의 것을 높이 평가하고 외래의 것을 배척하는 것은 문화의 맹목적 이입 못지않게 위험하기 때문이다.

교육의 발전을 위하여 원숙하고 안정된 문화가 뒷받침되어야 한다. 교육의 내용이 되는 문화 자체가 혼미하거나 저질일 경우에는 교육도 갈등과 불안 때문에 다음 세대에게 격조 높은 공통문화를 전달하기보다는 저질문화를 전달하게 되고 새로운 문화를 창달하기보다는 외래문화를 모방하는 데 급급하게 된다. 즉, 한국인의 긍지를 심는 교육이 되기보다는 외국인을 모방하는 교육으로 전락하게 된다. 이와 같은 교육은 외래문화의 맹목적인 유입에 대한 비판이 고조됨과 동시에 문화의 주체성에 대한 요구가 고조되기 시작한 최근에서야 지양될 움직임을 보이기 시작했다.

미래에 우리가 성취해야 할 바람직한 문화의 모습은 주체적이고 창조성 있는 수준 높은 대중문화를 창조하고 향유하는 것이다. 문화의 주체성과 독창성은 외래문화를 우리의 체질과 역사성에 맞도록 재창조하여 나름대로의 고유한 특성을 갖게 될 때 비로소 달성될 수 있는 것이다. 국가 간 경계와 장벽이 의미를 잃고 있는 지구촌에서 우리는 세계문화에 문호를 개방하고 자체적인 수용태세를 갖추어야 한다. 동시에 우리 문화는 고유성과 독자성을 견지하면서 세계문화의 다양화에 공헌하여야 한다. 이러한 상황에서 교육은 국민으로 하여금 이와 같은 문화발전을 촉진하고 보존할 수 있는 능력과 자질을 구비하도록 도와줌으로써 그 역할을 다할 수 있는 것이다.

문화는 그것을 접하는 사람들의 성격과 태도에 따라 전혀 다른 의미를 갖기도 한다. 개방성 · 주체성 · 창조성 · 비판의식이 결여된 대중을 가진 사회에서는 문화가 단순히 전달될 수는 있지만 발전될 수는 없다. 교육은 사회화 과정에서 쉽게 습득할 수 없는 이러한 기초적인 자질과 성격을 계발시킴으로써 문화발전에 기여하게 된다. 따라서 우리 교육은 한반도의 지정학적 여건을 백분 활용하여 좀 더 다양하고 풍부한 문화를 창조하고 보존함으로써 문화발전을 촉진시켜야 한다.

제3절 교육의 경제적 가치

그동안 교육계에는 교육의 경제적 가치를 논의하는 것이 교육의 가치를 왜소하게 만든다는 인식이 보편화되어 있었다. 교육은 비용이나 수익으로 측정할 수 있는 것이 아니며 경제적 계산을 초월한 그 무엇이라는 것, 또 교육을 투자로서 다루는 것은 교육을 물질적인 것으로 생각하는 한계를 가진다는 것 등이 그것이다.

그러나 교육활동 속에 포함되어 있는 경제적 성격은 전통적으로 교육이나 대학의 연구활동이 지니고 있어야 하는 것으로 여겨져 왔던 가치를 오히려 상승시켜 줄 것이라는 인식이 확산되고 있다. 이제 교육학자가 하든 경제학자가 하든 교육의 경제적 가치를 논의하는 것은 여러 가지 측면에서 매우 중요하고 필요한 일이다.

1. 투자대상으로서의 교육

교육은 사회 · 문화 · 정치 · 경제의 제 측면에서 유용한 가치를 가지는 것으로 정의되어 왔다. 즉, 교육은 '사회, 문화의 계승 및 발전의 수단이다.' '국가 경제 발전의 수단이다.' 등이 그것이다. 교육받은 개개인의 성장이라는 내재적 가치를 보다 중시하는 입장에서 볼 때 이들 정의는 다소 부정적이며 부차적인 것으로 취급되는 경향이 있었다. 하지만 모든 교육은 어떤 방식으로든 일정한 비용을 요구하는 중요한 투자대상이라는 것을 간과할 수 없다.

우리나라에서는 교육에 대한 투자가 다른 어떤 대안적인 투자 기회보다 더 매력적인 투자 기회로 오랫동안 지속되어 왔다. 우리나라는 세계 어느 나라에서보다도 개인의 소득이나 사회적 지위 획득에 교육 수준 또는 학력이 막대한 영향을 주어 왔다. 예로부터 '교육은 많이 받을수록 좋다.'와 같은 막연한 기대, 즉 높은 수익에 대한 기대가 우리 사회에 만연해 있었다. 이 같은 생각은 '사람은 배워야 한다.'라든가 '배운 사람은 뭐가 달라도 다르다.'와 같은 통상적인 말들 속에도 반영되어 있다. 즉, 사람은 학교교육을 통해서 보다 가치 있는 존재가 된다고 믿는 것이다. 사회의 지배 계층으로 군림해 오던 양반의 전유물인 교육은 높은 지위의 상징이 되었고, 이러한 사고는 현재까지도 남아서 그 자체가 높은 지위의 상징으로 이용되기 때문에 고등교육은 사회적 위신 혹은 체면과 직결된 것으로 생각되어 막연하지만 강력한 교육 수요로 나타난다.[49]

교육을 하나의 투자 대상으로 간주하는 경제학적 시각에서 볼 때, 모든 투자는 궁극적으로 개인의 선택에 달려 있다. 인간이 미래의 경제적 유인에 대하여 합리적인 기대를 가지고 반응할 것이라는 교육경제학의 기본 가정을 상기할 때, 개인의 교육에 대한 수요는 교육 투자에 대한 수익을 기대할 수 있을 때만 발생하는 것이라고 할 수 있다. 즉, 개인은 교육으로 인하여 기대되는 수익이 교육 비용을 초과하고, 그 수익이 다른 대안들의 기대 수익에 비해 충분히 큰 차이를 나타낼 때에만 교육을 선택할 것이다.

최근 들어 교육이 경쟁력 있는 노동인력과 지식의 생산에 봉사할 수 있어야 한다는 주장이 교육 이슈의 전면에 부각되기 시작하였다. 교육도 교육시장에서 거래되는 상품의 하나로 보고 교육 수혜자의 선택 권한이 중시되기 시작한 것이다. 학생이나 학부모가 학교교육이 맘에 들지 않으면 그 학교를 그만두고 다른 학교를 선택할 수 있어야 한다는 권한이 강조되면서 '재택교육(home-schooling)'까지도 교육제도 속에 포함되어야 한다는 주장이 등장한 것이다.[50]

경제에서 생산되는 다른 재화나 용역과 마찬가지로 교육이 이루어지기 위해서는 개인적으로든 사회적으로든 희소한 자원의 배분과정을 거칠 수밖에 없다. 따라서 개인이나 사회의 합리적인 교육적 선택에 도움을 줄 수 있도록 보다 분명한 정보를 제공할 필요가 있다. 경제적 측면에서 교육의 가치는 교육활동에 대한 개인의 선택에 유용한 자료로서 활용될 수 있을 것이다.

2. 교육의 수익

교육을 받아 얻게 되는 수익이 무엇인가를 논의할 때 그 토대가 되는 것은 인

---

49) 김동빈, "고등교육의 수익에 대한 수요자의 기대 분석", 서울대학교 대학원 석사학위논문(1997), pp. 22~23.

50) 천세영, "신자유주의 정책과 교육의 공공성 문제", 한국교육연구소 · 부산교육연구소 · 광주교육연구소, 신자유주의 정책과 교육, 교육정책 세미나 자료집(1998), p. 36.

적자본론이다. 인적자본론에서 볼 때 교육은 인적자본에 대한 투자 행위 가운데 가장 중요한 위치를 차지하고 있다. 인적자본론자들은 사람이 교육을 통해 자신의 소득 수준을 크게 향상시킬 수 있다고 주장한다. 즉, 교육에 따른 직간접 비용을 공제하고 상이한 가정 배경과 능력의 영향을 통제한 후에도 교육은 경제적으로 가치 있는 투자 활동이라는 것이다. 특히 개발도상국으로 갈수록 교육에 따른 소득의 증가는 더욱 현저해지며, 거의 모든 사회에서 교육수준이 상대적으로 높은 사람들의 소득은 늘 평균을 상회하는 것으로 나타났다.

　제도교육은 사회적 가치를 제공하며, 사회적 가치에는 경제적 가치 이외의 무수한 가치가 포함됨에도 불구하고 경제적 입장에 터한 기존의 연구들 대부분은 교육을 투자로 보고 교육받은 이후의 소득에 대한 직접적 효과인 금전적 수익을 교육에 대한 투자 결정의 가장 중요한 변수로 보았다. 그러나 교육의 수익은 사적 수익과 사회적 수익, 직접적 수익과 간접적 수익, 금전적 수익과 비금전적 수익, 투자재적 수익과 소비재적 수익 등으로 세분할 수 있으며 수익률로 계산되는 금전적 수익은 교육으로부터 얻을 수 있는 다양한 수익의 일부일 뿐이다. 더욱이 수익률 분석은 금전적 수익 중에서도 생애 임금만을 경제적 수익으로 고려하여 교육의 경제적 가치를 측정함으로써 교육의 수익을 금전적 수익, 더 나아가 생애 임금만으로 한정하는 편협함을 내재적으로 지닌다. 이러한 제한점은 앞으로 극복되어야 할 중요한 과제다.

　머렛(Merrett)은 수익률 연구의 한계를 지적하면서, 특히 교육이 여가 활동의 질을 변화시킨다는 것을 간과했다는 점을 들어 인적자본론의 협소함을 주장하였다. 머렛 이외에도 많은 연구에서 경제적 활동의 목표는 생존의 유지 그 자체만이 아니라 여가를 창출하는 데에 있다고 보았고, 교육이 바로 여가를 향유하는 최선의 생활 모습으로 인식되기도 하였다.

　와이스브로드(Weisbrod)는 교육의 개인적 측면의 수익을 제시하고 있는데, ① 재정적 수익(direct financial returns), ② 재정적 선택 수익(financial option returns), ③ 비재정적 선택 수익(non-financial option returns), ④ 새로운 직종 선택 수익(hedging option returns), ⑤ 비시장적 수익(non-market returns) 등이 그것이다.

　이상과 같이 교육으로부터 기대할 수 있는 수익은 다양한데, 연구자에 따라서 직접적 수익과 간접적 수익, 금전적 수익과 비금전적 수익, 사적 수익과 사회적 수익, 투자재적 수익과 소비재적 수익 등으로 각기 다르게 분류하여 설명하고 있다. 그러나 이러한 분류 기준은 상호 배타적이기보다는 임의적이므로 개념의 상호 중복이 나타날 수 있다.[51]

1) 직접적 수익과 간접적 수익

마샬(Marshall)은 직접적 수익과 간접적 수익 간의 차이를 다음과 같이 설명하였다.[52]

"교육받은 사람이 그렇지 않은 사람보다 효율적으로 일을 한다는 것이 사실이지만 이러한 수익은 사실 교육으로부터 얻을 수 있는 수익의 아주 일부다. 좋은 교육이라면 보통 사람에게도 엄청난 간접적 수익을 가져오는데, 정신 활동을 자극하고 지적인 호기심을 가지는 습관을 자극하며, 좀 더 지적이고 믿음직하게 자신의 일을 할 수 있도록 하며, 자신에게 주어지는 시간을 효과적으로 활용할 수 있게 한다. 또한 교육은 개인의 잠재적 재능을 발견시켜 줌으로써(그렇지 않다면 모르는 채로 묻혀 있었을) 사회적 이동을 가능하게 한다."

결국 교육은 물질적 부를 가져오는 직접적 수단일 뿐만 아니라 그 자체가 또한 목적일 수 있으며, 간접적 수익 역시 물질적인 부에 비해 결코 그 중요성이 경미하지 않다.

2) 투자재적 수익과 소비재적 수익

투자란 미래에 발생할 수익을 기대하며 현재 비용을 지출하는 행위다. 그러므로 교육의 투자적 수익이란 교육을 받음으로써 미래 또는 장기적으로 만족을 얻게 되는 것을 뜻한다. 교육이 주는 투자재적 수익 중 가장 큰 부분은 노동력의 향상을 통한 경제적인 수익이다. 인적자본론의 관점에서 보면, 교육투자는 인간이라는 자본에 대한 투자로서 생산성의 증가를 통한 충분한 소득의 증가를 기대함으로써 이루어진다. 문화, 역사, 사회적 요인으로 인하여 학력주의가 뿌리 깊은 우리나라에서는 고등교육을 받음으로써 소득이 높아져 경제적 지위가 상승하는

---

51) 이하의 구분은 김동빈, "전게논문"을 주로 참조함.
52) Elchanan Cohn & Terry G. Geske, *The Economics of Education*, 3rd ed.(Pergamon Press, 1990), p. 19.

것 이외에도 사회적 지위가 상승하는 등, 고등교육은 사회 이동의 통로로서 중요한 구실을 해 왔다. 경제·사회적 지위 향상을 기대하여 고등교육을 받는다고 한다면 이는 명백한 투자 행위일 것이며, 이러한 수익들은 우리나라 고등교육이 제공하는 수익 중 매우 큰 비중을 차지할 것이다.

소비로서의 교육은 그것이 현재 또는 미래에 일시적인 만족을 얻게 하는 경우이다. 미래에 발생하는 수익까지 기다리지 않아도 학교교육은 현재 수익을 제공한다는 것이다. 예를 들면, 학교에 다니면서 참여하는 다양한 프로그램이나 활동, 서클 활동, 학과 MT, 학교 축제, 미팅 등의 행위를 통하여 얻는 효용이 바로 소비재적 수익이라고 할 수 있다. 교육을 받는 것은 다른 어느 대체적 활동보다 유익하고 즐거운 일이 될 수 있으며, 많은 사람은 교육을 통해 발생되는 현재의 효용을 그저 즐기고 있다고 할 수 있다. 교육이 주는 소비재적인 수익은 특히 고등교육으로 갈수록 많이 나타나, 고등교육이 주는 수익 중에는 직접적인 소비로부터 얻는 수익이 상당히 큰 부분을 차지하게 된다. 특히 보웬(Bowen)은 대학 재학기간은 "자기 인생에서 가장 좋은 때"라고 말함으로써 대학교육의 소비재적 측면을 명료하게 표현하였다.[53]

교육은 단순히 투자 행위로만 볼 수 없는 소비재적인 측면을 가지고 있다. 국가적으로 볼 때는 일반 국민의 소득 수준이 낮은 개발도상국의 경우에는 물질적 보상이 없는 행위를 장기간 계속하리라고 볼 수 없기 때문에 교육의 투자재적 성격이 강하지만 선진국이 될수록 소비재적 성향이 강해질 것이며,[54] 개인적으로 볼 때 가계의 소득이 높아짐에 따라 교육에 대한 소비재적 성격의 수요 또한 증대될 것이다.[55]

53) W. G. Bowen, "Assessing the Economic Contribution of Education: An Appraisal of Alternative Approaches", *Higher Education*, Report of the Committee under the Chairmanship of Lord Robbins, Report: 961-63(London: H. M. S. O., 1963), pp. 73~96.
54) 유일선, "교육의 경제적 효과에 대한 이론적 분석", 서울대학교 대학원 박사학위논문(1995).
55) Robert Campbell & Barry N. Siegel, "The demand of higher education in the United States, 1919~1964", *American Economic Review*, 57(1967), pp. 482~484.

3) 사적 수익과 사회적 수익

교육의 사적(私的) 수익이란 교육을 통하여 교육받은 개인이 얻게 되는 금전적 · 비금전적 수익을 통칭하는 개념이다. 반면, 교육의 사회적 수익은 교육이 소비와 투자를 통하여 교육받은 학생에게만 수익을 주는 것이 아니라 외부 효과 (external effects or third party effects)를 통하여 교육 수익의 범위를 넓혀 주고 있다는 것을 의미한다. 학생에 대한 교육이 이웃과 그의 가족, 사회 전체에 이익을 주고 있기 때문에, 즉 교육이 사회적 수익을 발생시키고 있기 때문에 정부에서는 교육시장을 간섭하고 있는 것이다.[56]

외부 효과 중 주요한 몇 가지 예를 들면, 교육받은 자의 행동은 교육을 받지 않은 자보다 사회적 규범에 비추어 보다 건전하고, 어린이를 학교에 보냄으로써 어머니는 취업을 하여 수익을 올릴 수 있으며, 생산성을 향상시킴으로써 고용자와 피고용자에게 동등한 수익을 발생시키고, 범죄발생률을 감소시켜 치안 유지비 등을 축소시키는 수익을 가져온다.

키라스(Kiras) 등은 교육투자로부터 발생하는 사적 수익과 사회적 수익을 다음과 같이 열 가지로 나누어 설명한 바 있다.[57] 우선 사적 수익으로는 개인의 소득 증대, 개인의 소비적 수익, 새로운 환경 · 직업 · 직업기회에 대한 적응력 향상 등을 들었다. 또 사회적 수익으로는 경제성장을 위한 인력 공급, 사회의 생산성 증대, 교육수준의 향상에 의하여 발생하는 발명과 혁신, 보다 훌륭한 시민정신, 세대 간의 효과, 타인에 대한 외부 효과, 교육체제에 의한 재능의 발견과 계발 등을 들었다.

4) 금전적 수익과 비금전적 수익

교육 투자에 대한 수익은 화폐가치로 환산이 가능한 금전적 수익과 그렇지 못한 비금전적 수익으로 나누어 생각할 수 있다. 금전적 수익이란 개인적 입장에서는 노동 임금, 사업 수익, 자본시장에 대한 투자 수익 등의 증가를 의미하며, 비금전적 수익이란 개인적 입장에서 교육을 받음으로써 얻어지는 개인의 성취감

---

56) James M. Buchanan, *The Public Finance*(Homewood, Ill.: Richard D. Irwin Inc., 1965), pp. 422~423.

57) Fassil G. Kiras, Selma J. Mushkin, & Bradley B. Billings, *Educational Outcome Measurment in Developing Countries*(Washington, DC: Georgetown University, 1975), p. 124.

이나 만족도, 개인의 건강 유지 및 증진, 직업 선택의 재량권 확대, 자녀 교육과 소비 행태 등에서의 보다 합리적이고 효율적인 생활 영위 등을 말한다. 이 외에도 보다 많은 교육을 받음으로써 보다 다양한 직업 선택의 기회가 보장되며, 이에 따라 보다 큰 직무 만족의 가능성이 확대되고, 직무 조건이 개선되며, 생활 방식에도 영향을 미칠 수 있고, 가정이나 비시장적 상황에서 개인의 생산성에도 영향을 미치는 등의 비금전적 수익을 가져온다.[58]

우리 사회에서는 고등교육에 대한 수요가 경기 변동이나 노동시장 여건의 변화에 의해 크게 영향을 받지 않는 것으로 보인다. 이는 교육에 대한 수요의 결정 요인으로, 한국의 경우 다른 선진국에 비해 금전적 수익 못지않게 비금전적 수익 또는 심리적 수익이 갖는 영향력이 상대적으로 더 크기 때문일 것이다.[59]

참고문헌

강길수, "교육행정학의 개념", 교육행정학연구, 제1권 제1호, 1983.

강팔중 외, 유아교육의 진흥, 서울: 교육개혁심의회, 1987.

고병익 외, 발전론서설, 서울: 박영사, 1968.

교육부, 1998년도 교육부 소관 제1회 추가경정예산 개요, 1998. 3. 25.

김경근, "인적자본과 교육, 가족의 형성 및 경제성장: 인적자본의 본질과 효과에 대한 소고", 교육재정경제연구, 제4권 제2호, 1995.

김난수, "평생교육의 필요성과 특징", 평생교육의 이념 정립에 관한 연구, 서울: 한국교육개발원, 1981.

김동빈, "고등교육의 수익에 대한 수요자의 기대 분석", 서울대학교 대학원 석사학위논문, 1997.

김선양, "한국평생교육의 좌표", 교육관리기술, 10월호, 1981.

김승한, 평생교육입문, 서울: 정민사, 1981.

김신일, "평생교육의 사회적 측면", 한국지역사회학교 후원회 편, 평생교육논단, 서울: 정민사, 1981.

김신일, 교육사회학(제4판), 서울: 교육과학사, 2009.

---

58) Elchanan Cohn & Terry G. Geske, *op. cit.*, p. 126.

59) 김경근, "인적자본과 교육, 가족의 형성 및 경제성장: 인적자본의 본질과 효과에 대한 소고", 교육재정경제연구, 제4권 제2호(1995).

김정흠, "과학·기술발전", 2000년대의 사회발전과 교육, 한국교육개발원 창립 10주년 세미나 보고서, 1982.

김종서, "평생교육의 필요와 개념", 교육관리기술, 10월호, 1981.

김종서, 김신일, 한숭희, 강대중, 평생교육개론(개정판), 서울: 교육과학사, 2009.

김종서 외, 평생교육원론, 현노 김종서교수 정년기념집, 서울: 교육과학사, 1987.

김종철, 교육행정학신강, 서울: 세영사, 1985.

김태완, 글로벌시대의 교육, 서울: 학지사, 2013.

대한교육연합회, 교육학사전, 1965.

백현기, 신고 교육행정, 서울: 을유문화사, 1964.

서울대학교 교육연구소 편, 교육학용어사전, 서울: 하우, 1994.

서울특별시 교육위원회, 평생교육, 서울: 서울특별시 교육연구원, 1981.

성태제 외, 최신 교육학개론(2판), 서울: 학지사, 2012.

유네스코 한국위원회, 평생교육발전 세미나 보고서, 1973.

유일선, "교육의 경제적 효과에 대한 이론적 분석", 서울대학교 대학원 박사학위논문, 1995.

윤정일, "평생교육과 교육재정", 유네스코 한국위원회·한국평생교육기구 공편, 평생교육의 기초와 체제, 서울: 법문사, 1983.

윤정일, 박종렬, 교육재정의 현황과 문제: 교육비분석연구, 서울: 한국교육개발원, 1978.

윤정일, 송기창, 조동섭, 김병주, 교육행정학원론(제5판), 서울: 학지사, 2008.

윤정일 외, 2000년을 향한 국가장기발전구상 중 교육부문 보고서, 서울: 한국교육개발원, 1985.

이돈희, 세기적 전환과 교육학적 성찰, 서울: 교육과학사, 2003.

이수덕 외, 현대교육원리, 서울: 교육출판사, 1983.

이영덕, "평생교육에 있어서의 학교교육과 사회교육의 방향", 평생교육논단, 서울: 정민사, 1981.

정범모, 교육과 교육학, 서울: 배영사, 1968.

정범모, 발전의 서장: 교육개혁을 위한 수상, 서울: 배영사, 1968.

정범모, 다시 생각해야 할 한국교육의 신화, 서울: 학지사, 2012.

정진곤, 교육이란 무엇인가, 서울: 교육과학사, 2010.

조석호, 최운실, 평생교육 진흥방안, 서울: 한국교육개발원, 1986.

천세영, "신자유주의 정책과 교육의 공공성 문제", 한국교육연구소·부산교육연구소·광주교육연구소 주최, 신자유주의 정책과 교육(교육정책 세미나, 1998. 7. 30~8. 1).

한국교육개발원, OECD 교육지표, 2013.

Arnove, Robert F., Torres, Alberto, Frarrz, Stephen, & Morse, Kimberly, "A Political

Sociology of Education and Development in Latin America: The Conditioned State, Neoliberalism and Educational Policy", *International Journal of Comparative Sociology, 37*(1~2), 1996.

Bowen, W. G., "Assessing the Economic Contribution of Education: An Appraisal of Alternative Approaches", *Higher Education*, Report of the Committee under the Chairmanship of Lord Robbins, Report: 961-63, London: H. M. S. O., 1963.

Buchanan, James M., *The Public Finance*, Homewood, Ill.: Richard D. Irwin Inc., 1965.

Campbell, Robert & Siegel, Barry N., "The demand of higher education in the United States, 1919~1964", *American Economic Review, 57*, 1967.

Carnoy, Martin, "Structural Adjustment and the Changing Face of Education", *International Labour Review, 134*(6), 1995.

Chodak, Szymon, *Societal Development,* New York: Oxford University Press, 1973.

Cohn, Elchanan, & Geske, Terry G., *Economics of Education,* 3rd ed., Pergamon Press, 1990.

Coleman, James S., Ed., *Education and Political Development*, Princeton, NJ: Princeton University Press, 1965.

Coombs, Philip H., *The World Crisis in Education: The View from the Eighties,* New York: Oxford University Press, 1985.

Denison, Edward F., *The Source of Economic Growth in the United States and the Alternatives Before Us*, New York: Committee for Economic Development, 1962.

Dewey, John, *Democracy and Education: An Introduction to the Philosophy of Education,* New York: Macmillan, 1916.

Fägerlind, Ingemar, & Saha, Lawrence J., *Education and National Development: A Comparative Perspective,* Oxford: Pergamon Press, 1983.

Hess, Robert D., & Torney, Judith V., *The Development of Political Attitudes in Children,* Chicago: Aldine Publishing Co., 1967.

Illich, Ivan, *Deschooling Society,* New York: Harper & Row, 1971.

Ilon, Lynn, "Structural Adjustment and Education: Adapting to a Growing Global Market", *International Journal of Educational Development, 14*(1), 1994.

Kiras, Fassil G., Mushkin, Selma J., & Billings, Bradley B., *Educational Outcome Measurement in Developing Countries*, Washington, DC: Georgetown University, 1975.

Massialas, Byron G., *Education and the Political System,* Boston: Addison-Wesley, 1969.

Moehlman, Arthur B., *School Administration*, 2nd ed., Boston: Houghton Mifflin Co.,
    1951.

Moore, Wilbert E., *World Modernization: The Limits of Convergence*, New York: Elsevier
    Press, 1979.

Patterson, C. H., *Humanistic Education,* Englewood Cliffs, NJ: Prentice-Hall Inc., 1973.

Reimer, Everett, *School is Dead,* New York: Doubleday, 1971.

Schultz, Theodore W., "Education and Economic Growth", in Nelson B. Henry, Ed.,
    Social Force Influencing American Education, Chicago: University of Chicago Press,
    1961.

The New Encyclopaedia Britannica, Chicago: Encyclopaedia Britannica Inc., 1983.

Webster's Third New International Dictionary, Chicago: Encyclopaedia Britannica Inc.,
    1981.

제**2**장
교육재정학의
학문적 성격

　교육재정학을 문자 그대로 정의하면 '교육재정에 관하여 연구하는 학문'이라
할 수 있다. 따라서 교육재정학의 학문적 성격을 파악하기 위해서는 교육재정의
개념과 특징에 대한 이해가 선행되어야 한다. 또한 비교적 신생학문에 속하나 연
구 성과가 날로 축적되고 있는 교육재정학이 학문의 성립요건을 충족하고 있는
가, 연구대상과 연구방법 면에서 어떠한 특성을 가지고 있는가를 살펴볼 필요가
있다.

　교육재정 및 교육재정학의 의미를 분명하게 하기 위해서는 관련 개념과 인접
학문과의 관계를 분석하는 것도 도움이 된다. 교육과 교육행정, 교육재정의 관계
를 고찰할 필요가 있는데, 이는 교육행정에 있어서 교육재정의 중요성과 영향력
을 논하는 것이지, 문자 그대로 삼자 간의 관계를 기술하고자 하는 것은 아니다.
개념상으로 보면 교육이 최상위의 개념이며, 교육행정은 교육의 한 부분이며, 교
육재정은 또 교육행정의 한 부분이다. 그러나 실제로는 교육재정이 교육행정의
규모와 질을 결정하고 있는 경우가 많기 때문에 교육재정의 중요성은 실로 지대

하다고 하겠다.

이 장에서는 교육재정의 개념 및 특성, 교육재정학의 연구영역 및 연구방법, 교육, 교육행정 및 인접학문과의 관계 등을 탐색하여, 교육재정학의 학문적 성격을 규명하고자 한다.

제1절 교육재정의 본질

1. 교육재정의 개념

재정(public finance)이란 일반적으로 국가 및 공공단체가 공공욕구를 충족하기 위하여 필요한 수단을 조달하고 관리·사용하는 경제활동 또는 간단히 정부의 경제라고 정의할 수 있으며,[1] 재정학이란 정부의 조세정책이나 지출정책과 같은 각종 정책들이 경제에 어떠한 영향을 끼치고 나아가서 사회구성원들의 후생에 어떠한 변화를 가져다주는가를 연구하는 학문이라고 할 수 있다.[2]

현대국가는 대체로 국방과 치안의 유지, 교육사업의 운영, 국토개발 및 보존, 경제질서의 유지와 경제성장의 촉진 등의 여러 가지 기능을 수행하며, 이를 위하여 정부는 민간경제와 같이 일정한 자원을 지배하고 사용하지 않으면 안된다. 뿐만 아니라 국방과 치안, 교육서비스 등은 민간부문의 공급자에게 일임할 수 없는 공공재이며, 정부가 직접 생산하는 것이 사회복지 증진에 보다 유리하다. 따라서 정부는 소비자인 동시에 생산자이며 고용자라고 할 수 있다.

공공욕구란 대가를 지불하여 충족할 수 없는 욕구, 즉 시장기구를 통하여 충족할 수 없는 욕망이라고 말할 수 있는데 그 대표적인 예가 정부기관의 유지, 국방·치안의 유지, 대외정책, 도로의 건설, 국토개발 등이다.

정부의 경제라는 말에는 계획성의 의미가 내포되어 있다. 재정은 민간기업이나 가계와 달리 원칙적으로 수입과 지출이 미리 숫자로 예정된, 확정된 계획에

---

1) 차병권, 재정학개론(서울: 박영사, 1987), p. 3.
2) 김동건, 현대재정학(서울: 박영사, 1987), p. 17.

의하여 일정한 질서 아래에서 운영된다. 이 계획은 정부경제에 일정한 질서와 행동기준을 부여하고 정부활동을 구속하는데 이러한 계획을 예산이라고 한다.[3] 이러한 정부예산은 정치·행정과정을 통하여 결정되므로 재정은 경제적 측면과 정치적 측면을 동시에 지니고 있다. 이와 같은 특성 때문에 헨더슨(Henderson)은 재정을 정치와 경제의 중간영역에서 생기는 복합현상이라고 규정하였다.[4]

정부의 경제인 재정은 자원배분기능, 소득분배기능, 경제안정화기능의 세 가지 기능을 수행하고 있다. 자원배분기능이란 어떤 재화와 용역을 얼마만큼 생산할 것인가 혹은 생산자원을 사적 욕구 충족과 공공욕구 충족 간에 어느 정도로 배분할 것인가를 결정하는 것을 말한다. 어떤 재화와 용역이 우리에게 더 필요하고, 이를 획득하기 위하여 어떤 재화와 용역을 포기해야 하는가를 결정하는 것은 재정이 갖고 있는 주요한 기능이며 정책과제인 것이다.

소득분배기능이란 개인 또는 가계 간에 생산물을 가급적 공평하게 분배하는 것을 말한다. 소득재분배정책이 없는 순수한 시장경제 아래에서의 소득분포는 개인이 소유하고 있는 자원(생산요소)의 양과 그 자원에 대한 시장의 평가, 즉 그 자원의 한계생산력에 의하여 결정된다. 시장경제에 있어서 소득분배는 개인의 능력, 상속 여부, 교육기회 여부 등과 같은 여러 가지 요인에 의하여 결정되므로 시장기구에 의한 소득분배가 항상 바람직하고 적정상태라는 보장이 없다. 따라서 자원의 최적배분을 위해서는 소득 및 부의 분배상태를 조정하는 일이 필요하며, 그러한 조정이 재정적 수단이나 정책수단에 의하여 이루어지고 있는 것이다.

경제안정화기능이란 높은 고용과 생산수준을 유지하면서 물가를 안정시키는 것을 말한다. 자유시장 경제체제는 사실상 불안정한 조직이며 적절한 조정이 가하여지지 않는 한, 물가와 고용의 단기적 변동을 피하기 어렵다. 또한 시장구조의 불균형이라든가 국제수지의 불균형과 같은 장기적 성격의 경제불안정 때문에 실업이나 인플레이션이 발생하는 경우도 있다. 따라서 정부는 지출 및 조세정책으로서 고용·산출량·물가 등을 조정·통제하는 것이다.[5]

3) 차병권, 전게서, pp. 4~11.

4) P. D. Henderson, "Political and Budgetary Constraint: Some Characteristics and Implications", in J. Margolis & H. Guitton, Eds., *Public Economics*(1969), pp. 310~325, 상게서, p. 11에서 재인용.

5) 김동건, 전게서, pp. 18~23.

이상과 같은 재정의 개념에 비추어 보면 교육재정(educational finance)이란 국가 및 공공단체가 교육욕구를 충족하기 위하여 필요한 수단을 조달하고 관리·사용하는 경제활동이라고 정의할 수 있다. 즉, 교육재정이란 국가·사회의 공익사업인 교육활동을 지원하기 위하여 국가나 공공단체가 필요한 재원을 확보·배분·지출·평가하는 일련의 경제활동을 말한다. 따라서 교육재정은 국·공립학교의 교육활동뿐만 아니라 사립학교의 교육활동, 사회교육활동을 지원하는 일까지 포함한다. 이와 같은 정의는 교육재정의 주체를 국가와 공공단체로 한정하고 있으며, 교육재정의 성격을 교육활동 지원을 목적으로 하는 수단성과 공공성으로 규정하고 있으며, 아울러 교육재정의 영역을 재원의 확보·배분·지출·평가로 설정하고 있다.

교육재정이 국가나 공공단체를 주체로 하는 경제활동이라 함은 교육재정이 가계 중심의 사금융(private finance)이나 사기업체 중심의 회사금융(corporation finance)과 구분되는 공금융(public finance)이라는 것이며, 이는 적어도 세 가지 면에서 사경제활동과 다르다.[6] 첫째, 사경제가 개인이나 사기업체의 이윤추구를 목적으로 하는 영리활동인 데 반하여 공경제로서의 재정은 국민 전체의 공공복지를 향상시키는 데 주안점이 있다. 말하자면 일반이익(general benefits)을 추구하는 것을 특징으로 한다. 둘째, 개인의 기업활동이 가격화되고 교환관계를 통하여 보상되는 데 반하여 공경제활동으로서의 재정은 국민으로부터 소득의 일부를 조세정책을 통하여 강제적으로 받아들임으로써 성립되는 강제경제를 특징으로 한다. 셋째, 사경제에 있어서는 양입제출(量入制出)의 원칙에 따라서 수입과 지출관계를 규제하여야 하는 데 반하여, 재정에 있어서는 영리를 위주로 하는 것이 아니고 강제경제의 성격을 띠게 되기 때문에 양출제입(量出制入)의 원칙을 앞세우게 된다.

교육활동 지원을 목적으로 하는 수단성과 공공성이라 함은 교육재정의 본질이 교육목적 달성을 위한 수단임과 동시에 공경제활동이라고 하는 것이다. 교육재정은 교육목적의 달성을 위하여 인적·물적 조건을 정비·확립하는 데 필요

6) 김용갑, 재정학, 경제학 총서(서울: 서울고시학회, 1960), pp. 5~9; 김종철, 교육행정의 이론과 실제(서울: 교육과학사, 1982), pp. 367~369에서 재인용.

한 경비를 조달 · 배분 · 관리하는 활동이므로 수단적 · 조장적 성격을 지니고 있다. 공공성이란 교육 자체가 사적인 영리를 위한 활동이 아니라 공적인 비영리 활동이므로 이를 지원하는 교육재정도 공공성을 지니고 있다는 의미와 더불어 이미 언급한 바와 같이 교육재정은 국가와 공공단체의 공경제활동이라는 것이다. 교육은 사회에 미치는 영향이 지대하고 외적 효과와 유출효과가 있기 때문에 사적 부문에 일임하지 않고 국가와 지방 공공단체가 관여하면서 공공투자를 증대시키고 있는 것이다. 교육의 공공성은 국 · 공립학교에만 해당하는 것이 아니라 사립학교에도 적용되는 것이다. 그러기에 비록 사립학교라고 할지라도 공공성과 자율성이 균형을 이루어야 하며, 사학의 교육비에 있어서도 수익자 부담원칙이나 설립자 부담원칙보다는 공비부담원칙을 확대 적용하고 있는 추세다.

교육재정의 영역을 재원의 확보 · 배분 · 지출 · 평가로 한다는 것은 교육재정은 교육비의 수입 · 지출에 관한 예산, 예산의 집행과 회계, 결산과 감사까지 포함하는 것을 말한다. 교육재정이라고 할 때는 흔히 재원의 확보 · 배분 · 지출까지를 말하고 회계 · 지출의 합법성을 밝히는 감사활동은 제외하고 있다. 그러나 교육예산의 감사는 공공신뢰를 고취하고, 경영관리를 설명하며, 예산절차를 개선하는 평가활동이므로[7] 교육재정의 중요한 영역이라고 할 수 있다. 재정과 재산 및 피고용자를 보호하고, 설정된 표준과 정책 및 절차를 고수하도록 하며, 재산 및 장비의 상태와 활용을 검사하는 등의 목적을 지니고 있는 감사활동은 계속적인 감사와 정기적인 감사의 두 가지 형태가 있다.

2. 교육재정의 특성

교육활동을 지원하는 교육재정도 재정의 한 분야이므로 우선 국가 및 공공단체의 경제라고 정의되고 있는 재정의 특성을 살펴보면 다음과 같다.[8]

첫째로, 재정은 가계나 민간기업과 같은 민간개별경제와는 달리 기업과 국민들의 소득의 일부를 조세에 의하여 정부의 수입으로 이전시키는 강제적인 성격

---

7) Irving R. Melbo et al., *Report of the Survey, Paramount Unified School District*(L.A.: University of Southern California, 1970), p. 85.

8) 차병권, 전게서, pp. 11~15; 김두희, 신재정학원론(서울: 세종출판사, 1974), pp. 64~67.

을 가지고 있다. 경제에는 국민경제와 같은 종합경제와 가계 및 민간기업, 재정과 같은 개별경제가 있다. 재정은 개별경제이지만 가계나 민간기업과 공공경제가 혼합·형성하는 경제이며, 민간개별경제는 시장기구를 통하여 경제활동이 이루어지므로 시장경제라고 한다. 재정은 개별경제라는 점에서는 시장경제와 같지만 강제획득경제라는 면에서는 시장경제와 다르다.

정부경제의 주체는 권력적 통치단체이며 재정권력을 기초로 경제활동을 질서 있게 운영한다. 경비지출 및 수입조달과정은 이윤기대나 개인의 선호에 의하여 결정되기보다는 일반적으로 정치적 목적·수단 및 행정적 절차 또는 공통적인 사회적 제 목표에 따라 결정된다. 인적·물적 자원의 사용에 대한 대가는 시장경제의 교환원칙에 따라 지급되지만 재산의 강제수용이나 인적자원 징용 등의 경우에는 국가의 일방적인 결정에 따라 가격이 결정된다. 정부의 경제활동 중에서 강제성이 가장 뚜렷하게 나타나는 것은 조세에 의한 수입 조달과정이다. 조세 이외의 재정수입에 있어서도 강제성 원칙이 적용되고 있는데 수수료 및 사용료, 강제공채, 재정독점에 의한 수입 등이 그 예다. 따라서 정부경제는 권력단체의 속성인 강제원칙이 지배하고 있으며, 시장경제와 같이 합의원칙에 의한 등가교환의 원리가 적용되지 않는다.

둘째로, 재정은 사적 이익을 위해서가 아니라 국가활동과 정부의 시책을 효과적으로 달성할 수 있는 방향으로 사용되어야 하는 공공성을 지니고 있다. 즉, 국가경제의 목적은 집단적 욕구를 충족하는 데 있는 반면에 시장경제는 사적 개별경제 주체의 개별적 효용 또는 이윤을 극대화하는 데 있다는 것이다.

시장경제는 효용 또는 이윤극대화를 목적으로 하는 소비자 및 생산자인 무수한 개별경제 주체의 상호작용을 바탕으로 형성되며, 수요·공급관계가 자동적으로 조정되는 시장원리에 따라 움직인다. 생산은 이윤기대에 의하여 결정되고, 이윤기대는 수요에 의존하고, 수요는 생산과정에서 분배되는 소득에 의하여 결정된다. 시장원리는 경제사회에서 필수불가결의 조직원리이지만 국민복지를 증진시키는 데 필요한 모든 욕구를 충족할 수 없다. 예를 들면, 도로건설, 자원의 다목적 개발, 교육 등의 분야에는 시장원리만을 적용할 수 없고, 또 어떤 영역에서는 시장원리의 적용으로 경기변동, 독과점, 소득의 편중, 경제불안 등 정부의 간섭을 필요로 하는 현상이 나타나게 된다. 따라서 시장원리는 정부활동에 의해 보완되어야 할 필요가 있다.

정부의 경제활동은 이윤기대 또는 정부 서비스에 대한 개인의 선호에 의하여 결정되는 것이 아니라 정치적·행정적 조정 또는 사회의 공통적인 제 목표에 기초해서 결정된다. 즉, 재정은 공공의 경제로서 국가의 목표 내지 정부의 시책을 효과적으로 달성하도록 해야 할 뿐만 아니라 국민 전체의 욕구를 최대로 충족할 수 있도록 해야 한다. 정부경제를 지배하는 이러한 원리를 예산원리라고 하며, 일명 일반이익(general benefits) 또는 재정의 정책적인 특성이라고도 한다.

셋째로, 재정에 있어서는 국가활동의 종류와 범위를 결정하고, 이에 필요한 경비를 산출한 후 수입을 확보하는 양출제입(量出制入)의 회계원칙이 적용되는 반면에 민간경제에 있어서는 양입제출(量入制出)의 회계원칙이 적용된다. 즉, 재정에 있어서는 지출액을 먼저 결정한 후 이에 따라 수입을 조정하고, 민간경제에는 그와 반대되는 회계원칙이 적용된다는 것이다. 그러나 재정에 있어서도 수입을 확정하거나 예측하지 않고 지출을 정할 수는 없는 것이다. 따라서 국가의 재정에서 양출제입의 원칙이 지배한다는 것은 민간경제에 대한 상대적인 입장에서 강조하여 말하는 것이지 절대적인 특성이라고 할 수는 없다.

넷째로, 재정은 민간경제보다는 존속기간이 길다고 하는 영속성을 특징으로 한다. 이는 재정의 존속기간이 일반적으로 민간경제인 가계와 기업보다 길 뿐만 아니라 무한하다는 것을 뜻한다. 그러나 존속기간의 영속성도 상대적인 특성인 것이다. 재정의 존속기간이 무한하다는 것은 무한하다는 사실 자체가 중요한 것이 아니라 정부가 주체가 되어 행하는 경제활동은 그 존속이 무한하다고 보는 데서 신빙성과 신뢰성이 생기게 된다는 점이며, 이것이 바로 재정의 특성이 될 수 있다는 것이다.

그 밖에 재정의 특성으로서 무형재의 생산, 수입과 지출의 균형성, 일반보상을 열거하는 학자들도 있다.

무형재의 생산이란 재정은 국방·교육·치안·보건 등과 같은 무형재를 생산하고, 민간경제는 유형재를 생산한다는 것이다. 다시 말하면, 공공경제는 일반적으로 무형재를 공급하며, 그 재화를 분할할 수가 없고, 그 효용은 측정할 수 없는 데 반하여 시장경제에서 공급되는 재화는 모두 시장가격을 가지며, 가분적이고, 그 가치는 시장가격에 의하여 평가할 수 있다는 것이다. 그러나 민간기업도 교육 · 운송 등과 같은 무형재를 생산하고 있고, 정부도 담배 · 인삼 등과 같은 유형재를 생산하고 있기 때문에 공적 생산에 의하여 공급되는 생산물과 사적 복지기관에 의하여 공급되는 생산물을 엄격하게 구분할 수는 없다.

공공경제의 수입과 지출이 균형을 유지해야 한다는 것은, 재정은 수입상의 잉여가 있어서도 안 되며 적자가 있어서도 안 된다는 것이다. 이에 반하여 시장경제에 있어서는 항상 잉여획득을 기본원칙으로 하여 거래가 이루어지고 있다. 그러나 이러한 차이도 불균형 예산의 효과를 인정하는 현대 재정에 있어서는 별 의미가 없다.

공공경제에 있어서 일반보상의 원칙이 지배한다는 것은 민간경제가 특수보상의 원칙의 지배를 받는 데 대한 상대적인 표현이다. 민간경제에 있어서 특수보상의 원칙이 지배한다는 것은 개개의 봉사와 일에 대하여 개별적으로 그 대가를 지불하거나 받는 것을 말한다. 이에 반하여 일반보상이란 개별적 보상을 인정하지 않고 포괄적 보상을 하는 것을 말한다. 즉, 일반보상은 정부가 제공하는 봉사나 혜택의 여부에 관계없이 모든 국민이 일괄적으로 조세의 형태로 대가를 지불하는 것을 말한다. 그러나 개인이 조세를 납부하는 결과로 생기는 희생은 공공서비스의 급부로부터 얻는 이익에 의해 보상되고, 개인의 희생과 개인의 이익이 균등하게 되는 점에서 개인의 조세부담액이 결정된다는 입장에서 보면 정부경제에서도 개별적 보상관계를 인정하고 있는 것이다. 그뿐만 아니라 정부가 관장하는 철도사업, 고속도로사업, 연초전매사업의 경우, 철도나 고속도로 이용자와 흡연자에게만 그 대가를 지불토록 요구하는 것은 특수보상의 원칙이라고 할 수 있다.

이상에서 민간경제에 대비한 정부경제의 특성을 살펴보았다. 이를 요약 · 정리하면 〈표 2-1〉과 같다. 앞에서도 언급한 바와 같이 정부경제의 절대적인 특성이라기보다는 상대적인 특성이며, 일반적인 성격이라고 보아야 할 것이다. 따라서 정부경제의 특성이 민간경제에도 있을 수 있고, 민간경제의 특성이 정부경제에서 나타날 수 있는 예외적인 사항도 있을 수 있다.

교육재정은 일반재정이 가지고 있는 이상과 같은 특성 이외에도 교육의 특수성으로 인한 비긴요성과 비생산성이라는 특성을 내포하고 있다. 교육의 결과는 교육을 받은 당사자에게만 혜택을 주는 것이 아니라 사회 전체에 그 영향이 넘쳐흐르고 있으므로 국가는 국가재정의 일부 또는 교육세로서 교육을 적극 지원하

〈표 2-1〉 정부경제와 민간경제의 차이점 비교

구분	정부경제	민간경제
1. 수입조달방법	강제원칙(강제획득경제)	합의원칙(등가교환경제)
2. 기본원리	예산원리	시장원리
3. 목적	공공성(일반이익)	이윤극대화
4. 회계원칙	양출제입	양입제출
5. 존속기간	영속성	단기성
6. 생산물	무형재	유형재
7. 수지관계	균형(균형예산)	불균형(잉여획득)
8. 보상	일반보상	특수보상

고 있다. 그러나 교육의 결과가 바로 나타나는 것이 아니라 교육을 받은 자의 전 생애를 통하여 장기간을 두고 나타나므로 교육재정은 긴급한 것이 아니고 또 비생산적인 투자로 여겨져 일반적으로 투자 우선순위의 결정과정에서 하위로 밀려나게 된다. 국가발전과 직결된 인적자원의 형성을 목적으로 하는 교육을 지원하는 것이 교육재정이므로 이에 대한 새로운 인식이 필요하다.[9]

교육은 미래의 만족과 수입을 발생시킬 수 있는 능력을 갖고 있으므로 자원을 축적하는 활동이다.[10] 데니슨(Denison)과 슐츠(Schultz)는 연구를 통하여 경제성장에 대한 교육의 공헌도가 21~23% 된다고 밝힌 바 있다.[11] 따라서 교육이 비생산적인 투자라고 하는 생각은 잘못된 것이라 할 수 있다. 물적 투자보다도 더 높고 확실한 생산성을 보장하는 것이 교육에 대한 투자인 것이다. 그러므로 교육재정의 특성이라고 믿고 있는 비긴요성과 비생산성은 중요하지 않다거나 생산성이 없다는 의미가 아니라 생산물 산출기간이 상대적으로 길다는 것을 의미한다.

교육재정이 일반재정으로부터 분리·독립하게 된 이유 중의 하나는 바로 교육재정의 이와 같은 특성 때문이다. 교육재정이 분리·독립하게 된 이유는 다음

---

9) 윤정일 외, 신간 현대교육행정학(서울: 교육출판사, 1982), p. 437.

10) Richard Rossmiller, "Economics and Financing of Education", in Roe L. Johns, Ed., *Alternative Programs for Financing Education*(Gainesville, FL: National Educational Finance Project, 1971), p. 20.

11) Edward F. Denison, *Accounting for United States Economic Growth, 1929~1969*(Washington, DC: The Brookings Institution, 1974), p. 127; Theodore W. Schultz, "Education and Economic Growth", in Nelson B. Henry, Ed., *Social Forces Influencing American Education*(Chicago: National Society for the Study of Education, 1961), p. 70.

과 같다.[12] 첫째, 교육이 특정의 정치이념 혹은 정당정파의 정견에 의해서 좌우될 때 교육의 자주성을 유지할 수 없다는 이유에서 교육의 정치적 중립성을 보장하기 위한 것이다. 둘째, 민주적 교육행정체계가 발달함에 따라 교육행정의 개념이 법규해석적 견지에서 인적·물적 조건을 정비하는 수단적 견지로 변경되었기 때문이다. 셋째는 의무교육제도의 확립에 따라 막대한 의무교육비 확보를 위한 재정적 조치의 방안으로서 교육재정을 일반재정으로부터 분리하게 되었다. 그리고 마지막으로 교육경비의 비긴요성과 비생산성이라는 특성 때문에 일반재정에 비하여 경시되기 쉬운 위험을 미연에 방지하고자 하는 이유다.

3. 교육재정학의 영역

이미 앞에서 교육과 교육재정에 대한 개념을 규정한 바 있으므로 교육재정학의 영역은 어느 정도 제시했다고 할 수 있다. 교육재정이란 국가·사회의 공익사업인 교육활동을 지원하기 위하여 국가나 공공단체가 필요한 재원을 확보·배분·지출·평가하는 일련의 경제활동이라고 정의하였다. 따라서 교육재정학(educational finance)이란 교육활동을 지원하기 위하여 국가나 공공단체가 필요한 재원을 확보·배분·지출·평가하는 데 관련된 이론과 실제를 연구하는 학문이라고 할 수 있다. 교육재정학은 또한 간단히 "교육의 비용과 수익"을 연구하는 학문이라고 정의하는 경우도 있다.[13]

여기서는 교육재정학에서 필수적으로 다루어야 할 내용 영역을 구체적으로 제시하고자 한다.

교육재정학의 영역을 설정하기 전에 우선 일반재정학(public finance)에서는 어떤 내용들이 취급되고 있는가를 살펴볼 필요가 있다. 학자에 따라서 재정학에서 취급하고 있는 내용들이 다양하지만 공통적으로 다루고 있는 내용은 대체로 재정의 본질과 기능, 예산제도, 세출, 세입, 조세제도, 지방재정, 재정정책, 소득분배, 비용-편익분석 등이라고 할 수 있다. 학자에 따라서는 이러한 내용 이외에

---

12) 백현기, 신고 교육행정(서울: 을유문화사, 1964), pp. 356~360.

13) 교육의 비용과 수익을 연구하는 학문은 교육재정학보다는 교육경제학(economics of education)이라고 할 수 있으나 교육재정학과 교육경제학 간에 분명한 구획이 있기보다는 중첩되는 부분이 많음.

재정의 효율성·형평성·공정성을 중요한 내용으로 취급하기도 하고,[14] 또 정부 간(중앙정부, 주정부, 지방정부)의 재정관계를 다루고 있기도 하다.[15]

이와 같은 내용 영역 중에서 가장 핵심적으로 취급되고 있는 것은 조세제도이다. 즉, 정부재정의 주요 재원인 조세에 대한 내용이 양적으로도 제일 많은 부분을 차지하고 있을 뿐만 아니라 대부분의 재정학 책에서 예외없이 취급되고 있는 것이다.

교육재정학에서 다루어지고 있는 내용 영역들도 일반재정학의 것과 대단히 유사하다. 교육재정학에서 공통적으로 취급하고 있는 내용들은 대체로 교육재정의 개념, 교육재원, 교육재정의 배분, 교육재정의 지출, 회계제도, 조세(교육세)제도, 교육재정제도, 교육의 경제적 측면 등이라고 볼 수 있다. 교육의 경제적 측면은 교육경제학에서 다루고 있는 내용들로서 교육의 비용과 수익, 인적자본론, 경제성장에 대한 교육의 기여 등이 주요 내용이라고 볼 수 있다.

제2절 교육재정학의 성격과 최근 동향

1. 교육재정학의 학문적 성격

흔히 학문의 성립요건으로는 독자적인 연구대상과 독특한 연구방법론, 그리고 학문연구의 집단을 꼽는다. 교육재정학은 교육의 재정이라는 연구대상이 있고, 이를 연구하는 방법론이 있으며, 이를 연구하려는 일단의 학자가 있으므로 하나의 학문으로서의 성립요건을 갖추었다고 할 수 있다.

그러나 교육재정학이 어떠한 학문적 성격을 가졌느냐에 대해서는 명확히 규정된 바 없다. 교육재정학의 학문적 성격을 이해하기 위해서는 두 가지 사실에 대한 인식이 선행되어야 한다. 첫째, 교육재정학은 교육학의 하위영역인 교육행

---

14) Richard E. Wagner, *Public Finance: Revenues and Expenditures in a Democratic Society*(Boston: Little, Brown and Company, 1983).

15) John L. Mikesell, *Fiscal Administration: Analysis and Applications for the Public Sector*(Homewood, IL: The Dorsey Press, 1982).

정학의 한 분야라는 사실이다. 이는 교육재정학이 교육학이나 교육행정학과 같은 혼합적 성격을 지니고 있음을 시사하는 것이다. 교육학은 역사적으로 사변적·철학적 교육학, 경험적·과학적 교육학, 기술적·기능적 교육학의 세 가지 조류가 혼합된 형태를 띠고 있다. 이 중에서 교육재정학은 기술적·기능적 교육학의 영역이 주가 되기는 하지만, 사변적·철학적 교육학16)과 경험적·과학적 교육학의 영역도 결코 무시될 수 없다. 둘째는 교육재정학의 연구가 교육학은 물론 재정학 및 경제학의 영향을 받아서 추진되어 왔으며, 다학문적인 접근방법을 통하여 점차 그 독자성을 정립하고 있다는 사실이다. 이러한 두 가지 사실과 교육과 교육재정에 대한 앞에서의 논의, 그리고 교육재정학의 발달과정에 대한 검토를 토대로 교육재정학의 학문적 성격을 다음과 같이 규정할 수 있을 것이다.

첫째, 교육재정학의 대상은 사회적·공공적·조직적 활동으로서 교육활동을 지원 또는 규제하는 교육행정활동의 한 영역으로서 교육재정에 관한 것이다. 교육행정활동은 교육활동의 부문별 영역에 따라 초등, 중등, 고등, 교원, 유아, 특수교육행정활동으로 구분할 수 있으며, 교육활동의 기능에 따라 교육내용, 인사, 시설, 재무, 사무행정 등으로 분류할 수 있는데, 교육재정학은 그러한 교육행정활동의 하부영역으로서의 교육재정을 연구대상으로 한다.

둘째, 교육재정학은 여러 인접학문의 종합과 다학문적인 접근방법을 통하여 생성·발전하여 왔기 때문에 그 안에 다양한 지식과 개념을 내포하고 있으며, 내부적으로는 체계화가 아직 미흡하거나 독자성이 결여되어 있다는 지적이 없지 않다. 이는 교육재정학 분화의 역사가 일천하고 교육재정학도들의 숫자가 매우 적었음은 물론 학구적 노력이 미흡했다는 데 근본 원인이 있다. 이는 다른 분야의 학문에서와 마찬가지로 새로운 학문의 생성과 발전의 과정에서 당연히 거쳐 나가야 할 성격의 것이다.

셋째, 교육재정학은 주로 교육재정을 배분하는 과정에 초점이 주어져 발전해 왔다. 그러나 최근에 와서는 교육재정의 배분은 물론 확보 및 교원보수, 단위교육비 연구, 예산문제 등 보다 광범위한 영역으로 확장되었다.

---

16) 이는 효율성, 평등성, 자유, 충족성 등과 같은 교육재정 배분의 철학적 준거와 그에 대한 논의에서 찾아볼 수 있음.

넷째, 교육재정학의 내포와 외연에 관련해서는 두 가지 문제가 제기된다. 하나는 교육학의 하위영역으로서 교육행정의 성격규정과 관련된 문제다. 즉, 교육재정이 교육행정의 하위영역으로서 교육인사행정, 교육시설행정, 학생행정, 교육행정, 교육경제학 등과의 관련성과 경계의 문제다. 이는 상호 간에 시각과 관점 및 접근방법이 다르기 때문에 큰 문제는 없다. 그런데 교육재정학이 재정학·경제학·행정학·경영학 등 다른 인접학문과의 관계에 있어서 어떻게 경계를 지울 것이냐의 문제다. 이들, 특히 재정학과 경제학은 교육재정학 발달의 원류를 형성하였고 지금도 여러 가지 공통의 개념이나 유사한 이론모형을 적용하고 있기 때문에 경계가 명확하지 않은 경우가 있다. 사실 교육재정학은 종종 타 분야의 이론과 개념, 기법 등을 전용하여 발전해 왔던 것이 사실이다. 그러나 이는 교육재정학의 발달과정과 다학문적 접근방법의 결과로 빚어진 것으로서 불가피한 것이며, 앞으로 교육재정학의 영역에서 독자적인 연구가 심화되고 체계화됨에 따라 독자적인 것으로 정착될 수 있을 것이다.

2. 교육재정학의 연구영역

교육재정학은 재정학의 방법론을 원용함은 물론 교육에 대한 재정을 연구하는 학문이므로, 교육재정학의 연구영역을 밝히기 위해서는 먼저 재정학의 연구영역을 분명히 하는 것이 필요하다.

국가의 경제활동으로서 재정은 화폐의 수입과 조달, 지출을 기본적인 내용으로 하면서 다양한 형태로 국민경제와 관련되어 있다. 두말할 필요도 없이 재정은 국민경제 속에 존재하고 상호작용한다. 그러한 의미에서 재정을 경제학적으로 받아들이려는 관점이 필요하다. 그렇지만 국가재정의 내용을 경제적인 양으로서 표현하는 예산은 그 편성과 심의의 과정에 있어서 정치적인 성격을 두드러지게 지니고 있다. 이는 재정현상이 정치와 경제의 접점에 있음을 명료하게 나타내는 것이다. 즉, 재정학은 정치와 경제를 동시에 받아들여야 할 과제를 안고 있는 것이다. 따라서 재정학은 경제학, 정치학을 비롯하여 공공행정학, 사회학, 경영학 및 회계학 등 대부분 인접과학과의 다각적인 접근이 필요하다.

그런데 대부분의 재정학 저서를 살펴보면, 공공경비론, 예산론, 조세론, 공채,

재정정책, 재정투 · 융자, 지방재정, 재정사 및 재정학사 등을 주 내용으로 하고 있으며, 정치학적 접근은 별로 시도되지 못하고 있다. 이는 현 재정학 저서들의 한계라고 볼 수 있다.

한편, 몇 권 되지는 않지만 교육재정에 관한 국내의 저서와 외국의 교육재정 저서들은 교육재정의 현황, 교육재정의 배분론, 교육재정확보, 교육세, 교육재정 운영, 예산회계, 지방교육재정, 사학재정, 고등교육재정 등을 포함한다. 이는 크게 교육재정 수입의 문제와 지출의 문제로 대별할 수 있다.

이상의 사항을 종합해 볼 때 교육재정학의 연구영역은 대체로 [그림 2-1]에 제시된 바와 같이 교육대상, 재정단위, 학문내용의 세 가지에 따라서 분류해 볼 수 있다.

우선 교육대상에 따라서는 초등교육재정, 중등교육재정, 고등교육재정, 사학교육재정, 특수교육재정, 기술교육재정, 사회교육재정의 일곱 가지 영역으로 구분해 볼 수 있다. 재정단위에 따라서는 중앙교육재정, 지방교육재정, 단위학교재

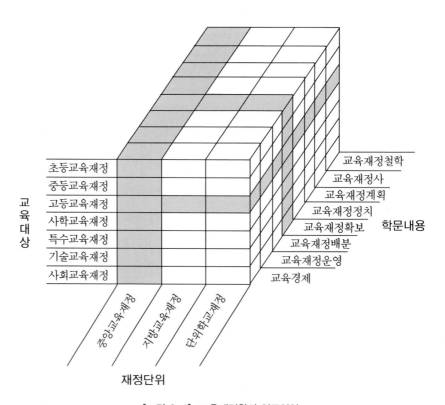

[그림 2-1] 교육재정학의 연구영역

정의 세 가지 영역으로 구분해 볼 수 있다. 학문내용에 따라서는 교육재정철학, 교육재정사, 교육재정계획, 교육재정정치, 교육재정확보, 교육재정배분, 교육재정운영, 교육경제의 여덟 가지 영역으로 구분해 볼 수 있다.

여기서는 학문내용에 따른 연구영역을 보다 구체적으로 제시한다.

① **교육재정철학**: 교육재정을 확보하고 배분하는 데 있어서 근거해야 할 교육재정의 준거 및 원칙에 대한 논의를 주 내용으로 한다. 주로 교육의 기회균등 실현과 교육의 자율성 확보가 연구대상이 된다.

② **교육재정사**: 그동안 교육재정학 저서들이 소홀히 다루었던 것으로서 교육재정학의 발달을 위해서는 중요시해야 할 영역의 하나다. 교육재정제도와 재정정책의 변천, 그리고 여기에 따른 교육재정규모, 교육재정운영의 효율성 등이 연구대상이 된다.

③ **교육재정계획**: 교육발전을 위한 장 · 단기 계획에 필수적으로 포함될 계획으로서 교육재원 확보 · 배분 · 운영방안이 모두 포함된다. 특히 교육필요의 측정과 교육과제별 투자의 우선순위 결정 등이 주요 연구과제가 된다.

④ **교육재정정치**: 교육재정의 정치적 측면을 다루는 영역으로서 비시장적 의사결정에 관한 경제적 연구 또는 단순히 정치학에 대한 경제학의 응용이라고 할 수 있는 공공선택이론이 주축을 이루게 된다. 교육서비스의 양과 질에 영향을 미치는 의사결정은 여러 집단의 상호작용에 의해서 나타나게 된다. 이 영역은 현재까지 가장 소홀히 취급되어 왔고 이에 대한 연구가 전무한 실정이다.

⑤ **교육재정확보**: 교육재정을 확보하기 위한 갖가지 방안을 포함한다. 여기에는 일반재정학의 조세론, 공채론 등이 원용될 수 있다. 교육세, 납입금, 기부금에 관계된 사항도 여기에 포함된다.

⑥ **교육재정배분**: 확보된 교육재정을 지방교육자치단체나 학교에 배분하는 문제를 다룬다. 미국 학교재정 발달의 역사는 주로 교육재정 배분론에 관계된 것이었다. 교육재정배분의 원칙, 배분방식과 공식, 배분의 공정성 등이 여기에 포함된다.

⑦ **교육재정운영**: 교육재정이 아무리 풍족하게 확보되어 각 학교에 배분되었다

하더라도 이를 제대로 활용하지 못하면 아무 소용이 없다. 교육재정운영은 재정의 효율적 관리에 관계된 내용을 다루며, 여기에는 예산회계제도, 예산관리기법, 심사분석 및 감사를 비롯하여 교원 보수, 장학금 등의 문제까지 포함된다.

⑧ 교육경제: 교육의 경제적 측면을 다루는 영역으로서 교육경제학에서 취급하는 내용들이 모두 여기에 포함된다. 특히 교육투자와 경제성장, 교육의 비용-효과분석, 교육비 분석, 교육경비의 성격과 분류, 단위교육비(또는 표준교육비) 분석 등이 연구대상이 된다.

3. 교육재정학의 연구공동체와 학술지

교육재정학을 연구하는 그룹은 점증하고 있다. 미국 대학에서 교육재정 (Educational Finance)은 278개 대학교에 설치된 교육학 대학원 프로그램 중 교육행정/교육정책의 하위영역으로 존재한다.[17]

연구공동체로는 미국교육재정협회(Association for Education Finance and Policy [AEFP], 1976~), 재정교육협회(Financial Education Association[FEA], 1973~), 교육경제재정학회(Academy of Economics and Finance[AEF], 1963~) 등이 존재한다.

전문학술 저널로는 *Journal of Education Finance*(U. of Illinois Press, 1975~), *Journal of Financial Education*(FEA, 1975~), *Education Finance and Policy*(AEFP, MIT Press, 2005~), *Journal of Economics and Finance*(AEF, 1992~), *Journal of Economics and Finance Education*(electronic publication of AEF, 2002~), *Academy of Economics and Finance Journal*(AEF, 2010~) 등이 있다.

한국의 대학에서는 50개 대학의 석사과정과 53개 대학의 박사과정(경기대 교육정책학과 포함)에서 부분적으로 학위를 수여하고 있다. 연구공동체로는 한국교육재정경제학회(1991~)가 주를 이루며, 한국교육행정학회(1967~)에서도 교육재정에 대한 발표와 연구가 이루어진다.

전술한 바와 같이 학문의 성립요건에는 독자적 연구대상, 독특한 연구방법론,

---

17) The Association for Education Finance and Policy(http://www.aefpweb.org)

그리고 학문연구 집단의 세 가지가 있다. 이 세 가지 요건 중 가장 중요한 것은 학문연구 집단이라고 할 수 있다. 왜냐하면 독자적인 연구대상이 있고, 독특한 연구방법론이 있다고 하여도 학문연구를 주체적으로 수행할 연구 집단이 없다면 학문으로서 정립될 수 없을 뿐만 아니라 지속적으로 발전할 수 없기 때문이다. 독자적인 연구대상에 대하여 지속적인 관심을 가지고 연구하려는 일단의 학자가 독특한 연구방법을 적용하여 새로운 지식과 기술을 창출·공유·활용할 때 학문이 성립되고 발전하게 되는 것이다. 따라서 학자집단의 결성체인 학회의 창립은 학문발전의 초석을 다지는 일이라 할 것이다.

학문의 발전과정을 보면 모체가 되는 학문영역 내에서 새로운 연구대상에 대하여 관심을 가진 집단이 형성되어 독특한 연구방법을 활용하면서 새로운 학문을 개척하게 된다. 예를 들면, 교육행정학에서 교육재정학, 교육경제학, 교육정치학 등 세분된 분야의 학문이 탄생하듯이 학문은 점점 전문적 영역으로 세분화되어 가고 있다. 학문영역의 세분화 과정에서 학문적 체계를 확립하는 데 있어 핵심적 역할을 수행하는 것이 학회다. 그러므로 학회가 존재하지 않는 학문영역은 학문으로 인정하기 어렵다고 할 것이다. 아직까지 학문으로 인정되지 않은 영역에서 연구결과나 이론을 정리한 저서에 '○○학'이라는 명칭 대신에 '○○론'이라는 명칭을 사용하는 것은 그 나름의 이유가 있는 것이다. 즉, 학문으로 인정된 영역의 저서에만 '○○학'이라는 저서명을 사용해야 한다는 것이다.

교육재정경제학회는 학회 창립 당시에 이 분야를 본격적으로 전공하고 연구한 학자의 수가 손으로 꼽을 정도로 적었다. 그래서 교육재정학회로 할 것이냐 교육경제학회로 할 것이냐를 논의하는 과정에서 두 분야를 통합하여 학회를 결성해야 최소한의 회원을 확보할 수 있겠다는 판단과 두 분야가 학문적 성격상 유사점이 많이 존재한다는 이유로 '교육재정·경제학회'라는 조금은 상식을 벗어난 명칭으로 출발하게 되었다. 1991년 3월 22일에 동국대학교 고 배종근 교수, 서강대학교 고 김윤태 교수, 서울대학교 윤정일 교수 3인이 최초로 학회결성의 필요성을 논의하고, 이후 관련학자들의 의견을 모아 동년 4월 12일 서울대학교 호암교수회관에서 학회 창립 총회를 갖고, 회칙 통과 후 초대 회장에 고 배종근 교수, 부회장에 김윤태 교수를 선출하였다.

교육재정경제학회는 교육재정과 교육경제의 이론을 탐구하고, 이를 교육현장에 응용함으로써 한국의 교육발전에 기여함을 목적으로 창립되었다. 이러한 목적을 달성하기 위하여 학회회칙 제4조에서는 정기 연차 및 수시 학술대회 개최, 학술지 및 기타 출판물의 간행, 회원의 개인연구 활동 조성, 국내외 타 학술단체와의 교류, 학회 회원 및 일선 교육행정가로 구성된 교육재정 혹은 교육경제학자협의회에 대한 협조 및 지원 등의 사업을 전개한다고 규정하고 있다. 대부분의 교육관련 학회가 한국교육학회를 모학회로 한 분과학회의 성격을 갖는 데 반하여 이 학회는 한국교육학회의 분과학회가 아닌 독립학회로서 오랫동안 활동하였다. 그 이유는 이 학회가 초·중등 교육기관 및 기타 관련기관에 종사하는 자도 회원으로 가입할 수 있도록 학회의 문호를 개방하고 있었기 때문이다.

이 학회는 창립 당시 30여 명의 회원으로 출발하였으나 2005년에는 회원 수가 개인회원 317명, 기관회원 30기관에 이르고 있어 양적 규모 면에서 획기적인 발전을 해 왔다. 질적 측면에 있어서도 연 1회의 연차대회와 연 3회의 정기 학술대회를 개최해 왔으며, 비정기적으로 워크숍을 개최하여 단위학교 및 교육행정 현장에 도움을 주어 왔다.

1992년에 창간된 학술지 『敎育財政·經濟硏究』(題字: 윤양희)는 매년 6월과 12월에 정기적으로 발간해 오다가 현재는 연 3~4회 발간하고 있다. 『교육재정·경제연구』는 교육학 관련 학술지 중 최초로 1999년 상반기에 한국학술진흥재단 등재후보 학술지로 선정되었으며, 2001년 하반기에 등재 학술지로 선정되어 학술지의 권위를 인정받고 있다. 또한 1993년에 창간된 학회 소식지인 『한국교육재정·경제학소식』은 매년 2회씩 발간·배포되어 회원들에게 학술소식을 전달하는 매체로서의 역할을 하였다. 학회의 연혁, 학술활동, 학회간행물, 회칙 및 규정, 회원주소록 등을 종합적으로 정리한 학회요람이 수시로 발간·배포되어 학회의 활동사항을 회원에게는 물론 비회원에게까지 널리 알리고 있다. 2000년 2월 초·중등교육 현장에서 가장 필요로 하는 『학교 재무관리의 이론과 실제』라는 단행본을 발간하였으며, 2001년에는 학회 창립 10주년 기념사업의 일환으로 교육재정·경제분야의 국내외 연구 성과를 총정리한 학술연구총람의 성격을 지닌 『교육재정경제학 백과사전』을 발간하였다. 이 백과사전은 학회활동의 양적·질적 수준을 대변하는 것으로서 학회의 위상을 제고함은 물론 한국의 교육재정학과 교육경제학 발전의 기반이 되고 있다.[18]

한편, 한국교육행정학회는 1967년 3월 25일 중앙시청각교육원 강당에서 한국교육학회의 분과학회로 창립 총회를 개최하여 초대 회장에 강길수 교수를 선출함으로써 교육행정학연구회라는 이름으로 발족하였다. 한국교육행정학회에서 발간하는 『교육행정학연구』(1983~)에도 일부 교육재정 관련 연구들이 게재된다.

4. 교육재정학의 연구방법

이미 앞에서 언급한 바와 같이 독특한 연구방법은 교육재정학의 학문적 성립 요건의 하나다. 그러나 최근 들어서는 여러 학문 간에 방법론의 공유가 흔하며, 자기 영역만의 독특한 방법론만을 가지고 연구하는 학문분야는 거의 없기 때문에, 사회과학 전 분야에 걸쳐서 거의 공통된 방법론이 부각되고 있는 실정이다. 교육재정학 분야에서 비교적 널리 활용될 수 있는 연구방법론을 제시하면 다음과 같다.

① 역사적 접근법: 과거의 사실에 대한 확인과 비판적 검토을 의미하며 자료의 수집 · 비판 · 해석의 단계를 밟는 것이 보통이다. 특히 교육재정학의 경우 재정적 사건에 대한 역사적 기록과 재정규모의 확인은 매우 중요하다. 여기서는 자료의 정통성과 신빙성을 위해 2차적 자료보다는 1차적 자료(원자료)에 의한 접근이 타당하다.

② 법학적 연구: 교육재정이 법치행정의 원칙에 의거하여 운영되고 있는 한 관련법규에 대한 연구와 검토는 불가피하다. 특히 국고에 의한 교육재원의 확보는 법률에 의하지 않고는 불가능하다는 점에서 법학적 접근은 더욱 필요하다.

③ 철학적 연구: 교육재정은 마치 수학적이고 기능적인 접근만이 만능인 양 오해하는 경우가 있다. 그러나 교육재정의 배분과 확보의 준거가 되는 효율성이나 평등성, 적합성, 자유 등에 대한 논의는 시대와 장소에 따라 철학적인

---

18) 윤정일, "한국교육재정경제학회 발전의 회고와 향후 과제", 한국교육재정경제학회의 전망과 과제, 한국교육재정경제학회 연차 학술대회 자료집(2005), pp. 1~20.

논의를 필요로 한다.

④ 경제학적인 연구: 교육재정은 교육에 관련된 국가의 경제활동이므로 경제학적인 측면에서의 접근이 필요하다. 다양한 경제학적 기법과 계량적인 방법이 동원된다.

⑤ 기술적 연구: 어떤 변인을 조작하지 않는 채 개별적 사실들을 있는 그대로 조사·기술·해석하는 연구의 일체를 말한다. 실태조사, 여론조사, 질문지, 면접, 관찰, 문헌조사, 서류분석 등이 여기에 속한다.[19]

⑥ 비교연구: 비교하려는 상황이나 변수를 공통되게 정하고 각국 간에 비교 연구함으로써 유사한 문제에 대한 해결방식의 차이에서 시사를 얻고자 하는 것이다. 하지만 이는 국가 간의 역사적·문화적 전통과 경제수준 등이 다르기 때문에 비교에 많은 제한이 따르게 된다. 다만 교육재정의 문제는 많은 유사점을 가지고 있음은 물론 수치로 명확하게 드러나기 때문에 자주 이용된다.

⑦ 정치학적 연구: 교육재정의 규모는 근본적으로 정치적인 영향을 가장 많이 받는다. 따라서 교육재정에 영향을 주는 교육정책의 변화논리와 그에 함축되어 있는 각종 관계를 분석하는 방법의 이용은 다른 어느 것 못지않게 중요하다고 할 수 있다.

5. 교육재정학의 최근 동향

미국 교육재정 연구의 관심은 주로 교육재정의 균등한 배분, 교육평가와 성과, 교육격차 및 교육기회, 학교의 재정현황 등에 맞추어져 있다. 반면, 한국 교육재정 연구의 관심은 교육재정 실태 및 체제 분석, 방법과 제도의 개선, 효율성/효과성 분석, 이론정립 등이라고 볼 수 있다.

최근 미국 교육재정 분야의 주된 관심은 평등성과 적정성에 대한 법적 논쟁, 학교재정의 적정배분, 학교시설, 교육재정의 효율성 제고, 교육재정 구조, 교육재정 배분공식, 주정부 교육재정 제도의 개선, 교사봉급체계의 재구조화 등에 있

---

19) 김광웅, 사회과학연구방법론(서울: 박영사, 1982), p. 53.

다. 나아가 학생들의 학업성취 증진, 교사와 학교의 책무성 제고도 넓게 보면 교육재정의 관심영역이라 할 수 있다.

우리나라의 경우 1990년대에는 교육재원의 확보와 균등한 배분, 그리고 사교육비 문제에 주로 관심이 있었다면, 2000년대에는 교육평가와 성과, 교사보수와 인건비, 사교육비 문제, 교육재정 운영의 효율성 제고, 정부의 재정지원 등에 관심이 모아졌다. 특히 2010년 들어서는 대학에 대한 재정지원 및 국가장학금, 유치원에 대한 재정지원 및 누리과정 등의 교육복지 관련 재정에 관심이 높아지고 있다.

제3절 교육, 교육행정 및 인접학문과의 관계

1. 교육의 3요소와 교육행정

교육은 본질적으로 교육내용·학생·교사의 세 가지가 구비되면 이루어질 수 있다. 즉, 가르칠 내용이 있고, 배우고자 하는 학생과 가르치고자 하는 교사가 있다면 교육은 가능해진다. 이들 세 가지 중 어느 한 가지라도 없다면 교육활동은 성립될 수 없는 것이다. 따라서 이들 세 가지는 교육의 3요소라고 일컬어진다. 교육행정은 이와 같은 세 가지 요소를 구비시키고, 이들 세 가지 요소에 의해서 전개되는 교육활동이 원만하게 이루어질 수 있도록 인적·물적 제 조건을 정비·보완하는 기능을 수행한다. 교육내용은 교육행정의 핵심이라고 할 수 있는 교육과정행정과 장학행정에 의하여 구비되고 보완되며, 학생과 교사는 각각 학생행정과 인사행정에 의하여 선발·양성·충원되는 것이다. 물론 교육행정은 이 세 가지 조건을 구비하는 일 외에 기획·조직·시설·재정 등의 기능으로서 교육활동을 지원·조장하고 있다.

이와 같은 교육행정의 지원·조장활동이 결여되거나 부족할 경우에 교육활동의 규모가 위축되거나 그 질적 수준이 저하되는 것은 자명하다. 현재 우리 교육이 당면하고 있는 많은 문제점의 대부분은 교육행정 활동의 미숙과 부족에서 연유한 것이라고 할 수 있다. 지금까지 추진된 대부분의 교육개혁 방안들이 교육내

[그림 2-2] 교육의 3요소

용이나 방법에 관한 것보다는 교육행정 · 교육제도에 관한 것이라는 사실이 이를 입증하고 있다.

　교육재정이란 국가 · 사회의 공익사업인 교육활동을 지원하기 위하여 국가나 공공단체가 필요한 재원을 확보 · 배분 · 지출 · 평가하는 일련의 경제활동을 말한다. 교육목적 달성을 위한 인적 · 물적 제 조건을 정비 · 확립하는 일련의 봉사활동을 교육행정이라고 한다면, 교육재정은 이러한 인적 · 물적 조건을 정비 · 확립하는 데 필요한 경비를 조달 · 배분 · 관리하는 활동이므로 교육행정과 마찬가지로 수단적 · 조장적 성격을 지니고 있다. 이러한 점에서 볼 때 교육행정과 교육재정은 불가분의 관계를 맺고 있다. 즉, 교육행정은 교육활동을 지원 · 조장하는 수단적 성격을 지니고 있는 반면에 교육재정은 교육행정 활동이 효율적으로 이루어지도록 하는 조장적 성격을 지니고 있는 것이다. 따라서 교육행정의 질과 양은 교육재정에 의해서 결정되며, 그것은 교육활동을 위한 필요조건을 설정하는 불가결의 요건이 되며, 이러한 의미에서 교육재정은 교육행정의 가장 중요한 영역을 차지하고 있다고 할 수 있다.[20]

---

20) 백현기, 교육재정(서울: 을유문화사, 1963), pp. 67~68.

2. 교육재정학과 인접학문의 관계

교육재정학과 인접학문 간의 관계를 분명히 하는 것은 교육재정학의 학문적 성격을 보다 분명히 드러내어 준다. [그림 2-3]은 교육재정학과 인접학문의 관계를 나타내고 있다. 교육재정학의 1차적인 인접학문으로는 교육행정학·교육경제학·재정학·정치학이 있고, 2차적인 인접학문으로는 교육학·행정학·경영학·경제학 등이 있다.

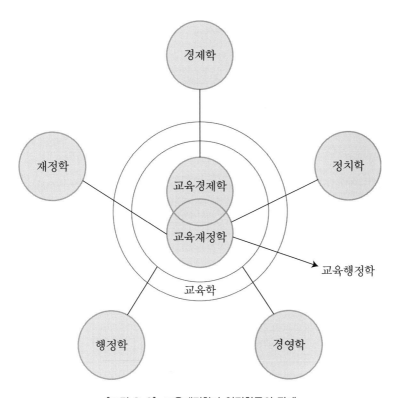

[그림 2-3] 교육재정학과 인접학문의 관계

1) 교육행정학과 교육재정학

교육행정학과 교육재정학의 관계를 파악하는 관점에는 두 가지가 있다. 즉, 교육행정과 교육재정을 대등개념으로 보고 교육행정의 영역 속에 교육재정을 포함시키지 않고 독립적인 영역으로 취급하고자 하는 관점과 교육재정을 인사행정·시설행정·학생행정·기타영역의 행정과 마찬가지로 교육행정의 하위개념으로 취급하고 교육행정의 한 영역으로 간주하려는 관점이다. 교육재정을 교육행정과 대등한 개념으로 보려는 입장은 교육재정이 교육행정의 기반이 되며 현실적으로 교육재정이 교육행정의 내용과 규모를 결정하고 있다는 점과 교육재정이 실제적으로 교육행정의 권외(圈外)인 정치적 차원에서 규모가 결정되고 운영되고 있다는 데 근거를 두고 있다.[21] 한편, 교육재정을 교육행정의 하위개념으로 보고 교육행정의 한 영역으로 취급하려는 입장은 교육재정이 교육목표 달성을 위한 기본적 지원조건 중의 하나이므로 마땅히 교육행정의 일부분으로 간주되어야 하며, 교육행정의 운영실제를 보더라도 교육재정은 교육행정의 중요한 일부분으로 간주되고 있다는 데 근거를 두고 있다.[22] 대부분의 학자는 이 후자의 입장을 취하고 있다.

교육재정은 교육행정 분류체계상 분명히 교육행정의 한 영역이다. 그러나 인사행정·시설행정·장학행정, 그리고 기타의 행정영역과는 그 성격이 다르다고 할 수 있다. 예를 들면, 장학행정은 그 자체가 하나의 독립된 행정영역이면서 다른 행정영역에 별다른 영향을 미치지 않고 있다. 그러나 교육재정은 독립된 행정영역이기는 하지만 다른 행정영역과 밀접한 관계를 가지고 다른 행정영역에 지대한 영향을 미치고 있다. 이는 마치 교육행정이 교육의 한 분야이면서 교육의 모든 분야에 지대한 영향을 미치고 있는 것과 동일하다. 흔히 우리는 교육행정이 교육활동의 범위와 질적 수준을 결정한다고 말한다. 이 결정력은 사실은 교육재정에서 연유되고 있는 것이다. 이와 같은 관계를 그림으로 나타내면 [그림 2-4]와 같다.

이상적·논리적으로 보면 교육활동이 결정되고 이에 따라 교육행정이 요청되고, 교육행정의 실제가 교육재정의 규모를 결정해야 한다. 이는 국가재정의 특성인 양출제입의 원칙과도 부합하는 것이다. 목적이 교육이고 수단이 행정이며 재정이므로 당연한 논리라고 할 수 있다.

그러나 현실적으로 보면 수단이 목적을 지배하고 있는 경우가 많다. 즉, 교육재정이 교육행정을 결정하고, 교육행정이 교육활동을 결정하고 있다. 이는 교육

21) 김종철, 교육행정의 이론과 실제(서울: 교육과학사, 1972), p. 293; 김재범, 교육재정론(서울: 교육출판사, 1977), p. 25.
22) 김종철, 상게서, p. 293.

[그림 2-4] 교육의 양과 질의 결정요인

을 위하여 활용할 수 있는 인적·물적 자원이 크게 부족한 상태에서 발생하는 문제다. 제한된 교육재정 때문에 교육행정과 교육활동이 크게 제약받고 있다는 것을 나타내는 것이다.

2) 교육경제학과 교육재정학

교육재정학 연구의 초창기에는 교육재정학의 연구가 교육경제학의 연구를 포함하였다. 즉, 교육의 소비가치와 투자가치, 교육의 생산성, 인력개발, 교육투자와 경제성장, 교육의 비용−효과분석, 교육비 분석 등도 교육재정학의 연구영역에 포함되었다. 점차 학문의 세분화가 진척되면서 교육경제학과 교육재정학은 그 분야를 달리하게 되었으나 아직도 교육경제학과 교육재정학의 양자 간에는 내용적으로 중복되는 부분이 상당히 많다. 따라서 교육경제학은 어느 학문보다도 교육재정학에 가장 근접해 있는 학문이라고 할 수 있다.

대체로 교육경제학은 교육과 국가발전의 관계, 교육이 소득계층에 미치는 영향 등 거시적인 측면을 다루고 있으며, 교육재정학은 교육재정의 확보와 배분, 교육비 이론, 예산기법 등의 미시적 내용을 다루고 있다. 하지만 근본적으로 교육재정학과 교육경제학은 불가분의 관계를 가지고 있다.

3) 재정학과 교육재정학

재정학이란 정부의 조세정책이나 지출정책과 같은 정부의 각종 정책들이 경제에 어떠한 영향을 끼치고 나아가 사회 구성원들의 후생에 어떠한 변화를 가져다주는가를 연구하는 학문이다. 재정학은 또한 단순히 '정부의 재정'을 연구하는 학문이라고 표현할 수 있겠는데, 정부의 정책을 연구하는 실천과학으로서의 성격을 재정학이 가지고 있다.[23]

교육재정학은 교육학의 한 분야라고도 할 수 있고, 또 재정학의 한 분야라고도 할 수 있다. 교육재정학에서 다루는 이론과 원칙, 연구방법 등의 대부분은 재정학에서 원용된 것들이다. 특히 조세제도, 교육세, 교육재정 배분의 원칙, 배분의 공정성, 예산제도, 회계제도 등에 관한 개념과 원리는 재정학에서 사용되는 것들을 원용하고 있는 경우가 많다.

4) 정치학과 교육재정학

수세기 동안 많은 사람이 '교육은 정치로부터 보호되어야 한다.'고 믿고 이를 주장하여 왔다. 이는 아마도 '정치가 교육을 간섭하지 말아야 한다.'는 것을 강조하기 위한 것이라고 할 수 있다. 그러나 과연 이 주장은 어느 정도까지 실현 가능한가?

정치는 많은 영역에 있어서 부패하고 냉혹하다. 정치적 정당은 권력과 지지를 확보하기 위한 투쟁에서 냉정해질 수 있다. 교육이 이러한 과정에서 저당물이 된다는 것은 국가발전을 위하여 이롭지 않을 것이다. 따라서 강력한 안전장치가 필요하게 되는 것이다. 여기서 의미하는 것은 교육은 권력과 이권투쟁을 위한 정당의 정치적 투쟁으로부터 보호되어야 하며, 어떠한 종류의 부정이득이나 부패에도 빠져들어서는 안 된다는 것이다. 왜냐하면 국가의 인적자원개발은 어떤 개인이나 집단의 이익을 위하여 이기적으로 이용될 대상이 되어서는 안 되기 때문이다.[24]

이는 교육이 사회적·정치적 과정으로부터 분리되어야 하고 분리될 수 있다는 것을 의미하는 것이 아니다. 버크헤드(Burkhead)는 "교육은 미국생활에 있어서 가장 철저한 정치적 기업의 하나이지만 이상하게도 정치적 현상으로서의 학

---

23) 김동건, 현대재정학: 공공경제의 이론과 정책(서울: 박영사, 1998), p. 3.

24) Roe L. Johns & Edgar L. Morphet, *The Economics and Financing of Education: A Systems Approach*, 2nd ed.(Englewood Cliffs, NJ: Prentice-Hall, Inc., 1969), pp. 34~36.

교체제와 교육문제에 대하여는 충분하게 연구된 바가 거의 없다."고 하였다.[25]
학교를 위한 재정적 지원은 정치적 과정을 통하여 결정되며, 때로는 정당의 정강
에 교육에 관한 사항이 포함되기도 한다. '교육재정 GNP 5% 확보'와 '교육개혁
위원회 설치' 등과 같은 대통령 공약도 그 한 예라고 할 수 있다. 그러므로 교육
재정학은 정치학과 밀접한 관계를 가지고 있다.

어느 나라에서나 적절한 재원과 자원을 확보해서 현명하게 활용하지 못한다
면 좋은 학교를 가질 수 없으며, 교육기회를 만족스럽게 제공할 수 없다. 한 사회
에서 수용되는 목표와 가치에 관한 기본적인 의사결정은 정치적 영역에서 만들
어진다고 하는 사실은 명백히 이해되어야 한다. 교육체제가 운영되고 있는 문화
환경은 지속적으로 체제의 투입(자원, 에너지, 정보 등), 운영, 성과를 통제하는 정
책에 영향을 미친다.

정부예산의 결정은 시장과정보다 정치과정에 관련되어 있다. 따라서 예산결
정의 정치적 과정을 이해하기 위하여는 재정에 관한 개개인의 견해가 어떻게 표
현되고, 또 어떻게 정치적 활동으로 옮겨지며, 다른 분야에 있어서 재정적 결정
이 정치적 결정과 어떠한 관계를 갖고 있는가에 대하여 이해하여야 한다. 뿐만
아니라 정당, 국회, 행정부의 역할이 무엇인지, 예산에 관한 결정에 압력단체들
은 어떻게 개입하고, 어떠한 편견이 개재되고 있는지를 이해하여야 한다.[26] 따
라서 전통적인 경제학이 무시하여 온 문제, 즉 모든 사회 구성원이 영향을 받을
수밖에 없는 비시장적 의사결정이나 정치적 의사결정이 이루어지고 시행되는
과정에 있어 개인, 정치가, 관료 등 참가자의 선택 행동에 관심을 두어야 한다.

5) 교육재정학과 학교재정학

[그림 2-3]에는 제시되어 있지 않지만 학교재정학과 교육재정학의 관계를 명
백히 할 필요가 있다. 학교재정학을 구태여 앞의 그림에 제시한다면 아마도 교육
재정학 내의 한 부분으로 제시할 수 있을 것이다. 학교재정이란 그 운영주체가

---

25) Jesse Burkhead, *Public School Finance: Economics and Politics, Syracuse*(NY: Syracuse University Press, 1964), p. 93.
26) 차병권, 전게서, pp. 70~71.

단위학교가 되기 때문이다. 이러한 점에서 보면 교육재정은 학교재정과 범주에 있어서 차이가 난다. 즉, 학교재정보다 교육재정이 상위의 개념이 되는 셈이다. 그러나 단위학교는 학교교육활동을 수행하는 데 필요한 경비를 스스로 조달·배분하는 권한, 즉 과세권이 없다. 크게 보면 교육재정의 경우도 마찬가지이기는 하지만 단위학교는 필요한 재원을 스스로 조달·배분한다기보다는 이에 관한 활동을 국가 및 지방공공단체가 대행하고 있는 것이다. 국가 및 지방공공단체가 조달·배분하는 교육경비의 대부분이 그 최종 소비단계가 일선 단위학교라는 점을 고려하면 국가 및 지방공공단체도 학교 교육경비의 대부분에 관한 재정활동을 수행하고 있는 셈이다. 이 점에서 보면 교육재정학은 학교재정학과 동의어로 볼 수 있다.

이러한 관점은 미국에서 통용되는 관점이다. 미국에서는 교육재정과 학교재정이 동의어로 혼용되고 있다. 미국에서는 학교행정이라는 용어가 보편화되어 있으며 학교행정과 교육행정을 혼용하고 있는 경우가 많다. 그러나 이 점에 있어서도 정부나 지방공공단체가 행하는 행정을 교육행정이라고 하고 학교단위행정을 학교행정이라고 하는 것같이, 정부 및 지방교육행정기관에 있어서 재정을 교육재정이라 하고 학교재정은 단위학교가 교육활동을 계획하고 이를 실천하는 데 필요한 경비를 수입하고 지출하는 활동에 국한하는 것이 보다 개념의 혼동을 피할 수 있을 것이다. 따라서 학교재정학은 교육재정학의 하위 개념으로 보는 것이 타당하다.

3. 교육재정학의 발전방향

교육재정학 분야는 종종 복잡한 수학공식과 컴퓨터 시뮬레이션 등을 이용한 기능적이고 사상이 빈곤한 분야로 간주되어 왔다. 이 분야는 아동, 수업과 학교교육의 질적인 측면을 강조하는 교육인문주의자들을 피하고 방법론에 치중하는 사람들을 위한 안식처로 여겨지기까지 하였다. 아직도 세계 각국의 많은 교육재정학 저서는 그러한 역할에 강조점을 두고 있다.

그동안 교육재정도 경제학적인 측면에만 지나치게 집착해 온 것이 사실이다. 그러나 교육재정은 경제뿐만 아니라 정치의 함수임을 인정해야 한다. 앞으로는 교육재정의 경제적 측면과 함께 정치적인 측면에 대한 논의에도 강조점을 두어야 할 것이다. 이러한 맥락 속에서 공립학교 재정정책은 평등성, 효율성, 자유와 정치적 책임성, 정치적 수용가능성 등과 같은 근본적인 사회가치에 근거해야 한다는 주장도 전개되어 온 것이다. 그리하여 양적인 접근과 기능적인 분석을 지나치게 강조하는 측면으로부터 윤리학, 인문학, 사회 및 정치철학 등과의 다학문적 접근에도 새로운 관심을 보이기 시작했다.

교육재정은 교육의 양적 규모와 질적 수준을 좌우하는 제1차적인 관건이다. 그럼에도 불구하고 그동안 우리는 교육재정에 대한 관심과 연구가 대단히 부족하였다. 국가 교육재정의 차원에서도 그러하였으며, 학문연구의 전당인 대학에서도 그러하였다. 우리 교육이 선진국 수준으로 발전하지 못하고 질적 수월성을 확보하지 못하고 있는 이유 중의 하나가 바로 여기에 있다고 볼 수 있다.

또한 교육재정학이 선진국의 학문적 예속에서 벗어나 한국적인 교육재정학을 토착화하기 위한 본격적인 연구를 진행해야 한다. 이를 위하여 우리나라 교육재정의 과거와 현재에 대하여 보다 치밀한 조사·분석이 필요하고, 이를 토대로 한 자생적인 이론의 형성이 강하게 요청된다.

참고문헌

김광웅, 사회과학연구방법론, 서울: 박영사, 1982.

김동건, 현대재정학, 서울: 박영사, 1987.

김동건, 현대재정학: 공공경제의 이론과 정책, 서울: 박영사, 1998.

김두희, 신재정학원론, 서울: 세종출판사, 1974.

김용갑, 재정학, 경제학 총서, 서울: 서울고시학회, 1960.

김재범, 교육재정론, 서울: 교육출판사, 1977.

김종철, 교육행정의 이론과 실제, 서울: 교육과학사, 1972.

김종철, 교육행정의 이론과 실제, 개정판, 서울: 교육과학사, 1982.

백현기, 교육재정, 서울: 을유문화사, 1963.

백현기, 신고 교육행정, 서울: 을유문화사, 1964.

윤정일, "한국교육재정경제학회 발전의 회고와 향후 과제", 한국교육재정경제학회의 전망과 과제, 한국교육재정경제학회 연차 학술대회 자료집, 2005.

윤정일 외, 신간 현대교육행정학, 서울: 교육출판사, 1982.

차병권, 재정학개론, 서울: 박영사, 1987.

한국교육행정학회, 교육재정론, 교육행정학전문서 6, 서울: 하우, 1995.

Burkhead, Jesse, *Public School Finance: Economics and Politics,* Syracuse, NY: Syracuse University Press, 1964.

Denison, Edward F., *Accounting for United States Economic Growth, 1929~1969,* Washington, DC: The Brookings Institution, 1974.

Henderson, P. D., "Political and Budgetary Constraint: Some Characteristics and Implications", in J. Margolis & H. Guitton, Eds., *Public Economics,* 1969.

Johns, Roe L., & Morphet, Edgar L., *The Economics and Financing of Education: A Systems Approach,* 2nd ed., Englewood Cliffs, NJ: Prentice-Hall, Inc., 1969.

Melbo, Irving R. et al., *Report of the Survey, Paramount Unified School District,* L.A.: University of Southern California, 1970.

Mikesell, John L., *Fiscal Administration: Analysis and Applications for the Public Sector,* Homewood, IL: The Dorsey Press, 1982.

Rossmiller, Richard, "Economics and Financing of Education", in Roe L. Johns, Ed., *Alternative Programs for Financing Education,* Gainesville, FL: National Educational Finance Project, 1971.

Schultz, Theodore W., "Education and Economic Growth", in Nelson B. Henry, Ed., *Social Forces Influencing American Education,* Chicago: National Society for the Study of Education, 1961.

Wagner, Richard E., *Public Finance: Revenues and Expenditures in a Democratic Society,* Boston: Little, Brown and Company, 1983.

제 **3** 장
교육재정과
교육평등

오늘날 교육은 국가의 중요 기능으로 인식되고 있으며, 교육에 대한 지출은 국가발전을 위한 장기적인 투자로 간주되고 있다. 교육재정은 교육과 교육행정을 수행하는 데 있어서 필수불가결한 경제적 기반을 갖추게 해 주며, 교육의 양적 · 질적 수준을 가늠하는 1차적 관건이 된다. 매년 예산을 편성하고, 이를 확보하기 위하여 노력하고, 확보된 예산을 합리적으로 관리 · 운영하는 재정기능은 정부나 지방자치단체의 핵심적 기능이라 할 수 있다.

그러나 이와 같은 교육재정 운용이 단순한 기능적 행정행위에 한정되는 것은 아니다. 아무리 가치 있는 교육이념이나 잘 짜인 교육프로그램일지라도 교육재정정책의 올바른 발현이 동반되지 않고서는 그 실현 가능성 및 효과가 현저히 떨어지게 되는 것이다. 이러한 의미에서 교육재정학 연구는 단순히 통계적 분석 연습이나 데이터 보관의 문제로만 여겨져서는 안 된다.

국가의 교육재정정책은 그 국민의 가치선택, 자원배분의 우선순위, 정치철학 등이 반영되어야 한다. 즉, 교육재정정책은 평등성, 효율성, 자유, 정치적 책임성과 수용가능성 등 근본적인 사회가치에 근거해야 한다. 이처럼 교육재정정책은 교육적 가치추구의 구체적인 외현일 뿐만 아니라 교육정책 의사결정의 결정적 요소가 된다.

제1절 교육재정에서 추구되어야 할 가치 준거

일반적으로 민주국가에서 최상의 가치로 믿고 있는 것은 평등(equality), 효율(efficiency), 자유(liberty)의 세 가지이며, 정부는 이 세 가지의 가치를 극대화하기 위하여 다양한 정책을 수립·추진하고 있다. 그러나 이 세 가지의 가치는 동시에 달성할 수 없으며, 이 셋 중에 하나를 추구할 때 다른 것은 무시되거나 희생되는 상반된 속성들을 가지고 있다. 그렇다고 해서 이들 중 어느 하나를 쉽게 포기하거나 희생시켜서는 안 된다. 따라서 정부의 고민은 바로 이들 세 가지의 가치를 어떻게 조화롭게 증진시킬 것인가에 있는데, 교육이 이러한 목적을 달성하기 위한 주된 도구의 하나로 활용되고 있다.[1]

역사적으로 볼 때 교육에 대한 기대는 상당한 변화가 있었다. 18세기에는 교육을 시민들로 하여금 정부의 일에 동등하게 참여할 수 있도록 보장하는 수단으로 보았기 때문에, 교육은 자유를 보장하기 위하여 필수적인 것으로 간주되었다. 그러나 19세기에는 산업기술의 계속적인 발전과 더불어 교육받은 노동력에 대한 수요가 점증하게 됨에 따라 학교교육은 경제적 효율성을 증진하는 하나의 주요한 요인으로 간주되었다. 20세기에 공학의 가속적인 발전과 경제적 상호의존성은 개인의 경제적·사회적 성공을 위하여 공식적인 준비(교육)를 필수조건으로 하게 되었고, 그 결과 교육은 평등을 극대화하는 역할을 한다는 측면에서 그 중요성이 강조되었다.[2]

---

1) Efficiency와 Equity에 대해서는 Walter W. McMahon & Terry G. Geske, Eds., *Financing Education: Overcoming Inefficiency and Inequity*(Urbana, Ill.: University of Illinois Press, 1982)에서 자세히 논하고 있음.

2) Walter I. Garms et al., *School Finance: The Economics and Politics of Public Education*(Englewood Cliffs, NJ: Prentice-Hall, Inc., 1978), p. 26.

1. 평 등

교육에 있어서 평등은 대부분의 경우에 교육기회의 평등을 의미한다. 교육기회의 평등이 무엇을 말하는가에 대하여는 여러 가지 이론이 있을 수 있으나 대체로 다음과 같이 세 가지로 구분해 볼 수 있다.[3]

첫째, 교육에 대한 균등접근(equal access to education)이다. 이는 학생들에게 적어도 최저수준의 교육자원을 제공함으로써 교육기회를 균등하게 보장할 수 있다는 것을 가정하고 있다. 즉, 모든 학생에게 적어도 최소한으로 적절한 교육서비스가 동등하게 제공되어야 한다는 것이다. 따라서 주정부는 최저교육비 수준을 보장해야 하며, 이와 같이 주정부가 보장하고 있는 최저 수준에다 지방정부가 추가적으로 지출하는 것은 지방정부의 자유라고 하는 것이다.[4] 이러한 개념에 따라 출현한 것이 기본교육비 교부제도(foundation program)와 기본교육비 보조(basic aid)라고 할 수 있다.

둘째, 동등한 교육적 취급(equal educational treatment)이다. 이 정의는 학습자들이 각기 다른 특성과 능력을 가지고 있으며, 교육서비스는 개별 학생의 독특한 상황에 적합하도록 제공되어야 한다는 데 근거를 두고 있다. 따라서 우선적으로 학교교육과 관련된 학생 개개인의 강점과 약점에 대한 평가가 이루어지고, 학습능력에 어떠한 결함이 있다고 판단될 때 이에 대하여 추가적인 서비스가 제공되어야 한다는 것이다. 이 개념에 따라 실천되고 있는 제도는 특수아에 대한 특별지원과 보상교육(compensatory education)제도다.

셋째, 교육산출의 평등(equality of educational outcome)이다. 이 개념은 1970년대 초부터 사회학자와 정책분석가들이 사용하기 시작한 것으로서, 교육기회의 평등을 실질적으로 보장하기 위해서는 학업성취가 동등해야 한다는 것이다. 즉, 학생들의 학습, 적어도 최소한의 혹은 기초 학습에 있어서 학업성취가 동등해야 하며, 학교는 필요한 자원의 수준에 관계없이 동등한 최소한의 산출을 달성하는

---

3) *Ibid.*, pp. 22~24.

4) 교육재정의 불평등에 관해서는 Raymond L. Lows, "Measurement of Inequality: The Gini Coefficient and School Finance Study", *Journal of Education Finance*, *10*(1)(1985), pp. 83~94에서 구체적으로 논하고 있음.

데 대한 책임을 져야 한다는 것이다.

2. 효 율

효율성의 개념은 청교도 직업윤리의 요소로부터 발생하여 이윤추구 동기에 의하여 계속적으로 강화되어 왔다. 경제적 효율성이란 간단히 말하여 투입단위 당 부가적인 산출단위를 구하려고 하는 노력이라고 할 수 있다. 이는 일정한 산출을 유지하면서 투입을 축소하여 효과성을 제고하거나 동등한 수준의 투입으로부터 보다 많은 산출, 즉 부가적 생산을 얻음으로써 달성될 수 있는 것이다.

학교에서 효율성이 강조되기 시작한 것은 과학적 관리론이 출현한 1910년대부터다. 1960년대에 들어서 공공분야의 자원에 대한 경쟁이 가열되면서 효율성의 개념은 교육에서 다시 관심의 대상이 되었고, 이에 따라 학교교육의 생산성을 높이기 위하여 책무성이라는 개념이 널리 활용되게 되었다.

그러나 실제 학교상황은 다음과 같은 이유 때문에 효율성을 증진시키기가 어렵게 되어 있다.

첫째, 교육에 대한 투자는 비교적 명확하게 파악할 수 있으나 산출 혹은 생산은 무엇인지 상당히 모호하며, 또 생산성을 높이도록 하는 유인체제가 부족하다. 생산성을 높이기 위해서는 우선 교육이 무엇인지에 대한 합의가 있어야 하는데 전문가들 간에도 이에 대한 합의가 결여되어 있다. 뿐만 아니라 교육시장이 공립학교에 의하여 실제적으로 독점되어 있음으로 인하여 소비자의 선택권을 제한하고 있으며, 평등을 극대화하려는 노력은 경제적 효율성 증진을 위한 시도와 빈번하게 갈등을 일으키고 있다. 또한 교육생산을 위한 기법과 자료들은 제조과정과 비교할 때 아주 원시적이라고 할 수 있다. 왜냐하면 기본적인 교수법은 소크라테스 이후 별로 변화가 없었기 때문이다. 더욱이 공교육에 있어서는 사적 부문에 있어서의 이윤추구 동기에 상응하는 자극이 결여되어 있다.

둘째, 교육에서 평등이나 자유를 달성하려고 할 때 흔히 효율성을 저하시키게 된다. 예를 들면, 교육평등을 달성하기 위하여 흑백인종을 한 학교에 통합하는 프로그램은 부가적인 교통비를 필요로 한다. 의무교육법령과 공립학교의 독점적인 질은 개인의 자유를 제한하고 있다. 선택과목을 개설하는 것은 개인의 선택의 자유를 넓혀 주기 위한 것이지만 이것도 결국 예산이 허용하는 범위만큼밖에 제공되지 못하고 있다.

셋째, 민간부문의 유출효과 때문에 교육부문의 인건비는 생산성과 무관하게 증가하고 있다. 교육은 고도로 노동집약적인 부문이기 때문에 노동력을 확보하기 위하여 민간부문과 경쟁을 해야 하는 관계에 있다. 따라서 교육부문은 비록 경제적 효율성이 향상되는 일이 없더라도 유능한 교사를 유치하기 위해서는 민간부문의 보수와 근무조건에 맞먹는 수준까지 향상시켜 주어야만 한다.

3. 자 유

자유는 두 가지 의미로 해석되고 있다. 첫째는 선택의 자유를 의미하고, 둘째는 정부의 권한을 광범하게 분산하는 것을 의미한다. 중앙집권적 체제는 통제와 획일성을 강조하기 때문에 위험스러운 것으로 간주된다. 권력의 집중을 방지하기 위한 수단으로서 많은 수의 교육구를 설치하게 되는데, 이는 비효율성과 불평등을 내포하게 된다. 자유를 보장하기 위해서는 대의정치를 택하게 되는데, 이는 일반적으로 시간을 낭비하게 되고, 타협과 절충을 요구하며, 책임성이 모호해진다는 단점을 지니고 있다. 따라서 상반되는 두 가지 개념인 자유와 효율성 중 어느 것을 추구하느냐에 따라 교육정책은 크게 달라질 수 있다. 미국의 교육정책을 예로 보면 20세기 초에는 자유를 강조하고, 그 후에는 효율성을 위하여 중앙집권, 전문적 관리를 강조하여 왔다.

1940년대 초반에 미국의 교육구 수는 11만 7,000개에 달하였으나 소규모의 교육구는 규모의 경제를 달성할 수 없어 비효율적이라는 비판에 따라 점차 교육구를 통합하여 2010년에는 1만 3,600여 개로 감축되었다.[5] 교육구의 규모가 커지고 인구수가 증대함에 따라서 교육위원이 교육구 조직을 관리하기 힘들게 되었다. 따라서 선출된 교육위원들은 이와 같은 문제를 해결하기 위하여 전문적인 교육감을 고용하기 시작하였다.[6] 전문직 학교행정가를 고용하는 제도는 20세기

---

5) http://nces.ed.gov/programs/digest/d11/tables/dt11_091.asp
6) 미국에서 교육감제를 처음으로 실시한 곳은 1870년대의 뉴욕 주임.

초의 과학적 관리운동에 의하여 강력한 지지를 받고 미국 전역에 확산되었으며, 사범대학에서는 과학적으로 훈련된 교육행정가를 양성하게 되었다.

1950년대에 교원들은 교육위원회와 단체교섭을 벌이기 위하여 교원노조를 결성하기 시작하였다. 이는 교육조직의 규모가 커짐에 따라 관료화되고 행정가의 권한이 증대되는 데 대하여 교원 자신들의 복지를 보호하고 증진시키기 위한 것이었다. 그러나 그 결과는 오히려 중앙의 교육정책결정을 강화토록 하고 일반인들의 정책결정 과정에의 참여를 제한하게 되었다. 따라서 교육에 대한 지방교육위원회의 권한은 점차 확대되게 되었다. 즉, 주 교육위원회가 교육과정, 교원의 보수와 근무조건, 졸업자격기준, 학교시설 등에 관한 결정권을 갖게 되었다.

제2절 교육재정의 운용원리

교육재정이란 국가 및 공공단체가 교육욕구를 충족하기 위하여 필요한 수단을 조달하고 관리·사용하는 경제활동, 즉 국가·사회의 공익사업인 교육활동을 지원하기 위하여 국가나 공공단체가 필요한 재원을 확보·배분·지출·평가하는 일련의 경제활동을 말한다. 따라서 교육재정은 국·공립학교의 교육활동뿐만 아니라 사립학교의 교육활동, 사회교육활동을 지원하는 일까지 포함한다. 이는 일련의 교육재정 운용주체들이 교육비의 수입·지출에 관한 예산, 예산의 집행과 회계, 결산과 감사에 이르는 포괄적 활동을 전개하고 있음을 의미하며, 그 주체와 활동단계에 따른 고유한 재원과 기능이 있음을 내포하고 있다. 우리나라의 경우 교육재원 확보 면에서 단위 주체의 자구노력보다는 그 절대액을 중앙정부(교육부)에 의존하고 있으며 주로 배분의 형태로 정부에서 단위학교까지 재원이 전달되고 있다.

현재 우리나라의 지방교육재정 구조와 배분경로를 제시하면 [그림 3-1]과 같다. 국민의 세금을 주 세입원으로 하여 이루어진 정부(교육부)의 교육재정은 그 대부분이 시·도교육비특별회계의 재원이 되고 있으며, 이 재원은 종류별로 각기 다른 방식에 의해 단위학교로 배분되고 있다.

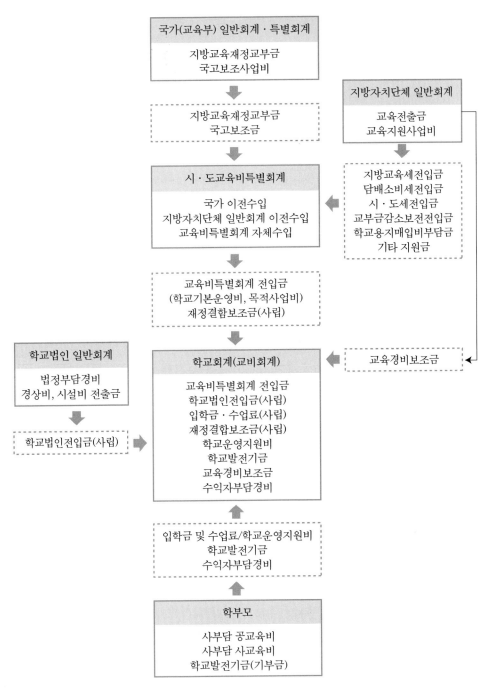

[그림 3-1] 지방교육재정의 구조와 배분

국가(교육부)로부터의 수입은 지방자치단체 교육비특별회계의 주 재원으로서
지방교육재정교부금과 국고보조금으로 구성되고 있다. 지방교육재정교부금은

내국세 수입액의 일정 비율로 확보하는 내국세 교부금과 국세 교육세 수입 전액으로 확보하는 교육세 교부금으로 구분된다. 이러한 재원은 교육부 예산으로 계상되고 있으며, 이로부터 시·도교육비특별회계로 전액 이전되고 있다.

지방자치단체의 일반회계 부담수입은 지방교육세전입금, 담배소비세전입금, 시·도세전입금, 교부금감소보전전입금, 학교용지매입비부담금 등 법정전입금과 공공도서관 운영지원비, 학교급식경비 보조비, 학교급식시설·설비 보조비 등의 비법정전입금이 있다. 그 외에 교육비특별회계 자체 재원으로 입학금 및 수업료 수입(공립학교에 한함), 재산수입, 사용료·수수료수입 등이 있다.

단위학교 수입의 경우 시·도교육비특별회계로부터 받은 전입금(사립학교는 재정결함보조금이라고 함)과 함께 시·도 및 시·군·구로부터 보조받는 교육경비보조금, 입학금 및 수업료(사립학교에 한함), 학교운영지원비, 학교발전기금, 기부·찬조금품, 수익자부담경비 등이 중요한 재원이 된다.

교육재원의 배분이란 학교, 지방, 중앙 교육행정당국이 일정기간 동안 수행해야 할 제반 교육행정활동과 필요한 사업을 추진하는 데 소요되는 경비의 지출과 이를 조달하기 위한 수입을 각기 항목별로 추산, 정리, 확정하는 과정과 그 과정을 통하여 최종적으로 얻게 되는 결과라 할 수 있다.[7] 교육재원의 배분은 1차적으로는 교육예산 편성과정을 통해 이루어지며, 2차적으로는 교육예산 집행과정을 통해 이루어진다. 교육예산 편성과정에서 구체적인 교육재원 배분계획이 수립되었을 경우에는 교육예산 집행과정은 기계적으로 이루어지는 절차에 불과하나, 예산편성과정에서는 배분할 재원의 총량규모만 확정하고, 구체적인 배분계획을 수립하지 않았다면 교육예산 집행과정은 중요한 교육재원 배분과정이 된다.[8]

중앙집권적 교육재원 배분구조를 가지고 있는 우리나라의 경우, 같은 재원이지만 해당 운용주체에 따라서 상이한 확보, 집행, 평가의 양상을 보이게 되며 이는 주체별 단계별로 서로 다른 내역과 운용원리를 의미하게 된다.

대체로 확보단계에서는 충족성과 자구성의 원리가 강조되며, 배분단계에서는

---

7) 한국교육행정학회, 교육재정론, 교육행정학전문서 6(서울: 하우, 1995), p. 241.

8) 송기창, "국가 교육재원 배분의 효율화 방안," 교육재정경제연구, 제17권 제1호(2008. 6), p. 183.

효율성과 공정성, 지출단계에서는 자율성과 적정성이 중요 원리로 강조된다. 마지막 평가단계에서는 효과성과 책무성의 원리가 강조된다.

1. 재정확보 면

1) 충족성

충족성이란 교육활동을 운영하는 데 있어서 최소한의 필요한 재원은 충분히 마련되어야 한다는 것으로서, 달리 표현하면 적정교육재정 확보의 원리라고 할 수 있다. 이는 정상적인 교육발전을 도모하기 위해서 매우 중요하다. 역사적으로 볼 때, 우리는 과거에 교육발전을 위한 많은 교육개혁안과 교육계획을 수립한 바 있으나, 최종적으로 이를 실천 가능하게 하는 교육재정을 확보하지 못함으로써 그대로 사장시키거나 본래 계획했던 목표를 달성할 수 없었던 경험을 가지고 있다. 예를 들면, 1970년에 발표된 장기종합교육계획은 교육재정의 뒷받침이 보장되지 못하여 실천에 옮길 수 없었던 경우이며, 1972년에 고등교육의 질적 수월성을 추구하기 위하여 수립된 고등교육개혁안도 개혁에 필요한 재정지원이 부족하여 '대학의 특성화'는 학생 수만 증원한 결과를 초래하여 대학의 질적 저하를 유발하였으며, 1974년부터 실시된 고교평준화 시책도 재원의 부족으로 선행조건 중 시설과 교원의 평준화가 이루어지지 않은 상태에서 도입됨으로써 현재까지도 여러 가지 문제를 야기하고 있다.[9]

문민정부의 교육개혁위원회는 5·31 교육개혁안을 발표하면서 교육재원 GNP 5% 확보방안도 제시함으로써 교육개혁안의 실효성을 담보하는 듯했으나, 교육재원 GNP 5% 확보를 완성하기로 했던 1998년에 국가적으로 외환위기를 겪음으로써 목표달성에는 실패하였다. 그러나 5·31 교육개혁안은 비교적 실현가능성이 높은 교육재정 확보방안을 함께 제시했다는 점에서 의미 있는 정책사례로 평가되고 있다.

한국교육의 선진화를 실현하고 미래 사회를 주도할 한국인을 육성하기 위하여 시급히 혹은 장기적으로 해결해야 할 과제들은 학생, 교원, 시설·환경, 교육과정, 교육방법, 교육조직·제도, 교육행정 등 교육 전반에 걸쳐 산적해 있다. 이

---

9) 윤정일, "교육재원 확충방안", 교육재원의 확충방안, 교육개혁심의회 10차 공청회 보고서(1986. 9), p. 40.

와 같은 장·단기의 교육과제들을 해결하기 위해서는 교육재정의 규모가 한층 더 증대되어야 할 것이다.

오늘의 교육투자가 다음 세대의 교육발전을 좌우하며, 교육이 민족의 생존과 국가흥망의 관건이라고 할 때, 더욱 증대되는 교육재정소요에 대처하기 위한 교육재정의 충분한 확보는 무엇보다도 중요하다. 이렇게 볼 때, 적정교육재정의 확보를 위한 충족성의 원리는 제일 먼저 달성되어야 할 원리라고 할 것이다. 왜냐하면 아무리 합리적이며 평등한 교육재정배분을 한다 하더라도 원천적인 교육재정의 총량규모가 적정수준에 이르지 못한다면 결국 교육재정 부족현상을 초래할 것이기 때문이다.

2) 자구성

자구성이란 지출에 필요한 재원을 스스로의 노력에 의해 얼마나 확보하고 있는가를 말하는 것으로서, 지방교육자치단체들은 중앙으로부터 지원되는 기본교육경비들 외에 필요한 재원을 지방교육자치단체 스스로가 확보할 수 있도록 재원확보 방안을 모색·활용하도록 제도적 장치가 마련되어야 한다. 그러나 국세 위주의 조세체계하에서 지방교육자치단체에게는 지방세 징수권이 주어져 있지 않음으로써 지방교육자치단체 스스로 재원을 확보하는 것은 쉽지 않은 과제 중의 하나다. 그럼에도 불구하고 지방교육자치단체는 자구 노력을 기울여 자주재원의 확충을 위한 노력을 기울여 나가야 할 것이다. 이를 위하여 각종 수수료와 사용료를 현실화하며, 이자수입과 자산수입을 증대하기 위한 노력이 필요하다.

단위학교 역시 「초·중등교육법」에 학교발전기금조성의 근거가 마련되면서, 단위학교의 능동적인 재원확보 노력이 강조되고 있다.[10] 따라서 지역사회의 다양한 교육수요를 충족하고, 지역사회와 유대관계를 강화하여 발전기금을 적극 유치할 수 있는 다양한 노력이 전개되어야 할 것이다.

---

10) 「초·중등교육법」 제33조 및 「초·중등교육법 시행령」 제64조.

2. 재정배분 면

1) 효율성

경제적 효율성이란 간단히 말하여 최소의 노력과 비용으로 최대의 효과를 거두려는 노력이라고 할 수 있다. 효율성은 크게 두 가지 측면에서 제고될 수 있다. 즉, 정해진 목표의 산출을 위하여 가능한 한 최소의 노력과 경비를 투입하는 측면과 일정하게 주어진 경비와 노력을 투입하여 가능한 한 최대의 효과를 내려는 측면이 그것이다. 따라서 학교교육에서 효율적으로 교육을 할 수 있는가, 즉 학교가 어떻게 최소의 비용으로 최대의 학습을 산출할 수 있는가에 관심을 갖게 된다. 미국의 학교교육에서 효율성이 강조되기 시작한 것은 과학적 관리법이 출현된 때부터다.[11]

1960년대에 들어서 공공분야의 자원에 대한 경쟁이 가열되면서 효율성의 개념은 교육에서 다시 관심의 대상이 되었다. 그러나 실제 학교상황에서는 다음과 같은 이유 때문에 효율성을 증진하기가 어렵게 되어 있다.[12]

첫째는 교육에 대한 투자는 비교적 명확하게 파악할 수 있으나, 그 산출은 무엇인지가 상당히 모호하여 생산성을 높이도록 하는 유인체제가 부족하다. 결국 사부문에 있어서의 이윤추구 동기에 상응하는 자극이 결여되어 있어 교육생산을 위한 기법과 자료들은 여타 부문과 비교할 때 아주 원시적이다. 둘째는 교육에서 평등이나 자유를 달성하려고 할 때, 흔히 효율성은 침해받게 된다. 셋째는 민간부문의 유출효과 때문에 교육부문의 인건비는 생산성과 무관하게 증가하게 되고, 따라서 효율성은 저하된다. 교육은 고도로 노동집약적인 부문이기 때문에 비록 생산성이 향상되는 일이 없더라도 유능한 교사를 확보하기 위해서는 민간부문의 보수와 근무조건에 맞먹는 수준까지 향상시켜 주어야 하는 것이다.

이처럼 가능한 한 최소의 재화로 적절한 교육을 얻으려는 욕구인 효율성은, 그 목표는 칭송할 만하지만 그것을 달성하기는 무척 어렵다. 가장 큰 문제는 교육이 달성하고자 하는 것이 무엇이며, 그것을 어떻게 달성하며, 그 달성도는 어떻게

---

11) W. I. Garms et al., *op. cit.*, p. 25.
12) *Ibid.*, pp. 26~29.

측정하는가에 대한 의견의 일치가 없다는 점이다.

학교 효율성에 관계하는 대개의 사람들은 이용 가능한 재화의 양이 제한되면 교육자들은 그것을 더욱 현명하게 사용할 것이라는 이론에 근거하여, 지출한도(spending limits)를 설정할 것을 주창하였다. 한도를 설정하는 방식으로는 세 가지가 있는데,13) 직접적으로 수입 또는 지출 한도를 설정하는 방식(direct revenue or expenditure limits), 세율 한도를 설정하는 방식(tax rate limits), 매년 투표로 예산안을 승인하는 방식(annual budget votes)이 그것이다.

교육재정운영은 일반재정의 운영과는 다른 점을 가지고 있다. 따라서 교육재정의 독립은 실현되어야 하며, 이를 위해서는 지방교육자치단체가 독자적으로 교육재정을 확보할 수 있는 길이 열려야 한다. 또한 교육재정의 운영에 있어서는 현재의 중앙집권적이고 획일적인 방식을 지양하고, 각 지역의 실정에 맞는 자율적이고 융통성 있는 재정운영을 하도록 함으로써 예산운영의 효율성을 기해야 할 것이다.

그동안 재정운영에 있어서 그 나름의 원칙과 지침이 없었던 것은 아니다. 하지만 합리적 배분기준이 미흡했던 점은 사실이다. 따라서 재정운영의 효율성을 제고하기 위해서는 현행의 교부금제도를 개선하고, 교육 필요에 따른 교육비 배분을 하는 등 적극적인 노력이 뒤따라야 할 것이다.

2) 공정성

공정성(equity)의 개념은 학자에 따라 여러 가지 의미로 정의되고 있다. 더욱이 우리나라 교육재정 학자들 간에도 용어상의 통일이 이루어지고 있지 않아, 정확한 의미 전달에 어려움이 있다. 공정성은 일반적으로 재화, 서비스, 또는 부담을 배분하는 데 있어서의 정의로움 또는 공평함을 의미하는 것으로 사용된다. 교육재정에 있어서의 공정성이란 어떠한 기준에 의하여 재정규모, 재정배분 등에 있어서 차이가 나는 것은 정당하다고 보는 것이다. 예를 들면, 개인의 능력, 교육환경의 상이, 학교단계, 교육프로그램, 정책목표의 우선순위 등에 따라 교육재정이 달리 운영되는 것은 정당하다는 것이다.14)

---

13) *Ibid.*, pp. 185~187.

공정성은 자연법 사상에 기초한 정의 이념을 근거로 판단되는 질적인 속성을 지닌 개념으로서, 정의 이념을 보다 더 구체화하고 양적인 속성을 지닌 평등성보다는 광의의 개념으로 볼 수 있다. 따라서 교육의 평등성은 공정성 실현을 위한 필요조건이지만, 공정성은 평등성 실현을 위한 충분조건인 셈이다. 결과적으로 공정성과 평등성의 관계는 평등성(equality) 개념이 집단 간의 양적인 차이(quantitative differences)에 관심을 보이는 반면, 공정성(equity)은 집단 간의 질적인 차이(qualitative differences)에 관심을 두고 있다는 것이다.[15]

오든(Odden)과 피커스(Picus)는 공정성의 유형을 수평적 공정성, 수직적 공정성, 재정적 중립성, 효과성으로 구분하였고,[16] 맥마흔(McMahon)은 공정성을 지역사회가 지닌 나름대로의 공평성(fairness)의 철학적, 윤리적 기준을 달성하기 위해 자원 혹은 비용을 재분배하는 것이라 정의하고 이를 수평적 공정성, 세대간 공정성, 수직적 공정성으로 구분하였다.[17]

교육재정학자들에 의해 논의된 교육재정의 공정성 개념을 크게 몇 가지 범주로 나누어 보면 다음과 같다. 첫째, 모든 학생은 균등하기 때문에 학생들은 균등한 교육투입, 과정, 결과를 얻어야 한다는 수평적 공정성, 둘째, 학생들이 지니고 있는 능력, 재능 그리고 신체적 차이를 인정하고 그에 따라 교육자원을 보다 적극적으로 차등 지원해야 한다는 수직적 공정성, 셋째, 부모나 교육청의 재정능력에 따라 학생들에게 제공되는 교육서비스가 차이가 나서는 안 된다는 재정적 중립성 또는 기회균등원칙, 그리고 마지막으로 아직 적용하기에는 어려움이 있으나 교육재정 투입에 따른 효과가 균등하게 배분되어야 한다는 효과의 공정성이다.[18]

14) 공은배, "초·중등교육재정의 확립방안", 교육재정경제연구, 창간호(1992. 9), p. 70.

15) Walter G. Secada, "Educational Equity versus Equality of Education: An Alternative Conception", in Walter G. Secada, Ed., *Equity in Education*(New York: The Falmer Press, 1989).

16) Allan R. Odden & Lawrence O. Picus, *School Finance: A Policy Perspective*, 4th ed.(N.Y.: McGraw-Hill, 2008), pp. 64~74.

17) Walter W. McMahon, "Efficiency and Equity Criteria for Education Budgeting and Finance", in Walter W. McMahon & Terry G. Geske, Eds., *op. cit.*, pp. 16~20.

18) 반상진, "교육재정의 공평성 평가연구", 교육행정학연구, 제16권 제1호(1998), p. 205.

3. 재정지출 면

1) 자율성

자율이란 일반적으로 자기규율 및 자기통제를 의미한다. 다시 말하면, 자율이란 자기 자신의 행위를 지배하는 규범이나 규칙을 스스로 선택·결정하여 그것을 실천하는 자유의지라고 할 수 있다. 이는 타인이나 외재적 힘에 의하여 지시와 감독을 받으며, 외부적 통제에 의하여 규율을 확립하는 타율과는 대조되는 개념이다. 따라서 지방교육재정의 자율성이 확립된다는 말은 곧 지방교육행정기관 스스로가 외부적 통제나 규율이 없이 자주적인 결정, 내재적 힘에 의한 자발적 자기통제와 규율을 정립하고, 그것을 선택·결정·실천하려는 자유의지를 확립하는 것이라고 볼 수 있다. 이것은 곧 중앙정부의 권한을 지방정부에 광범위하게 분산하는 것, 즉 지방자치에 의해 가능하게 된다. 즉, 자율성은 교육자치와 관련하여 중앙정부의 통제를 벗어나서 지역적으로 교육재원 확보에 있어서 주어지는 신축성의 정도를 의미한다.

그동안 중앙집권과 지방분권에 대하여 많은 논쟁과 주장이 있어 왔다. 중앙집권화는 효율적인 기획, 강력한 집행 및 획일적인 통제를 가능하게 함으로써 행정의 효율성을 높일 수 있을 뿐만 아니라 기회균등의 실현이 가능하다는 장점이 있는 반면, 획일주의의 만연, 독재의 우려, 지휘통제상의 곤란 등이 문제점으로 지적되고 있다.

한편, 자율성의 원리를 확보하기 위하여 지방에 대폭적인 권한을 위임하는 지방분권은 지방의 특수성을 반영할 수 있고, 권력의 축적을 방지하여 행정의 민주화를 기할 수 있다는 장점이 있는 반면, 기획의 합리화가 곤란하고 효율성이 저하되며, 지방 간 불평등을 초래한다는 단점이 있다. 중앙집권과 지방분권의 문제는 사회적인 배경, 역사적 전통, 경험, 경제수준, 정치제도, 가치관 등의 전체적인 맥락 속에서 그 의미를 이해해야 하며, 따라서 그 장단점도 상대적인 의미로 파악되어야 한다.

미국의 경우, 1960년대와 1970년대 교육재정에 대한 연방정부의 역할은 급속히 팽창되었으며, 그 대부분의 재원은 사회적으로 빈곤하고 가난한 집단이나 소수민족을 위해 쓰였다. 이처럼 교육재정에 대한 연방정부의 보조가 증가하기 시작하자, 교육재정에 대한 연방주의를 우려하여 여러 가지 비판이 일어났다. 그 비판의 주된 내용을 정리하면 다음과 같다.[19)]

첫째, 권력의 중앙집중은 그것이 남용될 우려를 낳기 때문에 그 자체로서 바람직하지 못하다. 둘째, 교육프로그램은 연방정부의 획일적 통제보다 지역적인 실정과 필요에 맞게 지방정부에 의해 계획될 때 가장 효과적이다. 셋째, 특정목적을 위해 보조되는 연방재원은 그것이 제대로 사용되는지를 확인할 길이 없기 때문에 원래의 목적대로 사용되지 못할 가능성이 많다. 넷째, 교육재정을 통한 연방정부의 통제는 지방정부의 교육혁신 노력을 위축시킨다. 다섯째, 연방정부의 재정지원 프로그램들은 서로 중복되며, 주정부의 프로그램들과도 중복된다. 여섯째, 연방정부로부터 재정지원을 받아 운영하는 프로그램을 편견 없이 평가하는 것은 실제로 거의 불가능한 일이다. 일곱째, 연방정부의 재정지원 프로그램은 광범위한 행정을 필요로 하기 때문에 개개의 학생들에게 직접 투입되는 비용과 비교할 때 행정에 의해 소요되는 시간과 재정이 과다하다. 여덟째, 교육비 지출은 전반적으로 연방정부의 지출에 의해 좌우될 수밖에 없다.

우리나라에서도 이제까지 우리의 사회적·문화적 속성으로 인하여 중앙집권의 정도가 높을수록 효율성이나 생산성이 높은 것으로 인식되어 왔으며 이러한 인식은 우리의 독특한 사회·정치적 상황과 결부되어 더욱 강화되어 왔다. 따라서 권한이 지나치게 중앙에 집중되어 있다. 그동안 사회 민주화와 더불어 많은 분권화가 이루어지기는 하였지만 장기적으로 볼 때 분권화와 자율성의 확립이 더 요구된다.

2) 적정성

적정성은 여러 가지 방식으로 정의를 내릴 수 있다. 한 가지는 자원의 수준에 따라 정의하는 방식이다.[20)] 표준화된 성과를 완전하게 또는 충분히 충족할 수 있는 자원의 정도를 의미한다. 적정성은 미 SAT 시험을 통과할 수 있는 최소한

19) Thomas H. Jones, *Introduction to School Finance: Technique and Social Policy*(New York: Macmillan Publishing Company, 1985), pp. 235~236.

20) Helen F. et al., Eds., *Equity and Adequacy in Education Finance*(Washington, DC: National Academy Press, 1999), p. 22.

의 기준처럼 의도한 교육적 결과를 산출하는 데 필요한 자원의 충분성과 적절함을 의미한다.[21]

공정성(equity)과 적정성(adequacy)을 구별하는 가장 유용한 개념은, 적정성에서는 충분하고 절대적인 차원에서 자원 활용의 효과를 논의하지만, 공정성에서는 상대적이고 분배적인 차원에서 자원 활용의 의미를 논한다는 것이다.

적정성의 개념이 근래에 들어와 발달하게 된 것은 교육에 있어 평가와 책무성의 개념이 발달함에 따라 주요 관심이 투입에서 산출과 결과물로 이동했다는 점과 모든 학생은 서로 다른 특별한 교육적 요구를 가지고 있으며 이를 충족하기 위한 자원배분 정책이 지속적으로 제기된다는 점과 관련이 있다.[22]

적정성의 또 다른 개념은 얼마나 많은 프로그램과 어느 수준의 교육프로그램을 제공하느냐와 관련된 것이다. 즉, 교육프로그램의 양과 질이 교육대상자의 필요를 충족하여야 한다는 것이다.[23] 따라서 적정성이란 특별한 목적을 위한 프로그램과 학습기회가 충분할 때 달성되게 된다. 그러므로 적정한 프로그램의 제공은 학생당 경비의 균등성을 가정하는 것이 아니라 불균등한 학생당 경비의 지원이 필요하기 때문에 수직적 공평성의 개념이 적용된다.[24] 예를 들어, 장애인의 경우에 적정성은 학부모와 전문 교육팀이 협의하여 개발한 개별화된 교육프로그램의 제공을 포함하게 될 것이다.

4. 재정평가 면

1) 책무성

책무성의 개념은 효율성에 대한 강조와 더불어 부각되었다. 즉, 1960년대에 들어서 효율성의 개념은 교육에서 관심의 대상이 되었고, 이에 따라 학교교육의

---

21) William H. Clune, "Accelerated Education As a Remedy for High-Poverty Schools", *University of Michigan Journal of Law Reform, 28*(3)(1995), p. 481.

22) Julie K. Underwood, "School Finance Adequacy As Vertical Equity", *University of Michigan Journal of Law Reform, 28*(3)(1995), p. 493.

23) Suzanne L. Juday, "Evaluating Education Finance Policy Decisions", *Financing School Choice, School Finance Series*, ERIC ED 335779(1991), pp. 6~8.

24) 윤정일, "교육재정 평가의 과제와 발전 방향", 교육재정경제연구, 제8권 제1호(1999), p. 5.

생산성을 높이기 위하여 책무성이라는 개념이 널리 활용되게 된 것이다. 책무성에 대한 다양한 견해가 주창되고 있고, 때로는 관련 주체들 사이에서 책무성의 개념을 이해함에 있어 갈등이 야기되기도 하지만 적어도 다음의 네 가지 당위성에 대해서는 대체로 동의하고 있다.[25] 첫째, 학교의 질은 더 이상 단순한 투입 요소에 의해서 결정되는 것이 아니며, 학교교육의 결과 또는 산출의 관점에서 학교의 성취와 교육프로그램의 질을 판단해야 한다. 둘째, 비용−효과의 지수로서 특정기간에 투입된 비용에 대한 학습활동의 정도를 측정할 수 있다. 셋째, 납세자, 학부모, 관할 교육지원청에서는 해당 학교와 관련된 비용/편익, 비용/효과의 결과를 알 권리를 가지고 있다. 넷째, 책무성은 보다 나은 학교교육의 성취를 조장하는 정보와 행동지침을 제공할 것이다.

따라서 지방교육재정에서 책무성이 달성되어야 한다는 말은, 교육에 추가적인 재정이 투입되면 당연히 그에 상응하는 산출이 있어야 한다는 것이다. 즉, 사용된 경비에 대해서 납득할 만한 명분을 제시할 수 있고 책임을 질 수 있음을 의미한다. 이것은 곧 효율성과도 일맥상통한다고 볼 수 있다.

그러나 효율성에서와 마찬가지로 책무성은 교육산출의 불가시성, 평등이나 자유와의 갈등, 민간부문의 유출효과 등으로 인하여 그 달성이 매우 어렵다. 따라서 정책결정자들은 학교의 효과성을 좀 더 높이는 다양한 방법을 탐구하기 시작하였는데, 이러한 움직임을 책무성 운동이라 부른다.[26] 책무성 운동을 따르는 사람들은 구체적인 교육의 목적을 정립하고 그러한 목적에 도달하는 책임을 분명히 하고, 그 목적에 도달했는지의 여부를 정확히 측정하고, 그렇게 하는 데 드는 비용을 계산한다. 학교는 이러한 목적을 달성하는 데 책임을 지도록 요구된다. 학교의 책무성을 향상시키려는 노력에는 두 가지 측면이 있는데, 산출에 초점을 두는 측면과 과정에 초점을 두는 측면이 그것이다.

책무성을 제고하기 위해 교육의 산출에 초점을 두는 사람들은 경제학 및 경영학을 통하여 교육에 접근한다. 그들은 학교의 투입과 산출 간의 관계를 향상시키기 위해 목표관리(MBO), 기획예산제(PPBS), 체제분석, 성과계약(performance

---

25) Robert B. Wagner, *Accountability in Education*(New York: Routledge, 1989), pp. 1~2.
26) W. I. Garms et al., *op. cit.*, pp. 248~249.

contract), 교육생산함수 분석 등과 같은 기술산업적 방법을 시도한다.[27] 한편 학교교육의 산출보다 과정에 초점을 두는 사람들은 교사나 학교가 세부적인 교육 결과에 책임을 져야 하는 것은 불공정하다고 주장한다.[28] 즉, 교사는 '잘 가르치는 것', 즉 수업 '과정'에 대해서만 책임을 질 수 있다는 것이다. 따라서 과정책무성은 효과적으로 가르치는 교사와 비효과적인 교사를 찾아내고, 비효과적인 교사를 향상시키거나 더 나은 교사로 대치함으로써, 학교가 학생들을 가장 효율적으로 교육하도록 돕는다. 그러나 이상의 책무성 모형은 학교교육의 목적에 대한 의견 불일치, 측정기술의 부정확성, '학교 밖'에 대한 통제불능 등의 문제로 인하여,[29] 생산성을 평가하는 산업적 모델에 들어맞지 않게 되며, 학교교육은 공장 생산과정과는 달리 기술적 진보가 매우 낮다는 문제점이 있다.

우리나라에서 교육재정의 책무성을 증대시키기 위해서는 지방교육재정의 독립이 선결되어야 할 것이다. 현재 우리나라의 초등학교 대부분과 중등학교의 절반가량이 지방자치단체가 설립자로 되어 있는 공립학교다. 그러므로 지방자치단체는 이러한 학교교육에 대하여 중앙정부보다 더 많은 책무성을 지녀야 한다. 그러나 현재 우리나라 지방교육재정은 지방보다 국고지원에 크게 의존하고 있다. 앞으로 초·중등교육이 발전하기 위해서는 지방자치단체의 교육에 대한 관심과 책무성이 크게 증대되어야 할 것이다.

2) 효과성

교육재정을 실제 사용하는 단위와 부서는 효과성을 극대화하는 차원에서 운영되어야 한다. 효과성이란 투입된 재원이 교육의 질적 향상을 가져오도록 해야 한다는 의미로서 단순한 물질적 효율만을 의미하는 것도 아니고 그렇다고 정신적 측면만을 의미하는 것도 아닌 이들 모두를 의미하는 것이다. 교육프로그램에 대한 재정 투자가 반드시 만족할 만한 성과로 이어지는 것은 아니다. 교사와 학생들의 소질과 능력 그리고 요구에 부응할 수 있는 좋은 교육프로그램을 제공하였는가 여하에 따라 그 만족과 효과는 달라진다. 물론 교육의 효과는 장기적이고

---

27) *Ibid.*, pp. 249~252.

28) Loc. cit.

29) *Ibid.*, pp. 252~260.

비계량적이라는 특수성을 가지고 있으나, 교육재정은 다양한 방법으로 효과를 높이는 데 사용되어야 한다. 투입된 교육비나 인건비에 대한 교육성과나 만족도를 측정함으로써 집행된 경비의 수월성을 진단해 보아야 한다.

1980년대 이래 학교나 학생의 성취와 관련된 효과성을 지수화하기 위한 많은 연구가 수행되었음에도 불구하고, 그 연구 결과들은 사실상 조작적으로 제한된 경험연구의 미비함을 나타내거나 양적인 연구방법론에 지나치게 편향된 한계를 나타내고 있다.[30]

제3절 교육기회균등의 의의

1. 교육기회균등의 개념

교육은 그 자체만으로도 가치가 있을 뿐만 아니라 사회적 지위 획득에도 밀접한 관련을 맺고 있기 때문에 어느 사회에서나 교육기회의 분배에 대한 관심은 지대하다고 할 수 있다. 그러나 '교육기회'라는 것이 구체적으로 무엇을 의미하는지 불분명하기 때문에 교육기회의 공정한 분배 또는 교육기회균등의 문제 역시 개념상의 혼란이 있어 왔다. '교육기회'가 무엇이며 그것을 어떻게 분배하는 것이 평등한가라는 질문에 대한 다양한 논의를 살펴보면 다음과 같다.

존스(Jones)는 미국 교육재정제도를 기준으로 교육의 기회균등 개념을 다음과 같이 네 가지로 구분하여 설명하고 있다.[31] 첫 번째의 의미는 학생당 지출의 균등화이다. 한때는 모든 학생의 교육비 지출에 대한 요구가 서로 동등하다고 보았다. 그러나 가중학생 수의 개념[32]과 특별히 값비싼 교육프로그램에 대한 다양한

---

30) Ronald H. Heck & Philip Hallinger, "Next Generation Methods for the Study of Leadership and School Improvement", in Joseph Murphy & Karen Seashore Louis, Eds., *Handbook of Research on Educational Administration,* 2nd ed.(San Francisco: Jossey-Bass Publishers, 1999), p. 141.

31) Thomas H. Jones, *op. cit.*, pp. 163~165.

32) 학교급별·계열별로 학생 1인당 교육비의 차이가 있기 때문에 단순 학생 수는 교육비 수요를 측정하는 기준으로 부적절함. 이러한 문제를 해결하기 위하여 학교급별·계열별 학생 수에 가중치(이를 교육비차이도 계수라고 함)를 곱하여 교육비 수요를 반영한 학교급별·계열별 학생 수를 재산정하는

종류의 목적교부금제도가 모든 부류의 학생에 대하여 동등한 지출이라고 하는 가정을 점차 대치하게 되었다. 이제는 교육비 지출은 학생들의 범주 간에 적절한 차이를 고려해야 한다고 인식되고 있다. 그래서 학생당 지출에 있어서의 형평에 대한 당초의 요구는 범주 간 지출에 격차를 두면서 동일한 범주 내에서는 학생당 지출 수준을 균등화하려는 노력으로 대치되었다. 그러나 이러한 학생범주가 어떻게 분류되고 주의 보조금 체제 내에서 각 범주가 얼마나 가중되어야 하는가에 대한 합의가 결여되어 있다. 각 주는 서로 다른 특수교육 프로그램과 취업교육 프로그램을 가지고 있다. 그리고 대부분의 가중치는 각 주별로 과거의 경험에 근거를 두고 있다. 따라서 과거의 현상이 적절한 것이며, 미래에도 지속적으로 적용될 수 있는가에 대한 의문이 제기되고 있다.

두 번째의 의미는 교육서비스의 균등화, 즉 학생당 교육서비스가 동등해질 수 있도록 학생당 지출이 이루어져야 한다는 것이다. 인구의 밀집도나 기타 교육구의 차이점을 반영하여 조정하는 것은 이러한 목적을 위한 것이다. 그러나 교육구의 규모, 지리적 위치, 사회적 특성 등은 이러한 목적 달성을 어렵게 한다. 소규모의 벽지 교육구에 있어서는 도시 지역에서 제공되고 있는 수준 정도의 서비스를 제공하는 데 보다 비싼 경비를 지출해야 한다는 것은 주지의 사실이다. 많은 소규모의 교육구는 보다 효율적인 대규모의 경제단위로 통합되기보다는 독립성을 유지하기를 원하는 것도 사실이다. 대도시에 있어서도 교육비 수준은 높아지게 마련이다. 예를 들면, 단체의 압력, 공공주택, 다른 지역에서 제공할 수 없는 전문화된 서비스의 제공, 교육기관 이외의 기관이 간접적으로 지우는 부담 등으로 교육비가 상승하게 된다. 이와 같은 상태에서 서비스 표준의 균등화는 거의 불가능하다.

세 번째는 교육성취도의 균등화로, 표준화 검사에서 전국평균에 미달하는 흑인과 소수민족의 성취도를 높여 균등화해야 한다는 것이다.[33] 문화적으로 불리

데, 이를 가중학생 수(加重學生數)라고 함. 여기서 교육비차이도 계수란 기준 학교급 또는 기준 계열(대개 학교급은 초등학교를, 계열은 인문계를 기준으로 함)의 학생 1인당 교육비를 1.00이라고 할 때, 학교급별·계열별 교육비의 차이를 지수로 환산한 것임. 예컨대, 초등학교를 1.00으로 할 때, 중학교는 1.24, 일반계 고등학교는 1.45 등으로 나타낸 것으로, 초등학생 100명은 가중학생 수도 똑같이 100명이지만, 중학생 100명은 가중학생 수로 124명, 고등학생 100명은 가중학생 수로 145명이 됨.

한 학생집단에 대하여 가중치를 부여하는 것은 주로 도시와 도시빈민층을 돕기 위한 것이다. 소수민족에 대한 교육기회는 1960년대와 1980년대에 우수한 교사들의 도움으로 상당히 개선되었다. 우수한 자격을 구비한, 충분한 수의 교사를 교직으로 유치하기 위해서는 교사의 보수를 인상하여야 한다. 그러나 성취도에 관한 연구결과들은 학교재정 운영에 대하여 특별한 지침을 제시하지 못하고 있다. 즉, 어떤 일반교부금이나 목적교부금이 학업성취도를 증진시키는 데 최적한 것인가에 대한 공통된 결론이 없다.

네 번째의 의미는 교육에 대한 만족의 균등화다.[34] 가족들은 학생이 학교에 일방적으로 배정되기보다는 공공재정으로 지원되는 다양한 학교 중에 하나를 선택할 수 있기를 바란다. 학교는 교육내용, 학급환경, 교수-학습 방법 등에 있어서 각각 다르기 때문이다. 사람들은 동일하게 취급되기를 바라면서 동시에 각각 달리 취급되기를 원하고 있다. 많은 교육구와 부모는 자신의 자녀들에게 최선의 교육을 제공하기를 바라며, 이와 같은 욕구는 학생의 학교선택과정과 학교의 학생선발과정을 통하여 어느 정도 충족되고 있다.

김신일은 교육기회의 분배 문제는 교육평등 문제의 한 부분이라 보고 교육평등의 관점들을 각각 구분하여 설명하고 있다. 즉, 교육평등을 기회의 평등과 내용의 평등으로 구분하고 다시 전자를 허용적 평등과 보장적 평등으로, 그리고 후자를 과정의 평등과 결과의 평등으로 나누고 있다.[35]

허용적 평등은 신분, 성, 종교, 지역, 인종 등에 의한 차별을 철폐하고 누구나 원하고 능력이 미치는 데까지 교육을 받을 수 있도록 허용해야 한다는 관점이다. 이러한 관점에서는 사람은 타고나는 능력이 각기 다르므로 교육의 양은 개인의 능력에 비례해야 한다고 본다.

보장적 평등은 허용적 평등만으로는 교육기회의 평등을 실현하기가 불가능하므로, 취학을 가로막는 경제적, 지리적, 사회적 장애를 제거해 주어야 한다는 관

33) Anita A. Summers & Barbara L. Wolfe, "Do Schools Make a Difference?", *The American Economic Review*, 64(4)(September 1977), pp. 639~652.

34) Richard D. Noonan, "Semantics of Equality of Educational Opportunity", *Teachers College Record*, 76(September 1974), pp. 63~68.

35) 김신일, 교육사회학(서울: 교육과학사, 1987), pp. 148~149.

점이다. 즉, 가난하지만 능력이 뛰어난 사람은 교육의 기회를 누릴 수 있어야 한다는 것이다. 그러나 이러한 관점에 의한 평등정책은 교육기회의 확대는 가져오지만 교육기회의 증가분이 각 계층에 고르게 분배되지 않기 때문에 계층 간의 분배구조를 변화시키지는 못한다.

과정의 평등은 교육기회의 평등이나 단지 취학의 평등이 아니라, 평등하게 효과적인 교육의 과정을 제공받는, 즉 교육조건의 평등화를 의미하는 것이다. 콜먼(Coleman)[36]은 교육조건의 평등만으로 학교교육 성취의 평등화가 이루어지지 않는다고 보고했지만, 교육조건의 평등화는 기회의 평등에 비하여 발전된 관점이다.

결과의 평등은 교육조건의 평등뿐만 아니라 결과의 평등까지도 보장되어야 교육기회의 균등이 이루어진다는 관점이다. 이 관점은 같은 조건하의 교육에서도 능력이 부족한 학생에게는 보상적 노력을 기울여야 동일한 교육의 성과를 나타낼 수 있음을 강조한 것이다.

능력이 낮은 학생에게 보상적 노력을 기울여야 한다는 이러한 보상적 평등주의는 롤스(Rawls)의 정의론(A theory of Justice)을 통하여 강력하게 뒷받침되었다. 롤스에 의하면, 재능이나 능력을 기준으로 한 사회경제적 보상은 공정하지 못하다. 제비뽑기가 우연에 의한 것이듯이 재능이나 능력의 소유 또한 그러하다. 그러므로 능력은 제 분배에 있어서 필연적이고도 정당한 준거일 수가 없다.[37] 오히려 능력은 '공동의 자산'으로 인식되어야 하며, 따라서 자연적으로 혜택받은 능력이 많은 사람은 혜택을 받지 못한 능력이 부족한 사람에게 자신의 보상을 나누어 주어야 한다. 롤스는 능력주의의 정당성을 반박함으로써 평등이 기회균등의 개념에서 결과의 평등으로 나아가야 한다는 것을 보여 주었다.

스트라이크(Strike) 역시 뛰어난 재능을 지닌 사람보다는 오히려 실패의 가능성이 높은 사람들에게 더 많은 자원을 집중시킴으로써 사회 전반의 평등한 분배를 증진하는 데 기여할 수 있다고 주장한 바 있다. 정의로운 분배라는 것은 어떤 경우에 있어서도 자원을 가장 효율적으로 사용할 수 있는 분배를 선택하는 것을 의

---

36) J. S. Coleman, "The Concept of Equality of Educational Opportunity", *Harvard Educational Review, 38*(1968), pp. 21~22.

37) J. Rawls, *A Theory of Justice*(MA: Harvard University Press, 1971), 황경식, 사회정의의 철학적 기초(서울: 문학과 지성사, 1985), p. 346에서 재인용.

미하지는 않는다. 일종의 인간존중의 관점에서 교육자원과 교육기회의 분배는 그 결과가 사회 전체의 평균복지를 극대화하는 것을 목표로 삼지 않아도 무방하도록 허용하는 것이다.[38]

위에서 여러 단계의 평등의 관점들을 제시했지만, 이들 중 오늘날 가장 바람직하다고 여겨지는 교육기회균등의 의미와 각 사회에서의 교육기회의 배분방식은 각 사회가 추구하는 교육에 대한 사회적 동기에 따라 달라진다고 할 수 있다. 이돈희는 교육의 기회는 각 사회에서 투자적 동기 또는 복지적 동기에 의해 제도적으로 창출된다고 보았다. 투자적 동기는 국가 혹은 사회적 조직체가 그 자체의 존속과 유지와 발전 등을 가능하게 하는 사회적 힘을 생산하기 위하여 공적인 사업으로 교육을 계획하고 운영할 때의 동기를 뜻한다. 즉, 사회 각 부문의 역할을 분담할 인력을 양성하여 충원하는 것을 일차적 특징으로 삼는 동기다. 이에 비하여 복지적 동기는 국가 혹은 조직체가 구성원들의 삶의 질을 향상시키는 데에 필요한 자질을 기르는 일에 봉사하기 위하여 교육을 계획하고 운영할 때의 동기를 뜻한다.[39]

일반적으로 상급학교일수록 투자적 동기가 우선시되고 하급학교일수록 복지적 동기가 우선한다고 볼 수 있다. 따라서 대학과 같이 일반적으로 투자적 동기에 의해 이루어지는 교육에 있어서 교육기회균등이란 취학기회의 평등 또는 보장적 평등의 의미로 받아들여질 수 있다. 반면, 복지적 동기에 의해 이루어지는 초·중등교육에 있어서 교육기회균등이란 과정의 평등, 더 나아가 결과의 평등까지도 포함되는 것으로 볼 수 있는 것이다.

이미 무상의무교육의 확대나 기본적인 교육여건의 확충 단계를 거친 미국 등 선진국의 경우에는 개인의 지적 능력이나 성취동기 등도 환경의 영향을 크게 받는다는 전제하에 초·중등교육에 있어서 교육결과의 균등화를 위한 정책적 노력을 기울여 왔다.[40] 반면, 후진국에서는 아직 취학기회의 균등화라는 허용적

38) K. A. Strike, *Liberal justice and the Marxist critique of education* (Urbana: University of Illinois Press, 1989).
39) 이돈희, 교육정의론(서울: 고려원, 1992), pp. 336~337.
40) 미국의 헤드스타트 프로그램(Head Start Program), 영국의 EPA(Educational Priority Area)는 결과의 평등을 위한 대표적인 정책임.

평등의 단계에도 이르지 못한 경우가 많다.

우리나라의 경우, 모든 수준의 교육에서 허용적 평등은 실현된 지 오래이며, 사회경제적 여건이 열악한 사람들도 고등학교 및 대학교에 취학할 수 있도록 도와주는, 보장적 평등을 실현하기 위한 다양한 제도가 시행되고 있다. 저소득층에 대한 학비지원제도, 취업후학자금상환제도, 국가장학금제도 등이 그것이다. 교육기회균등에 대한 정책적 동향을 살펴보면, 초·중등교육 수준에서는 교육조건의 평등 및 교육결과의 평등에 대한 관심이 최근 제고되고 있으며, 대학교육 수준에서는 보장적 평등의 관점을 지나 과정의 평등을 추구하는 단계에 와 있다고 하겠다.

2. 결과의 평등과 교육비용

초·중등교육 수준에서는 최근 교육기회균등의 의미로서 결과의 평등이 강조되고 있는 추세다. 콜먼은 동일한 교육성취 결과를 가져오기 위해 배경과 능력이 서로 다른 학생들에게 서로 다른 투입요인이 제공되어야 한다고 지적하였다. 여기서 교육성취 결과라는 것은 학업성적이나 태도를 의미한다. 이때는 동일한 성취를 달성한다는 것보다 사회계층, 가정배경, 인종, 종교에 관계없이 각 집단의 평균성적이 동일해야 한다는 것을 의미한다.[41]

학생들 간 학업성적의 평등을 실현하기 위해서는 무엇보다도 교육비용의 투입이 중요한 요소로서 논의될 수 있다. 이는 학업성적에 대한 교육비용의 긍정적인 효과를 전제로 하는 것으로서, 학업성적과 교육비용 간의 관계에 관한 논의들은 그동안 이론적 시각에 따라 많은 변화를 거쳐 왔다.

이러한 이론적 시각은 크게 폐쇄체제이론, 개방체제이론, 반실증주의이론 등으로 구분된다.[42] 폐쇄체제이론은 1960대 중반까지의 주된 이론적 입장으로서, 학교재정과 학업성적의 관계에 있어서 학교재정이 직접적으로 학업성적에 긍정

---

41) J. Coleman, "The Concept of Equality of Educational Opportunity", *Harvard Educational Review,* *38*(1)(Winter 1968), pp. 16~17.

42) R. Marion & J. Flanigan, "Evolution and Punctuation of Theories of Educational Expenditure and Student Outcomes", *Journal of Education Finance, 26*(Winter 2001), pp. 239~258.

적 영향을 미친다고 가정하였다. 이에 대해 1966년 콜먼과 동료들은 개방체제이론의 관점에서 학교는 더 이상 폐쇄체제가 아니라고 보고, 재정이 학생들의 학업성적을 결정한다는 폐쇄체제이론의 가정에 대하여 이의를 제기하였다. 즉, 학생의 언어적 성취능력에 영향을 미치는 주된 요인은 교육비용이 아니라 환경적 문제라고 할 수 있는 학생들의 사회경제적 지위(socio-economic status)라는 것이다.[43] 1970년대와 1980년대에 행해진 학생들의 사회경제적 지위와 학업성적 간의 관계에 관한 많은 연구는 학생들의 사회경제적 지위가 학교성적의 60% 정도를 설명한다고 밝히고 있다.[44] 반면, 반실증주의이론은 1970년대 초반부터 나타나기 시작하였는데, 학생들의 학업성적은 교육비용 또는 사회경제적 지위와 같은 일반적 변인들보다는 개인의 독특한 특성에 의해 결정된다고 보았다.[45]

오늘날 대부분의 교사나 교육행정가들은 교육에 더 많은 자원이 투입된다면 더 좋은 성과를 얻을 것이라 주장하고 있지만, 최근까지도 학교재정과 학생들의 학업성적 간의 관계에 관한 연구들은 그 결과가 일치하지는 않는다. 퍼거슨(Ferguson)은 텍사스 주에서 교육자원의 이용을 조사한 결과, 유능한 교사를 고용할수록, 더 많은 수의 교사를 고용할수록 학생의 학업성적이 높아진다고 밝혔다.[46] 웬글린스키(Wenglinsky)는 교육구의 지출이 증가함에 따라 교사는 소규모 학급에서 학생들을 보다 잘 통제할 수 있게 되었고 학생들의 문제 행동들을 감소시킴으로써 수학에서 더 높은 성적을 얻을 수 있었음을 보고하였다.[47] 반면, 하누섹(Hanushek)은 학교재정과 학생성취도 간에는 일관된 관련성이 없다고 결론지었다.[48] 이와 같이 교육비용 또는 학교재정이 학생들의 학업성취와 관련이 있

---

43) J. S. Coleman et al., *Equality of Educational Opportunity*, 2 volumes(Washington, DC: GPO, 1966).

44) R. C. Dolan & R. M. Schmidt, "Assessing the impact", *Economics of Education Review, 6*(3)(1987), pp. 285~299; C. S. Jenks & M. D. Brown, "Effects of High Schools on Their Student", *Harvard Educational Review, 45*(3)(1975), pp. 273~324; L. J. Perl, "Family Background, Secondary School Expenditure, and Student Ability", *The Journal of Human Resources, 8*(2)(1973), pp. 156~180.

45) R. Marion & J. Flanigan, *op. cit.*, pp. 247~255.

46) R. F. Ferguson, "Playing for Public Education: New Evidence on How and Why Money Matters", *Harvard Journal on Legislation, 28*(Summer 1991), pp. 465~497.

47) H. Wenglinsky, *When Money Matters*(Princeton, NJ: Education Testing Service, 1997).

48) E. A. Hanushek, "Accessing the Effects of School Resources on Student Performance: An Update", *Educational Evaluation and Policy Analysis, 18*(2)(1997), pp. 141~164.

는지에 대해서는 상반된 연구결과가 보고되고 있다.

1990년대 미국은 교육재원의 사용과 학생들의 학업성적 간의 관계에 대한 관심이 집중되었다. 국가의 교육 목표를 달성하기 위해 얼마나 많은 재원이 필요하며, 그러한 재원이 각 교육구, 학교, 교육프로그램 및 학생들에게 어떻게 공평하게 배분될 수 있는가, 그리고 재원의 사용이 어떻게 학생들의 학업성적에 영향을 미치는가 등이 중요한 문제로 등장하였다.

무엇보다도 불균등한 학업성취는 교육재정의 불평등으로 인해 나타난다는 인식하에 교육비용의 투입을 증대시킴으로써 학생들의 학업성적을 향상시키고자 하는 정책적 노력들이 시도되어 왔다. 테네시 주의 경우, 각 교육구의 재정능력의 차이 때문에 교육구 간 세입의 불균형이 초래되었고 이로 인해 학생당 교육비용이 불균등하게 지원되어 왔다. 테네시 주 대법원은 이것이 교육기회의 불평등을 초래하게 되어 헌법상 평등보호조치에 위배된다고 보고, 테네시 주의 교육재정 배분방식인 TFP(Tennessee Foundation Program)에 대한 위헌판결을 내렸다. 이에 테네시 주는 학생들에게 동등한 교육기회를 제공하기 위해 BEP(Basic Education Plan)라는 새로운 재정방식을 도입하였다. 그 결과 BEP가 시행된 이래로 학생 1인당 교육비용의 지출수준이 증가하였고, 전반적인 학교성적의 향상이 나타났다.[49]

앞에서 논의한 바와 같이, 결과의 평등의 측면에서 볼 때 학생들의 학업성취는 동등해야 하며 학교는 동등한 최소한의 산출을 달성하는 데 대한 책임을 져야 한다. 바로 이러한 의미에서 오늘날 학교교육에 있어 교육 생산성 및 교육 책무성에 대한 문제가 중요하게 제기되고 있는 것이다. 공정한 교육비용의 투입, 교육재원의 활용 등은 결과의 평등을 실현하기 위한 필요충분한 조건이라고 단언할 수는 없지만, 적어도 결과의 평등을 위한 중요한 요인 중의 하나임은 부인할 수 없다. 따라서 교육에서의 결과의 평등을 실현하기 위해서는 앞으로도 보다 적극적인 교육재정적 노력이 수반되어야 할 것이다.

---

49) Lora An Cohen-Vogel & Daniel R. Cohen-Vogel, "School Finance Reform in Tennessee: Inching Toward Adequacy", *Journal of Education Finance*, 26(Winter 2001), pp. 297~318.

3. 대학교육 기회와 평등

교육이라는 가치는 일반적으로 누구나 갖고 싶어 하는 가치다. 더구나 이 교육이 학교교육의 형태로 제도화되어 있고 선발을 통하여 그 기회를 누릴 수 있게 되면, 제한된 가치에 대하여 그것에 접근하려는 사람들은 서로 경쟁하게 된다. 특히 의무교육이 아닌 고등학교나 대학교육의 단계에서는 제한된 기회에 대한 수요가 더욱 크다. 오늘날 우리나라에서는 대학교육에 대한 진학수요가 크다. 이는 대학교육이 가져다주는 졸업 후의 사회적·경제적 이득에 대한 관심을 반영하고 있다. 지난 70여 년간의 대학 교육사에서 1970년대 이후에 대학취학률은 현저히 증가하였고 대학교육 기회는 총량으로 보아 늘었음에도 불구하고 저소득 계층은 여전히 교육기회가 부족한 실정이다.

대학교육이라는 가치가 이렇게 제한적인 반면에 그것을 얻기를 희망하는 사람이 무척 많은 상황에서는 그 가치를 점하는 기회가 평등하게 제공되어야 한다. 대학교육 기회는 일반적으로 수학능력에 의해 결정된다. 그러나 대학교육을 받기 위해서는 수학능력뿐만 아니라 대학교육비 부담능력도 있어야 한다. 대학교육 기회를 결정하는 두 가지 능력 중 수학능력은 표준화된 형태의 학력검사로서 공정하게 관리되고 있다. 그리고 진학희망자는 이 능력에 따라 제한된 기회를 누리게 된다. 그러나 수학능력이 부족한 사람에 대해서 우선 입학을 허가해 놓고 그에 대한 보상적 프로그램을 운영하는 대학은 없다. 반면, 대학교육비 부담능력은 입학 등록까지만 마치면 그다음에는 대학이나 사회에서 재정적 지원의 통로를 열어 주고 있다.

이렇게 볼 때, 우리 사회는 대학진학에 있어서 수학능력을 본질적인 것으로 여기며, 교육비 부담능력은 수단적인 것으로 여기고 있다. 또한 일단 진학한 사람 중 학비조달이 곤란한 자에 대한 대학이나 사회의 지원은 수단적 능력의 결여로 인해 본질적 능력을 가진 사람이 가치의 향유를 포기하지 않도록 도와야 한다는 생각과 그 사람이 대학교육을 받은 이후에 모종의 가치를 갖게 될 것이며, 그 가치가 사회에 유익하게 사용되리라는 기대를 전제하고 있다.

우리의 대학교육 기회는 허용적 평등에서 보장적 평등의 관점을 지나 과정의 평등을 추구하는 단계에 와 있다고 앞서 논의한 바 있다. 신분사회를 지나 근대화되면서 귀속주의가 아닌 업적주의에 의해 대학교육 기회가 제공되었으며, 1960년대와 1970년대의 경제적 발전에 힘입어 대학교육의 기회확대가 가능하도록 사회의 지원이 있었던 것이다.

그러나 보장적 평등에 의한 기회의 증가분이 계층에 고르게 배분된 것이 아니라 상위 계층에 의해서 독점적으로 점유되고 있다. 대학교육의 기회를 갖는 사람은 여전히 학업적 능력과 경제적 능력을 겸비한 계층에서 대다수를 차지하고 있다. 더구나 이런 계층적 편파성은 세대가 지나도 계속될 개연성이 높다. 이 현상은 보장적 평등관의 단계에서 기회를 제한하는 장애요인의 제거노력은 한계가 있다는 것과 능력이 부족한 사람에게 보상적 노력을 기울여야 함을 드러내 준다. 그런데 대학교육에 있어서는 수학능력에 대한 보상 프로그램은 존재하지 않는다. 다만 교육비 부담능력에 대해서는 부분적으로나마 보상적 조치가 있어 왔다. 교육비 부담능력에 대한 보상도 대학교육 접근기회에 대해서는 극히 소극적이고, 다만 대학에 들어온 사람에 대한 학비보조나 장학금 지급이 있을 뿐이다.

대학교육 기회의 평등을 개념 짓는 분류로서 취학의 평등, 교육여건의 평등, 그리고 교육효과의 평등의 세 가지가 있다.[50] 취학의 평등은 공정한 경쟁기회의 제공을 요건으로 한다. 교육여건의 평등이란 교수·교육시설·교육재정 등의 여건에서 지역 간, 공·사립 간, 대학 간 평등이 이루어져야 한다는 의미다. 교육효과의 평등은 초·중등교육과 달리 표준화된 형태로 교육결과를 측정하는 지표가 없는 대학교육 단계에서는 규정짓기가 더욱 곤란하다. 그러므로 교육효과의 균등 보장을 위해서는 대학이 교육의 목표와 이상을 설정하고 가급적 모든 학생이 그것을 달성하도록 질 높은 프로그램을 제공하는 노력에 의존하는 수밖에 없다.

핸슨(Hansen)[51]에 의하면, 대학교육에 있어서의 형평은 입학기회의 배분, 성취(성적)의 배분, 보조금의 배분, 소득계층 간의 배분이라는 네 가지 목표로 접근

---

50) 김신복, "우리나라 대학교육의 기회균등", 대학교육, 제2호.(한국대학교육협의회, 1983), p. 83.

51) W. L. Hansen, "Equity and the Finance of Higher Education", in T. W. Schultz, *Investment in Education: The Equity-Efficiency Quandary*(Chicago: The University of Chicago Press, 1972), pp. 262~264.

할 수 있다. 입학기회가 형평 배분되어야 하며, 교육성취가 형평 배분되어야 한다. 그리고 보조금이 형평 배분되어야 하며, 소득에 따라 형평 배분되어야 한다. 여기서 입학기회의 형평 배분은 대학교육 접근기회의 측면을 말한다. 그리고 교육성취의 형평 배분이란 교육조건의 평등화 혹은 과정의 평등 측면을 말한다. 보조금의 형평 배분이란 대학에 입학한 사람들에 대한 학비보조에서 평등과 기회균등이 적용되어야 함을 말한다. 소득에 따른 형평 배분이란 위의 세 가지 배분이 모든 계층에 일률적으로 적용되어야 한다는 의미가 아니라 가급적 소득계층에 따른 형평을 실현해야 한다는 의미다.

핸슨의 접근 가운데 셋째와 넷째의 것은 대학생에 대한 학비보조의 원칙에서 신중히 고려되어야 한다. 현 단계의 대학교육 기회는 기회의 증가분이 계층에 따라 균분되지 못하고, 상층에게만 나누어져서 여전히 기회를 누리지 못하고 있는 계층에 대한 관심을 기울여야 하는 성격을 띠고 있기 때문이다.

콜먼은 불평등을 결과의 불평등과 기회의 불평등으로 나누어 설명한 바 있다.[52] 그는 소득을 예로 하여 두 가지 불평등을 설명하였다. 결과의 불평등은 소득과 기타 사회적 보상이 사람에 따라 다르게 분포되어 있다는 의미이며, 기회의 불평등이란 높은 소득과 기타 사회적 보상을 주는 지위에 대한 접근상의 불평등을 의미한다. 이러한 관점에서 불평등은 사람들마다 달리 갖는 소득액으로 잴 수 있는 것이 아니라, 사람의 배경과 그가 얻게 되는 대가와의 관계로 측정된다.

콜먼의 이러한 불평등 개념은 대학교육 기회의 형평과 관련하여 보조금의 형평 배분 그리고 소득계층의 형평 배분이 이루어져야 함을 시사한다. 즉, 소득액의 차이가 아니라 소득액의 차이 및 불평등을 낳는 데 있어서 작용하는 그의 배경요인을 분석할 필요를 시사하고 있다. 그러므로 대학교육을 받고자 하는 사람들이 경제적 측면에서 불평등을 갖고 있어서 사회가 그 불평등을 제거하거나 줄이려고 할 경우, 이러한 불평등을 낳은 기제를 찾아 접근하는 것이 효율적이다.

소득분배에는 기능적 분배와 인적·계층적 분배의 두 측면이 있다.[53] 소득의

52) J. S. Coleman, "Equity of Opportunity and Equality of Results", *Harvard Educational Review, 43*(1) (1973), p. 130.

기능적 분배란 생산의 제 과정을 통해 각자가 차지하는 몫을 말한다. 그리고 소득의 인적 · 계층적 분배란 기능적으로 분배된 소득이 어떤 활동을 통해 다시 분배되는 측면의 분배를 말한다. 소득의 인적 · 계층적 분배의 예로서 교육투자를 들 수 있다. 기능적 분배측면의 소득은 개인적으로 갖고 있을 뿐이다. 그러나 교육투자라는 활동을 통해서 소득은 학교급별로, 지역별로, 성별로, 혹은 소득계층별로 어떤 분포를 이루게 된다. 이 인적 · 계층적 소득분배가 계층 간에 고르게 이루어지지 못하는 경우에 공평성의 문제가 제기된다.

대학교육비에서의 형평은 저소득층에 대한 기회확대 문제에 초점이 있다. 대학교육 기회는 상위계층에 의해서만 독점적으로 점유되어서는 안 되며, 상대적으로 기회의 접근이 어려운 저소득층에 대한 정책적 배려가 있어야 한다. 그리고 대학교육은 국가나 사회에도 많은 수익을 낳으므로 대학교육에 대한 공공부담이 있게 된다. 우리나라의 경우, 대학교육비의 경상적 운영비의 대부분을 학생등록금에 의존하고, 법인부담이나 국고부담이 미흡한 실정이다. 특히 국고지원은 국립대학에는 대학예산 총액의 50% 정도 이루어지고 있지만 사립대학에는 대학예산 총액의 10%에 불과하다. 또한 소득분배의 측면에서 저소득층에 대한 교육기회의 확대를 위해서는 대학교육비의 공공부담이 늘어야 한다.

그러나 일률적 저납입금제나 무료교육은 고소득층 가구 자녀에게도 무차별적으로 적용되어 오히려 형평의 원칙에 어긋나게 된다. 대학에 갈 수 있는 사람을 더욱 쉽게 갈 수 있도록 할 뿐, 저소득 계층은 상대적으로 제 몫의 기회 증가분을 찾기 힘들게 되는 것이다. 더구나 역진적인 간접세에 의존하고 있는 경우에는 그 역진적 재분배효과는 더욱 강화되어, 심지어 대학 취학연령의 미진학 취업자가 납부한 세금이 국공립 대학에 재학 중인 고소득층 학생의 학비보조금으로 지불되는 기현상을 빚게 된다.

다음으로는 대학에 입학한 후의 소득분배상의 형평문제가 있다. 대학은 경제적 곤란으로 인한 학비조달 곤란자를 위하여 학비보조 및 장학금 제도를 두고 있는데, 이 장학금 제도를 장학생 선정기준과 지급형태의 두 가지 면에서 검토할 필요가 있다. 대학장학금 제도가 장학생 선정기준에 있어서 가계빈곤도를 어떻

---

53) 김영모 편, 현대사회문제론(서울: 한국복지정책연구소 출판부, 1982), p. 67.

게 규정하고 있는지와 지급형태를 졸업 후 상환을 전제로 하는 대여금형과 완전 무상형으로 대별하여 각각 대학교육 기회와 소득분배에 어떤 영향을 미치는지 를 검토할 필요가 있다.

위의 논의를 종합하면, 고등교육 재정정책의 형평성은 대학교육비 부담추세, 대학교육 기회 결정요인으로서의 교육비, 대학교육 과정상의 학비보조 및 장학 금 지급의 세 가지 측면에서 접근 가능함을 알 수 있다. 그리고 이 형평성은 현저 히 공공성을 띠는 고등교육에 있어서 정책의 주요 고려대상이 되어야 한다.

제4절 교육평등을 위한 노력

전술한 바와 같이 민주국가에서 추구되어야 할 세 가지 가치인 평등 · 효율 · 자유를 동시에 실현할 수는 없다. 이 세 가지 가치 중 현재까지 교육부문에서 가 장 문제가 되었던 것은 평등이다. 그리고 교육재원을 배분하는 문제는 세 가지 가치 중 평등과 가장 밀접한 관계를 맺고 있다.

1868년에 헌법 제14조의 수정조항(the Fourteenth Amendment)이 공식적으로 미국헌법의 조항으로 받아들여졌다. 이는 소위 말하는 평등보호 조항으로서 "어 떠한 주도 관내에 거주하는 어떠한 사람에게나 법의 평등한 보호를 거부해서는 안 된다."는 것을 규정하고 있다.[54] 이와 같은 헌법조항에 근거를 두고 교육재정 배분에 있어서 평등을 실현하려는 노력은 법정으로 집중되게 되었다. 현재까지 교육에 관한 고소사건은 대부분이 교육재정 배분의 불평등을 시정하기 위한 것 들이었다.

교육재정 배분에 있어서 지역이나 학생의 사회경제적 배경에 의하여 차별을 받고 있다는 문제를 처음으로 제기한 것은 섹스톤(Sexton)의 연구다.[55] 그는 부 모의 소득수준에 비례한 교육비 배분은 저소득가정이나 빈곤한 지역의 교육적 결함을 해소하기보다는 역으로 보다 불리한 영향을 준다는 사실을 발견하였다.

• • •

54) Michael W. LaMorte, "The Fourteenth Amendment: Its Significance for Public School Educators", *Educational Administration Quarterly, 10*(3)(1974), pp. 1~19.

55) Patricia Sexton, *Education and Income*(New York: The Viking Press, 1966).

그는 이러한 교육재정의 배분은 사회계층의 변화에 큰 영향을 주지 못하고 오히려 학교가 사회계층의 격차를 보다 심화시키는 역할을 하고 있다고 보았다.

1647년 매사추세츠 주 입법의회가 "50가정이 살고 있는 모든 도시는 모든 어린이에게 읽고 쓰는 것을 가르치기 위한 교사를 두어야 한다."고 선언한 이래 교육에 대한 정부의 직간접적인 통제는 계속되어 왔는데[56] 특히 그중에서도 법원의 판결은 대표적인 예라고 할 수 있다.

교육재정 배분의 불평등에 관한 문제를 가지고 법원에 고소한 첫 번째 사례는 1967년에 로스앤젤레스 지역의 교육구에 사는 학부모인 세라노(John Serrano)가 캘리포니아 주 재정국장인 프리스트(Priest)를 상대로 고소한 사건이다.[57] 세라노는 학교가 제공하는 교육의 질에 대하여 그의 아들이 다니는 학교의 교장에게 불평을 하였다. 이에 대하여 학교장은 교육구에서 보다 좋은 수업을 할 수 있도록 보조를 할 수 없으니 근처의 부유한 교육구로 이사를 하는 것이 좋겠다는 내용을 학부모에게 통보하였다. 세라노는 이와 같은 충고가 가치 없는 것이라고 판단하였으며, 그 자신도 이사할 수 없었다. 그래서 그는 다른 동조자들과 함께 캘리포니아 주가 학교에 대하여 재정을 배분하는 문제를 가지고 법원에 고소를 하게 되었다. 이에 대하여 캘리포니아 주 대법원은 캘리포니아 주의 학교 교육재정 배분은 주 헌법의 '평등한 보호' 조항을 위반하고 있으므로 일정기간 내에 법적으로 인정할 수 있는 개혁안을 제시하도록 판결하였다.

세라노의 변호사는 교육은 '기본적인 관심사(fundamental interest)'이므로 빈부에 따라 좌우되어서는 안 된다고 변론하였다. 또한 가난한 교육구에 사는 학생들은 비록 부모들이 부유한 교육구의 부모들보다 높은 세율의 세금을 납부하더라도, 부유한 교육구에 사는 학생들보다 값싼 교육을 받게 된다는 사실을 여러 가지 실증적인 통계자료로써 입증하였다. 예를 들면, 세라노가 살고 있는 볼드윈 파크(Baldwin Park) 교육구는 1968~1969학년도에 학생당 재산평가액이 $3,706이며, 세율은 $5.48이고 주정부의 지원이 학생당 $307나 되는데도 학생 1인당 교육비는 $577에 지나지 않고, 이웃에 있는 부유한 비버리 힐스(Beverly Hills) 교육구

56) Charles S. Benson, *The Economics of Public Education*, 3rd ed.(Boston: Houghton Mifflin Company, 1978), pp. 220~221.
57) Thomas H. Jones, *op. cit.*, pp. 191~192.

는 학생당 재산평가액이 $50,000 이상이 되고 세율은 $2.38에 불과하며, 주정부로부터의 지원도 학생당 $125에 지나지 않으나 학생 1인당 교육비는 볼드윈 파크 교육구의 두 배 정도가 되는 $1,232에 달한다는 것이다. 세라노 측은 단순히 우연하게 가난한 지역에 살게 되었다는 이유로 인하여 차별을 받는 것은 공정하지 못하다고 주장하였다.

세라노의 교육재정 배분의 불평등에 대한 고소사건 이후 미국 전역에 걸쳐 이와 유사한 사건들이 법원에 고소되게 되었다. 그중에서도 널리 알려진 사례들을 열거해 보면 다음과 같다.

매클니스 대 오길비(Mclnnis V. Ogilvie)의 사례에서는 공립학교 세입은 학생의 필요에 따라 배분되어야 한다는 요구를 하였고, 이 사건의 결과 재정적 중립성의 원칙(the principle of fiscal neutrality)이 생겨나게 되었다. 즉, 학생이 제공받는 교육의 질은 주 전체의 부가 아닌 다른 부의 함수관계가 되어서는 안 된다는 것이다.[58]

1973년의 로드리게즈 대 산 안토니오(Rodriguez V. San Antonio)의 사례는 '최소한으로 적정한 자원에의 균등접근(equal access to minimally adequate resource)'을 균등한 교육기회에 관한 정의로 설정하였다.[59] 비록 동일한 교육구에 위치한 학교일지라도 백인 학생이 다니는 학교는 높은 보수를 받는 교사들이 배치되어 있어 학교 간에 차등이 있다고 지적한 홉슨 대 핸슨(Hobson V. Hansen)의 사례는 교육구가 연방정부로부터 지원을 받을 수 있는 자격을 얻으려면 학교 간에 자원을 균등하게 배분해야 한다고 결정하였다.[60]

우리나라의 경우, 이제까지는 중앙정부에서 일정한 기준에 의해 교육재원을 배분해 왔기 때문에 지역에 따른 교육비의 불평등 문제는 아직 본격적으로 제기되지 않았다. 그러나 지방자치가 정착되어 지역 간 교육격차 문제가 제기될 경우 우리나라에서도 중요한 사회문제로 대두될 것이다. 특히 우리나라의 경우 지역 간 교육격차 문제보다도 국·공립과 사립학교 간 교육여건의 격차와 교육비의

---

58) John E. Coons et al., *Private Wealth and Public Education*(Cambridge: Harvard University Press, 1970).

59) Allan R. Odden & Lawrence O. Picus, *op. cit.*, pp. 27~28.

60) William R. Hazard, *Education and the Law: Cases and Materials on Public Schools*(New York: The Free Press, 1971), pp. 163~188.

격차에 관한 문제가 보다 민감하게 제기될 가능성이 크다.

참고문헌

고현민, 조영재, "단위학교재정 배분의 적절성 개념과 분석에 관한 논의," 교육문제연구, 제17권 제1호, 전북교육종합연구소, 2010.

공은배, "초·중등교육재정의 확립방안", 교육재정경제연구, 창간호, 1992. 9.

김신복, "우리나라 대학교육의 기회균등", 대학교육, 제2호, 한국대학교육협의회, 1983.

김신일, 교육사회학, 서울: 교육과학사, 1987.

김영모 편, 현대사회문제론, 서울: 한국복지정책연구소 출판부, 1982.

반상진, "교육재정의 공평성 평가연구", 교육행정학연구, 제16권 제1호, 1998.

반상진 외, 교육재정학, 서울: 학지사, 2014.

송기창, "국가 교육재원 배분의 효율화 방안," 교육재정경제연구, 제17권 제1호, 2008.

송기창, "이명박정부의 지방교육재정정책 평가연구," 교육재정경제연구, 제22권 제1호, 2013.

윤정일, "교육재원 확충방안", 교육재원의 확충방안, 교육개혁심의회 10차 공청회 보고서, 1986.

윤정일, "교육재정 평가의 과제와 발전 방향", 교육재정경제연구, 제8권 제1호, 1999.

윤홍주, "교육재정 적정성 논의 및 공평성의 관련성 탐색," 교육행정학연구, 제21권 제3호, 2003.

윤홍주, "우리 교육재정의 공평성 분석," 교육행정학연구, 제22권 제2호, 2004.

이돈희, 교육철학개론, 서울: 교육과학사, 1983.

이돈희, 교육정의론, 서울: 고려원, 1992.

최준렬, "교육재정 배분의 공평성·적절성 개념과 측정방법의 적용 가능성 탐색," 교육재정경제연구, 제22권 제4호, 2013.

한국교육행정학회, 교육재정론, 교육행정학전문서 6, 서울: 하우, 1995.

황경식, 사회정의의 철학적 기초, 서울: 문학과 지성사, 1985.

Alexander, A., Concepts of Equity, In W. W. McMahon & T. G. Geske, Eds., *Financing Education: Overcoming Inefficiency and Inequity,* Urbana: University of Illinois Press, 1982.

Benson, C. S., *The Economics of Public Education*, 3rd ed., Boston: Houghton Mifflin Company, 1978.

Clune, W. H., "Accelerated Education As a Remedy for High-Poverty Schools", *University of Michigan Journal of Law Reform, 28*(3), 1995.

Cohen-Vogel, Lora An, & Cohen-Vogel, Daniel R., "School Finance Reform in Tennessee: Inching Toward Adequacy", *Journal of Education Finance, 26*, Winter 2001.

Coleman, J. S., "The Concept of Equality of Educational Opportunity", *Harvard Educational Review, 38*, 1968.

Coleman, J. S., "The Concept of Equality of Educational Opportunity", *Harvard Educational Review, 38*(1), Winter 1998.

Coleman, J. S., "Equity of Opportunity and Equality of Results", *Harvard Educational Review, 43*(1), 1973.

Coleman, J. S. et al., *Equality of Educational Opportunity,* 2 volumes, Washington, DC: GPO, 1966.

Coons, J. E., Clune, W. H., & Sugarman, S. D., *Private Wealth and Public Education,* Cambridge: Harvard University Press, 1970.

Dolan, R. C., & Schmidt, R. M., "Assessing the impact", *Economics of Education Review, 6*(3), 1987.

Ferguson, R. F., "Playing for Public Education: New Evidence on How and Why Money Matters", *Harvard Journal on Legislation, 28*, Summer 1991.

Garms, W. I., Guthrie, J. W., & Pierce, L. C., *School Finance: The Economics and Politics of Public Education,* Englewood Cliffs, NJ: Prentice-Hall, Inc., 1978.

Hansen, W. L., "Equity and the Finance of Higher Education", in T. W. Schultz, *Investment in Education: The Equity-Efficiency Quandary,* Chicago: The University of Chicago Press, 1972.

Hanushek, E. A., "Accessing the Effects of School Resources on Student Performance: An Update.", *Educational Evaluation and Policy Analysis, 18*(2), 1997.

Hazard, W. R., *Education and the Law: Cases and Materials on Public Schools,* New York: The Free Press, 1971.

Heck, R. H., & Hallinger, P., "Next Generation Methods for the Study of Leadership and School Improvement", in Joseph Murphy & Karen Seashore Louis, Eds., *Handbook of Research on Educational Administration,* 2nd ed., San Francisco: Jossey-Bass Publishers, 1999.

Jenks, C. S., & Brown, M. D., "Effects of High Schools on Their Student", *Harvard Educational Review, 45*(3), 1975.

Johns R. L., Morphet, E. L., & Alexander, K., *The Economics and Financing of Education,*

Englewood Cliffs, NJ: Prentice-Hall, Inc., 1983.

Jones, T. H., *Introduction to School Finance: Technique and Social Policy,* New York: Macmillan Publishing Company, 1985.

Juday, S. L., "Evaluating Education Finance Policy Decisions", *Financing School Choice, School Finance Series,* ERIC ED 335779, 1991.

Ladd, H. F., Chalk, R., & Hensen, J. S., Eds., *Equity and Adequacy in Education Finance,* Washington, DC: National Academy Press, 1999.

LaMorte, M. W., "The Fourteenth Amendment: Its Significance for Public School Educators", *Educational Administration Quarterly, 10*(3), 1974.

Lows, R. L., "Measurement of Inequality: The Gini Coefficient and School Finance Study", *Journal of Education Finance, 10*(1), 1985.

Marion, R., & Flanigan, J., "Evolution and Punctuation of Theories of Educational Expenditure and Student Outcomes", *Journal of Education Finance, 26,* Winter 2001.

McMahon, W. W., "Efficiency and Equity Criteria for Education Budgeting and Finance", in Walter W. McMahon & Terry G. Geske, Eds., *Financing Education: Overcoming Inefficiency and Inequity,* Urbana, Ill.: University of Illinois Press, 1982.

McMahon, W. W., & Geske, T. G., Eds., *Financing Education: Overcoming Inefficiency and Inequity,* Urbana, Ill.: University of Illinois Press, 1982.

Noonan, R. D., "Semantics of Equality of Educational Opportunity", *Teachers College Record, 76,* 1974.

Odden, A. R., & Picus, L. O., *School Finance: A Policy Perspective,* 4th ed., N.Y.: McGraw-Hill, 2008.

Perl, L. J., "Family Background, Secondary School Expenditure, and Student Ability", *The Journal of Human Resources, 8*(2), 1973.

Pipho, C., "Satisfying the School Finance Customer", *Phi Delta Kappan,* May 1996.

Secada, W. G., "Educational Equity versus Equality of Education: An Alternative Conception", in Walter G. Secada, Ed., *Equity in Education,* New York: The Falmer Press, 1989.

Sexton, P., *Education and Income,* New York: The Viking Press, 1966.

Strike, K. A., *Liberal justice and the Marxist critique of education,* Urbana: University of Illinois Press, 1989.

Summers, A. A., & Wolfe, B. L., "Do Schools Make a Difference?", *The American*

Economic Review, 64(4), 1977.

Underwood, J. K., "School Finance Adequacy As Vertical Equity", *University of Michigan Journal of Law Reform, 28*(3), 1995.

Wagner, R. B., *Accountability in Education,* New York: Routledge, 1989.

Wenglinsky, H., *When Money Matters*, Princeton, NJ: Education Testing Service, 1997.

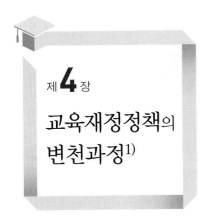

제**4**장
교육재정정책의
변천과정[1]

　교육재정정책은 국가 및 지방자치단체가 교육재정을 확보하고 배분하며 지출·평가하는 데 필요한 기본 지침을 말한다. 교육재정정책은 수준에 따라 중앙교육재정정책과 지방교육재정정책으로 구분할 수 있고, 대상에 따라 고등교육재정정책과 중등교육재정정책, 의무교육재정정책, 유아교육재정정책, 사학교육재정정책 등으로 구분할 수 있다. 또한 교육재정정책을 기능에 따라서 구분하면 교육재정 확보정책, 교육재정 배분정책, 교육재정 운영정책 등으로 구분할 수 있다.
　중앙교육재정정책의 대상은 주로 고등교육이며, 지방교육재정정책의 대상은 초·중등교육과 유아교육이다. 그러나 고등교육에 대하여는 국가가 일관성 있게 수익자 부담의 원칙을 적용하여 왔기 때문에 교육재정정책의 대부분은 지방교육, 즉 유아교육과 초·중등교육에 관한 것이었다.

---

1) 이 장의 내용 중 1993년까지의 정책은 송기창, "지방교육재정정책 변천과정 분석연구", 서울대학교 대학원 박사학위논문(1994)을 주로 참조함.

이 장에서는 우리나라 교육재정정책의 변천과정을 지방교육재정정책을 중심으로 고찰한다. 교육재정정책의 변화과정을 제대로 파악하기 위하여, 교육재정의 확보·배분·운영 등 각 기능별로 정책 내용의 변화에 따라 시대를 구분하고 그 변천과정을 살펴본 후 교육재정정책의 변화추세 및 유형을 분석한다.

제1절 교육재정 확보정책의 변천과정

교육재정 확보정책은 재원의 변화에 따라 지방세 부가기(1945~1958), 목적세 부과기(1958~1961), 특정국세 연계기(1962~1967), 내국세 연계기(1968~1981), 내국세와 목적세 병과기(1982~1995), 내국세·지방세와 목적세 병과기(1996~)로 시기를 구분할 수 있다.

1. 지방세 부가기(1945~1958)

지방세 부가 형태로 지방교육재정을 확보하던 방식은 일제시대부터 도입된 제도다. 해방 이후에도 이러한 지방세 부가 형태의 지방교육재정 조달방안은 계속 유지되어 미군정은 1946년 지방세의 개정을 통해 일제시대부터 굳어진 호별세 부가금 및 특별부과금 제도를 재확인하였다. 의무교육재정을 지방세인 호별세에 부가하여 확보하던 지방세 부가 방식의 지방교육재원 조달은 1958년 「교육세법」이 제정되기 전까지 계속되었다.

1949년 12월 22일 제정된 「지방세법」(법률 제84호)은 제46조에서 지방세인 호별세 부가 형태로서의 목적세를 규정하였고, 며칠 후 제정된 「교육법」(법률 제86호, 1949. 12. 31)에서도 지방교육재원으로 교육세(호별세 부가금), 특별부과금 등을 제도화하였다.

부·읍·면에서 징수한 국세인 지세의 9할을 학교의 인정된 용도를 위하여 국고보조 형식으로 환불토록 한 「지세령 등의 개정」(군정법령 제202호, 1948. 6. 21)과 지방세 부가금 형식의 학교비와 국세로서의 지세 환불금을 바탕으로 재원을 확보하고자 한 「공립학교 재정경리」(군정법령 제218호, 1948. 8. 12)는 국세와 지방세의 이원적인 방식에 의한 교육재정 확보를 규정하고 있었으나 지세 환불제도가 실제로 시행되지 못했기 때문에 국세에 의한 지방교육재원의 확보는 없었다고 할 수 있다.

지방세 부가 방식은 「임시토지수득세법」(법률 제220호, 1951. 9. 25)의 제정으로 비농가에 한하여 종전대로 계속 호별세 부가금이 적용되었고, 농가에 대하여는 국세인 새로운 제1종 토지수득세(土地收得稅)의 일정 비율을 지방에 환부하는 제도로 전환되었지만, 제1종 토지수득세가 지방세적인 성격을 띠고 있었기 때문에 지방세 부가 형태로 분류하는 데 별다른 문제가 없다고 판단된다.[2] 호별세 부가금과 특별부과금, 제1종 토지수득세 등은 징수권이 일반행정기관에 있었기 때문에 이 시기의 교육재정은 일반행정에 예속되어 자주성을 확보하기 어려웠다.

한편, 「교육법」 제70조에 의하여, 의무교육에 종사하는 국민학교 교원의 봉급 전액과 공립 중등학교 교원봉급 반액은 국고가 부담하였다. 중등교원 봉급 반액은 설립자인 지방자치단체에서 부담토록 하였으나, 지방자치단체 부담분도 사실은 국고에서 지방자치단체에 대한 보조형식으로 지원되었다. 인건비 이외의 경비는 수익자 부담에 의하여 충당되었다.

2. 목적세 부과기(1958~1961)

1958년 「교육세법」(법률 제496호, 1958. 8. 28)의 제정으로 호별세 부가금, 특별부과금 등 지방세에 의존하고 있던 당시 교육비 조달방법을 탈피하여 교육목적세를 부과함으로써 의무교육비의 정상적인 조달과 의무교육제도의 건전한 육성발전을 도모할 수 있게 되었다.

교육세는 국세인 교육세와 지방세인 교육세의 2종으로 하였고, 국세교육세는 부동산·배당이자·갑종사업소득·양도소득 및 잡소득, 을종사업소득, 갑종근

---

2) 토지수득세(土地收得稅)가 국세라고는 하지만 지방세를 임시적으로 국세화한 것이며, 1960년 말 「토지세법」에 의하여 농지세로 전환되었다가 1961년 12월 지방세로 환원되었기 때문에 토지수득세 환부금제도도 일종의 지방세 부가방식의 변종으로 볼 수 있음. 제1종 토지수득세 환부금도 예산편성 시에는 호별세 부가금 해당액과 특별부과금 해당액으로 구분하여 편성하였는데 그 비율은 10:9였음. 이호성, 교육자치제와 그 운영(서울: 문교사, 1954), pp. 127~129.

로소득, 을종근로소득, 법인의 유보소득 등에 소득금액에 따라 3~15%씩 부과하였으며, 지방교육세는 국세 교육세의 면세점 이하 근로소득금액의 2%, 근로소득 이외의 소득금액의 5%를 부과하였다. 그러나 「교육세법」은 예산통일주의 원칙에 밀려 1961년 12월 「소득세법」에 의하여 폐지됨으로써 목적세에 의하여 교육재정을 확보하던 방식은 4년 만에 사라지게 되었다.

목적세로서 교육세가 부과되기는 하였으나, 특별시와 시의 경우에는 교육세의 부과·징수권이 여전히 일반지방자치단체에 있었고, 종전의 호별세부가금과 특별부과금의 세원을 100% 흡수하지 못하고 사친회비를 징수할 수 없게 됨에 따라 의무교육재정 규모 면에서는 별다른 실익이 없었다. 그러나 교육구의 경우에는 교육세를 부과·징수하게 됨에 따라 교육자치의 기반을 강화하고 교육의 독립성을 확고히 하는 데 기여한 것으로 평가된다. 따라서 1958년 이후 4년간의 목적세 부과는 교육재정 규모의 확대라는 측면보다는 교육재정 운영의 자주성 확보 측면에서 의의가 있었다.

3. 특정국세 연계기(1962~1967)

교육세와 제1종 토지수득세의 폐지로 「의무교육재정교부금법」이 1962년 4월 24일(법률 제1063호)에 전부 개정됨에 따라 교육재원은 목적세에서 특정국세로 변화되었다. 의무교육재정 보통교부금은 소득세의 1000분의 420, 기준재정수요액에서 기준재정수입액과 소득세의 42% 해당액을 합한 금액을 제한 금액이며, 특별교부금은 기준재정수요액 중 기본급여(제수당 포함)를 감한 금액의 30/100 이내의 금액으로 하였다. 기준재정수요액의 산정방법은 각령(대통령령)으로 정하도록 되어 있었으며, 기준재정수입액의 산정방법은 입장세액의 50%에 해당하는 환부금과 기타 수입의 예상액으로 하였다.

1965년의 개정(법률 제1727호, 1965. 12. 20)에서 입장세 환부금 제도가 폐지되고, 소득세 교부율이 40/100에서 50/100으로 상향 조정되었으나, 1966년 개정(법률 제1858호, 1966. 12. 27)에서는 소득세와 입장세가 부가세 재원을 흡수함에 따라 세수가 증대되었다는 이유로 소득세와 입장세의 교부율이 50/100에서 40/100 이상 50/100 이하로 하향 조정되었다.

한편, 1963년 「지방교육교부세법」(법률 제1459호, 1963. 12. 5)이 제정·공포되었는데, 이 법은 지방자치단체가 부담해 오던 중등학교 교원 봉급의 전입금 해당액을 국가에서 교부하는 제도를 마련하기 위하여 제정되었다. 보통교육교부세와 특별교육교부세로 구분하여 보통교육교부세는 입장세액의 40/100, 주세 중 탁주·약주세액의 42/100 해당액으로 하고, 특별교육교부세는 보통교육교부세액의 10/100 해당액으로 하였다. 지방교육교부세의 재원은 종래의 「지방교부세법」(법률 제931호, 1961. 12. 31)에 의해 일반지방자치단체의 지방교부세 재원으로 확보되던 영업세, 입장세, 전기·가스세의 40%에 해당하는 액과 주세 중 탁주·약주세의 85%에 해당하는 액에서 입장세액의 40%와 약·탁주세액의 42%를 분리한 것이다.

요컨대, 이 시기의 지방교육재원은 국세인 소득세와 입장세, 주세의 일정률이었다. 1962년부터 1963년까지는 소득세액의 42%와 입장세액의 50%였고, 1964년부터는 중등교육재원을 일반지방자치단체로부터 분리함에 따라 소득세액의 42%와 입장세액의 90%(의무교육재정교부금재원 50%+지방교육교부세재원 40%), 약·탁주세액의 42%가 되었으며, 1965년부터 1966년까지는 소득세액의 50%, 입장세액의 90%, 약·탁주세액의 42%가 되었다가 1967년에는 소득세액의 41%, 입장세액의 81%, 약·탁주세액의 42%로 확보되었다(특별교부금은 별도). 국세, 특히 소득세는 계속 신장되는 시기였으므로 국세에 의한 지방교육재원의 확보는 재정규모 확대에 기여했다고 평가된다.

4. 내국세 연계기(1968~1981)

지방교육재원은 1968년 7월 19일 「의무교육재정교부금법」(법률 제2035호)과 「지방교육교부세법」(법률 제2036호)의 개정으로 특정국세에서 내국세 총액의 일정률로 변경되었다. 지방교육재원의 모세가 특정세인 관계로 매년 세입 추계와 예산편성 과정에서 논란의 대상이 되고 있어 내국세 총액과 연계 산출토록 개정된 것이다.

개정 「의무교육재정교부금법」에 의하면, 보통교부금은 내국세의 105/1000, 특별교부금은 보통교부금의 10%(내국세의 1.05%)이며, 내국세 예산액과 결산액의 차액으로 인한 교부금의 차액은 정산토록 하였다.

「지방교육교부세법」의 개정은 「의무교육재정교부금법」 개정과 마찬가지로, 지방교육교부세가 특정국세를 재원으로 하기 때문에 발생하는 세입추계와 예산편성 면에서의 혼란을 개선하고, 중등교육인구의 증가에 따른 중등교육시설 확충재원 확보와 공무원 처우개선비 부담률의 증액 등으로 발생한 막대한 재정결함(1,462백만원)을 보전하기 위하여 이루어졌다. 교부세 재원을 내국세 총액으로 하여 보통교육교부세의 교부율을 내국세 총액의 1.3%(특별교육교부세 0.13% 별도)로 하였고, 내국세 예산액과 결산액의 차액으로 인한 교부세 차액을 정산하도록 규정하였다.

「의무교육재정교부금법」과 「지방교육교부세법」은 1971년 12월 「지방교육재정교부금법」으로 통합되었으나 내국세 교부율에 변화가 있었던 것은 아니다. 그러나 1972년에 경제의 지속적 발전과 국민생활의 안정을 위한다는 명분으로 단행된 8·3 조치에 의하여 법정교부율의 효력이 1982년까지 정지되었고, 따라서 심각한 교육재정의 악화를 초래하였다.

지방교육재원의 내국세 연계는 교육재원의 안정적 확보를 표방하였으나 안정적으로 확보된 기간은 처음 4년간에 불과하고, 8·3 조치에 의해 다음 10년간은 교부율 효력정지로 인하여 오히려 심각한 교육재정의 불안정이 초래되었다.

5. 내국세와 목적세 병과기(1982~1995)

1972년 8·3 조치로 인한 교육재정의 손실로 악화된 교육여건을 개선하기 위하여 1981년 말에 다시 「교육세법」이 제정되었기 때문에 교육재원은 내국세와 목적세로 이원화되었다. 「교육세법」은 1981년 말 제정된 이후로 운용시한의 연장, 담배판매세의 제외, 방위세원 흡수 및 영구세화 등 여러 차례의 개정을 거쳐 오늘에 이르고 있다.

내국세 재원은 「지방교육재정교부금법」의 개정(법률 제3561호, 1982. 4. 3)에 의해서 8·3 조치 이전의 교부율을 회복하였으나, 12.98% 중 보통교부금 11.8%만을 회복하고, 나머지 특별교부금 1.18%는 회복하지 못함으로써 교육세 신설효과를 반감시키는 결과를 가져왔다.

내국세와 목적세 병과기라고는 하나 교육세가 독립세로 부과되지 못하고 지방세와 국세 부가세 형태로 부과되고 있어서 교육의 필요에 따라 재원이 확보되는 것이 아니라 교육세가 부가되는 지방세나 국세의 필요와 변화에 따라 교육세 자체가 변화되는 문제가 있다. 또한 교육세 총액이 교육이라고 하는 목적 사업재원의 전체를 포괄하지 못하고 극히 일부분만을 충당하고 있기 때문에 엄밀한 의미에서 목적세라고 말하기 어렵다. 단지 국민들의 조세 저항을 줄이기 위하여 조세저항이 적은 교육세라는 명칭을 붙였을 뿐이고 실제로 조세의 운영은 일반조세와 다를 바가 없기 때문이다.

6. 내국세 · 지방세와 목적세 병과기(1996~)

1995년 교육개혁위원회가 발표한 5·31 교육개혁안의 교육재정 GNP 5% 확보정책의 일환으로, 1995년 말 「지방교육재정교부금법」을 개정하여 1996년부터 시·도세 총액의 2.6%를 지방자치단체 일반회계에서 교육비특별회계로 전출하는 제도를 도입하였고, 시·군·자치구가 관할구역 내 단위학교에 교육경비를 보조할 수 있는 근거를 마련하였다. 이는 본격적으로 지방세로부터 지방교육재원을 확보하는 제도가 시행되기 시작했다는 의미를 가진다.

그러나 엄밀한 의미에서 보면, 지방세 재원으로부터 지방교육재원이 확보되기 시작한 시기는 좀 더 거슬러 올라간다. 1988년 말에 담배 관련 제세가 지방세인 담배소비세로 통합되어 지방자치단체에 이양됨에 따라 종전에 담배에 부과되던 교육세만큼 지방교육재정교부금의 결손이 생기게 되자 그 결손액을 당해 지방자치단체의 담배소비세에서 보전하도록 하는 「지방교육재정교부금법」의 개정(법률 제4047호, 1988. 12. 31)이 있었다. 그 결과로 서울특별시와 광역시의 담배 소비세 수입의 30%에 해당하는 금액(연간 2,000억 원 정도)이 교육비 특별회계로 전출되게 되었다. 1993년부터 유류에 관한 특별소비세가 교통세 재원으로 전환됨에 따라 초래된 내국세 결손분 지방교육재정교부금을 보전하기 위하여 담배소비세 전입률이 45%로 조정되었다. 담배소비세 전입금제도는 특별시와 광역시에 국한된 제도이기는 하나, 지방세의 일부가 교육재원으로 전입되는 제도가 시행된 것으로 볼 수 있다.[3] 또한 1990년 말에 방위세가 폐지되면서 지방세분 방위세를 전액 교육세원으로 흡수함에 따라 결과적으로 지방세로부터 교육재정을 조달하게 되었으나, 형식상으로 교육세는 여전히 국세였기 때문에 지방세에 의한 교육세 조달로 보기에는 무리가 있다. 시·도세 전입비율은 2001년부터 3.6%로 상향 조정되었고, 2005년부터 중등교원 봉급전입금제도와 통합되어 서울 10%, 광역시와 경기도 5%로 조정되었고, 나머지 도는 3.6%를 유지하였다.

이 시기에는 시·도세전입금제도 신설과 공립중등교원 봉급전입금제도 확대 외에도 1995년 말 개정된 「지방교육재정교부금법」에 의하여 제정된 「시·군 및 자치구의 교육경비보조에 관한 규정」(시·도의 경우에도 교육경비를 보조할 수 있도록 2007년 말 「지방자치단체의 교육경비보조에 관한 규정」으로 바뀜)은 일반 지방자치단체가 단위학교에 교육경비를 직접 보조할 수 있는 길을 터놓았으며, 1995년 말 개정된 「교육세법」에 의해 교육세의 과세대상을 확대하고 기존 지방세분 교육세 중 일부에 대하여 세율을 조정하였다. 교통세의 15%와 등유에 대한 특별소비세의 15%, 담배소비세의 40%를 교육세로 신규 부과하게 되었고, 경주·마권세(나중에 레저세로 바뀜)에 대한 교육세의 세율을 20%에서 50%로 인상한 것이다.

2000년 초 개정된 「지방교육재정교부금법」(2001년부터 시행)은 앞에서 언급한 바와 같이 시도세 전입금 전입비율을 2.6%에서 3.6%로 조정한 것 외에, 부산을 제외한 광역시와 경기도의 공립 중등교원 봉급 10%를 전입하는 제도를 도입하였고, 내국세 교부금 교부율을 11.8%에서 13%로 상향 조정하였고, 의무교육기관 교원봉급교부금에 봉급액을 기준으로 하여 지급액이 산정되는 수당뿐만 아니라 「교육공무원법」 제35조 각호에서 규정한 수당을 추가함으로써 지방교육재원을 대폭 확충하였다. 아울러 「교육세법」을 개정하여 2001년부터 지방세 부가분 교육세를 지방교육세로 전환함으로써 지방교육세 수입액은 지방자치단체 일반회계로부터 전입금형태로 이전받게 되었다.

2004년 말 개정된 「지방교육재정교부금법」은 2005년부터 공립 중등교원봉급 전입금과 시·도세전입금을 통합한 것뿐만 아니라 교육세 수입액을 재원으로 하는 지방교육양여금제도를 폐지하고, 교원봉급교부금을 내국세교부금에 통합

---

3) 중등교육이 일반지방자치단체 관할에서 벗어난 1964년 이후, 지방세가 교육재원으로 전입되기 시작한 것은 1964년으로, 서울과 부산에서 시작된 공립 중등교원 봉급전입금제도가 그것임. 서울은 공립중등교원봉급 전액, 부산은 공립중등교원봉급 반액을 지방자치단체 일반회계에서 부담하도록 했음.

하여 내국세교부율을 19.4%로 조정하도록 하였다. 내국세교부율은 2008년부터 유아교육지원사업이 교부금사업으로 이양됨에 따라 20%로 조정되었고, 2010년부터 부가가치세의 일부가 지방소비세로 전환됨에 따라 발생하는 내국세 교부금 결손을 보전하기 위하여 교부율이 20.27%로 조정되어 오늘에 이르고 있다.

2001년부터 「지방세법」에 규정하기 시작한 지방교육세도 몇 차례 변화가 있었다. 「지방세법」 개정법률(법률 제6312호, 2000. 12. 29)은 지방세분 교육세를 지방교육세로 규정하고, 경주·마권세 지방교육세율을 50%에서 60%로 인상하되 2005년 12월 31일까지 효력을 가지며, 2006년 1월 1일부터는 20%로 환원하고, 담배소비세분 지방교육세율을 40%에서 50%로 인상하되, 2005년 12월 31일까지 효력을 가지도록 하였고, 2001년 말 개정된 「지방세법」은 경주·마권세의 명칭을 레저세로 변경하였다. 2005년 말 개정된 「지방세법」은 레저세분 지방교육세의 세율은 100분의 60에서 100분의 40으로 인하하되, 2008년 12월 31일까지는 100분의 60을 유지하고, 2009년 이후 100분의 40으로 인하하고, 담배소비세 부가분 지방교육세 징수시한을 2010년 말까지 연장하였다(이후 몇 차례의 연장을 통해 2015년 말까지 연장된 상태임). 2010년 3월 말 「지방세법」 개정에서는 등록세 개편에 따라 등록세분 지방교육세가 부동산, 기계장비(자동차 제외), 항공기 및 선박의 취득에 대한 취득세의 20%와 등록에 대한 등록면허세(자동차에 대한 등록면허세 제외)의 20%로 조정되었다.

제2절 교육재정 배분정책의 변천과정

교육재정의 배분정책은 채택된 지원제도의 특성에 따라 환부금제도의 시기(1951~1958), 환부금·교부금제도의 시기(1959~1965), 교부금제도의 시기(1966~1990), 교부금·양여금제도의 시기(1991~2004), 신교부금제도의 시기(2005~)로 구분할 수 있다.[4]

---

4) 1945년부터 1950년까지의 기간은 국고보조금 제도의 시기로 분류할 수 있으나 국고보조금 제도는 다른 재정지원제도의 도입과 관계없이 그 후로도 현재까지 계속적으로 이어져 내려온 정책이므로 특별히 분류하여 고찰할 필요가 없다고 봄.

1. 환부금 제도기(1951~1958)

미군정시대에는 대체로 일제시대의 학교비 제도를 약간 변형하여 그대로 답습하는 형태의 교육재정제도를 유지해 오다가 정부 수립 이후 본격적으로 지방교육재정제도가 마련되었다. 미군정하에서의 각종 법령은 건국 초기에 지방교육재정제도를 마련하는 데 많은 영향을 끼쳤다.[5]

정부수립 이후 최초의 교육재정관계법은 교육법보다 며칠 앞서 제정된 「지방세법」(법률 제84호, 1949. 12. 22)이다. 지방세법은 제46조에서 목적세로서 호별세 부가금과 특별부과금을 규정함으로써 초등교육 경비를 충당하도록 하였다.[6] 그러나 지방교육재정제도의 근간을 명문화하여 교육재정제도를 확립한 것은 1949년 말에 제정된 「교육법」(법률 제86호, 1949. 12. 31)에 의해서였다. 교육법은 지방교육재원으로 교육세(호별세 부가금), 특별부과금[7] 등을 제도화하고 있으며, 초등교원의 봉급 전액과 중등교원의 봉급 반액에 대한 국고부담을 규정하였다. 따라서 이 시기의 교육재원은 국고로부터의 교원봉급 및 재정부족액 지원금과 지방자체 재원인 호별세 부가금과 특별부과금이었다.

이러한 재원구조에 변화를 가져온 것은 1951년 제정된 「임시토지수득세법」(법률 제220호, 1951. 9. 25)이었다. 이 법에 의해서 제1종 토지수득세 환부금제도가 도입되었기 때문이다. 종래에는 농가·비농가를 불문하고 호별세 부가금을 적용하였으나, 새로운 제도에 의하여 호별세 부가금제도는 비농가에 한하여 계속 적용하고, 농가에 대하여는 새로운 제1종 토지수득세의 일부를 지방에 환부하는 제도로 전환되었다.[8] 「임시토지수득세법 시행령」에 의하면, 제1종 토지수득

---

5) 건국 초기 교육재정정책 수립에 많은 영향을 준 법령으로는 지방세인 호별세 부가세 형태로 학교비를 거둘 수 있도록 규정한 「지방세의 개정」(군정법령 제109호, 1946. 10. 15), 부·읍·면에서 징수한 지세의 9할을 학교의 인정된 용도를 위하여 국고보조 형식으로 환불토록 한 「지세령 등의 개정」(군정법령 제202호, 1948. 6. 21), 지방세 부가금 형식의 학교비와 국세로서의 지세 환불금을 바탕으로 재원을 확보하고자 한 「공립학교 재정경리」(군정법령 제218호, 1948. 8. 12) 등임.

6) 1949년에서 1951년까지 호별세 부가금은 호별세 부과지수 1개당 40원(圓)이었으며, 1952년부터 1953년까지는 80원, 1954년부터 1958년까지는 1환(100圓)이었음.

7) 특별부과금은 학교 신·증축비 재원임. 이호성, 전게서, pp. 125~126.

8) 제1종 토지수득세 환부금도 예산편성 시에는 호별세 부가금 해당액과 특별부과금 해당액으로 구분하여 편성하였는데 그 비율은 10:9였음. 상게서, pp. 127~129.

세의 환부율은 1951년에는 64/1000, 1952년부터 1954년까지는 142/1000, 1955년부터 1961년 말 폐지될 때까지는 182/1000가 적용되었다.

환부금제도 자체가 안고 있는 문제이지만, 이 시기에는 지방자치단체 간의 재정적 불균형이 해소되지 못하고, 교육재정이 일반행정에 예속되어 자주성을 확보하지 못했다. 호별세 부가금과 특별부과금, 제1종 토지수득세 환부금 등은 징수를 일반행정기관에 위임함으로써 징수율이 낮았으며, 환부액의 영달이 지연되는 등의 문제가 있었다.[9]

법령상으로 최초의 환부금제도는 1948년 미군정 말기에 제정·공포된「지세령 등의 개정」(군정법령 제202호, 1948. 6. 21)에서 규정한 지세환불금제도라고 할 수 있지만 동법령은 시행에 옮겨지지 않았기 때문에 실제로는 1951년부터 환부금제도가 시행되었다고 할 수 있다.

「지세령 등의 개정」에서는 부·읍·면에서 징수한 지세의 9할을 학교의 인정된 용도를 위하여 국고보조 형식으로 환불토록 규정하고 있는데다가, 군정법령 제218호(1948. 8. 12)인「공립학교재정경리」제7조(국고보조금)에서 "교육구의 교육비를 경리하기 위하여 모든 지세로 징수한 전국 세금 총액은 재무부장관이 국민학교 보조금 기금으로 이전한다."고 규정하였으나, 지세 환불금제도가 실제로 시행되지는 않았다.

원래 지세 환불금제도는 일제시대에 학교비의 하나로 사용된 적이 있던 지세 부가금제도를 답습한 것이었다.[10] 호별세 부가금 형태의 지방세가 지역 간 재정능력의 격차로 문제가 있을 뿐만 아니라 재원도 충분하지 못했기 때문에 이를 보완하기 위한 조치였다. 군정법령 제202호인 개정 지세령은 1950년「지세법」(법률 제155호, 1950. 11. 30)의 제정으로 폐지되었고,[11] 새로운「지세법」에서는 지세 환불금제도를 규정하고 있지 않았다. 따라서 지세령이 효력을 가지고 있던 기

---

9) 김재범, 교육재정론(서울: 교육출판사, 1977), pp. 223~226.
10) 1920년 제정된「조선학교비령」에 의하면 지세의 30%를 학교비로 부가하였음. 지세부가금제도는 1927년에 폐지되었고, 지세부가금분은 도지방비에 이전하고 도지방비는 그 재원을 학교비에 환원시켜 보조하도록 하였음. 김병철, "한국의 지방교육재원 확충에 관한 연구", 단국대학교 대학원 박사학위청구논문(1989), pp. 22~23.
11)「지세법」은 1951년「임시토지수득세법」부칙 제55조에 의하여 시행이 정지되었다가, 1960년 말「토지세법」(법률 제578호, 1960. 12. 31) 부칙 제57조에 의하여 폐지되었음.

간은 1948년 6월에서 1950년 11월까지라고 할 수 있는데, 지방교육자치제의 시
행을 전제로 한 「공립학교 재정경리령」 자체가 정부 수립 이후에 그대로 시행되
지 않았다는 점과 실제 교육예산과 지세수입액을 비교해 볼 때 지세의 9할이 국
민학교 보조금으로 환불되었다는 근거가 없다는 점 등을 통해서 볼 때, 지세 환
불금 제도는 정부수립 이후, 시행되지 않았다는 것을 알 수 있다.

요컨대, 법령상으로는 1951년부터 1958년까지를 환부금 제도의 시기로 규정
할 수 있지만, 실제로는 이러한 구분에 문제가 있다. 왜냐하면 제1종 토지수득세
환부금은 국고보조금으로 지원되던 재원을 환부금으로 전환한 것이 아니라, 농가
에 대하여 부과해 오던 호별세 부가금과 특별부과금을 국세로 전환하여 징수한
후 다시 지방교육자치단체에 돌려주는 재원이기 때문이다. 따라서 이 시기의 환
부금제도는 지방재원이 아닌 국가재원을 지방에 지원하는 방식인 지방재정조정
제도로서의 환부금제도와는 거리가 있으며, 실질적인 지방교육재정지원제도는
여전히 국고보조금 제도였다고 말할 수 있다. 최초의 지방교육재정지원제도로서
의 환부금제도는 1959년부터 도입된 입장세 환부금제도라고 할 수 있다.

2. 환부금 · 교부금 제도기(1959~1965)

교육재정제도에 있어서 일대 전환점이 된 것은 의무교육완성 6개년 계획
(1954~1959)에 필요한 의무교육 재원을 확보하기 위하여 1958년 제정된 「교육세
법」과 「의무교육재정교부금법」으로, 「의무교육재정교부금법」은 교부금제도 도
입의 효시가 되었다. 이후 중등교육재정을 지원하기 위해 제정된 「지방교육교부
세법」은 교부금제도의 확대를 가져왔다.

「교육세법」(법률 제496호, 1958. 8. 28)은 종전의 호별세 부가금과 그 금액을 초
과하지 않는 범위 안에서의 특별부과금을 일원화하여 새로운 의무교육재원을
확보하기 위해서 제정되었다.[12] 교육세는 국세와 지방세로 이원화되어 있었으
며, 국세 교육세의 300/1000을 지방에 환부하도록 되어 있었다. 한편, 「의무교육

---

12) 교육세는 내무부와 타협하는 과정에서 종래의 호별세부가금과 특별부과금 세원의 70%에 해당하는
세율로 결정되었음. 이창석, "교육의 중립 및 교육자치를 위한 재정문제", 문교월보, 제56호(1960. 10),
p. 18.

재정교부금법」(법률 제514호, 1958. 12. 29)은 교육구의 의무교육재정의 균형을 도모하기 위하여 의무교육재원이 부족한 교육구에 필요한 재원을 교부함으로써 의무교육의 정상적인 운영을 기하기 위하여 제정되었다.

이제까지의 환부금제도는 그 지방에서 징수한 세수의 일부를 그 지방에 그대로 환부하는 것이었기 때문에 지역 간의 재정적 불균형을 시정하기 어려웠지만 「의무교육재정교부금법」의 제정으로 지역 간 교육재정의 불균형을 어느 정도 시정할 수 있게 되었다는 데 의의가 있다. 국회에 제출할 당시의 법안 명칭이 「의무교육재정평형교부금법」이었다는 사실은 이 법이 지역 간 교육재정의 균등화를 지향하고 있었음을 짐작케 한다.

지역 간 교육재정의 균등화를 지향하는 또 하나의 제도는 「지방교육교부세법」(법률 제1459호, 1963. 12. 5)의 제정으로 나타났다. 지방교육행정 운영에 필요한 재원을 교부하여 그 재정을 조정함으로써 지방교육의 건전하고 균형 있는 발전을 기하는 것을 목적으로 국가가 재정적 결함이 생기는 서울특별시·광역시 및 도에 지원하는 교부금 재원을 마련하는 제도였다. 이 법은 중등교육비의 안정적 확보를 목적으로 한 것이었다.

「교육법」에 의하여 중등교원 봉급의 반액은 국고에서 지방교육자치단체에 직접 교부하고, 반액은 설립자인 지방자치단체가 부담토록 하였으나, 지방재정 형편상 지방자치단체가 이를 부담할 수 없게 되자 나머지 반액도 국고에서 내무부의 지방교부세 속에 포함시켜 지원하였다. 그러나 「지방교부세법」에 의해 교부세에 계상되는 나머지 반액이 적기에 지급되지 못하고, 국고에서 지원된 금액마저도 제대로 전입되지 못하는 폐단이 계속되자 이를 국가에서 직접 교부하는 제도로 바꾼 것이다.[13]

이 시기에는 의무교육뿐만 아니라 중등교육에서도 교부금제도가 도입됨으로

13) 교부금과 교부세의 차이는 없으나, 지방교육자치단체에 대하여는 교부금으로, 일반지방자치단체에 대하여는 교부세로 구별하여 사용하고 있을 뿐임. 1964년부터 1971년까지는 의무교육을 지원하는 교부금과 중등교육을 지원하는 교부금을 구분하기 위하여 중등교육을 지원하는 교부금은 '지방교육교부세'로 지칭한 적이 있으나, 1972년 이후 지방교육을 지원하는 경우에는 지방교육재정교부금이라는 명칭을 사용하고 있음. 교부금과 교부세는 지역 간 재정력 격차 해소를 위해 세수(稅收)를 징수지와 관계없이 각 지역에 교부하고, 지방세와 똑같이 지방자치단체의 일반재원으로 사용된다는 점에서 교부세(交付稅)가 더 정확한 용어라고 볼 수도 있음.

써 지방교육재정의 형평화를 도모했다는 데 의의가 있다고 할 수 있다. 그러나 환부금제도가 아직 그대로 존속되고 있는 상태여서 국세 교육세액의 300/1000, 제1종 토지수득세액(1961년은 농지세)의 182/1000, 입장세액의 50/100이 징수지 교육구와 시교육위원회에 그대로 환부되었다. 국세 교육세의 환부금제도는 교육세 폐지와 함께 1962년부터 폐지되었고, 제1종 토지수득세 환부금제도도 1961년 말 토지세법(종래의 임시토지수득세법)의 폐지로 1962년부터 폐지되었으며, 입장세 환부금제도만 존속되어 오다가 1965년 말 예산편성상 환부금제도 자체가 폐지되면서 1966년부터 환부금제도는 완전히 사라지게 되었다.

그러나 환부금 자체가 교부금 재원에 포함되어 기준재정수입액에 계상되기 때문에 환부금제도가 지방교육재정 조정기능을 수행하지는 못한 시기라고 할 수 있다. 환부금은 국세 수입의 일부를 지방교육재원으로 이전한다는 의미 외에 특별한 기능을 수행하지는 못하였다. 즉, 형식상으로는 지방교육재정을 지원하기 위하여 환부금제도와 교부금제도가 시행되고 있었지만 실질적으로는 교부금제도에 의해서 지역 간 형평성 보장 기능이 수행되었다. 이 시기의 교부금제도 또한 명실상부한 교부금제도가 되지 못했다. 교부금을 배분하고 운영하는 방식이 국고보조금과 비슷했기 때문이다.

3. 교부금 제도기(1966~1990)

1965년말 환부금제도의 폐지로, 1966년부터 국가는 「의무교육재정교부금법」과 「지방교육교부세법」에 근거한 교부금제도에 의하여 지방교육재정을 지원하게 되었다. 1971년 말에는 「의무교육재정교부금법」과 「지방교육교부세법」을 통합하여 「지방교육재정교부금법」을 제정함으로써 교부금제도의 일원화를 가져왔고, 신축성 있는 지방교육재정 운영을 기할 수 있게 되었다.[14]

「지방교육재정교부금법」이 시행된 지 1년도 채 안 되어 8·3 조치에 의해 법정 교부율 12.98%의 효력이 정지됨에 따라 교부금제도의 근간이 흔들리는 위기를 맞이하기도 하였지만, 1981년 말 「교육세법」의 제정과 1982년 「지방교육재정교

---

14) 김종철, 한국교육정책연구(서울: 교육과학사, 1989), pp. 480~483.

부금법」의 개정에 의해 교육세 수입액이 교부금에 포함됨에 따라 교부금의 규모
는 대폭 늘어났다.

이 시기에는 교부금제도에 의하여 지방교육재정을 지원하였으나 재원 자체의
손실로 인하여 형평재원으로서의 기능을 제대로 수행하지 못했다. 또한 기준재
정수요액을 산정하는 대통령령이 제정되지 아니하고 임시적인 행정내규에 의하
여 측정단위와 단위비용이 정해짐으로써 합리성의 문제가 제기되기도 하였다.
목적세인 교육세가 별도의 회계로 운영되지 못하고 경상교부금에 통합·운영됨
으로써 전용시비에 휘말리기도 하였으며, 교육세의 신설과 함께 특별교부금의
법정교부율이 폐지되고 의무교육기관에 근무하는 교원에 대한 봉급교부금에서
봉급액을 기준으로 하지 않는 제 수당이 제외됨으로써 교육세 신설의 실효성에
대한 논란이 있었다.

이 시기의 교부금제도는 그 명칭과는 달리 실제로 배분 및 운영되는 방식은 국
고보조금 형태를 띠고 있었다. 교부금을 국고보조금과 구별하는 기준은 재원의
성격에 있다고 할 수 있는데, 일반재원인 교부금을 특정재원인 국고보조금처럼
구체적인 사업명, 물량, 단가 등을 명시하여 교부하였기 때문이다. 이는 시·도
별로 지역적 특성에 맞는 자율적인 예산운용을 하는 데 있어 제약요인으로 작용
하였다.

4. 교부금·양여금 제도기(1991~2004)

1990년 말 「교육세법」이 개정되면서 교육세 전액이 지방교육양여금으로 시·
도에 지원되는 제도가 도입되었다. 당초 지방양여금제도는 기존의 지방세제를
통한 징세 노력 강화방안이 일부 대도시 또는 공업화 지역을 제외하고는 현실적
으로 한계에 부딪히고 있을 뿐만 아니라 일부 국세의 지방이양이 전반적인 재정
력의 제고에는 기여하나 자치단체 간 및 지역 간 재정력의 상대적 불균형을 오히
려 확대시킨다는 인식 하에 지방세적 성격을 띤 중요 세원에 대한 중앙·지방정
부 간의 공동이용방식을 통하여 지방재원의 확충과 지방재정의 불균형 완화를
동시에 도모하기 위한 새로운 제도적 틀로서 도입되었다.[15]

특히 지방교육양여금제도는 교육자치라는 교육여건 변화를 수용하고 교육환

경개선이라는 당면 교육재정부문 정책목표에 부응하기 위해서 도입된 제도라할 수 있다. 정부가 교육세를 지방교육세 형태로 지방 교육세원화하지 않은 채양여금 세원으로 활용하고 있는 것은 동 세원이 지역적으로 편재되어 있는 관계로 이를 지방교육세원으로 이양할 경우 교육자치단체 간 재정력 격차가 유발되기 때문이라고 할 수 있다. 즉, 세원이 편재되어 있는 교육세를 양여세 형태로 운영함으로써 지방교육재원을 확충하는 동시에 교육재원 배분의 형평성을 도모하기 위한 것이라고 할 수 있다.[16]

종전의 교육세는 그 신설 목적을 "교육기반의 확충을 위하여 학교시설과 교원의 처우개선에 소요되는 재원을 확보하는 것"으로 규정하고 있었으나, 개정 「교육세법」에서는 교육세 신설의 목적을 "교육의 질적 향상을 도모하기 위하여 필요한 교육재정의 확충에 소요되는 재원 확보"로 규정함으로써 목적재원의 용도가 명확하지 않은 채 교육양여금의 재원 확보근거만을 명시하고 있다. 이와 같이재원의 용도에 관한 명확한 법적 규정이 없는 가운데 재원 배분과정에서 교육양여금의 용도를 교원의 인건비와 학교시설의 확충에 충당하도록 하고 있다.[17]

지방교육양여금제도의 도입으로 지방교육재정 지원은 교부금제도와 함께 이원적인 방식으로 이루어지게 되었다. 그러나 양여금이 학생 수나 교원 수 등에의하지 않고 시·도별 인구비율에 의하여 배분되기 때문에 재원배분의 형평성시비에 휘말렸으며, 양여금을 교부금법상의 기준재정수입액으로 계상하기 때문에 교부금과의 통합운영이 불가피하여 양여금의 배분 목적을 전혀 살리기 어렵다는 문제를 안고 있다. 형식상으로는 교부금과 양여금 제도로 이원적으로 운영된다고 하나 양여금이 교부금 속으로 통합되기 때문에 실제로는 교부금제도에의하여 지방교육재정이 지원되고 있는 것이나 다름이 없다. 지방교육양여금이지방양여금과 같이 특정사업으로 국한되어 별도의 회계로 운영되지 않는 상황에서 양여금제도의 취지를 살리기는 어려웠다.[18]

---

15) 오연천, 한국조세론(서울: 박영사, 1992), p. 237.

16) 상게서, p. 261.

17) 상게서, p. 262.

18) 지방교육양여금을 지방양여금의 일종으로 본다면 교육의 질적 향상을 위한 목적도 특정사업으로 볼수 있으나, 현행법상 지방양여금과 지방교육양여금은 분명히 구분되고 있기 때문에 교육의 질적 향상이라는 목적은 개괄적인 용도로 보기 어려움.

한편, 1990년 말에 「지방교육재정교부금법 시행규칙」이 제정되어 이제까지 국고보조금 형태로 배분되던 교부금이 교육비차이도에 의한 총액배분제로 바뀜에 따라 교부금의 일반재원 성격을 회복하였다. 따라서 1991년 이후는 명실상부한 교부금제도의 시기로 분류할 수 있게 되었다. 지방교육양여금제도는 2004년 말 「지방교육양여금법 폐지법률」과 「지방교육양여금관리특별회계법 폐지법률」에 의해 폐지되었다.

5. 신교부금 제도기(2005~)

2004년 말 지방교육양여금제도가 폐지됨에 따라 2005년부터 다시 교부금제도만으로 지방교육재원이 배분되는 정책이 시행되기 시작했다. 지방교육양여금은 「지방교육재정교부금법」에 의한 교부금과는 별도로 교육세 세입의 전액을 지방자치단체에 양여하는 재원이었으나, 실제로는 지방교육양여금을 시·도별 인구비례로 먼저 배분한 후, 지방교육재정교부금 기준재정수입액에 산입시킴으로써 양여금의 취지를 살릴 수 없었다. 양여금 양여액을 기준재정수입액에 산입하는 한 인구비례에 의한 양여기준은 전혀 실효를 거두기 어려웠으나, 이를 자세히 이해하지 못하는 사람들로부터 재정불균형을 조장한다는 불필요한 오해를 사는 문제가 있었다. 지방교육재정의 재원을 단순화하여 재정운영의 투명성을 제고한다는 차원에서 지방교육양여금을 폐지한 것은 바람직한 것이었다.

2004년 말 개정된 「지방교육재정교부금법」은 지방교육재정의 지원구조를 단순·투명하게 하기 위하여 여러 종류로 나뉘어 있던 지방교육재정교부금의 재원을 통합하고, 지방교육양여금을 지방교육재정교부금의 재원으로 추가하며, 국가와 지방자치단체의 재정사정 등을 감안하여 국가 및 지방자치단체의 지방교육재정의 지원구조를 재조정하는 데 목적이 있었다. 이러한 목적의 일환으로 대통령령인 「지방교육재정교부금법 시행령」이 신규 제정됨으로써 법률－시행령－시행규칙으로 이어지는 「지방교육재정교부금법」의 시행이 체계화되었다.

제3절 교육재정 운영정책의 변천과정

교육재정 운영정책은 교육자치의 실시여부 및 실시형태와 밀접한 관련을 가진다. 지방교육자치제도의 실시 시기와 관련하여 교육재정의 운영방법은 다음과 같이 5단계로 구분하여 볼 수 있다. 1948년 정부수립 이후 1952년 교육자치 실시 전까지의 일반행정 예속기, 1952년부터 1961년까지의 교육행정 독립기, 교육자치가 폐지된 1962년부터 1963년까지의 일반행정 예속기, 명목상의 교육자치가 부활된 1964년부터 1990년까지의 중앙행정 예속기, 1991년 교육자치의 실시 이후의 교육행정 부분 독립기로 구분할 수 있다.

1. 일반행정 예속기(1945~1952)

일제시대에는 교육행정이 일반행정에 예속되어 있어서 시장, 군수 등의 관할하에 있었다. 학교의 자치적인 관리를 위하여 반법인체 성격의 학교비가 설치되어 있었고, 자문기관인 학교평의회가 조직되어 있었다. 광복 이후 모든 의결기관과 자문기관이 폐지됨에 따라 1952년 교육자치가 시행되기 전까지 교육행정은 시장, 군수 등의 관할하에 예속되었다. 즉, 지방교육행정은 종전대로 내무국 학무과가 담당하고 있었다.

미군정이 실시되면서 학무과가 내무국의 통제 없이 담당사무를 관장할 수 있도록 하였으나 형식상으로는 여전히 내무국 관할하에 있었다. 교육심의회 결정에 따라, 1946년 3월 각 도에 학무부, 각 군에 학무과가 신설되어 지방교육행정기구가 제도적으로 내무국에서 독립하였고, 그 후 1946년 10월에는 군정법령 제114호에 의하여 도 기구가 개편됨에 따라 학무부가 학무국으로 승격되었다.[19] 정부수립 이후 시·도 교육행정조직은 1948년 11월 18일 대통령령 제32호로 공포된 「지방행정기관직제」에 따라 보조기관의 종류와 명칭이 확정되었다. 한편, 미군정청의 학무국은 1946년 3월 29일 군정법령 제64호에 의하여 문교부로 개편되었

---

19) 문교부, 문교40년사(1988), pp. 96~97.

다. 1949년 말에 「교육법」이 제정되어 시·군 단위 교육자치제도가 확립되었으나 정치적인 이유로 지방자치의 실시가 지연됨에 따라 지방교육재정은 지방재정에 예속되어 운영되었다.

1920년 「조선학교비령」(제령 제14호, 1920. 7. 29)의 제정으로 부·군·도에 학교비를 설치하고 초등교육비를 부윤, 군수, 도사에게 관장하도록 하는 학교비 제도를 시행한 이래 1930년 「부제개정」(제령 제11호, 1930. 12. 1)에 의하여 1931년부터 부의 학교비는 부의 제2특별경제라는 이름으로 일반경제와 구분하여 경리되었다.[20] 「서울시분과규정」(서울시령 제1호, 1948. 12. 29) 제2조에서 사계과(司計課)의 분장사무를 열거하는 중에 일반경제 및 특별경제의 예산에 관한 사항이 언급되고 있고, 1949년 4월 26일 서울시고시 제31호로 고시한 「서울시교육비특별경제세입·세출예산」[21]에서 특별경제라는 명칭을 그대로 사용하고 있음을 볼 때, 정부수립 이후에도 시에 있어서 특별경제라는 용어가 계속 사용되었음을 알 수 있다. 「충청북도직제」(충북도규칙 제3호, 1949. 11. 12), 「경상북도직제」(경북도규칙 제4호, 1949. 10. 1) 등에서 내무국 지방과 소관 사무를 규정하면서 '학교비'에 대한 재정조정, 지휘감독이라는 용어가 언급되고 있다.[22] 그러나 1950년의 「도, 서울특별시, 시, 읍 및 면의 예산, 결산서식 및 예산편성 요령」(내무부 훈령 제27호, 1950. 3. 31)에 나타난 도의 예산서식을 보면,[23] 세입 임시부(臨時部)의 '2. 조조금(繰助金)의 국고보조' 항에 '시 초등교육비 및 교육구 보조'를 편성하도록 하고 있으며, 세출의 경우에도 임시부의 '10. 제보조금' 2항에 '초등교육재정보조(시 보조, 교육구 보조)'가 있다. 따라서 시와 교육구의 교육재정은 1950년부터 일반지방재정으로부터 구분·운영되었음을 알 수 있다. 그러나 1952년 교육자치가 실시되기 전까지 교육재정 운영의 주체는 여전히 일반행정기관의 장이었다.

한편, 중등교육비는 1950년까지 일반 지방재정에 통합되어 운영되다가 1951년부터 중등교육비 특별회계로 구분 경리되었던 것으로 보인다. 그러나 회계가 분리 운영되었다고 하여 일반재정으로부터 지방교육재정이 독립적으로 운영되었

---

20) 河宗根, "韓國義務敎育財源保障制度の歷史的展開", 筑波大學博士學位請求論文(1988), p. 105.

21) 관보, 제83호(1949. 5. 2).

22) 관보, 제254호(1950. 1. 5), p. 3.

23) 관보, 제328호(1950. 4. 14), pp. 4~13.

다고 말하기는 어렵다. 여전히 운영의 책임은 지방자치단체장에게 있었기 때문이다.

2. 교육행정 독립기(1952~1961)

1950년부터 의무교육재정이 일반지방재정에서 구분 경리되기는 하였지만 운영권을 자치단체의 장이 행사하는 체제가 계속되다가 1952년 교육자치의 실시로 1953년부터는 교육구와 시에서는 의무교육재정이 일반지방재정으로부터 분리 · 운영되었다. 1952년은 이미 회계연도가 시작된 상태였으므로 일반지방자치단체에 의하여 편성된 예산을 그대로 승계하였던 것으로 보이며, 1953년도에는 「교육법」 규정에 의한 분리 · 독립이 이루어졌다. 이 같은 사실은 1953년 3월 21일 당시 문교부장관 김법린이 시교육위원회와 교육구에 하달한 「시교육위원회 특별회계 및 교육구의 예산, 결산서식 및 예산편성요령」(문교부 훈령 제5호)에서 확인할 수 있다.[24] 이러한 운영방식은 1961년 10월 각령 제223호인 「도와 서울특별시의 행정기구에 관한 건」에 의하여 도 및 서울특별시 교육국과 시 · 군 교육과에 교육비특별회계의 운영권이 이양될 때까지 계속되었다.

「교육법」의 규정에 따라 특별시, 시에는 교육비특별회계가 설치되었고, 군에 설치된 교육구에서는 일반행정과 분리 · 독립되어 교육재정이 운영되었다. 교육구교육위원회의 의장을 군수가 겸임하도록 한 것과 교육구의 재정에 관한 사항을 내무부장관이 지휘 감독하도록 한 규정이 문제가 되기도 하였지만, 교육구는 비교적 독립적으로 지방교육재정을 운영할 수 있었다.

교육세법의 제정이 지연되어서 실효를 거두지는 못하였으나 교육구는 초등교육세(호별세 부가금과 특별부과금) 부과 · 징수권과 예 · 결산 의결권을 가지고 있어서 일반행정의 간섭을 배제할 수 있었고, 시교육위원회는 집행기관이었기 때문에 예 · 결산 의결권이나 초등교육세 부과 · 징수권이 없었지만 교육자치 실시 이전보다는 훨씬 독립적으로 지방교육재정을 운영할 수 있었다. 1958년 「교육세법」이 제정된 이후에 교육세의 부과 · 징수 업무가 시교육위원회로 위임되어 있

---

24) 관보, 제858호(1953. 3. 21).

었기 때문에 실제적으로는 교육세 부과 · 징수 권한을 행사하였다.

그러나 도에서는 교육자치가 실시되지 않았기 때문에 도 관할하에 있던 중 · 고등학교 재정은 여전히 지방재정에 예속되어 있었다. 형식상으로는 중 · 고등학교 교육비특별회계가 설치되어 있어서 교육재정의 독립성을 보장하는 것처럼 되어 있었지만 특별회계의 운영이 일반행정에 의해 이루어졌고, 도지사 관할하에 있었기 때문에 여러 가지 운영상의 문제를 야기하기도 하였다. 특히 문교부의 직접 보조를 받는 공립 중 · 고등학교 교원 봉급반액을 제외한 나머지 반액을 국가가 지방교부세에 포함하여 지원하고 있었지만 재무부 내시액(內示額)을 제대로 계상하지 않았을 뿐만 아니라 예산에 반영된 전입금마저 제대로 내어 주지 않아서 교원봉급이 제때 지급되지 못하는 사태가 빈발하였다.

3. 일반행정 예속기(1962~1963)

1961년 5 · 16이 일어나자 교육위원회의 기능이 정지되고, 지방의회가 해산되어 교육감이 그 기능을 수행하다가, 1961년 9월 1일 제정된 「교육에 관한 임시특례법」(법률 제708호)에 의해 1961년 10월 6일에는 교육자치가 완전히 폐지되고 도의 교육국, 시 · 군의 교육과에서 교육행정을 담당하게 되었다.[25] 「교육에 관한 임시특례법」 제7조에 의하면, 교육감은 문교부장관의 제청으로 내각수반이 임면하고, 교육감의 임기에 관한 규정은 그 효력을 정지한다고 되어 있으며, 제8조에는 교육감은 당해 교육구교육위원회 또는 시(서울특별시를 포함한다)교육위원회가 조직될 때까지 그 교육위원회의 의결을 요하는 사항을 감독청의 승인을 얻어 처리한다고 되어 있었다. 이러한 변화는 1962년 1월 6일의 개정 「교육법」에 반영되었다. 개정 「교육법」에서는 교육재정의 자주성을 보장하기 위한 조치로 지방교육비 특별회계의 설치를 규정하였다. 그러나 교육비특별회계라는 것도 시 · 도지사의 관할하에 있는 것이기 때문에 일반행정의 영향을 배제하기는 어려웠다. 원칙적으로 교육비특별회계에 관한 사무는 교육국과 교육과에서 관장

---

25) 교육부가 1998년 발행한 『교육50년사』 부록에 의하면, 교육구를 폐지하는 대신 시 · 군교육위원회가 설치된 것은 1961년 10월 28일이며, 시 · 도교육위원회가 설치된 것은 1962년 11월 3일임.

하도록 되어 있었으나 일부 도에서는 회계의 일원화를 이유로 교육비특별회계의 집행을 내무국 회계과에서 관장하기도 하였고,[26] 일부 군에서는 교육재정을 유용하는 사례도 있었다.

교육의 전문성과 지방교육의 특수성을 살리기 위한 명분으로 서울특별시, 도, 시와 군에 교육 및 학예에 관한 의결기관으로서 교육위원회를 두도록 하였으나, 교육위원회의 의결은 당해 지방의회의 권한을 배제하지 아니한다는 규정이 있어서 실제는 사전 심의기관에 지나지 않았다. 예산안의 발의권은 지방자치단체장이 가지고 있었고, 예·결산 최종의결권은 지방의회가 가지고 있어서 지방교육재정의 운영은 일반행정에 완전히 예속되어 있었다.

4. 중앙행정 예속기(1964~1990)

교육자치제의 폐지에 대하여 교육계의 반발이 거세지자 혁명정부는 1963년 말 「교육법」을 다시 개정하여 교육자치를 부활시켰다. 개정 「교육법」은 시·도 단위 교육자치를 규정하고 있어서 1950년대의 교육자치와는 형태를 달리하고 있었다. 지방교육재정 운영 측면에서 도의 경우에는 1950년대보다 진전되었으나, 군의 경우에는 교육세의 부과·징수권이 삭제되었고, 예·결산 의결권이 지방의회로 넘어감에 따라 1950년대보다 후퇴하였다. 1962년 「교육법」과 같이 1963년의 「교육법」에서도 교육비특별회계의 설치를 규정하고 있었지만, 교육위원회와 교육장에게는 예산안 발의권만이 있었고, 예·결산 의결권은 여전히 지방의회에 있었기 때문에 지방행정에 부분적으로 예속되어 있었다고 할 수 있다. 그러나 지방자치의 실시가 보류된 상태에서 지방의회 권한을 도교육감과 문교부장관이 행사하였기 때문에 실질적으로는 지방교육재정이 중앙의 통제하에 있었던 것이다.

개정 「교육법」 부칙에 의하면, 지방의회가 구성되기 전의 선출 교육위원은 문교부장관이 임명하도록 되어 있으며, 지방의회가 구성되기 전까지의 교육·학예에 관하여 시·군의회의 의결을 요하는 사항은 해당 도교육위원회의, 서울특별시·부산시·도의회의 의결을 요하는 사항은 문교부장관의 승인을 얻어 실시

---

26) 윤진성, "지방교육행정에 대한 관견", 교육평론, 제44호(1962. 6), p. 11.

한다고 되어 있다.

물론 시·도지사를 교육위원회의 당연직 의장이 되게 한 것과 거부권을 행사할 수 있도록 한 것은 지방교육이 일반행정에 예속되었다는 증거라는 평가도 있지만 지방의회가 구성되지 않은 상황에서 실질적인 통제권은 중앙의 문교부가 장악하고 있었다고 할 수 있다.

5. 교육행정 부분 독립기(1991~)

1991년 지방자치의 전면 실시에 따라 교육자치도 명목상의 자치에서 실질적인 자치를 시행하게 되었다. 1963년의 「교육법」과 비교할 때 1991년에 제정된 「지방교육자치에 관한 법률」은 시·도지사가 겸임하던 교육위원회 의장을 호선하도록 한 것과 교육위원 수가 증가한 것, 교육위원 전원을 시·도의회에서 선출하도록 한 것 등을 제외하고, 지방교육재정 운영과 관련된 것은 거의 변화가 없는 셈이다. 지방의회가 구성됨에 따라 교육부가 장악하고 있던 재정 통제권의 일부가 지방의회에 이양됨에 따라 지방교육재정 운영의 지방분권화가 이루어졌다.

과거에 교육부가 행사하던 지방교육에 관한 조례 제정권, 예산안 및 결산에 대한 심의·의결권, 기타 교육·학예에 관한 주요 사항의 결정권을 시·도의회나 시·도교육위원회에서 행사하도록 한 것과 종전의 교·급당 경비에 의한 항목별 배분에서 총액 배분으로 배분방식을 변경하여 지방교육자치단체에 재정의 자율권을 부여한 것은 지방분권의 측면에서 일대 전환이라 할 수 있다. 그러나 조례 제정권과 예·결산 의결권이 지방의회에 주어짐에 따라 이제는 통제권이 중앙행정에서 일반행정으로 이동하는 결과가 되었다.

2007년부터 시행된 2006년 12월 20일 개정의 「지방교육자치에 관한 법률」(법률 제8069호)은 교육위원회를 시·도의회 내 상임위원회로 전환하고, 교육의원 및 교육감을 주민직선으로 선출하도록 하여 교육감의 지위는 강화하였으나, 위임형 의결기관으로서의 교육위원회를 폐지함으로써 교육자치의 후퇴를 가져왔고, 2010년 2월 26일 개정된 「지방교육자치에 관한 법률」은 교육위원회 설치 및 교육의원선거 등에 관한 규정의 효력을 2014년 6월 30일까지 갖도록 규정함으로써 2014년 7월 1일부터 종전과 같은 교육자치기관으로서의 교육위원회는 완전

폐지되었다. 2014년 7월 이후에도 모든 시·도의회에 명칭이 동일한 교육위원회가 설치되었으나, 이는 「지방교육자치에 관한 법률」에 의한 교육자치기관으로서 교육위원회가 아니라 시·도조례에 의한 시·도의회 상임위원회로서 교육위원회이며, 조례가 개정되면 명칭도 바뀔 수 있다는 점에서 종전의 교육위원회와 다르다.[27]

제4절 교육재정정책의 변화추세와 유형

1. 교육재정정책의 변화추세

교육재정정책의 변천과정을 고찰해 볼 때, 다음과 같은 몇 가지 구조적인 추세를 발견할 수 있다.

첫째, 지방교육재원의 지방세화가 시작되고 있다는 점이다. 정부수립 직후부터 적어도 1961년까지는 지방교육재원에서 지방세가 많은 비중을 차지하고 있었으나 5·16 이후 중앙집권을 강화하는 과정에서 지방교육재원의 중앙집권이 촉진되었다. 국세 위주의 조세 체계에서는 재원이 지방세에서 국세로 전환되는 것 자체가 교육재원의 안정적 확보로 이해되었으며, 교육부 입장에서는 이러한 추세에 묵시적으로 동조하였던 것으로 보인다. 그러나 국민의 욕구가 다양화되고, 주민참여 요구가 증대됨에 따라 더 이상 중앙집권체제를 고집하기 어렵게 되고 지방자치의 확대는 필연적인 과정으로 이해되고 있는 가운데 지방교육재원의 지방세화가 추진되고 있는 것이다. 지방교육재원에서 지방세원이 사라진 것은 1961년 말 「교육세법」의 폐지와 함께였으며, 지방세원이 지방교육재원으로 다시 들어온 것은 1988년 말의 「교육세법」, 「지방세법」, 「지방교육재정교부금법」 등의 개정이었다. 1990년 말 개정된 「교육세법」에 의해 교육세의 절반 정도는 실질적으로 지방세원이면서도 형식상으로는 국세의 형태를 띠고 있다. 이러

---

27) 송기창, "한국 교육자치제에 대한 성찰과 미래방향", 한국 교육자치제에 대한 성찰과 미래방향 탐색, 2014년 한국교육행정학회 제170차 춘계학술대회 발표자료집(2014), p. 9.

한 과도적인 세제는 결국 2001년부터 지방교육세 형태로 전환되었다. 1996년부터 도입된 시·도세 전입금제도와 교육경비보조금제도, 2001년부터 도입된 부산을 제외한 광역시와 경기도의 공립 중등교원 봉급 10% 전입금제도 역시 교육재원의 지방세화를 확대하는 제도였다.

둘째, 지방교육재정에 대한 중앙의 통제가 강화되다가 다시 지방의 자율성을 확대하는 방향으로 진행되고 있다. 1950년대만 하더라도 중앙정부가 지방교육재정에 대하여 통제하는 장치를 가지고 있지 못했다. 예·결산을 중앙정부에 보고하는 장치는 최소한의 장치라고 할 수 있으며, 환부금은 징수지에 직접 환부하는 형식이었으므로 중앙정부의 입김이 들어갈 소지가 적었다. 그러나 1958년 말 「의무교육재정교부금법」의 제정으로 지역 간 형평화 기능을 중앙정부가 보다 적극적으로 수행할 수 있게 되었다. 교부금은 형식상으로는 일반재원이지만 실제적으로는 중앙정부의 지시에 의하여 집행되어 온 것이 사실이다. 이러한 관행이 사라진 것이 1990년 말 「지방교육재정교부금법」 개정과 「지방교육재정교부금법 시행규칙」의 제정이다. 이와 함께 도입된 지방교육양여금제도는 지방교육재정교부금의 실질적인 일반재원화에 역행하는 것으로 당시의 추세와는 모순되는 것이었다. 이는 중앙정부의 지방정부에 대한 통제권의 상실에 대한 반작용으로 나타난 제도일 수 있다. 양여금제도는 과도적인 정책으로 2005년부터 폐지되었으며, 결국은 완전한 자율성 부여 쪽으로 진행되어 왔다. 그러나 지방교육재정교부금 교부기준 조정을 통한 중앙정부의 음성적인 통제는 여전히 계속되었다.

셋째, 교육행정과 일반행정의 관계에 있어서 완전한 분리·독립에서 부분적인 연계를 거쳐 통합 쪽으로 나아가고 있다. 행정의 효율성과 종합성이라는 측면에서 볼 때, 지방교육자치단체에 교육과세권을 부여하는 제도는 부활되기 어렵다고 할 수 있으며, 이러한 자주재정의 확립이 어려운 상황에서는 교육행정의 일반행정 예속화가 우려된다. 중앙정부는 재정의 한계를 이유로 지방교육재정에 대한 책임을 지방자치단체에 떠넘기려 하는 추세에 있으며, 지방자치단체는 교육행·재정의 분리·독립을 이유로 책임을 떠맡지 않으려는 입장에 있다. 집행기능의 분리·독립은 대세라고 할 수 있으며, 문제는 의결기능의 연계에 있었다. 그러나 4년간의 연계 실험(교육위원회의 시·도의회 상임위원회 전환)은 제대로 평가조차 거치지 않고 의결기능의 통합으로 귀결되었다. 지방자치단체의 재정능력이 의문시되며, 교육에 대한 재정적 책임을 회피하는 상황에서 현실적으로 일반행정과의 연계 주장도 설득력이 없다. 과거의 역사적 경험을 바탕으로 볼 때, 일반행정의 재정적 책임 확대는 기대하기 어려우며, 일반행정과의 연계를 통해 재정 확대를 기대하는 교육계 내부의 소망도 무산될 가능성이 크다. 집행권을 양도하지 않는 한 재정지원을 기대하기는 어려운 상태에서 지방재정과 지방교육재정의 통합 시도는 계속되고 있다.

넷째, 지방교육재정정책의 최종목표는 재원의 확충에 집중되어 왔지만 재원의 증가는 완만하였으며, 재원의 규모가 많이 확충되었을 경우에는 1년 내지 2년 후에 반드시 예산당국에 의하여 그것을 삭감하는 시도가 있었다. 1965년 「의무교육재정교부금법」의 개정으로 재원이 대폭 확충되자 1966년에 교부율을 삭감하는 개정이 있었고, 1967년에는 봉급교부금에 제 수당을 포함하도록 한 규정을 삭제하려고 시도하였으나 국회 심의과정에서 좌절되었다. 1981년 「교육세법」의 제정으로 교육재원이 대폭 확충되자 1982년 「지방교육재정교부금법」 개정에서 특별교부금의 교부율을 부활시키지 않음으로써 교육재원을 삭감하였으며, 1989년 교육환경개선특별회계의 신설로 미흡하지만 약간의 추가재원이 확보되자 1990년에 이를 개정하여 국고전입금 규정을 삭제하였다. 확충노력 못지 않게 삭감당하지 않으려는 노력이 절실히 요청된다.

다섯째, 지방교육재원의 법정화 노력이 계속되고 있다. 「교육법」에 규정되어 있던 지방재정 부족액의 국고지원 규정을 분명히 하기 위하여 「의무교육재정교부금법」을 제정하였고, 초등학교 교원봉급과 중등학교 교원봉급 국고보조 규정을 분명히 하기 위하여 「의무교육재정교부금법」과 「지방교육재정교부금법」에 관련규정을 삽입하였다. 보통교부금의 30%이내로 되어 있던 의무교육재정특별교부금을 10%로 고정하였고, 교육세로 인한 지방교육재정의 삭감을 방지하기 위하여 교육세를 교부금으로 묶는 작업도 진행하였다. 협상과 타협의 과정에서 1982년 「지방교육재정교부금법」의 개정과정에서 초등학교 교원봉급 중 봉급액을 기준으로 하지 않는 수당을 제외하였고, 특별교부금의 교부율을 법정화하지 못한 것, 1990년 말 「지방교육재정교부금법」 개정에서 공립 중등교원 반액 국고보조 규정을 삭제한 것 등은 법정화 노력에 역행하는 것이었으나 이는 재원확대 과정에서 불가피한 조치였던 것으로 보인다.

법정화하는 것만이 교육재정의 안정성을 확보하는 만병통치약은 아니지만, 1982년 「지방교육재정교부금법」 개정과정에서 법정화를 포기한 부분이 교육세의 설치로 인한 재원증가를 상쇄하는 역할을 하였다는 것은 이미 밝혀진 바 있다. 한 가지 분명한 것은 법정화에서 제외되었던 것을 다시 법정화하는 것은 새로운 것을 법정화하는 것보다 더욱 어렵다는 것이다. 2005년부터 교원인건비를 구분하여 교부하던 교원봉급교부금이 내국세교부금에 통합됨으로써 향후 인건비 부담이 늘어날 경우 부담요인으로 작용할 전망이다.

「지방교육재정교부금법」에 교부금 정산 조항이 신설된 것은 1982년 4월의 일이며, 일반회계로부터의 전입금에 해당하는 지방세 수입을 정산하는 조항이 신설된 것은 1988년 말이다. 세수가 확대되는 시기에는 정산 조항이 교부금이나 전입금을 추가로 확보하는 데 많은 도움을 주었다. 그러나 세수가 예산에 비해 줄어들 경우에는 정산 조항이 교부금이나 전입금을 삭감하는 독소 조항으로 작용하는 이중적인 역할을 하고 있다. 앞으로 1990년대나 2000년대처럼 경제가 급격히 성장할 가능성이 낮다면, 정산 조항의 삭제여부도 고민해 봐야 할 것이다.

여섯째, 지방교육재정정책의 문제가 제기되어 정책에 반영되기까지는 장기간이 소요되고 있다는 것이다. 문제가 제기되어 정책에 반영되기까지의 소요기간

〈표 4-1〉 교육재정정책의 변화와 소요기간

정책변화	제안 시기	반영 시기	소요 기간	반영의 결정적 계기
교육세(1958) 신설	1949	1958	9년	공무원 처우개선
문교부를 통한 중등교원 봉급 보조	1949	1963	14년	시·도단위 교육자치 시행
교육세 부활	1962	1981	19년	7·30 교육개혁조치
8·3 조치의 해제	1972	1982	10년	헌법 개정, 5공화국 수립
교육자치의 부활	1961	1963	2년	민정이양
지방교육자치의 부활	1961	1991	30년	5공화국 헌법
의무교육재정교부금법	1949	1958	9년	교육세법 제정
교육세의 영구세화	1981	1990	9년	방위세 폐지
교육자치의 폐지	1949	1961	12년	5·16
GNP 2% 달성	1948	1958	10년	교육세법 제정
GNP 3% 달성	1958	1981	23년	5공화국 수립
GNP 5% 달성	1987	1998	11년	문민정부의 출범
내국세 교부율 15%	1987	2001	14년	IMF 외환위기(교부율 13%)

은 대체로 10년 이상이 걸렸다. 〈표 4-1〉은 정책이 제안된 시기와 정책이 채택
된 시기를 나타낸다. 실질적인 교육자치의 부활에는 30년이 걸렸으며, 교육예산
GNP 3%를 달성하는 데는 23년, 교육세 부활에는 19년, 내무부를 통해 지원되던
중등교원 봉급 보조금제도의 개선에는 14년이 걸렸다. 가장 빨리 정책에 반영된
것은 1963년의 교육자치제의 부활로서 2년이 소요되었다. 교육예산을 GNP 5%
수준으로 확보하는 것 역시 1987년에 교육개혁심의회에서 제기된 이래 11년 정
도의 기간이 소요되었다.

2. 교육재정정책의 변화유형

교육재정정책의 변천과정을 고찰해 볼 때, 지방교육재정정책의 변화유형은
다음 여섯 가지로 요약할 수 있다.

첫째, 관련세법의 변화에 따른 부수적인 변화다(세제개편 동반형). 1951년의 초
등교육세 체계 개편은 「임시토지수득세법」 제정에 의한 것이며, 1961년의 「교육
세법」 및 「토지세법」 폐지와 1962년의 「의무교육재정교부금법」 개정은 1961년
말 세제 개편의 결과였고, 1966년의 「의무교육재정교부금법」 개정은 국세 부가세
제도의 폐지로 인한 것이었다. 1982년의 「지방교육재정교부금법」 개정은 1981년
의 「교육세법」 제정의 후속조치였으며, 1988년의 「교육세법」 및 「지방교육재정
교부금법」 개정은 담배소비세의 지방세 이양을 골자로 하는 「지방세법」 개정의
결과였고, 1990년의 「교육세법」·「지방교육재정교부금법」·「교육환경개선특별
회계법」 개정 및 「지방교육양여금법」 제정은 방위세 폐지와 관련이 있다.

1993년 12월 말 「지방교육재정교부금법」은 휘발유 및 경유에 대한 특별소비
세가 사회간접자본의 건설에 필요한 투자재원의 조달을 위한 목적세인 교통세
로 전환됨에 따라 지방교육재정교부금의 산출근거가 되는 내국세 총액의 감소
에 의한 지방교육재정의 부족분을 보전하기 위한 것이었으며, 2000년 말 「지방
교육재정교부금법」과 「교육세법」의 개정은 지방세분 교육세가 지방교육세로 개
편되면서 「지방세법」이 개정되자 부수적으로 개정된 법률들이다. 2010년 1월의
「지방교육재정교부금법」 개정은 「지방소비세법」 제정으로 초래된 내국세 감손
에 따른 교부금 결손을 보전하기 위해 내국세 교부율을 조정한 것이었다.

둘째, 지방교육재정 운영과정상의 문제를 개선하기 위한 변화다(재정운영 개선형). 1951년의 「교육법」 개정은 교육비의 국고보조방식에 대한 개선이며, 1960년 및 1961년의 「교육세법」 개정은 조세부과 및 징수상의 문제를 해결하기 위한 것이었으며, 1963년의 「지방교육교부세법」 제정은 중등교육비에 대한 국고보조방식을 내무행정에서 분리한 것이었고, 1963년의 「의무교육재정교부금법」 개정은 초과 교부된 교부금의 반납제도를 개선한 것이었다. 1964년의 「교육법」 개정은 서울특별시와 부산직할시의 일반회계 전입금제도를 명문화한 것이었으며, 1965년의 「의무교육재정교부금법」 개정은 환부금제도의 폐지에 따른 것이었다. 1968년의 「교육법」 개정은 교부금을 교육대학 경비로 전용할 수 있도록 한 것이었으며, 1968년의 「의무교육재정교부금법」과 「지방교육교부세법」 개정은 지방교육재원이 특정세에 연계됨으로 인한 예산추계의 난점과 재원의 불안정을 해소하기 위한 개정이었다.

1999년 1월의 「지방교육재정교부금법」 개정은 1998 회계연도까지 시·도세 전입금 전입시한을 1998년 말에서 2000년 말로 연장한 것이며, 2000년 1월 말 개정된 「지방교육재정교부금법」은 지방교육재정을 안정적으로 확보하기 위하여 내국세 교부율을 11.8%에서 13.0%로 조정하고, 시·도세전입금 전입시한을 없애고 전입비율을 3.6%로 인상한 것이다. 2004년 말의 「지방교육재정교부금법」 개정은 지방교육재정의 지원구조를 단순·투명하게 하기 위하여 여러 종류로 나뉘어 있던 지방교육재정교부금의 재원을 통합하여 내국세 교부율을 19.4%로 조정하고, 지방교육양여금을 지방교육재정교부금의 재원으로 추가한 것이었으며, 2006년 말 개정된 「지방교육재정교부금법」은 유아교육지원사업을 교부금사업으로 이양하는 대신 내국세 교부율을 2008년부터 20%로 인상하고, 기준재정수입액의 산정 시 지방세를 전액 반영하도록 한 것이었다.

셋째, 새로운 교육정책이 시행될 때 이를 재정적으로 지원하기 위한 변화다(교육정책 지원형). 1958년의 「교육세법」 제정은 1954년부터 추진해 온 의무교육완성 6개년 계획을 재정적으로 지원하기 위한 것이었으며, 1971년의 「지방교육재정교부금법」 제정은 1969년부터 시행된 중학교 무시험 진학으로 인한 중등교육재정 수요의 급증에 대처하기 위한 것이었다. 1986년의 「교육세법」 개정은 교육환경 개선 및 교원 처우개선사업을 지속하기 위한 것이었다. 이러한 교육정책에 따른 변화는 교육재정정책의 측면에서 가장 바람직하고 또 가장 많이 이루어져야 할 것이나, 오히려 그러한 변화는 드물었다.

1995년 말 개정된 「지방교육재정교부금법」과 「교육세법」, 그리고 제정된 「학교용지확보에 관한 특례법」과 「교육환경개선특별회계법」은 5·31 교육개혁의 실천을 위한 교육재정을 확보하기 위하여 시·도세전입금제도 신설, 교육경비보조제도 도입, 교육세 확충, 학교용지부담금 확충 등을 골자로 한 것이었다. 2001년 말 개정된 「지방교육재정교부금법」은 2002년부터 의무교육이 확대 실시되는 지역의 중학교의무교육에 소요되는 재원을 국가가 교부하는 제도를 규정한 것이었다.

넷째, 교육계의 불만과 교육운동을 무마하기 위한 변화다(교육운동 대응형). 교육운동이 활성화되지 못했었기 때문에 이러한 요인에 의한 변화는 그리 많지 않다. 1963년의 「교육법」 개정은 대한교육연합회의 조직적인 교육자치제 부활 운동의 결과라고 할 수 있으며, 1989년의 「교육환경개선특별회계법」 제정은 전교조를 비롯한 당시 국민들과 교육계의 교육환경 낙후에 대한 비등한 여론 때문에 나타난 정책상의 변화이다.

다섯째, 정치·사회적인 변혁 과정에서 사회개혁의 일환으로 나타난 지방교육재정정책의 변화다(사회개혁 추진형). 5·16 이후의 「교육세법」 및 「토지세법」 폐지와 「의무교육재정교부금법」의 전문 개정, 사회개혁 차원에서 이루어졌던 7·30 교육개혁 조치의 연장선상에서 5공화국 정부에 의해 제정된 1981년의 「교육세법」 등이 이러한 경우에 속한다. 정권의 정당성 확보와 사회개혁 차원의 변화라고 할 수 있다.

여섯째, 경제부문의 요구에 의한 변화다(경제부문 주도형). 대부분의 정책변화에 경제부문의 입김이 작용하였다고 할 수 있지만, 경제부문의 요구에 의하여 교육재정정책의 변화를 가져온 대표적인 사례로는 1972년의 8·3 조치를 들 수 있다. 당시 법정교부율의 효력을 정지시키게 된 것은 각종 교부금의 부담이 과중하여 국가재정이 경직되고 있다는 경제부처의 견해가 그대로 반영된 것이었다.

지방교육재정정책의 변화는 어느 하나의 요인에 의하여 이루어진 것이 아니므로 어떤 정책사례를 하나의 유형으로 분류하기 곤란한 경우도 있지만 가장 근본적인 요인과 관련시켜 변화유형별로 교육재정관계법을 정리하면 〈표 4-2〉와 같다.

〈표 4-2〉 지방교육재정정책 변화유형과 교육재정관계법

교육재정 정책유형	지방교육재정관계법
세제개편 동반형	1951년 「임시토지수득세법」 제정 1962년 「의무교육재정교부금법」 개정 1966년 「의무교육재정교부금법」 개정 1982년 「지방교육재정교부금법」 개정 1988년 「교육세법」 및 「지방교육재정교부금법」 개정 1990년 「교육세법」·「지방교육재정교부금법」·「교육환경개선 특별회계법」 개정 및 「지방교육양여금법」 제정 1993년 「지방교육재정교부금법」 개정 2000년 「지방교육재정교부금법」 및 「교육세법」 개정 2010년 「지방교육재정교부금법」 개정
교육정책 지원형	1951년 「교육법」 개정 1960년 「교육세법」 개정 1963년 「지방교육교부세법」 제정 1963년 「의무교육재정교부금법」 개정 1964년 「교육법」 개정 1965년 「의무교육재정교부금법」 개정 1968년 「교육법」 개정 1968년 「의무교육재정교부금법과 지방교육교부세법」 개정 1988년 「교육법」 개정 1991년 「지방교육자치에 관한 법률」 제정 1999년 「지방교육재정교부금법」 개정 2000년 「지방교육재정교부금법」 개정 2004년 「지방교육재정교부금법」 개정 2006년 「지방교육재정교부금법」 개정
재정운영 개선형	1958년 「교육세법」 제정 1971년 「지방교육재정교부금법」 제정 1986년 「교육세법」 개정 1995년 「지방교육재정교부금법」과 「교육세법」 개정, 「학교용지확보에 관한 특례법」과 「교육환경개선특별회계법」 제정 2001년 「지방교육재정교부금법」 개정
교육운동 대응형	1963년 「교육법」 개정 1989년 「교육환경개선 특별회계법」 제정
사회개혁 추진형	1961년 「교육세법」 및 「토지세법」 폐지 1962년 「교육법」 개정 1981년 「교육세법」 제정
경제부문 주도형	1972년 8·3 조치에 의한 지방교육재정 교부율 정지

참고문헌

관보, 제83호, 1949. 5. 2.

관보, 제254호, 1950. 1. 5.

관보, 제328호, 1950. 4. 14.

관보, 제692호, 1952. 7. 12.

관보, 제858호, 1953. 3. 21.

관보, 제876호, 1953. 4. 21.

교육부, 교육50년사, 1998.

김병철, "한국의 지방교육재원 확충에 관한 연구", 단국대학교 대학원 박사학위청구논문, 1989.

김재범, 교육재정론, 서울: 교육출판사, 1977.

김종철, 한국교육정책연구, 서울: 교육과학사, 1989.

김희대, "한국 교육재정 조달방안에 관한 분석적 연구", 중앙대학교 대학원 박사학위청구논문, 1990.

남궁달화, "교육재정 법규를 통해 본 한국교육재정제도의 추이에 관한 연구(1945~1973)", 서울대학교 교육대학원 석사학위논문, 1974.

문교부, 문교40년사, 1988.

백현기, 교육재정, 서울: 을유문화사, 1963.

송기창, "지방교육재정정책 변천과정 분석연구", 서울대학교 대학원 박사학위논문, 1994.

송기창, "이명박정부의 지방교육재정정책 평가연구", 교육재정경제연구, 제22권 제1호, 2013.

송기창, "한국 교육자치제에 대한 성찰과 미래방향", 한국 교육자치제에 대한 성찰과 미래방향 탐색, 2014년 한국교육행정학회 제170차 춘계학술대회 발표자료집, 2014.

송기창 외, 2012 교육재정백서, 한국교육개발원, 2012.

오연천, 한국조세론, 서울: 박영사, 1992.

윤정일, "지방자치와 교육자치시대의 교육재정: 새로운 도전과 과제", 지방자치와 교육자치의 교육재정·경제학, 2010년 한국교육재정경제학회 연차학술대회 발표자료집, 2010.

윤진성, "지방교육행정에 대한 관견", 교육평론, 제44호, 1962. 6.

이창석, "교육의 중립 및 교육자치를 위한 재정문제", 문교월보, 제56호, 1960. 10.

이호성, 교육자치제와 그 운영, 서울: 문교사, 1954.

한국개발연구원, 한국재정 40년사, 제5권, 1991.

河宗根, "韓國義務敎育財源保障制度の歷史的展開", 筑波大學博士學位請求論文, 1988.

제 **5** 장
교육재정 확보

교육재원은 크게 국가 및 지방자치단체, 학교법인에 의한 공부담 재원과 학부모에 의한 사부담 재원, 민간단체와 독지가에 의한 기부금 재원으로 구분할 수 있다. 교육재정의 확보방안은 이 가운데 국가 및 지방자치단체에 의한 공부담 재원 확보방안을 일컫는 것으로서, 주된 내용은 어느 정도의 규모를 어떤 방식으로, 예컨대 조세 부과, 전입금 책정 등으로 확보할 것인지를 포함하고 있다.

우리나라의 교육재정 확보방안은 교육재정 확보의 목표치를 GNP나 GDP 대비로 제시해 왔다. 김영삼 대통령은 '1998년까지 교육재정 GNP 5% 확보방안'을 제시했고, 당시 GNP 3.6%에 불과했던 교육재정규모를 임기 내에 GNP 5%까지 확대하였다. 김대중 대통령은 대선공약으로 교육재정 GNP 6% 확보방안을 제시했다. 그러나 IMF 외환위기로 인하여 임기 후반기에 이르러서야 교육재정을 GDP 4.73%까지 확보하였다. 노무현 대통령도 대선공약에서 GDP 6% 확보방안을 제시한 바 있다. 박근혜 대통령이 제시한 교육재정 확충목표는 고등교육재정 GDP 1% 확보 정도다.

이와 같이 그동안 교육재정을 확보하기 위해 교육재정 GDP 5% 및 6% 확보방안이 제시되어 왔는데, 교육재정 GDP 6%는 고사하고 GDP 5%도 달성한 적이 없다. 설상가상으로, 학생 수가 감소하고 있으므로 교육재정 수요도 줄어들 것이라는 전제하에 2012년부터 도입된 누리과정 지원사업을 추가재원 없이 시행함으로써 교육재정 부족이 심각한 수준에 와 있는 상황에서 교육재정의 추가 확보에 대한 필요성이 제기되고 있다.

제1절 교육재정 GNP 5% 확보

1980년대는 교육개혁의 연대라고 할 만큼 세계 여러 나라가 교육개혁을 추진한 연대다. 미국은 1983년에 레이건 대통령이 교육의 질적 저하가 국가의 위기를 초래하였다는 분석을 바탕으로 교육의 수월성 추구를 위한 교육개혁을 착수하였다.[1] 일본은 1984년에 나카소네 총리가 임시교육심의회를 설치하고 교육황폐를 시정함과 동시에 21세기를 대비하여 서양인 모방에서 탈피하여 창조력을 갖춘 일본인 양성을 목표로 교육개혁을 추진하였다. 영국, 프랑스, 독일 등의 유럽 국가들도 거의 같은 시기에 학력 향상, 기술교육 강화, 교육기회의 균형적 확대 등을 위하여 교육개혁을 추진하였다.[2]

우리나라도 교육개혁의 세계적 추세에 부응하여 본격적으로 교육개혁을 추진하게 되었다. 대통령자문기구로서 설치된 교육개혁심의회는 1985년 3월부터 1987년 12월 말까지의 활동기간 총 42개의 정책과제를 설정하여 그 개혁방안에 관한 연구와 심의를 하고, 이를 통합·조정하여 「10대 교육개혁」 방안을 제시하였다. 교육개혁심의회는 "교육개혁을 추진하는 데 필요한 재원을 확보하기 위하여 GNP 대비 문교예산 비율을 현재(1986년)의 3.34%로부터 증대시켜 목표연도(2001년)에 4.74%까지 확보해야 한다. 이를 실현하기 위하여 정부예산 편성 시 교육부문에 대하여 우선순위를 부여해야 한다."고 대통령에게 보고하였다.

---

1) The National Commission on Excellence in Education, *A Nation At Risk*(Washington, DC: U.S. Government Printing Office, 1983).

2) 한국교육개발원, 주요국의 교육개혁 사례(1986); 교육정책자문회의, 외국의 교육개혁동향 조사연구(1992).

제6공화국은 제5공화국의 교육개혁 정신을 그대로 계승·발전하고 제5공화국에서 추진하지 못했던 교육개혁안들을 실천에 옮긴 시기라고 할 수 있다. 교육개혁을 추진하기 위하여 1989년 2월에 대통령 직속의 교육정책자문회의를 설치하고, 1992년 3월에는 국무총리 직속의 교육개혁추진위원회를 설치·운영하였다. 교육정책자문회의는 4년간 남북통일에 대비하는 교육, 교육복지 구현, 국제화시대에 대비하는 교육, 교육재원 확충 등 36개의 교육개혁 방안을 수립·제시하였다. 교육재원 확충을 위한 방안으로는 교육예산 규모를 2001년까지 GNP 대비 5% 수준까지 단계적으로 향상시킬 것을 제시하였다.[3]

한편, 한국교원단체총연합회는 이와 같은 두 기관의 정책건의안에 바탕을 두고 대선 당시에 8개항으로 구성된 교육부문 선거공약 건의서를 작성하여 "공교육비를 1996년까지 GNP의 5% 수준으로 획기적으로 증대"할 것을 각 정당에 제시하였다.[4]

이러한 노력의 결실로 15대 대선 때 김영삼 대통령은 교육재정을 GNP의 5% 수준으로 확보하겠다는 것을 선거공약으로 제시하였다. 그러나 김영삼 대통령이 취임한 이후에는 '교육재정 GNP 5% 확보'의 의미에 대하여 관계부처 간 심각한 견해 차이가 나타났다. 일부 부처에서는 교육재정의 의미를 넓게 해석하여 중앙정부의 교육예산과 지방정부의 교육예산을 포함하는 것으로 간주하였고, 교육부와 한국교총 등 교육계에서는 중앙정부의 교육부 예산으로 한정하는 것으로 해석하였다.

개념상의 혼란이 야기된 이유는 문교부가 교육부로 개칭된 데 있다고 볼 수 있다. 본래의 의미는 '문교예산 GNP의 5% 확보'인데 부처의 명칭변경으로 교육재정이란 용어를 쓰게 된 것이다. 따라서 교육예산을 GNP의 5% 수준으로 확보하는 일은 교육부의 일반회계인 중앙정부 직접지출 교육비와 지방교육재정교부금, 그리고 지방교육양여금특별회계(교육세)의 확충을 통해서 확보되어야 하며, 이를 도식화하면 [그림 5-1]과 같다.[5]

---

3) 교육정책자문회의, 한국교육 발전을 위한 범국가적 지원방안(1992), p. 26.
4) 한국교원단체총연합회, 제14대 대통령선거 교육부문 선거공약(1992. 8), pp. 3~4.
5) 윤정일, "교육재정 GNP 5%의 의미와 확보방안", 한국교총 제22회 교육정책토론회 주제발표 논문(1993).

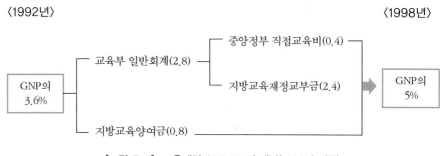

〈1992년〉 〈1998년〉

[그림 5-1] 교육재정 GNP 5%의 개념(1992년 기준)

1. 교육개혁위원회의 GNP 5% 확보방안

교육개혁위원회에서는 1995년 8월에 교육재정을 1998년까지 GNP의 5% 수준으로 확보하기 위한 방안을 제시하였다.[6] 이 방안은 기본방향, 1996~1998년간 교육재정 확충계획(안), 추가지원 소요 조달방안, 지방자치제도 개선, 후속조치 사항의 5개 부문으로 구성되어 있는데 그 구체적인 내용을 요약·정리해 보면 다음과 같다.

1) 기본방향

1998년까지 교육재정을 GNP 대비 5% 수준으로 제고한다. 이를 위하여 지방정부 지원예산은 물론 교육기회 확대를 위하여 중앙의 교육부 이외의 타 부처가 교육에 투자하는 예산(1995년 예산규모 2,447억 원)을 포함시키되 학생납입금은 제외한다. GNP 5% 확보를 위한 재원조달방법은 정부 및 자치단체는 종전의 추세대로 교육부문에 계속 투자하며, 교육개혁을 뒷받침하기 위한 추가재원 소요는 정부가 30%, 지방자치단체가 20%를 조달하며, 나머지 50%는 교육세를 확충하여 조달한다.

---

6) 교육개혁위원회, "교육개혁을 뒷받침하기 위한 교육재정 확보방안", 교육개혁추진위원회 안건 2호 (1995. 8. 30).

〈표 5-1〉 1996~1998년 GNP 대비 교육재정 확보 계획 (단위: 조 원)

구분	1995	1996	1997	1998	1996~1998
• 총투자규모(A)	14.0[1]	17.6	20.7	24.0	62.3
(GNP 대비, %)	(4.11)	(4.53)	(4.80)	(5.00)	–
• 종전추세 투자(B)	14.0	15.7	17.5	19.7	52.9
• 추가지원소요(A-B)	–	1.9	3.2	4.3	9.4
┌ 교육세(50%)	–	0.6[2]	1.6	2.2	4.4
├ 정부예산(30%)	–	0.8	0.9	1.3	3.0
└ 자치단체(20%)	–	0.5	0.7	0.8	2.0

주: 1) 교육부 이외의 타 부처에서 투자하는 교육비(2,447억 원) 포함.
　　2) 1996년 7월 1일부터 시행.

2) 추가지원 소요 조달방안

교육세 확충을 통하여 1996~1998년간 4.4조 원을 확보한다. 이를 확보하기 위한 구체적인 방안으로는 담배소비세에 신규로 교육세를 부과하고, 유류에 대하여 신규로 교육세를 부과하며, 경주마권세에 대한 교육세의 세율을 인상하되 세율은 재정경제원에서 관계부처와 협의하여 확정한다.

지방자치단체 지원확대를 통하여 1996~1998년간 2조 원을 확보한다. 이 중 약 1조 원은 지방자치단체가 지방세원을 확충하여 조달하고(연간 3,300억 원으로 1개 광역단체의 평균부담분은 220억 원 수준임), 나머지 1조 원은 1996~1998년 중 학교 신설소요(3조 640억 원)에 따른 용지비 약 1조 8,400억 원(소요의 60% 수준)을 중앙과 지방이 50:50으로 부담토록 하여 확보한다. 3년간 신설학교 수는 383개교이며, 지방자치단체 용지비 지원소요는 약 9,000억 원이 된다. 이를 위하여 「학교 용지확보특별법」을 제정하여 택지개발지역 내의 학교용지비 부담주체와 방법을 규정하고, 택지개발지역 내 신설학교 운동장에 대한 특례를 인정하는 등 학교시설 기준을 완화한다.

지방자치단체가 학교용지비의 50%를 조달하기 위한 방안으로는 개발지역 내 증가되는 취득세, 등록세, 재산세 등의 재원에서 조달, 주택개발지역의 개발이익에서 부담, 주택개발지역의 주택, 상가 등 분양가에 포함하여 입주자가 부담토록하여 이를 환수하는 방안 등이 있다.

〈표 5-2〉 지방자치단체 연차별 지원계획　　　　　　　　　　　　　　　　(단위: 천억 원)

구분	1996	1997	1998	계	구성비(%)
자치단체 부담총액	5.2	6.4	8.6	20.2	100.0
지방세원 확충	2.2	3.4	5.6	11.2	55.5
학교용지비 부담	3.0	3.0	3.0	9.0	44.5

3) 지방자치제도 개선

우리나라의 지방자치는 행정자치와 교육자치가 완전히 분리되어 주민생활 개선과 복지증진을 추구하는 지방자치 본래의 정신에서 이탈되어 왔으며, 특히 자치단체의 지방교육재정에 대한 기여는 최소한의 법정부담금 외에는 거의 전무한 실정이다. 1995년도 법정전입금을 보면 중등교원 봉급지원(서울: 2,212억 원, 부산: 416억 원)과 6대 도시에 있어서 담배소비세를 합하여 7,250억 원으로서 지방교육재정의 5.7%에 불과한 실정이다.

따라서 시·도 지사의 교육재정에 대한 지원확대가 가능토록 교육사무에 대한 권한 및 책임을 개선하되 교육의 전문성, 정치적 중립성을 보장할 수 있는 장치를 강구할 필요가 있다.

2. 교육재정 GNP 5% 확보를 위한 법적 조치

정부에서는 교육재정 GNP 5% 확보를 위한 후속조치 중 「교육세법」을 개정하고, 「학교용지확보에 관한 특례법」을 제정하고, 지방교육재정교부금법을 개정하였으며, 「교육환경개선특별회계법」을 제정하였다.[7]

신규로 제정되거나 개정된 교육재정 관련법의 주요 골자는 〈표 5-3〉과 같다.

---

7) 제177회 정기국회에서 통과되었음. 그러나 지방교육자치에 관한 법률은 교육부에서 국회 제출을 유보함.

〈표 5-3〉 교육재정관련법의 제정 및 개정의 주요 골자

법안	골자
1. 「교육세법」 (개정)	• 1996년부터 신규과세대상 및 세율 　－등유에 대한 특별소비세액의 15% 　－교통세에 대한 15% 　－담배소비세액의 40% • 경주 · 마권세에 대한 교육세의 세율을 현행 20%에서 50%로 인상 • 각종 과세대상에 부가되는 교육세의 세율은 교육투자 재원의 조달 또는 당해 물품의 수급상 필요한 경우에는 그 세율의 30%의 범위 안에서 대통령령으로 이를 조정 • 시행일: 1996. 7. 1
2. 「학교용지 확보에 관한 특례법」 (제정)	• 시 · 도가 학교용지를 확보하는 데 소요되는 경비는 시 · 도의 일반 회계 및 교육비특별회계가 각각 1/2씩 부담 • 개발사업 시행자는 개발계획 수립 시 교육감의 의견을 들어 학교용지의 조성 · 개발에 관한 사항을 포함하여야 함 • 학교용지는 조성 · 개발에 소요된 원가(조성원가)로 공급하되, 초등학교의 학교용지는 조성원가의 100분의 70으로 할 수 있음 • 개발사업지역의 여건을 고려하여 학교용지 기준 완화 적용 가능
3. 「지방교육 재정교부금법」 (개정)	• 서울특별시 · 광역시 및 도는 시 · 도세 총액의 1,000분의 26에 해당되는 금액을 새로이 교육비특별회계로 전출하되, 1999년도 이후의 전출 비율은 다시 조정하도록 함 • 특별시 · 광역시 및 도 교육행정기관의 장은 일반회계 전입금으로 충당되는 세출예산을 편성하는 때에는 관계지방자치단체의 장과 협의하도록 하고, 협의하에 편성된 세출예산을 교육위원회가 감액하고자 하는 경우에는 미리 관계교육행정기관의 장 및 지방자치단체의 장과 협의하도록 함 • 시 · 군 및 자치구는 특별시장, 광역시장 또는 도지사의 승인을 얻어 대통령령이 정하는 바에 따라 관할구역 안에 있는 고등학교 이하 각급학교의 교육에 소요되는 경비의 일부를 보조할 수 있도록 함
4. 「교육환경 개선특별 회계법」 (제정)	• 1996년부터 2000년까지 5년 한시로 매년 1조 원씩 총 5조 원의 교육 환경 개선특별회계를 설치 · 운영 • 재원은 국고 3조 5천억 원(교육세 확충분 2조 7천억 원, 일반회계 8천억 원), 교육비특별회계 1조 5천억 원으로 충당 • 환특회계 대상학교는 전국 초 · 중등학교 및 특수학교에 국한 • 교원휴게실, 편의실 확충, 노후교실, 책 · 걸상 개선, 교실난방, 화장실, 급수시설 및 부속시설 개선, 학교시설안전관리 등에 투자

3. 교육재정 GNP 5% 확보 실적

문민정부에서는 1998년까지 교육재정을 GNP 5% 수준으로 확보하기 위하여 교육재정 관련법을 제정하거나 개정하였다. 다각적인 노력을 기울인 결과 1998년 예산은 당초 GNP 대비 5% 수준으로 편성이 되었다. 그러나 1997년 말부터 나타나기 시작한 경제적 위기로 인하여 교육재정 GNP 5% 확보는 상당히 어려운 처지에 직면하게 되었다.

국민의 정부는 IMF 외환위기를 이유로 대통령 공약사항 중 교육재정 GNP 6% 확보안을 100대 국정과제에서 제외했다. 이러한 조치는 이후 대폭적인 교육예산 삭감으로 이어지게 되었는데, 국민의 정부는 1998년 제1차 추가경정예산을 편성하면서 교육재정을 GNP의 4.94%로 삭감했으며, 제2차 추가경정예산에서는 이를 다시 4.4% 수준으로 감축했다.

더욱이 교육재정의 확보 실적 역시 본래의 계획에도 크게 미치지 못하는 것으로 나타났다. 교육재정 GNP 5% 확보계획과 그 확보 실적을 개략적으로 살펴보면 〈표 5-4〉와 같다. 이 표에서 보면, 본래 1996~1998년 동안 62조 3,954억 원의 교육재정을 확보할 계획이었으나 실제로 확보한 재원은 56조 6,425억 원으로서 계획 대비 90.8%를 확보한 것으로 나타나고 있다.[8]

재원별로 보면, 종전 교육세의 결손액이 2조 6,269억 원으로 그 규모가 가장 크게 나타나고 있다. 다음으로는 지방교육재정교부금에서 1조 7,505억 원의 결손액이 발생하였다. 학교용지부담금의 경우 그 결손액은 9,000억 원에 이른다. 「학교용지확보에 관한 특례법 시행령」에 의하여 학교용지부담금의 부과·징수에 관한 자세한 사항을 시·도조례로 정하도록 규정하였으나, 시·도조례가 제정되지 않아 결국 1996년 이후 학교용지 부담 사례는 한 건도 없었으며, 이로 인해 지방자치단체가 부담해야 할 9,000억 원이 전혀 확보되지 못한 것이다. 지방자치단체 일반회계 전입금의 결손액도 2,326억 원에 이른다.

이와 같이 문민정부에서 수년간의 정책적 노력을 통해서 관철시킨 교육재정 GNP 대비 5% 확보계획은 IMF 외환위기로 인해 당초의 정책목표에 현저히 미달

---

8) 송기창 외, 교육재정백서(교육재정백서 연구위원회, 1999), pp. 296~297.

〈표 5-4〉 교육재정 GNP 5% 확보계획 대 실적   (단위: 억 원)

구분		1996	1997	1998	계	달성도(%)
국고(본부)	계획	26,715	29,076	34,037	89,828	97.0
	실적	26,715	31,550	28,852	87,117	
지방교육재정교부금	계획	84,801	95,594	107,469	287,864	93.9
	실적	85,677	91,442	93,240	270,359	
교육세 (종전)	계획	37,430	43,046	49,287	129,763	79.8
	실적	34,736	36,114	32,644	103,494	
	계획	6,482	16,062	21,591	44,135	99.6
(추가)	실적	6,696	17,996	19,275	43,967	
자치단체 (종전)	계획	7,690	8,150	8,650	24,490	100.8
전입금	실적	8,029	8,342	8,305	24,676	
	계획	2,185	3,425	5,636	11,246	77.7
(추가)	실적	2,544	3,278	2,912	8,734	
학교용지부담금	계획	3,000	3,000	3,000	9,000	0.0
	실적	0	0	0	0	
시·도 자체수입	계획	5,550	6,220	6,970	18,740	101.6
	실적	9,402	4,789	4,840	19,031	
타 부처 교육예산	계획	2,685	2,954	3,249	8,888	101.8
	실적	2,756	3,260	3,031	9,047	
총 계	계획	176,538	207,527	239,889	623,954	90.8
	실적	176,555	196,771	193,099	566,425	
	확보율(%)	100	94.8	80.5	90.8	
GNP 규모	계획	3,881,210	4,323,670	4,799,270	13,004,150	
	실적	4,184,790	4,532,764	4,495,088	13,212,642	
GNP 대비	계획	4.55	4.80	5.00	4.80	
비율(%)	실적	4.07	4.36	4.30	4.25	

자료: 송기창 외, **교육재정백서**(교육재정백서 연구위원회, 1999).

되는 실적을 거두게 되었다.

4. 교육재정 GNP 5% 확보방안 평가

1) 교육개혁 추진을 위한 재정기반 구축

교육재정의 확보는 교육개혁의 성패를 좌우하는 제1차적인 관건이다. 우리는 과거에도 많은 교육개혁안과 교육계획을 수립하였으나 이를 실천하기 위한 교육재정을 확보하지 못함으로써 본래의 계획했던 목표를 달성할 수 없었던 경험들을 가지고 있다. 1970년에 발표된 장기종합교육계획과 1972년에 수립된 고등교육개혁안이 그 예다. 1974년부터 도입된 고교평준화 정책도 재원의 부족으로 선행조건 중 시설의 평준화가 되지 않은 상태에서 도입됨으로써 현재까지 여러 가지 문제를 야기하고 있다. 또한 교육개혁심의회에서 수립한 교육개혁안과 교육정책자문회의에서 수립한 교육개혁안들이 제대로 추진되지 못했던 이유 중의 하나도 교육개혁에 필요한 재원을 확보하지 못했다는 것이다.

5·31 교육개혁 방안 이후 4차례에 걸쳐 문민정부에서 제시한 교육개혁 방안 120개 과제 중 1998년 1월을 기준으로 73%가 시행되었다는 것은 교육개혁에 필요한 재원을 조달할 수 있는 방안을 강구했기 때문이다. 교육개혁 방안 중 무엇보다도 교육재정을 GNP의 5% 수준으로 확보하는 방안을 수립했다는 것이 가장 높게 평가받아야 할 성과라고 하겠다.

2) 대선공약의 실천

교육재정을 GNP의 5% 수준으로 확보하기 위한 법적 · 제도적 조치를 강구했다고 하는 것은 다른 교육공약의 실천을 가능케 한다는 의미와 더불어 김영삼 대통령의 선거공약 이행이라는 의미를 가지고 있는 것이다. 후보로 출마했을 때의 공약을 당선되고 나서는 저버리는 것을 당연시하는 것이 우리 사회의 풍조다. 그래서 선거공약을 공약(空約)이라고들 하며, 선거 때 공약을 선거 후에는 별로 관심을 두지 않는다. 이는 역대 대통령 선거에서나 국회의원 선거에서도 매한가지였다. 그러나 김영삼 대통령은 대선공약으로 제시했던 '교육재정 GNP 5% 확보'를 임기 중에 실천하기 위하여 부단히 노력하고, 1998년 당초예산에서 GNP 5%를 달성하였다.[9]

3) 교육재정에 대한 중앙과 지방의 책임 분담

문민정부는 교육재정 GNP 5%를 확보하기 위하여 「교육세법」, 「학교용지확보에 관한 특별법」, 「지방교육재정교부금법」, 「교육환경개선특별회계법」 등을 제

---

9) IMF 시대를 극복하기 위하여 추가경정예산을 편성하였는데 추경에서는 GNP 5% 달성이 어려워짐.

정하거나 개정하면서 지방교육비에 대한 지방자치단체의 책임을 강화하였다. 예를 들면, 학교용지를 확보하는 데 소요되는 경비는 지방자치단체와 교육청이 각각 1/2씩 부담토록 하고, 학교용지는 조성원가로 공급하되 초등학교의 용지는 조성원가의 70%로 공급토록 하였으며, 서울특별시 · 광역시 및 도는 시 · 도세 총액의 2.6%에 해당하는 금액을 새로이 교육비특별회계로 전출토록 하고, 시 · 군 및 자치구가 관할구역 내에 있는 학교의 교육에 소요되는 경비를 보조할 수 있도록 하는 것 등이다.

지방자치제의 정착과 발전을 위하여 앞으로 점차적으로 조세체계가 국세 위주에서 지방세 위주로 전환될 것이라고 전망한다면 일반 지방자치단체에 지방교육비에 대한 책임을 증대시켰다는 것은 매우 의의 있는 일인 것이다.

4) GNP 5%의 개념의 확대 해석

'교육재정 GNP의 5%' 개념을 확대 해석함으로써 김영삼 대통령의 대선공약을 왜곡함은 물론 교육재정에 커다란 손실을 초래했다. 즉, GNP의 5% 개념을 해

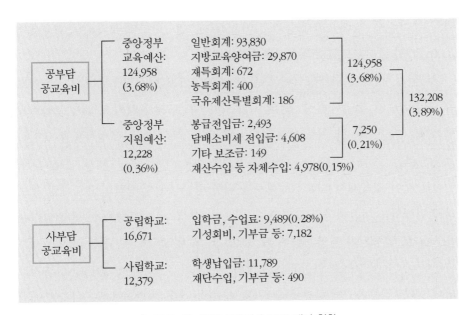

[그림 5-2] 1995 교육예산 GNP 대비 현황

주: 1) ( ) 안은 대 GNP 비율이며 금액 단위는 억 원임.
   2) 1997년도 GNP 추정: 3,395,290억 원.
자료: 교육개혁위원회, 세계화 · 정보화 시대를 주도하는 신교육체제 수립을 위한 교육 개혁방안(I)(1995. 5), p. 119.

석함에 있어 중앙정부의 교육예산 속에 교육부예산만을 포함한 것이 아니라 교육기회 확대를 위하여 타 부처에서 투자하는 교육비까지 포함하였으며, 지방정부가 지원하는 교육예산까지 모두 포함하였다.

예를 들면, 당시 과학기술처가 한국과학기술원, 과학기술대학에 지원하는 예산, 재무부가 세무대학에 지원하는 예산 등을 포함하였으며, 학생납입금은 제외하되 지방정부가 지원하는 예산을 모두 포함하였다. 이와 같이 GNP의 5% 개념을 확대 해석함으로써 1995년에 교육부의 예산이 GNP의 3.68%에 불과한 것을 4.11%로 계산하게 되었고, 이로 인하여 1995년에 교육재정은 GNP의 0.43%나 과다하게 계산되었다. 이로 인한 교육재정은 1조 4,500억 원이나 과대 추정되었으며, 3년간을 계산한다면 교육재정은 약 4조 4,000억 원의 손실을 보는 셈이다.

5) 2000년까지의 한시적 재원확보책

GNP의 5% 수준으로 교육재정을 확충하기 위하여 마련된 방안들은 대부분 정책목표 달성을 위한 임시방편적인 것들이며, 1998년까지 혹은 2000년까지 한시적으로 적용되는 것들이다. 특히 교육세의 경우를 보면 등유분 특별소비세, 교통세, 경주마권세, 담배소비세 등과 같이 1996년 7월 1일부터 부과되는 교육세는 2000년까지 한시적으로 부과하도록 규정되었다.

교육환경개선특별회계도 1996년부터 2000년까지 한시적으로 설치·운영토록 되어 있으며, 서울특별시·광역시 및 도가 시·도세 총액의 2.6%를 교육비특별회계로 전출토록 한 것도 1999년도 이후에는 전출비율을 조정하도록 규정하고 있었다.

이와 같이 교육재정 GNP 5% 확보를 위한 방안들은 안정적인 교육재정 확보의 측면에서는 미흡했다고 평가할 수 있으나, 다행스럽게도 시·도세 전입비율은 3.6%로 인상되어 전입시한이 폐지되었고, 담배소비세 부가분 지방교육세는 세율이 40%에서 50%로 인상되었고 계속 연장되어 징수시한이 2015년 말까지로 되어 있다. 경주마권세(나중에 레저세로 바뀜)의 경우 지방교육세율이 20%에서 50%로, 다시 60%로 인상되었다가 40%로 정착되었으며, 등유분 특별소비세와 교통세에 부가하는 교육세의 징수시한은 폐지되었다. 다만 교통세 부가분 교육세의 경우, 「교통·에너지·환경세법」 폐지법률이 제정되어 2016년 1월 1일부터 시행을 앞두고 있기 때문에 특별한 변화가 없는 한 2016년부터 폐지될 상황에 놓여 있다.

6) 차등재정지원으로 불평등 심화

교육개혁위원회는 "교육의 수월성 향상을 신장하기 위하여 각급학교 운영에 자율과 경쟁의 원리를 도입하는 한편, 소외계층과 지역을 위해서는 형평성이 확보되도록 하면서 체계적인 평가를 통하여 교육의 질이 관리되도록 한다."는 것을 신교육체제 수립을 위한 교육개혁의 추진원칙으로 설정하였다. 평가결과에 따라 행·재정지원을 차등화하는 제도는 이러한 원칙을 가장 충실하게 실현하는 방안이다. 교육개혁위원회는 구체적인 방안으로서 교육청 평가와 재정지원 연계, 학교평가와 재정지원 연계, 능력중심 승진 및 차등보수체제 등과 같은 방안을 제시하였다.

그러나 평가결과에 따라 우수한 교육청 또는 학교에 보다 많은 재정지원을 하는 것은 여러 가지 문제를 내포하고 있다. 우수하다고 평가받은 교육청, 학교 및 교사에게 재정지원을 많이 하고 보수를 높게 준다면 부익부 빈익빈의 현상을 의도적으로 촉진시키게 된다. 더욱이 이러한 차등재정지원제를 지속적으로 실시한다면 불균등은 더욱 심화될 것이며, 결과적으로 교육수요자인 학생은 교육의 기회균등을 보장받지 못하게 될 것이다.

7) 지방자치단체의 협조 부족

교육재정 GNP 5% 확보 계획의 성패는 세수 목표 달성 정도와 지방자치단체의 협조 여부에 달려 있었다. 추가 재원 9조 4,700억 원을 중앙정부와 지방자치단체가 일정부분씩 분담하고 나머지는 교육세 확충을 통하여 확보토록 되어 있었기 때문이다. 1996년, 1997년, 1998년 교육예산의 경우, 〈표 5-5〉에 제시된 바와 같이 세수 부진과 지방자치단체의 협조 부족으로 지방교육재정 확보에 약 5조 5,268억 원의 차질이 발생하였다.[10]

문민정부에서는 교육세율을 인상하고, 시·도세 전입금을 신설했으나 1998년

---

10) 송기창 외, 전게서.

〈표 5-5〉 지방교육재정 결손 내역(1996~1998)   (단위: 억 원)

구 분	금 액	비 고
• 교육세 세수 결손	26,437	종전 및 추가계획 교육세 포함
• 학교용지부담금 미확보	9,000	
• 지방교육재정교부금 결손	17,505	종전 및 추가계획 교부금 포함
• 지방자치단체일반회계전입금 결손	2,326	
계	55,268	

교육재정 GNP 5% 확보 정책의 실현을 위하여 1조 원에 달하는 지방기채를 발행해야 했다. 또한 지방자치단체가 부담해야 할 학교용지비 부담은 전혀 이루어지지 않았다. 2,500세대 규모 이상의 주택개발 사업 시 「학교용지확보에 관한 특례법」에 의하여 시 · 도 지사가 부담한 학교용지비의 1/2은 문민정부에서 전무했으나, 2000년대 들어서서 교육재정 확보에 어느 정도 기여했다.

제2절 교육재정 GNP 6% 확보

김대중 대통령은 대선공약으로 교육재정 GNP 6% 확보, 5세아의 무상 의무교육실현, 교원처우 개선, 학교급식 확대 등 열 가지의 교육공약을 제시하였다. 특히 교육재정을 OECD 국가 수준인 GNP의 6%로 확보하기 위하여 국세분 교육세를 지방교육지원특별회계로 전환하여 지방교육재정의 자율성을 제고하고, 교육세 구조를 개편하고, 2001년까지 한시적으로 적용되고 있는 교육세목(경유특별소비세, 담배소비세, 교통세, 경주마권세)을 2005년까지 연장하고 세율을 상향 조정하며, 지방교육재정교부금 교부율을 상향 조정하겠다고 하였다. 그러나 이 공약은 선거가 채 끝나기도 전에 폐기해야만 했다. 문민정부의 금융정책 실패로 1997년 말부터 IMF 외환위기 관리체제로 들어감에 따라 교육재원 GNP 6%는 고사하고, 문민정부가 대선공약 이행차원에서 지방채를 포함하여 가까스로 달성했던 교육재정 GNP 5% 확보조차도 포기해야만 했던 것이다.

1998년에 당초 교육예산 GNP의 5%를 2차에 걸쳐 추가경정예산을 편성하면서 GNP의 4.4%로 삭감하였고, 1999년에는 4.2%로, 그리고 2000년에는 4.4%로

감축하였다.[11]

이와 같은 교육재정 감소로 인하여 학교 신·증설이 중단되고 교원봉급이 제때 지급될 수 없는 상황에 이르러 교육계의 불만이 증폭되었다. 1999년부터는 외환위기 상황을 어느 정도 극복하면서 교육재정을 확충해야 한다는 여론이 급등하게 되었다. 이에 따라 국회에서 1999년 12월에 「지방교육재정교부금법」 개정안을 의결하고 2000년 1월에 동 법안을 공포함으로써 국민의 정부는 교육재정 확충을 위한 노력을 재개하게 되었다. 이어 2000년 12월에는 「교육세법」을 개정하고, 2001년 12월에는 다시 「지방교육재정교부금법」을 개정하였는데 그 주요 내용은 다음과 같다.

1. 교육재정 GNP 6% 확보를 위한 법적 조치

1) 2000년 1월 「지방교육재정교부금법」 개정

「지방교육재정교부금법」 개정법률이 2000년 1월 28일 공포됨에 따라 지방교육재정의 안정성이 높아졌고, 지방자치단체의 교육투자가 확대되었으며, 기초자치단체가 교육투자를 확대할 수 있는 여건을 조성하게 되었다. 개정법률의 주요 내용은 다음과 같다.

첫째, 의무교육기관 교원의 인건비를 안정적으로 확보할 수 있도록 현행 봉급교부금(봉급과 기말수당, 정근수당, 관리업무수당만 지원)에 교원에게만 지급되는 수당(교직수당, 교과지도수당, 학급담당수당, 교원 등에 대한 보전수당, 보직교사수당, 교원특별수당)을 포함한 인건비를 국가가 직접 지원하도록 한다.

둘째, 지방교육재정교부금 재원 중 당해 연도 내국세 총액의 1,000분의 118에 해당하는 금액을 1,000분의 130으로 인상한다.

셋째, 중등교원 봉급의 전입금을 부산광역시 이외에 대구 등 다른 5개 광역시와 경기도도 각각 봉급액의 100분의 10을 부담토록 그 범위를 확대한다.

넷째, 지방자치단체가 2000년 말까지 한시적으로 교육비특별회계에 전출토록

---

11) 윤정일, "교육자치와 교육재정", 국민의 정부 교육정책에 대한 중간평가, 한국교원단체총연합회 제35회 교육정책토론회자료집(2000), p. 57.

되어 있는 시 · 도세 총액의 2.6%를 3.6%로 인상하고 이를 영구화한다.

다섯째, 시장 · 군수 및 자치구의 구청장이 고등학교 이하 각급 학교의 교육에 소요되는 경비 중 일부를 서울특별시장 · 광역시장 또는 도지사의 승인 없이 보조할 수 있도록 한다.

2) 2000년 12월 「교육세법」 개정

2000년 12월 공포된 「교육세법」 개정법률에 의하면, 교육세 개편 내용은 다음과 같다.

첫째, 2000년 말 시한인 일부 교육세를 2005년까지 연장한다. 특별소비세액 등유분 15%, 경주마권세액 50%, 담배소비세액 40%는 2005년까지 징수기간을 연장하고, 교통세액 15%는 교통세의 징수시한인 2003년 말까지 징수한다.

둘째, 국세부가분 교육세는 현행대로 유지하되, 지방세부가분 교육세는 지방교육세로 전환하여 지방자치단체장의 교육재원 확보 및 교육서비스 향상에 대한 역할과 책임을 강화한다.

셋째, 수송용 LPG와 중유에 부과되는 특별소비세액에 대하여 2005년 말까지 한시적으로 15%를 신규 과세한다.

넷째, 지방세 중 담배소비세분 교육세율을 40%에서 50%로 인상하고, 2005년까지 레저세(경주마권세)분 교육세율을 50%에서 60%로 인상하고 2006년부터는 20%로 환원한다.

다섯째, 지방교육세의 기본세율을 50% 내에서 탄력세율을 적용할 수 있도록 허용한다.

3) 2001년 12월 「지방교육재정교부금법」 개정

2002년부터 중학교 의무교육이 전국적으로 확대 실시됨에 따라 소요되는 재원을 국가와 지방자치단체가 현행과 같이 분담하되 2005년 이후에는 재원분담 방안을 별도로 마련토록 규정하였는데 그 주요 내용은 다음과 같다.

첫째, 2002년도부터 의무교육이 실시되는 지역의 중학교의 교원봉급, 수당에 해당하는 금액에 관하여는 2004년 12월 31일까지 교부금의 재원에 이를 합산하지 아니한다.

둘째, 2002년도부터 의무교육이 실시되는 지역의 공립중학교의 교원봉급에 해당하는 금액은 2004년 12월 31일까지 서울특별시, 광역시 및 경기도의 일반회계로부터의 전입금으로 충당한다.

셋째, 국가는 2002년부터 실시되는 중학교의 의무교육으로 인하여 징수되지 않는 수업료, 입학금 및 교과서 대금에 해당하는 금액을 별도로 증액 교부한다.

2. 교육재정 GNP 6% 확보실적

국민의 정부는 2000년과 2001년도에 교육재정 확충을 위한 법적·제도적 노력을 집중하였다. 「지방교육재정교부금법」의 개정을 통하여 의무교육기관 교원의 인건비를 안정적으로 확보할 수 있도록 하고, 광역지방자치단체의 교육비 전출금을 확대하였다. 이러한 「지방교육재정교부금법」의 개정을 통하여 교육재정은 2001년에 1조 6,854억 원, 2002년에 1조 8,853억 원이 증가하게 되었다.

또한 국민의 정부는 「교육세법」 개정을 통하여 교육세의 징수기간을 연장하고 세율을 상향 조정하였으며, 지방세부가분 교육세를 지방교육세로 전환하고 탄력세율을 적용할 수 있도록 함으로써 지방자치단체장의 교육재정 확보에 대한 책임을 강화하고 자치단체장의 경쟁을 유도하였다. 이와 같은 노력을 기울인 결과, 지방자치단체로부터의 교육비 전입금이 6% 내외이던 것이 2001년에는 20%에 달하게 되었다. 「교육세법」 개정을 통하여 증가된 교육재정은 2001년 3,755억 원, 2002년 5,838억 원의 규모다.

이와 같이 국민의 정부는 IMF 외환위기로 인해 정권 초기에는 교육재정의 규모를 지속적으로 삭감하였지만, 후반기에는 교육재정을 확보하기 위하여 다양한 정책적 노력을 기울였다. 그 결과 IMF 외환위기 기간에 비해 교육재정은 대폭 확충되었다. 교육재정 확보를 위한 일련의 법적 조치를 통하여 확충된 교육재정에도 불구하고, 〈표 5-6〉에서 보는 바와 같이 2002년의 GDP 대비 교육재정은 4.73%에 불과하다. 이는 대선공약인 교육재정 GDP 6% 확보에는 현저히 미달되는 수치다. 교육재정의 GDP 6% 확보를 달성하기 위하여는 7조 6,000억 원 정도가 더 필요한 것이다.

〈표 5-6〉 GDP 대비 교육재정

(단위: 억 원)

구분	1998	1999	2000	2001	2002 추정
• GDP 규모(A)	4,443,665	4,827,442	5,170,966	5,507,079	5,947,645
• 교육재정규모(B)	193,965	203,156	227,168	256,171	281,110
−교육부소관 예산	174,861	179,030	197,256	200,188	222,783
−시·도자체수입	16,071	12,706	14,142	52,257	53,262
−지방채(재특제외)	−	7,941	11,852	−	−
−타 부처 교육예산	3,033	3,479	3,918	3,726	5,065
(수업료)	(11,583)	(11,046)	(11,093)	(9,557)	(7,335)
• GDP 대비 비율(B/A)	4.36	4.21	4.39	4.65	4.73
• GDP 5% 대비 부족액	△28,218	△38,216	△31,380	△19,183	△16,272

자료: 교육인적자원부, 2002년 지방교육재정 운용 편람(2002. 1), p. 9.

3. 교육재정 GNP 6% 확보방안 평가

1) 교육재정의 안정적 확보

국민의 정부는 「지방교육재정교부금법」의 개정과 「교육세법」의 개정을 통하여 교육재원 및 그 규모를 법제화함으로써 예산환경의 변화에 좌우되지 않고 교육재원을 안정적으로 확보하고자 노력했다.

지방교육재정교부금 중 내국세 교부율을 11.8%에서 13%로 인상한 것은 향후 지속적으로 안정적인 교부금 확보를 보장하는 것이다. 비록 대선공약인 내국세 교부율 15% 인상에는 못 미치지만 내국세 교부율의 조정은 교육재정의 안정적 확보에 상당히 기여했다고 평가할 수 있다. 또한 교원에게만 지급하는 수당을 봉급교부금 교부 대상으로 규정함으로써 각종 수당 신설로 인한 인건비 증가로 운영비가 잠식되어 교육재원 확충 효과가 사라지던 문제를 해소한 것도 큰 의의가 있다. 서울특별시·광역시 및 도가 2000년 말까지 교육비특별회계로 전출토록 되어 있던 시·도세 전입금의 경우 그 시한을 폐지하여 영구적으로 전출토록 규정함으로써 지방자치단체의 교육재정에 대한 지원이 안정적으로 이루어질 수 있었다.

2) 중앙과 지방의 교육재정분담의 불균형 완화

교육은 지방자치단체의 고유 사무이므로 교육에 대하여 지방자치단체가 지원하는 것은 지방자치의 이상과도 부합하는 것이다. 국민의 정부는 지방자치단체가 교육투자에 대한 역할과 책임을 다하도록 하기 위해 다양한 노력을 경주하였다고 평가할 수 있다. 지방교육재정의 재원은 크게 국가지원, 지방자치단체지원, 자체수입 등으로 구분되는데, 지방자치단체 지원율은 2000년 5.7%에서 2001년 18.4%, 2002년 20%로 증가하였다.

이와 같이 지방자치단체의 지원율이 2001년 이후 큰 폭으로 증가한 주된 원인은 국세인 교육세 중 지방세에 부가되던 교육세를 지방교육세로 개편했기 때문이라고 볼 수 있다. 이 외에도 지방자치단체는 시 · 도세 전입금을 기존 2.6%에서 3.6%로 인상하여 부담하게 되었고, 공립 비의무교육기관 교원 봉급의 전입금에 대하여 부산광역시 이외 5개 광역시와 경기도도 각각 봉급액의 10%를 전입하게 되었기 때문이다. 또한 기초자치단체에서 교육에 투자 시 광역자치단체의 사전승인 조항을 삭제하고 기초자치단체의 재정여건을 감안, 고등학교 이하 각급 학교에 지원할 수 있도록 한 것도 지방자치단체의 교육재정에 대한 지원 증가의 원인이라고 할 수 있다. 「학교용지확보에 관한 특례법」을 개정함으로써 학교신설 유발자에게 학교용지 부담금이 현실적으로 부과될 수 있도록 한 것도 지방자치단체의 지원을 강화한 조치다.

이상과 같은 확보방안들을 통하여, 국민의 정부에서는 교육재정 부담에 있어 국가와 지방자치단체 간의 재원부담의 불균형이 다소 시정되었다고 평가할 수 있다.

〈표 5-7〉 지방교육재정 재원별 규모   (단위: 억 원)

구분	2000		2001		2002	
	예산액	구성비	예산액	구성비	예산액	구성비
• 국가지원금	161,370	84.2	183,921	74.1	188,106	76.0
• 자치단체전입금	11,054	5.7	45,649	18.4	49,798	20.0
• 지방채	8,743	4.6	–	–	–	–
• 자체수입	10,541	5.5	18,727	7.5	10,799	4.0
합 계	191,708	100.0	248,297	100.0	248,703	100.0

자료: 1) 교육부, 1999 지방교육재정 운용 편람 II(1999. 1), p. 4.
　　　2) 교육인적자원부, 2002년 지방교육재정 운용 편람(2002. 1), p. 9.

3) 한시적 재정확보책

국민의 정부에서 개정한 「교육세법」의 내용을 보면, 교육세는 교육재정의 중요한 원천임에도 불구하고 일부 세목은 그 징수시한이 2003년 혹은 2005년으로 제한되어 있었다. 그러나 2005년 이후 특별소비세액 등유분 15%, 수송용 LPG 및 중유분 15%은 징수시한이 폐지되었고, 레저세액(경주마권세액) 60%는 2009년부터 40%로 조정되었으며, 담배소비세액 50%도 2015년까지 연장되었고, 교통세에 부가되는 교육세는 「교통·에너지·환경세법」이 2015년 말까지 유효함에 따라 2015년 말까지 연장되었다.

교육은 국가발전의 원동력이며 무한경쟁의 국제화·개방화 사회에서 문화선진국으로서의 위치를 확보할 수 있는 지름길이다. 따라서 단견적인 시각을 버리고 장기적인 시각에서 교육재원을 안정적으로 확보할 수 있는 대안을 강구토록 해야 할 것이다. 2015년 말까지 징수하는 담배소비세 부가분 지방교육세의 징수시한은 폐지할 필요가 있고, 교통·에너지·환경세는 휘발유와 경유에 대한 개별소비세를 전환했던 것이므로 2016년부터 교통·에너지·환경세가 폐지되고 개별소비세로 통합되면 교육세 결손이 생기지 않도록 대책을 마련할 필요가 있다.

4) 지방교육재정의 자주성 상실

국민의 정부는 2000년 12월의 「교육세법」 개정을 통하여 지방세분 교육세를 지방교육세로 전환하여 지방자치단체 일반회계로부터 지방교육세 전입금 형태로 넘겨받도록 하였다. 이러한 조치는 교육재정에 관한 권한을 시·도지사에게 부여하게 함으로써 교육재원의 자주성을 상실하게 했다는 평가를 받고 있다.

그동안 지방자치단체의 교육재정에 대한 책임을 증대시키기 위해 지방세분 교육세를 지방교육세로 개편하는 방안이 제시되어 왔다. 결국 지방교육세에 관한 규정을 「지방세법」에 포함시키게 됨으로써 교육재원 확보 책임의 일부를 지방자치단체장에게 부여하게 되었다. 그러나 이로 인해 지방교육세가 일반회계에 편성되었다가 전출되기 때문에 교육예산 편성과정에서 지방자치단체와 지방의회의 무리한 정치적 요구와 압력이 가해질 수 있는 가능성을 배제할 수 없게 되었다. 즉, 시·도지사가 지방교육재정에 관여하게 되어 교육과 정치의 독립성이 지켜지지 못하게 될 우려가 있는 것이다. 실제로 지방교육세로 개편된 이후 시·도교육청에서는 예산편성과정에서 시·도지사 및 지방의회와의 갈등이 빈번히 발생되고 있다. 따라서 지방교육세에 관한 사항은 기존의 「교육세법」에 규정하고 지방교육세에 관한 권한을 시·도교육감에게 부여하는 것이 바람직하다고 하겠다.[12]

5) 지방교육재정의 세입세출의 불균형 초래

교원정년단축과 명예퇴직 증가로 인한 재정수요가 증액교부금으로 지원되지 않고 재정융자특별회계의 융자금으로 조달되어 시·도교육청의 부채가 증대되었다. 교원명예퇴직과 정년퇴직으로 인한 봉급교부금 감소분은 국가재정의 수입이 되었지만, 그로 인한 퇴직수당 소요액은 융자금으로 대체함으로써 시·도교육청의 지방채 부담을 가중시킨 것이다.

또한 1998년 이후 지방교육재정은 IMF 외환위기로 인하여 그 규모가 크게 감소하였는데, 학교 없는 지역의 학교신설, 교육정보화사업, 교원명퇴수당 등에 소요되는 재원 마련을 위하여 지방채를 발행하여 소요재원을 확보함으로써 지방교육재정의 부담요인으로 작용하였다. 지방교육재정 특성상 자주재원은 거의 없고 교육투자사업은 계속되어야 하므로 앞으로는 교부금이 아닌 별도 재원으로 지방채를 해소하는 방안을 강구할 필요가 있다.

제3절 현형 교육재정 확보제도

교육재정은 크게 중앙교육재정과 지방교육재정, 사립학교재정으로 구분될 수 있다. 중앙교육재정은 고등교육재정과 보통교육재정으로 구분되며, 지방교육재정은 시·도교육재정과 단위학교재정으로 구분된다. 보통교육재정은 지방교육을 지원하기 위한 것이 대부분이므로 결국 교육재정은 고등교육재정, 시·도교육재정, 단위학교재정, 사립학교재정[13] 등으로 구분됨을 알 수 있다.

---

12) 송기창, "국민의 정부 재정확보정책평가", 국민의 정부 교육재정정책 평가와 전망, 한국교육재정경제학회 제35차 학술대회자료집(2002), pp. 38~40.
13) 사립학교재정은 다시 사립초중등교육재정과 사립고등교육재정으로 구분할 수 있음.

164

고등교육재정의 규모는 매년 예산 협상과정을 통해서 결정된다. 따라서 고등교육재정의 재원은 학생 등록금과 내국세라고 할 수 있다. 반면, 보통교육재정의 규모는 엄격히 법령으로 제도화되어 있다. 보통교육재정(지방교육재정, 단위학교재정) 확보에 관한 법령으로는「지방교육재정교부금법」,「교육세법」,「학교용지 확보 등에 관한 특례법」,「지방세법」,「초·중등교육법」,「지방자치단체의 교육경비보조에 관한 규정」 등이 있다. 사립학교재정 확보는「사립학교법」과「고등학교이하 각급학교 설립·운영규정」,「대학설립·운영규정」 등에 규정되어 있다. 이하에서는 현행 교육재정 확보제도를 재원별로 자세히 제시한다.

1. 국가의 교육재정 확보제도

국가가 확보하는 교육재원은 국가 일반회계와 특별회계 예산을 통해 확보하는 본부행정비와 국립학교 교육비, 그리고 지방교육재정교부금이 있으며, 교육세법에 의해 징수되는 교육세수입액이 있다.

1) 국가 일반회계와 특별회계를 통한 확보

국가예산 중 교육재정은 교육부 소관 일반회계 및 특별회계 예산과 기금으로 확보된다. 국가 교육재정은 교육부 본부 및 국립학교 교직원 인건비와 본부 행정비 및 각종사업비, 국립학교 운영비 및 시설비, 그리고 지방교육재정교부금을 포함한다. 각종 사업비는 교육부가 직접 집행하는 사업비와 지방교육자치단체나 민간에 위임 또는 위탁하여 집행하는 보조사업비로 구성된다. 교육부가 직접 집행하는 사업비의 대부분은 고등교육을 지원하는 사업비로서 고등교육기관에 지원하는 각종 고등교육재정사업비, 대학교수에 대한 연구비지원, 학생에 대한 국가장학금 지원 등이며, 지방교육자치단체와 민간에 대한 국고보조사업비는 그 규모가 미미하다. 국립학교에 대한 지원은 인건비, 운영비, 시설비로 구분된다.

교육부가 일반회계 및 특별회계, 기금을 통해 확보하는 교육재정은 국가의 조세수입으로부터 비롯된다고 볼 수 있으며, 대부분 일반회계 재원이다. 교육재정과 관련이 있는 특별회계는 매년 약간의 차이가 있으나, 2014년의 경우 혁신도

시건설특별회계와 광역지역발전특별회계에 사업비 일부가 편성되어 있다. 교육재정 관련 기금은 사학진흥기금과 사립학교교직원연금기금이 있다. 교육공무원 관련 공무원연금기금은 인사혁신처 소관이며, 국민건강보험기금은 보건복지부 소관이다.

지방교육재정교부금(내국세 교부금과 교육세 교부금)은 교육부 소관 일반회계 세출에 총액이 편성되며, 곧바로 지방교육자치단체로 이전된다. 지방교육재정 교부금에 관하여는 다음에서 자세히 다룬다.

2) 지방교육재정교부금제도를 통한 확보

지방교육재정교부금은 "지방자치단체가 교육기관 및 교육행정기관(그 소속기관을 포함)을 설치·경영함에 필요한 재원의 전부 또는 일부를 국가가 교부하여 교육의 균형 있는 발전을 도모함을 목적"으로 하는 재원이다(「지방교육재정교부금법」 제1조). 지방교육재정교부금 재원은 「지방교육재정교부금법」에 규정되어 있으며, 내국세 총액의 20.27%로 확보하는 내국세 교부금과 교육세법에 의해 징수되는 교육세 수입액 전액으로 확보하는 교육세 교부금으로 구분할 수 있다.

(1) 내국세 일정률을 통한 지방교육재정교부금 확보

내국세 교부금은 당해 연도의 내국세(목적세, 종합부동산세 및 다른 법률에 의하여 특별회계의 재원으로 사용되는 세목의 당해 금액을 제외함) 총액의 1만분의 2,027에 해당하는 금액을 재원으로 한다. 내국세 교부금의 100분의 4를 특별교부금 재원으로 구분하여 전국에 걸쳐 시행하는 교육관련 국가시책사업으로 따로 재정지원 계획을 수립하여 지원하여야 할 특별한 재정수요가 있는 때(특별교부금 재원의 100분의 60에 해당하는 금액), 기준재정수요액의 산정방법으로 포착할 수 없는 특별한 지역교육현안수요가 있는 때(특별교부금 재원의 100분의 30에 해당하는 금액), 보통교부금의 산정기일 후에 발생한 재해로 인하여 특별한 재정수요가 있거나 재정수입의 감소가 있는 때(특별교부금 재원의 100분의 10에 해당하는 금액) 교부한다.

내국세 교부금의 법정교부율은 1971년 말 12.98%로 정해졌으나, 1972년 8·3 조치로 법정교부율의 효력이 정지되었고, 1982년부터 11.8%를 유지해 오다가, 2001년부터 13.0%로 인상되었고, 2005년부터 교원봉급교부금 재원을 흡수하여

19.4%로 조정되었고, 2008년부터 일부 국고보조사업비와 증액교부금을 흡수하여 20.0%로 인상되었으며, 2010년부터 지방소비세 신설로 인한 교부금 결손을 보전하기 위하여 20.27%로 조정되어 오늘에 이르고 있다.

(2) 교육세를 통한 지방교육재정교부금 확보

「교육세법」은 1981년 말 제정되었으며, 여러 번의 개정과정을 거쳤다. 현행 교육세는 엄밀히 말하면 국세 교육세라 할 수 있다. 왜냐하면 「지방세법」에 의해 지방교육세가 별도로 징수되고 있기 때문이다. 교육세 수입액은 지방교육재정교부금 보통교부금 재원에 합산된다. 따라서 지방교육재정교부금 보통교부금 재원은 내국세 교부금의 100분의 96과 교육세 수입액 전액을 합산한 금액이 된다.

「교육세법」에 의하면, 교육세는 교육의 질적 향상을 도모하기 위하여 필요한 교육재정의 확충에 소요되는 재원을 확보하기 위하여 부과·징수하며, 납세의무자는 국내에서 금융·보험업을 영위하는 자 중 〈별표〉에 규정하는 자(이하 '금융·보험업자'),[14] 「개별소비세법」의 규정에 의한 개별소비세(「개별소비세법」 제1조 제2항 제4호 가목·나목·마목 및 사목의 물품에 대한 것을 제외한다)의 납세의무자, 「교통·에너지·환경세법」에 따른 교통·에너지·환경세의 납세의무자, 「주세법」의 규정에 의한 주세(주정, 탁주, 약주에 대한 것을 제외한다)의 납세의무자이고, 금융·보험업자가 행하는 공익신탁의 신탁재산에서 발생하는 수익금액에 대하여는 교육세를 부과하지 아니한다. 교육세는 교육투자재원의 조달 또는 당해 물품의 수급상 필요한 경우에는 그 세율의 100분의 30의 범위 안에서 대통령령으로 이를 조정할 수 있다.

교육세의 과세표준 및 세율은 〈표 5-8〉과 같다.

---

14) 「은행법」에 따라 인가를 받아 설립된 은행, 한국산업은행, 중소기업은행, 장기신용은행, 종합금융회사, 상호저축은행, 「보험업법」에 의한 보험회사(대통령령이 정하는 외국보험회사를 포함한다), 농업협동조합중앙회(신용사업의 수익에 한한다), 수산업협동조합중앙회(신용사업의 수익에 한한다), 「간접투자자산 운용업법」에 의한 자산운용회사, 「신탁업법」에 의한 신탁회사, 「외국환거래법」에 의한 환전영업자, 대통령령이 정하는 금전대부업자.

〈표 5-8〉 교육세의 과세표준 및 세율

과세표준	세율	비고
금융·보험업자의 수익금액	1천분의 5	
「개별소비세법」의 규정에 의하여 납부하여야 할 개별소비세액	100분의 30	「개별소비세법」 제1조 제2항 제4호 다목·라목·바목 및 아목의 물품의 경우는 100분의 15
「교통·에너지·환경세법」에 따라 납부하여야 할 교통·에너지·환경세액	100분의 15	
「주세법」의 규정에 의하여 납부하여야 할 주세액	100분의 10	주세의 세율이 100분의 70을 초과하는 주류는 100분의 30

2. 지방자치단체의 교육재정 확보

지방자치단체 교육비특별회계로 편성되는 지방교육재정은 중앙정부가 지원하는 지방교육재정교부금 및 국고보조금, 지방자치단체 일반회계가 지원하는 담배소비세 전입금, 지방교육세 전입금, 시·도세 전입금, 지방소비세 확대에 따른 지방교육재정교부금 감소보전 전입금, 학교용지구입비부담 전입금, 비법정 전입금, 그리고 이자수입, 재산수입, 학생등록금 수입, 사용료 및 수수료 수입, 이월금 등 자체수입으로 확보된다.

지방교육재정교부금과 국고보조금은 국가로부터 이전되는 재원이므로 앞에서 설명한 바와 같고, 여기서는 지방자치단체 일반회계 전입금을 중심으로 자세히 알아본다. 담배소비세 전입금, 지방교육세 전입금, 시·도세 전입금은 「지방교육재정교부금법」 제11조에 의해 확보된다. 지방교육세 전입금은 「지방세법」 제151조에 따른 지방교육세에 해당하는 금액이며, 부동산, 기계장비(자동차 제외), 항공기 및 선박의 취득에 대한 취득세액의 20%, 등록에 대한 등록면허세액(자동차분 제외)의 20%, 재산세액의 20%, 자동차세액의 30%, 주민세균등분의 10~25%, 담배소비세액의 50%, 레저세액의 40%로 확보된다.

담배소비세 전입금은 특별시와 광역시의 담배소비세 수입액의 100분의 45에 해당하는 금액이고, 시·도세 전입금은 특별시세 총액(「지방세기본법」 제8조 제1항 제1호에 따른 보통세 중 주민세 재산분 및 종업원분, 같은 항 제2호에 따른 목적세 및 같은 법 제9조에 따른 특별시분 재산세에 해당하는 금액 제외)의 100분의 10, 광역시 및 경기도는 광역시세 또는 도세 총액(「지방세기본법」 제8조 제2항 제2호에 따른 목적세에 해당하는 금액 제외)의 100분의 5에 해당하는 금액, 그 밖의 도 및 특별자치도는 도세 또는 특별자치도세 총액의 1천분의 36에 해당하는 금액이다.

지방소비세 확대에 따른 지방교육재정교부금 감소보전 전입금(이하, '교부금감소보전 전입금')은 취득세인하로 인한 지방재정결손을 보전하고 지방재정을 확충할 목적으로 2014년부터 지방소비세율을 부가가치세의 5%에서 11%로 인상 조정함에 따라 내국세 총액이 감소되었고, 내국세 총액이 감소함에 따라 지방교육재정교부금 감소가 초래되었다. 이에 교부금감소분을 지방소비세 수입액 증가분에서 보전하는 전입금이 신설되었다. 「지방세법」에 의해 징수한 지방소비세를 납입관리자(서울특별시장)에게 납입하면, 납입관리자는 납입된 지방소비세를 지역별 소비지출 정도 등을 감안하여 산정된 교부금감소보전 전입금을 각 시 · 도교육청 금고에 직접 송금한다.

학교용지구입비부담 전입금은 「학교용지 확보 등에 관한 특례법」 제4조 제4항(시 · 도가 학교용지를 확보하는 데에 드는 경비는 시 · 도의 일반회계와 교육비특별회계에서 각각 2분의 1씩 부담한다)에 따른 것이다. 제6조 제1항에 따르면, 학교용지를 확보하기 위하여 시 · 도의 일반회계가 부담하는 경비는 개발사업이 시행되는 지역에서 부과 · 징수되는 지방세 중 대통령령으로 정하는 세액(취득세 및 등록에 대한 등록면허세를 말함), 「개발이익환수에 관한 법률」에 따라 개발사업지역에서 부과 · 징수한 개발부담금 중 대통령령으로 정하는 금액(해당 개발사업에서 징수되는 시 · 도귀속 개발부담금을 말함), 「학교용지 확보 등에 관한 특례법」에 따라 부과 · 징수하는 학교용지부담금으로 충당하도록 되어 있다.

비법정전입금에는 「도서관법」 제29조 제3항[15]에 의하여 지원되는 공립 공공도서관 운영비와 「지방교육재정교부금법」 제11조 제7항[16]에 의해 지원되는 기타 교육지원금, 「학교급식법」 제8조와 제9조에 의해 지원되는 급식시설 · 설비

---

15) 「도서관법」 제29조 ③ 「지방교육자치에 관한 법률」 제32조의 규정에 따라 교육감이 설립 · 운영하는 공립 공공도서관에 대하여는 해당 지방자치단체의 일반회계 예산의 범위 안에서 그 운영비의 일부를 부담하여야 한다.

비, 우수농산물식품비, 저소득층 급식지원비, 「지방교육재정교부금법」 제11조 제6항에 의해 지원되는 교육경비보조금 등이 있다. 교육경비보조금은 학교장에게 직접 지원하는 것이 원칙이나 지방자치단체에 따라서는 교육비특별회계에 비법정전입금으로 이전한 후 학교에 지원하는 형식을 거치기도 한다.

시·도교육비특별회계 자체수입은 지방자치단체 교육비특별회계 부담수입과 지방교육채수입, 그리고 주민(기관)부담금 등 기타수입으로 구분된다. 교육비특별회계 부담수입은 다시 교수–학습활동수입(수업료, 입학금 등 기본적 교육수입, 기숙사 및 급식비와 평생학습수입 등 선택적 교육수입), 행정활동수입(사용료, 수수료 등), 자산수입, 이자수입, 잡수입, 이월금 등(순세계잉여금, 보조금사용잔액, 전년도 이월사업비 등)으로 구분된다.

3. 개별학교의 교육재정 확보

1) 단위학교의 교육재정 확보

유·초·중등학교에는 학교회계(사립학교에는 교비회계)가 설치되어 있으며, 학교회계 세입예산은 크게 이전수입과 자체수입으로 구분된다. 이전 수입은 지방자치단체의 비법정 이전수입(교육경비보조금 등), 교육비특별회계 이전수입(기본운영비전입금, 목적사업비전입금), 사학법인 이전수입(사립학교만 해당되는 법인전입금), 학교회계간 이전수입(학교발전기금전입금, 학교기업회계전입금 등), 기타이전수입(민간기부금) 등이다.

자체수입은 교수–학습활동수입(입학금[사립], 수업료[사립], 학교운영지원비 등 기본적 교육수입, 기숙사 및 급식, 단체활동에 관한 수입, 기타 등 선택적 교육수입), 행정활동수입(사용료, 수수료 등), 이자수입, 잡수입, 자산수입 등이다.

2) 대학의 교육재정 확보

국·공립대학은 대학회계, 산학협력단회계, 발전기금회계, 사립대학은 교비

---

16) 「지방교육재정교부금법」 제11조 ⑦ 시·도는 관할지역 내의 교육·학예의 진흥을 위하여 제2항 각 호 외에 별도의 경비를 교육비특별회계로 전출할 수 있다.

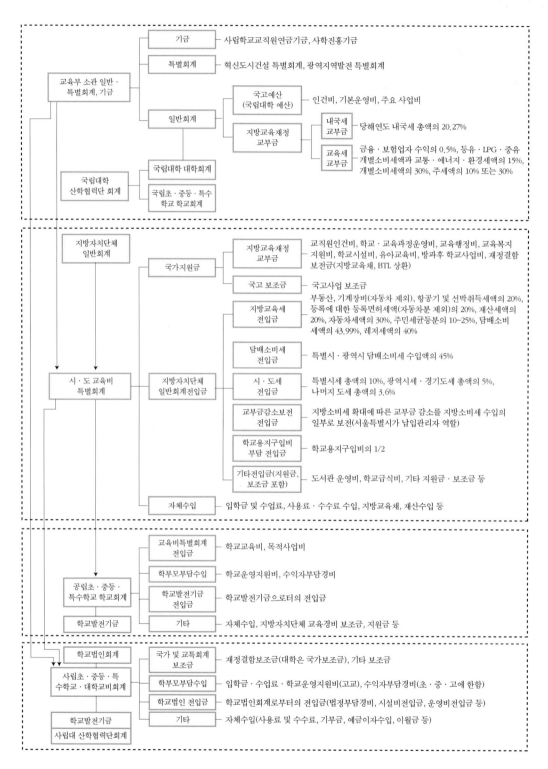

[그림 5-3] 교육재정의 세입구조

회계, 산학협력단회계, 법인회계 등을 기본적으로 가지고 있다. 각 회계별로 수입원이 약간씩 차이가 있으나, 대학의 경우에 교육재정은 국고보조금, 학생등록금, 법인전입금(사립), 기부금, 산학협력수입 등으로 확보한다.

이상의 교육재정 확보제도를 정리하면 앞의 [그림 5-3]과 같다.

제4절 교육재정 확충의 필요성

참여정부의 노무현 대통령은 대선과정에서 교육재정을 GDP[17] 6% 수준으로 임기 내에 확충할 것을 공약한 바 있다. 이를 위해 지방교육재정교부금의 법정교부율을 현행 내국세 총액의 13%에서 단계적으로 인상하겠다고 밝혔다. 또한 유아교육의 공교육화, 대학의 자치화 등 교육체제의 개편에 따라 교육재정교부금 체계와 관련하여 유아교육·고등교육 관련 회계를 만들고, 시·도세 전입금을 현행 3.6%에서 단계적으로 확대하고, 인적자원의 집중적 수혜기관을 대상으로 한 '인재양성분담금제도'를 도입하고, 다양한 조세 재원을 발굴하는 등의 교육재원 확보방안을 제시하였다.[18]

이후 교육인적자원부는 지방교육재정교부금의 법정교부율을 현행 내국세 총액의 13%에서 매년 0.4%씩 인상하여 2008년까지 15%까지 인상하고, 시·도세 전입비율을 현행 3.6%에서 2006년부터 단계적으로 인상하여 2008년에는 5.0%로 하며, 지방교육재정교부금 및 시·도세 전입금 인상분을 제외한 GDP 대비 6% 기준의 부족재원은 국고로 추가 확보하는 방안을 대통령인수위원회에 제시하였다.

---

17) 1990년대 세계 경제의 세계화가 급속히 진행되었고 한국도 1996년 OECD(국제경제개발협력기구)에 가입하면서 한국경제도 이러한 세계 시장에 편입되었음. 이 과정에서 세계 각국의 국민계정체제 (State National Accounting: SNA)는 종전의 국민총생산(Growth National Product: GNP)체제에서 국내총생산(Growth Domestic Product: GDP)체제로 변경되었음. GDP는 GNP에 비해 자본과 노동의 국적을 막론하고 국내에서 생산되는 총량을 보다 강조하는 지표임. 천세영, "새 정부의 교육재정 정책의 방향", 새 정부 교육재정 정책의 방향과 과제, 한국교육재정경제학회 2002년 연차대회 논문집(2003), p. 1.
18) 한만중, "새 정부의 교육재정 정책의 방향에 대한 토론문", 새 정부 교육재정 정책의 방향과 과제, 한국교육재정경제학회 2002년 연차대회 논문집(2003), pp. 27~28.

그러나 참여정부에서 이러한 교육재정 GDP 6% 확보방안들은 시행되지 않았으며, 이후 이명박 정부는 교육재정 확충에 관심을 보이지 않았고, 박근혜 정부 역시 교육재정 확충을 염두에 두고 있지 않다. 교육재정 확충에 대한 정책적 노력이 사라진 것은 2000년대 들어서 학생 수 감소가 두드러진 데 원인이 있는 것으로 보인다.

그러나 2001년 이후 10년 동안을 분석해 볼 때 학생 수가 줄어도 학급 수, 학교 수, 교원 수는 줄지 않았으며, 따라서 교육재정 수요도 줄지 않았다. 학생 수가 감소해도 교육재정 수요가 줄지 않은 것은 법정교부율에 따라 세입 규모가 정해지고, 세입 범위 내에서 세출이 집행되기 때문이라고 비판할 여지가 있으나, 그런 논리라면 지난 10년 동안 지방채 발행도 없었어야 하며, BTL 사업에 의해 학교신설도 없었어야 할 것이다. 1999년과 2000년에 각각 1조 4,160억 원과 1조 8,442억 원의 지방채 발행을 제외해도 2001년부터 2010년까지 지방채 발행 총액이 7조 4,086억 원에 이르며, BTL 사업비가 7조 4,262억 원에 이르는 상황에서 학생 수가 줄어도 세출이 늘어난 것을 칸막이식 교육재정 확보정책 탓으로 돌릴 수 있을지 의문이다.[19]

2010년 이후 확대된 무상급식과 2012년부터 시행된 누리과정 지원, 2013년부터 확대된 초등돌봄교실, 2015년부터 예정했던 고등학교 무상교육 등 재정수요를 고려할 때, 교육재정은 시급히 확충되어야 한다. 우리나라 교육의 현주소는 학생 수가 줄어도 교육재원 수요가 줄어들지 않는 상태에 있다. 따라서 교육재원 규모를 줄일 경우, 기본교육비의 감소로 이어져 교육의 질적 저하를 초래할 수 있다. 학생 수가 감소한다 해도 교육재원 수요가 줄지 않는 상태라면, 현재 교육재원 규모를 줄이는 것은 불가능하며, 교육의 질적 개선을 위한 투자여력도, 교육정책 관련 사업을 위한 투자여력도 없는 상태라는 것이다. 이는 현안 교육정책 사업을 시행하고 교육의 여건과 질을 개선하려면, 교육재원을 추가적으로 확보해야 한다는 의미다.[20]

19) 송기창, "2014년 교육예산안을 통해서 본 박근혜정부의 교육재정 전망과 과제", 여의도연구원 세미나 발표자료(2013. 11. 19)
20) 송기창, "교육재원을 줄여야 할 때와 늘려야 할 때", 한국교육개발원, 교육정책포럼, 통권 제253호 (2014. 7. 10), p. 7.

교육재원을 삭감할 때가 아니라 오히려 추가로 확보해야 하는 상황이다. 교육 현장은 어렵다고 하면서도 아직 잘 돌아가고 있다고 말하는 사람들도 있다. 그것은 교육재정의 장기적 속성을 모르는 사람들이 하는 말이다. 교육에 대한 투자의 성과는 늦게 나타나는 속성이 있다. 지금 투자하지만, 그 과실은 20년, 30년 후에 나타날 수 있다. 마찬가지로 지금 투자를 줄이면 당장 그 피해가 나타나지 않는다. 그 피해가 다행히 2, 3년 후에 나타나서 줄였던 투자를 회복할 기회가 주어지기도 하지만, 20, 30년 후에 그 피해가 나타나면 이미 회복 불능 상태에 빠지는 것이다. 지금이야말로 교육재정을 추가로 확충하는 방안을 고민해야 할 때다.[21]

참고문헌

교육개혁위원회, "교육개혁을 뒷받침하기 위한 교육재정 확보방안", 교육개혁추진위원회 안건 2호, 1995. 8. 30.

교육개혁위원회, 세계화·정보화 시대를 주도하는 신교육체제 수립을 위한 교육개혁방안(I), 1995. 5.

교육개혁위원회, 한국교육개혁백서, 1998. 1.

교육부, 1998년 교육부 소관 예산(안) 개요, 제185회 정기국회, 교육위 1998 교육예산 심의 교육부 보고 자료, 1997. 10. 30.

교육부, 1999 지방교육재정 운용 편람 II, 1999. 1.

교육인적자원부, 2002년 지방교육재정 운용 편람, 2002. 1.

교육정책자문회의, 외국의 교육개혁동향 조사연구, 1992.

교육정책자문회의, 한국교육 발전을 위한 범국가적 지원방안, 1992.

대한교육연합회, 당면 교육정책 개선방안, 정책자료 제43집, 1987.

송기창, "지방교육재정정책 변천과정 분석연구", 서울대학교 대학원 박사학위청구논문, 1994.

송기창, "국민의 정부 재정확보정책평가", 국민의 정부 교육재정정책 평가와 전망, 한국교육재정경제학회 제35차 학술대회자료집, 2002.

송기창, "2014년 교육예산안을 통해서 본 박근혜정부의 교육재정 전망과 과제", 여의도연구원 세미나 발표자료, 2013. 11. 19.

송기창, "교육재원을 줄여야 할 때와 늘려야 할 때", 한국교육개발원, 교육정책포럼, 통권

21) "상게논문", p. 7.

제253호, 2014. 7. 10.

송기창, 김병주, 나민주, 조석훈, 교육재정백서, 교육재정백서 연구위원회, 1999.

윤정일, "교육재정 GNP 5%의 의미와 확보방안", 한국교원단체총연합회 제22회 교육정책토론회 주제발표 논문, 1993.

윤정일, "교육자치와 교육재정", 국민의 정부 교육정책에 대한 중간평가, 한국교원단체총연합회 제35회 교육정책토론회자료집, 2000.

천세영, "새 정부의 교육재정 정책의 방향", 새 정부 교육재정 정책의 방향과 과제, 한국교육재정경제학회 2003년 연차대회 논문집, 2003.

한국교육개발원, 주요국의 교육개혁 사례, 1986.

한국교원단체총연합회, 제14대 대통령선거 교육부문 선거공약, 1992. 8.

한만중, "새 정부의 교육재정 정책의 방향에 대한 토론문", 새 정부 교육재정 정책의 방향과 과제, 한국교육재정경제학회 2003년 연차대회 논문집, 2003.

The National Commission on Excellence in Education, *A Nation At Risk*, Washington, DC: U.S. Government Printing Office, 1983.

제 **6** 장

교육세 제도

교육재원의 확보는 정상적인 교육활동 보장에 매우 중요하다. 교육재원은 다양한 방식에 의해 확보될 수 있다. 조세에 의한 교육재정의 확보는 특히 교육의 사회적 수익에 의해 정당화된다. 교육에는 사적 수익만 있는 것이 아니라 사회적 수익이 있으므로 교육비를 전적으로 개인의 책임으로 하여 사용자 부담이나 수익자 부담에만 맡기지 않고 정부가 적극적으로 관여하면서 공공재원, 즉 조세를 통해 지원하고 있는 것이다.

우리나라에 교육세 제도가 처음 도입된 것은 1958년에서 1961년까지 4년간이었으나, 본격적으로 교육세법이 제정되고 현행 교육세 제도의 근간이 마련된 것은 1982년부터였다. 그동안 어려운 경제여건에서도 교육세 제도를 통해서 비교적 안정적으로 교육재정을 확보할 수 있었고 지방교육재정도 꾸준히 확대되었으며 교육여건도 지속적으로 향상되어 왔다.

한편으로는 교육세 폐지 혹은 통·폐합 논란도 있다. 저출산으로 인한 학령인구 감소로 교육재정수요도 감소될 것이라는 전망도 있다. 그러나 누리과정, 무상교육 등 교육복지 확대를 위한 추가적인 재정수요는 오히려 급증하고 있는 실정이고, 우리나라 교육의 질적 발전을 위해서는 교육을 위한 별도의 재정을 안정적으로 충분히 확보할 필요가 있다. 이 장에서는 조세의 일반적 원칙을 간단히 고찰한 후, 우리나라 교육세의 도입배경과 변천과정, 운용 현황 및 실적, 쟁점과 과제를 살펴본다.

제1절 조세체계와 교육세의 성격

1. 조세의 일반적 원칙

조세란 일반적으로 국가 또는 지방자치단체가 필요한 경비를 조달할 목적으로 특정한 개별적 보상 없이 사경제로부터 강제적으로 징수하는 화폐 또는 재화라고 정의되고 있다. 조세는 재원조달 기능 이외에 다양한 정책목표를 달성하기 위한 정책과세 기능을 가지고 있다. 즉, 조세는 경제정책 목적, 사회정책 목적, 통제적·금지적 목적 또는 동기유발 목적 등과 같은 부차적인 기능을 수행하고 있다.

이상적인 조세가 구비해야 할 요건에 대한 논의는 재정이론의 발전 초기부터 현재까지 지속되고 있다. 학자에 따라서는 조세의 중립성, 공평성, 효율성을 들기도 하고,[1] 또 공정의 기준, 국고적 기준, 효율성 기준을 주장하기도 한다. 스미스(A. Smith)는 자연법적 개인주의에 입각하여 다음과 같은 네 가지의 조세원칙을 제시하였다.[2]

① 평등성의 원칙: 조세는 국가의 보호 밑에서 국민 각자가 향수(享受)하는 수입에 비례하여 징수되어야 한다.

---

[1] National Educational Finance Project, *Future Directions for School Financing: A Response to Demands for Fiscal Equity in American Education*(Gainesville, FL: NEFP, 1971), p. 13.

[2] Adam Smith, *The Wealth of Nations*(N.Y.: Random House, 1937); 유인호 역, 국부론(동서문화사, 2008) 참조.

② 확실성의 원칙: 납세의무는 개개인에게 명확하고 또 평이하게 법률로서 정해져야 하고 자의성을 가져서는 안 된다.

③ 징세편의성의 원칙: 모든 조세는 납세자가 지불하는 데 편리한 시기와 편리한 방법에 의해 징수되어야 한다.

④ 경제성의 원칙: 징세비가 적게 들어야 하며, 조세가 민간기업을 억제하여 기업가들로 하여금 다수인에게 생활수단과 직업을 주는 일에 종사하고자 하는 의욕을 상실시켜서는 안 된다.

한편, 자본주의적 사회질서와 자유경쟁하에서 행하여지는 소득 및 재산의 분배는 불공정하고, 조세에 의하여 이 불공정이 시정되어야 한다는 입장을 취하고 있는 와그너(Wagner)는 조세의 원칙으로서 재정정책상의 원칙, 국민경제상의 원칙, 공정의 원칙, 세무행정의 원칙을 제시하고, 이를 다시 세분하여 9개의 소원칙으로 제시하였다.[3] 우선 재정정책상의 원칙으로는 ① 수입의 충분성, ② 과세의 신축성을 제시하고, 국민경제상의 원칙으로는 ③ 정당한 세원의 선택, ④ 조세작용을 고려한 세종(稅種)의 선택을 들었다. 그리고 공정의 원칙으로는 ⑤ 과세부담의 보편성, ⑥ 과세의 평등성을, 세무행정상의 원칙으로는 ⑦ 과세의 명확성, ⑧ 납세의 편의성, ⑨ 최소징세비를 위한 노력을 각각 열거하였다.

머스그레이브(Musgrave)는 현대 경제조직에 있어서 이상적인 조세의 조건으로서 다음의 사항을 열거하였다.[4]

① 조세수입은 적절해야 한다.

② 조세의 부담은 납세자에게 공평하게 배분되어야 하며, 소득재분배의 목적을 달성할 수 있도록 되어야 한다.

③ 조세는 경제적 중립성을 유지하여야 한다. 즉, 조세의 선택은 효율적인 시장을 저해하게 될 경제적 의사결정에 대한 간섭을 극소화하는 방향에서 이

---

3) A. Wagner, "Three Extracts on Public Finance", in Richard A. Musgrave & Alan T. Peacock, Eds., *Classics in the Theory of Public Finance*(N.Y.: Macmillan, 1958), pp. 8~15.

4) R. A. Musgrave & P. B. Musgrave, *Public Finance in Theory and Practice*, 5th ed.(N.Y.: McGraw-Hill, Inc., 1989), p. 216.

루어져야 한다.

④ 조세구조는 경제안정과 성장을 위한 재정정책의 수행을 촉진시켜 주도록 구성되어야 한다.

⑤ 조세체제는 공정하게 집행·운영되어야 하며, 납세자들이 쉽게 이해할 수 있어야 한다.

⑥ 조세징수 관리비는 가능한 최저수준이 되도록 해야 한다.

존스(Jones)는 조세평가의 준거로서 지불능력과 공평한 부담(ability to pay and equal treatment), 세무행정비와 납세비(costs of tax administration and compliance), 확실성과 탈세(certainty, avoidance, and evasion), 인간행동에 대한 영향(influence on human behavior)의 네 가지를 제시하였다.[5] 인간행동에 대한 영향이란, 조세는 개인의 저축과 소비행위를 간섭해서는 안 된다는 조세의 중립성을 말하는 것이다.

국내의 경우, 김동건과 원윤희는 이상적인 조세의 조건으로 충분한 세수 확보, 공평한 부담, 경제적 효율성 및 중립성, 납세자 순응 및 세무행정 비용의 최소화, 정치적 책임성 확보, 경기변동에 신축적 대응을 제시하였다.[6] 또 하연섭은 조세의 기본원칙을 공평성, 효율성, 세수의 충분성, 징세의 편의성으로 요약하였다.[7]

2. 우리나라의 조세체계

우리나라의 조세는 과세주체에 따라 국세와 지방세로 구분된다. 국세는 국가가 부과하는 조세로서 내국세와 관세로, 지방세는 지방자치단체가 부과하는 조세로서 도세와 시·군세로 분류된다. 조세는 세수의 용도에 따라 보통세와 목적세로 구분된다. 보통세는 세수의 용도를 특정하지 않고 일반경비에 충당하는 조

---

5) Thomas H. Jones, *Introduction to School Finance: Technique and Social Policy*(N.Y.: Macmillan Publishing Co., 1989), pp. 56~61.

6) 김동건, 원윤희, 현대재정학, 제6판(서울: 박영사, 2012), pp. 293~295. 이 가운데 경제적 효율성 및 중립성은 조세는 시장에서 이루어지는 자원의 효율적 배분에 대하여 그 간섭을 최소화해야 하고, 납세자들의 경제행위에 영향을 끼치어 자원배분에 왜곡을 초래해서는 안 된다는 것임.

7) 하연섭, 정부예산과 재무행정, 제2판(서울: 다산출판사, 2014), pp. 402~410.

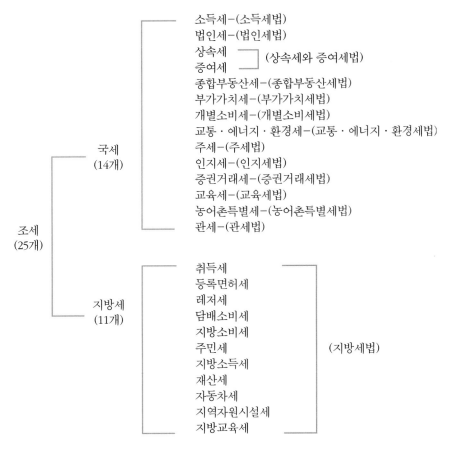

[그림 6-1] 우리나라의 조세체계

자료: 기획재정부, 2014 조세 개요(2014), p. 5.

세이고, 목적세는 세수의 용도를 특정하여 그 특정경비에만 충당하는 조세다. 또한 다른 조세에 부가되는지 여부에 따라 독립세와 부가세로 구분된다. 독립세는 부가세 외의 조세를 말하고, 부가세(sur tax)는 다른 조세에 부가되는 조세로서 교육세·농어촌특별세·소득할 주민세 등이 있다. 납세자와 담세자가 같은 조세인 직접세와 다른 조세인 간접세로 구분되기도 한다.[8]

---

8) 기획재정부, 2014 조세 개요(2014), p. 5. 참고로 2015년 기준 우리나라에는 국세는 14개, 지방세는 11개가 있음.

1) 국세와 지방세의 기능 및 역할

공공부문 활동의 재정적 기초를 이루고 있는 두 체계로 국세와 지방세가 있다. 일반적으로 국세는 중앙정부가 제공하는 국가적 공공재에 대한 재원조달 수단이며, 지방세는 지방정부가 제공하는 지방공공재의 재원조달 수단이다. 국세와 지방세의 기능 및 역할을 각각의 특성을 대비시키면서 설명하면 다음과 같이 일곱 가지로 정리할 수 있다.[9]

첫째, 중앙정부가 제공하는 공공서비스에는 국방, 사법, 외교, 국토계획 등 공공재의 규범적 특징인 비경합성과 비배제성이 강한 순수공공재가 많이 포함되어 있기 때문에, 국세는 그러한 순수공공재에 대한 일반적 비용분담의 역할을 하고 있다. 지방세는 지방정부가 제공하는 순수공공재에 근접하는 서비스(민방위, 소방 등)뿐만 아니라 경합성과 배제성이 높은 준공공재의 비용을 분담하는 역할을 한다. 지방정부 서비스에 준공공재적 서비스가 다수 포함되어 있기 때문에 지방정부의 재원조달방식에는 조세와 가격수입적 세외수입, 예를 들면 수수료, 사용료 등이 함께 존재한다.

둘째, 국세는 중앙정부 일반회계 수입의 대종을 이루는 절대적 재원조달 통로의 역할을 하는 반면, 지방세는 다양한 지방정부 일반회계 수입 중에서 한 부분을 점하고 있는 상대적 재원조달 통로로서 역할을 한다. 이는 지방정부가 하위정부로서의 재원조달의 한계를 갖고 있을 뿐 아니라 지방정부의 서비스가 개별적 비용분담이라는 형태로 이루어지는 영역이 넓기 때문이다. 따라서 지방세입은 지방세 외에도 가격수입적 세외수입과 지방교부세·국고보조금을 포함한 지방재정조정수입 등 다양한 세입원을 포함하고 있다.

셋째, 기본적으로 조세는 공공서비스에 대한 일반적 보상관계의 성격을 띤 보통세가 근간을 이룬다고 볼 수 있다. 이러한 일반적 보상관계의 성격에 있어 국세와 지방세는 강도 면에서 차이가 있다. 국세의 경우 중앙정부 서비스와의 관계에서 개별적 반대급부의 성격이 없는 일반적 보상관계가 주종을 이루고 있으나, 지방세의 경우 공공서비스의 효과가 지역적으로 한정되어 있는 지방정부 서비스와의 관계에서 개별적 반대급부의 성격을 띠고 있는 세목을 상당수 포함하고

---

9) 오연천, 한국조세론(서울: 박영사, 1992), pp. 267~270.

있다. 결국 국세의 경우 일반적 보상관계 속에서 그 역할과 기능을 하게 되나, 지방세의 경우 개별적 반대급부를 가정한 속에서 그 역할과 기능을 하게 된다.

넷째, 형평성의 관점에서 국세는 누진세율 구조와 과세소득의 종합화·보편화를 통하여 응능원칙(ability-to-pay principle)을 적극적으로 실현하여야 할 과제를 안고 있으나, 지방세는 하위정부단위 간 세원의 이동가능성과 세수규모의 영세성 등으로 인해 응능원칙을 구체화하는 데에 한계가 있다. 따라서 지방세 부담구조에서 응능원칙의 적용범위가 상대적으로 적은 대신, 지방공공 서비스가 창출하는 편익과 관련된 응익원칙(benefit principle)이나 지역주민들이 창출하는 외부불경제와 연관하여 과세하는 범위가 넓다.

다섯째, 세원의 지역적 분포도 국세·지방세의 역할과 기능을 결정해 주는 하나의 요소로 간주된다. 왜냐하면 국세와 지방세는 중앙·지방정부 간 합리적 세원배분에 기여하도록 작용해야 하기 때문이다. 세원의 과세기초가 지역적으로 크게 불균형한 것이라면 중앙정부의 국세 세목으로 배정하고, 과세기초가 비교적 균형적인 분포를 보이는 것이라면 지방세로 배정하는 것이 적합하다. 왜냐하면 세원분포가 현저히 불균형한 것을 지방세 체계로 수용할 경우 세수입 확보수준의 지역적 불균형이 더욱 확대됨으로써 결국 불균형 완화를 위한 중앙정부 세원의 재배분을 위한 추가적 노력이 요구되기 때문이다.

여섯째, 조세가 공공경비의 재원 조달 기능을 수행하는 과정에서 특정 정책목표의 실현을 위해 감면, 공제, 저세율, 과세유보 등 광범위한 방안을 활용하는데, 지방세는 국세에 비해 정책과세의 적용 필요성이 적은 것으로 지적되고 있다. 왜냐하면 지방세는 다단계 하위정부가 필요로 하는 일반재원의 전형적 형태이므로 경제정책적 목표(예: 소득재분배의 촉진이나 경기부양 등)에의 접근을 위한 정책수단의 의미와 효과가 국세에 비해 상대적으로 작기 때문이다.

일곱째, 조세부담의 증대를 야기하는 재정수요의 측면에서도 국세와 지방세는 그 역할이 확연히 구분된다. 즉, 국세부담률의 증가는 일정수준을 넘어선 뒤로는 복지지출(특히 이전지출)의 확대필요성에 기인하는 경우가 많으나, 지방세 부담률의 증가는 기초적 지방공공서비스 수요의 자연증가에 기인한 경우가 일반적이다.

2) 목적세의 기능과 역할

목적세(目的稅, earmarked tax, object tax)란 "징수된 세수의 지출을 특별한 목적에 한정한 세금"이다.[10] 즉, 목적세는 일반세와는 달리 특정한 목적을 위해 재원을 조달하는 방법으로 세입과 지출을 연계시키는 수익자 부담원칙에 의한 조세다. 목적세는 특별세라고도 한다. 일반적으로 국가 세입의 목적구속금지 원칙에 의해 특정용도에 결부시킬 수 없으나 교육 및 각종 공공사업의 경우는 예외가 허용된다.

목적세는 담세자들에게 지출의 용도를 분명히 밝혀 줌으로써 추가적 부담설계의 명분을 확보할 수 있을 뿐만 아니라 담세자의 반발을 최소화할 수 있는 이점을 지니고 있다. 목적세는 특정한 상황에서의 예외적인 재원조달방식이라고 할 수 있다. 즉, 목적세가 활용되기 위해서는 해당 공공서비스로 인한 혜택을 향유하는 특정집단이 존재하는 등 공공서비스가 비보편적 성격을 띠고 있는 가운데, 그러한 서비스를 공급하게 하는 원인을 제공한 원인자가 존재하거나 원인자 또는 수혜자 집단들이 감당할 수 있는 경제적 능력을 지녀야 한다.

이론적으로 목적세에는 많은 조건적 상황이 부가되지만 조세부담 증가에 대한 담세자들의 저항가능성이 상존하는 시점에서 추가적 재원확보 방법으로 활용하기에 적절한 측면이 있다. 즉, 조세부담률의 상향조정 등을 통하여 재정규모의 확대가 용이하지 않을 경우에 교육 부문과 같이 다수의 국민이 직접 혜택을 감지할 수 있는 부문과 관련된 목적세의 형태로 추가적인 세수를 확보하는 것이 국민들의 조세저항을 완화할 수 있다.

3. 교육세의 성격 및 목적

우리나라의 조세체계에 비추어 교육세의 성격을 살펴보면 다음과 같다.[11] 첫째, 교육세는 사용용도가 지정되어 있는 목적세다.[12] 둘째, 교육세는 조세의 징

---

10) http://taxinfo.nts.go.kr/docs/customer/dictionary/(국세청 용어사전)

11) 송기창 외, 2006 교육재정백서(서울: 교육인적자원부, 2006); 이정기, "교육세제도의 변천과정과 정책방안에 관한 연구", 경영교육논총, 제52집(2008).

12) 2013년 기준 국세 중 목적세로는 교통·에너지·환경세, 교육세, 농어촌특별세가 있고, 지방세 중 목적세로는 지역자원시설세, 지방교육세가 있음.

수주체에 따라 국세와 지방세로 이원화되어 있다. 국세교육세는 교육세법에 근거를 두고 있으며, 지방교육세는 지방세법에 근거를 두고 운영된다.[13] 셋째, 교육세는 독립된 세원이 없이 다른 조세에 부가되는 부가세 형태로 운영되고 있다. 넷째, 전가의 예정 유무에 따른 분류기준으로 볼 때 교육세는 직접세와 간접세의 양면성을 띠고 있다. 다섯째, 회계연도마다의 규칙성 여부를 보면 교육세는 그 시기가 한시적인 것이 아니라 영구적으로 부과되는 경상세다.

「교육세법」제1조를 중심으로 정리해 보면, 교육세의 목적은 크게 세 차례의 변화를 거쳐 왔다.[14] 1958년 최초 「교육세법」 제정 당시의 목적은 "의무교육제도의 건전한 운영을 기하기 위하여 교육세를 부과함으로써 의무교육비의 정상적인 조달을 목적으로 한다."는 것이었다. 즉, 1954~1959년간에 수립·추진된 '의무교육완성 6개년 계획'을 수행하는 데 필요한 재원을 마련하기 위한 목적으로 교육세가 운영되었음을 의미한다.

1982년부터 다시 신설된 교육세의 목적은 "교육기반의 확충을 위하여 학교시설과 교원처우 개선에 소요되는 재원을 확보하는 것"이었다. 현재와 같은 본격적인 교육세의 도입은, 1974년부터 고교평준화 정책이 실시되면서 등장한 대학입시를 위한 재수생과 과열과외 문제의 해결을 위해 1980년 '교육정상화 및 과열과외 해소방안'으로서 7·30 교육개혁 조치에서 거론되면서 시작되었다. 즉, 7·30 교육개혁 조치에서 교육정책적인 측면의 장기대책으로서 교육목적세를 신설하여 연간 6,000억~1조 원의 교육예산을 확보하여 교원 처우개선, 대학시설 확충, 대학교육과정 및 교과서 개발 지원, 지방대학 육성에 투자할 것을 제시하였다.[15] 또한 1972년 8·3 긴급조치로 인하여 시행되지 못한 지방교육재정교부금의 법정교부율 미확보로 인하여 부족했던 재원을 마련한다는 데도 의의가 있었다.

---

13) 지방교육세는 징수주체에 따라서 도세 또는 특별·광역시세로 운영되고 있음. 지방교육세의 경우 현재 지방교육자치제도가 광역단위, 즉 시·도 단위로 실시되기 때문에 시·도세로 구분되지만, 본세를 기준으로 볼 때는 시·도세와 시·군·구세가 혼재되어 있음. 즉, 등록면허세와 레저세의 경우 시·도세이지만, 재산세는 시·군·구세, 주민세·자동차세·담배소비세는 특별·광역시세이면서 시·군세로 운영되고 있음.

14) 송기창 외, 2012 교육재정백서(서울: 한국교육개발원, 2012), p. 131.

15) 문교부, 교육세 백서(1986).

1991년부터 현재까지 시행되고 있는 국세교육세의 목적은 "교육의 질적 향상을 도모하기 위하여 필요한 교육재정의 확충에 드는 재원을 확보"하는 것이다 (「교육세법」 제1조). 이는 교육세가 한시세에서 영구세로 전환되고 세원이 대폭 확충되면서 교육세의 재원을 학교 교육환경의 지속적인 개선에 소요되는 비용에 투입하겠다는 목적에서 변화된 것이다. 지방교육세의 목적은 "지방교육의 질적 향상에 필요한 지방교육재정의 확충에 드는 재원 확보"에 있다(「지방세법」 제149조).

제2절 교육세의 도입배경 및 변천과정

우리나라에 교육세 제도가 처음 도입된 것은 1958년에서 1961년까지 4년간이었다. 그러나 본격적으로 「교육세법」이 제정되고 현행 교육세 제도의 근간이 된 것은 1982년부터 실시된 교육세 제도다. 「교육세법」은 1981년 12월 5일 제정되었다. 이 당시 교육세 신설의 목적은 '학교시설과 교원 처우개선'에 있었다. 1990년 12월에는 그 목적을 "교육의 질적 향상을 도모하기 위하여 필요한 교육재정 확충에 소요되는 재원을 확보함을 목적으로 한다."고 수정하였다. 한편 2001년부터는 기존 「교육세법」은 국세교육세를 중심으로 규정하고, 지방세분 교육세는 「지방세법」에서 지방교육세로 규정하는 이원적인 교육세 제도가 운영되고 있다.[16]

1. 교육세의 도입배경

1958년 「교육세법」이 신설된 배경은 1954년부터 1959년까지 추진된 '의무교육완성 6개년 계획'을 들 수 있다. 의무교육 6개년 계획은 막대한 교육재정을 필요로 하였으나, 시설 확충에 필요한 재원의 확보는 물론 국고지원 인건비가 생계비에도 미치지 못하는 상황이 계속되었다. 당시 국민학교에서는 교원의 후생을 위해서 사친회비를 계속 징수하고 있었다. 결국 교육재정의 자주성 확보와 의무교육 완성 및 사친회비 폐지라는 교육적 요인과 공무원 처우개선이라는 경제적

---

16) 송기창 외, 전게서(2006), p. 119.

요인이 결합하여 교육세법의 제정을 촉진하였다.

1982년에 교육세 제도가 도입된 것은 교육적 요인, 정치적 요인, 경제적 요인 등이 배경이 되었다. 첫째, 교육적 요인은 8·3 조치 이후 계속 악화된 교육여건과 대학입시 병목현상으로부터 유래된 과열과외 문제다. 둘째, 정치적 요인은 1979년의 10·26 사태로부터 12·12, 5·17 등 일련의 사건을 거쳐 제5공화국의 출범에 이르는 과정의 정치적 사건과 사회개혁 차원에서 단행된 7·30 교육개혁 조치다. 셋째, 경제적 요인은 1982년부터 시작되는 '제5차 경제사회발전 5개년 계획'이다. 당시 경제기획원은 5개년 계획을 위한 재원 마련을 필요로 하고 있고, 교육세 신설은 하나의 대안으로 부각되었다.[17]

해방 이후 교육수요는 폭발적으로 증가하였으나 한국전쟁으로 인해 교육시설이 파괴되면서 우리의 교육여건은 최악의 상태를 벗어나지 못하였다. 이를 해결하기 위해 1953년 말부터 교육세 신설문제가 제기되었으나, 교육자치를 반대하던 당시 내무부의 반대로 실현되지 못하였다. 1958년 교육세가 신설되었으나, 교육세 신설의 대가로 사친회비를 폐지하고, 교육세 신설 전까지 지방교육재원이었던 호별세 부가금과 특별부과금 재원의 일부만을 교육세로 전환하였기 때문에 교육세의 신설효과가 반감되었다.[18] 1961년 5·16 이후 교육세 제도는 폐지되었지만, 지방교육재정의 사정은 호전되어 가고 있었다. 경제성장 속에서 지방교육재원으로 편입된 소득세가 계속 신장되어 교육재원이 확충되었고, 1968년 7월부터는 소득세와 주세, 입장세 등으로 복잡하게 얽혀 있던 교육재원이 내국세의 일정률로 고정됨으로써 교육재정 규모를 예측 가능하게 되었다.

1969년부터 중학교 무시험진학제의 시행과 더불어 중학생 인구가 급격히 늘어나면서 중등교육재정수요가 급격하게 증대하자, 이를 해결하기 위하여 1971년

---

17) 이하 교육세 제도의 도입배경과 변천과정은 윤정일, "교육세", 서울대학교 교육연구소 편, 교육학 대백과사전(서울: 하우동설, 1998); 송기창 외, 전게서(2012)에서 주요 내용을 발췌하고 최근의 내용을 보완하여 정리하였음.

18) 당시 교육세 부과·징수권이 일반지방자치단체에 있었기 때문에 교육세 징수실적이 저조하였고, 지방교육세의 세원이 영세하여 지방자체재원으로서의 역할을 다하기 어려웠음. 교육세가 많은 문제점을 안고 운영되었지만, 교육시설을 개선하고 교원 처우를 개선하는 데 중요한 역할을 하였고, 교육세 신설을 계기로 도입된 의무교육재정교부금은 현재까지 중요한 지방교육재정 확보수단으로 자리 잡고 있는 지방교육재정교부금의 모태가 되었음; 송기창 외, 상게서, p. 123.

말 「의무교육재정교부금법」과 「지방교육교부세법」을 통합하여 지방교육재정교부금법을 제정하였다. 이를 통해 내국세의 12.98%로 지방교육재정이 안정되면서 늘어나는 교육수요를 어느 정도 충족할 수 있게 될 무렵인 1972년 8월 이른바 '8·3 조치'가 내려지게 된다.

이 조치 중 하나로 재정운용의 탄력화와 관련하여 '긴급명령'에 의해 지방교부세, 지방교육재정교부금 및 도로정비사업 특별회계에 대한 일반회계의 분담률 효력이 정지되었다. 각종 교부금의 부담이 과중하여 국가재정이 경직되고 있다는 경제부처의 견해를 반영한 것이다.[19] 8·3 조치의 결과로 내국세 교부율 12.98%가 폐지됨으로써 1973년부터 1982년 4월에 8·3 조치가 해제될 때까지 10년 동안 교부금은 평균 내국세의 10.85%를 교부받음으로써 10년간 감손액이 5,129억 원(1982년 불변가격으로 환산하면 1조 970억 원)에 이른다.[20] 막대한 교육재정 결손은 교육세 신설의 필요성에 대한 공감대 형성의 한 요인이었다.

1969년부터 서울과 부산에서 시작된 중학교 무시험진학제가 전국적으로 확대되고, 1974년부터 고등학교 평준화 정책이 시행됨에 따라 학교신설과 교원확보에 천문학적인 교육재원이 소요되었으나 8·3 조치의 결과로 기존의 지방교육재정교부금마저 제대로 확보하지 못함으로써 교육시설투자가 급격하게 감소되어 과밀학급, 과대학교, 2부제 수업, 노후교실 증가 등 심각한 교육여건의 악화를 가져왔다. 1980년대 초 우리나라의 학교 교육환경은 한마디로 위기적 상황이었다. 2부제 수업을 실시하고 있는 학급 수가 1만 363학급(전체의 9.4%)에 달하였으며, 개축을 요하는 교실 수는 1만 5,402실(전체의 13.4%)이었다. 화장실은 전체의 87.3%가 재래식이었고, 20년 이상된 책·걸상도 736천개 조(전체의 25.6%)에 달하였다.

1980년 당시의 신군부는 국가보위비상대책위원회를 설치하였다. 동위원회 문교공보분과위원회는 국민의 지지 획득과 정권의 정당성 확보 차원에서 당시 사

---

19) 1972년은 제3차 경제개발 5개년 계획이 시작되는 해로서 경제부처에서는 국가 경제 계획상 급증하는 재정수요의 해결을 위해서 자금을 조달하는 것이 지상과제였음. 국가재정의 타개라는 차원에서 경제부처가 일방적으로 이들 교부세를 8·3 조치에 포함시켜 법정교부율을 정지시켰던 것임.

20) 문교부가 1986년에 발간한 『교육세 백서』에 의하면, 1973년부터 1981년까지 9년 동안 내국세의 평균 교부율은 10.55%이고, 감손액 규모는 4,605억 원에 이름. 이와 같은 법정교부금 감손규모는 10만 3,373개 교실 신축비에 해당하고, 이를 1981년 교실 신축단가 1,370만 원으로 환산하면 1조 4,162억 원에 달함.

회적으로 가장 문제가 되고 있었던 과열과외문제를 해결하기 위한 '교육정상화 및 과열과외 해소방안'(소위 '7·30 교육개혁')을 발표하게 되었다.[21] 7·30 교육개혁방안에는 당면대책으로 내신제의 실시, 교육과정 축소, 졸업정원제 지향, 전일수업제 대학운영, 대학입학인원 확대, 방송통신대학의 확충, 교육방송 실시, 교육대학 수업연한 연장 등을 제시하고, 장기대책으로 획기적인 교육재정 지원, 교원 처우개선 등을 제안하였다. 그중 '획기적인 교육재정 지원' 항목에 '교육목적세 신설'이 들어 있었다. 따라서 교육목적세 신설의 명시적 목적은 교육개혁에 필요한 재원을 확보하기 위함이었으나 교육개혁의 목적은 곧 과열과외를 해소하여 교육을 정상화하는 데 있었기 때문에 결국 교육세는 과열과외를 해소하는 데 일차적 목적이 있었다. 1981년 12월 5일 법률 제3459호로 제정된 「교육세법」의 주요 내용은 다음과 같다. 교육기반의 확충을 위하여 학교시설과 교원 처우개선에 소요되는 재원을 확보할 목적으로 신설된 교육세는 1982년부터 1986년까지 시한부로 운용토록 하였다.

한편, 2001년에 지방교육세가 도입된 것은 지방교육자치의 관점에서 교육재정운영의 자율성을 확대하겠다는 목적뿐만 아니라 지방자치단체의 교육투자를 유도함으로써 지방교육재정을 확충하자는 목적도 가지고 있었다. 즉, 국세를 지방세로 이양함에 따라 지방세원을 해당 자치단체의 지방교육자치를 위한 기본재원으로 사용할 수 있게 함으로써 도 지역에서 징수한 지방세분 교육세가 학교신설 등의 수요가 많은 대도시 지역에 투자되는 모순을 시정하겠다는 목적과 함께, 지방자치단체에 교육재정에 관한 책임을 부여함으로써 지방자치단체의 교육에 대한 관심을 제고하여 궁극적으로는 교육투자를 확대하고, 지방자치단체 간 경쟁을 통해 조세저항을 최소화하면서 교육재정을 조기에 확보(기본세율의

---

21) 1969년의 중학교 무시험입학제, 1974년 고등학교 평준화 정책 등으로 고등학교 졸업자가 대폭 늘어나게 되고, 대학입학정원의 증원이 고졸자 수의 증가를 따라가지 못하게 되자 대학문에서 병목현상이 빚어졌음. 또한 취업기회가 부족하고 학력 간 임금격차가 심화됨에 따라 대학에 대한 진학수요는 더욱 상승하게 되었음. 이러한 요인들은 과열과외를 부채질하였고, 과외열풍은 학교교육의 기능을 마비시키고, 사교육비의 지출을 증대시켜 가계 부담을 가중시킴은 물론 사회계층 간 위화감을 조성하는 원인이 되기도 하였음. 급기야 과외문제는 교육문제의 한계를 넘어서 심각한 사회문제로 발전하게 되었음. 과외문제가 사회문제화되자 정치권에서는 과외문제를 매우 중요한 현안과제로 인식하게 되었음.

50% 내에서 탄력세율 허용)하겠다는 목적이 있다. 그러나 일반지방자치단체에 교육에 관한 권한을 부여하여도 교육재정이 확충되기는 어려운 상황이었다. 지방자치단체 역시 재정자립도가 59.4%로 열악한 상황에서 중앙정부로부터의 이전재원에 크게 의존하기 때문이다. 지방교육세를 통한 교육재정 확충은 불가피한 측면이 있으나, 추가적인 교육재정 확충의 일환으로 도입한 지방교육세가 일반지방자치단체의 교육에 대한 간여를 증대시키는 계기가 되었다.

2. 교육세 제도의 변천과정

1) 최초 교육세 도입 시기(1958~1961)

우리나라 교육세의 출발은 특정조세에 의하여 교육재원을 조달할 것을 명시한 1949년 「교육법」 제정에서 비롯된다고 할 수 있다. 「교육법」 제정에 며칠 앞서 제정·공포된 「지방세법」(법률 제84호, 1949. 12. 22)은 초등교육세(호별세 부가금과 특별부가금)를 규정하고 있으며, 「교육법」(법률 제86호, 1949. 12. 31)은 교육재원과 지방교육자치 등에 관한 정책을 규정하게 되었다. 이후 1958년 「교육세법」(법률 제496호, 1958. 8. 28)이 제정되어 1961년 폐지되기까지 4년 동안 효력을 발휘하기도 하였다.

우리나라가 처음으로 교육세를 도입·실시한 것은 1958년부터 1961년까지 4년간이었다. 1958년 「교육세법」(법률 제496호)이 제정됨으로써 호별세 부가금, 특별부가금 등 지방세에 의존하고 있던 당시 교육비 조달방법을 탈피하여 교육목적세를 부과함으로써 의무교육비의 정상적인 조달과 의무교육제도의 건전한 육성 발전을 도모할 수 있게 되었던 것이다. 교육세는 국세교육세와 지방세교육세의 2종으로 하였다.[22]

국세교육세는 부동산, 배당이자, 갑종사업소득, 양도소득 및 잡소득, 을종사업소득, 갑종근로소득, 을종근로소득, 법인의 유보소득 등의 소득 금액에 따라 3~15%씩 부과하였고, 지방교육세는 국세교육세의 면세점 이하 근로소득금액의 100분의 2, 근로소득 이외의 소득금액의 100분의 5를 부과하였다. 정부는 교

---

22) 송기창, 윤정일, 교육재정정책론(서울: 양서원, 1997), p. 61.

육세의 징수를 서울특별시, 시, 읍, 면에 위탁할 수 있었는데, 비용은 서울특별시, 시, 읍, 면의 부담으로 하되 징수비용으로 정부는 납부된 세액의 100분의 8에 상당한 금액을 징수한 서울특별시, 시, 읍, 면에 교부하도록 하였다. 그리고 문교부장관은 국세인 교육세 중 각 시(특별시) 교육위원회 또는 교육구의 관할 구역에서 징수된 세액의 1000분의 300에 상당하는 금액을 시(특별시) 교육위원회 또는 교육구에 직접 환부하도록 하였다.

국세교육세는 일정한 기준 이상의 소득에 대하여 부과되었는데, 그중 30%를 지방에 환원하고 나머지 70%를 전국적으로 통합하여 사용하였다. 지방세교육세는 세원의 영세성으로 말미암아 실제로 국세교육세의 1/6 정도에 불과하였으며, 1960년의 경우 전액 지방교육재원으로 충당되었다. 국세교육세와 지방세교육세는 다 같이 의무교육재원의 확보를 위한 목적세로서 안정 교육재원을 마련하기 위한 포석이었다. 그러나 1961년 말 「소득세법」 개정의 부칙에 의해 1962년부터 교육세는 폐지되었고, 그 이후에는 「의무교육재정교부금법」이 그 기능을 대체하게 되었다.

그 후 교육재정난이 심각해질 때마다 간헐적으로 목적세로서의 교육세 신설안이 제기되었다. 1972년 「지방교육재정교부금법」에 의해 법정교부율이 중단되었지만, 이 무렵부터 평준화 시책의 추진 등에 의하여 교육재정수요가 더욱 증대된 사실을 배경으로 하여 교육재정의 문제가 크게 부각되면서 교육세 신설에 관한 논의가 활발해지게 되었다.

2) 교육세 제도화 시기(1982~2000)

1982년부터 도입 · 실시된 교육세의 징수규모는 향후 한국교육의 발전지표와 이를 달성하는 데 필요한 재정수요를 추정하고, 아울러 국민의 조세부담률을 고려하여 결정한 것이었다. 당초에 교육세 도입을 논의하게 된 것은 목표연도에 초 · 중등학교의 학급당 학생 수를 대도시 50명, 기타지역 45명 수준으로 감축시키는 것을 목표로 연간 2조 원 정도를 확보하겠다는 것이었으나, 국보위에서 발표된 내용은 연간 6,000억~1조 원을 확보한다는 것이었다.[23] 이 규모는 교육발

---

23) 국보위 문공분과위원회, "교육정상화 및 과열과외 해소방안", 미출판간행물(1980), pp. 6~24.

전지표 달성을 위한 추가재정수요의 1/2~1/3 정도에 불과한 것으로서 교육세 신설안이 제기될 당시부터 교육세는 마땅히 1986년 이후까지 연장 징수되어야 할 당위성을 내포하고 있었다.

교육세의 목적은 교육기반 확충을 위한 학교시설과 교원 처우개선에 소요되는 재원 확보를 위한 것으로, 5년간의 한시 목적세로 운영되었다. 교육세 세원은 분리과세 이자소득금액 또는 분리과세 배당소득금액의 5%, 주세액의 10%, 제조담배매도 가격의 10%, 금융·보험업자의 수익금액의 0.5%로 정하였다. 1981년 12월 새로 제정된 교육세법은 1986년 12월 1차 개정을 통하여 교육환경개선사업의 지속적인 추진을 위하여 운영시한을 1991년 12월까지로 5년 연장하고, 금융·보험수입의 과세대상이 일부 조정되었다. 1988년 12월 2차 개정에서는 담배 관련 제세가 지방세로 이양됨에 따라 담배 판매세를 교육세원에서 제외하고, 대신 서울시 및 광역시의 경우 일반회계로부터 담배소비세분의 30%를 교육비특별회계로 전입하였다.

이 당시 교육세는, 국세로서 직접세와 간접세의 양면성을 띠고 목적세로서 임시세에 속하며, 다른 세원에 부속되는 부가세의 성격을 갖고 있었다. 즉, 교육세는 과세주체가 중앙정부인 국세이며, 일반적 경비를 조달하기 위하여 징수하는 보통세와 달리 교육환경과 교원 처우를 개선한다는 특정한 목적을 위하여 필요한 경비를 조달하기 위하여 징수하는 목적세이며, 경상세와 달리 특수한 사정에 대처하기 위하여 1회계년도 또는 몇 회계년도에 한하여 부과하는 임시세이며, 국세부가세라고 하는 특성을 가지고 있었다.

1990년 12월에는 「교육세법」에 상당한 변화가 있었다. 「방위세법」의 폐지에 따른 세제 개편, 그리고 1991년부터 실질적인 지방교육자치제도가 시행되면서 교육세에 방위세분 국세와 지방세를 흡수하였고, 교육세의 목적도 '학교시설과 교원 처우개선'에서 '교육의 질적 향상 도모'로 바뀌었다. 1990년 12월 정부에서는 방위세의 시한만료를 계기로 교육계의 요구를 수렴하여 교육세 확충을 주요 내용으로 하는 조세 개편 작업을 추진하였다. 당시 재무부와 경제기획원은 각각 국세교육세와 지방교육세의 이원화안과 지방교육양여세안을 제시하였다.[24] 정

---

24) 송기창, 윤정일, 전게서, p. 310.

부에서는 이 두 가지 방안 중에서 지방교육양여세안을 정부안으로 확정하였으며, 국회에서는 1990년 12월 31일 「교육세법」 개정 법률과 「지방교육양여금법」을 제정·공포하였다.

개정된 「교육세법」을 보면 1991년 12월 31일로 되어 있던 교육세의 징수시한을 폐지하여 영구세로 전환시킴과 동시에 과세대상을 대폭 확충하였다. 즉, 과세대상 중 원천분리 과세되는 이자소득과 배당소득을 제외하는 대신에 특별소비세와 지방세 중 등록세·마권세·균등할주민세·재산세·종합토지세·자동차세를 새로이 포함시킴으로써 교육세의 과세대상은 기존의 금융·보험업자의 수익금액과 주세를 포함하여 아홉 가지로 확충되었다. 또한 세율도 과세대상 각각의 10/100~30/100으로 인상되었다. 그리고 이 교육세는 「지방교육양여금법」에 의하여 전액이 지방교육양여금의 재원이 되어 인구비례에 따라 시·도에 양여하도록 되었다.

1995년에는 교육재정 GNP 5% 확보를 위해 교육세원을 확충하였다. 교육재정 GNP 5% 확보정책의 목표는 1998년까지 GNP 대비 5.0%(학생납입금 포함 시 5.26%) 수준으로 제고하는 것이다. 대통령 자문 교육개혁위원회에서 1995년 5월 31일 교육개혁안이 발표된 이후 '교육재정 GNP 5% 확충'을 위한 방안의 일환으로서 1995년 12월 29일 제7차 「교육세법」 개정안이 확정되었다. 개정 「교육세법」은 1996년 7월 1일자로 시행되었으며, 주요 골자는 신규과세 대상 및 세율 확정, 일부항목의 세율 인상, 교육세 세율의 탄력적 조정 등이었다.[25]

1998년까지 교육재정을 GNP 5%까지 확충하기 위하여 1996년부터 교육재정 확충을 위한 여러 가지 정책이 시행되었다. 그러나 1997년 말 갑작스러운 외환위기 상황에서 정권을 넘겨받은 국민의 정부는 문민정부가 GNP 5%에 맞춰 편성해 놓았던 1998년 교육예산을 실업예산 확보라는 이름으로 대폭 삭감하기에 이르렀다. 그 결과 GNP 규모가 예상보다 늘어났으나 교육예산은 오히려 계획에 미

---

25) 구체적인 내용으로는 첫째, 등유에 대한 특별소비세액의 15%, 교통세에 대한 15%, 담배소비세액의 40%가 신규과세 대상 및 세율로서 확정되었으며, 둘째, 경주·마권에 대한 교육세의 세율이 20%에서 50%로 인상되었고, 셋째, 각종 과세대상에 부가되는 교육세의 세율은 교육투자 재원의 조달 또는 당해 물품의 수급상 필요한 경우에는 그 세율의 30% 범위 안에서 대통령령으로 이를 조정할 수 있다는 항목이 첨가되었다.

달함으로써 GNP 대비 교육재정 비율은 1996년 4.07%, 1997년 4.35%, 1998년 4.30%로 당초의 정책목표에 현저히 미달하는 상황이 초래되었다.

비록 국민의 정부가 외환위기 탈출이라는 국민적 공감대 속에서 교육재정을 삭감하기는 했지만, 15대 대통령 선거에서 교육재정 GNP 6% 확보를 약속했던 김대중 대통령으로서는 엄청난 부담을 느끼지 않을 수 없었다. 게다가 교원정년 단축으로 교육계와 정부의 관계가 악화 일로로 치닫게 되었고, 체벌금지와 열린교육, 수요자중심교육 등 일련의 교육개혁의 부작용으로 학교붕괴 현상이 가시화되자 교육계 일각에서는 이러한 현상을 과밀학급 탓으로 돌리게 되었고, 과밀학급 문제가 해소되지 않고 있는 이유를 찾는 과정에서 자연스럽게 교육재정 부족에 관심을 돌리게 되었다.

정부 한편에서는 IMF 외환관리체제를 계기로 정부 재정의 효율적인 운용에 관심을 가지게 되었고, 재정운용의 비효율성의 원인으로 목적세의 난립과 칸막이식 재정운영 등을 지적하였다. 이를 개선하기 위해서 국세 및 지방세 세목을 대폭 축소하고 교육세를 폐지하자는 주장이 대두되었다. 교육세가 국가 재정 운영을 경직화하고, 지방교육재정교부금과 지방교부세의 분리교부가 지방재정의 융통성을 저해하고 있다는 것이다. 목적세와 관련된 3개 특별회계(농특세관리특별회계, 지방교육양여금관리특별회계, 교통시설특별회계)는 목적세 폐지와 연계하여 정비 추진하되, 정비되는 경우에도 해당사업 예산은 계속 지원한다고 하였으나, 교육부는 교육세가 다른 목적세와 성격이 다르다는 점을 내세워 교육세 유지를 주장하는 한편, 교육세 폐지 시 교육자치를 위한 지방재원으로서의 성격에 맞게 대체재원의 마련을 요구하였다. 2000년의 총선을 앞두고 여당이 교원정년 단축 등으로 악화된 교육계의 여론을 무마하기 위하여 교육세 폐지에 소극적이었고, 2000년 4월 헌법재판소에 의한 과외금지 위헌판결로 공교육 정상화를 위한 교육재원 확충의 필요성이 제기됨에 따라 교육세 폐지 방침은 철회되었으며, 오히려 2001년부터 교육세원이 확충되었다.

2000년 12월「교육세법」개정에서는 열악한 교육여건 선진화 등 공교육 내실화를 위한 교육재정을 확충하기 위하여 등유에 부과되는 특별소비세액에 대한 교육세 등 일부 교육세의 과세기간을 2000년 말까지에서 2005년 말까지로 5년간 연장(교통세액에 부과되는 교육세의 경우 2000년 말까지에서 2003년까지로 3년간 연장)하고, 2005년 말까지 한시적으로 석유가스 중 부탄 및 중유 등에 부과되는 특별소비세액에 대하여도 교육세를 부과하며, 등록세·재산세 등 지방세에 부과되는 교육세를 지방교육세로 전환하였다.

2000년 12월 개정된「교육세법」의 중요한 특징은 교육세 제도가 이원체제로 변화된 것이다. 즉,「교육세법」에서는 국세교육세만을 대상으로 하여 조항을 구성하되, 수납된 국세교육세는「지방교육양여금법」에서 정한 기준에 따라 시·도교육청으로 양여되었다. 한편 지방세분 교육세는 별도로「지방세법」제5절에 신설되어 지방자치단체가 징수, 수납하고 시·도교육청으로 이관하여 지방교육자치단체의 수입으로 계상되는 방식으로 운영되게 되었다.

3) 2001년 이후 교육세 제도의 변천과정

2001년도 이후 교육세 제도의 변천과정을 국세교육세와 지방교육세로 구분하여 주요 개정내용을 중심으로 정리하면 다음과 같다.[26] 먼저 국세교육세 경우, 2001년 12월 내수 진작과 경기활성화를 도모하기 위하여 소득수준 향상에 따라 소비가 대중화된 물품에 대하여 현행 세율에서 평균 30%를 인하하는 등의 내용으로「특별소비세법」이 개정됨에 따라「교육세법」의「특별소비세법」관련조항이 영향을 받게 되었다. 2003년 12월에는 도로·도시철도 등 교통시설의 확충을 위하여 1994년부터 10년간 한시적으로 휘발유·경유에 대하여 부과하였던 교통세의 과세시한이 2003년 12월 31일 만료됨에 따라, 안정적인 사회간접자본 투자 재원의 확보를 위하여 동 과세시한을 3년간 연장하고, 2004년 1월 1일부터 새로이 적용될 세율을 정하는「교통세법」개정이 이뤄졌다. 이에 교통세에 대하여 부과되는 교육세의 과세시한도 교통세와 마찬가지로 3년간 연장하는「교육세법」개정이 있었다. 2005년 7월에는 등유·중유 등 유류의 특별소비세액에 부과되는 교육세의 적용시한이 2005년 12월 31일 만료될 예정인 바, 동 적용시한을 5년간 연장하는 내용의 법률 개정이 있었다. 2006년 12월에는 교통세가 교통·에너지·환경세로 변경되고 일몰시한이 3년 연장되는「교통세법」개정이 이루어짐에 따라, 교통세에 대하여 부과되는 교육세의 과세시한도 2006년 말에서 2009년

---

26) 송기창 외, 전게서(2012), p. 126.

말까지 3년간 연장하였다.

2007년 12월에는 사치품에 대한 소비억제보다는 사회적 비용을 유발하는 자동차 · 유류 등 일부 개별 품목 등에 부과하는 교정세적 의미가 나타날 수 있도록 특별소비세의 명칭을 개별소비세로 바꾸고, 사행성 오락인 경정장(競艇場) 입장에 대하여 경륜장(競輪場)과의 과세형평 차원에서 개별소비세를 부과하며, 서민용 난방유로 많이 사용되는 등유의 개별소비세율이 액화천연가스(LNG)에 비하여 높은 점을 고려하여 등유세율을 인하하였다. 2008년 12월에는 유사한 업무를 수행하는 금융업자 중 일부만 교육세가 과세되어 온 문제점을 해소함으로써 금융업자 간 형평을 도모하기 위하여 종래 교육세 과세대상에서 제외되어 온 증권회사, 여신전문금융회사 등을 교육세 과세대상으로 추가하여 교육세 과세에 있어 금융업자 간 형평을 도모하였다. 이후에도 몇 차례 개정이 있었으나 관련조문의 내용과 표현을 쉽게 하고 명칭을 변경하기 위한 일부개정이었다. 2010년 12월에는 교통 · 에너지 · 환경세 부가분 교육세와 등유 · 중유 · 부탄가스에 대한 개별소비세 부가분 교육세의 징수시한이 폐지되었다.

다음으로 지방교육세 경우, 2001년 12월 경주 · 마권세의 명칭을 레저세로 변경하고, 레저세의 과세대상에 경륜, 경정, 경마 외의 승자투표권 · 승마투표권 등을 발매하고 투표 적중자에게 환급금 등을 교부하는 행위로서 대통령령이 정하는 것을 추가함에 따라, 지방교육세의 과세표준에서 경주 · 마권세가 레저세로 개칭되었다. 2005년 1월에는 종합토지세를 재산세로 통합하고, 주택은 건물과 그 부속토지를 통합 과세하는 한편 거래세를 완화하는 등 부동산관련 세제를 개편함에 따라, 지방교육세의 과세표준으로서 종합토지세가 재산세에 통합되었다.

2005년 12월에는 동년 12월 31일로 적용시한이 완료되는 레저세분 및 담배소비세분 지방교육세의 적용시한을 연장하되, 레저세분 지방교육세의 세율은 100분의 60에서 100분의 40으로 인하되었다. 단, 부칙의 레저세분 지방교육세에 관한 적용특례에서 레저세분 지방교육세의 세율을 적용함에 있어서 2008년 12월 31일까지는 표준세율을 100분의 60으로 유지하고, 2009년 이후 100분의 40으로 인하하는 것으로 하였다. 2010년 3월에는 등록세가 개편됨에 따라 등록세분 지방교육세가 부동산, 기계장비(자동차 제외), 항공기 및 선박의 취득에 대한 취득세의 20%와 등록에 대한 등록면허세(자동차에 대한 등록면허세 제외)의 20%로 조정되었다. 2010년 12월에는 담배소비세분 지방교육세의 징수시한이 2012년 12월 31일 까지로 연장되었고, 2013년 1월에는 담배소비세분 지방교육세 징수시한이 다시 2015년 12월 31일까지 연장되었다.

제3절 교육세 제도의 운용 현황 및 실적

1. 교육세 제도의 운용 현황

현행 교육세 제도는 국세교육세와 지방교육세의 이원체제로 운영되고 있다. 즉, 기존 「교육세법」은 국세교육세를 중심으로 규정하고, 지방세분 교육세는 「지방세법」에 의하여 운영된다. 국세교육세의 경우, 납세의무자는 국내에서 금융업 · 보험업을 경영하는 자 중 별표에 규정하는 자(이하 금융 · 보험업자), 「개별소비세법」에 따른 개별소비세(「개별소비세법」 제1조 제2항 제4호 가목 · 나목 · 마목 및 사목의 물품에 대한 것은 제외)의 납세의무자, 「교통 · 에너지 · 환경세법」에 따른 교통 · 에너지 · 환경세의 납세의무자, 「주세법」에 따른 주세(주정, 탁주, 약주에 대한 것은 제외)의 납세의무자이고, 금융 · 보험업자가 하는 공익신탁의 신탁재산에서 발생하는 수익금액에 대하여는 교육세를 부과하지 아니한다. 국세교육세는 교육투자재원의 조달 또는 당해 물품의 수급상 필요한 경우에는 그 세율의 100분의 30의 범위 안에서 대통령령으로 이를 조정할 수 있다.

지방교육세는 지방교육의 질적 향상에 필요한 지방교육재정의 확충에 소요되는 재원을 확보하기 위하여 부과 징수한다. 지방교육세는 취득세와 등록세 통폐합 결과를 반영하여 2010년 말 과세표준 및 세율 등을 정비하였다. 즉, 종전 등록세가 분리되어 취득세(취득 관련) 및 등록면허세(취득 무관)로 각각 통합됨에 따라 지방교육세는 현재 7개 세목에 부가하고 있다. 부동산, 기계장비, 항공기 및 선박의 취득에 대한 취득세의 납세의무자, 등록에 대한 등록면허세(제124조에 해당하는 자동차에 대한 등록면허세는 제외)의 납세의무자, 레저세의 납세의무자, 담배소비세의 납세의무자, 주민세 균등분의 납세의무자, 재산세(제112조 제1항 제2호 및 같은 조 제2항에 따른 재산세액은 제외)의 납세의무자, 제127조 제1항 제1호 및

〈표 6-1〉 국세교육세와 지방교육세의 과세표준 및 세율

구분	과세표준	세율
국세 교육세	1.금융·보험업자의 수익금액	0.5%
	2.개별소비세액	30%(등유, 중유, 수송용부탄의 경우 15%)
	3. 교통·에너지·환경세액	15%
	4. 주세액	10%(주세율 70%를 초과하는 주류의 경우 30%)
지방 교육세	1. 취득세*	(기본세율−20/1000)×0.20
	2. 등록면허세액	20%
	3. 레저세액	40%
	4. 담배소비세액	50%(2012년 말까지 한시 적용)
	5. 주민세 균등분 세액	10%(인구 50만 이상 시는 25%, 시·군 통합하여 50만 이상 시는 통합 이전의 세율 적용)
	6. 재산세액	20%, 재산세 과세특례분(도시계획세) 제외
	7. 자동차세액	30%

*주: 취득세로 통합되는 등록세 과세대상(부동산, 기계장비, 항공기 및 선박)에 대한 취득세 납세의무자를 지방교육세 납세의무자에 추가(2010. 12. 27).

제3호의 비영업용 승용자동차에 대한 자동차세(국가, 지방자치단체 및 「초·중등교육법」에 따라 학교를 경영하는 학교법인)의 납세의무자는 지방교육세를 납부할 의무를 진다.

국세교육세와 지방교육세는 〈표 6-1〉의 각 과세표준에 해당 세율을 곱하여 계산한 금액을 그 세액으로 한다. 지방자치단체의 장은 지방교육투자재원의 조달을 위하여 필요한 경우에는 해당 지방자치단체의 조례로 정하는 바에 따라 지방교육세의 세율을 제1항(같은 항 제3호는 제외)의 표준세율의 100분의 50의 범위에서 가감할 수 있다. 도농복합형태의 시의 경우, 해당 시의 읍·면지역에 대하여는 그 세율을 100분의 10으로 한다. 주민세 균등분 세액의 경우, 둘 이상의 시·군이 통합하여 인구 50만 이상 시에 해당하는 지방자치단체가 되는 경우 해당 지방자치단체의 조례로 정하는 바에 따라 5년의 범위에서 통합 이전의 세율을 적용할 수 있다.

2. 교육세 제도의 운용 실적

1) 1980년대 교육세
당시의 「교육세법」에 의한 과세표준과 세율을 적용할 때, 1982년부터 1986년

〈표 6-2〉 교육세의 예산 및 징수실적(1982~1990) (단위: 억 원)

구분	계	1982	1983	1984	1985	1986	1987	1988	1989	1990
계획(A)	33,499	2,379	2,660	2,870	3,160	3,490	4,020	4,463	4,955	5,502
예산(B)	30,654	1,871	2,587	2,847	3,021	3,342	4,020	4,484	3,700	4,782
징수(C)	33,076	1,979	2,631	2,848	3,211	3,724	4,113	5,123	4,234	5,213
C-A	Δ423	Δ400	Δ29	Δ22	51	234	93	660	Δ721	Δ289
C-B	2,422	107	44	1	191	382	93	639	534	431
담배 전입금	4,211	–	–	–	–	–	–	–	2,019	2,192

주: 1990년 교육세에는 교육환경개선특별회계 전출금 2,391억 원이 포함됨.
자료: 징수계획치는 문교부 교육재정과, 업무참고자료(1981~1990)(1990)를, 예산액 및 징수액은 경제기획원, 예산개요 참고자료(1984~1993)를 참고한 김병주, "교육세 제도의 평가와 전망", **교육재정경제연구**, 제8권 제1호(1999), p. 220을 재인용함.

까지 5년간 교육세로부터 추가로 확보할 것으로 기대한 재원의 총규모는 1조 4,559억 원으로서 연평균 약 2,912억 원이 되고, 1987년부터 1991년까지는 총 2조 5,049억 원으로서 연평균 약 5,010억 원이 된다. 그러나 실제로 과거의 징수실적을 보면 〈표 6-2〉에 제시된 바와 같이 1차 징수기간인 1986년까지는 총 징수목표보다 166억 원 정도가 미달되었다. 제2기라고 할 수 있는 1987~1991년간에는 담배소비세가 지방세로 전환됨에 따라 교육세의 중요한 세원을 상실하게 되어 257억 원의 결손이 발생하였다. 그러나 1989년 폐지된 담배판매분 교육세 대신

〈표 6-3〉 교육세의 세원별 구성비(1982~1990) (단위: 억 원)

구분	계	1차징수기간						2차징수기간				
		소계	1982	1983	1984	1985	1986	소계	1987	1988	1989	1990
계	33,076 (100.0)	14,393 (43.5)	1,979	2,631	2,848	3,211	3,724	18,683 (56.5)	4,113	5,123	4,234	5,213
이자배당분	14,025 (42.4)	4,706 (14.2)	622	841	839	1,036	1,368	9,319 (28.2)	1,622	2,018	2,426	3,253
주세분	4,642 (14.0)	1,882 (5.7)	275	353	398	409	447	2,760 (8.3)	465	650	766	879
담배판매분	8,811 (26.7)	5,556 (16.8)	828	1,087	1,171	1,212	1,258	3,255 (9.8)	1,409	1,688	158	–
금융·보험분	5,598 (16.9)	2,249 (6.8)	253	349	441	555	651	3,349 (10.1)	618	766	885	1,080

주: 1) 결산 기준이며, 반올림으로 인하여 세원별 합계액이 교육세 총계액과 약간의 차이가 있을 수 있음.
　　2) ( ) 안은 비율(%)임.
자료: 교육부 교육재정과, 내부자료(1991).

신설된 광역시 이상 지방자치단체의 담배판매 전입금을 포함한다면 징수실적이 징수계획을 초과한다고 볼 수 있다.

한편, 1982~1990년간 교육세 총액의 세원별 구성비를 보면 가장 큰 비중을 차지하고 있는 것은 이자배당분으로서 총규모의 42.4%를 차지하고, 다음은 담배판매 수입으로서 26.7%를 차지하고 있다. 그리고 금융·보험 수입과 주세분은 각각 16.9%와 14.0%를 차지하고 있다. 그러나 교육세 중 가장 큰 비중을 차지하고 있는 담배소비세가 지방세로 된 1989년에는 교육세의 총규모가 대폭적으로 축소됨은 물론 이와 같은 구성비가 완전히 바뀌게 되었다. 즉, 1990년의 경우를 보면 이자배당 소득이 62.4%, 금융·보험 수입이 20.7%, 그리고 주세분이 16.9%가 된다. 즉, 이자배당 소득이 교육세에서 차지하는 비율이 절대적으로 우세해졌음을 알 수 있다.

2) 1990년대 교육세

1990년 방위세 폐지를 계기로 개정된 「교육세법」은 적용시한의 폐지와 교육세 과세대상의 대폭적인 확대를 주요 골자로 하였다. 종전의 이자·배당소득을 과세대상에서 제외하는 대신 특별소비세의 30%, 균등할 주민세액의 10%(단, 인구 50만 이상인 도시의 경우 25%), 등록세·마권세·재산세·종합토지세액의 20%, 자동차세액의 30% 등을 과세대상에 추가하였다. 또한 주세액의 10%에 대해서는 단서규정을 추가하여 주세율이 100분의 80 이상인 주류는 주세액의 30%를 교육세로 과세하도록 하였다.

교육세법 개정과 동시에 교육세 수입 전액을 재원으로 하는 「지방교육양여금법」이 제정되었다. 1990년 제정된 「지방교육양여금법」은 국세 수입의 일부를 국가가 지방자치단체에 양여하여 지방교육재정을 확충함으로써 지방교육재정의 균형 있는 발전에 목적을 두었다. 〈표 6-4〉는 정부예산, 내국세, 교육예산, 지방교육양여금 규모의 변화추이를 나타낸 것이다.

교육세의 성과는 한마디로 정부예산, 교육예산, 지방교육재정에 대한 교육세의 비율로 표시할 수 있다고 본다. 교육세가 신설된 이후 1988년까지의 상황을 보면 교육세는 정부예산의 2.5%, 교육예산의 12.5% 정도를 차지하고 있다. 또한 지방교육재정 교부금의 15% 정도가 교육세라고 할 수 있으며, 지방교육재정교부금 중 경상교부금의 26.5% 정도가 교육세이었다.[27] 그러나 1990년 교육세가

〈표 6-4〉 지방교육양여금의 규모(1991~2000)   (단위: 억 원)

영역별	1991	1992	1993	1994	1995	1996	1997	1998	1999	2000
지방교육양여금(A)	14,360	17,733	24,158	25,691	29,870	41,136	52,718	55,186	46,179	51,618
정부예산(B)	331,503	365,256	419,362	475,939	548,450	649,268	714,006	777,375	883,024	939,371
내국세(C)	222,866	288,626	332,561	356,100	410,460	463,080	519,027	526,694	486,770	545,294
교육예산(D)	70,415	80,370	98,800	108,794	124,958	157,528	181,710	181,278	174,563	191,720
지방교육재정(E)	70,734	92,666	97,004	111,746	126,244	152,208	173,548	167,318	182,529	193,181
A/B(%)	4.3	4.9	5.8	5.4	5.4	6.3	7.4	7.1	5.2	5.5
A/C(%)	6.4	6.1	7.3	7.2	7.3	8.9	10.2	10.5	9.5	9.5
A/D(%)	20.4	22.1	24.5	23.6	23.9	26.1	29.0	30.4	26.5	26.9
A/E(%)	20.3	19.1	24.9	23.0	23.7	27.0	30.4	33.0	25.3	26.7

주: 1) 정부예산은 일반회계와 재정투융자 특별회계의 순계임.
   2) 내국세 및 교육부 예산(단, 1998년은 제1차 추경기준)은 당초예산, 지방교육 재정은 결산기준임.
자료: 교육부, 내부자료(1998); 송기창 외, 교육세 백서(서울: 숙명여자대학교, 2001); 교육인적자원부, 교육통계연보(2000).

영구세화되고, 교육세의 세원이 대폭 확대되면서 교육양여금이 교육예산에서 차지하는 비중은 꾸준히 증가하고 있다. 1991년 정부예산 대비 지방교육양여금의 비율은 4.3%에서 2000년에는 5.5%로 증가하였다. 특히 교육예산 대비 지방교육양여금의 비중은 1991년 20.4%에서 2000년 26.9%로 대폭 증가하였다. 이처럼 교육예산 중 지방교육양여금이 차지하는 비중이 높다는 것은 그동안 교육세가 교육재정 확충에 높은 기여를 해 왔음을 말한다.

〈표 6-5〉는 세원별 교육세 징수액의 추이를 나타낸 것이다. 1995년 12월 「교육세법」의 개정으로 교통세, 담배소비세액, 특별소비세 중 등유분이 신설되었으며, 경주마권세의 세율이 20/100에서 50/100으로 변경되었다. 교육세의 세원에서 국세의 비중은 꾸준히 감소하는 반면 지방세가 차지하는 비중은 증가하고 있다. 국세 가운데 가장 높은 비중을 차지하는 세원은 교통세액으로 2000년의 경우 전체 교육세의 21.5%를 차지하고 있으며, 다음으로는 주세액이 8.9%를 차지하고 있다. 지방세의 경우 가장 높은 비중을 차지하는 세원은 담배소비세액으로 전체 교육세액의 16.0%를 차지하고 있으며, 다음으로 등록세액이 14.2%를 차지하고 있다. 그러나 교육세의 세원 중 높은 비중을 차지하고 있는 국세 교통세와 지방세 담배소비세의 유효기간이 2000년 말까지로 되어 있어 교육세 확충에 커

---

27) 윤정일, 교육재정학(서울: 세영사, 1993), p. 202.

〈표 6-5〉 세원별 교육세 징수액 추이(1991~2000)　　　　　　　　　　　　　(단위: 억 원)

세목	1991	1992	1993	1994	1995	1996	1997	1998	1999	2000
국 세										
1. 금융·보험업자 수입금액(0.5%)	1,419 (9.3)	1,709 (9.4)	1,863 (8.1)	2,290 (9.0)	2,760 (9.2)	3,162 (7.7)	3,707 (6.9)	5,296 (10.2)	4,696 (8.9)	4,734 (8.2)
2. 특별소비세액 (30%, 등유 15%)	3,406 (22.3)	4,165 (22.9)	4,494 (19.4)	5,595 (22.0)	6,421 (21.5)	7,813 (18.9)	8,037 (14.9)	5,037 (9.7)	4,812 (9.1)	4,983 (8.6)
3. 주세액 (10~30%)	2,543 (16.7)	3,107 (17.0)	3,166 (13.7)	3,527 (13.9)	4,381 (14.6)	5,184 (12.6)	4,182 (7.7)	4,398 (8.5)	5,006 (9.5)	5,165 (8.9)
4. 교통세액 (15%)	–	–	–	–	–	2,481 (6.0)	7,578 (14.0)	8,809 (16.9)	10,429 (19.7)	12,490 (21.5)
수입제세분	740 (4.8)	451 (2.5)	466 (2.0)	637 (2.5)	920 (3.1)	1,038 (2.5)	1,163 (2.2)	641 (1.2)	801 (1.5)	987 (1.7)
과년도수입	–	–	–	–	3 (0.0)	10 (0.0)	9 (0.0)	6 (0.0)	–	–
소 계	8,108 (53.1)	9,432 (51.8)	9,989 (43.2)	12,049 (47.4)	14,485 (48.4)	19,688 (47.7)	24,676 (45.7)	24,187 (46.5)	25,744 (48.6)	28,359 (48.9)
지방세										
5. 등록세액 (20%)	3,802 (24.9)	4,148 (22.8)	5,101 (22.1)	6,130 (24.1)	7,177 (24.0)	8,004 (19.4)	8,914 (16.5)	6,687 (12.9)	7,571 (14.3)	8,254 (14.2)
6. 경주 마권세액 (50%)	163 (1.1)	193 (1.1)	197 (0.9)	354 (1.4)	434 (1.5)	982 (2.4)	2,364 (4.4)	1,817 (3.5)	2,069 (3.9)	2,243 (3.9)
7. 균등할주민세액 (10~25%)	79 (0.5)	126 (0.7)	138 (0.6)	144 (0.6)	184 (0.6)	159 (0.4)	272 (0.5)	210 (0.4)	218 (0.4)	249 (0.4)
8. 재산세액 (20%)	545 (3.6)	710 (3.9)	790 (3.4)	958 (3.8)	922 (3.1)	1,062 (2.6)	774 (1.4)	1,304 (2.5)	1,388 (2.6)	1,496 (2.6)
9. 종합토지세액 (20%)	978 (6.4)	1,309 (7.2)	1,650 (7.1)	2,039 (8.0)	2,438 (8.1)	2,478 (6.0)	3,159 (5.9)	2,498 (4.8)	2,620 (4.9)	2,836 (4.9)
10. 자동차세액 (30%)	1,594 (10.4)	2,107 (11.6)	2,660 (11.5)	3,422 (13.5)	3,785 (12.6)	4,638 (11.2)	4,196 (7.8)	6,169 (11.9)	4,846 (9.1)	5,264 (9.1)
11. 담배소비세액 (40%)	–	–	–	–	–	3,290 (8.0)	8,654 (16.0)	9,159 (17.6)	8,513 (16.1)	9,282 (16.0)
과년도수입	–	198 (1.1)	2,605 (11.3)	300 (1.2)	506 (1.7)	941 (2.3)	976 (1.8)	–	–	–
소 계	7,161 (46.9)	8,791 (48.2)	13,141 (56.8)	13,347 (52.6)	15,446 (51.6)	21,554 (52.3)	29,309 (54.3)	27,844 (53.5)	27,225 (51.4)	29,624 (51.1)
합 계	15,269 (100.0)	18,223 (100.0)	23,130 (100.0)	25,396 (100.0)	29,931 (100.0)	41,242 (100.0)	53,985 (100.0)	52,031 (100.0)	52,969 (100.0)	57,983 (100.0)

주: 1) 결산액 기준임.
　　2) (　) 안은 비율(%)임.
자료: 교육부, 지방교육재정 운용 편람(1999, 2002).

〈표 6-6〉 GNP 5% 확보계획에 따른 교육세의 확보 실적(1996~1998)　　(단위: 억 원)

구분		1995	1996	1997	1998	계
GNP 5% 계획(A)			43,478	59,108	70,878	173,464
기존교육세			37,430	43,046	49,287	80,476
추가교육세			6,048	16,062	21,591	22,110
예산액(B)		29,870	44,136	58,718	62,186	165,040
실 적(C)		29,931	41,242	54,985	52,031	148,258
과부족	C-A		△2,236	△4,123	△18,847	△25,206
	C-B	61	△2,894	△3,733	△10,155	△16,782

자료: 김병주, "교육세 제도의 평가와 전망", 교육재정경제연구, 제8권 제1호(1999), p. 232.

다란 문제점으로 남아 있다.

〈표 6-6〉은 GNP 5% 확보계획에 따른 교육세의 확보실적을 나타낸 것이다. 1995년 말 GNP 5%의 교육재정을 확보하기 위해 필요한 추가소요 재원을 충당하기 위하여 「교육세법」이 개정되어 세원이 추가되었지만 지속적인 경기부진에 따라 교육세 세수결손이 발생하였다. 1996~1998년까지 교육세는 25,206억 원이 결손되었음을 알 수 있다. 특히 1998년의 경우 IMF 외환위기로 인한 경기침체로 인하여 당초계획에 비해 18,847억 원의 교육세가 결손되어 교육재정 규모 축소의 중요한 원인이었음을 알 수 있다.

3) 2000년 이후 교육세

교육부는 2000년 7월 재정경제부와 기획예산처에 공교육 내실화 계획에 따라 공교육 정상화와 교육여건 개선 등을 위하여 총 34.3조 원(2000~2004)을 투자할 계획이고, 이 중 6.4조 원을 교육세 인상 등을 통해 조달해 줄 것을 요청하였다. 이를 위해 교육부가 제시한 교육세 개편안은 2000년 말 한시 교육세인 4개 세목 (교통세액의 15% 14,164억 원, 특별소비세액 등유분 15% 500억 원, 경주마권세액 50%→ 20% 1,172억 원, 담배소비세액 40% 9,187억 원) 2.5조 원을 영구세화하고, 교육세 세율확대를 통해 연간 1.6조 원(4년간 6.4조 원)을 증액하는 것이었다.[28] 그러나 이러한 목표는 2000년 12월에 개정된 「교육세법」에 부분적으로만 반영되었다.

___

28) 송기창, "국민의 정부 재정확보정책평가", 국민의 정부 교육재정정책 평가와 전망(한국교육재정경제학회, 2002), pp. 23~24.

〈표 6-7〉 2000년 12월 교육세법 개정의 재원 확충효과   (단위: 억 원)

구분	2001	2002	내역
교육세	155	155	
특별소비세액	155	155	• LPG, 중유 추가
지방교육세	3,600	5,638	
담배소비세액	3,200	4,975	• 40%에서 50%로 인상
			• 담배소비세 460원에서 510원으로 인상
레저세액	400	708	• 50%에서 60%로 인상
합 계	3,755	5,838	

자료: 송기창, "국민의 정부 재정확보정책평가", 국민의 정부 교육재정정책 평가와 전망(한국교육재정경제학회, 2002).

2000년 말까지 한시세인 일부 교육세의 시한을 2005년 말까지 연장하였고, 국세 측면에서 수송용 LPG와 중유분 특소세에 대하여 에너지 가격 조정범위 내에서 교육세를 신규 과세(15%)하고, 지방세 측면에서는 지방세분 교육세를 지방교육 세로 전환하고 탄력세율(50%)을 허용하며, 담배소비세액의 교육세율을 40%에서 50%로, 레저세액의 교육세율을 50%에서 60%로 조정하였다.[29] 이를 통해 〈표 6-7〉에서 보는 바와 같이 2001년부터 2002년까지 총 9,593억 원이 증액되었다.

　교육세 제도가 국세교육세와 지방교육세로 각각 이원화된 이후, 국세교육세의 징수실적을 보면, 징수액은 2001년도 3조 7,825억 원에서 2007년도 3조 8,571억 원으로 비슷한 규모로 유지되는 경향을 보이다가, 2008년도에는 4조 1,757억 원, 2010년도에는 4조 6,427억 원으로 증가하였다. 징수율은 2001년, 2007년, 2008년, 2010년도에는 예산액을 100% 이상 초과하였으나, 다른 해에는 80~90%대였다.

　국세교육세 세원별 비중을 보면, 2005년에 가장 비중이 높은 것은 교통세

〈표 6-8〉 국세교육세 징수 실적(2001~2010)   (단위: 억 원, %)

구분	2001	2002	2003	2004	2005	2006	2007	2008	2009	2010
예산액	36,244	36,726	40,910	42,386	39,772	36,957	37,452	41,169	42,944	45,417
징수액	37,825	35,316	36,513	35,295	35,266	34,204	38,571	41,757	37,512	46,427
징수율	104.4	96.2	89.3	83.3	88.7	92.6	103.0	101.4	87.4	102.2
국세 전체 징수율	－	100.9	100.1	96.9	100.5	101.8	109.8	100.1	100.3	103.6

주: 2005년까지는 재정경제부, 조세개요, 2006년부터는 국가통계포털(KOSIS)에 근거함. 국세 징수율은 모두 국가통계포털에 근거함.

29) 재정경제부, 2000 정기국회제출 세제개편(안)(2000).

〈표 6-9〉 국세교육세 세원별 비중(2005~2010) (단위: 억 원, %)

세원	2005		2006		2007		2008		2009		2010	
	금액	비율	금액	비율	금액	비율	금액	비율	금액	비율	금액	비율
합계	3,526,591	100	3,420,415	100	3,857,080	100	4,175,650	100	3,751,168	100	4,642,687	100
금융·보험업자 수익금액	537,433	15.2	605,440	17.7	713,522	18.5	869,818	20.8	963,128	25.7	951,313	20.5
특별소비세	578,529	16.4	574,996	16.8	611,759	15.9	–	–	–	–	–	–
개별소비세	–	–	–	–	–	–	539,332	12.9	325,474	8.7	504,821	10.9
주세	691,769	19.6	639,040	18.7	581,123	15.1	739,130	17.7	712,575	19.0	724,336	15.6
교통세	1,539,559	43.7	1,402,901	41.0	1,716,503	44.5	–	–	–	–	–	–
교통·에너지·환경세	–	–	–	–	–	–	1,781,460	42.7	1,476,671	39.4	2,126,736	45.8
수입분	179,301	5.1	198,038	5.8	234,173	6.1	245,910	5.9	273,320	7.3	335,481	7.2

자료: 국가통계포털에 근거함.

(43.7%)였고, 다음은 주세(19.6%), 특별소비세(16.4%), 금융·보험업자 수익금액(15.2%)이었다. 2010년에는 교통·에너지·환경세(45.8%)가 가장 높고, 다음은 금융·보험업자 수익금액(20.5%), 주세(15.6%), 개별소비세(10.9%)의 순으로 다소 변화가 있었다.

지방교육세 징수액은 2001년도 3조 4,777억 원에서 2010년도 4조 8,710억 원으로 증가하는 경향을 보였고, 징수율은 97~98%대를 유지하고 있다.

지방교육세 세목별 비중을 보면, 2001년에 가장 비중이 높은 것은 담배소비세분(32.1%)이었고, 다음은 등록세분(26.0%), 자동차세분(16.1%), 레저세분(12.6%), 종합토지세분(8.0%) 등의 순이었다. 2010년에도 담배소비세분(28.6%)이 가장 높았고, 다음은 등록세분(22.5%), 재산세분(19.9%), 자동차세분(19.7%), 레저세분(8.5%) 등의 순이었다.

〈표 6-10〉 지방교육세 징수 실적(2001~2010) (단위: 억 원, %)

구분	2001	2002	2003	2004	2005	2006	2007	2008	2009	2010
부과액	35,576	40,363	41,026	41,913	39,476	44,567	46,508	50,192	49,394	50,201
징수액	34,777	39,565	40,099	40,837	38,407	43,381	45,139	48,644	47,944	48,710
징수율	97.8	98.0	97.7	97.4	97.3	97.3	97.1	96.9	97.1	97.0
지방세 전체 징수율	–	100.9	100.1	96.9	100.5	101.8	109.8	100.1	100.3	103.6

자료: 2005년까지는 재정경제부, 조세개요; 2006년부터는 국가통계포털(KOSIS)에 근거함. 국세 징수율은 모두 국가통계포털에 근거함.

〈표 6-11〉 지방교육세 세목별 비중(2001~2010)   (단위: 십억 원, %)

세목	2001	2002	2003	2004	2005	2006	2007	2008	2009	2010
합 계(10억)	3,558	4,036	4,103	4,191	3,948	4,457	4,651	5,019	4,939	5,020
등록세분	26.0	31.5	31.7	27.9	29.0	30.1	25.9	23.3	23.3	22.5
주민세분	0.8	0.8	0.7	0.7	1.0	0.8	0.7	0.7	0.7	0.7
재산세분	4.4	4.2	4.6	5.1	13.6	14.4	16.6	18.2	18.6	19.9
자동차세분	16.1	12.7	12.7	12.6	15.2	15.3	16.1	16.6	18.4	19.7
종합토지세분	8.0	7.2	8.1	10.0	0.0	0.1	0.0	0.0	0.0	0.0
레저세분	12.6	16.0	13.1	11.1	10.5	9.4	11.4	12.1	8.5	8.5
담배소비세분	32.1	27.6	29.0	32.6	30.7	30.0	29.2	29.1	30.5	28.6

주: 부과액 기준으로서 실제 징수액과는 차이가 있음. 2002년부터 경주·마권세를 레저세로 개칭, 2005년부터 종합토지세가 재산세와 통합.

제4절 교육세 제도의 전망과 과제

1. 교육세에 대한 평가와 전망

교육세는 다른 조세와는 달리 특정한 목적을 위해 특정한 조세재원으로 마련한 목적세다. 따라서 교육세는 조세의 일반원칙이나 평가준거에 비추어 평가하기 전에 목적세에 대한 평가가 선행되어야 한다. 목적세의 경우에는 수익자부담원칙에 따라서 과세액이 결정되는 것이 보편화되어 있다. 외국에서 고속도로 건설기금을 자동차세에 의존하는 것과 우리나라의 지방세 중 도시계획세 등이 그 예라고 할 수 있다. 우리나라의 교육세는 과세대상을 교육수혜자 전체에 부과하는 것이 아니라 특정집단에 한정시키고 있다. 목적세는 조세수입의 효율적 배분을 방해하고 재정의 경직성을 초래한다는 부정적인 측면이 있는 반면에 다음과 같은 긍정적 측면도 있다. 즉, 목적세는 비용을 수혜자에게 직접 부담시킴으로써 효율성과 공평성을 동시에 달성할 수 있으며, 특정조세를 특정지출에 연결시킴으로써 소비자들의 선호를 정책결정에 반영할 수 있다.[30]

아직까지 우리 사회에는 공공문제를 일반적 보상관계에 입각한 조세부담을

---

30) 윤정일, 전게서, pp. 211~212.

통하여 접근하는 인식이 깊게 뿌리내리지 못한 관계로, 정부를 매개로 한 국민들의 집합적 대응방식이 긴요한 분야(예: 교육, 환경 등)에 있어서도 국민 각자가 개별적인 보상관계에 입각하여 문제에 접근하려는 경향이 강하다. 이러한 경향은 자연히 공공재원 조달의 장애요인으로 작용하기 때문에 사회적으로 긴요한 공공서비스의 양적 확대와 질적 개선을 제약한다고 할 수 있다. 1970년대 중반의 방위세, 1980년대 초의 교육세는 공히 우리나라의 특수한 재정환경에서 비롯된 재원조달 전략의 일환으로 도입된 목적세였다고 볼 수 있다. 이러한 특수성을 염두에 두고 우리나라의 교육세에 대하여 평가와 전망을 하면 다음과 같다.[31]

교육세에 의하여 교육재정을 조달하는 경우 교육정책적 필요에 따라 재원의 규모를 결정하여 조달할 수 있다는 장점이 있다. 그러나 1982년부터 징수되고 있는 우리나라의 교육세는 엄밀한 의미에서 목적세라고 하기 어렵다. 과세권이 교육당국에 없을 뿐만 아니라 독립적인 세원을 가지고 있지 않고 특정국세 또는 지방세에 부가하는 방식을 취하고 있기 때문이다. 특정세 부가방식의 교육세 부과는 징세비를 줄일 수 있다는 장점이 있으나, 교육세가 교육의 필요에 따라 부과되지 못하고 교육 이외의 필요에 따라 그 규모가 결정된다는 단점이 있다.

미국의 경우 교육에 대한 연방정부의 지출금은 주로 소득세로부터 조달되고 있으며, 연방정부는 주정부 및 지방정부의 보건, 주택, 교육 등 제 활동을 조장·지원하기 위하여 일반세입 분배제도, 특별세입 분배제도, 보조금 제도 등을 통하여 배분하고 있다. 주정부 수준에서의 지방정부에 대한 교육비 보조는 주로 판매세를 주요 재원으로 하고 있으며, 학교구 수준에서는 재산세 수입이 대체로 80% 이상을 차지하고 있는 가운데 개인소득세 등의 세외수입, 사용료·수수료 등의 세외수입 등을 주요 재원으로 하고 있다. 한편, 대다수의 학교구에서는 교육세를 부과하고 징수하는 권한을 갖고 있다. 이처럼 미국은 재정적 참여를 바탕으로 한 지방분권형 교육재정제도를 지향하고 있다.

어떤 방법이 가장 바람직한 교육재원 조달방식인가에 대하여는 국민들의 교육에 대한 인식도, 국가의 교육에 대한 통제 정도, 학교급 등에 따라 달라질 수 있다. 미국의 일부 주에서와 같이 교육세의 부과·징수권이 지방교육자치단체

---

31) 윤정일, "전게논문", pp. 642~643.

에 있을 경우에는 지방세 방식으로 교육재원을 확보하는 것이 당연하지만, 과세권이 국가나 일반 지방자치단체에 편중되어 있는 경우에 교육재원 조달방식의 결정은 논리적인 수준에서 결정되는 것이 아니라 정책적인 선택의 문제일 뿐이다. 어떤 방식으로 교육재원을 조달하든 간에 전체적인 국가재정 또는 지방재정의 틀을 벗어날 수 없기 때문이다.

우리나라 교육세의 발전방향은 단순히 조세의 일반론적 원칙이나 외국의 사례에 근거하여 논의될 수는 없다. 교육에 대한 인식도가 높아서 교육목적세의 부과에 대하여 저항이 낮다고 판단되는 경우에는 일반조세보다 교육목적세에 의하여 조달하는 방식이 계속하여 선호될 것이다. 또한 지방교육자치단체에 대한 국가의 통제가 강력할 경우나 일반행정과 교육행정의 협조체제가 미비되어 있는 경우에는 지방세에 의한 방식보다 국세에 의한 방식이 선호될 것이다.

2. 교육세 제도의 쟁점과 과제

1) 교육세 제도의 쟁점

1980년대 교육세를 신설할 당시부터 어떤 성격과 내용의 교육세를 신설할 것인가에 대해서 많은 논쟁이 있었다. 국세와 지방세 논쟁, 목적세 논쟁, 임시세와 영구세 논쟁, 과세표준에 관한 논쟁 등이다. 이 가운데 임시세와 영구세에 관한 논쟁은 1990년 12월 30일자로 「교육세법」이 개정되어 그 성격이 영구세로 전환되면서 해결되었다. 또한 국세와 지방세 논쟁은 2001년부터 국세분 교육세는 국세교육세로, 지방세분 교육세는 지방교육세로 개편됨에 따라 상당부분 해결되었다. 현행 교육세 제도의 쟁점은 조세체계의 간소화와 재정운영의 경직성, 세원의 성격과 부가세 형태의 세원 확보, 사용목적의 적합성 등으로 요약할 수 있다.[32]

첫째, 교육세 제도가 도입된 이래 지속되어 온 목적세 논쟁의 핵심은 조세체계의 간소화, 재정운영의 융통성에 관한 것이었다. 목적세는 예산통합성의 원리에 위배되고 복잡한 조세체계를 야기하며 예산운영에 경직성을 초래하므로 효율적

---

32) 이하 교육세 제도의 쟁점과 과제에 관해서는 송기창 외, 전게서(2012), pp. 153~167을 주로 활용하였음.

인 재정운영을 위해서는 폐지해야 한다는 논리와 목적세는 국민의 동의를 얻기가 비교적 쉽고 조세저항을 유발하지 않고 징수할 수 있고 폐지할 경우 세수감소가 우려되므로 계속 유지해야 한다는 논리가 팽팽하게 대립하였다.[33]

일반적으로 목적세는 예산의 경직성을 초래하고 예산통합성의 원리에 위배된다는 비판을 받는다. 경제적 측면에서 보면 교육세는 응익원칙에 부합하지 않고 세입과 세출의 관계도 밀접하지 않아 목적세로 존재 가치가 낮아 보인다. 그러나 교육은 국민들의 지지를 받는 가치재적 성격을 지니고 있고, 수혜자가 국민 다수이며, 간접세 방식으로 조세부담이 상대적으로 낮게 느껴져서 정치적 수용성이 높다.[34] 조세정책적인 측면에서 목적세는 조세징수상 국민들의 동의를 얻기 쉽고 비교적 적은 조세저항으로 조세를 징수할 수 있다는 장점이 있으므로 교육의 발전도모라는 명백한 목적을 가진 교육세는 그 존재 의의가 충분하다. 즉, 교육세는 교육기반의 재정적 확충을 통해 당면한 교육의 문제점을 해결하고 나아가 교육의 양적·질적 발전을 이룩한다는 명시적인 목적이 있으므로 영구적인 목적세로서 충분한 의의가 있다.[35]

둘째, 과세방식 측면에서 교육세 운영체제의 적합성에 관한 논쟁 역시 계속되고 있다. 우리나라 교육세의 경우 교육의 질적 향상을 위한 교육재정의 확보라는 목적세의 성격을 기본적으로 가지고 있으면서도 과세권이 교육당국에 없다. 독립적인 세원을 가지고 있지 않고 특정국세 또는 지방세에 부가하는 방식을 취하고 있기 때문에 안정적인 재원 확보와 관련하여 과세표준의 문제가 지속되고 있다. 또 목적세로서 수익자와 부담자의 일치 여부, 담세자 간 형평성도 문제가 되고 있다.

전반적으로 볼 때, 현행 교육세는 조세저항을 완화하면서 세수를 확보한다는

---

33) 류민정, "목적세입의 평가와 개선방안: 교육재원을 중심으로", 한국지방재정논집, 제16권 제1호(2011); 송기창 외, 전게서(2006). 목적세 운영에 반대하는 입장에서는 사용처가 분명하기 때문에 납세자의 동의를 얻기 쉬운 점은 있으나, 그 수입을 다른 곳에 사용할 수 없기 때문에 재정 전반에 경직성을 초래한다고 주장함. 그러나 목적세 운영에 찬성하는 입장에서는 교육의 양적 팽창 추세 못지않게 질적 향상을 위한 교육여건 개선에 대한 사회적 압력이 가중됨에 따라 교육재정 수요가 급증하는 상황에서 정부의 재정능력은 한계에 도달하여 있으니 목적세를 유지할 수밖에 없다고 주장하였음.

34) 박기백 외, 목적세의 정치경제학적 모형과 실증분석(서울: 한국조세연구원, 2007).

35) 이정기, "전게논문", p. 283.

측면만을 강조하면서 과세대상의 선정에서 효율성을 도모할 수 있는 응익원칙이나 형평성을 도모할 수 있는 응능원칙을 제대로 반영하지 못하고 있다.[36] 조세체계가 복잡하고 불투명하고, 세목 중에서 담세자와 납세자가 일치하지 않는 간접세 부분이 세목으로 세제상의 불공평성이 야기되고 있다. 간접세 부분은 교육의 혜택과 직접적인 연계를 지우기 어렵다. 뿐만 아니라 교육에 대한 투자가 경쟁적·정치적으로 결정된다는 문제점도 지니고 있다.

또한 부가세 방식의 교육세로 인한 목적세로서의 기능에도 제약이 많다.[37] 부가세 방식이 교육세 징수행정을 복잡하게 한다는 비판은 차치하고, 부가세 방식 때문에 모세가 변동하면 교육세 수입도 변동되는 문제점을 가지고 있다. 내국세나 지방세의 경우 여러 세원의 조정을 통해 특정 세원의 변동을 상쇄할 수 있으나, 교육세의 경우 특정 세원에 변동요인이 발생하면 피동적으로 수용할 수밖에 없는 구조이다. 부가세 방식 때문에 추가적인 교육재원이 필요할 경우에도 세율을 조정하기 위해서는 모세의 관장부처와 합의해야 하는 문제도 안고 있다. 또 교육세가 영구세 성격을 가지고 있으면서도 일부 세원에는 적용시한이 있다.

셋째, 교육세 사용목적의 타당성 문제다. 1958년 최초 교육세는 의무교육 실현, 1981년 이후 교육세는 교육환경 개선에 집중 투자되어 우리 교육의 양적, 질적 수준을 높이는 데 기여하였다. 그런데 현행 교육세는 국세교육세와 지방교육세로 이원화되어 있으나, 그 기능과 역할이 불분명하다.[38] 세원이 다르고 명칭이 다르다면 기능과 역할도 달라야 하지만 국세교육세도 결국 지방교육재원으로 충당됨으로써 국세교육세의 필요성에 대한 회의적인 시각이 지속되고 있다. 또한 교육세가 영구세로 전환된 이후 목적세로서 교육세가 가지는 '사용목적'의 타당성 문제는 계속 논란이 되고 있다. 지금과 같이 교육의 질적 향상을 위해 소요되는 경비를 충당하는 것이 교육세의 사용목적이라면, 일반재원에 통합 운영하는 것이 이론적으로나 실제적으로 보다 효율적이라는 것이다. 부가세 방식 역

---

36) "상게논문", pp. 283~300. 이와 관련하여 방위세 재원을 교육세에 통합하면서 응익성, 보편성, 신축성, 안정성 등의 차원에서 교육목적세 세원의 부적합성이 발생하였다는 주장이 있음. 류민정, 김용우, "지방교육세의 문제점과 개선방안에 관한 연구", 지방정부연구, 제13권 제3호(2009).

37) 송기창 외, 전게서(2012), pp. 153~159.

38) 상게서, p. 153.

시 이러한 사용목적의 모호성을 증대시키고 있다.

교육사업의 성격과 세원의 연계성 측면에서 보면, 교육수요의 경우 초등학생과 중학생은 감소하고 있으나 고등학생 이상에서는 증가하고 있고, 교육사업은 지방공공재에 부합하고 있어 지방사무로서 적합성이 있다.[39] 지방교육 관련사업의 총 지출규모는 지방재정 대비 약 21%로 지방에서 추진하고 있는 사업 중 가장 큰 비중을 차지하고 있으나, 교육세만으로 충당하기는 어려운 실정이다. 즉, 지방교육재정 사업분야는 교육 전반에 걸쳐 있어 포괄적이고 교육사업을 지원하기에는 지방교육세의 기여도가 낮다.

국가의 입장에서는 목적세로 인하여 칸막이식 재정운영을 하기 때문에 국가예산운용의 경직성을 가져오는 것으로 보이지만, 그 재원이 지방에 교부된 후에는 일반재원과 전혀 구분이 안 되기 때문에, 즉 목적세로서의 칸막이가 없기 때문에 목적세로서의 기능을 할 수 없다. 현행 교육세 제도의 치명적인 약점은 교육필요에 따라 교육세를 증액하기 어렵고, 교육세를 증액한다 할지라도 그 대신에 다른 교육재원을 감액할 수 있다는 점이다. 교육세의 용도가 지정되어 있지 않기 때문에 교육세의 효과를 가시적으로 홍보하기 어렵고, 교육세의 효과를 홍보할 수 없기 때문에 교육세 증세에 대하여 국민적 동의를 구하기도 쉽지 않다. 교육세의 사용목적이 분명하다면, 교육세를 다른 부문으로 전용하기 어렵고 교육세가 증액되었다고 해서 다른 재원을 삭감하기 어려울 것이다.[40] 현행 교육세 제도는 목적세라기보다는 국민의 교육열을 이용하여 국가가 조세수입을 확보하는 수단으로서 성격이 강하다.

2) 교육세 제도의 과제

앞으로 교육세를 목적세로 유지하되, 목적세로서 타당성을 제고하는 방향으로 개선할 필요가 있다. 우선 단기적으로는 첫째, 지방교육세 전입시기를 법제화할 필요가 있다. 지방교육재정 중 일반지방자치단체전입금 비중이 높은 상황에서 지방교육이 원활하게 운영되기 위해서는 전입금이 적기에 전입되어야 한다.

---

39) 류민정, "전게논문".
40) 송기창, 전게서(2001).

그러나 시·도교육청의 법정이전수입 분기별 전입실적을 보면 불균형이 심하다.[41] 현행 「지방교육재정교부금법」에서는 전입금의 규모에 대해서는 규정하고 있으나, 전입 시기 및 방법 등에 관한 구체적인 규정이 없어서 시·도교육청이 시·도로부터 법정전입금을 받는 데 어려움을 겪고 있다. 분기별 적기전입을 위해서는 「지방세법」, 「교육재정교육금법」을 개정하여 전입시기 및 방법 등을 구체적으로 법제화할 필요가 있다.

둘째, 교육세의 재원확충 기능을 확대하기 위해서는 지방에 세율조정권을 부여하도록 한다. 중앙정부의 초·중등교육비 지출이 과거와 같이 빠른 속도로 증가할 것으로 전망되지 않는 상황에서 추가적인 재원의 확대를 위해서는 지자체의 적극적인 역할을 도출해 낼 필요가 있다.[42] 장기적으로 우리나라의 교육재정이 OECD 평균 이상 수준에 이르게 되면, 중앙정부는 전국적으로 통일된 최소한의 교육서비스 공급에 필요한 의무적인 지출을 담당하고 그 이상을 넘어서는 부문, 특히 지역별로 차별화된 교육정책 또는 지역별로 선택한 교육정책에 대해서는 지방수준에서 재원을 마련하도록 할 필요가 있다.[43] 지자체별 교육재정 확충 노력을 유도하기 위해서는 중앙정부는 지방교육세율의 하한선만을 규정하는 것이 바람직하다.[44] 또 지방교육재정은 지방재정과 밀접하게 관련되어 있으므로 교육재정 관련세목의 세율 조정 시에는 교육부 및 시·도교육청과 반드시 협의하도록 하는 내용을 「지방세법」 등 관련법령에 규정하도록 한다.

중장기적으로는 교육세 사용목적의 적합성을 제고하고, 세원을 조정하며 부가세 방식을 개선하며, 지방교육을 위한 자주적 과세권을 부여하는 방안도 검토할 필요가 있다. 첫째, 교육세의 용도를 분명하게 함으로써 교육목적세로 타당성을 보완하도록 한다.[45] 이를 위해 장기재정수요와 신규투자가 요구되는 분야를 중심으로 교육세 사용목적을 명확히 할 필요가 있다. 예컨대, 지방교육세는 경상

41) 한국교육개발원, 2014 지방교육재정 분석 종합보고서(2014).
42) 국가재정운용계획 교육분야 작업반, 내부 자료(2012).
43) 안종석, "세제개편이 교육재정에 미치는 영향과 시사점", 교육재정경제연구, 제18권 제3호(2009).
44) 예컨대 지방세법에 최저세율과 최소 과세대상만 정하고, 구체적인 세율과 과세대상 등은 지방자치단체 조례로 정하도록 한다. 이정기, "전게논문"; 홍순화, "우리나라 교육세의 변천과정 분석을 통한 합목적성 평가와 교육재정 확보 방안", 건국대학교 대학원 박사학위논문(2007).
45) 송기창 외, 전게서(2006).

적 경비보다는 자본적 투자로 사용목적을 한정하여 그 사용성과를 분명히 제시하는 것이 바람직하다. 최근 수요가 증대하고 있는 유아교육, 교육복지 부문에 교육세를 투자하는 구조를 마련해야 할 것이다. 이와 관련하여 국세교육세를 고등교육세로 개편하여 그 역할을 명료화하는 방안을 검토할 필요도 있다.[46)]

둘째, 교육편익과 연관성이 높은 세목을 중심으로 교육세원을 정비하고 부가세 방식을 개선할 필요가 있다. 수익자 부담원칙이 지켜지도록 세입과 세출의 연계성을 조정하는 것은 경제적 효율성을 높일 뿐만 아니라 정치적 상황에 따라 관련정책이 변동할 가능성을 줄여 준다.[47)] 현행 교육세 세원들 가운데 교육편익과 연계성이 낮은 세목들을 장기적으로 본세에 통합하고, 소득세와 부동산 관련세제(재산세, 취득세)를 중심으로 재편성하는 방안을 검토하도록 한다.[48)] 장기적으로는 부가세 방식을 폐지하고 독립세원에 교육세를 부과하는 방안을 모색해야 할 것이다.[49)]

국세부가 교육세의 경우는 교육세를 본세에 통합하는 대신에 국세 세목 중 적절한 한 가지 세목의 일정률을 교육세로 확보하는 방법을 고려해 볼 수 있다. 간접세에 교육세를 부가하여 발생하는 문제점들을 해소하기 위하여는 직접세에 부가하는 방식을 택하여야 할 것이다. 그러나 세목별 세수 차이가 크기 때문에 독립세원을 확보하기가 쉽지 않을 수 있으므로 단일세 수입액의 일정률을 분할

---

46) 교육세를 고등교육세로 개편할 경우, 국가에는 고등교육세, 지방에는 지방교육세로 기능과 역할을 구분할 수 있게 되고, 향후 고등교육재원 수요가 늘어날 경우 지방교육재원의 삭감 없이 고등교육세 확충을 통해 수요충족이 가능하다는 장점이 있음. 김병주 외, **교육재정 정책 현안 진단 및 아젠다 발굴 연구**(서울: 한국교육개발원, 2011); 류민정, "전게논문".

47) 교육세 과세표준은 국세 네 가지, 지방세 일곱 가지이고, 세율도 0.5~50%로 대단히 다양하며, 징수기관도 국세청을 포함하여 5개 기관으로 되어 있어 매우 복잡함. 또한 조세저항을 완화하면서 세수를 확보한다는 측면만을 강조하면서 수차에 걸쳐 개정해 온 관계로 과세대상의 선정에서 효율성을 도모할 수 있는 응익원칙이나 형평성을 도모할 수 있는 응능원칙 어느 것도 제대로 반영하지 못하고 있음. 전주성, "목적세가 경제적 효율과 세수에 미치는 영향", **공공경제**, 제10권 제2호(2005).

48) 류민정, "전게논문".

49) 지방교육세의 경우, 교육과 재산가치의 관련성을 고려한다면 독립세원으로 적절한 세목은 재산세임. 미국의 경우에도 재산세에 교육세를 연계하고 있음. 그러나 재산세 총액은 현재의 지방교육세 규모에 훨씬 못 미치는 수준이므로 세목체제를 보다 간소화하면서 규모를 현재 이상으로 유지하는 방안으로는 세수규모가 가장 큰 등록세와 취득세 각각에 대하여 적정 세율(50% 내외)을 부과하는 방안도 검토할 필요가 있음. 이정기, "전게논문"; 송기창, "교육세의 전망과 과제", 한국교육재정경제학회 연차학술대회, 교육재정의 현안과 과제 자료집(2009).

하는 공동세 방식도 가능하다. 이 경우에 교육의 인력양성·공급 기능과 부합하는 세목은 법인세다.[50]

셋째, 지방교육세를 시·도교육청(교육감)이 관할하도록 하여 지방교육에 대한 자주적 과세권을 보장해야 할 것이다. 지방교육재정의 자주성 확보를 위해 지방교육자치단체에 제한된 범위에서 실질적인 과세권을 부여하는 방안을 고려할 수 있다.[51] 즉, 일부 지역밀착형 세목을 과세하여 지방교육자치단체가 자기재정 조달시스템을 갖도록 해야 한다. 지방교육자치단체에게 과세권을 부여할 경우, 교육자치단체가 독자적으로 보유하는 새로운 세목을 도입하기보다 기존의 지방세 가운데 지역 밀착성이 높은 세목을 선정해서 제한적 과세권을 부여하는 방안이 합리적이다.[52]

지방교육자치단체에 과세권을 부여하는 것은 지방교육재정의 자주성 제고에도 도움이 되지만, 지역주민이 지역의 교육발전을 위해 세금을 낸다는 인식과 비용분담을 확실히 하는 측면에서 매우 중요한 의미가 있다.[53] 교육청에 과세권이 없어 교육정책결정과정에서 납세자의 고통이 소홀히 취급되고 결과적으로 방만한 재정운영을 초래할 가능성도 높다.[54] 따라서 지방교육자치단체의 과표 조정권이 일정한 범위에서 적극적으로 보장될 수 있는 제도적 장치가 강구되어야 한다.[55] 미국의 경우, 지방교육을 관할하는 교육구(school district)가 과세결정권을 갖고 있다.[56] 지방교육세의 경우, 과세권은 시·도교육청이 관할하되, 그 징수는 일반자치단체에 위탁하고, 필요한 경우 징수비용을 지불할 수 있을 것이다.

---

50) "상게논문".

51) 임성일, 손희준, "지방교육재정제도의 개선방안: 지방재정과 지방교육재정간의 관계 재정립", 지방행정연구, 제25권 제3호(2011), pp. 59~92.

52) 이 경우 유력한 대상세목은 재산세와 지방소득세(균등할 주민세)다. 이들은 지방공공서비스의 연계와 지역 밀착성이 높은 세목들로 주민의식과 주민·비주민의 구분이 가능하고 필요한 세목들임.

53) "상게논문", pp. 59~92.

54) 안종석, "지방교육재원 조달방법의 재원배분효과 비교", 재정포럼, 제49권(2000).

55) 현재 재산세와 지방소득세(균등할 주민세)가 전체 지방세에서 차지하는 비중, 과표 및 탄력세율의 최대 적용범위가 제한적인 점을 감안할 때, 이러한 제한적 과세권의 행사에 따른 교육재정의 확충범위는 제한적일 수밖에 없으나, 지방교육자치단체가 스스로의 결정에 의해 교육재정의 일부분을 조절할 수 있고 핵심 지방공공재인 교육서비스와 주민 간의 정치적, 경제적 관계가 밀착된다는 점에서 의미가 있음. 임성일, 손희준, "전게논문", pp. 59~92.

참고문헌

교육부, 지방교육재정 운용 편람, 1999.

교육부, 지방교육재정 운용 편람, 2002.

교육인적자원부, 교육통계연보, 2000.

교육인적자원부, 교육통계연보, 2002.

국보위 문공분과위원회, "교육정상화 및 과열과외 해소방안", 미출판간행물, 1980.

기획재정부, 2014 조세 개요, 2014.

김동건, 원윤희, 현대재정학, 제6판, 서울: 박영사, 2012.

김병주, "교육세 제도의 평가와 전망", 교육재정경제연구, 제8권 제1호, 1999.

김병주 외, 교육재정 정책 현안 진단 및 아젠다 발굴 연구, 서울: 한국교육개발원, 2011.

류민정, "목적세입의 평가와 개선방안: 교육재원을 중심으로", 한국지방재정논집, 제16권
　　　제1호, 2011.

류민정, 김용우, "지방교육세의 문제점과 개선방안에 관한 연구", 지방정부연구, 제13권
　　　제3호, 2009.

문교부, 교육세 백서, 1986.

박기백, 박상원, 손원익, 목적세의 정치경제학적 모형과 실증분석, 서울: 한국조세연구원, 2007.

박상원, "목적세제의 도입과 폐지", 재정학연구, 제2권 제2호, 2009.

송기창, "교육세의 전망과 과제", 한국교육재정경제학회 연차학술대회. 교육재정의 현
　　　안과 과제 자료집, 2009.

송기창, "국민의 정부 재정확보정책평가", 국민의 정부 교육재정정책 평가와 전망, 한국교육
　　　재정경제학회 제35차 학술대회, 2002.

송기창 외, 교육세 백서, 서울: 숙명여자대학교, 2001.

송기창, 윤정일, 교육재정정책론, 서울: 양서원, 1997.

송기창 외, 2006 교육재정백서, 서울: 교육인적자원부, 2006.

송기창 외, 2012 교육재정백서, 서울: 한국교육개발원, 2012.

안종석, "세제개편이 교육재정에 미치는 영향과 시사점", 교육재정경제연구, 제18권 제3호,
　　　2009.

안종석, "지방교육재원 조달방법의 재원배분효과 비교", 재정포럼, 제49권, 2000.

---

56) T. J. Sergiovanni et al., *Educational Governance and Administration*, 6th ed.(N.Y.: Allyn & Bacon,
　　2009). 교육구는 교육운영비와 자본적 경비에 필요한 재원을 확보하기 위해 재산세를 징수할 때 일
　　반적으로 주정부법에 의해 주민투표를 실시한다. 일부에서는 주법 혹은 교육위원회의 결정에 의하
　　여 교육재정을 위한 재산세율을 결정하기도 한다.

오연천, 한국조세론, 서울: 박영사, 1992.

윤정일, "교육세 운용의 평가", 교육세 운용의 평가 및 대책: 교육세 연장의 필요성, 정책자료 제34집, 대한교육연합회, 1984.

윤정일, "교육세", 서울대학교 교육연구소 편, 교육학대백과사전, 서울: 하우동설, 1998.

윤정일, 교육재정학, 서울: 세영사, 1993.

이정기, "교육세제도의 변천과정과 정책방안에 관한 연구", 경영교육논총, 제52집, 2008.

임성일, "통합적 관점에서 본 일반자치 재정과 교육자치 재정 분석: 지방교부세와 지방 교육재정교부금을 중심으로", 한국지방재정논집, 제10권 제1호, 2005.

임성일, 손희준, "지방교육재정제도의 개선방안: 지방재정과 지방교육재정간의 관계 재 정립", 지방행정연구, 제25권 제3호, 2011.

재정경제부, 2000 정기국회제출 세제개편(안), 2000.

전주성, "목적세가 경제적 효율과 세수에 미치는 영향", 공공경제, 제10권 제2호, 2005.

하연섭, 정부예산과 재무행정, 제2판, 서울: 다산출판사, 2014.

한국교육개발원, 2014 지방교육재정 분석 종합보고서, 2014.

홍순화, "우리나라 교육세의 변천과정 분석을 통한 합목적성 평가와 교육재정 확보 방안", 건국대학교 대학원 박사학위논문, 2007.

Hyman, David N., *Public Finance: A Contemporary Application of Theory to Policy*, Chicago: The Dryden Press, 1983.

Jones, Thomas H., *Introduction to School Finance: Technique and Social Policy*, N.Y.: Macmillan Publishing Co., 1989.

Musgrave, R. A., *The Theory of Public Finance*, N.Y.: McGraw-Hill, 1959.

Musgrave, R. A., & Musgrave, P. B., *Public Finance in Theory and Practice*, 5th ed., N.Y.: McGraw-Hill, Inc., 1989.

National Educational Finance Project, *Future Directions for School Financing: A Response to Demands for Fiscal Equity in American Education*, Gainesville, FL: NEFP, 1971.

Sergiovanni, T. J., Kelleher, P., MaCarthy, M. M., & Fowler, F., *Educational Governance and Administration*, 6th ed. N.Y.: Allyn & Bacon, 2009. 한유경 외 역, 교육행정, 서울: 아카데미 프레스, 2011.

Smith, Adam, *The Wealth of Nations*, N.Y.: Random House, 1937. 유인호 역, 국부론, 서 울: 동서문화사, 2008.

Wagner, A., "Three Extracts on Public Finance", in Richard A. Musgrave & Alan T. Peacock, Eds., *Classics in the Theory of Public Finance*, N.Y.: Macmillan, 1958.

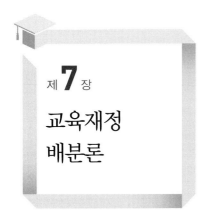

제 **7** 장
교육재정
배분론

　교육의 성패를 좌우하는 제1차적인 관건은 교육에 필요한 충분한 재원을 확보하는 일이며, 제2차적인 관건은 이를 합리적으로 배분·투자하는 일이다. 현재까지 한국교육은 교육재정의 영세성을 탈피하기 위하여 재원확보의 측면에만 총력을 기울여 왔을 뿐 재원배분의 측면에 대하여는 상당히 소홀하였다. 재원규모의 대소를 막론하고 확보된 재원을 효율적·합리적으로 배분하여 예산의 낭비요인을 제거함은 물론 교육의 생산성을 극대화하는 일은 어떤 의미에서 재원확보라는 문제보다도 더 중요하다고 할 수 있다. 왜냐하면 아무리 충분한 재원을 확보하였다고 하여도 이를 효율적으로 활용하지 못하면 소기의 성과를 기대할 수 없기 때문이다. 따라서 이제는 교육재정의 확보 못지않게 교육재정의 배분에도 상당한 노력을 기울여야만 한다.

　이 장에서는 실제 교육재정 배분에 대해 살펴보기에 앞서 지방교육재정 지원제도를 간략히 살펴본 후 미국을 중심으로 한 교육재정 배분모형 및 적정단위 교육비와 교육비차이도 등에 대해 살펴본다.

제1절　지방교육재정 지원제도

1. 지방교육재정 지원제도의 분류

지방교육재정 지원제도는 지방교부금제도[1]와 국고보조금제도로 대별된다. 국고보조금[2]제도는 중앙정부가 특정 공공사업에 사용하도록 용도를 한정한 재정지원을 의미하며, 목적교부금제도라고도 한다. 지방교육재정교부금[3]은 이와 같은 특별한 용도가 부가되지 않는 재정지원으로서 우리나라의 경우에 그 재원은 「지방교육재정교부금법」이 규정하는 바에 따라 내국세 총액의 20.27% 및 국세분 교육세 전액으로 정하고 있다.

이와 같은 두 가지 형태의 교육재정지원제도의 근본적인 차이점은 그 사용에 특별한 용도가 부가되느냐의 여부에서 찾아볼 수 있는데 이들 지방교육재정 지원제도들을 분류·제시해 보면 [그림 7-1]과 같다.

이 그림에서 국고보조금은 다시 정률보조금과 정액보조금으로 대별된다. 전자는 특정사업에 대한 지방정부의 자체수입에 의한 부담규모에 따라 재정지원 규모가 변하는 보조금이며, 후자는 지방정부의 자체부담과 무관하게 일정한 금액을 보조하는 경우를 말한다. 또 정률보조금은 다시 폐쇄형 정률보조금과 개방형 정률보조금으로 나뉜다. 전자는 지방정부 부담액에 따른 보조액에 상한을 설정하는 경우로서, 예를 들어 지방부담액이 10억 원 미만일 경우에는 국고보조율을 50%로 정하나, 10억 원 이상일 경우에는 고정된 금액, 예를 들어 5억(10억×0.5) 원을 계속 유지하는 보조금 형태를 말한다. 개방형 정률보조금은 지방정부

---

[1] 지방교육재정교부금이란 명칭과 아울러 지방교육교부세라는 명칭이 혼동되어 쓰이고 있는데, 지방교육 '교부세'라는 명칭은 그 재원이 내국세의 몇 %라고 법령에 명문화되어 있는 우리나라와 일본의 특별한 제도(우리나라의 경우 내국세 수입의 20.27%, 일본 지방교부금의 경우 소득세, 법인세 및 주세수입액의 32%로 규정되어 있음)에서 연유하는 법률적 명칭이며, 지방교육재정 '교부금'이라는 명칭이 지방교육 '교부세'라는 명칭보다 일반적인 내용을 갖는 경제적 명칭이므로, 여기서는 지방교육재정교부금이라는 명칭으로 통일하여 사용함.

[2] 국고보조금은 specific grants, selective grants, conditional grants라고도 부름.

[3] 지방교부금은 general grants, non-selective grants, unconditional grants라고도 부름.

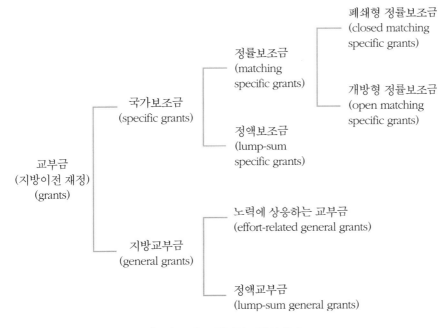

[그림 7-1] 지방이전 재정의 형태

부담액의 특정수준에 관계없이 항상 일정한 보조율을 적용하는 경우다.

한편, 지방교부금은 다시 노력에 상응하는 교부금과 정액교부금으로 나뉜다. 전자는 교부금의 규모가 지방정부의 징세노력의 결과(즉, 지방징세액)에 따라 가변적이거나 지방정부가 적어도 중앙정부가 재정 지원하기 이전의 공공지출수준을 유지하여야 한다는 제약조건이 첨부되는 교부금을 말하며, 후자는 이러한 징세노력이나 유지노력과 무관하게 일정한 금액을 교부하는 것을 말한다. 우리나라의 지방교부금은 후자의 형태에 속한다.

2. 지방교육재정 지원제도의 목적

'지방교육재정 지원제도가 왜 필요한 것인가?' 하는 물음과 관련하여 지방교육재정 지원제도의 목적은 다음과 같이 정리될 수 있다.

첫째, 지방교육재정 지원제도는 모든 지방정부에 필요 불가결한 교육지출 수준을 유지하도록 하고(또는 보장하고) 특정 교육사업을 장려하는 데 그 목적이 있다. 특히 우리나라의 경우에는 급격한 산업화와 도시화의 과정 속에서 대도시와 중소도시 간, 그리고 도시와 농촌 간에 재정력의 격차가 심화되어 필요 불가결한 최소한의 교육수요마저 충족하지 못하는 지방단체들이 나타나고 있다. 또한 경제성장과 더불어 국가 전체의 경제규모가 확대되는 과정에서 각 지역주민들이 요구하는 최저 교육수요의 수준 역시 높아짐에 따라 각 지방정부의 부족재원에 대한 중앙정부의 추가적인 재정지원의 필요성이 증대되고 있다. 지방정부 간 교육재정 지출수준의 차이는 주민이동을 결정하는 주요한 변수로 지적될 수 있다. 인구의 이동 및 도시집중문제가 심각하게 대두되고 있는 우리나라의 경우에 필요 불가결한 최저 교육지출 수준을 유지하기 위한 지방교육재정 지원제도의 기능이 갖는 의의는 매우 크다고 볼 수 있다. 특히 지방교육자치제가 실시되어 각 지방의 교육비는 각 지방정부가 스스로 조달하도록 하는 경우에, 지방교육재정 지원제도의 의의는 더욱 커진다.

둘째, 지방교육재정 지원제도는 중앙과 지방정부 간의 수직적 재정불균형을 조정하는 데 그 목적이 있다. 각 정부수입의 근간이 되는 조세수입의 대종은 효율과 공평의 제고라는 측면에서 지방세보다는 국세의 형태를 취하는 것이 바람직한 반면, 공공교육지출은 중앙정부보다는 실수요자인 지역주민과 보다 직접적으로 연결되는 지방정부에 의해서 가장 효율적으로 계획되고 집행될 수 있다. 즉, 세입정책은 중앙정부차원에서, 세출정책은 지방정부차원에서 수립하고 집행하는 것이 바람직하다고 할 수 있다. 따라서 지방정부의 경우 필연적으로 교육지출 수요와 지방자체의 재정수입 간에 불균형이 존재하게 되고 이와 같은 수직적인 재정불균형을 조정하기 위해 지방교육재정 지원제도가 필요하게 된다.

셋째, 지방교육재정 지원제도는 지방단체 간의 수평적 재정불균형(fiscal imbalance) 또는 재정불균등(fiscal inequality)을 조정하는 데 그 목적이 있다. 다시 말하면, 지방교육재정 지원제도는 지방정부의 재정수입 및 재정지출 규모에 있어서 재정균등화를 도모하는 역할을 수행하는 것이다. 국가 전체의 사회적 안정과 이에 따른 국가 전체 국민들의 교육복지를 증진하기 위해서는 적정수준의 교육재정 균등도가 유지되어야 하며 이를 위해서는 지방교육재정 지원제도에 의해서 지방 간 재정력 혹은 재정지출 규모가 적정하게 재분배되어야 한다.

넷째, 지방교육재정 지원제도는 지방단체 간 재정지출의 공평성을 제고하는 데 그 목적이 있다. 보다 구체적으로 지방교육재정 지원제도는 조세부담률이 동일한 지방단체의 주민들이 실제로는 상이한 수준의 교육비 지출 혜택을 받게 되는 수평적 불공평, 부유한 지역의 주민이 빈곤한 지역의 주민에 비해 조세부담률이 낮으면서도 동일하거나 혹은 더욱 높은 수준의 교육지출 혜택을 받게 되는 수직적 불공평, 특정지역의 주민 1인당 교육비 지출액이 개개주민의 지불능력에 따라 크게 차이가 나는 특정범주적 불공평(categorical inequality) 등을 교정하는 역할을 담당한다.

다섯째, 지방교육재정 지원제도는 지역주민, 나아가 국민 전체의 후생을 증진시키며 이와 같이 국민 전체의 후생이 증대되는 과정에서 재원배분의 효율성을 제고하는 데 그 목적이 있다. 이와 관련하여 지방교육재정 지원제도는 특히 지방교육재정 지출의 외부효과(externalities)를 내부화함으로써 재원을 효율적으로 배분하는 역할을 수행한다. 보다 구체적으로 어떤 지방정부가 다른 지방정부에서 생산하는 교육재의 비용을 부담하면서도 그로부터 아무런 혜택도 받지 못하는 경비유출(cost spillover)의 경우나, 어떤 지방정부가 다른 지방정부의 교육재 창출로부터 파생되는 혜택을 아무런 비용부담 없이 누리게 되어 이른바 무임승차자의 문제가 발생하는 수익유출(benefit spillover)의 경우 재원배분의 비효율이 초래되는데, 이를 교정하기 위해 지방교육재정 지원제도가 필요하게 된다. 실제로 지방정부의 경비유출 혹은 수익유출의 정도를 정확하게 식별하고 계측하는 데는 여러 가지 어려움이 수반되나 중앙정부가 지방교육재정 조정규모와 내용을 결정함에 있어서 이와 같은 외부효과 문제를 결코 간과해서는 안 될 것이다.

여섯째, 지방교육재정 지원제도는 지방정부의 자조노력을 유발하고 건실한 지방교육자치를 뒷받침할 수 있는 자립기반을 확충하는 데 그 목적이 있다. 지방교육재정 지원제도는 조세노력에 상응하는 교부금(tax effort-related grants)의 경우와 같이 지방정부의 자체수입 증대노력과 결부시켜 재정을 지원함으로써 지방정부의 자조노력 혹은 자생력을 촉진하고, 정액교부금의 경우와 같이 지방정부의 재정운용에 있어서 자유재량의 영역을 확대함으로써 지방정부의 민주적 의사결정과정 및 자치능력을 원활하게 뒷받침하는 역할을 담당한다.

일반적으로 지방교육재정 교부금은 위의 여섯 가지 중 둘째, 셋째 및 여섯째 목적에 더욱 부합되는 지방교육재정 지원제도라고 할 수 있고, 국고보조금은 나머지 세 가지 목적에 더욱 부합되는 지원제도라고 할 수 있다. 그러나 실제로는 이와 같은 개개의 목적에 따라 지방교육재정 지원제도를 명확하게 규정할 수 없고, 대부분의 지방교육재정 지원제도는 위에서 열거한 여섯 가지 목적 중 두 가지 혹은 세 가지 목적을 동시에 달성하는 형태를 취하게 된다. 미국과 영국의 경우에 국고보조금의 상당부분이 위의 둘째 및 셋째의 목적, 즉 수직적 및 수평적 재정불균형을 조정하기 위해서 사용된다.[4)]

제2절 교육재정 배분모형

교육재정을 배분하는 데는 여러 가지 준거 및 원리가 있을 수 있지만, 대표적인 원리로는 평등성과 효율성이 있다. 이들 두 원리는 그들 나름대로의 중요성을 지니며, 시대와 장소에 따라 그 중요도가 다를 수 있다. 하지만 교육재정 배분의 궁극적인 목표는 교육기회의 평등을 보장하는 것이라고 볼 때,[5)] 평등성의 원리가 가장 중요시되어야 한다는 것은 두말할 나위도 없다. 따라서 여기서는 교육예산을 지방정부에 공평하게 배분하기 위하여 미국에서 개발·활용된 재정배분의 제 모형을 고찰한다.

이러한 모형들은 기본적으로 미국을 중심으로 발달하였다. 원래 미국의 공립학교는 사립학교에 다니거나 가정교사를 둘 수 없는 가난한 어린이들을 위해 설립되었다. 따라서 이 학교들은 전적으로 지방재산세 수입에 의해 운영되었다. 그런데 이것은 지방의 납세자들 간에는 공평하다고 볼 수 있는 반면에 각 지방 간에는 불공평을 초래하였다. 즉, 부유한 지방은 적은 세금으로도 높은 세금을 징수하는 가난한 지방보다 교육에 더 많은 투자를 할 수 있었던 것이다. 따라서 이러한 부의 차이를 극복하고, 각 지방 간에 좀 더 균등한 교육을 할 수 있도록 다양한 교육재정 배분모형이 연구된 것이다.

그런데 교육재정 배분방법은 다양하게 분류되고 있다.[6)] 먼저 NEFP(National

----

4) D. N. King, *Fiscal Tiers: The Economics of Multi-level Government*(George Allen and Unwin, 1984), p. 184.

5) W. I. Garms et al., *School Finance: The Economics and Politics of Public Education*(Englewood Cliffs, NJ: Prentice-Hall, Inc., 1978).

Educational Finance Project)에서는 교육재정 배분모형을 크게 정액교부금제도(flat grants), 평형교부금제도(equalization grants), 비균등화 상응교부금제도(non-equalizing matching grants)로 나누고, 정액교부금제도를 다시 균일 정액교부금제도(uniform flat grants)와 변동 정액교부금제도(variable flat grants)로, 평형교부금제도를 다시 기본교육비 교부제도(Strayer-Haig program; foundation program), 비례평형교부금제도(percentage equalization) 또는 주정부비례보조금제도(State aid ratio program), 교육세원보장교부제도(guaranteed valuation program)로 나누었다.[7] 또 감스(Garms) 등은 형평성의 측면에서 분류하여 교육재정 배분모형을 크게 부의 균등화를 위한 모형, 필요의 균등화를 위한 모형, 경비의 균등화를 위한 모형의 세 가지로 나누고, 다시 부의 균등화를 위한 모형은 정액교부금제도, 기본교육비 교부제도, 비례평형교부금제도, 능력평형교부금제도, 전액주교부금제도 등으로, 필요의 균등화를 위한 모형은 가중치제도, 초과경비 상환제도, 특수프로그램을 위한 정액교부금제도, 중간단위의 교육구제도 등으로 나누었다.[8] 한편, 존스(Jones)는 기본적인 학교재정 배분모형으로 정액교부금제도, 전액주교부금제도, 기본교육비교부제도, 과세표준보장 비례평형교부금제도(guaranteed-tax base percentage equalizing), 지방재정능력균등화제도(district power equalizing)의 여섯 가지를 들고, 이것을 바탕으로 수정하여 여러 대안을 제시하고 있다.[9] 또 존스(Johns) 등은 각 모형의 창시자를 중심으로 교육재정 배분모형을 논하고 있으며,[10] 콘(Cohn)은 크게 연방정부의 보조와 주정부의 보조로 나누어 설명하고 있다.[11]

---

6) 윤정일, 교육필요에 의한 교육재정 배분(서울대학교 사범대학 교육연구소, 1987); 윤정일, 김병주, 교육재정 배분모형의 개발에 관한 연구(서울대학교 사범대학, 1988); 공은배, "한국 교육재정의 효율적 배분대안 탐색", 한국교육, 제10권 제1호(1983), pp. 195~211.

7) R. L. Johns & R. G. Salman, The Financial Equalization of School Support Programs in the United States for the School Year, 1968~1969, in R. L. Johns, K. Alexander, & D. H. Stollar, Eds., *Status and Impact of Educational Finance Programs*(Gainesville, Fla.: National Educational Finance Project, 1971).

8) W. I. Garms et al., *op. cit.*, 1978.

9) T. H. Jones, *Introduction to School Finance: Technique and School Policy*(New York: Macmillan Publishing Company, 1985).

10) R. L. Johns et al., *The Economics and Financing of Eduaction: A Systems Approach*, 4th ed. (Englewood Cliffs, NJ: Prentice-Hall, Inc., 1983).

11) Elchanan Cohn, *The Economics of Education*(Cambridge, Mass.: Ballinger Publishing Co., 1979).

정부의 교육예산을 합리적으로 배분하기 위해서는 할당의 측면은 물론 재원의 측면도 함께 고려하여야 한다. 예산할당의 측면은 서비스를 제공할 목표집단, 프로그램, 목표집단에 제공할 서비스와 시설물, 프로그램의 단위비용 산출, 지방의 능력이나 노력을 고려할 것인가에 대한 결정, 주예산을 사용하기 위한 자격과 제한 등을 포함한다. 그리고 재원의 측면은 연방, 주, 지방정부로부터 확보되어야 할 재원의 비율, 각 정부에서 부과하게 될 조세의 형태, 각 조세의 누진성과 역진성, 학교지원을 위하여 할당해야 할 재원의 총규모 등이 포함된다.[12]

이와 같은 요인들을 고려하면서, 여러 학자의 분류체계를 종합하여 교육구 간에 불평등이 발생하게 되는 세 가지 요소인 부에 있어서의 차이, 교육필요의 차이, 교육비의 차이를 해소하기 위한 대안들을 보면 다음과 같다.[13]

1. 부의 형평을 위한 모형

지방교육구 간의 부의 형평을 보장하기 위한 모형은 대체로 정액교부금제도, 기본교육비 교부제도, 비례평형교부제도, 능력평형교부제도, 전액주교부금제도, 과세표준보장 교부제도 등으로 나눌 수 있다. 미국의 경우에 교육의 과세노력을 병행하는 기본교육비 제도를 가장 많이 사용하고 있으며, 교육재원 구성에서도 교육구가 46.8%, 주정부가 46%, 연방정부가 7.2%를 부담하고 있어 대체로 교육사업은 주정부와 교육구의 책임하에 이루어지고 있음을 알 수 있다.

1) 정액교부금제도(flat grants programs)

이 방법은 큐벌리(Cubberley)[14]가 교원당 교육비를 근거로 각 교육구에 교부금을 배분해야 한다고 제안한 데서 발전한 것으로서 최저교육비 교부제도라고도 번역한다.[15] 정액교부금제도는 단순한 상응교부금제도보다는 형평적인 것이다.

---

12) Roe L. Johns et al., *Financing Education: Fiscal and Legal Alternatives*(Columbus, OH: Charles E. Merrill Publishing Company, 1972), p. 285.

13) W. I. Garms et al., *op. cit.*, pp. 187~207; Elchanan Cohn, *op. cit.*, pp. 270~286.

14) E. P. Cubberley, *School Fund and Their Apportionment*(New York: Columbia University, Teachers College Press, 1906).

이것은 각 교육구의 재정확보능력에 관계없이 모든 교육구가 학생당(등록학생 수나 일일평균 출석학생 수당) 동일한 액수의 주교부금을 받게 되는 것이다. 각 교육구는 스스로의 노력(재산세)으로 균등하게 배분된 주교부금의 부족분을 보충하게 된다. 그러나 1974년의 코네티컷 주를 마지막으로 1975년 이후에는 정액교부금제도를 택하고 있는 주가 한 군데도 없다가, 델라웨어 주와 노스캐롤라이나 주에서 실시한 바 있다.[16]

동일한 액수의 학생당 교육비를 배분하는 방법(uniform flat grant)에서 좀 발전하여 부분적으로 교육상의 변인을 고려하는 방법(variable flat grant)이 있기는 하지만 학교급별 차이를 반영하는 정도에 그친다. 이 교부금제도에서 주정부가 교부해 주어야 할 교부금액은 다음과 같은 공식에 의해 산출된다.[17]

$$\text{SAID}_a = \frac{\text{PUP}_a}{\text{PUP}_{st}} \text{SAID}_{st}$$

SAID_a: 교육구 a에 교부해야 할 주의 교부금
SAID_{st}: 주의 교부금 총액
PUP_{st}: 주의 학생 총수
PUP_a: 교육구 a의 학생 수

정액교부금제도는 모든 시민에게 최소한의 교육은 보장되어야 하며, 이는 주정부가 책임을 져야 한다는 것을 강조하고 있다. 따라서 모든 교육구는 동일한 액수의 '학생당 교육비'를 배분받을 수 있다는 장점이 있다. 그러나 실제적으로 어느 정도가 최소한의 교육이며, 그를 위한 교육비가 얼마나 소요될 것인가를 결정할 수 있는 방법이 없다. 따라서 정액교부금의 규모는 정치적인 과정을 통해서 결정되게 되는데, 대부분의 주정부는 적정한 규모의 학생당 교부금을 배분할 수 있을 정도로 충분한 재원을 가지고 있지 못하며 주정부의 재원은 교육 이외의 많은 수요가 있기 때문에, 최소한의 교육을 위해 필요한 교육비는 낮은 수준으로

---

15) 공은배, "전게논문", 1983.

16) A. D. Swanson & R. A. King, *School Finance: Its Economics and Politics*, 2nd ed. (N.Y.: Longman, 1997).

17) T. H. Jones, *op. cit.*

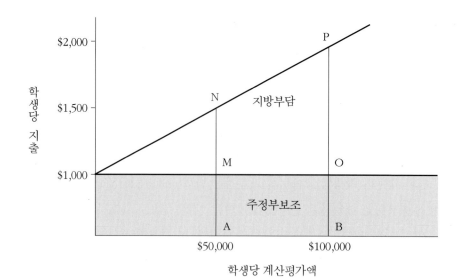

[그림 7-2] 정액교부금제도

책정되기가 쉽다. 또한 이 방법은 학생의 특별한 필요와 지역의 특수성, 교육구 간의 재정능력의 차이를 고려하지 못하고 있다. 즉, 교육구 간 부의 정도, 세입을 위한 노력 등을 고려하지 않아 교육구 간 불평등을 시정할 수 없고 평등화를 위한 노력에 위배된다. 이러한 이유 때문에 주에서 보장하는 최저교육비 수준까지는 형평이 이루어지지만, 그 이상의 추가적인 지출은 교육구의 재량이기 때문에 가난한 지역과 부유한 지역 간에 학생 1인당 교육비에 있어서 상당한 차이가 발생하게 된다. 예를 들어, [그림 7-2]에 제시된 바와 같이 주에서 보장하는 최저교육비수준인 $1,000까지는 부의 형평이 이루어지고 있으나 그 이상 추가적인 지출은 지방의 자유재량이기 때문에 가난한 지역(A)과 부유한 지역(B) 간에 학생 1인당 교육비에 있어서 상당한 차이가 나타나게 된다.

2) 기본교육비 교부제도(foundation plan)

이 제도는 스트레이어(Strayer)와 헤이그(Haig)가 제안한 것인데,[18] 그들의 이름을 따서 스트레이어-헤이그 모형이라고도 하며, 평형교부금제도라고도 한다.[19]

---

18) George D. Strayer & Robert M. Haig, *Financing of Education in the State of New York*(N.Y.: The Macmillan Co., 1923).

고정된 단위에 해당되는 교육비를 보조하기 때문에 이를 고정단위 균등화 교부
금제도(fixed unit equalizing grant)라고도 한다.[20]

정액교부금제도는 주정부가 학생당 적정한 규모의 교부금을 배분할 수 있을
정도로 충분한 재원을 갖지 못한다는 실제적인 문제점이 있다. 기본교육비 교부
제도는 이 문제를 해결하기 위한 것으로서, 주정부는 최소한으로 적절한 교육을
보장하기 위하여 필요한 정도로 각 교육구가 교부받아야 할 학생 1인당 교육비
를 규정한다. 주정부는 똑같은 세율을 가지고 각 교육구가 부담해야 할 액수를
계산하고, 주에서 보장하고 있는 기본교육비 수준(foundation level)과 교육구가
부담하는 액수와의 차액을 교부하게 된다.

따라서 가난한 교육구는 자체의 추가적 노력이 없이도 주에서 교부금을 배분
받음으로써 주에서 보장하는 최소한의 적절한 교육을 실시할 수 있는 반면, 주의
교부금이 없이도 최소한의 적절한 교육을 유지할 수 있는 부유한 교육구는 교부
금을 받지 못하게 된다. 이 제도는 우리나라의 현행 지방교육재정교부금법과 유
사한 것이라고 할 수 있다. 우리나라의 경우에도 기준재정수요액과 기준재정수
입액과의 차액만큼을 중앙정부에서 교부해 주고 있다.

[그림 7-3]은 기본교육비 교부제도를 나타내고 있다. 그림에서 수평선은 보장
된 기본교육비, 즉 최소한으로 적절한 교육을 위한 교육비를 나타내고 있다. 요
구된 지방노력은 주에서 결정한 통일된 세율에 따라 지방에서 부담해야 할 교육
비다. 교육구 A의 경우에는 주정부로부터 ad만큼의 교부금을 받는 데 비하여 교
육구 B의 경우에는 be만큼 교부금을 받게 된다. 그리고 교육구 C의 경우에는 요
구된 지방노력으로써 이미 보장된 교육비 수준을 넘어섰기 때문에 주정부로부
터 교부금을 받을 수 없다. 지방의 추가적 노력이란 주정부에서 요구하는 세율
이상으로 지방에서 세율을 높였을 때 확보할 수 있는 재원을 말한다.

이 제도에서 주정부가 교부해 주어야 할 교부금액은 다음과 같은 공식에 의해
산출된다.[21]

---

19) 공은배, "전게논문", pp. 195~211.

20) C. S. Benson, *The Economics of Public Education*, 3rd ed.(Boston: Houghton Mifflin Company, 1978).

21) T. H. Jones, *op. cit.*

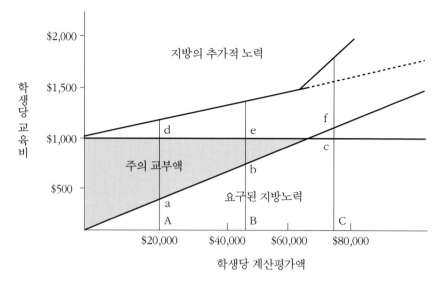

[그림 7-3] 기본교육비 교부제도

$$SAID_a = PUP_a * FDN - FLTR * AV_a$$

$SAID_a$: 교육구 a에 교부해야 할 주의 교부금액

PUP_a: 교육구 a의 학생 수

FDN: 주에서 보장하는 학생당 기본교육비

FLTR: 모든 교육구에 똑같이 매겨진 세율

AV_a: 교육구 a의 재산평가액

　기본교육비 교부제도는 정액교부금제도의 실제적인 문제인 수입부족의 문제를 다소 해결할 수 있다. 또한 모든 교육구는 가난하거나 부유하거나 간에 동일한 지방세율하에서 주정부가 보장하는 학생당 표준교육비를 제공할 수 있다는 장점이 있다. 즉, 교육구의 부의 수준에 반비례하게 교부금을 배분함으로써 가난한 교육구는 보조금 증대 혜택을 받아 보다 나은 교육을 실시할 수 있는 것이다.

　그러나 우선 부유한 교육구는 똑같은 세율을 가지고 주에서 보장하는 기본교육비 수준을 넘어섬으로써 그 수준에 미치지 못하는 가난한 지역보다 더 많은 교육비를 투자할 수 있게 된다. 이 경우에 요구된 세가 주정부의 세라면 보장된 교육비 수준을 넘어서는 액수는 응당 주정부에 반환되어 다른 용도로 사용되어야 한다. 이러한 개념을 재획득(recapture) 혹은 재순환(recycling)이라고 하는데, 이

때에 지방정부와 주정부의 갈등이 생기게 된다. 또 정액교부금제도와 마찬가지로 최소한의 적절한 교육에 필요한 교육비의 정확한 측정이 어렵다. 그리고 주정부가 요구하는 통일된 세율을 낮게 설정하면 기본교육비 수준을 보장하기 위해 주정부가 교부해야 할 교부금이 주정부의 재정적 능력을 넘어서게 되며, 반대로 세율을 높게 설정하면 많은 교육구가 주로부터 교부금을 받을 수 없게 되기 때문에 지방세 세율을 결정하기가 어렵다.

이 제도는 1993~1994학년도를 기준으로 현재 미국의 40개 주에서 활용되는 모형이다. 애리조나를 비롯한 16개 주에서는 기본모형을 활용하며, 앨라배마를 비롯한 20개 주에서는 지방의 노력을 요구하는 변형된 모형을 사용한다. 조지아 등의 4개 주에서는 기본교육비 교부제도에 과세표준보장 교부제도를 결합하여 사용하였다.[22]

3) 비례평형교부제도(percentage equalizing)

이 방법은 업디그라프(Updegraff)와 킹(King)이 제안하고,[23] 벤슨(Benson)이 구체화한 것으로서[24] 기본적으로 교육에 투자할 예산규모는 지역사회가 결정해야 한다는 데서 출발한 제도다. 따라서 이 제도에서 주정부는 지역적으로 결정된 각 교육구 교육비 지출의 일정률을 부담하게 된다. 이 과정에서 교부금은 부유한 교육구보다는 가난한 교육구에 더 많이 배분될 수 있도록 책정됨으로써 모든 교육구가 동등하게 세수입을 유지할 수 있게 된다.

이 제도에서는 교육구의 노력(재산세율)이 작으면, 즉 저세율이면 주정부의 교부금도 적고, 반대로 노력이 크면, 즉 고세율이면 주정부의 교부금도 증대하게 됨으로써, 각 교육구의 노력을 유도할 수 있다는 장점이 있다. 이 제도에서 주정부가 교부해 주어야 할 교부금액은 다음과 같은 공식에 의해 산출된다.[25]

• • •

22) A. D. Swanson & R. A. King, *op. cit.*

23) Harlan Updegraff & Leroy A. King, *Survey of the Fiscal Policies of the State of Pennsylvania in the Field of Education*(Philadelphia: University of Pennsylvania, 1922).

24) C. S. Benson, *op. cit.*(1978).

25) T. H. Jones, *op. cit.*

$$\text{SAID}_a = \left(1 \cdot C\,\frac{\text{AVPP}_a}{\text{AVPP}_{ast}} \right)\text{SPD}_a$$

SAID_a: 교육구 a에 교부해야 할 주의 교부금액

C: 총교육비 중 교육구가 부담해야 할 비율(%)

AVPP_a: 교육구 a의 학생당 재산평가액

AVPP_{st}: 주의 학생당 재산평가액

SPD_a: 주에 의해 보장되는 교육구 a의 총예산

(지방세와 주교부금을 합한 금액임)

[그림 7-4]는 비례평형교부제도를 나타낸 것이다. 그림에서 보는 바와 같이 교육구의 노력이 작으면(저세율) 주정부의 교부금도 적고, 반대로 노력이 크면(고세율) 주정부의 교부금도 증대하게 된다.

이 제도는 스트레이어-헤이그 모형과 거의 같은 시기에 제안되었으나, 아이오와, 뉴욕 등 몇몇 주에서만 활용되었을 뿐, 스트레이어-헤이그 모형만큼 널리 적용되지는 않았으며, 현재 이를 활용하는 주는 없다.

이 방법도 여러 가지의 문제점을 지니고 있다. 첫째 문제는 이 제도의 근본철학이 교육구가 교육비 수준을 결정하고, 주정부는 모든 교육구 간의 교육비 수준이 동등하도록 보장해야 함을 강조하기 때문에, 예산의 규모에 제한이 가해져서

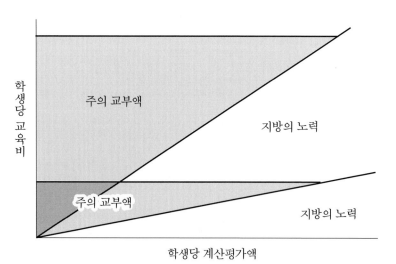

[그림 7-4] 비례평형교부제도

는 안 된다는 데 있다. 이러한 문제는 근본철학이 다른, 정액교부금제도나 기본
교육비 교부제도에서는 문제가 되지 않는다. 그런데 비례평형교부제도에서는
주정부의 입법자나 관리들이 교육구의 예산규모를 보장하기 위해 주정부의 예
산을 배분할 때 주정부의 재정이 대규모로 교육에 배분되는 것을 두려워하게 됨
으로써, 결국 비례평형교부제도를 채택하는 주들은 주에 의해 균등화되는 학생
당 교육비에 제한을 두게 된다. 이러한 주정부의 제한이 표준교육비보다 높으면
별 문제가 없지만, 대개는 낮게 책정된다는 데 문제가 있는 것이다.

둘째는 기본교육비 교부제도에서와 마찬가지로 어떤 교육구에서는 교부금을
전혀 받지 못하거나, 심지어는 오히려 주정부에 남는 돈을 돌려주어야 하는 경우
도 생긴다는 것이다. 셋째로는 높은 보조금 비율을 가진 교육구는 많은 돈을 낭
비할 수 있는 정치적 위험을 안고 있다는 것이다. 마지막으로는 교육구의 부의
수준에 따라 교육재정의 규모가 좌우될 수 있는 소지를 완전히 배제하지 못한다
는 것이다. 왜냐하면 한 교육구의 지방세의 추가적인 노력은 곧 그 교육구에 대
한 주정부 교부금의 증가를 가져오게 되므로, 많은 재정을 지출하고자 하는 가난
한 교육구의 경우는 부유한 교육구에서와 같은 높은 세율을 유지해야 하는데 가
난한 교육구가 높은 세율을 유지하기는 실질적으로 어렵기 때문이다.

4) 능력평형교부금제도(power equalizing)

이 제도는 쿤스(Coons), 클런(Clune III), 슈가먼(Sugarman)에 의해 제안된 방법
이다.[26] 이 제도는 기본적으로 교육구의 재정능력에 관계없이 학생 1인당 교육
재정 규모를 동일하게 유지하려는 취지를 살린 것으로서 학생당 교육비를 균등
화하는 데 관심을 갖기보다는 학교를 지원하는 교육구의 능력을 평형화하는 데
관심을 갖는다.[27] 이를 활용하는 곳은 코네티컷, 뉴욕, 펜실베이니아, 로드아일
랜드의 4개 주였다.[28]

이 제도의 기본철학은 재원을 확보하기 위한 능력은 평등하게 되어야 하지만,

---

26) John E. Coons et al., *Private Wealth and Public Education*(Cambridge: Harvard University Press,
    The Belknap Press, 1970).

27) W. I. Garms et al., *op. cit.*

28) A. D. Swanson & R. A. King, *op. cit.*

어느 정도의 교육비를 지출해야 할 것인가에 대해서는 교육구가 결정해야 한다는 비례평형교부제도와 같다.[29] 다만 이 제도는 실제로 비례평형교부제도가 위반하고 있는 몇 가지 엄격한 준거를 달성한다. 즉, 능력평형교부금제도는 지방의 완전한 지출통제를 허용하며, 동시에 노력에 대한 보상을 해 줄 수 있다.

이 제도에서 지방정부가 주정부로부터 교부받을 교부금액은 다음과 같은 공식에 의해 산출된다.[30]

$$SAID_a = LTR_a * (GTB_{pe} - AVPP_a) * PUP_a$$

$SAID_a$: 교육구 a에 교부해야 할 주의 교부금액
LTR_a: 교육구 a의 지방세율
GTB_{pe}: 능력이 균등화된 과세표준(재산평가액) 보장액
$AVPP_a$: 교육구 a의 학생당 재산평가액
PUP_a: 교육구 a의 학생 수

능력평형교부금제도의 기본철학이 비례평형교부제도와 같이 교육투자 예산규모의 결정은 지역사회가 결정해야 한다는 데 있다는 점은 앞에서 밝힌 바와 같다. 그런데 이 제도를 채택하고 있는 주에서는 아주 부유한 교육구의 경우에, 재산평가액이 높기 때문에 그들이 교육에 투자하기로 결정한 재원보다 더 많은 재원을 증가시키도록 지방과세표준으로부터 강요받게 된다. 반면에, 가난한 교육구일수록 그들이 결정한 예산에 대한 주정부의 배분몫이 커지게 된다.[31] 따라서 결국 이 제도의 가장 큰 장점은 학교를 지원하는 교육구의 능력을 균등화함으로써 부의 형평, 부의 중립성을 유지할 수 있다는 데 있는 것이다.

그러나 사실상 부유한 교육구로부터 균등액의 초과분을 환수하기는 매우 어렵다. 따라서 교육세원보장 교부제도와 별 차이 없는 형태로 시행되는 것이 일반적인 현상이다. 능력평형교부금제도가 잘 시행되기 위해서는 과세가치의 교육구 간 심한 불균등을 제거함으로써 가능하다. 벤슨은 이를 위해 교육구 통합방안

29) T. H. Jones, *op. cit.*

30) *Ibid.*

31) C. S. Benson, *Education Finance in the Coming Decade* (Bloomington, IN: Phi Delta Kappa, Inc., 1975).

을 제시하고 있다.[32]

5) 전액주교부금제도(full state funding)

이 제도는 모리슨(Morrison)에 의해 제안되어,[33] 1970년대 초반 세라노(Serrano) 고소사건 이후 체계화된 것으로서 기본적인 생각은 "교육은 주정부의 책임이므로 조건이 동등하다면 주의 모든 학생에게 동등한 수준의 교육비가 사용되어야 한다."는 데 있다.

정액교부금제도와 기본교육비 교부제도는 학생당 지출에 있어 교육구 간에 차이를 인정하고 있으며, 비례평형교부제도와 능력평형교부금제도는 교육비 지출의 차이를 인정할 뿐만 아니라 실제로 차이가 생기도록 유도하고 있다. 즉, 앞에서 논의한 배분모형들에서는 일부의 부유한 교육구가 주정부로부터의 교부금을 받지 못하더라도 교부금을 받는 다수의 교육구보다 큰 규모의 교육재정을 확보할 수 있는 소지를 완전히 배제하지 못하는 것이다. 그러나 전액주교부금제도는 교육비의 지출 및 과세에 있어서 모든 지역적인 차이를 제거하도록 고안된 유일한 방법이다.[34] 즉, 이 제도하에서는 모든 조건이 동등하다면 학생들은 동등한 금액의 교육비를 받게 되는 것이다.

따라서 이 제도는 지방세가 허용되지 않거나, 또는 지방교육세를 완전히 주정부에 이양하여 주정부로 하여금 교육비 전액을 균등하게 배분할 수 있도록 하거나, 교육구는 주정부에서 요구하는 세율만큼을 징수해야 한다. 그렇게 함으로써 모든 교육재정은 주정부의 수준에서 모아지고, 균등한 준거에 의해 각 교육구에 배분된다.

하와이 주는 하나의 교육구로 되어 있어서 학교를 주에서 운영하고 있으므로 전액주교부금제도를 택하고 있으며, 워싱턴 주도 택하고 있다.[35] 한때는 뉴멕시코, 플로리다, 미네소타 주도 이 제도를 채택했다.[36]

---

32) *Ibid.*

33) Henry C. Morrison, *School Revenue*(Chicago: University of Chicago Press, 1930).

34) T. H. Jones, *op. cit.*

35) A. D. Swanson & R. A. King, *op. cit.*

36) W. I. Garms et al., *op. cit.*

이 제도의 가장 큰 장점은 교육구의 빈부차에 따른 교육비 불균등 문제를 완전히 해소할 수 있다는 데 있다. 그러나 이러한 결정적인 장점에 대하여 여러 가지 단점이 있다.

우선, 미국의 대부분의 주에서는 주와 지방의 이원적인 재정체제를 유지하고 있다. 그런데 전액주교부금제도를 시행하기 위해서는 지방재산세 제도를 주세 제도로 전환시켜야 하며, 그렇게 함으로써 모든 교육재원이 주 전체의 조세에 의해 모아져서 같은 상황의 학생에게 동등하게 지출될 것이다. 따라서 각 교육구에 대한 재정의 공평분배 문제로 인하여 교육에 대한 주의 통제는 당연히 증대하게 될 것이다. 문제는 여기에서 발생하게 된다. 우선 권력의 과도한 중앙집중은 그것이 남용될 우려를 낳기 때문에 그 나름대로 바람직하지 못할 수도 있다. 또한 주정부는 모든 지역에 맞는 통일된 통제를 할 수 없으며, 각 교육구는 지역적인 실정과 필요에 맞는 교육을 실시하는 데 제약을 받게 된다. 따라서 각 교육구에 의한 교육혁신 노력이 위축받게 된다.

6) 과세표준보장 교부제도(guaranteed tax base)

이는 표준과세기준 교부제도라고도 하며,[37] 일종의 상응교부금 제도다.[38] 즉, 주정부는 각 교육구가 원하는 총교육비의 일정한 비율을 지원한다. 주정부의 지원금은 가난한 교육구에는 높게, 부유한 교육구에는 낮게 책정된다. 기본교육비 교부제도에서는 주정부가 규정하고 있는 최소교육비를 기준으로 하여 각 교육구가 부담할 수 없는 부족분을 산출·교부하여 주는 데 비하여, 과세표준보장 교부제도는 각 교육구가 자율적으로 정하거나 계획한 공교육비 총액을 기준으로 하여 주정부의 부담금액을 산출하여 교부하게 된다.[39]과세표준보장 교부제도는 이전의 복잡한 비례평형교부제도의 단순한 형태로 1950년대에 활용되기 시작하였다. 두 제도하에서는 동일한 교부금이 각 교육구에 지원되지만 비례평형교부제도에 비하여 간편하기 때문에 이 방법을 더 많이 사용하는데,[40] 인디애나와

37) 윤정일 외, 교육재정론(한국교육행정학회, 1995).
38) 윤정일, 교육재정의 이론과 실제(서울: 세영사, 2000).
39) 윤정일 외, 전게서(1995); 윤정일, 전게서(2000).
40) 윤정일, 전게서(2000).

위스콘신 주에서 사용하였다.[41)]

이 방법을 적용할 경우 주정부가 각 교육구에 교부하여 줄 금액의 산출은 다음 공식에 의한다.

$$SAID_a = LTR_a \times (GTB - AVPP_a) \times PUP_a$$

$SAID_a$: 교육구 a가 주정부로부터 지원받을 금액

LTR_a: 교육구 a의 재산세율

GTB: 주정부가 보장하는 학생당 과세표준액

$AVPP_a$: 교육구 a의 학생당 재산평가액

PUP_a: 교육구 a의 학생 수

즉, 이 방법은 각 교육구로 하여금 공교육비의 지출규모를 결정하게 함으로써 주정부의 간섭을 최소화하고, 학교운영을 효율화하며, 납세자들의 부담을 균등하게 또는 형평하게 유지하도록 한다. 따라서 주정부의 역할은 각 교육구가 계획한 활동을 추진할 수 있도록 재정적으로 지원하는 것에 그치고, 납세자는 교육구의 과세기준에 관계없이 주정부적 차원에서 학생당 과세표준액을 정하여 형평 또는 공정한 부담을 하게 되고, 지역의 부에 관계없이 학생당 동일한 공교육비를 지출할 수 있도록 지원하게 된다.

이론적으로 이 방법은 지방정부, 교육구의 부와 공교육비 부담 노력을 함께 고려하고 있으나 주정부로서는 주 내에서 가장 부유한 교육구의 수준과 동일한 과세표준을 모든 교육구에 보장하기가 어렵고, 또 모든 교육구가 원하는 그대로 과세하도록 허용할 수가 없다는 점에서 한계를 가진다.

2. 필요의 형평을 위한 모형

앞에서 제시한 부의 균등화를 위한 배분모형은 학생들의 교육적 필요가 비슷하다고 가정하고, 부가 균등하게 배분될 수 있다는 사실만을 고려의 대상으로 하였다. 그러나 사실 이것은 매우 잘못된 것이다. 많은 학생은 비용이 많이 드는 특

---

41) A. D. Swanson & R. A. King, *op. cit.*

수한 교육방법을 필요로 하는 학습상의 문제를 가지고 있다. 정박아, 맹아, 농아, 지체부자유아 등을 위한 특수교육뿐만 아니라 보상교육, 직업교육 등도 이 범주에 속한다고 볼 수 있다.

따라서 이러한 다양한 교육적 필요를 균등화하기 위한 방안이 필요하다. 다행스럽게도 필요의 균등화를 위한 모형은 부의 균등화를 위한 배분모형에 결부(incorporated)되어 사용될 수 있다.

필요 측정의 단위로는 가중학생뿐만 아니라 조정된 교수단위, 지역 등이 있으며,[42] 감스 등은 필요를 균등화하기 위한 방법으로 다음의 네 가지를 들고 있다.[43]

1) 가중치제도(weighting systems)

이것은 단일측정치로써 모든 교육적 필요를 나타낼 수 있도록 한 방법으로서, 기본교육비 교부제도를 제안한 스트레이어의 제자인 모트(Mort)에 의하여 처음으로 제안된 것으로서[44] 가중학생(weighted pupils)이라는 말로 표현되는 단일측정단위로 모든 교육적 필요를 나타낼 수 있도록 한 방법이다.[45] 부의 형평을 위한 방안들에서는 '여타의 조건이 동등하다(other things being equal).' 는 것을 가정하고 있으나 실제로 학생들의 교육적 필요는 동등할 수 없다. 따라서 가중치제도는 학생들의 특별한 필요에 따라서 상이한 수준의 교육비를 배정해야 한다는 것을 전제로 하고 있다. 즉, 정상적인 프로그램을 제공하는 데 필요한 비용에 대하여 어느 정도의 비율을 가중해야 특수한 필요를 충족할 수 있느냐에 관심을 두고 있다.

이 제도는 학생들의 교육적 필요는 동등할 수 없으며, 따라서 학생들의 특별한 필요에 따라서 상이한 수준의 교육비를 배정해야 한다는 것을 전제로 하고 있다. 즉, 정상적인 프로그램을 제공하는 데 필요한 비용에 대하여 어느 정도의 비율을 가중해야 특수한 필요를 충족할 수 있느냐에 관심을 두고 있다. 이처럼 초과경비를 조정하는 데, 즉 가중치를 부여하는 데 주로 사용되고 있는 방법으로는 가중

42) T. H. Jones, *op. cit.*

43) W. I. Garms et al., *op. cit.*

44) Roe L. Johns & Edgar L. Morphet, *op. cit.*, p. 289.

45) T. H. Jones, *op. cit.*

학생단위와 조정된 교수단위의 두 가지가 있다.[46]

가중학생 방법은 어떤 특수한 프로그램이나 상황하에서는 전형적인 초등학교의 상황보다 교사–학생 비율이 낮고 운영비가 많이 든다는 가정에 근거한다.[47] 따라서 일반적으로 초등학교 정상아를 기준치(1.00)로 할 때, 특수학교, 직업학교, 유치원, 중학교, 고등학교, 특수지의 학생에게 어느 정도의 가중치를 부여할 것인가를 결정하게 된다.

그런데 이와 같이 각 프로그램에 가중치를 주기 위해서는 그 프로그램 비용의 정확한 측정이 필요한데 이것은 대단히 어렵다. 1960년대 말부터 1970년대 초에 걸쳐 수행된 미국교육재정연구사업(National Educational Finance Project)에서 교육프로그램별로 적절한 가중치를 설정하기 위해 대규모의 노력을 하였다.[48]

이 제도의 가장 큰 장점은 개개 학생들의 다양하고 특수한 교육적 필요를 반영하여 부의 형평을 위한 다양한 교부금제도에 적용하여 사용할 수 있다는 데 있다.

그러나 다음과 같은 몇 가지 단점이 있다. 우선, 각 교육프로그램별로 학생을 교육시키는 데에 어떠한 공학이 적절한지에 대한 일치된 의견이 없다. 더욱이 적절한 교육프로그램이 선정되었다고 하여도 그 추가경비에 관한 신뢰성 있는 자료를 얻기가 어렵고, 따라서 각 프로그램들 간에 비용차이도를 결정하기가 무척 어렵다. 또 주와 교육구 간의 비용산정의 차이가 발생할 가능성이 있으며, 가중치에 대하여 교육구 간에 선호도의 차이가 생길 수도 있고, 한 교육구에서 효과 있는 교육프로그램이 다른 교육구에서도 효과가 있다는 보장도 없다. 또한 일단 결정된 가중치는 실제경비와의 차이를 감안하여 빈번하게 수정될 필요가 생기며, 특수프로그램의 경비는 분리교육을 전제로 산출되고 있으나 실제로는 통합교육을 하고 있는 경우가 많다.

46) R. L. Johns et al., *Financing Education: Fiscal and Legal Alternatives*(Columbus, OH: Charles E. Merril Publishing Co., 1972).

47) *Ibid.*

48) R. L. Johns & K. Alexander, *Alternative Programs for Financing Education*(Gainesville, Fla.: National Educational Finance Project, 1971).

2) 초과경비 상환제도(excess cost reimbursement)

이 제도는 가중치제도에 대한 하나의 대안으로서 특수학생을 교육시키는 데 필요한 초과경비를 주정부가 각 교육구에 교부하여 주는 제도다. 이 제도의 기본적인 철학은 특수프로그램을 운영하는 추가경비에 대하여는 주정부가 상환해 주어야 한다는 것이다. 장애자가 있는 교육구에는 그 추가비용을 상환해 주는데, 학생당 최대허용 상환비가 있다. 이 제도는 자금의 용도를 제한함으로써 필요없이 비싼 프로그램을 운영하는 것을 방지하기 위함이다.

이 제도의 장점은 교육구가 프로그램의 실제적인 추가경비만을 상환받게 됨으로써 잘못된 분류를 범할 동기를 제거하며, 자금의 용도를 제한함으로써 교부금이 목적한 프로그램에만 사용되게 된다는 데 있다. 그러나 이 제도는 주의 교부금이 학기를 마친 후에 교부됨으로써 가난한 교육구의 경우에는 재정난을 겪게 된다는 단점이 있다. 하지만 이 문제는 분할지급을 함으로써 해결이 가능하며, 현재 약 24개 주에서 이 제도를 채택하고 있다.

3) 특수프로그램을 위한 정액교부금제도(flat grants for special programs)

이 제도는 특수프로그램에만 적용되는 것으로서 정액교부금제도에 대한 가중치적용제도와 유사하다. 약 7개의 주에서 각 프로그램에 대한 구체적인 학생당 경비의 정액교부금을 통하여 하나 이상의 특수교육프로그램을 운영하고 있다.[49]

이 제도는 특수학생의 특수한 필요를 반영하여 특수학생들에게 균등한 금액을 지원할 수 있다는 장점이 있는 데 반하여, 최소한의 교육에 대한 교육경비의 결정이 어렵고, 교육구 간의 부의 차이를 고려하지 않는 등 정액교부금제도와 가중치제도의 단점을 모두 지니고 있다.

4) 중간단위 교육구제도(intermediate districts)

중간단위 교육구제도는 중간단위의 교육구에 특수교육에 대한 책임을 부과하는 것이다. 규모의 경제라는 측면에서 볼 때 중간단위의 교육구는 개별 교육구보다 특수교육프로그램을 보다 효율적으로 제공할 수 있다.

---

49) T. H. Jones, *op. cit.*

그러나 이 제도는 특수아를 주거지의 학교로부터 분리하게 됨으로써 통합교육을 저해할 뿐만 아니라 추가적인 교통비가 필요하게 되어 규모의 경제에서 기대할 수 있는 절약보다 많은 경비가 필요하게 된다. 또한 개별 교육구는 그들 교육의 중요한 부분에 대하여 통제를 상실하게 된다는 우려를 갖게 될 수도 있다.

3. 경비의 형평을 위한 모형

동질의 교육프로그램을 제공하는 데 있어서 교육구 간의 경비의 차이는 형평을 이루어야 하는데, 구입해야 할 물품과 서비스 단위당 가격차와, 동등한 자질의 직원을 유치·확보하기 위하여 지불해야 할 가격의 차이, 교통비의 차이 등에 의해서 교육구 간 경비의 차이가 발생하게 된다. 예를 들면, 산간지역에서는 연료비가 더 비싸고, 농촌지역에서는 학급규모가 작기 때문에 학생당 교육비가 높게 됨은 물론 교통비가 많이 들게 되며, 도시지역에서는 학교부지의 땅값이 비싸게 된다. 교원 봉급의 경우에는 교육구별 생활비의 차이, 학교의 매력도 등에 따라서 차이가 생기게 된다. 뿐만 아니라 농촌·산간지역의 교사에게는 벽지수당이 있어야 하며, 슬럼가의 교사에게는 위험수당을 주어야 한다.

이상과 같이 여러 형태의 경비의 차이가 발생하기 때문에 주정부는 경비의 차이도를 고려한 조정을 통하여 경비의 균등화를 도모하려 한다. 그 예로 평균봉급을 높게 산정하여 그에 따라 주내의 교사에게 봉급을 주는 방법이라든지, 주봉급표(state salary schedule)를 사용하는 방법 등이 있다. 그러나 이러한 방법은 부유한 지역의 사람들의 반대에 부딪힌다. 왜냐하면 그들은 가장 좋은 교사를 고용해서 자기 자녀를 가르칠 소망과 재력이 있기 때문이다. 또한 교원노조에서도 이들과 쉽게 계약하기 때문에 이 방법의 실행은 더욱 어려워진다.

또 몇몇 주에서는 생계비 지수를 마련하여 사용하기도 하고, 플로리다 주에서는 각 교육구의 교통비를 회귀방정식으로 추정하고, 추정된 경비를 교육구에 교부하여 주고 있다.

이 방법의 장점은 각 교육구 간의 경비의 차이를 줄일 수 있다는 것이다. 반면에, 주에서 마련한 생계비 지수가 실제 경비의 차이의 지표가 되기는 어려우며, 일부 교육구의 결과를 확대·적용하는 데서 나타나는 문제 등의 단점이 있다.

제3절 적정단위 교육비와 교육비차이도[50]

1. 적정단위 교육비의 개념

적정단위 교육비란 본래 학교운영과 교육과정 운영을 이상적으로 할 수 있는 단위교육비를 의미한다.[51] 그러나 적정단위 교육비의 개념은 사용하는 사람에 따라 다르다. 이것은 적정단위 교육비라는 용어에서 '적정' 여부를 결정하는 준거가 사람에 따라 달라질 수 있기 때문이다. 또 이상적인 학교운영 및 교육과정 운영을 위해 필요한 경비의 수준인 적정단위 교육비를 토대로 산출된 교육재정 소요와 실제로 확보가 가능한 교육재원 사이에는 현실적으로 매우 현격한 차이가 나기 때문에, 적정단위 교육비의 개념을 실제 적용하여 사용하기는 꽤 어렵다. 따라서 우리나라에서는 대체로 적정단위 교육비를 최소한의 필수적인 단위교육비라는 개념으로 사용한다.

배종근 등은 1972년 중앙교육연구소에서 수행한 『학교경비의 적정규모에 관한 연구』에서 최저소요 교육비라는 용어를 사용하면서 그 개념을 "현재의 교육목표 및 교육과정 등 제반 교육체제를 유지한다는 전제 아래 학교교육을 유지하기 위하여 없어서는 안 될 최저 필요수준의 경비"라고 정의하고 있다.[52]

이러한 의미에서 볼 때, 적정단위 교육비와 표준교육비 등의 개념은 기본적으로 같은 의미로 사용될 수 있을 것이다. 그러므로 여기에서 사용하는 적정단위 교육비의 수준은 이상적인 학교운영과 교육과정 운영을 위해 필요한 경비수준과는 많은 격차를 나타내게 될 것이다.

단위교육비는 일정한 교육활동을 영위하기 위하여 소요되는 교육 구성요소당 경비를 뜻한다. 여기서 교육의 구성요소로는 학생, 교원, 학교, 학급 등이 포함되므로 단위교육비는 학생당 교육비, 교원당 교육비, 학교당 교육비, 학급당 교육비 등으로 구분될 수 있다.

---

50) 여기서의 적정단위 교육비에 대한 논의는 초·중등교육에 한정함.
51) 김영철 외, 교육투자규모와 적정단위교육비(서울: 한국교육개발원, 1982), p. 49.
52) 배종근 외, 학교경비의 적정규모에 관한 연구(서울: 중앙교육연구소, 1972).

이처럼 단위교육비를 학생 수, 교원 수, 학교 수, 학급 수, 교육프로그램 유형 등에 따라서 세분하는 것은 교육비의 성질상 주로 학생 수에 의해서 결정되는 경비가 있는가 하면, 또 어떤 경비의 일부는 그 성질상 교원 수와 학급 수, 학교 수 또는 교육프로그램의 유형에 따라 결정되는 경우도 있기 때문이다. 예를 들어, 학용품비 및 학생용 자료비, 교과서대 등은 주로 학생 수에 의해서 결정되며, 교실난방비와 학급환경정리비 등은 학생 수보다는 학급 수에 의해, 교원 봉급과 수당은 교원 수에 의해, 교장의 인건비 등은 학급 수나 학생 수, 교원 수에 관계없이 각 '학교'에 동일하게 결정된다고 볼 수 있다. 또 교육의 종류와 유형에 따라 교육비의 차이도가 생길 수도 있다. 이처럼 단위교육비의 모든 측면을 고려하여 우리나라 교육재정 소요를 결정하는 경우 그 재정소요는 교육수요와 단위교육비를 고려하여 다음과 같이 산출할 수 있을 것이다.

> 교육재정 소요 = (학생 수 × 학생기준 단위교육비) + (학급 수 × 학급기준 단위교육비) + (교원 수 × 교원기준 단위교육비) + (학교 수 × 학교기준 단위교육비) + (신축교실소요 수 × 교실 신축비) + ……

이 공식에서와 같이 교육재정 소요를 산출하는 방법은 교육비에 영향을 주는 모든 변인을 고려하기 때문에 비교적 정확한 소요판단을 할 수 있다. 그러나 이 방법은 관련되는 모든 변인을 분석해서 적용해야 하기 때문에 국가의 경우와 같이 큰 단위의 교육재정 소요를 산출하기에는 부적절하다. 따라서 국가와 같이 큰 단위의 교육재정 소요를 산출하는 경우에는 학교교육비 규모를 비교적 잘 설명할 수 있는 학생 수나 학급 수 자료를 기준으로 하여 산출된 학생당 교육비나 학급당 교육비를 사용하게 된다. 그러므로 학생당 교육비나 학급당 교육비는 곧 학교교육의 목표를 수행하기 위하여 지불되는 모든 경비를 학생 수나 학급 수로 나눈 교육비라고 할 수 있는 것이다.

2. 적정단위 교육비의 추정

최근까지 우리나라에서는 전통적으로 교육경비가 대개 교·급당, 품목별 기준단가로 책정되고 있다. 즉, 전통적으로 교육비 추정은 단순히 공립학교에서 가르치는 학생 수의 증감에 근거해서 표준지출의 증가를 가정하였던 것이다. 그 결과 각 학교급별·프로그램별 교육경비가 거의 동일하였고, 지역 간의 차이, 학급 내의 교육적 요구의 특성, 프로그램의 다양성, 학교급 간의 차이 등을 경시하였다. 즉, 이러한 단순한 접근방법은 학생들의 교육필요를 충족할 수 없는 방법인 것이다.

신체장애아의 교육, 문화실조아의 교육, 유아교육 등과 같이 많은 교육비가 요구되는 교육프로그램에는 보다 많은 교육비가 투입되어야 하며, 학교급별에 따라서도 교육비가 차이가 나야 함은 "모든 개인은 그의 개인적 필요와 사회적 필요를 최대한으로 충족할 수 있는 교육을 받을 기회"를 뜻하는 '교육기회의 균등'의 의미에 비추어 볼 때 당연한 것이라고 볼 수 있다.

그러므로 교육프로그램별 적정단위 교육비를 추정하여 그것을 바탕으로 프로그램별에 따라 교육비에 차등을 두는 것도 역시 당연하다고 할 수 있다. 따라서 여기서는 적정단위 교육비를 추정하는 방법에 대해서 살펴본다. 적정단위 교육비를 추정하는 방법에는 규범적 접근방법, 실증적 접근방법, 절충적 접근방법의 세 가지가 있다.[53]

규범적 접근방법이란 우선 교육체제의 목표를 분석·재확인하고, 다음으로 확인된 목표를 효과적으로 달성할 수 있는 교육활동과 방법을 전개하는 데 필요한 기초단위를 추출하여 목록화하며, 추출된 기초단위의 단가를 결정하고, 최종적으로 최저소요 교육비를 산출하는 방법이다.

실증적 접근방법이란 규범적 접근방법과는 달리 교육체제의 목표나 목표달성을 위한 방법, 활동을 검토하지 않는다. 이 방법은 기존의 교육활동을 그대로 답습하고 또 필요한 경비산정의 기초단위나 단가도 현행의 학교예산을 토대로 작성하여 교육재정 소요를 추정하는 방법으로서 결국 현실을 토대로 접근하는 방법이라고 할 수 있다.

---

53) 김재범, "표준교육비 추정상의 문제점과 대책", 교육의 질을 보장하는 교육재정 정책의 방향(교육행정학연구회, 1977), pp. 3~4; 여기서 말하는 세 가지 접근방법은 원래 표준교육비 추정방법으로 분류된 것이지만, 앞에서 밝힌 바와 같이 그 접근방법은 적정교육비를 산출하는 경우에도 적용될 수 있을 것임.

절충적 접근방법은 위에서 언급한 두 가지 접근방법을 상호 보완적으로 종합하여 적정교육비를 추정하는 데 적용하는 것이다. 지금까지 우리나라에서 수행되었던 적정교육비 또는 표준교육비에 관한 연구의 대부분이 절충적 연구방법을 사용하였다.

적정수준의 교육비를 추정하기 위해서는 교육개선의 양적·질적 측면을 모두 고려해야 한다. 즉, '특수한 교육'[54]을 받아야 하는 대상은 얼마나 되며 이들에게 영역별로 어떤 유형의 교육을 제공할 것인가를 결정해야 하는 것이다. 예를 들면, 앞으로 고등학생 수는 얼마나 되며, 교육의 질적 수준을 대변하는 학급당 학생 수는 어느 수준을 유지할 것이며, 이에 필요한 교원 수는 얼마나 되고, 신설 학교 수와 학급 수는 얼마나 되는지 등을 우선 추정해야 하는 것이다.

교육비 구성요인과 그 단가를 중심으로 적정단위 교육비를 추정할 때, 각 교육비 구성요인들에 있어서 반드시 고려하여야 할 요인들은 다음과 같다.

첫째, 학생당 교육비는 개개 학생에게 들어가는 기본 경비 외에 각 프로그램별·학교급별로 관련되는 서비스에 관한 경비도 포함되어야 한다. 예를 들면, 유치원의 장난감이나 간식비용, 특수학교의 장애아동에 대한 특수한 처지 등이 고려되어야 한다.

둘째, 교원 등의 인건비는 학교규모에 따라 교과담당 교사를 비롯하여 상담교사, 전문요원(특히 특수학교의 경우), 그리고 업무를 담당하는 직원 등의 봉급 및 각종 수당이 고려되어야 한다.

셋째, 기본 경비는 교당, 급당 단위경비를 비롯하여 각 학교급별·교육프로그램별로 관련된 각종 경비를 고려해야 한다.

넷째, 기본시설비는 학교규모에 따라 건물·대지·설비 등의 시설비를 포함하되, 보통교실·특별교실·부속건물·특수시설 등에 대한 시설비가 다르게 고려되어야 한다.

다섯째, 이상의 요인별 경비 외에 학교급별과 학교유형에 따른 경비의 차이도, 교육행정기관의 인건비와 운영비, 그리고 물가변동, 지역적 특성 등의 사회적 변

---

54) 여기서 '특수한 교육'이라 함은 단지 특수교육만을 가리키는 것이 아니라, 보상교육·직업교육·유아교육·고등교육 등을 포함함.

인 등을 고려해야 할 것이다.

3. 교육비차이도

교육재정 배분모형은 학생들의 교육적 필요가 비슷하다고 가정하고, 부가 균등하게 배분될 수 있다는 사실만을 고려의 대상으로 할 수는 없다. 많은 학생들은 비용이 많이 드는 특수한 교육방법을 필요로 하는 학습상의 문제를 가지고 있다. 정박아 · 맹아 · 농아 · 지체부자유아 등을 위한 특수교육뿐만 아니라 보상교육 · 직업교육 등도 이 범주에 속한다고 볼 수 있다.

따라서 이러한 다양한 교육적 필요를 균등화하기 위한 방안이 필요하다. 다행스럽게도 교육비차이도의 개념이 부의 균등화를 위한 교육재정 배분모형에 결부되어 사용될 수 있다.

교육비차이도는 적정단위 교육비의 개념을 이용한 것이다. 즉, 학교급별 또는 교육프로그램별로 적정단위 교육비를 산출하고, 기준이 되는 어떤 학교급 또는 교육프로그램(대개 초등학교가 기준이 된다)의 적정단위 교육비를 기준으로 여타의 학교급별 또는 교육프로그램별의 적정단위 교육비의 가중치를 구하면 되는 것이다. 이러한 교육비차이도를 앞에서 설명한 교육재정 배분모형에 적용하는 단위로는 가중학생뿐만 아니라 조정된 교수단위, 지역 등이 있으며,[55] 감스 등은 이러한 교육비차이도를 적용하여 개개 학생들의 교육적 필요를 균등화하는 방법으로 가중치제도, 초과경비 상환제도, 특수프로그램을 위한 정액교부금제도, 중간단위의 교육구제도의 네 가지를 들고 있다.[56]

우리나라에서 교육비차이도가 교육재정 배분의 기준으로 활용되어야 한다는 연구와 주장은 많이 있었으나 이것이 실제로 배분에 활용되기 시작한 것은 1990년 12월에 「지방교육재정교부금법」이 개정되고 「지방교육재정교부금법 시행규칙」

---

55) T. H. Jones, *op. cit.*, pp. 146~156.

56) W. I. Garms et al., *op. cit.*, pp. 201~205; T. H. Jones, *op. cit.*, p. 149; Roe L. Johns et al., *op. cit.* (1972), pp. 290~300; Roe L. Johns & Kern Alexander, *op. cit.*, Chapter 6; R. A. Rossmiller et al., *Educational Programs for Exceptional Children: Resource Configurations and Costs*, NEFP Study No. 2.(Madison, WI: University of Wisconsin, 1970).

이 제정된 때부터다. 물론 고등교육분야에서 교육비차이도를 고려하여 전공영역별로 학생납입금을 차등 징수하기 시작한 것은 상당히 오래전부터이나 교육비 배분의 기준으로 활용하지는 못하였다.

그동안 초·중등학교 교육비 배분의 기준은 교당경비·급당경비 등이 있으며, 이 기준의 불합리성에 대한 지적과 논의가 계속적으로 있어 왔다. 개정 전의 「지방교육재정교부금법 시행규칙」 제5조에서는 교육비차이도 계수를 초등학교 학생은 1.00, 유치원 학생은 1.42, 중학교 학생은 1.42, 일반계 고등학교 학생은 1.87, 공업계 고등학교 학생은 2.55, 상업계·종합계 고등학교 학생은 2.16, 농업계·수산계·해양계·기타 실업계 고등학교 학생은 2.33, 특수학교 학생은 5.29로 규정하고 있었다. 하지만 2001년 4월 개정된 「지방교육재정교부금 시행규칙」에서는 이러한 가중치 항목이 삭제되어 교육비차이도를 규정하고 있는 조항이 현재는 없어졌다.

참고문헌

강신택, "효율적인 재정정책의 수립방안", 행정논총, 제20권 제1호, 1982.
공은배, "한국 교육재정의 효율적 배분대안 탐색", 한국교육, 제10권 제1호, 1983.
공은배, 천세영, 최상근, 지방교육재정제도 발전방안, 서울: 한국교육개발원, 1992.
공은배, 한유경, 천세영, 강태중, 교육재정 배분의 합리화 방안, 서울: 한국교육개발원, 1986.
김영철, "미국의 교육재정 배분 정책", 교육재정경제연구, 제2권 제1호, 1993.
김영철 외, 교육투자규모와 적정단위교육비, 서울: 한국교육개발원, 1982.
김영철, 공은배, 교육의 경제발전에 대한 기여, 서울: 한국교육개발원, 1983.
김재범, "표준교육비 추정상의 문제점과 대책", 교육의 질을 보장하는 교육재정 정책의 방향, 교육행정학연구회, 1977.
배종근 외, 학교경비의 적정규모에 관한 연구, 서울: 중앙교육연구소, 1972.
서울대학교 교육연구소 편, 교육학용어사전, 서울: 도서출판 하우, 1994.
송기창, 윤정일, 교육재정정책론, 서울: 양서원, 1997.
유훈 외, 예산회계제도 개선방안 연구, 문교부 학술연구조성비 결과보고, 1980.
윤정일, "합리적 교육예산 배분의 방향", 교육행정학연구회 편, 현대교육행정이론, 서울: 형설출판사, 1980.
윤정일, 교육필요에 의한 교육재정 배분, 서울대학교 사범대학 교육연구소, 1987.
윤정일, 교육재정학, 서울: 세영사, 1992.

윤정일, 교육재정의 이론과 실제, 서울: 세영사, 2000.

윤정일 편, 한국의 교육재정, 서울: 한국교육개발원, 1985.

윤정일, 공은배, 유현숙, 교육발전을 위한 재원확보 방안, 서울: 한국교육개발원, 1980.

윤정일, 김병주, 교육재정 배분모형의 개발에 관한 연구, 서울대학교 사범대학, 1988.

윤정일, 김영철, 공은배, 지방교육재정의 전망과 대책, 서울: 한국교육개발원, 1983.

윤정일 외, 교육재정론, 한국교육행정학회, 1995.

이계식, 지방재정조정제도와 재원배분, 서울: 한국개발연구원, 1987.

이돈희, 교육정의론, 서울: 교육과학사, 1996.

Alexander, K., & Jordan, K. F., *Constitutional Reform of School Finance*. Lexington, Mass.: Lexington Books, D.C. Health & Company, 1973.

Alexander, K., & Jordan, K. F., *Educational Need in the Public Economy*. Gainesville, Fla.: University of Florida Press, 1976.

Arrow, K., *Social Choice and Individual Values*, New York: John Wiley and Sons, 1951.

Atkinson, T., "On the Measurement of Inequality", *Journal of Economic Theory*, 1970.

Barrow, R., & Milburn, G., *A Critical Dictionary of Educational Concepts*, Brighton, Sussex: Wheatsheaf Books, Ltd., 1986

Beck, J. H., "The Effect of Power Equalizing School Aid Formular with an Income Factor", *Journal of Education Finance*, 5 (Summer), 1979.

Benson, C. S., *Perspectives on the Economics of Education: Readings in School Finance and Business Management*, Boston: Houghton Mifflin Company, 1963.

Benson, C. S., *Education Finance in the Coming Decade*, Bloomington, IN: Phi Delta Kappa, Inc., 1975.

Benson, C. S., *The Economics of Public Education*, 3rd ed., Boston: Houghton Mifflin Company, 1978.

Berke, J. S., Campbell, A. K., & Goettel, R T., *Financing Equal Educational Opprtunity: Alternatives for State Finance*, Berkeley, Calif.: McCutchan Publishing Corporation, 1972.

Berne, R., "Alternative Equity and Equality Measures: Does the Measure Make a Difference?" in E. Tron, Ed., *Selected Studies in School Finance*, Washington, DC: U.S. Office of Education, 1978.

Billings, B. B., *Eduactional Outcome Measurement in Developing Countries*, Washington, DC: Georgetown University Press, 1975.

Break, G. F., *Financing Government in a Federal System*, Washington, DC: Brookings Institution, 1980.

Burkhead, J., *Input and Output in Large City High Schools.* Syracuse, N.Y.: Crane, Russak & Company, Inc., 1976.

Burrup, P. E., *Financing Education in a Climate of Change,* 2nd ed., Boston: Allyn & Bacon, Inc., 1977.

Busch, R. J., & Stewart, D. O., "Voter's Opinion of School District Property Taxes and Income Taxes: Results from an Exit-Poll in Ohio", *Journal of Educational Finance, 17, 337-351,* 1992.

Callahan, R. E., *Education and the Cult of Efficiency,* Chicago: The University of Chicago Press, 1962.

Chambers, J. G., "The Development of a Cost of Education Index: Some Empirical Estimates and Policy Issues", *Journal of Education Finance, 3*(Winter), 262-281, 1980.

Chenery, H. et. al., *Redistribution with Growth,* London: Oxford University Press, 1974.

Cohn, Elchanan, *The Economics of Education,* Cambridge, Mass.: Ballinger Publishing Co., 1979.

Commision on Alternative Designs for Funding Education, *Financing Public Schools,* Bloomington, Ind.: Phi Delta Kappa, 1973.

Coombs, P. H. and Hallak, J., *Managing Educational Costs*, London: Oxford University Press, 1972.

Coons, John E., Clune III, William H., & Sugarman, Stephen D., *Private Wealth and Public Education,* Cambridge: Harvard University Press, The Belknap Press, 1970.

Cubberley, Ellwood P., *School Funds and Their Apportionment,* N.Y.: Columbia University, Teachers College Press, 1906.

Garms, Walter I., Guthriem, James W., & Pierce, Lawrence C., *School finance: The Economics and Politics of Public Education,* Englewood Cliffs, NJ: Prentice-Hall, Inc., 1978.

Hickrod, Alan, *Final Report of the Superintendent's Advisory Committee on School Finance,* The Office of the Superintendent of Public Instruction, State of Illinois, 1973.

Johns, R. L., & Alexander, K., *Alternative Programs for Financing Education,* Gainesville, Fla.: National Educational Finance Project, 1971.

Johns, R. L., Alexander, K., & Jordan, F., *Financing Education: Fiscal and Legal Alternatives,* Columbus, OH: Charles E. Merril Publishing Co., 1972.

Johns, R. L., & Salman, R. G., "The Financial Equalization of School Support Programs in the United States for the School Year, 1968~1969", in R. L. Johns, K. Alexander, & D. H. Stollar, Eds., *Status and Impact of Educational Finance Programs*, Gainesville, Fla.: National Educational Finance Project, 1971.

Johns, R. L., Morphet, E. L., & Alexander, K., *The Economics and Financing of Eduaction: A Systems Approach*, 4th ed., Englewood Cliffs, NJ: Prentice-Hall, Inc., 1983.

Johns, R. L., Morphet, E. L., & Alexander, K., *The Economics and Financing of Education: A Systems Approach,* Englewood Cliffs, NJ: Prentice-Hall, Inc., 1969.

Jones, Thomas H., *Introduction to School Finance: Technique and School Policy,* N.Y.: Macmillan Publishing Company, 1985.

King, D. N., *Fiscal Tiers: The Economics of Multi-level Government*, George Allen and Unwin, 1984.

Morrison, Henry C., *School Revenue,* Chicago: University of Chicago Press, 1930.

Rossmiller, R. A., Hale, A., & Frohreich, L. E., *Educational Programs for Exceptional Children: Resource Configurations and Costs*, NEFP Study No. 2., Madison, Wisconsin: University of Wisconsin, 1970.

Strayer, George D., & Haig, Robert M., *Financing of Education in the State of New York,* N.Y.: The Macmillan Co., 1923.

Swanson, A. D., & King, R. A., *School Finance: Its Economics and Politics,* 2nd ed., N.Y.: Longman, 1997.

Updegraff, Harlan, & King, Leroy A., *Survey of the Fiscal Policies of the State of Pennsylvania in the Field of Education,* Philadelphia: University of Pennsylvania, 1922.

Wise, Arthur C., *Rich Schools, Poor Schools,* Chicago: University of Chicago Press, 1967.

제 **8** 장

교육재정 배분의 실제

교육재정 배분의 개념은 광의로 해석할 경우, '교육행정관서 또는 모든 교육 활동 단위의 활동이나 과업의 내용과 성격을 화폐액수로 표시하여 교육재정의 관리·운영과 관련지으려는 것'으로 보고, 교육예산 편성과 동일한 과정 또는 활 동으로 규정할 수 있다. 그러나 협의로 해석할 경우, '국가가 지방자치단체(시· 도)에 교육재정을 지원하는 것'으로 보고, 교육재정 배분을 교육재정지원과 동일 한 활동으로 규정할 수 있다.

여러 가지 다양한 경로를 통해 확보된 교육재정은 그 성격에 따라 몇 단계를 거쳐서 배분이 된다. 즉, 정부예산이 단위학교 예산으로 배분되기까지에는 2단계 또는 4단계의 배분과정을 거치게 된다. 교육부가 직접 관장하는 국립학교의 경우 에는 2단계의 배분과정을 거치게 되지만 시·도교육청이 관장하는 공립중등학 교와 공립초등학교의 경우에는 각각 3단계, 4단계의 배분과정을 거치게 된다.

이 장에서는 교육재정 배분의 구조와 현황을 알아보고 현행 교육재정 배분제 도가 가지는 문제점을 살펴보면서 교육재정 배분의 실제에 대한 논의를 한다.

제1절 교육재정 배분과정 및 배분구조

교육재정의 배분과정을 이해하기 위해서는 교육에 대한 지출경비의 성격을 이해할 필요가 있다. 교육에 대한 지출경비는 교육목적과의 관련성 정도에 따라 혹은 운영형태 및 부담의 원천에 따라 구분할 수 있다. 교육목적과의 관련성에 기준을 두고 분류하면 직접교육비와 간접교육비로 나눌 수 있다.[1] 직접교육비는 교육목적을 달성하기 위하여 교육활동에 직접적으로 투입되는 경비로서 공교육비와 사교육비가 여기에 포함된다. 간접교육비[2]는 교육을 받음으로 인하여 교육기간 취업할 수 없는 데서 오는 손실인 유실소득과 비영리교육기관이 향유하는 면세의 가치를 말한다. 경비의 운영형태에 따라서는 공공의 회계절차를 거쳐 교육에 투입되는 공교육비와 그렇지 않은 사교육비로 분류된다. 공교육비에는 교육활동을 위하여 국가·지방자치단체 및 각급 학교법인이 지출하는 모든 비용과 학생납입금이 포함되며, 사교육비에는 교재대·부교재대·학용품비·교통비 등 자녀를 교육시킴으로 인하여 공교육비 이외에 추가적으로 학부모가 부담하는 모든 비용이 포함된다.[3]

이를 다시 재원별로 나누어 보면 국가와 지방자치단체 및 학교법인이 부담하는 공부담 교육비와 입학금·수업료·학교운영지원비·학생활동비·교재대·유실소득 등을 포함하는 사부담 교육비로 나누어 볼 수 있다.

이상과 같은 분류를 종합하여 도표로 제시하면 [그림 8-1]과 같다.

교육재정 배분에서는 공교육비 중 공부담 교육비와 사교육비만을 분석의 대상으로 삼는다. 공교육비는 정부·학교법인·학생(또는 학부모) 부담액을 그 재원으로 하고 있다. 이를 예산별로 구분해 보면 교육부 예산, 시·도교육비 특별회계 예산, 단위학교 예산으로 나누어 볼 수 있다.

---

1) 키라스(Kiras) 등은 교육비를 직접교육비(공교육비), 간접교육비(사교육비), 포기된 기회경비의 세 가지로 분류하고 있음. Fassil G. Kiras et al., *Educational Outcome Measurement in Developing Countries* (Washington, DC: Georgetown University, 1975), p. 121.

2) 기회경비(opportunity cost), 포기된 경비(foregone earnings), 유실소득 등으로도 불린다.

3) 윤정일 외, **교육재정의 현황과 문제**(서울: 한국교육개발원, 1987), pp. 18~19.

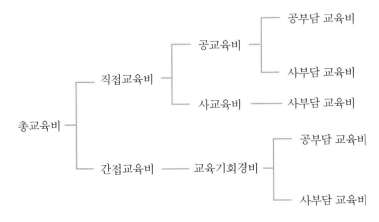

[그림 8-1] 총교육비의 분류체계

1. 교육부 예산

교육부 예산이란 정부가 교육 및 학예를 위한 공공활동을 전개하기 위하여 투자하는 예산을 말한다. 교육 및 학예를 위하여 정부는 매년 정부예산의 약 15~20% 정도를 투자하고 있다. 이와 같은 목적을 위하여 교육부는 자체수입 예산을 가지고는 있으나, 그 규모는 총 세출 예산의 2~3% 정도에 불과할 뿐만 아니라 세입 자체가 국고로 계상되기 때문에 교육부 예산은 전체가 국고에서 충당되고 있는 것이다.

2015년 교육부 소관의 세입 예산안 및 세출 예산안은 일반회계와 2개의 특별회계(혁신도시특별회계, 지역발전특별회계), 2개의 기금(사학진흥기금, 사립학교교직원연금기금)으로 구성되어 있다. 2015년 교육부 예산안(예산 및 기금)은 총지출 기준으로 전년(본예산 기준) 보다 6,517억 원(1.2%) 증액된 54조 8,998억 원이다. 기금을 제외하면 총지출은 3,727억 원 증액된 50조 5,661억 원으로 편성되었다.[4]

회계 면에서 볼 때 교육부 예산은 일반회계와 특별회계로 구분되고 있으나, 교육부 예산이라고 할 때는 일반회계를 지칭하는 것이다. 일반회계의 세출내역을 보면, 지방교육재정교부금, 본부비, 국립교육기관비, 교육지원기관비, 수입대체경비, 개발비 등으로 되어 있는데, 이 중에서 가장 규모가 큰 것은 지방교육재정

---

4) 교육부, 2015년도 교육부소관 예산 및 기금운용계획 개요, 2015.

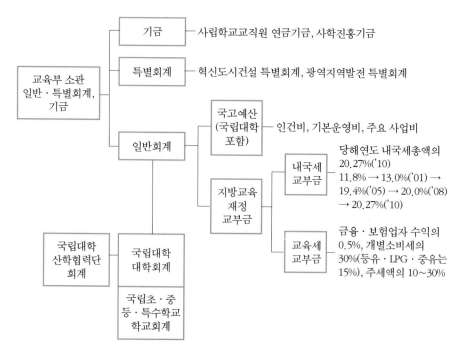

[그림 8-2] 교육부 예산구조

교부금으로서 일반회계 세출예산의 약 72% 내외를 차지하고 있다. 지방교육재정
교부금은 지방자치단체가 교육기관 및 교육행정기관을 설치 · 운영함에 필요한
재원을 「지방교육재정교부금법」 제3조[5]에 따라 지방자치단체에 교부하는 것으로
2015년도 예산은 39조 4,056억 원으로 2014년(40조 8,681억 원)에 비해 1조 4,625억
원이 감소하였다.

---

5) 「지방교육재정교부금법」 제3조(교부금의 종류와 재원) ① 국가가 제1조의 목적을 위하여 지방자치단
   체에 교부하는 교부금(이하 '교부금' 이라 한다)은 이를 보통교부금과 특별교부금으로 나눈다.
   ② 교부금의 재원은 다음 각 호의 금액을 합산한 금액으로 한다.
      2. 당해 연도의 내국세(목적세, 종합부동산세, 담배에 부과하는 개별소비세 총액의 100분의 20 및
         다른 법률에 의하여 특별회계의 재원으로 사용되는 세목의 당해 금액을 제외한다. 이하 같다)
         총액의 1만분의 2,027에 해당하는 금액
      3. 당해 연도의 「교육세법」에 의한 교육세 세입액 전액에 해당하는 금액
   ③ 보통교부금의 재원은 제2항 제3호의 규정에 의한 금액에 동항 제2호의 규정에 의한 금액의 100분
      의 96에 해당하는 금액을 합한 금액으로 하고, 특별교부금의 재원은 제2항 제2호의 규정에 의한 금
      액의 100분의 4에 해당하는 금액으로 한다.

2. 지방교육 예산

지방교육을 관장하는 8개 시(서울특별시, 부산·대구·인천·광주·대전·울산광
역시, 세종특별자치시)와 9개 도 교육청의 교육예산은 특별회계로 되어 있다. 우선
시·도 교육비 특별회계의 수입을 보면 크게 중앙정부지원금(지방교육재정교부금
및 보조금), 지방자치단체 일반회계로부터의 전입금, 시·도교육청의 자체수입
의 세 가지로 나누어 볼 수 있다. 이 중에서 가장 중요한 재원은 지방교육재정교
부금 및 보조금으로서 지방교육재정 총액의 약 72% 정도를 차지하고 있다. 지방
자치단체의 일반회계로부터의 전입금은 담배소비세 전입금(특별시·광역시 담배

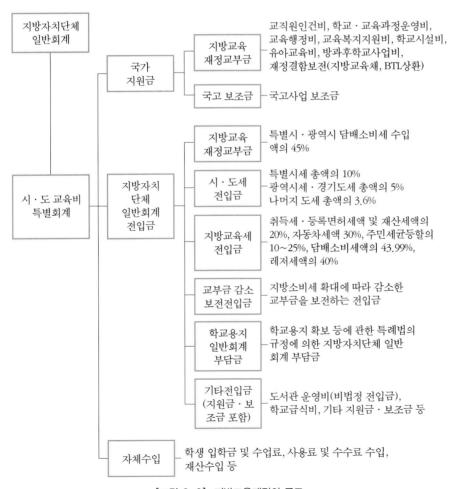

[그림 8-3] 지방교육재정의 구조

소비세 수입액의 45%), 시ㆍ도세 전입금(특별시세 총액의 10%, 광역시 및 경기도세 총액의 5%, 나머지 도세 총액의 3.6%), 지방세분 교육세(취득세ㆍ등록면허세와 재산세액 20%, 자동차세액 30%, 균등할 주민세액 10~25%, 담배소비세액 43.99%, 레저세액 40%), 교부금 감소, 보전전입금, 학교용지 일반회계 부담금, 기타 지원금 등이 있다. 그 외 자체수입으로는 학생 입학금 및 수업료, 사용료 및 수수료 수입, 재산수입, 기타수입 등이 있다. 이상을 그림으로 제시하면 [그림 8-3]과 같다.

한편, 시ㆍ도 교육비 특별회계의 세출예산을 보면 인건비, 학교운영비, 시설비, 행정운영비, 예비비 등으로 구분되는데, 이 중에서 가장 큰 비중을 차지하고 있는 것은 인건비로서 지방교육비 총액의 약 60% 정도를 차지하고 있다.

3. 단위학교 교육예산

단위학교예산이란 학교가 교육활동계획을 실천해 나가는 데 필요한 수입과 지출의 체계적인 예산계획표이며, 학교 교육활동을 뒷받침하기 위한 재정적인 수단이다. 이러한 학교예산은 도급경비제도의 도입, 시ㆍ군 및 자치구의 교육경비보조제도 도입, 학교발전기금제도 도입 등의 변천과정을 거쳐서 2001년부터는 학교회계제도라는 이름으로 시행되고 있다. 즉, 종전의 학교예산이 회계구분에 따라 교육비특별회계예산, 학교운영지원회계예산, 학교발전기금회계예산으로 구분되었던 것을 하나로 통합하여 학교장 책임하에 단위학교의 우선순위에 따라 자율적으로 집행하도록 하고 있다. 이는 단위학교 중심의 자율적이고 효율적인 재정운영을 통해 다양한 교육활동을 효과적으로 지원하고 학교교육의 질적 수준을 높이기 위한 것이다.

따라서 국가의 일반회계 또는 지방자치단체로부터의 전입금, 학교운영지원비, 학교발전기금, 수업료, 기타 납부금 및 학부모 부담 경비, 국가 또는 지방자치단체의 보조금 및 지원금, 사용료 및 수수료, 이월금 등 단위학교의 모든 세입이 학교회계로 통합되어 운영되고 있다.

제2절 교육재정의 배분

국가 교육재원의 배분 실태를 예산편성과정을 통한 국가 교육재원 배분과 지방교육재정교부금 배분으로 구분하여 살펴본다.

1. 예산편성과정을 통한 국가 교육재원 배분[6]

기획재정부는 당해연도의 재정운용 여건 및 방향 수입 지출계획 작성지침 국가재정운용계획 수립 일정 등을 내용으로 하는 국가재정운용계획 수립지침을 마련하여 전년도 말에 각 부처로 통보하며, 각 부처는 「국가재정법」 제28조에 따라 매년 1월 31일까지 당해 회계연도부터 5회계연도 이상의 기간 동안의 신규사업 및 기획재정부장관이 정하는 주요 계속사업에 대한 중기사업계획서를 기획재정부장관에게 제출하여야 한다.

기획재정부는 분야별 작업반 구성 운영하고 전문가 공개토론회를 개최하여 여론을 수렴한 후, 3월 말까지 국가재정운용계획안을 수립하고, 1월 말 각 부처에서 요구한 중기사업계획을 협의 보완하여 분야별로 재원배분안을 마련한 후, 국무위원 재원배분회의를 거쳐 국가재정운용계획을 확정한다.

기획재정부장관은 「국가재정법」 제29조에 따라 국무회의의 심의를 거쳐 대통령의 승인을 얻은 다음 연도의 예산안편성지침을 매년 4월 30일까지 각 중앙관서의 장에게 통보해야 하는데, 이때 국가재정운용계획과 예산편성을 연계하기 위하여 예산안편성지침에 중앙관서별 지출한도를 포함하여 통보하게 된다. 각 중앙관서의 장은 예산안편성지침에 따라 그 소관에 속하는 다음 연도의 세입세출예산·계속비·명시이월비 및 국고채무부담행위 요구서를 작성하여 매년 6월 30일까지 기획재정부장관에게 제출한다. 기획재정부는 부처의 예산안이 예산안편성지침을 준수하여 편성되었는지 재검토하고, 몇몇 주요사업에 대하여는 해당부처에게 설명을 요구하는 등 심의과정을 거쳐 예산안을 확정한 후, 국무회의

---

6) 송기창, "국가교육재원 배분과정의 효율화 방안", 교육재정경제연구, 제17권 제1호(2008), pp.188~190.

의 심의를 거친 후 대통령의 승인을 얻어 회계연도 개시 90일 전까지 국회에 제
출한다.

2005년 예산편성부터 총액배분·자율편성(top-down)제도가 도입됨에 따라 기
획재정부로부터 교육부 지출한도액을 배정받아 비교적 자율적으로 부처내의 논
의과정을 거쳐 예산편성이 이루어지고 있다. 예산결정과정상 갈등의 최소화를
위하여 예산심의 관련 위원회를 구성·운영하고 있다.

교육부 정책기획관실 예산담당관실은 전년도 12월에 통보되는 기획재정부의
국가재정운용계획 수립지침에 따라 중기사업계획을 수립하여 사업별 지출한도
액 조정안을 마련한 후, 이를 실·국 및 산하기관 등 예산요구부서에 통보하여
요구부서별 사업계획서 제출과 지출한도액 조정을 요구한다. 실·국 및 산하기
관 등의 사업계획서가 제출되면 예산담당관실의 검토·조정과 예산심의 관련
위원회의 사전 심의를 거쳐 교육부안이 확정된다.

5월 이후 이루어지는 교육부의 예산안 편성은 1월 중 제출된 재정운용계획,
재정환경 변화에 따른 기획재정부의 조정, 대통령 주재 국무위원의 재원배분회
의 결과 등을 반영하여 부처별로 조정된 지출한도액 내에서 정부의 예산안편성
지침을 준수하여 이루어진다. 예산안 편성은 재정사업계획에서 결정한 사업별
지출계획에 따라 이뤄지나, 재정사업계획 수립 시 세부적으로 검토하지 않았던
세부사업에 대하여는 다시 검토하고 심의하는 절차를 거치며, 정부 공통의 편성
지침을 따르는 기본사업비 공무원의 인건비 등은 기계적으로 이루어진다. 기획
재정부가 통보한 교육부의 교육분야 지출한도액에는 교육부문별(유아 및 초·중
등교육 부문, 평생·직업교육 부문, 고등교육 부문, 교육일반 부문으로 구분) 지출한도
액이 설정되어 있다.

예산담당부서는 부서별·기관별 지출한도액을 정하기 위하여 사업담당부서
와 기관으로부터 신규사업 및 계속사업에 대한 예산요구를 받은 후, 부서별·기
관별 지출한도안을 마련한다. 지출한도안은 총액배분·자율편성 취지에 따라
교육예산심의위원회가 심의하며, 위원회가 정책 우선순위 등을 고려하여 예산
요구 단위기관별 지출한도액을 조정하여 결정한 후 부서와 기관에 통보된다. 지
출한도액을 통보받은 부서 및 기관은 지출한도 내에서 추진하고자 하는 사업의
우선순위를 정하여 예산안을 편성한다.

국립학교의 경우 학교별로 인건비와 기본경비 주요사업비로 구분하여 지출한 도액이 정해진다. 인건비는 평균호봉 단가에 교직원수를 곱하여 산정하고, 기준경비로 지칭되는 운영비는 학생 수, 교직원 수, 시설면적 등을 기준으로 산정하며, 주요사업비로 배분되는 시설비도 일정한 기준에 의해 총액으로 배분된다. 국립대학 부속 초 · 중 · 고등학교의 경우에는 국립대학 예산과 별도로 산정하여 배분된다. 배분된 지출한도에 따라 국립학교가 예산안을 편성하여 예산담당부서에 제출한다.

예산요구 기관별 지출한도액 범위 내에서 작성 · 제출된 예산안은 예산담당부서가 예산편성지침 준수 여부, 사업추진의 효율성 여부 등을 검토한 후, 보완 또는 대체를 요구할 수 있고, 교육예산심의위원회의 심의 등을 거쳐 삭감하기도 한다. 예산요구 기관의 요구안은 위원회의 심의 · 의결을 거쳐 부처 요구안으로 확정되어 기획재정부에 제출된다.

2. 지방교육재정교부금 배분

「지방교육재정교부금법」 제1조에 의하면, 지방교육재정교부금제도는 "지방자치단체가 교육기관 및 교육행정기관을 설치 · 경영함에 필요한 재원의 전부 또는 일부를 국가가 교부하여 교육의 균형 있는 발전을 도모함"을 목적으로 하고 있다. 이는 교부금의 지원주체는 '국가'이며, 지원대상은 '지방교육자치단체가 설치 · 경영하는 교육기관 및 교육행정기관'이고, 지원목적은 '교육의 균형 있는 발전 도모'라는 사실을 나타낸다. 다시 말해, 지방교육재정교부금은 지방의 재정자립도나 빈부의 격차로 인하여 발생하는 교육기회의 불균형과 교육의 질적 격차를 해소하기 위하여 국가가 지방자치단체에 교육재정을 지원하는 재원이다. 이러한 관점에서 볼 때, 지방교육재정교부금은 지역 간 재정능력의 격차를 조정함으로써 교육기회의 균등한 제공을 보장하기 위한 형평교부금이라 할 수 있다.[7]

교부금은 확보측면에서 보면 경상교부금과 교육세로 나누어 볼 수 있지만, 교부측면에서 보면 크게 보통교부금과 특별교부금으로 구분된다.

---

7) 백성준, 교육개혁의 효율적 추진을 위한 지방교육재정제도 개선 방안(서울: 한국교육개발원, 1998), p. 16.

지방교육재정교부금 배분방법의 변천과정은 크게 1959년부터 1990년까지의 항목별 배분의 시기, 1991년부터 2000년까지의 총액배분의 시기, 2001년부터 현재까지의 총액 및 사업별 배분의 시기로 구분할 수 있다.[8]

1) 항목별 배분기(1959~1990)

1959~1990년까지의 항목별 배분의 시기는 단위사업별 산정, 경비별 교부시기로, 각 시·도교육청에서 단위사업별로 교부금 산정자료를 제출하고, 인건비, 행정기관운영비, 학교운영비, 시설비 등으로 산정하여 교부금을 교부하였다.

지방교육재정교부금제도는 1958년 말 「의무교육재정교부금법」 제정으로 도입된 의무교육재정교부금제도로부터 출발하였다. 「의무교육재정교부금법」은 현행 「지방교육재정교부금법」과 달리 보통교부금의 재원을 명시하지 않고 보통교부금을 기준재정수요액이 기준재정수입액을 초과하는 금액으로 규정하면서 기준재정수입액 산정기준만 제시한 기형적인 형태를 띠고 있었다. 보통교부금의 재원은 기준재정수입액 산정기준에 포함된 국세 교육세의 30%를 제외한 나머지인 국세 교육세의 70% 재원과 일부 국고재원이었을 것으로 짐작된다.

지방교부세에 통합되어 지원되던 중등교육재원은 1964년부터 분리되어 지방교육교부세제도로 정착되었다. 보통교육교부세의 재원은 입장세액의 40%, 주세 중 탁주·약주세액의 42% 해당액이었으나, 1968년부터 내국세의 1.3%로 조정되었다.

「의무교육재정교부금법」과 「지방교육교부세법」은 1971년 말 「지방교육재정교부금법」으로 통합되었다. 보통교부금의 재원은 내국세의 11.8%, 특별교부금의 재원은 내국세의 1.18%로 되었으나, 1973년부터 내국세 법정교부율의 효력이 정지되어 1982년까지 유지되다가 1983년부터 교부율 11.8%가 회복되었다.

1959년부터의 의무교육재정교부금, 1964년부터의 지방교육교부세, 그리고 1971년부터의 지방교육재정교부금 등 모든 교부금 관련 법률이 대통령령을 제정할 근거를 가지고 있었으나, 기준재정수요액을 산정하는 대통령령이 제정되지 아니하고 임시적인 행정내규에 의하여 측정단위와 단위비용이 정해짐으로써

8) 송기창, 지방교육재정운용제도 변경에 따른 영향 연구(교육부, 2002), 14.

합리성의 문제가 제기되었다. 이 시기의 교부금제도는 그 명칭과는 달리 실제로 배분 및 운영되는 방식은 국고보조금의 형태를 띠고 있었다. 교부금을 국고보조금과 구별하는 기준은 재원의 성격에 있다고 할 수 있는데, 일반재원인 교부금을 특정재원인 국고보조금처럼 구체적인 사업명, 물량, 단가 등을 명시하여 교부하였기 때문이다.

항목별로 소요비용을 산출하여 배분하는 항목별 배분방식은 당시 문교부가 시·도 교육청(당시의 명칭은 '시·도 교육위원회'였음)의 예산을 일일이 편성해 주는 결과를 가져와 시·도 교육청은 예산편성의 자율성이 거의 없었다. 또한 항목별 배분방식은 시·도 교육청의 자구노력을 유도하는 데 문제가 있었다. 일례로 소규모 학교 및 소규모 학급 통폐합을 요구해도 학교운영비를 학교당 경비와 학급당 경비로 배분하였기 때문에 학교 수와 학급 수를 줄이려고 하지 않았는데, 학교 수와 학급 수가 줄어들면 교부금액이 줄어들기 때문이었다.[9]

2) 교육비차이도에 의한 총액배분기(1991~2000)

교육부는 1990년 말 지방교육재정교부금의 배분방법을 변경하여 시·도의 지방교육재정자립도가 낮음에도 불구하고 예산편성의 자율성을 최대한 보장하기 위하여 총액배분제도를 도입하였다. 교육부가 채택한 총액배분제도는 가중학생수(학교급별 학생 수에 학교급별 교육비차이도를 곱하여 산출함)를 기준으로 기준재정수요액을 산정한 후 기준재정수입액과의 차액을 총액으로 지원하는 방식이었다.[10]

이 제도는 두 가지 효과가 있었다. 하나는 시·도에 예산편성의 자율성을 부여함으로써 지방교육자치를 정착시킬 수 있었다는 것이며, 다른 하나는 학생 수라는 단일지표를 사용하여 교육재정을 배분함으로써 소규모 학교 통폐합[11]을 포함한 교육재정 효율화를 촉진하였다는 것이다. 1991년부터 1995년까지 적용된 보통교부금 배분방법을 좀 더 자세히 살펴보면 다음과 같다.

9) 상계서, p. 15.
10) 상계서, pp. 15~18.
11) 종전까지는 학교당 경비, 학급당 경비를 별도로 산정하여 배분함으로써 학교 수와 학급 수가 많을수록 교부금을 많이 지원받을 수 있어서 시·도가 소규모학교 통폐합에 소극적이었음.

보통교부금은 기준재정수입액이 기준재정수요액에 미달하는 경우에 그 미달액을 기준으로 교부하고, 기준재정수요액은 각 측정단위의 수치를 그 단위비용에 곱하여 얻은 금액을 합산한 금액이며, 기준재정수입액은 지방교육양여금, 입학금 및 수업료, 봉급전입금, 담배소비세 전입금을 합한 금액으로 하였다.

측정단위인 가중학생 수는 전년도 4월 1일 현재의 시·도별 유치원,[12] 초등학교(사립 초등학교는 제외), 중학교, 고등학교 및 특수학교 학생 수에 교육비차이도 계수를 곱하여 산정하였다. 시·도별 단위비용은 가용재원과 당해 시·도별 지수를 곱한 금액을 개별 시·도별 지수와 가중학생 수를 곱한 수치의 합으로 나누어 산출하였다.

가용재원은 「지방교육재정교부금법」에 의한 보통교부금, 「지방교육양여금법」에 의한 지방교육양여금, 공·사립 중·고등학교의 입학금 및 수업료와 지방자치단체의 일반회계로부터의 봉급전입금 및 담배소비세 전입금을 합한 금액이며, 기준연도(1990년)의 시·도별 지수는 시·도별 가중학생당경비를 전국의 평균 가중학생당경비로 나누어 산출하되, 소수점 넷째 자릿수에서 반올림하며, 당해연도의 시·도별 지수는 전년도 가중학생 수와 대비하여 당해연도 가중학생 수가 같거나 증가한 경우에는 전년도 지수로 하고, 가중학생 수가 감소한 경우에는 전년도 지수를 전년도 가중학생 수 대비 당해연도 가중학생 수 비율로 나누어 보정하도록 하였다. 각 시·도의 기준재정수요액이 여건 변화 등으로 인하여 심히 불합리하다고 판단되는 경우에는 교육부장관이 지수를 보정할 수 있도록 하였다.

특별교부금은 ① 기준재정수요액의 산정으로 포착할 수 없는 특별한 재정수요가 있는 경우, ② 보통교부금의 산정기일 후에 발생한 재해로 인하여 특별한 재정수요가 있거나 재정수입의 감소가 있는 경우, ③ 교육행정기관 또는 교육·체육시설의 신축·복구·확장·보수 등의 사유로 인하여 특별한 재정수요가 있는 경우에 교부하는 것으로, 시·도교육청의 신청을 근거로 사업의 필요성 및 사업규모, 자체부담능력 등을 감안하여 교부하였다.

---

12) 1990년 말 제정된 「지방교육재정교부금법 시행규칙」에서는 유치원의 교육비 차이도가 명시되어 있지 않았으나, 유치원생을 가중학생 수 산정과정에서 제외한 것은 불합리하다는 감사원의 지적에 따라 1991년 8월 시행규칙을 개정하여 유치원의 교육비 차이도 계수를 명시하였고, 학생 입학금 및 수업료와 봉급전입금 및 담배소비세 전입금의 추정방법을 구체적으로 규정하였음.

　이러한 규정에 의하여 처음 배분한 1991년도의 경우에 전년도 지수가 없었기 때문에 시·도별 지수는 1990년도의 인건비, 교육행정기관 운영비, 학교운영비(교당, 급당, 학생 1인당 경비 등) 등을 고려한 시·도별 기본소요액(시설비 제외)을 가중학생 수로 나누어서 얻은 시·도별 가중학생 1인당 경비를 전국 평균 가중학생 1인당 경비로 나누어 산출하였다.

　한편, 기준재정수입액은 지방교육양여금, 입학금 및 수업료, 봉급전입금, 담배소비세 전입금을 합한 금액으로 하였다. 지방교육양여금은 전전년도 시·도별 인구비율에 따라 양여하며, 입학금 및 수업료는 특별시, 광역시, 도를 각각 하나의 권역으로 구분하고 각 권역 안의 학교급별, 계열별 학생 1인당 평균단가를 산정하여 그 평균단가에 각 시·도별 해당 학생 수를 곱하여 추정하였다. 실업계 고등학교는 85%의 징수율을, 그 외 학교는 90%의 징수율을 적용하였고, 봉급전입금 이외의 기준재정수입액은 그 추정액의 90/100에 상당하는 금액으로 하였다.

　그러나 교부금 총액배분제도는 교육여건의 변화를 반영하는 제도적 장치가 미흡하여 대단위 택지개발지구의 학교 신·증설 수요 및 교원 인건비 증가 등을 현실에 맞게 효율적으로 반영하지 못하였으며, 1990년 당시에 산출한 시·도별 지수는 학생 수가 감소하는 경우에만 일부 보정하여 왔으므로 시·도별 지수격차의 누적으로 교육투자의 불균형을 초래하였다. 이에 1995년 말 「지방교육재정교부금법 시행규칙」을 개정하여 교육비차이도계수를 조정하였고, 보통교부금을 경상재정과 학생수용시설재정으로 구분하여 배분하는 방식으로 변경하였다. 즉, 1996년에는 지수조정 및 학생수용시설비가 별도로 산정되어 추가 반영되었는데 기존 학교급별 교육비차이도계수 및 시·도별 표준적용지수를 조정하고, 학교신설이 증가되는 시·도의 시설비수요를 총재정의 1/10 이내에서 산정하였다.

　기준재정수요액 산정에 시·도별 인건비 및 운영비 표준 적용치를 반영하도록 하였고, 택지개발지구 등 시·도별 학교신설 소요를 검토하여 경비에 반영하였으며,[13] 당해연도 학생증가분을 반영하기 위하여 최근 3년간 가중학생 수 평

---

13) 반영된 학교신설소요는 신도시 및 택지개발지구 학교신설, 과밀학급 완화(51명 이상→50명 수준)를 위한 학교신설 및 교실증축, 초등학교 2부제 수업 해소(1998년까지 완전 해소)를 위한 학교신설 및 교실증축 등임.

균증가율을 적용하였고, 시·도별 지수산정을 명료화하기 위해 표준지수와 적용지수로 구분하여 급격한 변화에 따른 재정수요 격감을 예방하였다.

3) 소요경비 산정에 의한 총액배분기(2001~)

지방교육재정교부금의 총액교부방법은 지역별 교육여건의 차이에 대한 조정기능이 미흡하고, 교육환경변화에 탄력적으로 대응하는 데 한계가 있었다. 이에 지방교육재정교부금 배분의 형평성과 자율성, 효율성 및 현장성 등을 극대화하고 현행 제도의 운영과정에서 나타난 일부 미비점을 개선·보완하기 위하여 2001년부터 새로운 교부금배분방법을 적용하게 되었다.

교육비차이도계수에 의하여 산정하던 기준재정수요액 산정방식을 경비별 소요액 산정방식으로 전환하였고, 기준재정수요액을 경상재정수요와 사업재정수요로 구분하되, 경상재정수요(인건비, 기관운영비, 학교운영비)는 표준단가로 산정하고, 사업재정수요(학교신증설비, 교육환경개선비, 제7차교육과정대비시설비, 교육정보화비, 기타사업비)는 실소요액으로 산정하되, 사업재정수요는 총가용재원의 10분의 3의 범위 안에서 교육부장관이 정하도록 하였다. 경상재정수요액은 총액으로, 사업재정수요액은 사업별로 교부하도록 하고, 시·도별로 교부하여야 할 금액이 교부금 규모를 초과할 경우 이를 조정하여 교부할 수 있도록 하였다.

또한 기준재정수입액 중 신설된 지방교육세는 경기변동에 따라 세수 증감이 발생하여 시·도 간 재정불균형 요인이 될 수 있으므로 이를 조정하기 위하여 다음다음 연도에 정산하도록 하였고, 제도개선에 따른 재정여건의 급격한 변화를 완화하기 위해 제도개선 증감분을 연차적으로 조정하여 교부할 수 있도록 하였다. 이후 조정은 계속되었으나, 이러한 배분방식의 기조는 유지되고 있다.

4) 현행 지방교육재정교부금 배분제도

(1) 재원규모 및 보통교부금 교부방법

「지방교육재정교부금법」 제3조 제1항에 의하면, 국가가 지방자치단체에 교부하는 교부금은 보통교부금과 특별교부금으로 구분된다. 보통교부금은 내국세 총액의 20.27%의 96%에 해당하는 금액과 교육세 세입액 전액을 합한 금액이며, 특별교부금은 내국세 총액의 20.27%의 4% 해당 금액이다.

보통교부금은 기준재정수입액이 기준재정수요액에 미달하는 지방자치단체에 그 미달액을 기준으로 하여 총액으로 교부한다. 시행규칙 제3조에 따르면, 시·도 교육행정기관의 장은 교부금의 산정에 필요한 자료를 전년도 7월 말까지 교육부장관이 지정하는 정보처리장치를 통하여 제출하여야 하며, 교육부장관은 시·도 교육행정기관의 장이 제출한 자료가 사실과 같게 작성되었는지의 여부를 확인하기 위하여 자료검사를 할 수 있다. 교부금법 제5조 제2항에 의하면, 교육부장관은 보통교부금을 교부하고자 하는 때에는 당해 시·도 교육행정기관의 장에게 그 교부의 결정을 통지하여야 한다. 이 경우 교육부장관은 보통교부금의 산정기초, 자치단체별 내역 및 관련자료를 작성하여 이를 각 시·도 교육행정기관의 장에게 송부하여야 한다. 교육부장관은 매년 2월 말까지 시·도 교부할 보통교부금의 총액을 당해 시·도 교육행정기관의 장에게 통지하여야 한다. 다만, 연도 중 보통교부금 총액의 변경 외의 특별한 사유로 인하여 당해 시·도 보통교부금 총액이 변경된 때에는 그 때마다 이를 당해 시·도 교육행정기관의 장에게 통지하여야 한다(시행규칙 4조).

국가는 회계연도마다 교부금을 국가예산에 계상하여야 하며, 추가경정예산에 의하여 내국세 및 교육세의 증감이 있을 경우에는 교부금도 증감하여야 한다. 또한 내국세 및 교육세 예산액과 결산액의 차액으로 인한 교부금의 차액은 이를 늦어도 다음다음 연도의 국가예산에 계상하여 정산하여야 한다(교부금법 9조). 아울러 교육부장관은 매년 3월 31일까지 보통교부금의 배분기준·배분내역·배분금액 그 밖에 보통교부금의 운영에 필요한 주요사항을 국회 소관 상임위원회에 보고하여야 한다(교부금법 12조).

(2) 기준재정수입액 및 기준재정수요액 산정방법

기준재정수입액은 교부금법 제11조의 규정에 의한 일반회계 전입금 등 교육·학예에 관한 지방자치단체 교육비특별회계의 수입예상액으로 하되, 수입예상액중 지방세를 재원으로 하는 것은 「지방세기본법」 제2조 제1항 제6호에 따른 표준세율에 의하여 산정한 금액으로 하며 그 밖의 수입예상액의 산정방법은 대통령령으로 정하되(교부금법 7조), 「지방세법」 제69조 제2항 후단에[14] 따라 지방세를 재원으로 하여 지방교육재정교부금 보전에 충당하는 부분의 기준재정수입액 산정은 「지방세법 시행령」 제75조 제1항 제2호 라목에[15] 따른다. 일반회계 전입금이란 「지방세법」 제151조에 따른 지방교육세에 해당하는 금액, 담배소비세의 45%(도지역 제외), 서울특별시는 특별시세 총액[16]의 10%, 광역시 및 경기도는 광역시세 또는 도세 총액[17]의 5%, 그 밖의 도 및 특별자치도는 도세 또는 특별자치도세 총액의 3.6%에 해당하는 금액을 말한다.

교부금법 시행령 제5조에 의하면, 지방세를 재원으로 하는 수입은 전전년도 지방세 세입결산액에 최근 3년간의 평균증감률을 적용하여 산출하고, 지방세 및 세외수입의 징수실적 또는 징수전망 등을 기초로 한 세수의 변동요인이 있는 때에는 교육부장관이 기준재정수입액을 보정할 수 있다. 교부금법 시행령에 제시되어 있는 지방세 외의 수입예상액의 산정기준은 다음 〈표 8-1〉과 같다.

교부금법 제6조에 따르면, 기준재정수요액은 각 측정항목별로 측정단위의 수치를 그 단위비용에 곱하여 얻은 금액을 합산한 금액으로 하며, 측정항목 및 측정단위는 대통령령으로 정하고, 단위비용은 대통령령이 정하는 기준의 범위 안에서 물가변동 등을 감안하여 교육부령으로 정하도록 되어 있다. 기준재정수요액은 교직원 인건비, 학교·교육과정 운영비, 교육행정비, 교육복지지원비, 학교시설비, 유아교육비, 방과후학교사업비의 일곱 가지로 구분하여 각 항목별 측정단위와 단위비용을 산정공식에 반영하여 수요액을 산출하여

---

14) 「지방세법」 제69조(과세표준 및 세액) ② 지방소비세의 세액은 제1항의 과세표준에 100분의 11을 적용하여 계산한 금액으로 함. 이 경우 100분의 11 중 100분의 6에 해당하는 부분은 제11조 제1항 제8호에 따라 감소되는 취득세, 지방교육세, 지방교부세 및 지방교육재정교부금 보전 등에 충당함.
15) 「지방세법 시행령」 제75조(안분기준 및 안분방식) ① 법 제71조에 따라 납입된 지방소비세는 지역별 소비지출 등을 고려한 부분과 취득세, 지방교육세, 지방교부세 및 지방교육재정교부금 등(이하 "취득세 등"이라 한다)의 보전에 충당하는 부분에 각각 11분의 5와 11분의 6의 비율로 구분하여 안분하고, 그 안분액은 다음 각 호의 계산식에 따라 산출하는 금액으로 함. 다만, 제2호 가목에 따라 산출한 해당 도의 안분액 합계액의 100분의 2에 해당하는 금액은 사회복지수요 등을 고려하여 행정자치부령으로 정하는 바에 따라 그 안분액을 달리 산출할 수 있음.
    2. 취득세 등의 보전에 충당하는 안분액 계산식
     라. 지방교육재정교부금의 보전에 충당하는 안분액 계산식(생략)
16) 「지방세기본법」 제8조 제1항 제1호에 따른 보통세 중 주민세 재산분 및 지방소득세 종업원분, 같은 항 제2호에 따른 목적세 및 같은 법 제9조에 따른 특별시분 재산세에 해당하는 금액을 제외함.
17) 「지방세기본법」 제8조 제2항 제2호에 따른 목적세에 해당하는 금액을 제외함.

〈표 8-1〉 지방세 외의 수입예상액의 산정기준

측정항목	산정기준
1. 공립 유치원 및 공립·사립고등학교 수업료·입학금	전국의 전년도 수업료·입학금을 기초로 교육부장관이 산정한 지역별(특별시, 광역시, 도)·학교급별·계열별·급지별 학생 1인당 연간 수업료·입학금 기준액에 해당 학생 수를 곱한 금액의 85%를 산정한다. 다만, 읍·면 지역 및 도서벽지의 학교와 「초·중등교육법 시행령」 제90조 제1항 제10호에 따른 산업수요 맞춤형 고등학교 및 같은 영 제91조 제1항에 따른 특성화고등학교(자연현장실습 등 체험위주의 교육을 전문적으로 실시하는 고등학교는 제외한다)는 70%를 산정한다.
2. 학교용지부담금	「학교용지 확보 등에 관한 특례법」 제4조 제4항에 따라 시·도의 일반회계에서 부담하도록 되어 있는 학교용지를 확보하는 데에 드는 경비

주: 학생 수는 교부금 교부연도의 전년도 4월 1일을 기준으로 산정한다.

합산하고, 거기에 재정결함 보전수요와 자체노력수요 등을 합산한다. 자체노력수요 등에는 학교·학급 통·폐합 및 신설대체 이전 지원, 학교신설 민관협력 확대, 자율형 사립고 지정에 따른 공립 일반고등학교 지원, 외부로부터의 교육투자 유치, 고등학교 학업중단학생 비율, 특성화고등학교 체제개편 지원이 포함된다.

(3) 교부금의 조정과 이의신청

교부금이 그 산정에 필요한 자료의 착오 또는 허위로 인하여 부당하게 교부된 때에는 교육부장관은 당해 시·도 정당하게 받을 수 있는 교부금액을 초과하는 부분에 상당하는 금액을 다음에 교부할 교부금에서 감액한다. 지방자치단체가 법령의 규정을 위반하여 현저하게 과다한 경비를 지출하였거나 확보하여야 할 수입의 징수를 태만히 한 때에도 교육부장관은 당해 지방자치단체에 교부할 교부금을 감액하거나 이미 교부한 교부금의 일부의 반환을 명할 수 있다. 이 경우 감액하거나 반환을 명하는 교부금의 금액은 법령의 규정을 위반하여 지출하였거나 징수를 태만히 한 금액을 초과할 수 없다(교부금법 8조).

시·도 교육행정기관의 장은 보통교부금의 결정통지를 받은 경우에 당해 자치단체의 교부금액 산정기초 등에 대하여 이의가 있는 때에는 통지를 받은 날부터 30일 이내에 교육부장관에게 이의를 신청할 수 있다. 교육부장관은 이

의신청을 받은 경우 그 신청을 받은 날부터 30일 이내에 이를 심사하여 그 결과를 당해 지방자치단체의 교육행정기관의 장에게 통지하여야 한다(교부금법 13조).

(4) 특별교부금의 교부

특별교부금은 교부금법 제5조의2에 의해 규정되어 있으며, 교육의 균형 있는 발전을 도모하기 위하여 교육부가 시·도 교육행정기관 또는 교육기관에 교부하는 교부금의 일종이다. 이는 전국에 걸쳐 시행하는 교육관련 국가시책사업으로 따로 재정지원계획을 수립하여 지원하여야 할 특별한 재정 수요 (60%), 기준재정수요액의 산정방법으로 포착할 수 없는 지역교육현안수요 (30%), 보통교부금 산정기일 후 발생한 재해로 인한 특별한 재정수요 또는 재정수입의 감소(10%)에 대처하기 위해 집행하는 예산이다.

국가시책사업수요 특별교부금은 교육부에서 직접 재정지원계획을 수립하여 교부하고, 지역교육현안수요·재해대책수요 특별교부금은 교육부에서 시·도 신청을 받아 심사하여 교부한다. 교육부에서는 국가시책사업수요 특별교부금의 경우 교육부 내 특별교부금 담당부서에서 각 사업부서로부터 사업요구서를 제출받아 국가시책사업심의위원회 심의를 거친 후 장관의 결재를 받아 특별교부금을 교부하고 있다. 지역교육현안수요 특별교부금의 경우 각 시·도교육청으로부터 연 1, 2회 사업을 신청받아 심사하여 교부하고 있고, 재해대책수요 특별교부금의 경우에는 소방방재청의 피해조사 결과 등을 근거로 시·도교육청에서 특별교부금을 신청하면 이를 교부하고 있다.

특별교부금의 사용잔액이 예상되는 경우에는 교육부장관이 지방교육행정 및 지방교육재정의 운용실적이 우수한 지방자치단체에 대한 재정지원의 재원으로 사용할 수 있다(교부금법 제5조의2 제1항). 지방교육행정 및 지방교육재정의 운용실적이 우수한 교육청은 "1. 「초·중등교육법」 제9조 제2항의 규정에 의한 지방교육행정기관에 대한 평가에서 우수한 성과를 거둔 경우", "2. 교육부장관이 재정운영의 건전성·효율성 등을 기준으로 지방교육행정기관에 대하여 행하는 재정운영성과평가에서 우수한 성과를 거둔 경우"다(교부금법 시행령 3조).

특별교부금의 기능과 특징을 재원의 목적, 용도, 규모면에서 비교가능한 보통교부금, 예비비, 보조금, 특별교부세 등과 비교하여 제시하면 다음과 같다.[18] 첫째, 보통교부금과 특별교부금은 지방자치단체의 교육기관 및 교육행정기관의 설치·경영에 소요되는 재원으로 시·도교육청의 교육비특별회계 예산에 계상되어 집행되는 지방교육재정의 일부라는 공통점을 지닌다. 그러나 보통교부금은 학교 수, 교직원 수, 학생 수 등을 근거로 기준재정수입액이 기준재정수요액에 미달하는 지방자치단체에 그 미달액을 기준으로 하여 획일적으로 산정되어 교부되는 반면, 특별교부금은 교육부에서 일정한 재량권을 가지고 특별한 재정수요가 있는 지방자치단체에 교부한다는 점에서 차이가 있다. 그리고 보통교부금은 교육부에서 용도를 제한하거나 조건을 붙일 수 없지만 특별교부금은 용도제한이 가능하다는 점에서 다르다. 즉, 특별교부금은 보통교부금 배분의 획일성을 극복하기 위하여 중앙정부가 지방의 균형적인 교육발전을 목적으로 재원을 배분하는 기능을 가진다.

둘째, 특별교부금은 예측할 수 없는 특별한 재정수요 등에 충당할 목적으로 계상되고 국회의 사전승인을 받지 않는다는 점에서 예측할 수 없는 예산 외의 지출수요 등이 발생한 경우에 집행하는 예비비와 그 성격이 유사하다. 그러나 정부 예비비의 경우 「국가재정법」 제51조 등의 규정에 따라 기획재정부 심사, 국무회의 심의를 거쳐 대통령 승인을 받아 집행하고, 사용내역에 대하여도 대통령의 승인을 받아 감사원에 제출한 후 국회 승인을 얻는 데 비해 특별교부금은 이와 같은 통제를 받지 않는다는 점에서 차이가 있다. 따라서 특별교부금은 예산 배분의 시기성을 극복하고 적시성과 시급성을 갖는 수요에 대처하는 기능을 가진다. 이러한 특별교부금의 특징을 고려하더라도 특별교부금은 예산의 일반적인 원칙, 즉 합목적성과 투명성에 부합하는 배분과 집행 과정을 거치는 공공재원으로서의 역할을 담당해야 한다.

셋째, 국가시책사업수요 특별교부금과 보조금의 차이를 보면, 전국에 걸쳐 시행하는 국가시책사업과 관련하여 시·도교육청에 교부하는 국가시책사업수요 특별교부금은 국가시책 수행 등을 위해 국가가 지방자치단체 등에 교부하

---

18) 감사원, 감사결과 처분요구서(교육과학기술부 특별교부금 운용실태, 2008. 12), pp.7~9.

는 보조금과 그 성격이 유사하다. 그런데 보조금의 경우 「보조금의 예산 및 관리에 관한 법률」 제6조 등의 규정에 따라 기획재정부 등의 예산심의 등을 거쳐 해당 사업이 예산에 계상된 경우에 한해, 같은 법 시행령 제4조에 규정된 기준 보조비율대로만 집행할 수 있는 반면, 국가시책사업수요 특별교부금은 「지방교육재정교부금법」 제3조 등의 규정에 따라 내국세의 일정 비율이 국가예산에 바로 계상되고 교육부 장관이 재량권을 가지고 사업대상 등을 정하여 교부한다는 점에서 차이가 있다. 또한 보조금 사업의 경우 「국가재정법」 제54조의 규정에 따라 집행실적을 기획재정부, 국회 소관 상임위원회, 예산결산특별위원회에 제출하도록 되어 있는 반면, 특별교부금 사업에 대하여는 이와 같은 외부 심의와 통제가 없다.

3. 단위학교로의 재정배분

교육부로부터 시·도교육청으로 배분된 재원은 종류별로 각기 다른 방식에 의해 단위학교로 다시 배분된다. 시·도교육청에서 단위학교로 배분되는 재원은 크게 일반적인 학교운영에 소요되는 재원과 특정사업 추진을 위해 투입되는 재원으로 구분할 수 있다. 먼저 특정사업에 투자되는 재원으로는 특별교부금과 국고보조금 등을 들 수 있다.

시·도별 학교운영비 배분기준은 다양하게 적용되고 있다. 전형적으로 교·급당 경비 기준이 대표적이라고 할 수 있지만, 그 외에도 교원당, 학생당 경비 기준 등이 추가되는 경우도 있다. 그러나 여전히 학교급별, 학교규모에 따라서는 배분결과에 많은 차이가 나고 있다. 교당경비의 예를 들면, 기준재정 수요 산정 시 학교 간 특성을 고려하지 않고 획일적인 기준을 적용할 경우 노후 학교는 건물의 유지보수비 등에 우선적으로 많은 경비를 투자함으로써 상대적으로 교육과정 투입경비가 미흡할 가능성이 높게 된다.[19]

2014년 학교회계 예산편성 지침을 중심으로 시·도교육청의 학교운영비 배분 방식을 살펴보면, 다음과 같다. 먼저, 학교운영비는 대부분의 교육청에서

---

19) 공은배 외, 지방교육재정 운영실태 조사연구(지방교육재정운영실태조사팀, 1998), p. 70.

학교당, 학급당, 학생당 경비 등 공식에 의해 산정되는 학교운영비, 학교별 특성을 반영하기 위해 가산금, 통합배분사업비 등으로 구성하고 있다. 〈표 8-2〉는 시·도교육청별 학교기본운영비 산정 항목을 제시한 것으로 통합배분사업비를 제외한 포뮬러에 의해 산정되는 학교운영비와 별도의 가산금 항목을 제시한 것이다. 포뮬러에 의해 산정하는 학교운영비의 경우 대부분 학교당, 학급당, 학생당 경비로 구성되지만 대전교육청과 경북교육청은 여기에 교원당 경비를 별도로 산정하며, 경남교육청에서는 학급당 경비를 산정하지 않는다.

　학교당, 학급당, 학생당, 교원당 경비의 단가를 설정하는 방식은 시·도에 따라 다른데, 대부분 한국교육개발원의 표준교육비 연구를 기준으로 삼는다. 반면 서울, 충남, 전북교육청의 경우 자체연구 등을 통해 별도의 기준을 마련하여 학교운영비를 산정하고 있다. 그러나 한국교육개발원의 표준교육비 연구에 제시된 단가를 적용하지 않는 교육청이라 할지라도 기본적인 틀은 한국교육개발원의 틀을 활용한다. 다만 서울교육청의 경우 한국교육개발원과는 다른 방식으로 학교운영비를 산정하고 있는데, 교육비용함수 모형을 토대로 추정한 교육비를 토대로 학교운영비를 산정하고 있다.

　시·도에 따라 학교운영비 배분액 산정에 부여하는 가중치가 다르다. 상대적으로 초등학교는 학교당 경비의 비중이 높으며, 중학교는 학생당 경비, 고등학교는 학급당 경비의 비중이 다른 학교급에 비해 높다. 한편 시·도별로도 가중치에 상당한 차이가 난다. 예를 들어, 초등학교의 경우 인천, 울산, 광주, 강원 등은 학교당 경비의 비중이 높은 반면 제주, 경기, 충북 등은 학급당 경비의 비중이, 전북, 전남 등은 학생당 경비의 비중이 상대적으로 높다.

　한편 학교운영비 배분액을 산정할 때 서울, 인천, 대전, 강원, 전북, 전남교육청 등은 단위학교의 자체수입을 반영하고 있다. 대부분 중학교의 학교운영지원비 징수액의 일정률을 반영하지만 서울과 대전교육청은 일정 규모 이상의 사용료 수입을 반영하고 있다. 이외에도 자체수입은 아니지만 순세계잉여금 등 학교회계 운용 행태를 반영하여 학교운영비 배분액을 조정하는 시·도교육청도 있다. 이 경우 대부분 학교회계의 순세계잉여금 규모가 일정 수준을 초과할 경우 초과하는 금액을 기준재정수입액으로 반영하는 방식을 취한다. 대구교육청은 세입기준액[20]의 8%를 초과한 순세계잉여금을, 충북교육청은 불용

〈표 8-2〉 시·도교육청별 학교운영비 산정 항목(2014년)

시도	교당	급당	학생당	교원당	기타 가산금
서울	○	○	○		건물연령, 건물면적 등
부산	☆	○	☆		건물유지비, 냉·난방전기료, 차량운영비, 24학급 이하 학교 추가경비지원 등
대구	☆	○	○		냉·난방운영비, 영양사인건비 등 총64개 항목
인천	☆	○	○		통합학교 운영비 등
광주	◇	○	○		단위학교 여건을 고려한 가산금 등
대전	◇	○	○	○	건물유지관리비, 공공요금 등
울산	◇	○	○		냉·난방 전기료, 건물유지비 등
세종	◇	☆	○		건물유지비, 현대화시범학교 운영비, 스마트교육·시스템실 운영에 따른 전기요금과 인터넷서비스 이용료 지원, BTL학교 기본운영비 조정, 과다불용액 감액 조정 등
경기	◇	☆	○		학교회계직인건비, 건물유지비, 소규모학교 운영비, 급식연료비 LPG 사용료 지원, 단설유치원 운영비 및 조리종사원 인건비 등
강원	◇	○	○		학습준비물구입비 등 교육과정 및 기타운영비 등 21개 항목
충북	☆	○	○		학교회계직인건비와 건물유지비, 일반계고 및 기숙형중학교 전기요금, 전광판 운영지원 등 기본경비 추가지원, 목적사업 추가지원
충남	◇	○	○		건물유지비, 현대화시범학교 운영비, 학교운영지원비 등
전북	◇	○	○		건물유지비, 전기료 등
전남	☆	☆	☆		도서학교 여비, 농업계고 목장관리, 천연잔디운동장 관리비, 장애인편의시설 설치학교 전기요금, 분교장 경비 등
경북	☆	○	○	○	교사동 면적 등
경남	◇		○		건물유지비, 동력사용료, 차량운영비, 지역중심고운영비, 수학여행비 등
제주	◇	○	○		특수시설 운영 등의 보정경비 등

자료: 해당 시·도교육청(2013). 학교회계 예산편성 기본지침.
주: ☆는 일정규모에 따라 학급 수를 묶어 차등지원, ◇는 학급단위로 차등지원,

률이 5% 이상이거나 불용액 규모가 5천만 원 이상인 학교에 대해 불용액의 5%를 감액 교부한다.

[20] 기본운영비, 학교운영지원비, 행정활동수입, 자산수입, 이자수입, 잡수입, 순세계잉여금의 합계액.

시·도교육청에서 단위학교로 배분하는 교육재정 중 커다란 규모를 차지하는 것 중의 하나는 사립중·고등학교에 대한 재정지원비다. 1969년의 중학교무시험진학제와 1974년의 고등학교 평준화제도 실시에 따라 공·사립학교 간 학생 납입금이 동일하게 책정되었다. 이에 따른 중등사학의 경상적 운영비 부족을 지원하고, 사학재정 운영의 건전화 및 공·사립학교 간 교육의 균형적 발전도모를 위해 중등사학에 대한 재정지원이 이루어지고 있다. 중학교는 1971년부터, 고등학교는 1979년부터 재정지원을 하기 시작하였다. 사립 초등학교의 경우에는 사립 초등학교 운영 자율화 방안의 일환으로 1989년부터 재정결함지원이 중단되었다.[21]

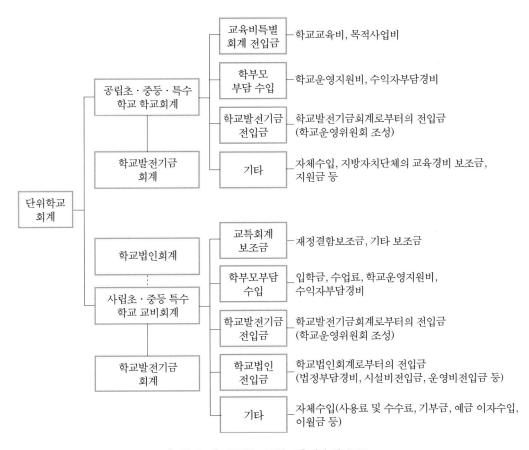

[그림 8-4] 단위학교로의 교육재정 배분구조

---
21) 교육부, 지방교육재정편람(1998), p. 77.

시·도교육비 특별회계상 사립학교에 대한 지원은 현재 사학운영지원비, 사학시설지원비, 사학교육환경개선지원비의 3개 항목으로 나누어 실시되고 있다. 사립중·고등학교 지원비 중 가장 큰 비중을 차지하는 것은 사학운영지원비다. 사학운영비는 기준재정수요액이 기준재정수입액을 초과하는 경우 그 초과액에 대하여 지원하고 있다. 대체로 기준재정수입은 입학금, 수업료, 법인전입금 등을 전년도 실적을 감안하여 자체기준으로 산출하고, 기준재정수요는 계열별, 학교급별, 규모별에 상응한 공립학교를 기준으로 계상하는데 인건비는 공립학교 정원, 운영비는 공립학교 학생 1인당 교육비를 기준으로 산출한다.

단위학교로의 교육재정 배분구조를 정리하면 앞의 [그림 8-4]와 같다.

제3절 교육재정 배분의 문제점

교육재정 배분의 현황분석을 근거로 교육재정 배분에 관련된 주요 문제점을 정리하여 보면, 지방교육재정교부율의 법제화 문제, 특별교부금의 불안정, 지방자치단체의 교육재정 확보 노력 결여, 배분기준의 타당성 결여, 배분의 비효율성, 사립학교 교육비 지원방식의 문제 등으로 요약할 수 있다.

1. 지방교육재정교부율 법제화 문제

지방교육재정교부금 중 교부율과 관련하여 제기되는 문제는 교부율을 법률로 고정하는 것이 바람직한 것인가 하는 문제와 현행 법정률인 20.27%가 과연 적절한 수준인가 하는 문제이다. 교부율 법정화에 반대하는 입장에서는 법정화로 인해 중앙정부의 재정운영의 경직성이 심화됨을 문제점으로 지적하고 있다. 한 예로 1973년부터 1982년까지가 이와 같은 중앙재정의 경직화를 이유로 해서 교부세의 법정률이 폐지되었던 시기이다. 한편, 교부세율을 법정화하는 것이 타당하다고 주장하는 입장은 그 이유로 지방재정의 안정성과 계획성 보장을 들고 있다. 즉, 교부세율이 법정화되지 않을 경우(1973~1982) 안정된 재원을 확보하지 못할 수도 있으며, 따라서 계획 수립에 차질이 생긴다는 것이다.

현행 교부금제도는 먼저 법정률에 의해 교부금의 고정 공급률이 결정된 후 이 제한된 공급액을 각 수요단체에게 배분하는 순서를 취하는 일종의 배급제적 성격을 지니고 있다고 볼 수 있다. 이러한 형태의 교부금제도에서는 항상 초과수요가 존재하게 되고 지방교육재정교부금에 대한 수요와 공급의 신축적인 조정에 의해서 그 규모와 배분액이 결정되는 경우에 비하여 재원배분상의 효율이 현저히 저하되게 된다. 실제로 누리과정과 학교급식의 확대 실시 등으로 인하여 교육재정 초과지출 수요가 있음에도 불구하고, 추가재원이 확보되지 못하여 겪고 있는 시·도교육청의 재정난은 교부금의 법제화에 따른 것이다. 그럼에도 불구하고 교부세율은 법정화될 필요가 있다. 교부세율이 법정화되지 않고 신축적인 조정이 가능하게 되면 여러 가지 이유로 인해 지금까지 받아 오던 배분액에 훨씬 못 미치는 교부금을 받을 가능성이 크기 때문이다.

더불어 현재의 경상교부금 중의 교부세율 20.27%에 대해서 그것이 적정수준인가에 대한 이론적 근거가 매우 희박하다. 따라서 교부세율을 인상하기 위한 노력이 끊임없이 요구되며 교부세율은 지금처럼 법정화하여 안정적인 교부금을 확보할 수 있어야 한다.

2. 특별교부금의 불안정

지방교육재정교부금 중 특별교부금은 재원에 관련된 문제이면서 동시에 배분에 관련된 문제다.[22] 왜냐하면 특별교부금은 전국에 걸쳐 시행하는 교육관련 국가시책사업으로 따로 재정지원계획을 수립하여 지원하여야 할 특별한 재정수요가 있거나(특별교부금 재원의 60%), 기준재정수요의 산정방법으로 포착할 수 없는 특별한 재정수요가 발생하거나(특별교부금 재원의 30%), 보통교부금의 산정기일 후에 발생한 재해로 인하여 특별한 재정수요가 있거나 재정수입의 감소가 있는 때(특별교부금 재원의 10%)[23] 이를 충족하기 위한 재원이기 때문이다.

이와 같은 임시적·예비적 성격을 갖고 있는 특별교부금은 1971년 「지방교육

---

22) 윤정일, 교육필요에 근거한 교육재정 배분(서울대학교 사범대학 교육연구소, 1987), p. 19.
23) 지방교육재정교부금법 제5조의2(특별교부금의 교부).

재정교부금법」제정 당시에는 경상교부금(내국세의 11.8%)의 10/100을 확보하도록 법정화되었으나 1982년에 교부금이 개정되면서 "특별교부금의 재정규모는 국가예산이 정한다."고 막연하게 규정되었다. 이렇게 함으로써 특별교부금은 거의 교부되지 못하여 실제로 특별교부금의 법정교부율이 폐지된 1982년부터 1989년까지 경상교부금 중 교부세의 10%를 확보했을 경우보다 약 7,118억 원의 손실을 보았다. 따라서 그동안 특별교부금을 교부받아야 할 문제상황이 발생했을 경우에 지방교육위원회는 문제상황을 그대로 방치하거나 아니면 보통교부금에서 전용해야 했다.

1990년 말에 개정된 「지방교육재정교부금법」에서는 공립중등학교 교원봉급 반액과 교육세액을 교부금에서 제외하는 대신에 국가예산이 정하는 증액교부금제를 새로이 도입하고, 내국세 총액의 11.8%[24]의 1/11을 특별교부금으로 분할시켰다. 이처럼 특별교부금의 법정교부율이 설정되었다고는 하지만 종래의 보통교부금을 잠식한 것에 지나지 않고, 증액교부금이 신설되었으나 이는 국가의 예산사정에 따라 확보되는 것이므로 역시 불안정한 재원인 것이다. 특별교부금은 2005년 1월 1일 개정에서 내국세교부금(내국세 총액의 19.4%)의 4%로 축소되었고, 현재는 내국세 총액의 20.27%의 4% 해당액이다.

특별교부금은 그 용도와 관련해서도 문제점이 있다. 특별교부금의 용도로 지정된 것들이 재해로 인한 특별한 재정수요 이외에는 보통교부금의 용도와 다를 바 없고 특별교부금으로 지원받는 예산은 별도의 회계로 편성하는 것이 아니기 때문에 특별교부금은 목적교부금제도의 연장이라 할 수 있다. 학교 신축의 경우에 보통교부금으로 충당할 수도 있고, 특별교부금으로 충당할 수도 있다. 이러한 것들은 굳이 특별교부금으로 배분하지 않아도 기준재정수요액에 반영할 수 있고, 시·도별 지수를 보정하는 방식에 의하여 보통교부금 산정기준에 반영할 수 있는 것들이다.[25]

---

24) 2000년 개정된 「지방교육재정교부금법」에서 13%로 상향 조정되었음.

25) 송기창, "지방교육재정교부금제도의 과제와 전망", 지방교육재정제도의 평가와 전망, 한국교육재정·경제학회 제23차 학술대회 발표논문집(1999), p. 27.

3. 지방자치단체의 교육재정 확보노력 결여

현행 「지방교육재정교부금법」은 기준재정수입액이 기준재정수요액에 미달하는 부분을 교부해 주는 것을 재정배분의 대원칙으로 하고 있다. 이 원칙은 지역 간 재정상의 불균형을 시정하고 형평을 기한다는 측면에서는 타당한 것이라고 할 수 있다. 그러나 각 지방 간의 재원확보를 위한 노력이라는 측면에서 보면 그렇게 바람직한 원칙이라고는 할 수 없다. 왜냐하면 각 지방은 재원확보를 위하여 많은 노력을 하지 않더라도 그 부족분을 중앙에서 교부받을 수 있으며, 기준재정수입액이 기준재정수요액을 초과해 버리면, 즉 각 지방에서 지방교육재정 확보를 위한 노력을 기울임으로써 필요한 재정보다 많은 재원을 확보하게 되면 중앙정부로부터의 교부금이 배분되지 않기 때문이다. 따라서 이와 같은 원칙을 적용할 경우에는 각 지방은 재정수입을 적게 산정하려고 하는 반면에, 즉 지방교육재정의 확보를 위한 노력은 기울이지 않는 반면에 재정수요는 높게 산정하려는 경향이 생기게 된다.

교육재정을 확보할 수 있는 여력이 있음에도 불구하고 확보노력을 하지 않는 경우와 교육재정 확보노력을 해도 더 이상 교육재정을 확보할 여지가 없는 경우는 구별되어야 한다. 노력에 의하여 차이를 가져올 수 없는 항목은 균등 배분하여야 하나, 차이를 가져올 수 있는 항목은 차등 배분하여 확보노력을 유도할 필요가 있다. 그러나 현행 제도는 이러한 유인체제가 결여되어 있다. 입학금 및 수업료 수입을 제외한 자체수입 금액은 미미하기 때문에 지방자치단체가 아무리 노력한다 할지라도 수입의 증대를 가져올 가능성은 희박하다. 따라서 자체수입은 기준재정수입액의 산정기준에 포함시키는 것이 옳다고 본다. 그러나 지방자치단체 일반회계로부터의 전입금은 노력 여하에 따라 많은 차이를 가져올 수 있고, 지방자치의 근본 취지가 지방자치단체의 교육재정 투자를 적극 유도하는 데 있으므로 이를 자극할 수 있는 제도적 장치가 필요하다.

4. 배분의 비효율성

교육재정 배분의 기준으로는 평등성, 효율성, 자율성을 드는 것이 보통이다.

현행 교육재정 배분정책의 기조가 제시되어 있는 「지방교육재정교부금법」에 의하면, 교육재정배분의 기준은 평등성과 자율성의 두 가지이며, 효율성에 대하여는 언급되어 있지 않다. 지방자치단체 간 교육비의 불균형을 시정하겠다는 것은 평등성 준거로 볼 수 있으며, 총액 배분하는 것은 자율성 준거로 볼 수 있기 때문이다. 그러나 교육부에서는 1996년부터 매년 시·도교육청을 평가하여 그 결과에 따라 일정 금액을 차등 배분하고 있다. 이는 교육재정 배분기준으로 효율성 준거가 도입되기 시작했다는 것을 의미한다. 그러나 평가결과에 따라 차등 배분된 금액은 국고지원금 총액의 1%에도 미치지 못한다. 때문에 차등 배분하는 제도가 도입되기는 했지만 보통교부금 배분과정에 적용된 것은 아니기 때문에 완전한 도입으로 보기는 어렵다. 즉, 시·도별 지수산정 과정에 효율성 준거가 적용되는 것과는 아직 거리가 있다.[26]

5. 사립학교 교육비 지원방식 문제

단위학교 교육비 배분 중 가장 문제가 되는 것은 사립학교에 대한 교육비 지원이다. 현행 사립학교 재정결함보조 기준에 의하면 사립학교 법인으로부터의 전입금이 전액 기준재정 수입액으로 산정되어 사학법인의 전입금 비중이 높을수록 정부의 재정지원은 줄어들게 되어 있다. 때문에 사학법인은 굳이 전입금을 학교에 전출시키고자 하는 노력을 할 필요가 없게 된다.

반면, 사학에 대한 지원은 계속 늘어날 전망이어서 공립학교 재원 잠식에 대한 불만이 나타날 가능성이 많다. 교육비를 지원받고 있는 사립학교는 사립학교대로 시·도교육청이 자의적인 기준에 의하여 배분하고 있다고 불만을 나타내고 있다. 따라서 현재의 수준에서 보통교부금의 일정률을 사학교부금으로 분리하여 양측의 불만의 소지를 없애면서 사학지원의 안정성을 높일 필요가 있다. 사학지원 총액이 정해지면 자의적인 배분이라는 불만과 공립학교 예산 잠식에 대한 불만 모두가 해소될 수 있을 것이다.[27]

---

26) "상게논문", pp. 33~34.
27) "상게논문", p. 39.

참고문헌

감사원, 감사결과 처분요구서(교육과학기술부 특별교부금 운용실태), 2008. 12.

공은배 외, 지방교육재정 운영실태 조사연구, 지방교육재정운영실태조사팀, 1998.

교육부, 지방교육재정편람, 1998.

교육부, 2015년도 교육부소관 예산 및 기금운용계획 개요, 2015.

백성준, 교육개혁의 효율적 추진을 위한 지방교육재정제도 개선방안, 서울: 한국교육개발원, 1998.

백성준 외, 교육환경개선사업 평가연구, 서울: 한국교육개발원, 1998.

송기창, "지방교육재정교부금제도의 과제와 전망", 지방교육재정제도의 평가와 전망, 한국교육재정·경제학회 제23차 학술대회 발표논문집, 1999.

송기창, 국가교육재원 배분과정의 효율화 방안, 교육재정경제연구, 제17권 제1호, 2008.

송기창 외, 각급학교 적정교육비 배분기준 개선방안 연구, 서울특별시교육청, 2013.

송기창, 지방교육재정운용제도 변경에 따른 영향 연구, 교육부, 2002.

윤정일, 교육재정 배분모형의 개발에 관한 연구, 서울대학교 사범대학, 1988.

윤정일, 교육필요에 근거한 교육재정 배분, 서울대학교 사범대학 교육연구소, 1987.

윤정일 외, 교육재정의 현황과 문제, 서울: 한국교육개발원, 1987.

윤정일 외, 지방교육재정운영 개선을 통한 단위학교 교육비 확충방안, 서울: 한국교원단체총연합회, 1995.

한국교육행정학회, 교육재정론, 교육행정학전문서 6, 서울: 하우, 1995.

Kiras, Fassil G., Mushkin, Selma J., & Billings, Bradley B., *Educational Outcome Measurement in Developing Countries*, Washington, DC: Georgetown University, 1975.

제**9**장
단위학교 재정

    사회의 민주화와 자율화의 흐름에 따라 교육재정을 포함한 교육행정의 모든 권한이 행정기관에서 점차 단위학교로 이양 및 위임되고 있다. 즉, 단위학교 책임경영이라는 이름하에 단위학교가 책임을 지고 모든 의사결정 및 교육활동을 운영해 나가고 있는데, 교육과정, 인사, 재정이 핵심이다. 그중에서도 단위학교의 재정은 특히 핵심적인 부분을 차지하여 그 중요성이 더욱 부각되고 있으며, 최근에 와서는 단위학교 재정의 분석 및 평가 영역 부문도 단위학교 교육재정의 책무성 및 질 개선과 연계되어야 함이 강조되고 있다.

    단위학교 재정의 독자성과 자율성을 보장해 주기 위한 제도의 일환으로 학교 회계제도가 시행되고 있다. 이는 단위학교가 행정기관의 통제에서 벗어나 스스로 예산을 편성 및 집행하고 그 결과에 대해 책임을 지도록 하는 것이다. 이제는 단위학교별로 자신의 학교 실정에 맞게 우선순위를 두어 자율적으로 예산운영을 할 수 있게 되었으며, 또 그러한 능력을 반드시 갖추어야 할 것이다.

    그동안 변천되어 온 교육예산·회계제도 및 기법들을 살펴보고 2001년부터 시행되고 있는 학교회계제도와 연계하여 향후 단위학교의 재정운영에 어떠한 시사를 줄 수 있는지를 살펴볼 필요가 있다.

제1절 교육예산 · 회계제도

1. 예산기능과 예산제의 변천

20세기 초에 선진국에서 근대적 예산제도가 확립된 이래 예산이론은 줄곧 재원을 경제적으로 사용하는 방안에 연구의 초점을 맞추어 왔다. 예산기능의 변화에 따라 새로운 예산이론이 정립되면 예산개혁이 이루어지고 그에 알맞은 새로운 예산제가 등장하게 되었다.[1]

예산제는 처음에는 품목별 예산제에서 후에는 프로그램 예산제로 점차 발전하여 왔다. 프로그램 예산제는 다시 초기의 성과주의예산제로부터 영기준예산제로까지 진전되고 있다. 이러한 예산제의 변화는 개별 독립적인 것이 아니라 그 이론과 실제가 앞의 예산제에 근거하며, 또한 다음 예산제에 영향을 주었다.[2]

선진국을 중심으로 볼 때, 예산의 주요 기능은 근대적 예산제도가 확립되었던 1920년대에는 통제기능, 1940년대에는 관리기능, 1960년대에는 계획기능이 중시되었으며, 자원난 시대에 돌입한 1970년대 중반부터는 선후진국을 막론하고 기획 및 관리기능의 복합기능이라 할 수 있는 감축기능이 대두되었다.[3]

통제지향 예산제는 공무원의 자유재량을 제한하고 부정부패를 방지하고, 능률을 향상시키기 위해서 예산편성이나 집행에 통제를 강조한 예산형태로서 의회나 행정수반이 결정한 지출한도 및 지출목적을 지키게 하거나 각종 보고절차를 통하여 경비지출의 정확성 여부를 통제하는 데 관심을 갖는다. 이에 적합한

---

1) 박영희, 재무행정론, 제4판(서울: 다산출판사), 1999, p. 337.

2) James E. Swiss, "Establishing a Management System: The Interaction of Power Shifts and Personality Under Federal MBO", *Public Administrative Review, 3*(May/June 1983), p. 238.

3) Allen Schick, "The Road to PPB: The Stages of Budget Reform", *Public Administration Review, 26* (December 1966), pp. 243~258; Jack Rabin & Thomas D. Lynch, Eds., *Handbook on Public Budgeting and Financial Management*(New York: Marcel Dekker, 1983), pp. 49~50.

예산형태가 품목별예산제(line item budgeting system)다.

관리지향 예산제는 정부기능이 확대·강화되어 예산규모가 팽창함에 따라 사업의 성과와 정부지출의 효율적 관리를 강조한 예산형태로서 예산과목의 구조, 관리 및 업무측정 방법, 인원배치 방법, 그리고 각종 조직체의 업무 및 활동별 예산안 편성 등에 초점을 두었다. 이러한 예산형태를 성과주의예산제(performance budgeting system)라 한다.

계획지향 예산제는 제2차 세계대전이 종결되면서 정보기술과 의사결정기법이 발전하고 예산과 기획이 점진적으로 통합됨에 따라 예산운영의 계획적 측면을 강조한 예산형태로서, 1960년대 기획예산제(planning programming budgeting system)가 이에 해당한다.

감축지향 예산형태는 1970년대 석유파동으로 자원난 시대를 경험하게 되고, 정부재정의 지속적 팽창과 더불어 조세저항 현상이 대두됨에 따라 재정낭비를 줄이고 정부예산운영의 효율성을 향상시키기 위해서 나타난 예산제로서, 관리목적과 계획목적을 동시에 추구하는 예산제인 영기준예산제(zero-base budgeting system)가 이에 해당된다.[4]

2. 예산·회계제도의 기법

1) 품목별예산제

품목별예산제(Line Item Budgeting System: LIBS)는 지출대상을 인건비, 시설비, 운영비 등과 같이 품목별로 세분화하여 지출대상과 그 한계를 명확히 규정함으로써 예산집행에 있어 유용이나 부정을 방지하고자 하는 통제지향의 예산제[5]로서, 세계에서 가장 많이 활용되고 있는 제도이면서도 가장 많은 비판을 받는 제도이기도 하다.

품목별예산제의 장점으로는 지출의 대상을 명확하게 세분하여 예산의 유용이나 남용을 방지할 수 있으며, 행정권을 제한함으로써 예산에 대한 사전 및 사후 통

---

4) 가재창, 심재권, 신재무행정론(대전: 충남대학교 출판부, 1998), pp. 154~155.

5) Allen Schick, *Budget Innovation in the State*(Washington, DC: Brookings Institution, 1971), p. 16.

제가 가능하고, 지출항목과 금액을 명백히 할 수 있기 때문에 회계책임이 분명하며, 점증주의적 방식으로 전년도를 기준으로 예산을 편성하기 때문에 금액 산정이 간편하고, 세밀하게 작성된 예산내역을 통해 각종 정보와 자료를 얻을 수 있다.

반면에, 지나치게 자유재량을 제한함으로써 예산집행 시 예상치 못한 사태에 적절히 대응할 수 있는 신축성이 제약을 받게 되고, 세부적인 지출대상에 중점을 두기 때문에 정부사업의 전체적인 개요를 파악하기 어려우며, 예산편성 시 예산항목에만 관심을 가지기 때문에 정책이나 사업의 우선순위를 등한시할 수 있고, 대안을 체계적으로 분석하지 않는다는 단점이 있다.

실제에 있어서는 순수한 의미의 품목별예산제는 많지 않으며, 성과주의예산제나 기획예산제 등과 혼합된 형태를 띠는 경우가 많다. 우리나라의 예산제도도 품목별예산제를 근간으로 하여 기획예산제나 목표관리예산제의 특징을 부분적으로 수용하고 있다.[6]

2) 성과주의예산제

성과주의예산제(Performance Budgeting System: PBS)는 예산과목을 사업계획별, 활동별로 분류한 다음 각 세부사업별로 업무측정단위를 선정하여 양적으로 표시하고, 단위원가에 업무량을 곱하여 예산액을 표시함으로써 그 집행의 성과를 측정, 분석, 평가할 수 있도록 하는 예산제다.[7] 이 제도는 종래의 품목별예산제가 물품의 종류와 수량만을 표시하는 데 치우쳐 구입목적을 밝히지 못했을 뿐만 아니라 이로 인한 사업의 성과나 내용을 파악할 수 없다는 단점을 극복하기 위하여 고안된 제도다. 성과주의예산제는 사업계획의 목적에 따라 비용을 책정하여 이 비용의 범위 내에서는 각 품목 간 상호융통을 허용하고 있다.

성과주의예산을 편성하기 위해서는 먼저 당해 부처가 담당하고 있는 업무나 사업을 분류하고(기능별 분류 → 기관별 분류 → 사업별 분류), 각 업무의 성과를 가능한 한 계량화하고 표준화하여 업무측정단위(최종 생산물에 의한 접근, 활동에 의한 접근, 시간당 작업인원에 의한 접근 등)로 표시한다. 업무의 표준화가 이루어지면

---

6) 배득종, 신재무행정(서울: 박영사, 1996), pp. 443~444.

7) Freederick C. Mosher, *Program Budgeting: Theory and Practice*(Chicago: Public Administration Services, 1954), pp. 81~82.

하나의 업무측정단위를 생산해 내는 데 필요한 단위원가를 계산해 내고, 단위원가에 업무량을 곱하여 예산액을 산출하는 것이다. 교육부를 기준으로 보면, 교육을 고등교육, 중등교육, 초등교육, 사회교육 등으로 분류하고, 이를 다시 소관실국 또는 교육청으로 분류한 후, 사업별로 분류하고 이를 다시 활동별로 분류하는 것이다.[8]

성과주의예산제에서 예산서는 '업무계획', 예산운영은 '관리의 도구'로 인식된다. 이 제도는 예산이 기능별, 기관별, 사업계획별로 분류되고 업무측정단위와 업무량까지도 표시되기 때문에 일반인들이 그 기관이 어떤 사업을 어떻게 추진하고 있는지 용이하게 이해할 수 있고, 정책이나 계획수립이 용이하며 예산심의가 편리하다는 장점이 있다. 또한 예산집행에 있어서 융통성을 기할 수 있으며, 예산집행의 결과를 다음 회계연도에 반영함으로써 효율적인 예산편성에 기여할 수 있다. 그러나 업무측정단위의 선정이 어렵고, 단위원가의 계산도 곤란하며, 성과측정이 어렵다는 단점을 가지고 있다. 특히 교육분야에 적용하는 데는 여러 가지 어려움이 예상된다. 예산통제가 어렵고, 회계책임이 불분명하여 공금관리에 어려움이 있다는 단점도 있다.[9]

3) 기획예산제

기획예산제(Planning Programming Budgeting System: PPBS)는 합리적인 조직목표를 설정하고 그를 성취하기 위한 계획과 행동과정, 그리고 자원배분을 과학적으로 수립·설계함으로써 조직목표 달성의 효율성과 효과성을 향상하려는 체제라고 할 수 있다.[10] 이는 장기적인 계획의 수립(planning)과 단기적인 예산편성(budgeting)을 실행계획(programming)을 통하여 유기적으로 통합·연결시킴으로써 정책의 기획, 집행, 평가를 합리화하고 자원배분에 관한 의사결정을 합리화하고 일관성 있게 행하고자 하는 제도다.[11]

---

8) 송기창, "학교교육계획과 예산편성기법", 교육재정경제연구, 제7권 제2호(1998), p. 62.

9) 유영옥, 재무행정론(서울: 학문사, 1997), p. 140.

10) 윤정일 외, 교육행정학원론, 개정판(서울: 학지사, 1998), p. 348.

11) Charled J. Zwick, "Budgeting for Federal Responsibilities", *The Annals of the American Academy of Political and Social Science*(September 1968), p. 18.

기획예산제는 기업이나 공공기관에서 생산과 자원배분의 우선순위를 결정함에 있어 대안적 행동과정의 효율성을 향상시킬 목적에서 개발되었다. 교육분야에서는 교육기회가 급격하게 팽창되어 교육재정의 부족현상이 심화되던 1960년대 후반에 미국에서 학교경영체제 혁신을 위한 한 방법으로 도입되었다.[12] 교육분야에서 이 기법은 단순히 예산편성방식이나 제도를 의미하지 않는다. 그것은 학교체제의 목표에 중점을 두고 교육과정 개발 등 학교에서의 의사결정을 돕도록 하는 전반적인 학교관리체제를 의미한다. 파머(Farmer)는 기획예산제를 "하나의 체제이자 접근방법"이라고 정의하면서 기획, 프로그래밍, 예산편성을 포함하는 일련의 체제적 접근방법으로 설명하고 있다.[13]

기획예산제는 사업계획을 짜고 거기에 예산을 배정하기 전에 먼저 기관직제별로 기본목표를 정하고 그 목표에 따라 5년 정도의 장기적 시계를 가지는 중·장기계획을 수립하도록 한다. 그다음 사업계획을 달성할 수 있는 가능한 대안들을 찾아내고 이른바 과학적 분석기법들을 동원하여 최적의 대안을 선택한다. 따라서 기획예산제가 성공하기 위해서는 비용·편익분석, 체제분석 등 관리과학이 발전해야 한다.

기획예산제는 사업계획의 목적, 대안, 효용 및 소요자원이 잘 연결되어 있어 의사결정의 절차를 일원화할 수 있으며, 사업계획과 예산편성을 유기적으로 연결시켜 주기 때문에 경비의 절약을 기할 수 있고 현실성 있는 계획 작성이 가능함에 따라 장기사업계획에 대한 신뢰성을 높일 수 있고, 목표달성을 위한 각종 대안이 비용과 효과 면에서 분석·검토됨으로써 상호 간의 이해가 증진될 수 있고, 장기계획과 연도예산편성에 탄력성이 생겨 정세변화에 적절히 대응할 수 있는 장점이 있다.

그러나 기획예산제는 정보가 최고 의사결정자에게 집중됨으로써 지나친 중앙집권화를 초래할 가능성이 있으며, 명확한 목표 설정이 어려운 부문의 경우에는 도입하기 곤란하고, 사업별 예산을 하위예산별로 구분하고 자원을 재배분하는

---

12) Harry J. Hartley, *Educational Planning-Programming-Budgeting: A Systems Approach* (Englewood Cliff, NJ: Prentice-Hall, 1968), p. 78.

13) James Farmer, *Why Planning, Programming, Budgeting Systems in Higher Education* (Colombia: Western Interstate Commission for Higher Education, 1970), p. 7.

환산작업이 어려워 예산편성과 집행이 어렵다. 목표달성정도를 계량화하기 어렵고, 계량적인 분석기법의 도입에도 한계가 있다는 문제가 있다.[14]

기획예산제는 계획의 실질적 측면(목적과 목표)과 재정적 측면(예산편성)을 결합시키는 것이다. 즉, 계획수립과 장단기적 예산편성을 유기적으로 연관시킴으로써 자원배분에 관한 의사결정을 합리적이고 일관성 있게 행하려는 제도인 것이다. 따라서 이 제도는 계획의 합리성을 증진시킴으로써 예산의 절약과 지출의 효율화를 도모할 수 있다는 점에서 학교운영체제를 효율화하는 중요한 기법으로 활용될 수 있다.

학교경영에서 기획예산제를 활용할 경우 학교의 목표와 프로그램 및 예산을 체계화할 수 있고, 연도별 교육목표와 그를 달성하기 위한 교육프로그램의 소요 자원들을 확인할 수 있으며, 목표나 과목, 시간에 따라 자원을 적정하게 배분할 수 있다. 특히 교육목표의 우선순위에 따라 자원을 합리적으로 조정할 수 있기 때문에 예산을 절약할 수 있는 장점이 있다. 그러나 학교체제는 목표나 활동에서 기업이나 공공기관과는 다르기 때문에 정서적이고 심리적인 교수-학습체제를 단순화할 가능성이 있고, 대부분의 교육활동은 복합적이고 장기적인 효과를 나타내기 때문에 중간단계의 단기적 실적을 평가하기가 어려우며, 중앙집권화를 조성하여 교수-학습활동을 위축시킬 가능성이 있고, 정보관리체제의 미비로 효과의 측정이 곤란하다는 등의 문제가 예상된다.[15]

4) 목표관리예산제

목표관리(Management by Objectives: MBO)는 엄격한 의미에서 예산편성제도라기보다는 관리기법의 성격이 강하다고 볼 수 있다. 즉, 하나의 조직관리방식으로서 보다 효율적인 조직관리를 이룩하고자 하는 관리이념 및 방법을 통칭하는 것이다. 그러나 자원배분은 설정된 목표를 능률적 · 효과적으로 달성하는 관건이라는 점에서 목표관리도 하나의 관리기법인 동시에 예산기법이라 할 수 있다.

1970년대 목표관리의 발전은 기획예산제의 운용에서 나타난 결함을 보완하고

14) 가재창, 심재권, 전게서, pp. 176~178.
15) 하인호, 교육정책과 기획(서울: 문우사, 1989), p. 201.

〈표 9-1〉 MBO와 PPBS의 비교

구분	MBO	PPBS
계 획	부분적이고 주로 1년 단위	종합적이고 5년 단위
권위구조	분권적이고 계선기관에 치중	집권적이고 막료기관에 치중
전문기술	일반적 관리기술과 산술적 계산	세련된 관리기술과 통계학적 처리
프로그램	내적이고 산출량에 치중	외적이고 비용편익에 치중
예산범위	부분적·개별적·조장적	종합적 자원배분

자료: Jerry McCaffery, "MBO and the Federal Budgetary Process", *Public Administration Review, 36*(January/February 1976), pp. 33~39.

합리적 관리와 효율적 집행을 모색하는 것에서 기인한다.[16] 목표관리예산제는 특별한 방식으로 예산편성을 하는 것이 아니다. 그냥 평범한 품목별 예산을 짜더라도 그것을 가지고 수시로 행정목표를 재확인하고 그 목표에 부합되도록 현행의 사업들을 재조정해 가는 일종의 관리상의 기법이다.[17] 집행에 있어서 가장 중요한 것은 예산자원을 필요로 하는 사업들이 원래 무슨 목적을 위해서 시행되고 있는가를 분명히 하는 것이다.

목표관리란 구성원들을 참여시켜 조직과 구성원 각자의 목표를 체계적으로 설정하고, 그 목표를 달성하기 위한 세부적인 전략과 절차를 공유함으로써 보다 효과적이고 효율적으로 목표를 달성하고자 하는 관리체제라고 할 수 있다. 즉, 명확한 목표의 설정, 책임한계의 규정, 구성원의 참여와 협조, 업적평가 및 환류과정을 통해 관리계획을 개선하고 구성원의 동기를 유발하며 나아가 조직의 효율성을 증진시키려는 일련의 과정이라 할 수 있는 것이다.[18]

일반적으로 목표관리의 절차는 목표 설정, 목표달성을 위한 과정 관리, 성과의 측정과 평가라는 세 가지 차원으로 구분된다. 목표 설정에서는 보다 구체적이고 분명한 목표의 설정을 추구하며, 과정 관리에서는 참여를 통한 목표 설정과 추진을 강조하기 때문에 참여 관리라는 특성을 보인다. 성과 측정과 평가는 중간평가와 최종평가 등으로 이루어지는데, 환류를 가장 중요한 과정으로 취급하고 있다.

---

16) R. Rose, "Implementation and Evaporation: The Record of MBO", *Public Administration Review, 37*(January/February 1977), p. 65.

17) 배득종, 전게서, p. 459.

18) 윤정일 외, 전게서, pp. 336~337.

목표관리예산제는 조직 내 의사전달 체계를 통하여 목표와 성과의 연계가 가능하며, 최고관리층의 명확한 경영 역량을 기대할 수 있고, 구성원의 개인목표를 우선 고려함으로써 조직의 참여를 촉진시키고 상하급자 사이의 협동관계를 제고시키는 장점이 있다. 반면에, 명확한 목표제시의 어려움과 중간목표 사이 이해의 상충과 갈등이 있으며, 복잡한 절차로 관료주의적 타성에 빠질 위험이 있고, 현재 여건에 따라 설정된 목표는 미래의 환경 변동 시에 계속성을 유지하기 어렵다는, 일관성과 계속성 유지에 난맥상이 있다.[19]

목표관리를 학교경영상의 관리기법으로 적용하는 데에는 여러 가지 한계가 있다. 목표에 대한 지나친 중시와 단기적이고 구체적인 목표에 대한 강조 때문에 과정을 중시하고 장기적이고 전인적인 목표를 내세우는 학교교육 활동에는 부적합한 측면이 있으며, 목표 설정과 성과보고 등은 많은 노력과 시간을 필요로 하기 때문에 교직원들의 잡무부담 가중과 불만의 원인이 되기 쉽고, 측정 가능하고 계량적인 교육목표의 설정과 평가로 인해 학교교육을 오도할 가능성이 있다.

이러한 한계와 문제에도 불구하고 목표관리를 학교경영기법으로 활용하는 경우 모든 학교교육활동을 학교교육목표에 집중시킴으로써 교육의 효율성을 제고할 수 있고, 교장, 교감, 보직교사, 교사들이 함께 활동계획을 수립하고 이를 활용함으로써 교직원들의 참여의식을 높이고 인력자원 활용의 효율성을 도모할 수 있으며, 참여를 통한 의사결정을 통해 교직원들 간의 의사소통을 활성화하고 상하 간의 인화를 도모할 수 있다. 또한 목표와 책임에 대한 명료한 설정으로 교직원들의 역할 갈등을 해소하고 학교관리의 문제나 장애를 조기에 발견·치유할 수 있고, 학교운영의 분권화와 참여관리를 통해 학교의 관료화를 방지하고 교직의 전문성을 살릴 수 있다.

5) 영기준예산제

영기준예산제(Zero-Base Budgeting System: ZBBS)는 예산편성 시 전년도 예산에 구애받지 않고 모든 사업이나 활동에 대해 새롭게 검토하여 우선순위를 설정한 후 이에 따라 자원을 배분하는 방식을 의미한다.[20] 이 제도는 예산을 편성할 때

---

19) 가재창, 심재권, 전게서, pp. 181~182.

종래의 전년도 답습 점증주의적 예산편성방식에서 벗어나, 전년도 예산은 아주 없는 것으로 보거나 전혀 고려하지 않고 모든 사업을 계획목표에 맞추어 재평가하며 그 우선순위에 따라 예산을 편성하는 예산편성기법을 의미한다.[21] 영기준예산제는 점증주의적 예산과정을 탈피하여 합리적으로 예산을 편성하고, 기획예산제의 약점을 보완하며, 급변하는 경기변동에 신축성 있게 대응하려는 데 목적이 있다.

파이어(Pyhrr)는 영기준예산절차를 ① 기획, ② 영기준예산편성, ③ 평가, ④ 예산집행계획 등으로 구분하고,[22] 영기준예산의 가장 기본적 두 절차로 의사결정패키지의 작성과 우선순위의 결정을 들고 있다.[23] 영기준예산제를 적용하기 위한 절차는 다음과 같다.[24]

첫째 단계는 의사결정단위(decision unit)의 설정 및 확인이다. 의사결정단위란 예산단위를 말하는 것으로, 다른 활동과 중복되지 않고 상호 비교할 수 있는 개개의 활동단위, 즉 단위사업을 말한다. 각 조직체는 이와 같은 의사결정단위의 설정을 통하여 조직의 주요 활동요소가 무엇인가를 확인하고 결정하여야 한다.

둘째 단계는 의사결정패키지(decision package)의 작성이다. 의사결정단위가 설정·확인된 뒤에는 의사결정단위를 의사결정패키지에 근거하여 철저히 분석하는 절차에 들어가게 된다. 의사결정패키지란 관리자가 각각의 의사결정단위를 체계적인 분석을 통하여 평가한 후 우선순위를 결정한 다음에 어느 단위에 어느 정도의 예산을 배정할 것인가를 결정하는 데 도움을 주기 위한 일종의 문서다. 여기에는 목적 또는 목표, 업무의 내용, 비용과 수익, 업무량과 실적측정단위, 목표달성을 위한 선택적 수단, 투입될 노력 수준 등에 관한 정보가 포함되어야 한다. 의사결정패키지를 토대로 관리자는 그 사업의 폐지, 예산감축 수준, 예산증액수준 중 하나를 택하게 되는데 의사결정단위에는 여러 가지 의사결정패

---

20) Peter A. Pyhrr, "The Zero-Base Approach to Government Budgeting", *Public Administration Review, 37*(January/February 1977), pp. 1~4.

21) 김동건, 현대재정학: 공공경제의 이념과 정책(서울: 박영사, 1984), p. 144.

22) Peter A. Pyhrr, *Zero-Base Budgeting: A Practical Management Tool for Evaluating Expenses*(New York: John Wiley & Sons Inc., 1973), pp. 2~3.

23) *Ibid.*, pp. 5~10.

24) 박영희, 전게서, pp. 370~379.

키지가 존재하게 된다.

셋째 단계는 우선순위결정(ranking of decision package)이다. 의사결정패키지가 결정되면 자원을 가장 효율적으로 사용할 수 있는 순위와 수준을 결정하는 과정에 들어가게 된다. 즉, 각 관리계층에서는 업무와 권한의 범위 내에서 우선순위가 높은 것부터 차례로 의사결정패키지를 배열하게 되며, 하급 관리층과 중간 관리층의 순위를 검토한 상급 관리층은 이를 종합한 순위를 결정하여 최고관리자에게 제출하는 것이다. 순위를 결정할 때에는 최고관리자의 의도와 지출한도를 감안해야 한다. 이 과정은 영기준예산제의 가장 중요한 과정이다. 최종적으로 만들어지는 사업순위결정표에는 사업순위와 자금지출누계, 전년도 및 현년도의 활동내용과 예산의 증감 등이 포함된다.

넷째 단계는 실행예산의 편성이다. 의사결정패키지의 우선순위가 결정되어 수행해야 할 사업 및 활동이 확정되면 각 조직체는 그에 대한 실행예산을 편성한다. 이렇게 편성된 예산은 예산심의과정에서 삭감되기도 한다. 전통적 예산제하에서는 삭감 시 예산편성을 다시 해야 하는 문제가 있으나 영기준예산제에서는 우선순위에 따라 삭감하기 때문에 문제가 안 된다.

영기준예산제는 조직의 모든 사업과 활동을 전면적이고 체계적으로 분석·평가하여 그에 따라 수행해야 할 사업과 활동을 결정하기 때문에 우선순위가 낮은 사업으로부터 우선순위가 높은 사업으로 재원을 전환함으로써 합리적인 예산배분을 가능하게 하는 제도다. 전년도 예산을 그대로 답습하지 않기 때문에 재정의 경직성을 극복할 수 있고, 예산편성과정에서 계층 간 의사소통이 원활하고 참여의 폭이 확대되며, 최고관리자에게 업무수행에 관한 상세한 정보를 제공함으로써 내용의 파악을 용이하게 한다. 영기준예산제는 의사결정단위가 조직단위일 수도 있고, 기능이나 사업일 수도 있으므로 타 예산제도와 공존이 가능하다.

영기준예산제는 모든 사업과 활동을 영(zero)의 상태에서 분석해야 하므로 시간과 노력의 부담이 과중하며, 우선순위를 결정하는 데 어려움이 있고 최고관리자가 충분한 시간을 가지고 의사결정패키지를 분석하여 우선순위를 검토할 수 없는 경우가 많다. 또한 현행 경비수준에서 재평가하기 때문에 새로운 프로그램을 개발하기 어렵고, 사업효과를 측정하는 데도 어려움이 있다. 사업 담당자가 불리한 것은 은폐하고 유리한 것만 제시할 우려가 있고, 현실적으로 예산결정과

288

〈표 9-2〉 ZBBS를 도입한 결과에 대한 평가 (단위: %)

장점	아주 우수	우수	보통	나쁨	아주 나쁨
조직에 대해서 더 잘 알게 해 준다.	55	42	3	–	–
조직관리가 더 신축성 있어진다.	20	54	23	3	–
능률성, 효과성이 향상된다.	18	58	18	3	3
의사소통이 더 원활해진다.	16	47	29	3	5
대체 관리방안을 마련하기 쉽다.	15	46	36	3	–
조직변화를 미리 기획할 수 있다.	13	39	24	16	8
직원의 성과를 평가하기 쉽다.	13	35	35	11	5

자료: B. V. Dean & S. S. Cowen, "The Use of Zero-Base Budgeting in Industry: Some Observations", *INTERFACES*(August 1979), p. 58.

정에 영향을 미치고 있는 정치적 요인, 담당자의 가치관 등을 도외시하고 있다. 또한 각종 법령이나 규정에 의해 이미 지출하도록 설정되어 있는 경직성 경비가 많을 경우 실효성이 떨어질 수 있다.[25]

　이 제도를 학교경영에 적용하는 경우에는 다음과 같은 긍정적인 효과와 부정적인 결과를 가져올 것으로 예상할 수 있다. 학교경영에 전 교직원의 적극적인 참여를 유도할 수 있고, 교직원의 창의적이고 자발적인 사업구상과 실행을 유인할 수 있으며, 사업별 예산계획을 합리적이고 효율적으로 수립할 수 있고, 학교경영계획과 예산이 일치함으로써 학교장은 합리적이고 과학적으로 학교를 경영할 수 있으며, 교원들의 학교경영 책임이 중대됨으로써 교원과 사무직원들 간의 원활한 협조관계를 기대할 수 있는 등의 긍정적 효과가 기대된다. 그러나 교원들에게 새로운 잡무를 부가하는 결과를 빚을 수 있고, 교원들이 예산업무에 정통해 있지 않기 때문에 최저 수준의 기본계획서의 작성이 부실해지고 그에 따라 사업계획 자체가 수많은 시행착오를 범할 우려가 있으며, 잘못된 의사결정으로 비용 및 인원 절감에 실패할 가능성이 있다.

6) 예산제의 비교

　품목별예산제는 예산편성이나 집행과정을 통제하기 위한 예산제이며, 성과주의예산제는 지출의 효율적인 관리를 목적으로 한다. 반면, 기획예산제는 예산운

---

25) 가재창, 심재권, 전게서, pp. 188~190.

〈표 9-3〉 각 예산제의 비교

구분	품목별예산	성과주의예산	기획예산	목표관리예산	영기준예산
기본지향	통제	관리	기획	관리	의사결정
주요정보	지출대상	기관의 활동	기관의 목표	사업의 효과성	사업 및 기관의 목표
의사결정 유형	점증적	점증적	총체적	분권적, 참여적	참여적, 총체적
기획책임	없음	분산	중앙집중	분산	분산
중앙 예산 기관 관심	지출의 적격성	능률성	정책	사업의 효과성과 능률	정책의 우선순위
분류체계	예산구조와 일치	예산구조와 일치	불일치	–	불일치
필요지식	회계	관리이론	기획론, 경제학	관리이론	관리이론, 기획론

자료: Nicholas Henry, *Public Administration and Public Affairs*(Englewood Cliffs, NJ: Prentice-Hall, 1988), p. 222.

영의 계획적인 측면을 강조하는 예산제이며, 영기준예산제는 재정낭비를 줄이고 예산운영의 능률성을 향상시키기 위한 감축지향의 예산제다. 각 예산제는 그 합리적 예산제도 개혁의 필요성 못지않게 시대적 환경의 영향을 받아 발달했으며, 이는 미국의 역대 정부가 서로 다른 예산제를 사용한 것에서 알 수 있다.[26] 앞서 살펴본 각 예산제를 상호 비교하면 〈표 9-3〉과 같다.

제2절 단위학교 예산제도의 변화와 의의

단위학교의 경영을 보다 효과적으로 하기 위한 노력은 단위학교 책임경영(school site management, school based management)으로 불리고 있다. 단위학교 책임경영은 단위학교에 권한위임을 증대하여 교육을 향상시키도록 설계된 체제이며, 실제 교육활동이 이루어지고 있는 학교현장에서 각종 자원 활용에 대한 의사결정이 이루어짐으로써 단위학교에서 책임을 지고 교육활동을 운영해 나가는 것을 의미한다.[27]

---

26) Carol W. Lewis, "The Field of Public Budgeting and Financial Management, 1789~1995", in Jack Rabin, W. Bartley Hildreth & Gerald J. Miller, Eds., *Handbook of Public Administration*, 2nd ed.(New York: Marcel Dekker, Inc., 1998), pp. 178~180.

단위학교 책임경영제는 학교중심경영제, 학교자치관리제, 그리고 학교자율경영제 등 여러 가지 용어로 지칭되고 있는데, 그 핵심 요소는 교육과정·인사·재정에 대한 권한의 '단위학교로의 이양'과 '자율적 결정', 그리고 학교경영 성과에 대한 '책무성의 증대'라고 할 수 있다. 즉, 단위학교 책임경영제는 교육행정기관이 갖고 있던 학사운영, 재정 및 인사상의 권한을 단위학교 운영주체에게 위임하여, 교육과정과 인사 그리고 재정에 관한 결정이 개별학교 내에서, 개별학교를 위해서 이루어지며, 개별학교에 의해서 집행되도록 학교를 자율 경영하게 하고, 그 결과에 대하여 책임을 지게 하는 제도라고 할 수 있다.[28]

이러한 단위학교 책임경영은 학교의 의사결정이 학생과 밀접한 관계에서 이루어질수록 그 결정은 더욱 학생들의 욕구를 충족하게 될 것이라는 믿음에 근거를 두고 있다.[29] 미국을 비롯한 서구 선진국의 경우에는 전통적으로 교육구에서 관장하던 재정, 인사, 행정 등의 학교 운영권을 단위학교 수준으로 이양함으로써 단위학교의 전문성과 책무성을 신장시키고자 노력하고 있다.

단위학교 책임경영이 이루어지려면 무엇보다도 단위학교 예산제(school-site budgeting, school based budgeting)가 이를 뒷받침해 주어야 한다. 단위학교 예산제는 분권화된 의사결정 구조를 전제로 한다.[30] 따라서 이는 교장이 예산과정의 중심적인 역할을 하는 분권화된 예산제도를 의미한다. 즉, 교육청의 예산이 정해진 공식에 의하여 학교로 배분되면, 학교의 최고 결정권자인 교장이 교사들과 학부모들의 자문을 받아 학교 교육비의 배분기준 유형을 정하는 것이다.[31]

이것은 학교재정의 독자성과 자율성이 보장되지 않고서는 단위학교 책임경영이 효율적으로 이루어지기 어렵다는 데에 그 기초를 두고 있다. 즉, 단위학교 책임경영이 성공적으로 추진되기 위해서는 무엇보다 단위학교가 재정에 대하여

---

27) William Clune & Paula White, *School Based Management: Institutional Variation, Implementation and Issues for Further Research*(New Jersey: Rutgers University, Center for Policy Research in Education, 1988).

28) 정태범, 학교교육의 구조적 개혁(서울: 양서원, 1998), pp. 186~187.

29) Allan R. Odden & Lawrence O. Picus, *School Finance: A Policy Perspective*(New York: McGraw-Hill, Inc., 1992), p. 299.

30) James W. Guthrie et al., *School Finance and Education Policy: Enhancing Educational Efficiency, Equality, and Choice*(New Jersey: Prentice Hall, 1988), p. 232.

31) *Ibid.*, p. 234.

독자적 또는 자율적으로 예산을 편성하고 집행할 수 있도록 하는 재정제도가 마련되어야 한다는 것이다. 사실상 학교경영에 있어 재정은 필수적 요소로서, 충분한 재정의 확보도 중요하지만 확보된 재정을 단위학교가 얼마나 자율적으로 사용할 수 있느냐가 관건이 된다. 학교예산을 교육행정기관에서 획일적으로 편성하고 그 기준에 따라 집행하도록 통제를 한다면 단위학교 책임경영은 효과성을 기대할 수 없다.

단위학교 예산제의 도입을 통해 단위학교의 책무성을 고양시킬 수 있으며, 특별한 교육적 배려가 필요한 학생들의 요구를 적극적으로 반영할 수 있고, 예산편성과정에 교직원들의 참여를 증대하여 주인의식을 고취시키는 성과를 얻을 수 있다.

오랫동안 우리나라의 초·중등학교는 예산편성권이 없을 뿐만 아니라 교육활동에 필요한 재원을 교육청이 조달해 주기 때문에 단위학교 책임자인 학교장이 교육재정 확충을 위해 노력하지 않아도 되었다. 단위학교 재정에 관한 한 학교장의 지위는 주도적으로 예산을 확보하고 융통성 있게 집행할 수 있는 '경영자'가 아니라 법에 규정된 방식으로 감사에 적발되지 않도록 기계적으로 집행하는 '관리자'에 불과하였다.

그러나 지속적으로 단위학교 예산제의 도입을 위한 조치들이 취해져 왔고, 교육재정 운용에 대한 단위학교의 책임증대는 더욱 가속화될 전망이다. 1996년부터 각급 학교에 학교운영위원회가 설치되었고, 1996년 4월부터는 학교교육비를 도급경비로 지급할 수 있도록 하였다. 1996년 4월 「시·군 및 자치구의 교육경비 보조에 관한 규정」이 제정되었고, 1996년 7월부터 「기부금품모집규제법」의 시행과 함께 각급 학교에서 자발적인 기부금품을 접수할 수 있게 되었으며, 1998년 3월부터는 「초·중등교육법 시행령」의 제정으로 학교운영위원회가 학교발전기금을 조성·운영할 수 있게 되었다.[32) 1999년 12월에는 「초·중등교육법」과 「초·중등교육법 시행령」의 개정을 통해 국·공립의 초등학교, 중학교, 고등학교 및 특수학교에 '학교회계'를 2001년부터 설치하게 함으로써 단위학교 예산제도 도입의 법적·제도적 기반을 마련했다고 볼 수 있다.

---

32) 송기창, "단위학교의 교육재정 책임증대와 그 대응방안", 교육행정학연구, 제16권 제2호(1998), p. 337.

　　교육현장의 효율성과 책무성을 제고하기 위한 일련의 변화는 2000년 성과주의예산제 도입으로 더욱 가속화되어 단위학교의 교육재정에 대한 책임은 더욱 확대되고 있다.

　　제도적 측면에서는 그동안 지속적으로 지적되어 왔던 단위학교의 복잡한 회계구조를 통합하여 학교회계를 설치한 것이 가장 큰 변화다. 2001년부터 실시되고 있는 학교회계는 각각 분리되어 운영 중이던 도급경비, 일상경비, 학교운영지원비 등을 통합 운영함으로써 합리적이고 효율적인 재정운영을 도모하고, 학교로 지원·집행되는 예산은 학교별 교육여건과 특수성에 따라 자율적 재정운영이 이루어지도록 하고 있다. 예산편성 및 심의에 교사의 의견수렴과 학교운영위원회의 실질적 심사가 보장되도록 유도하며, 학교예산의 공개를 통한 투명성을 제고하는 데 주안점을 두고 있다.

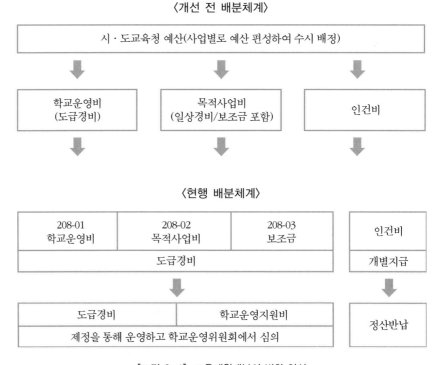

[그림 9-1] 교육재원배분의 변화 양상

자료: 교육부, 2000년도 지방자치단체 교육비 특별회계 예산편성 기본지침(1999), p. 29 참조.

제3절 학교회계제도의 구조와 실제

1. 학교회계제도의 개념과 의의

1) 학교회계제도의 개념

학교재정은 학교가 교육활동에 필요한 경비를 조달하고 그것을 합목적으로 관리·지출하는 경제 행위로서, 교육재정의 좁은 의미로도 사용된다. 이처럼 학교재정은 경제 행위이므로 수입과 지출이 있고, 예산의 형식으로 구체화되며,[33] 이러한 학교재정에 비추어 볼 때 학교예산이란 학교가 교육활동을 실천해 나가는 데 필요한 세입과 세출의 체계적인 계획서를 말한다.[34]

학교회계제도란 단위학교 중심의 자율적이고 효율적인 재정운영을 통해 다양한 교육활동을 효과적으로 지원하여 학교교육의 질적 수준을 높이기 위한 것이다. 즉, 하나로 통합된 세입재원을 학교장 책임하에 교직원 등의 예산요구를 받아 단위학교의 우선순위에 따라 자율적으로 세출예산안을 편성하고 학교운영위원회의 심의를 거쳐 집행하는 제도다.[35]

「초·중등교육법」 제30조의2와 제30조의3에 의하면, 학교회계는 국·공립의 초등학교·중학교·고등학교 및 특수학교에 설치되며, 국가의 일반회계 또는 지방자치단체의 교육비특별회계로부터의 전입금, 학교운영지원비, 학교발전기금으로부터의 전입금, 수업료 기타 납부금 및 학교운영지원비 외에 학교운영위원회의 심의를 거쳐 학부모가 부담하는 경비, 국가 또는 지방자치단체의 보조금 및 지원금, 사용료 및 수수료, 이월금, 물품매각대금, 기타 수입을 세입으로 하고, 학교운영 및 학교시설의 설치 등을 위하여 필요한 일체의 경비를 세출로 하고 있다. 학교회계는 예측할 수 없는 예산외의 지출 또는 예산초과지출에 충당하기 위하여 예비비로서 상당한 금액을 세출예산에 계상할 수 있다.[36]

---

33) 한국교육행정학회, 교육재정론, 교육행정학전문서 6(서울: 하우, 1995), p. 356.
34) 한유경, 성삼제, 학교예산회계제도의 실태분석(서울: 한국교육개발원, 2002. 12), p. 26.
35) 교육인적자원부, 2002년도 지방교육재정 운용 편람(2002), p. 133.
36) 송기창 외, 교육재정백서(2012).

학교회계의 회계연도는 매년 3월 1일부터 다음 해 2월 말일까지로 학년도와 일치한다. 학교의 장은 회계연도마다 학교회계 세입세출예산안을 편성하여 회계연도 개시 30일 전까지 「초·중등교육법」 제31조의 규정에 의한 학교운영위원회에 제출하여야 한다. 학교운영위원회는 학교회계 세입세출예산안을 회계연도 개시 5일 전까지 심의하여야 한다. 학교의 장은 예산안이 새로운 회계연도가 개시될 때까지 확정되지 아니한 때에는 교직원 등의 인건비, 학교교육에 직접 사용되는 교육비, 학교시설의 유지관리비, 법령상 지급의무가 있는 경비, 이미 예산으로 확정된 경비를 전년도 예산에 준하여 집행할 수 있다. 이 경우 전년도 예산에 준하여 집행된 예산은 당해연도의 예산이 확정되면 그 확정된 예산에 의하여 집행된 것으로 본다. 학교의 장은 회계연도마다 결산서를 작성하여 회계연도 종료 후 2월 이내에 학교운영위원회에 제출하여야 한다. 학교회계의 설치에 필요한 사항은 국립학교의 경우에는 교육부령으로, 공립학교의 경우에는 시·도의 교육규칙으로 정한다.

학교회계란 학교에 수입되는 경비와 지출되는 경비를 담아서 운영하는 은행계좌와 같은 기능을 한다. 일종의 그릇과 같은 역할을 하기 때문에 학교현장에서는 자율적으로 재정을 운영할 수 있게 된 것이다.[37]

2) 학교회계제도의 도입 배경

학교회계제도 도입 전의 단위학교 예산은 예산규모에 비해 매우 복잡한 구조를 가지고 있었다. 단위학교에서 관리하는 경비만 해도 일상경비, 도급경비, 학교운영지원비, 학교발전기금, 시·군자치구의 교육경비보조금, 세입세출외 현금 등 여섯 가지나 되며, 이 여섯 가지 경비는 적용법규가 각각 다르고, 회계연도도 제각각이었으며 자금별로 잔액이 차년도로 이월되지 않아 장기적인 재정 계획을 세울 수 없는 편이었다. 따라서 재정현황을 적기에 파악하기 힘들고, 회계집행상의 투명성을 보장하기 어려울 뿐만 아니라 효율적인 예산운영에 어려움이 있었다. 또한 교사나 학부모 등 일반인들은 재정운영 상황이나 예·결산서를 이해하기조차 매우 어렵게 되어 있었다. 이는 학교가 교육활동의 수행이라는 비

---

37) 한유경, 성삼제, 전게서, p. 28.

교적 단순한 기능을 수행하고 있음에도 불구하고 학교의 특수성이 예산회계제도에 반영되지 않았기 때문이다.

학교재정이 통합하여 운영되지 않고 개별 자금에 따라 분리 운영되는 데 따른 문제점은 여러 가지로 지적되어 왔다. 학교회계 도입 전 단위학교 재정의 문제점은 다음과 같다.[38]

첫째, 학교의 재정현황을 적기에 파악하기가 어려웠다. 학교교육활동을 효과적으로 지원하기 위해서는 필요한 시기에 필요한 만큼의 예산을 동원할 수 있어야 한다. 그러나 기존의 예산회계제도 아래에서는 학교재정의 총체적인 파악이 어렵다. 여기저기에 흩어져 있는 장부를 한데 모아 일일이 더하고 빼는 작업을 한 다음에야 교육활동지원을 위하여 동원할 수 있는 예산이 얼마가 되는지를 알 수가 있었다.

둘째, 복잡한 학교재정구조는 회계집행상의 투명성을 결여하였다. 일반적으로 예산이나 회계운영에는 상당히 까다로운 절차와 요건을 요구한다. 그 이유 중의 하나는 까다로운 절차나 요건을 통하여 예산집행의 투명성을 확보하는 데 있다. 그러나 여러 가지 회계로 나뉘어 관리되고 있는 상태에서는 상대적으로 예산집행의 투명성을 확보하는 데 어려움이 있다.

셋째, 경비의 종류에 따라 회계지침이 다른 데서 오는 비효율적인 예산운영을 지적할 수 있다. 시·도교육비특별회계재무회계규칙과 학교도급경비사무처리규정은 경리 담당 부서에서 정하며, 학교운영지원비나 육성회 관리지침은 예산 담당 부서에서 정한다. 학교발전기금회계와 관련된 사항은 교육부령으로 정해져 있으며 학교운영위원회 담당 부서에서 관장한다. 예산총계주의원칙과 예산단일성의 원칙에 따른다면 수입의 출처가 어디든 일단 모든 수입은 세입으로 관리하며 모든 지출은 세출로 총괄적으로 관리하여야 한다. 그러나 기존의 학교 재정은 수입원에 따라 각기 다른 관리지침의 구속을 받아 관리되었다. 학교에서 교육용 기자재를 사거나 물품을 구입할 때 그 재원이 일상경비든 학교운영지원비

---

38) 김장현, "도급경비제하에서의 재무관리", 교육재정경제연구, 제7권 제2호(1998), pp. 31~34; 송기창, "전게논문", (1998), pp. 57~61; 이원근, "학교 예산회계 제도의 개선 방향", 교육마당 21(1999.5), pp. 99~100; 최준렬, "학교재무관리의 제도적 문제점과 개선방안", 교육행정학연구, 제17권 제2호(1999), pp. 275~278.

든 수입원에 따라 달리 취급해서 얻어지는 실익은 없다. 그럼에도 불구하고 학교현장에서는 교육청에서 지원되는 일상경비나 도급경비와 학교운영지원비를 달리 취급하였다. 또한 회계연도가 경비의 성질에 따라 다르게 운영되고 있어 학교예산의 총체적인 파악과 효율적인 재정운영을 어렵게 하고 있었다.

넷째, 자체수입 증대 노력 부족 및 제한으로 단위학교 재정에 한계가 있었다. 단위학교에 대하여 교육재정에 관한 권한이 거의 주어져 있지 않기 때문에 단위학교의 교육재정 확보를 위한 노력은 법적·제도적 장치의 미비로 용이하지 않았으며, 굳이 그러한 노력이 필요하지도 않았다.[39]

다섯째, 학교교육계획과 예산편성의 괴리로 예산에 교육계획이 반영되지 않는 문제가 있었다. 교비회계와 학교운영지원회계의 회계연도가 달라 학교교육계획서와 예산편성을 연계하는 데 어려움이 있었고, 학교교육계획의 핵심이 되는 교육과정운영비가 영세하기 때문에 교육계획 수립과 예산편성을 통합할 필요성이 적었으며, 빈번한 추가경정예산 편성이 교육계획과 예산편성의 연계를 어렵게 했고, 교감의 회계권한 배제도 장애요소 중 하나였다.

다섯째, 예·결산 편성 및 심의과정이 형식적이었다. 예산안이 편성되는 과정에 교직원의 참여가 매우 제한적으로 이루어지고 있었고, 가용재원에 대한 정보도 공개되지 않는 경우가 많았으며, 전문지식이 부족한 학교운영위원들이 예·결산을 심의하는 데 한계가 있었다.

2001년 3월부터 도입된 학교회계제도는 이상의 문제들을 해결하고 단위학교의 자율적 재정운영을 보장하여 다양한 교육활동을 효과적으로 지원함으로써 학교교육의 질적 수준을 높이는 데 목적이 있었다. 즉, 일상경비, 도급경비, 학교운영지원비 등 세입 재원을 구분하여 각 자금별로 지정된 목적에 따라 제한적으로 편성·집행해 오던 학교예산을 회계연도 개시 전에 총액으로 배분하고, 학교운영지원비, 학교발전기금으로부터의 전입금 등 다른 자금과 하나의 회계로 통합·운영하며, 교사의 참여와 학교운영위원회의 심의를 거쳐 하나로 통합된 세입재원에 대해 학교에서 필요한 우선순위에 따라 자율적으로 세출예산을 편성·집행할 수 있도록 한 것이다.[40]

---

39) 송기창 외, 전게서(2012).

3) 학교회계제도 도입 전후의 학교재정

앞에서와 같은 문제점을 극복하기 위하여 2000년 1월 28일자 「초·중등교육법」 개정에서 제30조의2(학교회계의 설치) 및 제30조의3(학교회계의 운영)이 신설되어 학교회계에 대한 법적 기반이 마련되었고, 이를 실행하기 위한 「국립 및 공립 초·중등학교회계규칙」(교육부령 제774호)이 마련되어 학교회계가 2001년부터 시행되고 있다.[41]

학교회계제도 이전에 운영되었던 학교의 경비관리는 장부를 작성하기도 복잡하였고, 예산의 흐름을 파악하기도 어려웠기 때문에 이를 단순화하였던 것이 학교회계제도다. 새롭게 도입된 회계제도는 회계연도를 3월 1일에서 다음 연도 2월 말까지 통일하였고, 세입은 다양하게 인정하되 세출은 통합하여 하나의 회계에서 지출하도록 하였다([그림 9-2] 참조).[42]

학교회계제도는 회계연도를 학년도와 일치시켜 교육과정 운영과 재정운영을 일치시키고, 사용료 및 수수료를 학교에서 직접 사용할 수 있으며 집행잔액도 다음 연도에 이월하여 사용할 수 있도록 하였다. 예산은 표준교육비를 기준으로 총액으로 배부하며, 배부시기도 수시배부에서 회계연도 개시 50일 전까지 전입금의 총규모 및 분기별 자금교부계획을 통보하면 되고 세출예산 편성 시에도 사용목적의 구분 없이 학교의 투자우선순위에 따라 자율적으로 편성할 수 있게 되었다.

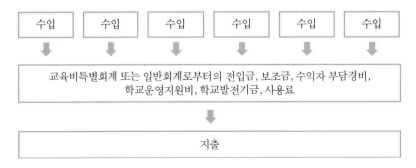

[그림 9-2] 학교회계 설치 후의 경비관리

---

40) 송기창 외, 전게서(2012).

41) 서울대학교 교육행정연수원 편, 학교장 실무 편람(서울: 하우, 2002), p. 419.

42) 반상진 외, 교육재정학(한국교육재정경제학회, 2014).

〈표 9-4〉 학교회계제도 도입 전후의 학교 재정구조 비교

구분	과거의 회계제도	학교회계제도
회계연도	교육비특별회계: 1. 1~12. 31 학교운영지원회계: 3. 1~2월 말일	3. 1~2월 말일(학년도에 일치)
예산 배부방식	일상경비와 도급경비로 구분하여 사용목적을 정하여 배부	일상경비와 도급경비의 구분 없이 표준교육비를 기준으로 총액 배부
예산 배부시기	수시 배부	학교회계연도 개시 전에 일괄 배부
세출 예산편성	세입재원별로 사용목적에 따라 세출예산 편성	재원에 따른 사용목적 구분 없이 학교실정에 따라 자율적으로 세출예산편성(보조금 제외)
사용료 수수료 수입처리	학교시설 사용료, 수수료 수입 등을 국고 및 교육비특별회계 금고로 납입	학교시설 사용료·수수료 수입 등을 학교 자체 수입으로 처리
회계장부 관리	경비의 종류에 따라 서로 다른 회계지침을 적용하여 자금별로 별도의 회계 및 장부 관리	필요에 따라 통합 장부 사용 가능
자금의 이월	일상경비의 경우 잔액(불용액) 발생 시 관할청에 모두 반납	집행잔액(불용액)은 자동적으로 이월
자금 관리	국고 및 교육비특별회계 금고 이용	학교 자율로 금융기관 지정 이용
회계직인 사용	담당사무별로 별도의 회계직인 사용(징수관, 경리관[재무관], 일상경비출납원, 수입금출납원)	회계직인 간소화(징수 및 지출원인행위는 학교장 직인, 출납사무는 학교회계출납원 단일직인)
개산급의 범위	개산급 범위 제한	학교운영 또는 교육활동의 원활한 운영을 위하여 필요한 경우 개산급 지급 가능
직원 신분	일용직, 학부모회 소속 직원 등으로 분리	계약직 학교 직원
직원 임용	직원 임용의 재량성이 거의 없음	학교장의 직원 임용 재량성 증대

자료: 서울대학교 교육행정연수원 편, 학교장 실무 편람(서울: 하우, 2002), p. 420; 교육인적자원부, 2002년도 지방교육재정 운용 편람(2002), p. 139; 성삼제, "학교회계제도의 필요성과 발전방향", 미발표원고, 1999; 송기창 외, 2006 교육재정백서(2006), p. 294.

더불어 별도의 회계지침 및 장부관리의 문제점을 없애기 위해 통합회계와 단일장부를 사용하도록 하였으며 자금의 관리도 학교가 자율적으로 금융기관을 지정하여 이용할 수 있게 하였다. 담당사무별로 달랐던 회계직인도 학교장 직인과 회계출납원 단일직인으로 간소화하였다. 즉, 학교회계제도는 국·공립의 초·중·고등학교에 학교회계를 설치하여 단위학교 중심 학교재정운영의 효율화를 도모하는 것이다.

학교회계의 세입은 일반회계 또는 교육비특별회계에서 지원되는 예산, 학교운영지원비, 학교발전기금, 학부모부담 교육비, 국가 및 지방자치단체의 보조금 또는 지원금 등으로 하고, 세출은 학교운영비, 학교발전기금 사업비, 학부모부담 교육비, 예비비 등으로 한다.

예산과정에 대한 구체적인 지침의 미비로 인한 운영상의 어려움을 극복하고 학교재정운영의 투명성을 확보하기 위하여 예산편성, 심의, 집행, 결산의 절차를 교육부령으로 정하고, 학교운영지원비의 징수 근거를 마련하였다. 학교운영지원비는 학교장의 의견을 들어 학교운영위원회에서 심의 결정하도록 되어 있으며 그 지출용도는 교직원 연구비 및 수당, 학생복리비 및 학생자치회비, 학교운영비지원, 학교장이 임용하는 직원의 인건비 등에 사용할 수 있도록 하였다.

4) 학교회계제도의 의의

학교회계제도는 단위학교 재정운영체제의 근본적인 변혁을 가져온 것으로, 그 도입 의의를 정리하면 다음과 같다.[43]

첫째, 학교회계제도는 회계연도를 3월 1일에서 이듬해 2월 말일로 설정함으로써 학년도와 일치시켰다. 이전까지 경비별로 회계연도가 달라 재정운영과 평가에 어려움이 있었으나, 학사운영과 재정운영이 일치됨으로써 단위학교 재정이 효과적으로 교육과정 운영을 뒷받침할 수 있게 되었다.

둘째, 단위학교에 재정운영권이 위임되고 학교장이 학교재정을 통합 운영할 수 있어 학교재정이 학교교육과정을 효과적으로 뒷받침할 수 있고 자율적인 학교경영이 가능하게 되었다. 학교의 재정운영에 있어 단위학교가 속한 지역사회의 특징, 학생의 특성 등 학교별 환경이 고려된다면 현재와 같은 획일적 교육서비스에서 벗어나 학교관리자의 의지와 여건에 따라 질 높은 교육서비스가 제공될 수 있다.

셋째, 단위학교별 노력에 따라 다양한 수입확보가 가능하며 더불어 평생학습

---

43) 송기창, "학교회계의 운영실태 조사연구", **교육재정경제연구**, 제11권 제1호(2002. 12), pp. 192~193; 최준렬, "학교회계제도의 성과와 전망", 한국교육재정경제학회, 제46차 학술대회 발표논문(2006. 8), p. 4; 김경호, "단위학교 예산·회계제도 문제점 및 학교회계의 효과분석", 단위학교 재정의 운영체제 개선을 위한 워크숍(서울: 한국교육개발원, 1999. 12), pp. 139~140; 교육인적자원부, 전게서, pp. 137~138.

센터로서 학교의 기능이 강화되었다. 예를 들어, 학교시설 사용료가 종전에는 학교의 직접적인 수입이 되지 않았으나 단위학교 회계제도하에서는 이와 같은 학교별 수입이 회계의 세입이 되어 학교에서 직접 사용할 수 있고, 집행잔액도 다음 연도에 이월하여 사용할 수 있어 단위학교가 다양한 수입원을 모색할 동기가 부여된다. 이와 같은 수입의 예로는 시설사용료뿐 아니라 지역주민에 대한 특강 프로그램의 운영수입 같은 것도 가능하다. 부수적인 효과로 주민이 학교시설을 저렴한 비용으로 활용할 수 있어 학교가 지역사회의 학습센터로 자리매김할 수 있다.

넷째, 합리적인 절차에 따른 예산편성과 집행을 통해 학교재정운영의 민주성과 투명성을 확보할 수 있어 학교운영에 대한 신뢰성이 강화될 수 있다. 학부형과 지역사회 대표 등 학교 외부자가 운영위원회에 참가하여 학교의 예산편성, 예산집행, 결산의 과정과 관련된 의사결정에 참여하고 또한 관리자를 감시(monitor)하는 역할을 하게 되어 학교운영에 대한 신뢰성과 만족도가 동시에 높아졌다.

다섯째, 교육기관의 감독자인 교육행정기관이나 행정책임자의 관리노력이 절감될 수 있다. 단위학교에 대한 회계정보는 성과에 의한 관리 또는 목표에 의한 관리 등 효율적인 관리기법을 적용할 수 있는 기초자료를 제공한다. 따라서 국가 전체적으로도 행정노력과 비용이 절감될 수 있다.

여섯째, 학교회계업무가 체계화되어 회계업무담당자의 능률이 증진되고 전체적인 업무수행능력도 증가하였다. 단위학교 회계제도의 시행이 과다한 회계업무를 초래할 것이라는 우려가 있으나 실제로 체계적이며 자가검증기능(self-balancing)이 있는 복식부기에 기초한 표준적인 학교회계시스템이 개발되어 소수의 인력으로 단위학교의 회계처리가 가능하며 오히려 현행 출납 및 기록 위주의 회계처리절차보다 업무량이 줄어들기도 하였다.

일곱째, 학교회계제도가 도입됨으로써 단위학교는 대부분의 사업비를 학년도 개시 이전에 교육부나 교육청으로부터 총액으로 배부받을 수 있게 되었다. 이전에는 학교에 배부되는 각종 경비가 아무런 예고 없이 학기 중에 갑자기 배부되어 이미 학교자체 예산으로 사업을 집행한 경우 중복 투자가 되는 경우가 있었으나, 이제는 연간 지원될 예산의 총규모를 학교가 미리 알 수 있어 효율적인 재정운영을 도모할 수 있게 되었다.

여덟째, 학교회계제도의 도입으로 학교의 실정에 따라 통합장부를 사용할 수 있게 됨에 따라 학교실정에 맞는 회계관리가 가능해졌고, 재원에 따른 사용목적 구분 없이 학교실정에 따라 자율적으로 세출예산을 편성할 수 있게 되었다. 이전까지는 경비의 종류에 따라 서로 다른 회계지침을 적용하여 자금별로 별도의 회계를 운영하고 장부 관리를 해 왔고, 세입재원별로 사용목적에 따라 세출예산을 편성해 왔다. 그러나 이제는 다양한 형태의 장부 정리가 가능해졌고, 회계관리의 합법성보다 타당성을 추구할 수 있게 되었다.

아홉째, 학교회계제도의 도입으로 자금 이월이 가능하게 되어 회계연도 말의 집중적인 예산집행으로 인한 낭비요인을 제거할 수 있게 되었다. 이전까지는 교육부나 교육청에서 지원되는 경비의 경우에 교육청의 회계연도가 종료되면 잔액을 전액 반납하여 이월이 허용되지 않았다. 따라서 회계연도 말이 되면 자금을 반납하지 않게 하기 위하여 우선순위가 뒤지는 학습기자재를 구입하는 경우 등 비효율적인 예산집행이 많았다.

열째, 예산과정에 교원의 참여를 확대하였다. 예산을 편성하는 과정에 교원으로부터 예산요구서를 받도록 하고 있는데, 이렇게 함으로써 예산의 초기부터 교원이 참여하고 이를 통해 교육활동과 연계된 예산운영을 가능하게 하였다. 동시에 집행과정에도 교원들이 적극 참여함으로써 교원의 요구와 교육활동에 관련이 높은 재정운영을 가능하게 하였다.

2. 학교회계제도의 내용

1) 학교회계제도와 에듀파인(Edufine) 시스템

「지방재정법」 개정 이후 통제중심의 품목별 예산에서 성과중심 예산운용을 위하여 품목별 예산을 사업별 예산으로, 단식부기 방식에서 복식부기 방식으로 개편되었다. 또한 사업별 예산과 복식 부기를 운용하기 위한 통합재정정보시스템을 구축하게 되었다. 품목별 예산제도는 사업의 성과에 근거한 재원 배분 및 성과 관리에 한계가 있어, 성과중심의 학교재정 운영기반 구축을 위하여 도입되었다.

사업별 예산(program budget)이란 각급기관의 자율과 책임하에 정책이 체계적으로 반영될 수 있도록 사업(정책, 단위, 세부사업)을 중심으로 예산을 편성, 배정, 집행, 평가함으로써 재정성과를 극대화하기 위한 예산편성방법으로 각급기관의 조직과 사업을 연계하여 목표를 정하고 이를 토대로 예산을 운영하는 것을 의미한다. 즉, 몇 개의 단위사업(activities)을 단위사업별로 운영하지 않고 이들을 한데 묶어서 포괄적으로 관리[44]하여 정책목표를 달성하기 위해 예산운영을 프로그램 단위로 구조화하고 성과와 원가관리를 통하여 예산운영의 효율성과 효과성을 높이고자 하는 예산편성방법이다.[45] 세입예산은 장 · 관 · 항 · 목으로 구분하며, 주로 이전수입(교육비특별회계전입금, 기초자치단체전입금, 민간이전수입)과 자체수입(교수학습활동수입, 행정활동수입 등)이 있다. 세출예산은 정책사업 · 단위사업 · 세부사업 · 세부항목 · 원가통계비목 · 산출내역으로 구분된다. 정책사업과 단위사업은 교육부에서 정하였으며, 세부사업은 학교장이 선정하였다가 교육감이 정하도록 바뀌었다. 그 외 세부항목, 원가통계비목, 산출내역은 행정적 과목으로 적절하게 편성한다.

학교회계제도의 사업별 예산 도입은 실질적 학교자치에 기여할 것으로 본다. 단위학교의 실질적인 학교자치를 위해 단위학교 책임경영제가 도입되었고, 학교회계제도는 단위학교의 교육과정 운영을 효율적으로 지원하기 위한 재정계획서의 역할을 할 것으로 기대한다. 즉, 단위학교에 예산 편성 및 운용의 자율성을 부여함과 동시에 책무성을 부여한 것이며, 단위학교 학교운영위원회 및 지역사회가 이를 견제하여 건전한 학교운영을 유도한 것이기도 하다. 사업별 예산 도입을 통하여 학교회계의 관점이 기존의 교육청 사업 중심, 품목별 물량 중심에서 단위학교 교육과정이나 사업목표, 성과 등으로 중심이 이동하여 사업담당 부서, 담당자의 책무성 제고에 기여하고, 학교운영위원회, 학부모, 교직원 등 학교 이해관계자에게도 학교재정을 교육과정과 연계하여 제공할 수 있게 된다.

품목별 예산과 사업별 예산을 비교하면 〈표 9-5〉와 같다.[46]

---

44) 윤일경, "사업별 예산제도 도입에 따른 단위학교 재정운영 제도 연구", 한국교원대학교 대학원 박사학위논문(2008), p. 61.

45) 박동선, "학교 등의 사업별 예산구조 개편 방향", 한국교육재정경제학회 · 한국교육학회 2007학년도 학술대회 자료집(2007), p. 339.

46) 송기창 외, 전게서(2012).

〈표 9-5〉 품목별 예산과 사업별 예산 비교

구분	품목별 예산	사업별 예산
사용시스템	• NEIS	• 학교회계(에듀파인)
예산편성법	• 품목별 예산 　-○○사업예산을 어느 과목에 얼 　마씩 쓸까? 　-품목 중심(인건비, 물건비 등)	• 사업별 예산 　-○○사업 추진에 얼마가 소요될까? 　-사업과 조직이 하는 일 중심
관리목적	• 투입(무엇을 구입)	• 성과(무엇을 하였는가?)
우선가치	• 회계책임, 남용방지	• 자율과 책임
성과관리 회계방식	• 구조적 제약 • 단식부기 · 현금주의 • 투입과 통제 중심 • 예산과목의 편성통제 용이	• 예산편성부터 결산까지 확인 • 복식부기 · 발생주의 • 교육과정을 효과적으로 지원하기 위 한 사업목표 · 성과 우선관리로 재정 계획서로서 역할
사업관리	• 특정사업에 대한 평가나 성과측정을 위해 사업별로 재분류 정산이 필요함	• 산출기초는 특정 세부사업을 수행하 기 위한 원가개념의 요소로 복식부기 에 의해 처리
업무처리 방식 예산 요구	• 수기로 예산요구서 작성→결재→ 행정실 제출	• 시스템으로 예산요구서 작성→전자결 재가 완료되면 행정실로 자동 제출됨
지출품의	① NEIS에 지출품의 입력, 품의서 출 력→결재→행정실 제출 ② 수기문서로 지출품의서 작성→결 재→행정실 제출	• 시스템으로 지출품의 작성→전자결 재가 완료되면 행정실로 자동 제출됨
예산구조	• 관-항-목-세목-사업코드(구조내 성질과 사업이 혼재)	• 정책사업-단위사업-세부사업-원 가통계비목(복식부기 자동 분개)
예산편성	• 품목별 예산서: 비목별 편성(예산편 성 시 가급적 많이 요구)	• 사업예산서(성과를 고려한 예산요구) 　-사업단위로 편성: 전략목표, 성과 　목표(성과지표 포함) • 성과목표 및 객관적 평가체제를 고려 한 예산편성 및 심의
예산집행	• 통제위주의 예산 운용 　-편성된 예산(목 · 세목)을 관행적 　으로 집행 　-합법성에 초점을 둔 집행 • 부서별 자율권 제한	• 성과위주의 예산운용 　-사후 평가결과를 고려한 예산 집행 　-책임감 있는 예산 집행 • 부서별 자율권 제한 　-권한에 상응하는 책임감 부여
결산	• 단편적 · 품목별 회계 결산	• 종합적 · 사업단위(정책/단위사업 중 심 결산) 　-회계 · 예산체계의 동일 개편

성과평가 및 환류	• 사업진도분석 수준의 평가 • 사업 추진성과 및 건전성 저해 가능성 • 담당자의 책무성 확보 어려움 • 평가장치 미흡으로 집행결과가 다음 연도 예산에 반영되지 않음	• 사업담당부서, 담당자의 책무성 제고 • 목표와 연계된 성과중심의 평가 • 성과보고서를 통한 성과평가 및 다음 연도 예산에 반영
이해관계자에 대한 효과	• 품목 중심의 편제 －수행사업에 대하여 파악하기 곤란	• 사업 파악이 용이 －투명한 재정운영으로 재정상태 및 운영성과 파악 용이

품목별 예산의 경우 단순히 '부진아 학생지도'로 예산서에 표시되지만, 사업별 예산에서는 예산서 자체가 사업설명서가 되며, '부진아 지도'의 사업에 대하여 목적, 사업개요, 사업목표, 예산의 정보가 포함되어 사업의 평가, 측정, 원가정보의 자료를 제공하고 있다. 이러한 점에서 사업별 예산제도의 도입 시 다음과 같은 효과가 있다.[47)]

첫째, 교직원의 책무성을 증진할 수 있다. 현행 품목별 예산은 세출과목명, 산출기초만 부기된 예산요구서에 의해서 예산편성이 이루어지고 있어 학교가 계획한 사업이 무엇이고 얼마만큼의 재원이 투입되는가에 대한 정보가 명확하지 않다. 따라서 교직원의 적극적이고 책임 있는 참여에 한계를 보이고 있다. 사업별 예산은 사업목적, 목표, 예산액, 담당자가 명시된 사업설명서가 예산서이므로 책임의 한계가 분명해진다.

둘째, 학교예산이 학교 교육계획과 연계한 재정계획서의 역할이 분명해진다. 학교예산 편성은 단위학교 교육과정 운영계획에 소요되는 예산을 집계하는 과정으로 교육계획이 수립되면 자연스럽게 학교 예산편성이 이루어질 수 있다.

셋째, 학교 교육활동의 성과 측정이 가능한 정보를 제공한다. 예산과목을 정책사업별, 단위사업별로 분류한 다음 각 세부사업별로 업무측정단위를 선정하여 양적으로 표시하고, 단위원가에 업무량을 곱하여 예산액을 표시함으로써 그 집행이 성과를 측정, 분석, 평가를 할 수 있는 정보를 제공하고 있다.

넷째, 학교운영위원회, 학부모, 교직원 등 학교이해관계자에게도 학교재정을

---

47) 송기창 외, 전게서(2012).

교육과정과 연계하여 서술적으로 제공하게 되어 이해도를 높일 수 있다.

2) 학교회계 예결산의 편성 및 심의[48]

(1) 학교회계 운영의 기본 원칙

국·공립의 초등학교·중학교·고등학교 및 특수학교에 설치하는 학교회계는 학교의 설립목적과 교육과정에 따라 건전하게 관리·운영되어야 한다. 학교회계 회계연도는 매년 3월 1일 개시, 다음 연도 2월 말일 종료된다. 학교회계의 각 회계연도의 경비는 당해 회계연도의 세입으로 충당하여야 하며, 학교회계의 수입 및 지출은 그 원인이 되는 사실이 발생한 날을 기준으로 회계연도를 구분한다. 다만 그 사실이 발생한 날을 정할 수 없는 경우에는 그 사실을 확인한 날을 기준으로 소속 회계연도를 구분한다.

학교회계의 출납은 회계연도 말까지 완결이 불가능한 경우를 위하여 출납사무의 일정한 유예기간을 설정한다. 회계연도 말까지의 미완결 사무를 정리하기 위하여 회계연도 종료 후 20일이 되는 날에 폐쇄하며, 3월 20일이 공휴일인 때의 출납정리에 관한 사무는 기한 전일까지 처리하여야 한다.

학교의 장은 학교회계의 모든 수입을 위하여 지정된 금융기관 또는 체신관서에 예치하여야 하며, 학교회계 규칙 또는 다른 법령에 달리 정하고 있는 경우를 제외하고는 이를 직접 사용하지 못한다. 병설 및 통합운영 학교는 학교의 실정에 따라 단일회계로 운영할 수 있으며, 병설학교 중 유치원은 병설한 학교의 학교회계에 포함하여 운영한다. 분교장은 본교에 포함한다.

단위학교가 예산의 편성 및 집행과 결산과정에 있어서 자의적으로 운영하지 않도록 관련 법령에 의거하여 일반원칙을 규정하고 있다. 학교회계의 세입과 세출은 모두 학교회계 세입세출예산에 편입하여야 한다는 예산총계주의 원칙을 비롯한 학교회계 운용의 일반 원칙을 제시하면 〈표 9-6〉과 같다.

---

48) 송기창 외, 전게서(2012)에서 '제10장 학교회계제도'의 내용을 주로 참고함.

〈표 9-6〉 학교회계제도 운영의 일반원칙

구분	근거	내용
예산총계주의 원칙	• 「공립학교회계 규칙」 제9조 • 「지방재정법」 제34조	• 모든 세입·세출은 예산에 편성(예외: 세입세출외현금)
회계연도 독립의 원칙	• 「공립학교회계 규칙」 제3조 • 「지방재정법」 제7조	• 회계연도 내에 수입·지출(예외: 명시·사고이월비, 계속비, 결산잉여금의 이월, 과년도 수입·지출 등)
예산사전 의결의 원칙	• 「초·중등교육법」 제30조의 3 • 「공립학교회계 규칙」 제14조	• 회계연도 개시 이전에 학교운영위원회 심의(예외: 준예산)
예산공개의 원칙	• 「공립학교회계 규칙」 제51조	• 재정운영의 교육수요자 참여 • 재정운영 공시제도
예산의 목적 외 사용금지 원칙	• 「지방재정법」 제47조 • 「공립학교회계 규칙」 제17조	• 예산의 편성된 목적대로 집행(예외: 예산의 이용 및 전용)
건전재정 운영의 원칙	• 「공립학교회계 규칙」 제2조	• 재정운영의 건전성과 효율성 확보
수입금 직접사용 금지의 원칙	• 「공립학교회계 규칙」 제6조 • 「지방재정법」 제15조	• 모든 수입은 예산에 편성하여 집행

(2) 예산

예산은 예산총칙, 세입·세출예산, 계속비, 명시이월비를 총칭하며, 예산총칙에는 세입·세출예산, 계속비, 명시이월비에 관한 총괄적 규정과 기타 예산집행에 관하여 필요한 사항을 정한다. 각 교육청은 매년 예산편성기본지침을 작성하여 이를 회계연도 개시 3월 전까지 소속 학교의 장에게 시달해야 한다. 교육청의 교육시책 방향, 교육재정 여건, 예산과목 구조 및 과목해소 등 학교예산의 전반적인 운영사항에 관한 지침의 성격을 가진다. 교육청에서 각급학교에 통보하는 예산편성기본기침은 교육청의 교육시책 방향, 교육재정 여건, 예산과목 구조 및 과목해소 등 학교예산의 전반적인 운영사항에 관한 지침의 성격을 가지며, 학교에서는 이에 기초하여 해당 학교의 예산편성 및 운영에 관한 기본방향을 수립하고 예산을 편성해야 한다. 예산편성을 위해서는 전년도 학교교육재정 결산분석 결과와 다음 연도 학교교육계획에 반영할 예산 소요사업을 예산에 충실히 반영해야 한다. 학교의 장은 예산편성기본지침에 따라 예산안을 편성하되, 예산안의 편성에 있어서 교직원은 학교운영 및 교육활동에 필요한 경비를 기재한 예산요

구서를 작성하여 학교의 장에게 제출할 수 있다. 학교의 장은 학교운영위원회에
제출한 예산안을 전입금의 변경 기타 부득이한 사유로 인하여 수정하고자 하는
때에는 수정예산안을 학교운영위원회에 제출할 수 있다.

　학교회계 예산안 작성 추진 과정 및 추진시기, 추진 내용 및 구성원의 역할은
〈표 9-7〉과 같다.

〈표 9-7〉 학교회계 예산안 작성과정

추진과정	추진시기	주체	추진 내용 및 구성원의 역할
예산편성 지침통보	11월 30일 까지	교육감	• 교육청의 교육재정여건 및 운영방향 • 학교예산운영에 필요한 제반 내용
기본계획수립 및 교직원교육	12월 초	학교장	• 학교장 　-예산편성 기본계획이 학교교육계획을 반영하여 수립되 　　었는지 검토 후 결재 확정 　-교직원 교육 시 사업담당자들이 학교교육과 연계한 예 　　산요구를 하도록 당부(사전 초안 작성 필요) • 행정실장 　-학교예산편성 기본계획 수립(예산조정순위 포함) 　-세입예산 추정 및 가용재원(경직성경비 제외) 제시 　-예산편성에 필요한 제반 내용 교직원 교육 실시
학교정보 및 기본코드등록	12월 초	예산 담당자	• 교육목표, 기본코드(부서·사용자·세부사업·세입사업) 　등록●
예산편성개시 요구서식배포	12월 초	예산 담당자	• 학교장 - 결재 확정 • 행정실장 　-예산편성 개시 결재요청 ● 　-예산요구서식(엑셀)을 다운로드 후 교직원에게 배포 ●
교직원 예산요구	12월 중순	사업 담당자 (부서장)	• 부장교사(부서장) 　-부서원이 요구한 예산요구 자료를 취합하여 조정·협의 　　→ 교감 결재 후 행정실로 제출 • 교직원(사업담당자) 　-익년도 학교교육계획과 연계한 예산요구자료 작성 후 　　부서장에게 제출
전입금교부 계획 통보	1월 9일까지	교육감	• 학교회계전출금 분기별 교부계획 통보 • 목적사업비 지원 대상학교 통보
세입예산 등록	전입금 교부 즉시	예산 담당자	• 전입금 교부계획에 따른 세입예산 등록 ● • 수익자부담경비 및 자체수입 등록 ●

예산요구등록 (예산조정)	1월 중	예산 담당자	• 학교장 -예산조정회의 개최, 학교장, 교감, 행정실장, 부서장(부 장교사), 사업담당자 등 참석 -부서원 간 의견 중재자 역할 수행 -예산조정순위, 전년도 집행실적 등을 고려하여 학교중 점사업이나 특색사업이 반영될 수 있도록 조정 • 행정실장 -예산조정순위 및 전년도 집행실적 등을 반영하여 기초 조정자료를 작성하고, 조정내용 설명 -예산조정결과 등록(엑셀 업로드) ● • 부서장(사업담당자) -기초 조정자료에 대한 의견 제시, 예산 조정 참여
예산(안)확정	전입금 교부 즉시	학교장	• 학교장 - 예산(안) 확정 ●
예산(안) 학운위 제출	1월 29일까지 (회계연도 개시 30일전)	학교장	• 학교장 -「초·중등교육법」제30조의3 제2항에 의거 확정된 예산 (안) 학교운영위원회에 제출

※ ●: 에듀파인 시스템에서 처리하는 작업을 의미함.
※ 예산담당자는 행정실장 또는 행정실의 업무담당자를 의미함.

학교장은 「초·중등교육법」제30조의3 제2항에 의거 확정된 예산(안)을 학교운영위원회에 제출하여 심의 및 확정과정을 거쳐야 한다. 「초·중등교육법」에 학교운영위원회를 학교예산에 대한 심의기구로 규정하고 있어, 학교운영위원회의 심의를 마치지 않으면 예산으로서의 효력이 없다. 학교운영위원회 위원장은 학교운영위원회에 제출할 예산안을 회의개최 7일 전까지 학교운영위원회 위원에게 통지하여야 한다. 예산안 심의를 위한 학교운영위원회가 개최되면 학교장이 학교운영 방향, 연간 재정규모 및 전체 예산안에 대하여 제안설명을 한다. 제안설명 시에는 각 항목에 대한 예산편성의 필요성 등에 대한 상세한 설명을 통해 학교운영위원들의 예산안에 대한 이해를 높이고 효율적인 예산안 심의가 가능하도록 하여야 한다. 심의의 효율성을 높이기 위하여 관련 교직원으로부터 학교수업에 지장을 주지 않는 범위 내에서 해당 사업의 필요성 및 기대효과, 예산규모의 적정성 등을 중심으로 의견을 청취하여 그 타당성을 평가할 수 있다. 하지만 학교장의 동의 없는 금액 증가 및 비목 설치는 불가능하다.

학교예산을 상세히 심의하기 위해서는 학교운영위원회의 의결로써 예산심의를 전담하는 예산심사소위원회를 구성하여 심사할 수 있다. 소위원회 심의과정에서 학교운영위원들의 의견을 반영하여 계수를 조정할 수 있으며, 이 과정에서 당초 학교장이 편성한 예산안과 큰 차이가 날 경우 학교장의 의견을 들어야 한다.

학교의 장은 예산성립 후에 생긴 사유로 인하여 이미 성립한 예산에 변경을 가할 필요가 있을 때에는 추가경정예산을 편성할 수 있다. 그러나 국가 또는 지방자치단체 등으로부터 그 용도가 지정되고 소요전액이 교부된 경비 또는 수익자부담경비는 추가경정예산의 성립 전에 이를 사용할 수 있으며, 이는 동일 회계연도 내의 차기 추가경정예산에 계상한다. 예비비는 업무추진비에 지출할 수 없으며, 학교의 장은 예비비를 사용한 경우에는 관·항·목의 구분에 따라 예비비사용명세서를 작성하여야 한다.

학교의 장은 세출예산에서 정한 목적 외의 경비를 사용하거나 세출예산이 정한 각 관·항 사이에 상호 이용할 수 없다. 다만 예산집행상의 필요에 의하여 미리 학교운영위원회의 심의를 거쳐 예산으로 정한 경우에는 그러하지 아니하다. 학교의 장은 인건비·시설비를 제외한 예산의 동일한 항 안에서 각목의 금액은 다른 비목으로 전용할 수 있다. 다만 회계연도 경과 후 또는 업무추진비에 충당하기 위하여 다른 비목에서의 전용은 할 수 없다. 이용 또는 전용한 경비의 금액은 세입·세출결산서에 이를 명시하고 그 이유를 기재하여야 한다.

3) 결산

학교의 장은 예비비사용 내역, 세출예산의 이용 및 전용 내역, 계속비, 이월경비 내역, 기타 결산심의에 필요한 자료를 첨부하여 세입·세출결산서를 학교운영위원회에 제출해야 하며, 학교운영위원회는 결산심의결과를 회계연도 종료 후 4월 안에 학교의 장에게 통보하여야 한다. 학교운영위원회의 결산심의절차는 예산안심의절차 규정을 준용한다.

학교회계 결산과정 및 시기별 추진사항을 정리하면 〈표 9-8〉과 같다.

⟨표 9-8⟩ 학교회계 결산과정

추진과정	추진시기	주체	추진 내용 및 구성원의 역할
세입세출 예산집행	연중	사업 담당자	• 교직원(사업담당자) 　−사업별/목별 예산대비 지출액 정리(예산집행을 의미함)
회계연도 종료	2월 말	결산 담당자	• 행정실장 　−당해 회계연도의 징수행위 및 지출원인행위 종료
출납폐쇄 정리	3월 20일	결산 담당자	• 행정실장 　−세입금 수납 및 세출금 지출 마감, 회계 관련 제장부 마감
회계마감	3월 21일 이후	결산 담당자	• 행정실장 − 월 마감 ●
이월확정	4월 30일까지	결산 담당자	• 학교장 − 결재 확정 • 행정실장 　−다음 연도 이월액(명시이월, 사고이월, 계속비이월) 확정 및 마감 ●
불용액처리	4월 30일까지	결산 담당자	• 행정실장 − 불용사유별 불용액 정리 ●
결산(안)확정 및 심의요구	4월 30일까지	학교장	• 학교장 　−결산서 확정 ● 　−결산서 학교운영위원회 제출 • 행정실장 − 결산안 확정 기안
결산심의	회의당일	학교운영 위원장	• 학교장 　−학교재정 연간 집행규모, 주요 집행내역 등 설명 ☞ 결산서 제안 설명 • 행정실장 　−결산내역에 대한 상세 설명 ☞ 결산서 개요 설명 ㅇ 의문사항에 대하여 관련 교직원 의견 청취 ※ 예산안심의 절차와 동일하게 운영됨 ※ 회의개최 7일 전까지 학교장이 제출한 결산서 심의 위한 회의개최 공고 및 결산서 학교운영위원에게 개별 통지
심의결과 통보	5월 31일까지	학교운영 위원장	• 회계연도 종료 후 3월 이내에 결산 심의결과 통보
결산공개	확정 후 10일 이내	학교장	• 홈페이지 공개 및 가정통신문 발송 ※ 예산공개 절차와 동일함

※ ●: 에듀파인 시스템에서 처리하는 작업을 의미함.
※ 결산담당자는 행정실장 또는 행정실의 업무담당자를 의미함.

3) 세입·세출구조

사업별 예산제도의 세입 예산의 구조는 국제사회 기준인 OECD UOE[49] 통계에서 요구하는 세입의 부담주체를 대분류 기준으로 한 구조를 기본으로 하여 기본 품목별 예산제도의 '장-관-항-목' 구조로 편성된다.

1레벨	정부재원	교육비특별회계전입금	• 학교교육비, 목적사업비 등
		광역자치단체전입금	• 급식식품비 등의 보조금
		기초자치단체전입금	• 급식시설, 정보화사업비 등
2레벨	민간재원	학부모부담재원 수입	• 수업료, 수익자부담사업비 등
		사학법인 전입금	• 사학법인 부담금
		기타민간재원 수입	• 발전기금, 자체수입, 민간지원금

[그림 9-3] 학교회계 세입구조

세출예산이란 학교가 교육과정 운영 등 그 목적을 수행하기 위하여 한 회계연도 동안 집행하는 일체의 지출을 말한다. 세출예산은 실질적으로 예산집행권을 부여한다. 예산에 계상되어 있지 않은 경비 및 계상된 금액 이외의 초과지출은 원칙적으로 제한하고, 예비비와 이·전용제도 등을 통하여 예외적으로 허용하고 있다.

사업별 예산에서 세출은 정책-단위-세부 사업 구조로 기존 세출과목이 개편되며 세입예산의 경우는 (장)-관-항-목 구조를 유지한다. 복식부기 처리를 위한 세입·세출 각 과목에는 원가통계비목이 존재하게 된다. 품목별 예산의 세출구조와 비교하면 〈표 9-9〉와 같다.

세출 사업예산 구조는 사업예산 구조와 성질비목으로 구성된다. 단위학교에

49) UOE(UNESCO-UIS OECD EUROSTA) data collection manual by Paris 2004, UOE 매뉴얼에 의해 매년 OECD 국가 간 교육통계를 작성/발표하고 있으며 2004 매뉴얼에 의해 2003년 교육비 지출 통계를 2005년에 작성/발표하였으며, 매뉴얼 작성기준은 교육재정 지출을 정부 및 민간 재원으로 대분류한 후 산출하고 있음.

〈표 9-9〉 품목별 예산제도와 사업별 예산제도 세출예산 구조 비교

품목별 예산제도			사업별 예산제도		
①	관	성질별 분류(4관)	①	정책사업	• 교육활동을 수행하기 위한 최상위 사업 분류
②	항	성질별 분류(5항)	②	단위사업	• 교육활동에 따른 정부 수준의 사업 분류
③	목	경비/사업의 분류(18목)	③	세부사업	• 예산서체계 및 예산, 사업 관리의 최소단위 학교별 자율 설정
④	세목	목을 세분화(시 · 도별 사용 여부 결정)			
⑤	(사업코드)	학교(시 · 도)별 운영 사업코드	④	원가통계비목	• 경비의 성질별 분류 • 복식부기 자동분개

서 학교의 여건과 특성을 고려하여 세부사업을 설정하고, 그 목표를 달성하기 위해서는 예산을 편성 · 집행하고 복식부기로 처리하여야 한다. 그런데 기존의 세출 예산과목은 인건비, 운영비, 수익자부담사업비, 예비비 등 성질과 사업이 혼재되어 있어 복식부기로 회계 처리할 수 없는 구조로 되어 있다. 그러므로 경비를 성질별로 분류하고 산출기초로서 원가통계비목을 사용해야 복식부기로 자동분개가 가능하다.

〈표 9-10〉 세출사업 구조

1 레벨	정책 사업	• 단위학교 교육활동을 수행하기 위한 최상위 사업 분류로 단위사업의 묶음 • 교육부 설정(8개): 국가교육목표 반영 • 예시: 인적자원운용, 학생복지/교육격차 해소, 기본적 교과활동 등
2 레벨	단위 사업	• 정책사업 목표를 달성하는 수단으로서 사업 성격별로 통합 · 단순화한 사업 분류로 세부사업의 묶음 • 교육부 설정 • 예시: 교직원보수, 교과활동, 특별활동 등
3 레벨	세부 사업	• 단위사업을 구성하는 세부내역으로서 각 사업담당자가 실제 운용하는 최소단위의 사업 • 교육감이 정함(추가가 필요할 경우 교육감에게 요청) • 예시: 학교운영지원비수당, 학교급식운영 등

4) 학교회계제도와 학교장의 역할[50]

앞에서도 언급하였듯이, 학교회계제도의 시행으로 그동안 재원별로 사용목적이 지정되어 학교에 배분되었던 것이 재원이 통합되어 사용목적 구분 없이 일괄 배분되므로 교육목적에 따라 효율적인 예산편성이 가능해졌다. 따라서 학교에서 학교장은 한정된 예산으로 교육목적 달성을 위해 효율적으로 예산을 편성하고 집행하도록 예산의 편성, 집행, 결산, 심의에 이르기까지 전 교직원들의 의견수렴과정 및 학교운영위원회의 심의를 거쳐 투명하게 학교교육을 지원할 수 있게 되었다.

(1) 교직원이 참여하는 예산안 편성

현행 학교회계제도는 예산이 총액으로 배부되어 교육수요와 필요에 따라 개별 학교가 주체적으로 교육비 투자 우선순위를 정하고 적절한 예산배정을 자유롭게 할 수 있어 학교에서의 재정운영에 대한 자율성이 대폭 확대되었다. 또한 학교장의 교육철학과 경영방침에 따라 각 학교의 실정에 적합한 예산을 구성하고 자율적으로 경영할 수 있어 학교장의 리더십 발휘가 용이해졌다. 또한 종전의 제도와 달리 학교회계의 도입으로 학교운영비가 확충되었고 교직원들의 요구를 예산에 반영할 수 있어 학교의 교육계획과 예산이 일치하여 학교경영의 효율화를 기할 수 있게 되었다.

(2) 단위학교의 재정확보를 위한 노력

학교시설 사용료, 수수료 수입 등을 확보할 수 있는 인센티브가 부여되고, 이를 학교가 직접 관리·운용하게 되어 지역사회에 대한 학교시설제공이 활성화되었다. 지역주민은 학교시설을 저렴하게 사용할 수 있게 되어 학교가 지역사회 발전을 위한 핵심적인 평생학습 센터로 발돋움할 수 있는 기반이 되었으며, 교장은 학교시설의 개방을 통해 지역주민에게 편의를 제공하고 학교의 수입을 늘려 학교 발전을 꾀할 수 있게 되었다. 따라서 그 어느 때보다도 단위학교의 교육재정 확충을 위한 학교장의 노력과 의지가 필요한 때다.

---

50) 서울대학교 교육행정연수원 편, 전게서, pp. 420~421 참조.

참고문헌

가재창, 심재권, 신재무행정론, 대전: 충남대학교 출판부, 1998.

경상남도교육청, 학교예산의 효율적 운용, 1997.

교육부, 2000년도 지방자치단체 교육비특별회계 예산편성 기본지침, 1999.

교육인적자원부, 2002년도 지방교육재정 운용 편람, 2002.

김경호, "단위학교 예산·회계제도 문제점 및 학교회계의 효과분석", 단위학교 재정의 운 영체제 개선을 위한 워크숍, 서울: 한국교육개발원, 1999. 12.

김동건, 현대재정학: 공공경제의 이념과 정책, 서울: 박영사, 1984.

김병주, "학교회계결산의 과제와 전망", 교육재정·경제연구, 제8권 제2호, 1999.

김장현, "도급경비제하에서의 재무관리", 교육재정·경제연구, 제7권 제2호, 1998.

박동선, "학교 등의 사업별 예산구조 개편 방향", 한국교육재정경제학회·한국교육학회 2007학년도 학술대회 자료집, 2007.

박영희, 재무행정론, 제4판, 서울: 다산출판사, 1999.

반상진 외, 교육재정학, 한국교육재정경제학회, 2014.

배득종, 신재무행정, 서울: 박영사, 1996.

서울대학교 교육행정연수원 편, 학교장 실무 편람, 서울: 하우, 2002.

성삼제, "학교회계제도의 필요성과 발전방향", 미발표원고, 1999.

송기창, "단위학교의 교육재정 책임증대와 그 대응방안", 교육행정학연구, 제16권 제2호, 1998.

송기창, "학교교육계획과 예산편성기법", 교육재정경제연구, 제7권 제2호, 1998.

송기창, "학교회계의 운영실태 조사연구", 교육재정경제연구, 제11권 제1호, 2002. 12.

송기창 외, 2006 교육재정백서, 2006.

송기창, 김병주, 나민주, 조석훈, 교육재정백서, 교육재정백서연구위원회, 1999.

송기창, 김민희, 김용남, 김지하, 나민주, 박소영, 우명숙, 윤홍주, 이선호, 교육재정백서, 2012.

유영옥, 재무행정론, 서울: 학문사, 1997.

윤일경, "사업별 예산제도 도입에 따른 단위학교 재정운영 제도 연구", 한국교원대학교 대학 원 박사학위논문, 2008.

윤정일, "학교교육 붕괴의 종합진단과 대책", 학교교육붕괴, 이대로 방치할 것인가?, 학교공 동체 위기극복 대토론회, 1999.

윤정일, 송기창, 조동섭, 김병주, 교육행정학원론, 개정판, 서울: 학지사, 1998.

이원근, "학교 예산회계 제도의 개선 방향", 교육마당21, 1999. 5.

정태범, 학교교육의 구조적 개혁, 서울: 양서원, 1998.

최준렬, "학교재무관리의 제도적 문제점과 개선방안", 교육행정학연구, 제17권 제2호, 1999.

최준렬, "학교회계제도의 성과와 전망", 한국교육재정경제학회, 제46차 학술대회 발표 논문, 2006. 8.

하인호, 교육정책과 기획, 서울: 문우사, 1989.

한국교육행정학회, 교육재정론, 교육행정학전문서 6, 서울: 하우, 1995.

한유경, 성삼제, 학교예산회계제도의 실태 분석, 연구보고 RR 2002-11, 한국교육개발원, 2002.

Clune, W., & White, P., *School Based Management: Institutional Variation, Implementation and Issues for Further Research,* New Jersey: Rutgers University, Center for Policy Research in Education, 1988.

Dean, B. V., & Cowen, S. S., "The Use of Zero-Base Budgeting in Industry: Some Observation", *INTERFACES,* August 1979.

Farmer, J., *Why Planning, Programming, Budgeting Systems in Higher Education,* Colombia: Western Interstate Commission for Higher Education, 1970.

Guthrie, J. W., Garms, W. I., & Pierce, L. C., *School Finance and Education Policy: Enhancing Educational Efficiency, Equality, and Choice,* New Jersey: Prentice Hall, 1988.

Hartley, H. J., *Educational Planning-Programming-Budgeting: A Systems Approach,* Englewood Cliff, NJ: Prentice-Hall, 1968.

Henry, N., *Public Administration and Public Affairs,* Englewood Cliffs, NJ: Prentice-Hall, 1988.

Lewis, C. W., "The Field of Public Budgeting and Financial Management, 1789~1995", in Jack Rabin, W. Bartley Hildreth, & Gerald J. Miller, Eds., *Handbook of Public Administration,* 2nd ed., New York: Marcel Dekker, Inc., 1998.

McCaffery, J., "MBO and the Federal Budgetary Process", *Public Administration Review, 36,* January/February 1976.

Mosher, F. C., *Program Budgeting: Theory and Practice,* Chicago: Public Administration Services, 1954.

Odden, A. R., & Picus, L. O., *School Finance: A Policy Perspective,* New York: McGraw-Hill, Inc., 1992.

Pyhrr, P. A., "The Zero-Base Approach to Government Budgeting", *Public Administration Review, 37,* 1977.

Pyhrr, P. A., *Zero-Base Budgeting: A Practical Management Tool for Evaluating Expenses*, New York: John Wiley & Sons Inc., 1973.

Rabin, J., & Lynch, T. D., Eds., *Handbook on Public Budgeting and Financial Management*, New York: Marcel Dekker, 1983.

Rose, R., "Implementation and Evaporation: The Record of MBO", *Public Administration Review, 37*, 1977.

Schick, A., "The Road to PPB: The Stages of Budget Reform", *Public Administration Review, 26*, 1966.

Schick, A., *Budget Innovation in the State*, Washington, DC: Brookings Institution, 1971.

Swiss, J. E., "Establishing a Management System: The Interaction of Power Shifts and Personality Under Federal MBO", *Public Administrative Review, 3*, 1983.

Zwick, C. J., "Budgeting for Federal Responsibilities", *The Annals of the American Academy of Political and Social Science*, 1968.

제 **10** 장
교육재정
운용제도

예산은 정부활동의 집약체로서 중앙정부, 지방자치단체, 단위학교는 예산을 통해 국민, 주민, 학생의 다양한 재정수요를 충족할 수 있다. 학교예산은 한 회계연도 동안 단위학교가 교육활동을 실천해 나가는 데 필요한 세입과 세출의 체계적인 계획표다. 따라서 예산에 대한 정확한 이해가 없이는 교육활동에 대한 이해가 어려울 뿐만 아니라 교육조직을 제대로 운영하기도 어렵다.

2000년대 들어서 우리나라 교육재정 운용제도에는 큰 변화가 있었다. 학교회계제도가 2001년에 도입되었다. 또 2004년부터는 국가재정개혁의 일환으로 국가재정운용계획, 총액배분·자율편성, 사업예산, 성과주의, 디지털예산회계시스템 등이 도입되었고, 성인지 예산제도와 주민참여 예산제도가 적용되고 있다. 이러한 예산제도는 교육부예산은 물론 지방교육재정에도 적용되고 있고, 단위학교 재정운용에 영향을 주고 있다.

이 장에서는 예산제도를 중심으로 교육재정 운용제도를 살펴보고자 한다. 우선 예산의 개념과 기능, 예산제도의 발달과 개혁에 대해 고찰해 보고, 앞에서 언급한 주요 예산제도를 살펴본다. 다음으로 예산과정을 개관한 뒤, 국가 · 지방 · 학교 차원에서 재정운용체계를 살펴본다. 그다음으로 예산원칙을 전통적인 예산원칙과 현대적인 예산원칙으로 나누어 살펴보고, 우리나라의 예산원칙을 제시한다.

제1절 예산제도의 발달

1. 예산의 개념과 기능

국가예산은 정부가 어떤 정책을 어떻게 수행할 것인지를 가장 정확하게 설명하고, 예측하고, 통제할 수 있는 수단이며 기술이다. 예산을 이해하지 않고는 정부의 활동을 정확하게 파악할 수 없다. 정부의 대국민 선전과 구호는 알 수 있을지 몰라도 실제로 어떤 정책이 어떤 우선순위에 따라 어떤 규모로 집행될 것인가는 예산을 분석함으로써 파악이 가능한 것이다.

한 조직에 대한 이해는 조직의 예산을 읽을 수 있는 능력을 갖춤으로써 생긴다. 예산담당자가 조직을 가장 통찰력 있게 관찰할 수 있는 것도 이 때문이다. 예산을 담당한다는 것은 한 조직의 핵심 구성원으로서의 역할을 수행한다는 의미다. 실제로 예산담당자만큼 조직의 모든 구성원과 조직의 책임자와 많이 접촉하는 사람이 없다. 예산에는 조직의 모든 문제점과 약점이 구체적인 숫자로 객관적으로 표현되어 있다. 이러한 문제점과 약점을 해결할 수 있는 방안의 단서도 예산 속에 내포되어 있는 것이다.[1]

예산은 일정기간에 있어서의 수입 · 지출의 예정적 계산,[2] 계획된 목표들을 성취할 수 있도록 자금지출을 체계적으로 연관시키는 과정,[3] 일정기간 내에 있어서의 국가의 목표를 성취하는 데 필요한 여러 사업을 수행하기 위한 자금계

---

1) 이문영, 윤성식, 재무행정: 예산 및 재무행정(서울: 학현사, 1993), p. 91.
2) Jesse Burkhead & Jerry Miner, *Public Expenditure*(Chicago: Aldine Atherton, 1971), p. 12.
3) Allen Schick, "The Road to PPB: The Stages of Budget Reform", *Public Administration Review, 26*(December 1966), p. 243.

획,[4] 혹은 일정기간 동안의 정부재정활동을 체계적으로 총괄하여 제시하는 계획[5]으로 정의되고 있다. 즉, 예산이란 일정기간 내에 조직이 계획한 일을 효과적으로 수행하는 데 필요한 자금을 조달하고 사용하는 데 관한 의사결정과정임과 동시에 자금이라는 숫자로 표현한 업무계획서라고 할 수 있다. 예산개념은 시대에 따라서 변화되어 왔다. 초기의 예산개념은 공공자금으로 무엇을 사는가(things to be bought)에, 다음에는 무엇을 이룩하는가(things to be done)에, 그리고 현대에 와서는 무슨 목표를 성취하는가(goals to be achieved)에 정의의 초점을 두고 있다.[6]

예산제도의 변천과 관련하여 쉬크(Schick)는 예산의 기능을 통제적 기능, 관리적 기능, 계획적 기능으로 나누었다. 대체로 선진국에서는 근대적 예산제도의 성립부터 1920년대까지는 예산의 통제적 기능이 주 기능으로 작용했는데 그 대표적인 예가 품목별 예산제도다. 그다음에는 관리적 기능이 강조되었는데 관리지향 예산제도의 대표적인 예가 성과주의 예산제도다. 그리고 1960년대부터는 계획적 기능이 주 기능으로 등장했는데 그 대표적인 예가 PPBS(Planning Programming Budgeting System)다.[7] 통제적 기능이란 예산집행에 있어서 부정행위를 막는 데 주목적이 있는 기능이다. 예산집행 과정에서 자유재량의 범위를 줄이고 책임한계를 명백히 하기 위하여 지출품목을 명세화한다. 관리적 기능이란 일정액의 예산지출로 최대의 성과, 즉 능률을 목표로 하는 기능이다. 계획적 기능이란 일정액의 예산지출로 최대의 효과를 목표로 하는 기능이다. 이는 계획된 목표를 달성할 수 있도록 자금지출을 체계적으로 연관시키는 기능이다.

일반적으로 예산은 ① 정부정책의 이행에 필요한 자원을 조달하고 분배하는 정치적 기능, ② 재화와 용역을 배분하고, 소득을 재분배하며, 경제를 안정시키는 경제적 기능, ③ 조직이 수립된 정책의 범위 내에서 합법적이며 효율적·효과적으로 업무를 수행토록 하는 통제기능, ④ 여러 가지 정보를 이용자에게 제공하

4) Thomas D. Lynch, *Public Budgeting in America*(Englewood Cliffs, NJ: Prentice-Hall Inc., 1979), pp. 10~11.
5) 김동건, 원윤희, 현대재정학, 6판(서울: 박영사, 2012), p. 237.
6) 박영희, 재무행정론, 제4판(서울: 다산출판사, 1999), p. 39.
7) Allen Schick, *Budget Innovation in the State*(Washington, DC: Brookings Institution, 1971), p. 4.

는 의사소통기능을 담당한다.[8] 우리나라에서 중시되는 예산기능으로는 효율적 자원배분, 소득 재분배, 경제안정화 등이 있다.[9]

예산은 정부활동의 집약체라 할 수 있고, 중앙정부, 지방자치단체, 단위학교 는 이러한 예산제도의 원활한 운영을 통해 국민, 주민, 학생 등의 다양한 재정수 요를 충족하게 된다. 현대사회에서 행정의 기능과 범위가 확대되면서 예산의 개 념도 단순히 국가재정의 수지 관점에서 벗어나 국가의 정책목표를 성취하기 위 한 계획으로서 각종 사업과 활동을 능률적으로 수행하고, 더 나아가 그 효과성을 제고하기 위한 전략적인 기능까지 포함하게 되었다.[10]

이상과 같은 예산의 개념과 기능에 비추어 볼 때 한 조직의 예산을 이해한다는 것은 대단히 중요한 것이다. 예컨대, 학교예산은 일정기간 학교가 교육활동계획 을 실천해 나가는 데 필요한 수입과 지출의 체계적인 예정적 계획표이므로 학교 행정가인 교장이 예산을 이해해야 한다는 것은 필수적인 사항이다. 학교장이 예 산에 대한 이해와 소양이 부족할 경우에는 예산의 편성, 집행, 평가에 이르는 예 산과정이 합리적으로 이루어질 수 없을 뿐만 아니라 행정관리에 있어서 지도성 을 발휘하기가 어렵게 된다. 학교장이 종종 학교 행정실장과 갈등상태에 있게 되 는 것도 학교장의 예산에 대한 이해부족에서 연유되는 경우가 많다.

2. 근대적 예산제도의 성립

예산은 정의상 국가의도의 표현이며 사업수행을 통제하는 도구이므로, 즉 국 가살림의 수단이므로 역사상 최초로 국가가 형성되었던 시대부터 존재하였다고 할 수 있다. 국가가 존립하기 위해서는 필연적으로 조세제도가 있어야 했기 때문 이다.

근대적 예산제도는 고대국가에 이어 봉건군주시대와 절대군주시대를 거쳐 민 주주의 국가에 와서 비로소 확립되었다. 근대적 예산제도는 대의정치제도와 궤 를 같이하면서 발달하였기 때문에 민주주의적 예산제도라고도 한다.[11] 정치적

---

8) 이문영, 윤성식, 전게서, pp. 102~105.
9) 신해룡, 예산정책론: 예산결정과 재정정책, 개정판(서울: 세명서관, 2012), pp. 4~10.
10) 상게서, pp. 3~4.

민주주의 제도의 발달과정과 근대적 예산제도의 발달과정은 표리관계를 이루면서 장기간에 걸쳐 진행되어 왔다.

근대적 예산제도는 시민혁명과 산업혁명의 본산지인 영국에서 제일 먼저 성립되어 다른 나라로 전파되었다. 대표 없는 과세권에 저항했던 명예혁명의 성공으로 영국의회는 절대군주가 전횡하던 재정권을 점진적으로 장악하여 20세기 초에 민주주의적 예산제도를 확립하였다. 국가주권을 입법 · 사법 · 행정으로 삼권 분립하듯이 재정권의 핵심인 예산권을 네 개의 과정으로 구분하고, 이를 행정부와 입법부에 각각 분담시켜서 상호 견제하게 하였다. 즉, 예산의 편성과정과 집행과정은 행정부에 부여하고, 예산의 의결과정과 회계검사과정은 입법부에서 관장하도록 하였다. 영국은 의회의 과세동의권, 세출예산 의결제도, 행정부 예산안 제출제도, 결산제도, 회계검사제도 등 현재 세계 여러 나라에서 채택 · 활용하고 있는 민주주의적 예산과정을 확립시켰다. 이처럼 근대적 예산제도는 영국에서 처음 성립하였으나, 1920년대 초 이후부터는 예산이론이 주로 미국에서 발전하였다.[12]

미국도 영국의 영향을 받아서 건국 초기부터 세입예산제도 없이 세출예산제만 있었다. 세입예산 대신에 세입법을 의회가 매년 제정하였는데, 이 법이 세목과 세율을 규정함으로써 연간 수입규모가 결정되었다. 세출예산도 단일예산이 아니라 부처별로 운용되었기 때문에 예산관리에 애로가 많았다. 1921년 「예산회계법」이 제정되면서 의회가 좌우하던 연방재정권이 대통령에게 넘어가게 되었다. 그리고 1974년에 이르러서야 세입과 세출이 연결되고 부처별로 쪼개진 예산이 아닌 단일예산으로 개선되었다.[13]

3. 한국 예산제도의 역사적 고찰

조선조는 다른 봉건국가에서 흔히 볼 수 있는 형태인 왕실재정과 국가재정이

---

11) Jesse Burkhead, *Government Budgeting*(New York: John Wiley and Sons Inc., 1956), p. 2, 박영희, 전게서, p. 44에서 재인용.

12) 박영희, 상게서, pp. 44~53.

13) 상게서, pp. 54~62.

뚜렷하게 구분되지 않고 함께 어우러져 있는 가산재정국가(家算財政國家)였다. 『경국대전(經國大典)』에 의하면 조선조의 세입·세출예산의 편성원칙은 '양입제출(量入制出)'이었다. 이는 세입에 맞추어 세출을 결정한다는 원칙으로서 민간경제에 통용되는 원칙이며, 근대국가들이 채택하고 있는 '양출제입(量出制入)'의 원칙과는 반대되는 원칙이다.[14)]

조선조는 갑오경장을 계기로 예산제도를 근대화하려는 시도를 전개하였다. 정부조직을 개편하면서 재무행정기구로 탁지아문(度支衙門)을 설치하고, 이 기구로 하여금 국가의 재정·양계(量計)·출납·조세·국채·화폐 등 일체의 재정활동을 관장토록 하였다. 그리고 1894년 7월부터는 종래의 화·포·목(禾·布·木) 등 현물로 수납하던 모든 세수를 금납제로 일원화함으로써 예산의 관리수단을 정비하였다. 1895년 4월부터 「회계법」을 개정하여 시행하고 1년을 단위로 하는 회계연도를 사용하는 등 근대적 예산제도의 도입을 위한 제도적 장치를 강구하였다.[15)]

1910년 한일합병 후 조선총독부는 「조선총독부특별회계에 관한 건」과 「조선총독부특별회계규칙」을 공포하면서 이 회계규칙에 규정되지 않은 것은 일본의 회계규칙을 적용토록 하였다. 1945년 광복 후 미군정을 거쳐 1948년에 정부를 수립하고 1951년에 「재정법」을 제정하기까지 한국의 예산회계제도는 기본적으로 일본의 구회계법과 법규들을 그대로 적용하였다. 그러나 1951년에 우리나라 최초의 재무행정에 관한 기본법인 「재정법」이 제정·공포됨으로써 근대적인 예산회계제도를 확립하게 되었다.

「재정법」의 근본 입법정신은 재정의 민주화 원칙채택이었다. 조세는 물론 국가가 수납하는 과징금, 국가독점사업의 전매가격과 사업요금은 법률 또는 국회의 의결을 얻어 정하며, 국회·대법원·심계원 등 헌법기관의 예산에 대하여는 정부가 간섭할 수 없도록 재정상의 자주성을 부여하고, 정부의 재정상황보고를 의무화하였다. 그러나 1961년에 5·16 군사정부는 개발경제정책으로의 전환에 따른 재정확대 규모에 부응하고 개발정책의 효율적인 운용을 뒷받침하기 위하

---

14) 宋雲泰, 朝鮮王朝行政史(서울: 박영사, 1981), p. 196.

15) 李昌世, 韓國財政의 近代的 過程(서울: 박영사, 1965), pp. 49~75를 인용한 박영희, 전게서, pp. 68~70.

여 「재정법」을 크게 수정하고 그 명칭도 「예산회계법」으로 변경하였다.[16]

제헌헌법은 예산과정을 넷으로 구분하고, 예산편성권과 예산집행권은 행정부에, 예산의결권은 입법부에, 그리고 회계검사권은 심계원에 부여하였다. 그 후의 개정 헌법들은 예산안의 국회제출일과 예산의 의결일 등을 개정하였으며, 회계연도 개시일까지 예산이 성립하지 못했을 경우에 준예산을 사용할 수 있도록 하고, 국회의 예산안 심의의 한계를 규정하였다. 또한 예산안의 편성과 예산집행의 구체적인 내용과 절차에 관해서는 「예산회계법」에, 예산안의 심의기구와 의결절차에 관하여는 「국회법」에, 그리고 회계감사의 내용과 절차에 관하여는 「감사원법」에 각각 규정하고 있었다.[17]

4. 한국의 예산제도 개혁

우리나라의 전통적인 예산제도는 품목별 예산제도, 단년도 편성, 상향식(Bottom-Up) 예산제도로서 그동안 한국의 경제성장을 뒷받침하였다. 그러나 단년도 예산편성으로 인한 장기전략 부재, 집행부처의 과다한 예산요구, 복잡한 재정체계 등으로 재정규율 면에서 잠재적으로 취약할 뿐만 아니라, 변동하는 국가우선순위와 외부환경에 유연하게 대처하지 못하는 근본적인 문제를 갖고 있었다.[18]

우리나라의 국가경제규모가 세계 10위권으로 성장하고 민주화로 사회적 다양성이 증대되면서 개혁의 필요성이 부각되어 왔는데, 1997년 외환위기는 전통적인 예산제도 개혁의 결정적 촉매제 역할을 하였다. 정부는 대대적인 재정개혁 작업에 착수하였다. 그동안 부분적으로 변화가 있었지만, 2004년의 개혁은 50년만의 큰 변화라고 할 만한 것으로 개혁의 큰 방향은 선진국에서는 이미 적용 중인 지출관리예산제도(Public Expenditure Management System: PEMS)의 도입이었다. 그것은 ① 기획기능은 집권화하고, ② 집행기능은 분권화하며, ③ 고객(국민)지향적인 예산제도를 갖추기 위해 성과주의를 적용하는 것이다.[19]

---

16) 상게서, pp. 71~72.
17) 상게서, p. 73.
18) 배득종, 유승원, 신 재무행정, 제3개정판(서울: 박영사, 2014), pp. 310~313.
19) 선진국들은 기획기능을 집권화하기 위해 중기재정계획(Midterm Expenditure Framework)과 총액배

2004년 우리 정부는 4개 재정개혁 프로그램으로 국가재정운용계획 수립, 총액배분·자율편성 예산제도 도입, 성과관리제도 도입·운영, 디지털예산·회계시스템 구축을 추진하였다.[20] 2006년 10월에는 「국가재정법」 제정으로 그 법적 근거가 마련되었다. 「국가재정법」은 그동안 우리나라 재정을 규율해 왔던 「예산회계법」과 「기금관리기본법」을 통합하여 재탄생한 국가재정의 기본법으로서 재정 관련제도를 하나의 법으로 통합하여 재정의 효율성, 투명성, 건전성을 제고하기 위해 제정되었다.[21]

2004년의 예산제도 개혁은 〈3+1〉개혁이라고도 하는데,[22] 당시 기획예산처는 2003년에 국가재정운용계획, 총액배분·자율편성(Top-Down) 예산제도, 재정성

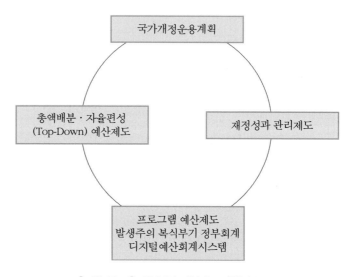

[그림 10-1] 2004년 예산제도 개혁의 구도

자료: 배득종, 유승원, 신 재무행정, 제3개정판(서울: 박영사, 2014), p. 313.

분·자율편성(Top-Down) 예산제도를 사용하고, 집행기능을 분권화하여 일선 사업부서에 권한을 위임하거나 기관별 성과계약제를 도입하기도 하였음. 또 고객지향성을 높이기 위해 성과주의를 도입하였는데, 성과주의는 결과를 염두에 두고 예산을 운용하는 것임. 성과평가를 위해서는 총원가를 산정해야 하고, 이를 위해 발생주의·복식부기 회계제도라는 기반을 구축하고, 원가중심점(cost center)을 명확히 해야 함. 선진국에서는 1970년대부터 개별사업이 아니라 몇 개 사업을 묶어서 사업군(program)으로 운영하는 사업예산제도를 적용하였음. 상게서, pp. 311~313.

20) 공은배 외, 교육재정 운영상황 종합 진단 연구: 4대 재정개혁 과제를 중심으로(서울: 한국교육개발원, 2006).

21) 송기창 외, 2012 교육재정백서(서울: 한국교육개발원, 2012), pp. 5~7.

22) 배득종, 유승원, 전게서, pp. 312~313.

과 관리제도만 개혁에 포함시키려고 하였으나, 정부혁신지방분권위원회에서는 근본적인 예산(재정)개혁을 위해서 프로그램 예산제도, 발생주의 · 복식부기 정부회계, 디지털예산회계시스템(통합재정정보시스템)을 구축해야 한다고 보고, 나중에 이를 추가하였기 때문이다. 나중에 추가된 프로그램 예산제도, 발생주의 · 복식부기 정부회계, 디지털예산회계시스템을 합해서 편의상 '디지털예산회계시스템'으로 부르기로 하였다.

한편, 1990년대 중반 이후 세계적으로 세 가지 유형의 예산제도가 급속히 확산되었다. 성과지향 예산제도(Performance-oriented Budget), 주민참여 예산제도(Citizen Participatory Budget), 성인지 예산제도(Gender Budget)가 그것이다. 앞서 살펴본 바와 같이 우리나라에서도 2000년대 초반 사업예산제도를 중심으로 하는 성과지향 예산제도가 도입되었다. 성인지 예산제도는 2006년 「국가재정법」을 통해 법제화되어 2010년부터 중앙정부예산을 대상으로, 또 2011년 「지방재정법」 개정을 통해 2013년부터 지방자치단체에서도 의무적으로 시행 중이다. 주민참여 예산제도는 「지방재정법」에 의해 2011년부터 모든 지방자치단체에서 시행되고 있다.[23)

제2절 주요 예산제도 개요

1. 국가재정운용계획 수립과 총액배분 · 자율편성 예산제도

국가재정운용계획의 수립은 기존의 단년도위주 예산편성방식의 한계를 보완하기 위한 제도다. 기존 예산편성방식은 중 · 장기적 재정건전성 확보와 합리적 재원배분에 한계가 있고, 그간 부처의 예산편성 · 집행의 자율성을 확대해 왔음에도 자율 · 책임행정을 뒷받침하는 데 미흡하였다.[24) 우리나라에서도 예전부터 중기재정계획이 수립되어 왔으나,[25) 입법부의 의결대상이 아니어서 법적 구속

---

23) 임성일 외, 새로운 지방예산제도(서울: 박영사, 2013), pp. 15~28.
24) 송기창 외, 전게서(2012), p. 2.
25) 중앙정부는 1982년부터 예산요구서 제출 시 중기재정계획소요 내역서를 첨부하도록 하였고, 지방정부에도 이를 적용하였으며, 1988년에는 「지방재정법」에 법적 근거를 마련하였음. 전상경, 현대 지방

력이 없었고, 예산편성과정에서 제대로 활용되지 못했다. 2004년 도입된 국가재정운용계획은 다년도 지출체계에 따라 중기재정운용계획을 수립하고 이를 단년도 예산편성과 연계시키려는 노력이라 할 수 있다.[26]

국가재정운용계획 수립은 거시경제적 조절기능, 전략적 자원배분 기능, 재정의 안정적 공급기능을 담당하고 있다.[27] 이 제도는 중·장기 국가발전전략을 구체화한 중기재정계획을 수립하여 국가발전의 비전과 전략을 뒷받침하는 분야별 재원배분계획, 중기재정수지 등을 제시하는 데 목적이 있다.[28] 국가재정운용계획이 수립되어 국회에 제출되기까지의 절차를 살펴보면, 기획재정부의 지침통보 → 의견수렴 → 자료제출 요청 및 협의 → 최종 수립을 위한 중앙관서장과의 협의 → 국회 소관 상임위 보고 → 국회제출 등의 단계를 밟아 진행된다.

정부는 2004년부터 해마다 5년 단위의 국가재정운용계획을 수립하여 국회에 제출하고 있다. 그동안 국가재정상황을 명확히 제시하고, 재정건전화의 기초를 구축하였으며, 개별부처의 자율과 책임이 증대되면서 과거 행해지던 예산과다

[그림 10-2] 국가재정운용계획의 수립 절차

자료: 국회예산정책처, 국가재정법: 이해와 실제(2014), p. 80.

재정론, 제3판(서울: 박영사, 2011), pp. 369~371.

26) 과거 중기재정계획은 형식적으로 만들어지고 제출되었으나, 총액배분·자율편성(Top-Down) 예산 제도가 도입되면서 각 부처가 제출하는 중기사업계획서는 실제로 당해연도 예산을 제약하는 중요 문서가 되고 있음. 하연섭, 정부예산과 재무행정, 제2판(서울: 다산출판사, 2014), pp. 116~125.

27) 배득종, 유승원, 전게서, pp. 318~321.

28) 「국가재정법」 제7조에 의하면, 정부는 매년 당해 회계연도부터 5회계연도 이상의 기간에 대한 국가재정운용계획을 수립, 예산안과 함께 국회에 제출하여야 함. 국가재정운용계획에는 재정운용의 기본방향과 목표, 중·장기 재정전망, 분야별 재원배분계획 및 투자방향, 재정규모증가율 및 그 근거, 조세부담률 및 국민부담률 전망, 통합재정수지에 대한 전망과 근거 및 관리계획, 그 밖에 대통령령이 정하는 사항 등을 포함해야 함.

요구 관행이 줄어들고 자발적인 세출구조조정이 나타나는 등 성과가 있었다. 그러나 매년 장기적인 균형재정 달성을 목표로 낙관적인 경제전망을 하고 있어 실제 현실과 괴리가 발생하는 문제가 있다. 또 국가재정운용계획은 예산안과 동시에 국회에 제출되고 있어 국회가 예산안 심의에 필요한 참고자료로 활용되는 이상의 기능을 하기 어려운 한계가 있다.[29] 또한 국가재정운용계획에는 교육부문도 포함되어 있으나, 수립절차의 민주성, 계획수립의 전문성, 계획의 성격 및 타당성, 형평성 등에서 상당한 문제가 나타나고 있다.[30]

한편 총액배분·자율편성(Top-Down) 예산제도는 종래 부처별로 예산요구를 받아 조정하는 상향식(Bottom-Up) 예산제도와 달리 지출총액을 먼저 결정한 이후, 분야별·부처별 지출한도를 설정한 다음 사업별 계수에 착수하는 방식이다. 앞서 살펴본 국가재정운용계획이 다년간에 걸친 지출계획이라면, 이 제도는 그것을 바탕으로 1년 예산을 편성하는 것이다. 국가재정운용계획에 의해 미리 정해진 지출금액을 기준으로 하되, 여러 가지 변수를 감안하여 부처별 1년 예산상한선을 설정하고, 이 지출상한선(expenditure limit) 안에서 부처가 자율적으로 예산을 편성한다.[31]

우리나라의 경우에도 중앙예산기관이 사전에 지출총액을 결정하고 전략적 재원배분을 위한 분야별·부처별 지출한도를 설정한 다음, 동 지출한도 내에서 각 부처가 사업별로 재원을 배분하도록 하고 있다. 즉, 재정담당부처가 거시경제의 전망과 중·장기 재정계획을 바탕으로 전체 지출한도를 설정한 후, 정책 우선순위에 따라 부문별 지출한도를 설정한다. 이러한 지출한도는 예산수립과정 초기에 국무회의에서 결정된다. 그러나 세부적인 예산편성 권한은 예산부처가 아닌 사업담당부처로 이관되었다.[32]

---

29) 국회예산정책처, 국가재정법: 이해와 실제(2014), p. 81.

30) 예컨대, 계획수립과 관련하여 부처에 중기사업계획서를 통한 의견제시를 요구하면서 시간적 여유를 주지 않거나, 공개토론회 등 다양한 의견수렴 기회가 부족하고 제시된 의견수렴이 부족하며, 교육부문계획임에도 불구하고 교육분야 인사들의 참여가 제한적이어서 계획의 전문성 확보도 미흡함. 또 국가재정운용계획 수립지침에 의한 중기사업계획서 작성은 또 다른 예산편성 과정으로 인식되고 있고, 매년 수립되는 연동계획은 당초계획에 대한 부분적 수정계획이라기보다는 다른 하나의 계획으로 인식되고 있는 등 계획의 타당성이 결여되고 있음. 공은배 외, 전게서.

31) 배득종, 유승원, 전게서, pp. 326~340.

2. 사업예산제도

사업예산제도란 예산계획·편성·집행의 과정과 체계를 사업단위로 구조화하고, 이를 사업목표와 연결함으로써 성과를 관리하고자 하는 예산기법이다. 사업예산제도는 정책과 예산의 연계 및 재정성과 제고를 위해 도입된 것으로 전통적인 품목중심 예산체계에서 벗어나 성과관리가 용이하도록 사업(프로그램)을 중심으로 예산을 운용하는 방식이다.[33]

기존의 품목별 예산제도는 개별사업(세세항)과 비목(목-세목)을 중심으로 예산을 편성·집행하는 예산관리방식으로서 투입재원의 통제에는 효과적인 반면, 정책우선순위에 입각한 전략적 재원배분과 효율적 성과관리에는 한계가 있었다. 사업예산제도는 정책과 성과 중심으로 재정운용을 선진화하고, 성과목표에 근거한 사업중심의 예산편성과 성과목표 달성에 필요한 합리적 재원배분을 목

〈표 10-1〉 품목별 예산제도와 사업예산제도 비교

구분	품목별 예산제도	사업예산제도
기본체계	장-관-항-세항-세세항-목-세목	분야-부문-정책사업-단위사업-세부사업-품목
기능분류	5장 16관	13분야 51부문
사업체계	세항중심으로 하나의 사업이 목별로 구분되어 산재	정책-단위-세부사업 단위로 묶되 자치단체 자율 설정
예산품목	-8그룹 38목 109세목 -목·세목별 예산편성	-8그룹 39편성목 129통계목 -편성목별 예산편성
예산서 체계	회계별로 세입세출 중심편제	사업중심편제

자료: 송기창 외, 2012 교육재정백서(서울: 한국교육개발원, 2012), p. 9.

---

32) 총액배분·자율편성 예산제도는 사업부처의 자율성과 전문성을 활용하기 위한 제도다. 사업내용은 사업담당부처가 가장 잘 알고 있기 때문에 예산부처에서 예산을 편성한다는 것은 한계가 있을 수밖에 없음. 총액배분은 이런 한계를 극복하기 위한 제도로서 하향식 예산편성을 통해 사업담당부처에 자율성을 부여하여 우선순위를 고려한 전략적 자원배분이 가능할 것이라고 기대하고 있음. 또 사업담당부처에서 예산을 과다하게 요구하고, 예산부처에서 대폭 삭감하는 비효율적인 예산편성·심의 행태가 개선될 것으로 기대하고 있음. 송기창 외, 전게서(2012), pp. 5~6.

33) 사업예산제도에 관한 설명은 송기창 외, 전게서(2012), '제2장 사업별 예산제도'와 임성일 외, 전게서, pp. 40~52를 주로 참조하여 정리하였음.

적으로 하고 있다.[34]

현행 사업예산제도에서 사업단위는 정책사업·단위사업·세부사업으로 구분된다.[35] 첫째, '정책사업'은 성과측정을 위한 기본단위다. 정책사업은 재정사업과 업무를 대상으로 부서의 성과목표를 고려하여 정책적으로 일관성을 가진 다수의 단위사업의 묶음을 의미한다. 둘째, '단위사업'이란 정책을 성과목표 형태로 구체화하여 정책사업을 세분한 실행단위의 활동 또는 프로젝트를 말한다. 셋째, '세부사업'이란 단위사업을 수행하기 위한 여러 개의 업무활동으로서 가장 하위의 사업단위에 속한다.

사업예산제도에서는 정부의 중장기 전략과 정책을 체계적으로 사업에 반영하기 위해 분야·부문과 정책사업·단위사업·세부사업이 일정한 규칙에 따라 계층을 형성하도록 사업을 구조화하고 있다. 사업구조화의 기본원칙으로 전체 재정을 정책사업, 행정운영경비, 재무활동으로 구분하되, 정책사업 하위에 단위,

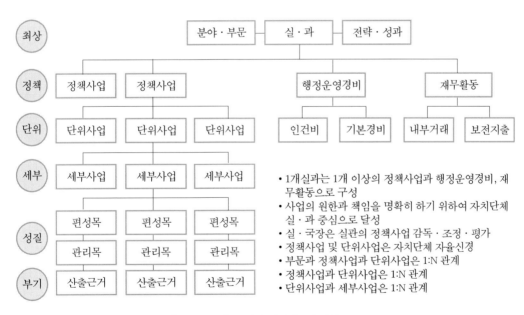

[그림 10-3] 사업별 예산제도의 기본 구조

자료: 행정자치부, 사업별 예산제도 매뉴얼 6.0(2006).

---

34) 온라인행정학 용어사전, "사업예산제도"(http://www.epadic.com/)

35) '사업'이란 단일의 관리자에 의해 통제되고 분명한 성과목표를 갖고 특정한 정책목적을 달성하기 위해 자원을 소비하는 활동들의 유의미한 결합으로서 동일 목적 내지 목표를 달성하기 위한 활동들의 체계적인 집합으로 정의됨. 송기창 외, 전게서(2012), p. 13.

세부사업을 설정하고 세부사업 하위에 편성목, 통계목을, 그리고 통계목 하위에 산출근거를 설정한다.

3. 성과예산제도

1980년대 이후 OECD 국가들은 공공부문의 경쟁력 제고를 위해 광범위한 행정개혁을 추진해 왔다. 그 일환으로 과거 투입·과정중심 행정관리에서 자원투입결과로 성과를 측정·관리하는 성과관리제도를 구축하였다. 성과관리제도는 ① 사회복지정책 확대로 인한 높은 재정지출과 경제성장률 둔화로 인한 재정적자 누적, ② 기존 행정관리가 갖는 한계, 즉 단기성과 위주의 정책 집중문제 극복, ③ 성과관리를 통한 재정지출에 대한 책임성 확보, ④ 세계화와 경쟁의 가속으로 인한 업무수행의 성격 및 조직의 역할과 같은 환경 변화와 정보기술발전 등을 배경으로 하고 있다.[36]

성과예산제도는 재정사업의 성과목표와 성과지표를 설정하고 성과지표에 의한 평가결과를 재정운영(예산)에 반영하는 제도로서 구조화된 예산사업의 전략목표·성과목표·성과지표, 그리고 성과평가의 결과 환류가 가능하도록 성과계획과 예산을 통합한 것이다. 즉, 재정사업(또는 사업군)을 통해 달성하고자 하는 성과목표를 설정하고, 성과목표의 달성 여부를 측정할 수 있는 계량화된 성과지표를 개발하며, 사업시행결과를 지표에 의해 비교 평가하여 그 결과를 재정운영에 환류한다.[37] 성과예산제도는 예산과 성과의 긴밀한 연계를 통해 성과를 체계적으로 관리하는 데 목적이 있다.[38]

우리나라 재정부문 성과관리제도는 크게 재정성과목표관리제, 재정사업자율평가제, 재정사업심층평가제로 구분할 수 있다.[39] 이 가운데 예산제도와 연관성이 깊은 재정성과목표관리제에 관해 좀 더 자세히 살펴보면 다음과 같다. 재정성

---

36) 공은배 외, 전게서(2006), p. 91.

37) 임성일 외, 전게서, p. 52.

38) 「지방재정법」 제5조(성과 중심의 지방재정 운영) ① 지방자치단체의 장은 재정활동의 성과관리체계를 구축하여야 한다. ② 지방자치단체의 장은 안전행정부령으로 정하는 바에 따라 예산의 성과계획서 및 성과보고서를 작성하여야 한다.

39) 배득종, 유승원, 전게서, p. 377.

과목표관리제도는 재정사업을 통해 달성하고자 하는 성과목표와 이를 측정할 수 있는 수단인 성과지표 및 목표치를 사전에 '성과계획서'를 통해 설정하고, 재정사업집행 이후 실적치와 목표치를 비교 평가하여 '성과보고서'를 작성하며, 그 결과를 재정운영에 반영한다. 성과목표 관리제도는 성과계획의 수립(t-1년)-예산 집행(t년)-성과측정·평가(t+1년)의 3년 단위로 시행된다.[40]

성과계획서와 성과보고서의 운영절차는 정부예산안과 결산서의 운영절차와 동일하다.[41] 현행 성과계획서는 임무-전략목표-성과목표-성과지표의 체계에 따라 예산을 편성·집행하고 그 성과를 측정·평가하는 시스템으로 구성되어 있다. 부서단위의 성과계획서 및 성과예산서의 편성내용은 다음과 같다.[42] 첫째, 조직의 임무와 비전을 바탕으로 부서별 전략목표를 설정한다. 조직의 임무(mission)는 조직의 존재이유와 사명을 의미하고, 비전은 조직의 미래 모습을 말한다. 둘째, 조직의 임무와 부서별 전략목표에 기여하도록 예산사업의 성과목표를 설정한다. 성과목표는 해당사업의 핵심성공요인을 도출하여 명확하게 설정한다. 성과계획서에는 부서의 목표, 성과지표, 검증방법, 단위사업, 예산액 등이 포함되도록 한다. 셋째, 성과지표(performance indicator)는 전략목표와 정책사업별 성과목표의 달성 여부와 사업성과를 평가하는 측정수단이다. 성과계획서에는 성과지표에 대한 측정산식과 검증방법을 제시하고, 정책사업을 중심으로 성과목표-성과지표를 제시하며, 5년 단위 실적 및 목표치를 제시하도록 하고 있다.

4. 성인지 예산제도

성인지(性認知) 예산제도는 예산이 여성과 남성에게 미치는 영향을 미리 분석하여 이를 예산편성에 반영하고, 양성이 동등하게 예산의 수혜를 받고 예산이 성차별을 개선하는 방향으로 집행되었는지를 평가하여 다음 연도 예산편성에 반영하려는 제도다.[43] 즉, 성인지 예산제도는 예산의 편성과 심의, 집행, 평가 등에

---

40) 상계서, p. 379.
41) 상계서, p. 382~383 참조.
42) 임성일 외, 전게서, pp. 57~59.
43) 배득종, 유승원, 전게서, p. 448.

서 성(gender)의 특성을 인식하고, 양성평등의 관점을 예산에 투영시키려는 새로운 예산운영방식이다.[44]

전통적인 예산과정에서는 가구, 소득, 지역낙후도, 인구특성, 사회정의, 지리적 특성 등을 중요 변수로 반영하였고, 예산운영은 성 중립적(gender neutral)이라는 것을 전제로 운영되어 왔다. 그러나 동일한 예산이라도 남성과 여성에게 상이한 영향과 혜택이 주어지는 경우가 많고, 예산의 편성과 집행에서 남성과 여성을 구분하지 않으면 사회적, 경제적 불평등이 발생할 수 있는 경우가 적지 않다.[45] 예산은 의도하지 않게 성 불평등 효과를 가져오고, 성 불평등은 국가경제에도 중대한 손실을 가져올 수 있다.[46]

우리나라의 경우 시민사회의 적극적인 활동과 노력으로 2006년 제정된 「국가재정법」에서 성인지 예산의 법적 근거가 마련되고, 2010 회계연도부터 정부는 성인지 예산서와 결산서를 의무적으로 제출하게 되었으며, 2011년에는 「지방재정법」 개정으로 2013년부터 모든 지방자치단체에도 적용되고 있다.[47]

현행 국가 성인지 예산서는 성평등 목표, 사업총괄표, 사업별 설명자료의 세 부분으로 구성되어 있다. 첫째, 성평등 목표는 해당부처 기획재정담당관실에서 작성하고, 제3차 여성정책기본계획에 따라 해당부처의 개별사업을 총괄하는 성평등 목표를 부처 여건에 따라 1~3개로 제시하고 있다. 둘째, 사업총괄표는 회계별로 사업의 목록과 예산액을 표로 제시하는 것으로 부처의 성인지예산 대상 사업별 예산정보와 총계정보를 담고 있다. 셋째, 사업별 설명자료는 성인지 대상사업에 관한 주요 내역, 즉 사업명, 예산액, 정책대상, 사업내용, 성평등 목표분야, 성평등 기대효과, 성별 수혜분석, 사업수혜자, 예산현황 등에 관한 정보를 담

---

44) 성인지 예산제도는 별도의 예산제도라기보다는 예산과정 전반에서 양성 평등의 관점을 반영, 적용하려는 노력임. 따라서 성인지 예산제도가 법정용어이기는 하나, 성인지 혹은 성을 고려하는 예산수립이나 예산편성으로 명명하는 것이 더 타당하다는 견해도 있음. 임성일 외, 전게서, p. 62.

45) 상게서, p. 64.

46) 김영옥 외, 성인지 예산 분석기법 개발 및 제도적 인프라 구축방안 연구(서울: 한국여성정책연구원, 2007).

47) 송기창 외, 전게서(2012), p. 32. 「지방재정법」 제36조의2에 의하면, 지방자치단체의 장은 예산이 여성과 남성에게 미칠 영향을 미리 분석한 보고서('성인지 예산서'라 한다)를 작성하여야 하고, 예산안에는 성인지 예산서가 첨부되어야 함. 동법 시행령 제40조의2에 의하면, 성인지 예산서에는 성인지 예산의 개요 및 규모, 성인지 예산의 성평등 기대효과, 성과목표 및 성별 수혜분석, 그 밖에 안전행정부장관이 정하는 사항 등이 포함되어야 함.

고 있다. 한편, 지방자치단체의 성인지 예산제도는 큰 틀에서는 중앙정부와 비슷한 구조를 가지고 있으나, 사업별 설명자료 속에 성인지예산 대상사업 선정 사유, 성별 격차 원인분석, 향후 추진계획 등을 새롭게 포함하고 있다.[48]

5. 주민참여 예산제도

주민참여 예산제도는 주민이 지역의 예산과정에 직접 참여하는 제도로서 전통적인 공무원중심 예산편성방식의 한계를 극복하여 재정 민주주의를 실현하고, 지역의 재정건전성 확보 및 행정의 투명성 제고를 통하여 재정자치를 구현하는 데 의의가 있다.[49] 우리나라에서는 2003년부터 시민단체 활동이 활발한 일부 지방자치단체를 중심으로 주민참여 예산제도가 시작되었고, 2011년에 법적 기반이 마련되어 모든 지방자치단체가 의무적으로 시행하는 새로운 예산운영제도로 자리 잡았다.[50]

「지방재정법」 제39조에 의하면, 지방자치단체의 장은 지방예산 편성과정에 주민이 참여할 수 있는 절차를 마련하여 시행하고, 예산편성과정에 참여한 주민의 의견을 수렴하여 그 의견서를 지방의회에 제출하는 예산안에 첨부해야 한다. 동법 시행령 제46조에서는 지방예산 편성과정에 주민이 참여할 수 있는 방법을 주요사업에 대한 공청회 또는 간담회, 주요사업에 대한 서면 또는 인터넷 설문조사, 사업공모, 그 밖에 주민의견 수렴에 적합하다고 인정하여 조례로 정하는 방법 등으로 적시하고, 주민참여예산의 범위, 주민의견수렴에 관한 절차, 운영방법 등 구체적인 사항은 지방자치단체의 조례로 정하도록 하였다.

거시적 차원에서 보면, 이 제도는 정부와 주민 사이에 존재하는 소통 부재와 막힌 담을 허무는 제도적 장치라 할 수 있다. 주민참여 예산제도는 정부와 자치단체가 예산을 편성·운영하면서 더 이상 일방적이고 독점적으로 권한을 행사하지 않고 주민과 더불어 공동선을 도모하도록 하는 제도다. 그러나 적절한 조건을 구비하지 못하면, 심각한 위험이 초래될 수도 있다. 가장 큰 위험은 예산편

---

48) 임성일 외, 전게서, pp. 69~78.

49) 온라인행정학 용어사전, "주민참여예산제" (http://www.epadic.com/)

50) 임성일 외, 전게서, p. 78.

성·운영이 이익집단에 휘둘릴 수 있다는 점이다. 주민참여 예산제도의 가장 큰 과제는 어떻게 하면 불특정 다수인 주민들의 적극적 참여를 유도할 것인가다. 또 주민이 예산과정 중 어떤 단계, 어느 수준과 범위에서 의사결정에 참여할 것인가 도 중요하다.[51)]

6. 디지털예산회계시스템과 에듀파인 시스템

디지털예산회계시스템은 예산편성·집행·회계결산·성과관리 등 재정활동 전 과정이 수행되고 그 결과로 생성된 정보가 관리되는 재정정보시스템이다. 이 통합재정정보시스템은 2007년부터 도입되었는데, 기존 중앙정부의 회계·기금 중심 재정통계는 국가 전체의 재정규모 파악을 어렵게 했을 뿐 아니라 재정정책 의 수립, 재정위험요인의 관리, 국가 간 통계비교 등에서 한계를 드러냈기 때문 이다. 무엇보다도 2004년부터 추진된 국가재정운용계획 수립, 총액배분·자율 편성, 성과관리제도, 사업예산제도, 발생주의·복식부기 정부회계 등의 재정개 혁과제를 효과적으로 지원하고 구체화하기 위한 인프라로써 모든 예산 및 회계 제도를 전산화하여 통합한 재정정보시스템 구축은 필수적이었다.[52)]

디지털예산회계시스템은 크게 재정정보시스템, 통계분석시스템, 연계시스템, 재정업무지원시스템으로 구성되어 있다. 첫째, 재정정보시스템은 핵심으로 사 업관리, 예산(중기재정계획 수립과 예산편성), 회계(예산집행과 결산), 성과관리 업 무처리를 지원하는 단위업무시스템을 포괄하고 있다. 둘째, 통계분석시스템은 재정담당 고위 공무원이 활용하는 EIS(Executive Information System), 실무자를 위 한 OLAP(Online Analytical Processing), 재정데이터 저장소 등으로 구성되어 있다. 셋째, 재정업무 담당자의 효율적인 업무처리를 위한 연계시스템은 한국은행, 금 융결제원 등의 금융시스템, 지방재정시스템, 지방교육재정시스템 등을 연계하 고 있다. 넷째, 재정업무지원시스템은 국민에게 정보를 제공하기 위한 디브레인 (d-Brain) 홈페이지, 재정업무담당자 개인별 포털시스템, 행정전자결재시스템, 콜

---

51) 상계서, pp. 79~82.
52) 송기창 외, 전게서(2012), p. 7.

센터, 사이버교육시스템을 말한다.[53]

디지털예산회계시스템의 특징은 다음과 같다.[54] 첫째, 재정활동 전반을 지원한다. 중앙정부의 예산편성, 집행, 자금관리, 국유재산/물품관리, 채권/채무, 회계결산까지 모두 하나의 시스템에서 처리할 수 있도록 구성되어 있다. 둘째, 재정혁신을 뒷받침한다. 셋째, 재정을 실시간으로 관리할 수 있다. 재정자금출납의 전 과정을 전자화하고 이를 기반으로 재정운영현황을 실시간으로 파악할 수 있도록 구성되어 있다. 넷째, 재정통계 분석정보를 산출할 수 있다. 분야별, 부처별, 기능별 등 여러 측면에서 통계분석을 수행하여 과거실적, 현황, 예측 등 다양하고 정확한 통계분석 자료를 제공하고, 정부의 정책 결정이 올바르게 이루어질 수 있도록 지원하고 국민들에게도 상세한 재정정보를 투명하게 제공한다.

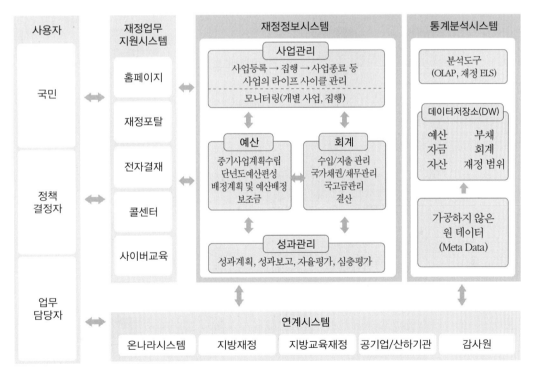

[그림 10-4] 디지털예산회계시스템의 구성

자료: 디지털예산회계시스템(www.digitalbrain.go.kr).

53) 배득종, 유승원, 전계서, pp. 435~440.
54) 디지털예산회계시스템(www.digitalbrain.go.kr).

한편, 교육부에서도 디지털예산회계시스템을 구축하기 위해 2005년 지방교육
재정시스템 구축사업을 시작으로 2007년 1단계 개발사업을 완료하고, 2007년과
2008년 시범운영단계를 거치면서 교육분야 디지털예산회계시스템으로 지방교
육행 · 재정통합시스템(이하 에듀파인)을 구축 · 활용 중이다. 2009년에는 일선학
교를 대상으로 학교회계시스템을 시범 운영한 후, 2010년에 전면 도입하였다.[55]

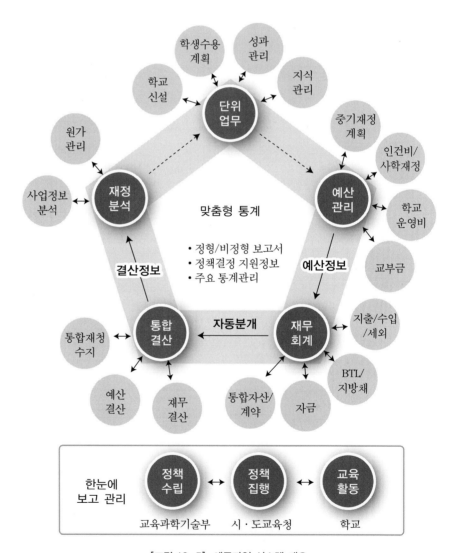

[그림 10-5] 에듀파인 시스템 개요

자료: 강원도교육청, 에듀파인 학교회계시스템 사용자 매뉴얼: 사업담당자용(2008), p. 1.

55) 송기창 외, 전게서(2012), p. 11.

　에듀파인은 교육부, 16개 시·도교육청, 학교 단위의 사용자를 대상으로 지방교육 행·재정 통합정보를 관리 및 제공하는 시스템으로 단위업무, 예산, 회계, 통합회계, 통합결산 등의 단위시스템으로 구성되어 있고, 교육부 교육정보지식관리시스템(EKMS), NEIS의 인사/급여/시설 부분, 교무업무시스템 등과 연계하

〈표 10-2〉 디브레인과 에듀파인 시스템 비교

국가(디브레인)	구분	지방교육 행·재정(에듀파인)
• 3~5년간 재정수지·국가채무 등 총량목표와 구체적 재원 배분 계획 제시 → 예산편성 연계	중장기 계획	• 3~5년간 시·도별 투자계획 수립 → 예산편성 연계(평가반영) • 중기 학생 수와 재원 추계
• 중기계획에 의거 지출한도 제시 → 부처는 한도 내에서 사업별 배분 → 재정당국 점검·보완 → 정부안 작성	Top-Down 예산제도	• 지역별/학교급별 적정규모를 산정하여 교부금 교부 • 교부에 대한 공정성 평가도입
• 품목별 예산체계를 자율과 분권, 책임과 성과지향의 프로그램 예산체계로 개편	프로그램 예산 (성과예산)	• 사업설명서와 예산서를 통합 • 단위사업 시스템과 매뉴얼 구축 • 지표에 의거 실시간 성과 측정 • 학교배분 공정성평가 도입
• 예산성과와 거래를 분명히 하는 복식부기 도입	발생주의·복식부기회계	• 국가의 과제를 추진하면서 교육의 특성을 가미
• 성과예산과 복식부기 운용에 적합한 통합프로그램 개발	통합재정정보 관리체제	• 교육현장에서 일하기 편하도록 ① 예산편성·결산 및 재무제표 작성자동화 ② 지출과 장부기재 원스톱 처리와 성과분석 ③ 교부, 교특회계, 학교회계를 통합하는 시스템 구축
• 없음	재정연감 발간	• 교특 및 학교회계 분석 지표를 개발하고, 재정연감 발간
• 없음	BSC/KMS	• 단위업무 기반 BRM/BSC/KMS 구축
• 재정현황 등 통계분석정보 및 EIS에 의한 정형화 정보제공	맞춤형 통계	• NEIS, 지방교육 행재정 자료를 활용한 맞춤형 통계제공

자료: 송기창 외, 지방교육 행·재정 통합시스템 사용자 만족도 및 사용실태 조사연구(서울: 한국교육학술정보원, 2009).

고 있다. 또 시·도교육청별 행·재정시스템을 한눈에 볼 수 있고, 행·재정정보에 대한 맞춤형 통계정보의 제공이 가능하다.[56]

에듀파인을 국가디지털예산회계시스템(이하 디브레인)과 비교하면 〈표 10-2〉와 같다. 몇 가지 차이점을 보면, 에듀파인은 중기 학생 수와 연계하여 재원을 추계하는 기능을 갖추고 있고, 디브레인은 성과예산과 복식부기 운용에 적합한 통합프로그램을 개발하였으나, 에듀파인에서는 교육현장에서 일하기 편하도록 예산편성, 결산 및 재무제표 작성 자동화, 지출과 장부기재 원스톱 처리와 성과분석, 교부, 교특회계, 학교회계를 통합하는 시스템을 구축하였다.[57] 에듀파인의 회계관리시스템 내에 들어 있는 학교회계시스템은 2009년 시범운영을 거쳐 2010년부터 학교회계에 전면 적용되고 있다.[58]

제3절   예산과정과 재정운용체계

1. 예산과정과 예산의 분류

1) 예산과정의 개념

예산과정(budget process)은 예산의 편성에서 심의, 확정, 집행, 결산에 이르는 일련의 과정을 말하는데 예산주기(budget cycle)라고도 한다.[59]

예산과정은 통산 3년의 기간이 소요된다. 예산이 집행되는 것은 1회계연도이지만, 예산집행의 전후로 예산의 편성과 심의, 결산이 이루어지기 때문이다. 당해연도를 기준으로 하면 예산주기는 전년도 결산, 당해연도 예산의 집행, 다음 연도 예산의 편성 및 심의의 3개년 예산과정이 겹치게 된다. 이를 '예산주기의 중복'이라 한다. 예산은 '일정기간' 동안의 정부의 수입과 지출에 관한 계획서라

---

56) 교육과학기술부 디지털지방교육재정팀, 지방교육 행·재정 통합시스템 학교회계시스템 사용자 매뉴얼: 사업담당자용(2008).

57) 송기창 외, 지방교육 행·재정 통합시스템 사용자 만족도 및 사용실태 조사연구(서울: 한국교육학술정보원, 2009).

58) 송기창 외, 전게서(2012), p. 12.

59) 신해룡, 전게서, p. 85.

할 수 있는데, 예산이 효력을 갖는 일정기간을 회계연도(fiscal year 혹은 budget year)라 한다.[60]

한편, 예산과정과 재무행정은 서로 긴밀하게 연계되어 있어서 이 둘을 명확하게 구분하기는 어려우나, 정부예산론이 재원의 조달과 배분에 관련된 대안의 선택 등 예산에 대한 의사결정에 초점을 두었다면, 재무행정론은 공공자원의 관리기법에 초점을 두고 있다. 즉, 전자는 예산을 통해 정부가 '무엇'을 할 것인가 하는 예산과정의 정치적 측면에 관심을, 후자는 정해진 예산을 '어떻게' 운용할 것인가 하는 예산의 기술적 측면에 관심을 두고 있다. 그러나 정치와 행정의 구분, 정책과 행정의 구분이 쉽지 않듯이 이 둘을 엄격하게 구분하기는 어렵다.[61] 이하에서는 예산과정을 중심으로 교육재정 운용체계에 관해 살펴보기로 한다.

2) 예산의 분류

예산은 성질, 성립시기, 계산방법, 편성방침, 관리기술 등을 기준으로 다음과 같이 구분할 수 있다.[62] 첫째, 성질에 따라 일반회계예산과 특별회계예산, 기금으로 분류된다. 일반회계는 정부활동과 관련되는 주요재정사업을 모두 포괄하는 회계로서 일반적인 정부활동을 위한 예산이다. 특별회계는 일반회계와 달리 특정목적을 위해 설치 · 운용하는 것이다. 기금은 특정분야의 사업에 대하여 지속적이고 안정적으로 자금을 지원할 필요가 있거나 특별한 행정수요에 탄력적으로 대처하기 위하여 예산과 별도로 개별법률에 근거하여 설치 · 운용하는 것이다.[63]

둘째, 성립시기에 따라 본예산, 수정예산, 추가경정예산 등으로 구분된다. 본예산은 다음 회계연도 예산에 대해 최초로 성립된 예산으로 당초예산이라고도 한다. 수정예산은 행정부, 지방자치단체의 장이 예산을 편성하여 국회, 지방의회 등에 제출한 이후 그 의결 전에 기제출한 예산안 내용의 일부를 수정하여 제출하는 것이다. 추가경정예산은 예산성립 후 생긴 사유로 인하여[64] 이미 성립된 예

---

60) 하연섭, 전게서, pp. 94~96.
61) 상게서, pp. 12~13.
62) 신해룡, 전게서, pp. 51~56; 라휘문, **지방재정론**(서울: 한국행정DB센타, 2014), pp. 90~101.
63) 하연섭, 전게서, pp. 60~66.

산에 변경을 가할 필요가 있을 때[65] 편성하는 예산이다. 준예산은 회계연도 개시 전에 예산안이 의결되지 않았을 때에 전년도 예산에 준하여 지출할 수 있도록 한 것이다. 미국, 영국 등에서 사용하는 잠정예산, 그리고 과거 우리나라와 프랑스에서 사용한 가예산 제도도 있으나, 현재 적용되지는 않고 있다.[66]

셋째, 계산방법에 따라 총계예산과 순계예산으로 구분된다. 총계예산은 일반회계와 특별회계 또는 회계 내 계정 간 중복계산분을 차감하지 않고 이중 계산된 규모를 그대로 파악한 것이고, 순계예산은 중복분을 모두 차감한 규모를 파악하여 제시하는 것이다. 지방재정의 경우, 통상적으로 총계예산은 개별 지방자치단체의 예산규모를 파악할 때, 그리고 순계예산은 지방자치단체 전체를 대상으로 한 규모를 산출할 때 사용한다.[67]

넷째, 편성방침에 따라 균형예산, 긴축예산, 흑자예산, 적자예산으로 구분하기도 한다. 균형예산은 세입·세출의 균형을 통해 적자를 내지 않는 예산이고, 긴축예산은 경비를 절약하기 위해 예산규모를 가능한 축소한 예산이다. 흑자예산은 인플레이션을 억제하거나 적자재정을 제거·보전 또는 상환하기 위한 수단으로 조세수입의 잉여를 도모하기 위해 세입이 세출을 초과하도록 한 예산이고, 적자예산은 부득이한 사정에 의하여 처음부터 세출이 세입을 초과하도록 한 예산이다.[68] 그 외에 관리기술에 따라서는 품목별예산, 성과주의예산, 기획예산, 영기준예산 등으로 구분하기도 한다.[69]

---

64) 예산 확정 이후에 생긴 사유라 하더라도 기정예산의 의한 예비비 활용, 전용·이용·이체 등으로 문제를 해결할 수 있는 경우에는 원칙적으로 추가경정예산을 할 수 없음. 신해룡, 전게서, p. 53.

65) 지방재정의 경우, 추가경정예산 편성요인은 다음과 같음. ① 전년도 예산의 집행결과 순세계잉여금이 발생하여 재원을 활용하기 위해 예산에 편성하기 쉬운 경우, ② 국고보조금, 지방교부세 등 국가에서 예산을 추가 지원하고 지방비 예산을 추가로 확보하여 사업을 집행할 필요가 있는 경우, ③ 기채 등 지방채를 추가 발행하였거나 당초 예상하지 못했던 특정재원의 수입이 발생하여 사업을 추진할 필요가 있는 경우, ④ 이미 편성된 예산 중 사업집행 등 경비집행에서 부득이한 사유로 사업비를 추가하거나 변경할 필요가 있는 경우. 라휘문, 전게서, p. 96.

66) 신해룡, 전게서, p. 55.

67) 라휘문, 전게서, p. 94.

68) 신해룡, 전게서, p. 54.

69) 자세한 내용은 라휘문, 전게서, pp. 98~101 참조.

2. 국가, 지방, 단위학교의 재정운용체계

1) 국가재정 운용체계 개요

우리나라 재정관련 법률에는 최상위에 헌법이 있고, 그 하위에 예산의 편성 · 집행 · 결산 등을 관장하는 「국가재정법」과 예 · 결산심의 등을 관장하는 「국회법」이 있다. 이들 법률에 의해 1년 단위 한시규범으로서 예산 및 기금운용계획 등이 수립 · 운용되고 있다.[70]

「국가재정법」은 헌법을 구체화한 국가재정의 기본법으로 재정운용의 일반원칙, 예산 및 기금의 편성 · 집행 · 결산 · 성과관리 및 국가채무 등에 대해 규정하고 있다. 이 법은 2006년 10월 제정되었고, 7장으로 되어 있다. 제1장에서는 재정운영의 일반원칙, 제2장에서는 예산의 편성 · 집행, 제3장에서는 결산의 원칙 및 절차, 제4장에서는 기금관리 · 운용의 원칙과 기금의 편성 · 집행, 제5장에서는 재정건전화를 실현하기 위한 방안, 제6장에서는 재정집행 관리 등, 제7장에서는 벌칙에 관하여 각각 규정하고 있다. 「국가회계법」은 결산과 관련된 법이다. 이

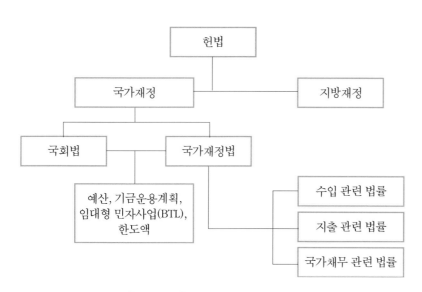

[그림 10-6] 국가재정 주요법률 체계

자료: 국회예산정책처, **국가재정법 이해와 실제**(2014), p. 3.

---

70) 이하 국회예산정책처, 전게서, pp. 3~11을 바탕으로 정리하였음.

[그림 10-7] 국가재정 수입, 지출 및 국가채무 관련 법률

자료: 국회예산정책처, 국가재정법 이해와 실제(2012), p. 3.

법은 국가회계 및 이와 관계되는 기본사항을 정하여 국가회계를 투명하게 처리하고, 재정에 관한 유용하고 적정한 정보를 생산·제공하기 위하여 제정된 법률이다.[71] 「국가재정법」을 근거로 다수의 수입 및 지출, 국가채무 관련법률들이 운영되고 있다.

우리나라 중앙정부의 예산과정은 행정부의 예산편성 → 국회의 예산심의 → 행정부의 예산집행 → 행정부의 결산과 국회의 결산승인의 네 단계로 이루어진다.[72] 예산편성은 기획재정부가 각 중앙관서에 국가재정운용계획 수립지침을 시달하는 것으로부터 실질적으로 시작된다. 기획재정부는 각 부처에 3월 31일까지 예산안편성지침을 통보한다. 이후 각 부처는 예산요구서를 작성하여 기획재정부에 5월 31일까지 제출하고, 이에 대한 조정작업을 거쳐 정부예산안을 회계연

---

71) 2007년에 제정된 「국가회계법」은 발생주의·복식부기 방식의 재무보고서를 도입하였음. 국가회계에 관한 사항을 보다 구체적으로 규율하기 위하여 「국가회계법 시행령」, 「국가회계기준에 관한 규칙」, 「국가회계처리지침」 등이 제정·시행되고 있음.

72) 상게서, pp. 107~109. 더 자세한 내용은 신해룡, 전게서, 제5장~제8장 참조.

〈표 10-3〉 우리나라 중앙정부의 예산과정 개요

과정	내용	제출기한
예산편성 (t-1)	국가재정운용계획 수립지침 시달 중기사업계획서 제출 예산안편성지침 및 지출한도 통보 각 부처 예산요구서 작성 및 제출 정부예산안편성 예산안의 국회제출	전년도 12월 31일 1월 31일 3월 31일 5월 31일 6~8월 회계연도 개시 120일 전(9월 3일)
예산심의 (t-1)	정부 시정연설 소관상임위원회 예비심사 예산결산특별위원회 종합심사 본회의 심의 · 의결	 회계연도 개시 30일 전(12월 2일)
예산집행 (t)	예산배정 예산재배정 지출원인행위 자금배정	
결산 및 회계검사 (t+1)	총세입부 · 총세출부 마감 중앙관서 결산보고서 작성 및 제출 국가결산보고서 작성 및 감사원 제출 감사원 결산 검사 국가결산보고서의 국회 제출 상임위원회 예비심사 예결위원회 종합심사 본회의 심의 · 의결	2월 10일 2월 말 4월 10일 5월 20일 5월 31일

자료: 하연섭, 정부예산과 재무행정(서울: 다산출판사, 2014), p. 109.

도 개시 120일 전까지 국회에 제출하도록 되어 있다. 더 자세한 예산과정은 〈표 10-3〉과 같다.

2) 지방재정 운용체계

「지방재정법」은 지방자치단체의 재정 및 회계에 관한 기본원칙을 정함으로써 지방재정의 건전하고 투명한 운용과 자율성을 보장하기 위하여 제정된 법률이다. 이 법은 지방자치단체의 재정활동을 총괄적으로 관리하는 일반법이며 또한 지방재정 관리 절차를 규정하는 절차법이기도 하다. 「지방재정법」은 지방재정 운용의 일반원칙, 자치사무 경비의 부담, 예산의 편성 · 집행, 결산, 재정분석 및

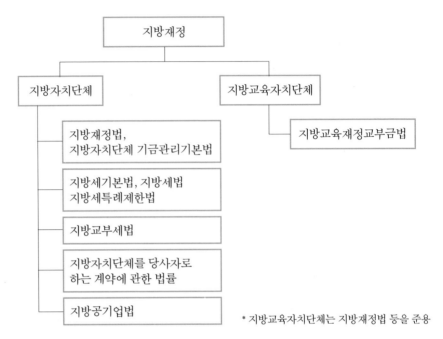

[그림 10-8] 지방재정 주요법률 체계

자료: 국회예산정책처, 국가재정법 이해와 실제(2012), p. 4.

공개, 수입, 지출, 현금과 유가증권, 시효, 채권과 채무, 복권, 회계관계공무원에 관한 기본사항을 규정하고 있다.[73]

    지방교육자치단체는 「지방재정법」 등을 준용하고 있으나, 이와 별개로 관련 법령을 「지방교육재정교부금법」 및 동시행령·동시행규칙, 「지방교육행정기관 재정투·융자사업 심사규칙」, 「지방자치단체 교육비특별회계 예산편성 운용에 관한 규칙」, 「교육비특별회계 기준에 관한 규칙」, 「지방자치단체 교육비특별회계 세입·세출예산과목 구분과 설정에 관한 훈령」, 「시·도교육청 금고지정 기준에 관한 예규」 등에서는 지방교육재정운영에 관한 세부사항을 규정하고 있다. 또 지방교육재정 분석 및 진단의 객관성과 실효성을 확보하고 지방교육재정의 건전성과 효율성을 도모하기 위하여 「지방교육재정 분석 및 진단 규정」을 제정하였다. 각 시·도에서는 「교육비특별회계 재무회계규칙」을 통해 교육비특별회

---

73) 국회예산정책처, 전게서, p. 11. 참고로 2012년 기준 지방세 비율은 21.0%이고, 지방이전재원예산은 2014년도 116.6조 원(지방교부세 35.7조 원, 지방교육재정교부금 40.9조 원, 자치단체 국고보조금 40.0조 원)으로 정부 총지출 32.8%를 차지하고 있음.

〈표 10-4〉 지방교육재정관련 주요 법규

명칭	소관기관
지방재정법	행정자치부
지방교육자치에 관한 법률	교육부
지방교육재정교부금법	교육부
지방자치단체의 교육경비 보조에 관한 규정	교육부
지방교육재정 분석 및 진단 규정	교육부
지방교육행정기관 재정투·융자사업 심사규칙	교육부
지방자치단체 교육비특별회계 예산편성 운용에 관한 규칙	교육부
교육비특별회계 기준에 관한 규칙	교육부
지방자치단체 교육비특별회계 세입·세출예산과목 구분과 설정에 관한 훈령	교육부
시·도교육청 금고지정 기준에 관한 예규	교육부
○○교육비특별회계 재무회계규칙	시·도교육청
○○교육비특별회계 소관 물품관리 조례	시·도교육청
○○교육감 소관 공유재산 관리조례	서울, 제주
지방자치단체를 당사자로 하는 계약에 관한 법률	행정자치부
조달사업에 관한 법률	조달청
회계관계직원 등의 책임에 관한 법률	기획재정부
지방세법	행정자치부
교육세법	기획재정부
○○학교수업료 및 입학금에 관한 규칙	시·도교육청
○○공립학교 회계규칙	시·도교육청
국립 유치원 및 초·중등학교 회계규칙	교육부
학교발전기금의 조성·운용 및 회계관리에 관한 규칙	교육부
감사원법	감사원

계의 예산·결산·수입·지출과 그 밖에 재무회계에 관하여 필요한 사항을 규정하고 있다.

지방자치단체의 재정운영은 중기재정계획, 투·융자심사제도, 지방채발행한도제, 예산편성기준, 재정정보공시제도 등을 기반으로 이루어진다.[74] 지방재정 운용 제도는 예산편성과 집행·결산 등 예산과정에 따라 상호 연계되어 운용되고 있다. 예산편성 이전 단계는 중기지방재정계획, 투·융자심사, 타당성조사 등이 있고,

---

74) 이창균, 지방재정관리체계 개선방안: 자치단체 재정분석 및 재정공시제도를 중심으로(서울: 한국지방행정연구원, 2013), p. 9.

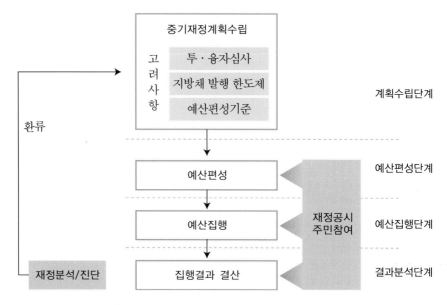

[그림 10-9] 우리나라 지방재정 운용제도의 구조

자료: 이창균, 지방재정관리체계 개선방안: 자치단체 재정분석 및 재정공시제도를 중심으로(서울: 한국지방행정연구원, 2013), p. 9.

집행 및 결산 단계에서 재정분석 및 재정진단, 재정공시제도를 운용하고 있다.

3) 학교재정 운용체계

유치원과 초등학교 · 중학교 · 고등학교 및 특수학교에 학교회계를 설치 · 운영하도록 하고 있다.[75] 학교회계의 설치에 필요한 사항은 국립학교의 경우에는 교육부령으로, 공립학교의 경우에는 시 · 도의 교육규칙으로 정한다. 이에 따라 「국립 유치원 및 초 · 중등학교 회계규칙」[76]과 시 · 도별로 「공립학교 회계규칙」이 제정되어 있다. 학교회계연도 개시 3개월 전(11월 말)까지 관할청으로부터 단위학교에 학교회계예산편성 기본지침이 시달되면 예산편성작업이 시작된다.[77] 학교의 장은 예산편성매뉴얼에 따라 예산안을 편성하여야 한다.

75) 「유아교육법」 제19조의7 제6항 및 제19조의8 제6항과 「초 · 중등교육법」 제30조의2 제5항 및 제30조의3 제6항 참조. 학교회계에 관한 자세한 내용은 이 책 '제9장 단위학교 재정' 참조.
76) 「국립 유치원 및 초 · 중등학교 회계규칙」은 총칙, 예산, 결산, 수입, 지출, 계약 등, 회계관계직원, 세입세출외 현금 및 장부 · 서식 등으로 구성되어 있음.
77) 송기창 외, 중등 교직실무, 2판(서울: 학지사, 2014), pp. 307~315.

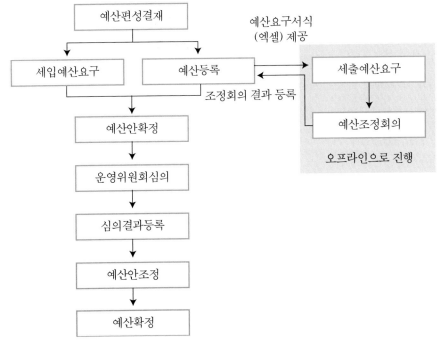

[그림 10-10] 학교회계 예산편성과정

자료: 한국교육·학술정보원, 학교회계시스템 행정실용 매뉴얼(2013).

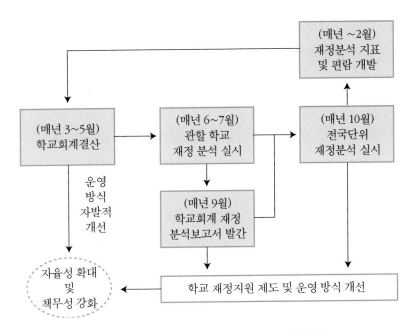

[그림 10-11] 학교회계 재정분석 업무분담 · 수행체계

자료: 송기창 외, 2012 교육재정백서(서울: 한국교육개발원, 2012), p. 332.

한편, 에듀파인 학교회계시스템이 도입된 이후 시스템에서 학교별 예산 및 결산자료의 추출이 가능해짐에 따라 2010 회계연도 결산부터 학교회계 재정분석을 실시하고 있다. 단위학교에서는 학교회계 분석결과를 학교의 이해관계자들에게 제공하여 학교회계에 대한 이해도를 높이고 있다. 일부 학교에서는 예산집행 후 교육과정수행에 따른 사업평가보고회를 실시하고, 이러한 평가결과는 학교 예·결산서와 연계하여 정기적으로 학부모, 교직원, 예산지원기관에게 공개된다.[78]

제4절 예산원칙

1. 전통적인 예산원칙

예산원칙이란 예산의 기능에서 도출되는 것으로서 예산과정, 즉 예산의 편성·심의·집행 및 회계감사 과정에서 지켜야 할 규범이라고 할 수 있다. 이러한 예산원칙은 명예혁명 이후 영국의회가 국왕으로부터 재정권을 하나둘 빼앗아오면서 서서히 근대적 예산제도를 수립하는 과정에서 정립되었다. 따라서 예산원칙은 민주주의적 예산제도의 주요 내용이 되고 있다. 예산의 기능이 변함에 따라 예산의 원칙도 수정될 수밖에 없는데 전통적 예산원칙은 예산의 통제적 기능이 강조되던 시기의 산물이다.

프랑스의 경제학자 린세이(Lean Say)는 1885년에 예산의 원칙으로 예산은 ① 통일성을 지녀야 하며, ② 1년을 기간으로 삼아야 하며, ③ 의회의 의결이 있기 전에 편성되어야 하며, ④ 회계적 성격의 것이어야 한다는 네 개의 원칙을 제시하였다.[79] 선델슨(Sundelson)은 영국과 유럽대륙의 예산제도에 관한 저술들을 면밀히 검토한 후 예산의 원칙으로 ① 포괄성, ② 배타성, ③ 통일성, ④ 명세성, ⑤ 탄력성, ⑥ 정확성, ⑦ 명료성, ⑧ 공개성의 여덟 가지를 제시하였다.[80]

---

78) 상계서, p. 317.
79) Jesse Burkhead, *op. cit.*, p. 106.
80) J. Wilner Sundelson, "Budgeting Principles", *Political Science Quarterly*(June 1935), p. 237.

그리고 스미스(Smith)는 전통적인 예산원칙으로서 ① 공개의 원칙, ② 명료의 원칙, ③ 포괄성의 원칙, ④ 예산통일성의 원칙, ⑤ 명세의 원칙, ⑥ 사전승인의 원칙, ⑦ 정기성의 원칙, ⑧ 정확성의 원칙의 8개 원칙을 지적하였다.[81]

한편 독일의 재정학자인 노이마르크(F. Neumark)는 다음과 같이 여덟 가지의 예산원칙을 제시했는데, 이는 전통적인 원칙으로 가장 많이 인용되고 있다.[82]

① **예산공개(publicity)의 원칙**: 예산은 국민의 부담으로 성립되는 것이기에 예산의 내용과 모든 과정은 국민에게 공개되어야 한다는 원칙이다. 현대 국가에서는 예산이나 결산이 국회의 심의·의결 또는 승인을 얻도록 하고 있으므로 실질적으로 국민의 대표들에게 공개하고 있다. 우리나라 「국가재정법」 제9조는 예산공개의 원칙을 위하여 명문의 규정을 두고 있다.

② **예산명료성(clarity)의 원칙**: 공개성의 원칙으로부터 파생되는 원칙으로서 예산을 국민이 이해할 수 있도록 선명하고 쉽게 편성하여야 한다는 원칙이다. 명료란 수지의 추계를 명확하게 개관할 수 있으며, 내용이 합리적으로 분류·표시되어 있을 뿐만 아니라 수입의 유래와 용도가 분명하게 나타나 있어야 한다는 것이다.

③ **예산사전의결(prior authorization)의 원칙**: 행정부가 예산을 집행하기 전에 입법부에 의하여 예산이 먼저 심의되고 의결되어야 한다는 원칙이다. 많은 국가는 사전의결의 원칙을 헌법에 규정하고 있다. 우리나라의 경우에도 「헌법」 제54조에서 "국회는 국가의 예산안을 심의·확정한다."고 규정하고, "정부는 회계연도마다 예산안을 편성하여 회계연도 개시 90일 전까지 국회에 제출하고, 국회는 회계연도 개시 30일 전까지 이를 의결하여야 한다."고 규정하고 있다. 그러나 이 원칙에 예외가 있다. 우리나라의 경우 회계연도 개시일까지 예산이 의결되지 않으면 국회의 승인 없이 전년도 예산에 준하여 일정한 경비를 지출할 수 있는 준예산제도가 그 예다.

---

81) Harold D. Smith, *Management of Your Government*(New York: McGraw-Hill, 1945), pp. 84~85.
82) 高橋 誠·紫田德衛 編, **財政學**(東京: 有斐閣, 1968), pp. 95~96, 유훈, 재무행정론(서울: 법문사, 1997)에서 재인용, pp. 115~118.

④ 예산정확성(accuracy)의 원칙: 세입예산과 세출예산은 그 결산과 크게 어긋나서는 안 되며, 가급적 일치하도록 예산을 편성하여야 한다는 원칙이다. 예산은 결산과 완전히 일치할 수 없는 성질을 지니고 있기는 하지만 예산이 결산과 지나치게 유리되는 경우에는 예산 공개성의 원칙에 위배될 뿐만 아니라 사전의결의 원칙에도 반하는 결과가 된다.

⑤ 예산명세화(specification)의 원칙: 세입·세출예산을 구체적으로 항목화하고 각 항목은 상호 명확한 한계를 지녀야 한다는 원칙으로서 예산한정성의 원칙이라고도 한다. 이 원칙은 예산이 정한 목적 외에 경비를 사용하거나 이용(移用), 전용(轉用)할 수 없으며, 계상된 금액 이상의 지출을 금지하며, 연도경과(年度經過)를 금지한다는 세 가지 내용을 지니고 있다. 이 원칙에도 많은 예외가 있다. 예산의 목적외 사용금지에 관한 예외로서 예산의 이용, 전용이 있고, 회계연도 독립의 원칙에 대한 예외로서 예산의 이월, 계속비, 과년도 수입, 과년도 지출 등이 있다.

⑥ 예산단일(unity)의 원칙: 국가의 예산은 하나여야 한다는 원칙이다. 단일예산주의라고도 하는 이 원칙은 예산명료의 원칙, 예산공개의 원칙과 밀접한 관련이 있는 것으로 국가가계의 전체를 종합적으로 밝히고, 양적·질적으로 균형을 유지하기 위해서는 예산이 단일하여야 한다는 것이다. 독립된 복수 예산의 존재는 전체의 관련성을 불명료하게 할 뿐만 아니라 정치적으로도 입법부의 통제를 약화시킨다. 그런데 이 원칙에도 특별회계예산, 추가경정예산, 기금과 같은 예외가 인정되고 있다.

⑦ 예산통일(non-affectation)의 원칙: 특정한 수입이 특정한 지출에만 사용되도록 직결되어서는 안 된다는 원칙이다. 특정한 조세수입이 특정한 지출에 충당될 경우에 국가재정 전체에 대한 적절한 관리가 어렵게 된다. 예산통일의 원칙에 대한 예외로서 특별회계와 목적세를 들 수 있다. 예를 들면, 국세 중에는 교육세와 같은 목적세가 있는데, 교육세의 수입은 교육비에만 사용할 수 있도록 교육세법이 규정하고 있다.

⑧ 예산완전성(comprehensiveness)의 원칙: 예산에는 정부의 모든 재정활동이 빠짐없이 포함되어야 한다는 원칙으로서 우리 「예산회계법」에서는 예산총계주의 원칙이라고 한다. 예산총계주의는 예산완전성 원칙의 한 중요한 구

성요소로서 모든 수입과 지출은 예산에 계상하여야 한다는 것이다. 이 원칙은 국가재정의 모든 수지를 예산에 반영함으로써 그 전체를 분명하게 함과 동시에 국민에 의한 재정상의 감독을 용이하게 하자는 데 그 의의가 있다. 따라서 정부가 예산외로 관리하고 있는 기금제도는 예산완전성의 원칙에 어긋난다고 할 수 있다.

2. 현대적 예산원칙

많은 학자가 명료, 정확, 완전, 단일한 예산의 공개를 요구하고 사전의결과 비목 및 연도의 한정을 요구하며 특정한 세입을 가지고 특정한 세출에 충당하는 것을 금지해야 한다고 주장하는 것은 조세국가의 이념에 비추어 보아서 당연한 것이다. 이들 제 원칙은 오늘날에 있어서 예산결정의 어떤 측면을 검토하는 수단으로서는 유익한 것이다. 그러나 예산의 통제적 기능보다는 예산의 관리적 기능·계획적 기능·경제안정기능·경제성장 촉진기능 등이 부각됨에 따라 전통적 예산원칙을 수정하는 현대적 예산원칙이 등장하게 되었다. 전통적인 예산원칙의 수정이 불가피한 구체적인 이유는 다음과 같다.[83]

첫째, 비약적인 경제발전, 과학기술의 발달, 인구증가, 도시화 현상, 국제적인 권력투쟁 증대 등이 행정기능의 확대·강화를 초래하고 이것이 재정규모 팽창과 재정구조의 변화를 수반하였다. 따라서 명료, 단일, 정확, 완전한 예산편성이 어렵게 되었다.

둘째, 전통적인 예산원칙은 국민의 대표인 입법부가 왕이나 행정부를 통제하기 위하여 고안된 것이다. 그러나 오늘날에는 행정수반도 국민의 대표이며, 행정부는 정치적·경제적·사회적 문제들을 해결해야 할 책무가 있다. 입법부의 우위시대의 예산원칙은 오늘날 행정국가에 적합치 않다.

셋째, 정부의 기업활동이나 정부부처의 형태를 가지는 공기업은 그것이 정부부처의 형태를 지니고 있기는 하나 공기업인 까닭에 기업성을 강조하게 되며 독립채산을 요구하게 되므로 예산통일의 원칙에 대한 예외를 이루는 특별회계의

---

83) 유훈, 전게서, pp. 118~120.

설치가 불가피하게 된다.

넷째, 예산규모가 팽창하고 정부자금의 거대한 흐름이 국민경제에 중대한 영향을 미치게 됨에 따라 그 수지는 전통적인 예산원칙을 따르기가 어렵게 되었다. 예산원칙에 따르는 것보다 경제상황의 변동에 따라 수지를 조절하는 것이 필요하게 되었다.

다섯째, 예산원칙은 예산기능에서 도출된 것인데 예산기능 자체가 변했다. 예산의 통제적 기능이 완전히 사라진 것은 아니지만 예산의 관리적 기능이나 계획적 기능의 중요성이 크게 증대함에 따라 통제지향의 예산제도에서 적합했던 원칙은 수정될 수밖에 없다.

이상과 같은 여러 가지 이유 때문에 스미스는 관리지향의 예산제도에서 필요로 하는 새로운 예산원칙을 다음과 같이 제시하였다.[84]

① 계획의 원칙: 정부예산안은 행정수반의 사업계획을 반영한 것이며, 국회의 결을 얻은 예산은 정부가 수행해야 할 모든 활동과 책임을 반영하는 정부의 사업계획이다. 사업계획과 예산편성은 동전의 양면이라고 할 수 있으며, 이 두 기능은 행정수반의 직접적인 감독하에 두어야 한다.

② 책임의 원칙: 정부는 예산이 허용하는 범위 내에서 경제적으로 예산을 집행할 책임이 있다. 입법부가 의결한 예산은 전액 사용하라고 지시하는 것이 아니며 그 금액의 범위 내에서 가장 경제적인 방법으로 입법부의 의도를 구현하라는 것이다.

③ 보고의 원칙: 예산의 편성·심의·집행은 정부 각 기관으로부터 제출되는 재정보고 및 업무보고에 기초를 두어야 한다. 입법부와 행정부는 각종사업, 지출, 세입징수, 목표달성, 기타 관련사항의 진행상황에 관하여 끊임없는 정보를 받아야 한다.

④ 예산 '수단' 구비 원칙(the principle of adequate budget 'tools'): 정부는 그 책임을 다하기 위해서 중앙 예산기관을 가져야 하며, 예산배정 권한과 준비금제도를 지녀야 한다. 준비금제도란 비상사태에 대비하여 의회가 의결한 각

84) Harold D. Smith, op. cit., pp. 90~94, 유훈, 전게서, pp. 120~122에서 재인용.

부처예산 중의 일부를 떼어 놓는 제도를 말한다.

⑤ 다원적 절차의 원칙(multilple procedures in budgeting): 현대 행정은 일반행정 기능, 장기적 건설·개발사업, 정부기업 등 각양각색의 활동을 포함하고 있으므로 이러한 활동들을 유효적절하게 수행하기 위해서는 다원적 절차가 필요하다. 예산편성·집행의 방법은 활동에 따라서 상이할 수도 있음을 뜻한다.

⑥ 재량의 원칙: 행정부가 의회에 제출하는 예산서는 의회의 심의를 용이하게 하기 위하여 각종의 세부적인 자료를 포함해야 하나, 의회는 총괄예산을 통과시켜서 행정부에 보다 많은 자유재량권을 부여해야 한다.

⑦ 시기신축성의 원칙(flexibility in timing): 예산은 경제사정 등 객관적 정세의 변동에 적응할 수 있는 조항을 포함해야 한다. 예를 들면, 의회가 일정한 건설·개발사업에 소요되는 자금을 5년 정도의 장기에 걸쳐 의결해 준다면 행정부는 필요에 따라 사업의 집행시기를 적절히 조절할 수 있게 된다.

⑧ 예산기구 상호성(two way budget organization)의 원칙: 예산의 편성, 집행은 행정수반의 지휘를 받아야 하나 예산운영은 각 부처의 적극적인 협력을 필요로 한다. 따라서 각 부처의 예산담당기구가 설치되어서 중앙 예산기관과 상호 활발한 의사소통이 있어야 한다.

이상에서 국가예산의 편성·심의·집행·회계검사 과정에서 지켜야 할 규범들을 전통적인 것과 현대적인 것으로 구분하여 고찰하였다. 예산원칙은 예산의 기능과 연계된 것으로서 절대적인 것이 아니며, 원칙들 간에도 상충되는 원칙이 있다. 특히 통제지향 예산제도하에서 발전한 전통적인 예산원칙과 스미스가 제시한 현대적인 예산원칙은 상호 모순되기도 한다. 예를 들면, 명세화의 원칙과 재량의 원칙, 정기성의 원칙과 시기의 신축성의 원칙, 명료성의 원칙과 다원적 절차의 원칙은 상호 모순된다.

3. 우리나라의 예산원칙

1) 국가 예산원칙

「국가재정법」제16조에서는 예산의 편성과 집행 과정에서 준수해야 할 원칙으로 ① 재정건전성 확보, ② 국민부담 최소화, ③ 재정지출 및 조세지출 성과 제고, ④ 투명성 및 국민참여 제고, ⑤ 성인지 반영을 명시하고, 다음과 같이 규정하고 있다.[85]

1. 정부는 재정건전성의 확보를 위하여 최선을 다하여야 한다.
2. 정부는 국민부담의 최소화를 위하여 최선을 다하여야 한다.
3. 정부는 재정을 운용함에 있어 재정지출 및 「조세특례제한법」제142조의2 제1항에 따른 조세지출의 성과를 제고하여야 한다.
4. 정부는 예산과정의 투명성과 예산과정에의 국민참여를 제고하기 위하여 노력하여야 한다.
5. 정부는 예산이 여성과 남성에게 미치는 효과를 평가하고, 그 결과를 정부의 예산편성에 반영하기 위하여 노력하여야 한다.

신해룡은 예산의 일반원칙으로 명확성의 원칙(공개성, 명료성, 엄밀성, 통일성, 완전성), 구속성의 원칙(사전의결, 회계연도 독립, 초과지출 금지, 유용 금지, 목적구속 금지), 건전성의 원칙(수지균형, 경제성)을 들고 있다. 또 「국가재정법」상 예산의 원칙을 회계연도 독립, 예산총계주의, 건전재정, 수입의 직접사용 금지, 예산의 목적외 사용금지, 재정정보의 공표 및 사전의결 등으로 정리하고 있다.[86] 그리고 정부부처의 예산요구서 작성과 예산당국의 예산편성의 측면에서는 정책의 합법성, 의의, 긴급도, 성숙도, 요청의 강도의 다섯 가지 관점에서 검토가 필요하다고 보고 있다.[87] 한편, 하연섭은 예산의 원칙으로 예산완전성 원칙, 예산단일

---

85) 국회예산정책처, 전게서, pp. 153~164.
86) 신해룡, 전게서, pp. 15~27.
87) 상게서, pp. 96~105.

원칙, 예산한정성의 원칙, 예산 사전의결의 원칙, 예산명료성의 원칙, 예산투명성의 원칙, 예산통일의 원칙을 제시하고 있다.[88]

교육부의 재정관리·재원사용의 적정 여부와 집행과정에서 보고된 자료의 신빙성을 분석·평가하기 위하여 설치된 교육부예산집행심의회의 심의기준으로는 ① 합법성: 예산·계약·회계 등 관계 법령·규정·지침에 부합하게 집행, ② 효율성: 당초 계획한 성과를 달성하면서도 투입 예산을 최대한 절감하거나, 동일한 예산을 투입하여 최대의 성과를 달성하도록 집행, ③ 합목적성: 여건의 변경 등으로 편성한 대로 예산을 집행하는 것이 불합리한 경우 집행 당시의 상황·여건에 따라 예산편성의 근본 목적에 따라 합목적적으로 집행, ④ 보충성: 예비비, 이용·전용 등 편성예산변경 외에 다른 방법으로는 해결되지 않는 시급한 경우에만 최소한으로 수행 등이 있다.[89]

2) 지방재정 운영원칙

「지방자치법」 제7장 제1절 지방재정운영의 기본원칙에는 건전재정의 운영, 국가시책의 구현, 지방채무 및 채권관리가 포함되어 있다. 라휘문은 지방예산의 운영원칙을 예산총계주의, 단일예산주의, 예산통일, 회계연도독립, 예산사전결의, 예산공개, 목적외 사용금지, 건전재정운영, 수입금 직접 사용금지로 정리하고 있다.[90] 또한 지방예산 편성원칙으로 ① 주민의 복리증진을 위한 건전하고 효율적인 재정운영, ② 국가정책과의 일관성, ③ 국가 또는 다른 지방자치단체의 재정에 부당한 영향 금지, ④ 당해소관 사무처리에 한해서 편성, ⑤ 특별회계 당초목적대로 운영, ⑥ 수년간 특별회계 전출 금지 등을 들고 있다.[91] 전상경은 지방정부의 재정운용을 중기재정계획과 예산, 자금관리와 회계관리, 재정운용의 책임성과 재정분석, 재정위기의 측면에서 논의하고 있다.[92]

한편 「지방자치단체 교육비특별회계 예산편성·운용에 관한 규칙」 제2조 일

---

88) 하연섭, 전게서, pp. 47~53.
89) 「교육부예산집행심의회 운영규정」 제5조.
90) 라휘문, 전게서, pp. 82~89.
91) 상게서, pp. 110~111.
92) 전상경, 전게서, pp. 367~508.

반원칙에 의하면, 교육감은 경비지출의 효율성과 건전성을 높여 나갈 수 있도록 ① 유아교육 및 초·중등교육의 내실화, ② 교육복지의 증진, ③ 평생교육의 진흥, ④ 단위학교 재정운영의 자율화 및 효율화, ⑤ 합리적인 세입을 고려한 재정지출과 건전재정 운영 등을 종합적으로 고려하여 지방교육예산을 편성하여야 한다고 규정하고 있다.

3) 학교예산원칙

학교예산도 정부예산의 일부이므로 앞에서 살펴보았던 전통적인 예산원칙이나 현대적인 예산원칙을 모두 지켜야 한다. 국·공립의 유치원, 초등학교·중학교·고등학교 및 특수학교에 설치하는 학교회계는 학교의 설립목적과 교육과정에 따라 건전하게 관리·운영되어야 한다.[93] 교육예산을 운용하는 기본단위로서 학교가 지켜야 할 예산원칙 중 가장 중요하다고 판단되는 원칙들을 제시하면 다음과 같다.

① 계획의 원칙: 학교의 예산안은 학교발전계획이나 교육활동계획을 반영한 것이다. 아무리 훌륭한 교육활동계획이라도 적절한 예산의 지원이 없을 때는 형식적인 교육활동에 그치기 쉽고, 아무리 멋진 예산안이라도 교육활동계획을 반영하지 못한 것은 소기의 목적을 달성할 수 없는 것이다. 학교예산은 언제, 어디에, 얼마나 되는 금액을 지출할 것이며, 또 수입할 것인지가 세밀하고도 타당성 있는 계획하에 편성·집행되어야 한다.

② 사전승인의 원칙: 예산은 회계연도 이전에 편성되어 의결(정부예산은 국회의 의결, 시·도 교육비특별회계 예산은 시·도의회의 의결)을 거쳐 의결 승인된 범위 내에서 집행되어야 한다. 학교의 예산안 및 결산안은 「초·중등교육법」 제32조에서 학교운영위원회(사립은 이사회)의 심의를 받도록 규정하고 있으며, 학교발전기금도 동법 제33조에서 학교운영위원회의 관장 사항으로 규정하고 있다. 따라서 학교예산은 학교운영위원회의 심의를 거쳐 집행하는 것이 원칙이다.

---

93) 「국립 유치원 및 초·중등학교 회계규칙」 제2조 회계운영의 기본원칙.

③ 예산총계주의 원칙: 「국가재정법」 제17조에서 한 회계연도의 모든 수입을 세입으로 하고, 모든 지출을 세출로 하며, 세입·세출은 모두 예산에 계상되어야 한다고 규정함으로써 예산총계주의 원칙(예산 완전성의 원칙)을 천명하고 있다. 학교예산의 경우에 모든 세입과 세출은 학교회계에 계상되어야 한다. 어떤 경우라도 회계상에 누락되는 세입이나 세출이 있어서는 안되는 것이다.

④ 예산단일의 원칙: 예산을 효과적으로 통제하고 효율적으로 관리하기 위해 여러 개의 예산이 존재하면 안 된다. 특히 각 예산 간에 세입·세출의 전출입 관계가 있을 때는 금액이 중복 계산되어 정확히 순계를 내지 않으면 전체를 명료하게 만들기 어려울 뿐만 아니라 예산통제를 약화시킨다. 따라서 복수 회계는 인정되지 않으며 단일의 학교회계로 통합되어야 한다.

⑤ 예산공개 및 참여의 원칙: 예산의 편성, 심의, 집행, 결산 그리고 감사의 모든 과정과 관련보고서가 공개되어야 한다는 원칙이다. 예산공개는 국민들에게 단순히 알린다는 홍보의 차원이 아니라 국민들이 책임을 물을 수 있는 차원으로 연결되어야 한다. 민주적인 학교운영과 발전을 위해서는 교직원과 학부모들의 이해와 협조가 무엇보다도 중요하므로 예산의 편성, 심의·집행 등의 과정에 이들을 적극적으로 참여시키고 의견을 개진할 수 있는 기회를 부여하여야 한다.

⑥ 회계연도 독립의 원칙: 각 회계연도에 지출되어야 할 경비의 재원은 그 연도의 수입으로 조달되고, 당해연도에 지출되어야 할 경비는 그 익년도 등 다른 연도에서 지출되어서는 안 된다는 원칙이다. 즉, 한 회계연도의 수입과 지출은 다른 회계연도의 수입·지출과 구분하여 운용되어야 한다는 것이다. 회계연도를 단위로 하여 통제가 이루어지며 회계연도에 대한 예산집행에 책임을 묻게 되기 때문이다. 학교회계의 회계연도는 학사력과 일치시켜서 매년 3월 1일에 시작하여 다음 해 2월 말에 종료되고 있다.

⑦ 예산한정성의 원칙: 예산은 사용목적, 금액, 기간 등에 한정을 두어야 한다는 것으로 구체성의 원칙이라고도 한다. 특정목적을 위하여 편성, 배분된 예산은 그 목적을 위해서 사용되어야 함을 의미한다. 예산은 집행과정이나 사후 감사과정에서 애매한 사항이 없도록 구체적으로 편성되고 집행되어

야 한다. 지나치게 세부적인 사항까지 사전에 규정되면 신축성을 저해할 수 있으나 지나치게 포괄적이고 일반적이면 통제를 기할 수 없다. 따라서 예산편성 시에는 구체적으로 편성하더라도 집행과정에서는 신축성 있게 운영하는 형태가 바람직하다고 할 수 있다. 편성된 대로 엄격하게 집행되어야 한다는 경직된 사고에서 예산의 낭비와 여러 가지 비효율적인 예산집행이 발생한다.

⑧ 예산신축성의 원칙: 이는 예산한정성의 원칙과 상반되는 것으로서 예산은 통제를 위하여 엄격하게 편성되고 운영되어야 하나 지나치게 엄격하면 효율성을 저해하므로 신축성 있게 운영될 수 있는 제도적인 장치가 마련되고 신축성 있게 예산이 집행되어야 한다는 것이다. 신축성을 강구하는 제도적인 장치는 예산의 배정, 예비비 제도, 예산의 이용과 전용을 허락하는 제도 등을 들 수 있다.

참고문헌

강원도교육청, 에듀파인 학교회계시스템 사용자 매뉴얼: 사업담당자용, 2008.

공은배, 송기창, 우명숙, 천세영, 한유경, 교육재정 운영상황 종합 진단 연구: 4대 재정개혁 과제를 중심으로, 서울: 한국교육개발원, 2006.

공은배, 박소영, 송기창, 윤홍주, 지방교육재정제도 발전방안 연구, 서울: 한국교육개발원, 2008.

교육과학기술부 디지털지방교육재정팀, 지방교육 행·재정통합시스템 학교회계시스템 사용자 매뉴얼: 사업담당자용, 2008.

국회예산정책처, 국가재정법: 이해와 실제, 2012, 2014.

김동건, 원윤희, 현대재정학, 6판, 서울: 박영사, 2012.

김영옥 외, 성인지 예산 분석기법 개발 및 제도적 인프라 구축방안 연구, 서울: 한국여성정책연구원, 2007.

라휘문, 지방재정론, 서울: 한국행정DB센타, 2014.

박영희, "예산배정의 결정이론에 관한 연구", 행정연구 제6집, 서울: 건국대학교 행정문제연구소, 1982.

박영희, 재무행정론, 제4판, 서울: 다산출판사, 1999.

배득종, 유승원, 신 재무행정, 제3개정판, 서울: 박영사, 2014.

송기창 외, 2012 교육재정백서, 서울: 한국교육개발원, 2012.

송기창 외, 중등 교직실무, 2판, 서울: 학지사, 2014.

송기창, 윤홍주, 오범호, 지방교육 행·재정 통합시스템 사용자 만족도 및 사용실태 조사연구,
서울: 한국교육학술정보원, 2009.

宋雲泰, 朝鮮王朝行政史, 서울: 박영사, 1981.

신해룡, 예산정책론: 예산결정과 재정정책, 개정판, 서울: 세명서관, 2012.

유훈, 재무행정론, 서울: 법문사, 1997.

윤영진, 새 재무행정학 2.0, 서울: 대영문화사, 2014.

윤정일, 교육재정학원론, 서울: 세영사, 2004.

이문영, 윤성식, 재무행정: 예산 및 재무행정, 서울: 학현사, 1993.

이상용, 이창균, 이효, 서정섭, 2020 지방재정 그랜드 디자인, 서울: 한국지방행정연구원,
2010.

이창균, 지방재정관리체계 개선방안: 자치단체 재정분석 및 재정공시제도를 중심으로, 서울: 한
국지방행정연구원, 2013.

李昌世, 韓國財政의 近代的 過程, 서울: 박영사, 1965.

임성일, 이효, 서정섭, 새로운 지방예산제도, 서울: 박영사, 2013.

전상경, 현대 지방재정론, 제3판, 서울: 박영사, 2011.

하연섭, 정부예산과 재무행정, 제2판, 서울: 다산출판사, 2014.

한국교육학술정보원, 학교회계시스템 행정실용 매뉴얼, 2013.

행정자치부, 사업별 예산제도 매뉴얼 6.0, 2006.

高橋 誠, 紫田德衛 編, 財政學, 東京: 有斐閣, 1968.

Burkhead, J., *Government Budgeting*, New York: John Wiley and Sons Inc., 1956.

Burkhead, J. & Miner, J., *Public Expenditure,* Chicago: Aldine Atherton, 1971.

Lynch, T. D., *Public Budgeting in America,* Englewood Cliffs, NJ: Prentice-Hall Inc.,
1979.

Schick, A., "The Road to PPB: The Stages of Budget Reform", *Public Administration
Review, 26,* December 1966.

Schick, A., *Budget Innovation in the State,* Washington, DC: Brookings Institution,
1971.

Smith, H. D., *Management of Your Government,* New York: McGraw-Hill, 1945.

Sundelson, J. W., "Budgeting Principles", *Political Science Quarterly,* June 1935.

제 **11** 장

교육재정
평가 및 분석

1990년대 이후 우리나라에서 나타난 가장 큰 변화의 하나는 평가의 보편화 현상이다. 교육재정 분야의 경우에 재정규모 확충을 통해 교육여건을 개선하는 것이 가장 중요한 관심사이지만, 한편으로 확보된 교육재정을 효과적이고 효율적으로 활용할 수 있는 방안을 마련하는 것도 시급한 과제로 부각되고 있다.

그동안 공교육 재정규모가 지속적으로 확충되어 왔고, 공공과 민간을 합한 총교육비 지출규모는 막대하지만 교육의 질적 수준은 아직까지 만족할 만한 수준이 되지 못하고 있다. 교육투자에 비하여 그 결과가 만족스럽지 못할 때, 평가를 통하여 그 이유를 밝히고 설명하는 일은 교육의 책무성 이행이라는 차원에서 필연적인 것이다. 또한 지방자치시대에 있어서 교육의 내용과 결과에 대하여 지역주민들에게 책임을 지기 위하여 교육청과 학교에 대한 평가의 필요성이 제기된다.

교육재정에 대한 평가 및 분석은 감사 혹은 학교평가나 교육청 평가의 일환으로 실시되어 오다가 최근에는 지방교육재정 분석·진단제도가 별도로 시행되고 있다. 이 장에서는 교육재정 분야의 평가를 교육재정 체제의 평가(evaluation of educational finance systems)와 교육재정 운영의 평가(evaluation of educational finance operations)의 두 가지로 구분하여 그 논리와 방법을 살펴보고, 지방교육재정 분석·진단제도 그리고 중앙과 지방의 재정 평가 및 분석 관련제도를 개관한 뒤, 앞으로의 발전방향을 탐색한다.

제1절 교육재정의 체제 평가

조던(Jordan)과 라이온스(Lyons)는 미국에 있어서 교육재정의 정책목표, 교육재정 체제 평가를 위한 준거, 그리고 최적의 교육재정 체제가 구비해야 할 요건들을 다음과 같이 제시하였다.[1] 이는 우리나라 교육재정 체제를 평가하는 데 있어서도 그대로 적용될 수 있다고 본다.[2]

1. 교육재정의 정책목표

교육재정의 정책목표는 공정성(equity), 적정성(adequacy), 지방선택(local choice or liberty)의 세 가지인데 이들은 상호 간에 갈등상태에 있다. 공정성을 확보하지 않고도 지방선택의 폭을 넓힐 수 있으나 지방에 자유재량권을 확대하고 공정성을 확보하기는 어렵다. 또한 적정성이 충족되지 않고도 공정한 재정지원이 가능하지만 자원이 무한하지 않는 한 공정성을 충족하지 않고 적정성을 충족할 수는 없다.

1) 공정성의 목표
공정성은 다른 말로 공평성이라고도 하는데 평등성을 의미하는 것은 아니다. 교육재정에서 공정성은 동등한 환경에 있는 자를 동등하게 취급하는 것을 의미

---

1) K. Forbis Jordan & Teresa S. Lyons, *Financing Public Education in an Era of Change*(Bloomington, Indiana: Phi Delta Kappa Educational Foundation, 1992), pp. 22~32.
2) 이 절은 윤정일, "교육재정 평가의 과제와 발전방향", 교육재정경제연구, 제8권 제1호(1999), pp. 1~24를 수정·보완한 것임.

한다. 현재 미국에서 추진되고 있는 교육재정 개혁은 재원확보 측면의 궁극적인 고객인 납세자와 재정지출 측면의 궁극적인 고객인 학부모와 학생에게 보상을 주는 데 목표를 두고 있다.[3] 학생의 견지에서 보면 공정성은 교육기회에 동등하게 접근을 보장할 수 있을 정도의 충분한 재정지원을 의미한다. 납세자의 측면에서 공정성은 납세자에 관계없이 세금액이 동등해야 함을 의미한다. 그러나 공정성은 적정 수준의 재정을 의미하지 않고 오로지 학생에 대한 동등한 수준의 재정이나 납세자에 대하여 동등한 세출을 의미한다.

교육재정의 공정성에는 수평적 혹은 수직적 공정성이 있다. 수평적 공정성은 모든 개인은 유사하다고 가정하고 동일한 방법으로 취급되어야 한다고 한다. 수직적 공정성은 개인은 서로 다르고 다른 욕구를 가지고 있으므로 다르게 취급되어야 한다고 가정한다. 모든 학생은 동일한 교육필요를 가지고 있지 않다. 그들은 서로 다른 능력과 잠재력을 가지고 있다. 이는 납세자들에 있어서도 동일하다. 수직적 공정성을 충족하기 위하여는 교육비를 더 필요로 하는 프로그램에 대하여 추가적인 학생당 경비를 제공함으로써 교육적 필요에 있어서 차이를 인정해야 한다.

공정성은 교육재정 분야에서 가장 중시되어 온 가치로서 그 개념에 관해서는 그동안 다양한 논의가 있었다.[4] 예컨대 알렉산더(Alexander)는 공정성의 개념을 자유시장적 공정성, 균등분배 공정성, 상환 공정성, 적극적 차등분배로 구분하였고,[5] 번(Berne)과 스티펠(Stiefel)은 수평적, 수직적 공정성, 균등한 기회, 부의 중립성으로 구분하였다.[6] 또 오든(Odden)과 피커스(Picus)는 공정성의 개념을 수평적, 수직적 공정성, 재정적 중립성 그리고 효과성으로 구분하였다.[7] 요컨대, 공정성은 양적 개념인 평등성보다는 질적인 수준까지를 포함하는 광의의 개념으로 규정되고 있다. 교육재정에서는 공정성을 교육의 투입, 과정, 결과의 분배가 질적으로 공평한 것으로 보고, 교육자원의 배분에 관심을 두고 이를 실현하기 위한 정책방안들을 구체화하고 있다.[8]

3) Chris Pipho, "Satisfying the School Finance Customer", *Phi Delta Kappan*(May 1996), pp. 590~591.
4) 반상진 외, **교육재정학**(서울: 학지사, 2014), pp. 35~37.
5) K. Alexander & R. G. Salmon, *Public School Finance*(Mass.: Allyn and Bacon, 1995).
6) R. Berne & L. Stiefel, *The Measurement of Equity in School Finance: Conceptual, Methodological and Empirical Dimensions*(The Johns Hopkins University Press, 1984).
7) A. R. Odden & L. O. Picus, *School Finance: A Policy Perspective*, 4th ed.(McGraw-Hill, 2007).

2) 적정성의 목표

적정성은 다른 말로 충분성, 적당함이라고도 한다. 이 단어의 핵심은 '어느 정도면 충분한가?'라는 질문으로 요약된다. 이는 얼마나 많은 프로그램과 어느 수준의 교육프로그램을 제공하느냐에 관한 것이다. 즉, 교육프로그램의 양과 질이 교육대상자의 필요를 충족해야 한다는 것이다.[9] 적정성의 목표는 특별한 목적을 위한 프로그램과 학습기회가 충분할 때 달성된다. 적정한 프로그램의 제공은 학생당 경비의 균등을 가정하지 않는다. 적절한 프로그램을 제공하기 위하여는 불균등한 학생당 경비지원이 필요하기 때문에 수직적 공정성 개념이 적용된다. 예컨대, 장애자의 경우에 적정성은 학부모와 전문 교육자팀과 협의하여 개발된 개별화된 교육프로그램(Individualized Educational Program)의 제공을 포함할 것이다.

공정성은 상대적인 차이에 관심을 두지만, 적정성은 절대적인 수준에 관심을 둔다.[10] 교육에서 적정성은 투입(input), 과정(process), 산출(output), 성과(outcome)의 다양한 측면에서 논의될 수 있다.[11] 예컨대, 투입의 측면에서는 교육활동을 위한 충분한 자원(resource)이 확보되어 있는가, 과정의 측면에서는 학생들이 반드시 배워야 할 내용으로 교육과정을 구성하여 제공하고 있는가, 산출의 측면에서는 교육받은 결과는 무엇인가, 성과의 측면에서는 보다 거시적으로 교육받은 결과를 통해 궁극적으로 구현하고자 하는 인재를 길러 내는가 등이다.

최근 들어 교육재정 분야에서 적정성의 개념이나 분석방법에 관한 논의가 확대되고 있는데,[12] 그동안 교육재정의 적정성 분석에 사용된 방법들은 크게 규범적 접근과 계량적 접근으로 나누어 볼 수 있다. 규범적 접근방법은 다시 비교모형과 합의모형으로, 계량적 접근방법은 함수모형과 원가모형으로 구분할 수 있다.[13] 한편, 오든과 피커스는 교육비의 적정수준을 결정하는 방법을 전문가판단

8) 윤홍주, "교육재정의 공평성 분석: 단위학교 재정을 중심으로", 서울대학교 대학원 박사학위논문(2004).

9) Suzanne L. Juday, "Evaluating Education Finance Policy Decisions", *Financing School Choice, School Finance Series*, ERIC ED 335779(1991), pp. 6~8.

10) A. R. Odden & L. O. Picus, *op. cit.*

11) 이선호 외, 지방교육재정분석 결과 활용도 제고 방안 연구: 교육재정 운영 지수 개발(서울: 한국교육개발원, 2012), p. 58.

12) 윤홍주, "전게논문"; 고현민, "단위학교재정 배분의 적절성 분석 연구", 전북대학교 대학원 박사학위논문(2012); 최준렬, "교육재정 배분의 공평성, 적절성의 개념과 측정방법의 적용 가능성 탐색", 교육재정경제연구, 제22권 제4호(2013); A. R. Odden & L. O. Picus, *op. cit.*

접근(Professional-judgement approach), 성공적인 교육청 접근(Successful-district approach), 비용함수 접근(Cost function approach), 증거기반 접근(Evidence-based approach)으로 분류하고, 자신들이 창안한 적정성 지수(Odden-Picus Adequacy Index)를 제시한 바 있다.[14]

3) 지방선택의 목표

이는 선택하는 능력인 자유를 말하며, 융통성과 창의성을 포함한다. 지방선택의 목표는 지방 납세자들과 교육위원회가 학교운영에 필요한 예산을 편성하고 세금을 부과하는 권한을 가져야 한다는 것을 가정한다. 이러한 지방선택의 확대는 지역 간에 학생당 지출에 있어 불균형을 심화시키는 결과를 초래하게 된다. 한정된 과세기초를 가진 빈곤한 교육청은 주정부에서 평형교부금을 제공받지 않는다면 단지 기본적인 교육프로그램만을 제공할 수밖에 없게 된다. 학생당 지출에 있어 무제한 선택의 특권은 학생당 경비의 공정성의 목표와 정면으로 상충되고 있다.

자유(liberty)의 가치가 교육에 적용될 때에는 주로 선택의 자유를 의미한다. 자율성은 국가 교육목표와 정부 정책을 바탕으로 지역 및 학교의 실정에 맞는 교육활동을 계획하고 그 계획을 실현하는 데 필요한 교육비의 배분 및 재정운영 권한을 보장함으로써 모든 교육활동을 효과적으로 추진하고 낭비적 요인을 제거함으로써 교육목표를 달성할 수 있도록 하려는 노력을 의미한다. 좀 더 구체적으로 보면, 중앙정부는 지방자치단체에, 지방자치단체는 단위학교에 일정한 기준에 따라 총액규모를 결정하여 지원하고, 단위조직이 독자적으로 세부 지출규모와 사용용도를 결정하고 그 집행과정도 자율적으로 관리·운영할 수 있는 제도를 마련할 필요가 있다.[15]

지방자치단체의 재정 자율성과 관련된 개념에는 재정력, 자주재원 또는 자주성이 있다.[16] 재정력은 재정상태와 같은 개념으로서 1인당 재원규모, 전체 재원

---

13) 자세한 내용은 나민주 외, 국립대학 적정 재정지원 규모 산정 및 배분 방법에 관한 연구(교육과학기술부 정책연구보고, 2009), pp. 230~239 참조.

14) A. R. Odden & L. O. Picus, *op. cit.*

15) 한유경, "국민의 정부 교육재정운영정책 평가", 교육재정경제연구, 제11권 제2호(2002), p. 214.

규모를 기준으로, 그리고 자주재원 또는 자주성은 재정자립도의 구성요소인 지
방세와 세외수입을 기준으로 하는 것이 일반적이다.

2. 교육재정 체제평가 준거

지역별로 공정성, 적정성, 지방선택의 목표를 달성하려고 시도하게 될 때 지역
에 따라 교육재정 체제는 상당히 다르게 된다. 이러한 다양한 재정체제는 다음과
같은 다섯 가지 준거를 사용하여 분석하고 평가할 수 있다. 그 준거는 안정성과
예측성(stability and predictability), 민감성(responsiveness), 실행가능성(feasibility),
비조작성(non-manipulability), 행정의 용이성(ease of administration)이다.[17]

1) 안정성과 예측성

안정성과 예측성은 기획이 한 회계연도로부터 다음 회계연도로 차질 없이 진
행될 수 있도록 하기 위하여 필요하다. 하지만 조세수입으로 재정이 지원되기 때
문에 경제조건의 변화는 재원의 안정성을 저해할 수 있다. 이러한 이유 때문에
대부분의 전문가는 학교재원이 다양한 세원으로 확보되어야 한다고 주장한다.

2) 민감성

교육재정 체제가 교육구의 교육경비에 영향을 미치는 경제적 · 인구동태적 변
화에 즉각적으로 대응할 수 있는 능력을 말한다. 예를 들면, 등록학생 수의 증가,
이중언어 학생의 증가 혹은 특별한 필요를 가진 학생 수의 증가 등에 민첩하게
대응하는 능력이다. 교육재정에 있어서 안정성과 민감성 간의 균형은 학교구의
건전한 기획을 촉진시키기 위하여 필요하다. 최근에 일부 정책결정자들은 학생
의 수행에 근거해서 교육구에 재원을 지원해야 한다고 주장하였다. 만일에 그러
한 보상이나 벌의 요인이 재정배분공식에 반영되면 재정의 안정성과 민감성을
유지하기 어렵게 될 것이다.

---

16) 이선호 외, 전게서, p. 49.
17) K. Forbis Jordan & Teresa S. Lyons, op. cit.

3) 실행가능성

실행가능성은 주의 교육재정 체제가 건전한 교육적 관례와 현존하는 경제적 현실과 합치하는 정도를 말한다. 교육재정 체제는 현재의 교육프로그램을 유지시킴은 물론 그들을 발전·개선시키는 활동을 지원해야 한다. 그들은 가용한 재원의 범위 내에서 그리고 공재정에 대한 다른 경쟁적인 수요와 경쟁하는 속에서 운영되어야 한다. 새롭고 혁신적인 프로그램은 시범사업으로 지원될 수 있으며, 그것들이 효과적인 것으로 판명되면 재정지원 공식에 포함될 수 있는 것이다.

4) 비조작성

비조작성은 교육재정 배분공식에 사용되고 있는 정의와 자료들이 어떤 학교구에 이득이 될 수 있도록 변경되거나 수정될 수 없다는 것을 의미한다. 예를 들면 교육구는 치료보조를 받을 자격이 있는 학생 수를 늘리기 위하여 주에서 사용하는 검사기준 대신 지방의 검사기준을 사용할 것이다. 학생 수, 예산 프로그램 해설, 입학조건 등은 지방공무원이 조작할 수 없도록 아주 정밀해야 한다.

5) 행정의 용이성

행정의 용이성은 자료보고에 대한 주의 요구가 교육구 직원들에게 과중한 부담을 주지 않는 것을 의미한다. 주의 교육재정 체제가 복잡해지고 학교의 기대가 증가함에 따라 자료제출에 대한 요구가 증가한다.

이상에서 논의한 교육재정 체제의 목표와 준거 간에는 갈등과 상충이 있을 수 있다. 어떤 지역에서는 공정성과 적정성을 추구하기 위하여 학생당 지출이 동일하도록 하는 배분공식을 사용하고, 납세자의 공정성과 지방선택을 추구하는 지역에서는 학생당 지출의 차이를 인정하면서도 지방의 세출에 관계없이 기본 교육비 수준을 보장하고 있다.

3. 교육재정 체제가 구비해야 할 요건

학교 재정지원에 영향을 미치는 모든 상호작용 요인을 고려할 때 교육재정 체제

는 최소한 다음과 같은 사항들을 포함하고 있어야 이상적이라고 할 수 있다.[18]

① 초·중등학교를 위하여 정부가 설정한 목표, 모든 목표가 각 교육구와 개별 학교에 잘 전달되었는가를 확인하기 위한 모니터링 절차, 정책결정자와 지역 주민들에게 모든 학생이 적절하게 교육서비스를 받고 있고, 주 교육목표를 달성하는 방향으로 진전이 이루어지고 있다는 증거를 제공하기 위한 평가와 보고체제

② 교육재정 체제의 목표가 정부가 설정한 초·중등학교 목표와 일치하며, 모든 학생이 그들의 주거지에 관계없이 적절한 교육프로그램에 평등하게 접근하고 있다는 보증

③ 취학전 교육부터 12학년까지 특별한 필요가 있는 학생들을 위한 추가경비의 인정과 그러한 학생들에게 적절하게 재정 지원되는 프로그램이 제공되고 있다는 보증

④ 인구 희소지역 혹은 밀집지역, 지리적으로 격리된 지역, 생활비, 사회경제적 요인 등 특별한 조건에 처해 있는 교육구에 대하여 추가적 경비의 인정

⑤ 교육프로그램을 실시하는 데 필요한, 그리고 주의 규정을 충족하는 데 필요한 물리적 시설을 제공하는 데 있어서의 교육구의 재정적 능력에서의 차이 인정

제2절　교육재정의 운영 평가

교육재정 운영을 평가하는 주요 목적은 교육예산과 재정운영의 효율성을 극대화하고 공정성을 확립하며, 나아가 교육의 책무성을 제고하는 데 있다. 교육의 비용은 증가되고 있는 반면에 교육예산이 감소됨에 따라 교육의 질을 유지시키고, 교육혁신을 추진하는 데 필요한 재원을 찾고자 하는 노력과 모든 교육에 공정한 접근을 보장하고자 하는 노력이 경주되고 있다. 그러나 등록학생 수의 감

---

18) K. Forbis Jordan & Teresa S. Lyons, *op. cit.*

소, 노동시장의 변화, 경기침체 등 때문에 교육에 있어서의 비효율성과 불공정성은 점차 높아지고 있다. 성장둔화와 경기침체는 정치적 예산삭감에 기여하고 재정적 긴축은 교육의 여러 측면에 영향을 주게 된다.

등록학생 수의 감소는 건물·행정직원·교사 활용률을 저하시키고, 이것은 비효율성·낭비·저생산성의 가능성을 초래한다. 불공정성의 중요한 원천은 교육수익의 배분과 연계되어 있다. 부유한 교육구는 보다 많은 훈련과 경험을 가진 교사를 채용할 수 있으며, 가난한 교육구에서 태어난 어린이는 동등한 교육기회를 향유할 수 없게 된다. 청소년들 간에 수익배분상의 불공정성은 훗날 소득배분과 사회에 있어서 분배적 정의에도 영향을 미친다. 교육이 효율적이고 공정할 때, 교육은 세 가지 종류의 회수를 유발시키는데 이들은 함께 인간성장을 구성하는 것이다. 실제 소득의 성장, 비금전적 수익의 성장, 소득의 보다 공정한 분배가 그것이다.[19]

효율성은 사람들에게 지식·기술·가치를 체화하기 위하여 사용되는 자원의 개선으로(생산효율성), 혹은 사회가 요구하는 종류와 양의 교육을 제공하기 위하여 사용하는 자원의 개선으로(교환효율성) 정의된다. 공정성은 이와 반대로 다른 질문을 하고 있다. 즉, 교육의 수익 또는 조세나 기타 부담이 배분되는 데 있어서의 정의를 다루고 있다. 따라서 효율성의 측면에서 보면 이익을 얻는 자는 있으나 불이익을 당하는 자는 없는데, 공정성의 측면에서 보면 이익을 보는 자가 있는 반면에 불이익을 보는 자도 있게 된다.

효율성은 투입자원의 증가 없이 희망하는 교육산출의 증가를 가져올 가능성을 의미한다. 또한 효율성은 학습과정에 새로운 지식이나 공학의 적용을 통하여 낭비를 줄이거나 현존하는 자원을 보다 적절하게 사용하면서 모든 교육산출을 유지하는 것을 의미한다. 절약된 자원은 학생·교사 혹은 납세자를 위하여 사용될 수 있는데, 이는 어느 누구에게도 불이익을 주지 않는다. 효율성과 공정성은 서로 갈등적인 것으로 간주되고 있다. 즉, 공정성의 증가는 효율성의 감소와 고비용을 초래한다는 것이다. 따라서 사회적 효율성과 분배적 정의를 동시에 개선

---

19) Walter W. McMahon, "Efficiency and Equity Criteria for Educational Budgeting and Finance", in Walter W. McMahon & Terry G. Geske, Eds., *Financing Education: Overcoming Inefficiency and Inequity*(Urbana, IL: University of Illinois Press, 1982), pp. 1~30.

할 수 있는 방법을 강구해야 한다.

한편, 학교들은 과거 어느 때보다도 심한 비판을 받고 있다. 학교는 사회의 변화하는 요구를 충족하지 못하고, 교육대상자의 1/3만 교육시키고 있으며, 매우 많은 청소년이 물리적으로, 심리적으로 탈락하도록 하고 있다. 최근에 비판의 선봉에 있는 사람들은 정부와 산업체의 지지를 받으면서 그 해결책으로 책무성을 제시했다.

책무성의 원리는 항상 교육의 본질이었으나 최근에 책무성 개념에 대한 재정의가 나타나고 있다. ① 학교에 대하여 교육개선이 강요되고, ② 측정 가능한 수행결과가 개선의 유일한 준거이며, ③ 비용효율성의 경제적 모델이 교육개선의 수준을 결정하는 준거를 제공한다. 즉, 학습은 상품이며, 문제는 조세지출로부터 더 많은, 더 좋은 상품을 얻느냐이며, ④ 교육개선은 독립적인 감사기관에 의하여 평가된다. 달리 말하면, 교육의 재탄생이나 소생은 교육적 변화를 강요하는 (유인하는) 산업체 모델에서 채택한 경제적 목적을 지닌 방법에 의하여 가능해질 것이라는 것이다.[20]

더 좋은 교육을 위한 이러한 새로운 접근은 경제여건의 악화에 따른 교육재정 감축으로 더욱 각광을 받으면서, 산업에서 성공적이라고 입증된 모델이 교육에서도 성공되기를 바라면서 도입되었다. 그뿐만 아니라 심리학에서 개발한 행동수정이론과 검사운동에 의하여 개발된 정교한 검사들도 책무성에 대한 새로운 접근을 부추겼다. 책무성에 대한 새로운 개념은 시험을 위한 교수(teaching)라는 또 다른 측면을 추가하고 있다. 즉, 학습에 대한 보상이나 처벌이 교사에게 돌아가거나 학교와 계약을 맺은 학습회사로 돌아간다는 것이다.

한편, 2000년대 들어서는 글로벌 경제불황과 더불어 국가 및 지방자치단체 차원의 금융위기, 재정위기 문제가 심각해지면서 재정운영에서 건전성과 위기관리에 대한 관심이 높아졌다. 특히 일반 지방재정에서는 경기침체와 더불어 부동산경기 침체로 세수감소 속에서 채무가 증가하고, 투자사업의 수익성이 하락하여 재무구조가 악화되는 동시에 선심성 사업과 과도한 시설투자로 불건전하고

---

20) Hannelore Wass, "Educational Accountability: Here and Abroad", *Educational Leadership, 29*(April 1972), pp. 618~620.

비효율적인 재정운영이 문제가 되면서 재정위기에 대한 염려가 확산되고 있다.[21] 지방자치제에 따라 재정운영의 자율성이 확대되는 한편으로 지방재정의 위기, 나아가 일부 지방자치단체의 파산 가능성도 제기되고 있는 것이다. 이에 따라 정부는 지방재정 건전성 강화를 국정과제 가운데 하나로 삼고 있다.[22] 최근 들어 건전성은 교육재정 운영을 평가하는 새로운 준거로 중시되고 있다.

1. 효율성 준거

효율성에는 두 가지 주요 측면이 있다. 생산효율성은 희망하는 산출을 얻기 위하여 시간과 자원의 투입이 교육의 과정에 연계되는 효율성을 말한다. 교환효율성은 적절한 교육산출이 주민들의 교육적 필요와 합치되는 효율성을 말한다. 실제적인 예산결정이 경제적 효율성을 어느 정도 개선하는가를 측정하기 위한 종합적인 효율성 준거가 필요하다. 맥마흔(McMahon)은 효율성 준거체계를 다음과 같이 낮은 단계부터 높은 단계로 제시하였다.[23]

1) 책무성 검사

낮은 수준 혹은 기초적인 효율성 준거는 정상적인 재무회계관리와 책무성 점검으로 구성되어 있다. 만일에 교육서비스가 제대로 제공되고 있지 않다면 기본적인 효율성마저도 달성되고 있지 않은 것이다.

2) 생산함수 분석

이것은 바람직한 교육산출을 생산하는 데 무엇이 효과적인가를 결정하기 위한 노력이다. 무엇이 학습에 기여하고 기여하지 않는가에 대한 지식은 학교로 하여금 생산적인 활동을 개발하고 비생산적인 활동을 피하도록 돕는다.

---

21) 한국지방재정공제회, 지방재정위기관리론(2013), p. 8.
22) 정성호, 정창훈, 지방자치단체의 재정위기, 과제와 해법(서울: 조명문화사, 2013).
23) Walter W. McMahon, *op. cit.*

3) 비용효과 분석

이것은 획득된 산출의 양과 연계하여 비용을 고려하는 것이므로 단순한 책무성 점검이나 생산함수 관계보다는 심층적인 것이다. 여기서는 단지 수업단위와 같은 중간산출이 분석될 뿐이지 그 학문분야의 졸업생에 대한 현재와 미래의 수요와 같은 장기적인 산출은 무시된다.

4) 비용/수익 분석

비용/수익 분석에서의 비용은 비용효과 분석에서와는 달리 산출의 기대되는 가치와 연계하여 고려된다. 그리고 여기서는 수익/비용의 비율이나 회수율이 계산된다. 모든 비용은 고려될 수 있는 반면에 기대되는 미래의 수익은 측정상의 용이성 때문에 금전적인 수익만으로 한정된다는 것이 문제다. 한 가지 제안할 수 있는 준거는 비금전적인 회수와 사회적 수익이 긍정적이거나 최소한 제로라고 가정할 때 기대되는 회수율이 대안들보다도 상대적으로 높은 프로그램은 확장되어야 한다는 것이다.

5) 사회적 수익을 포함한 비용/수익 분석

사회 전체의 견지에서 볼 때 가장 높은 수준의 효율성 준거는 보다 종합적인 회수율이나 비용/수익률을 계산할 때 기대되는 총체적인 사회적 수익은 물론 총체적인 사회적 비용을 고려해야만 한다. 학생은 투자에 대한 결정을 할 때 오로지 그 자신과 가족에 대한 사적 수익과 비용만을 생각할 필요가 있다. 그러나 관내에 사는 모든 사람을 생각할 책임이 있는 교육행정가, 교육위원, 입법기관은 다음 세대를 위한 연구수익ㆍ유출수익ㆍ범죄를 감축시키고 복지비용을 감축시키는 효과 등 총체적인 수익을 고려해야 한다.

효과성과 장기적인 수익과 연계한 비용에 대한 보다 깊은 고려만이 효율성을 개선하는 데 도움이 될 것이다. 공식적인 측정이든 아니든 간에 준거의 활용은 의사결정의 기초로서 ① 비용과 연계한 효과성, ② 비용과 연계한 장기적인 금전적ㆍ심리적 수익, ③ 비용과 연계한 금전적ㆍ심리적ㆍ사회적 수익 등 총체적이고 궁극적인 수익을 얻기 위한 질적 판단에 대한 고려를 포함한다. 비용효과 검사를 위하여 교육평가자들은 여러 가지 지표를 사용한다. 예를 들면, 수업단위당 비용, 출판물당 혹은 가중 연구단위당 비용, 표준화 검사점수의 증가치 등이다.

6) 최근의 효율성 분석기법

앞에서 살펴본 전통적인 효율성 분석기법들 이외에 최근에는 자료포락분석, 확률변경분석, 맘퀴스트 지수 등도 활용되고 있다.[24] 생산함수 분석과 같은 전통적 분석방법들은 완전히 효율적인 기업의 생산함수가 알려져 있다고 가정하나, 실제로는 생산함수가 알려져 있지 않기 때문에 그 대안으로 제시된 것이 자료포락분석과 확률변경분석이다. 자료포락분석(Data Envelopment Analysis)은 특정 함수형태를 가정하지 않고 생산가능집합(production possibility set)에 적용되는 몇 가지 기준하에서 조직들이 경험적으로 형성하고 있는 효율성 프런티어(efficiency frontier)를 도출하여 평가대상을 상호 비교함으로써 효율성을 측정하는 방법으로서 프런티어상에 있으면 효율적이라고 판단하고, 프런티어 내에 있으면 비효율적이라고 판단하게 된다.[25]

다음으로, 확률변경분석(Stochastic Frontier Analysis)은 변경함수(frontier function)를 추정하여 효율성을 분석하는 방법이다.[26] 자료포락분석은 확률적 오차와 관리운영상의 비효율성을 엄밀하게 구분하지 못하므로 관리운영상 비효율성을 정확히 측정하기 어려운 한계가 있다는 점을 보완하기 위한 방법이다. 한편, 서로 다른 시점의 자료들이 확보되면 시간경과에 따라 투입 대비 산출의 비율이 어떻게 변화하였는지를 추적할 수 있다. 이를 생산성 변화분석이라고 한다. 이와 관련하여 최근에는 맘퀴스트 지수(Malmquist Productivity Index)도 활용되고 있다.[27] 이는 패널자료가 있는 경우에 자료포락분석이나 확률변경분석과 같은 변경추정법(frontier estimation method)을 사용하여 맘퀴스트 총요소생산성지수를 구하는 방법이다.[28]

---

24) 반상진 외, 전게서, pp. 49~53.

25) 김재홍, 김태일, 공공부문의 효율성 평가와 측정(서울: 집문당, 2001); 전용수 외, 효율성 평가를 위한 자료포락분석(인천: 인하대학교 출판부, 2002).

26) 유금록, 공공부문의 효율성 측정과 평가(서울: 대영문화사, 2004).

27) 김화영, "DEA와 MPI를 이용한 대학의 효율성 분석: 2008~2012년 대학정보공시자료를 중심으로", 이화여자대학교 대학원 박사학위논문(2013).

28) 유금록, 전게서.

2. 공정성 준거

공정성은 공평에 대한 지역사회의 철학적·윤리적 기준을 달성하도록 마련된 자원(혹은 비용)의 재분배를 포함하는 것으로 정의된다. 공정성의 유형에는 수평적 공정성, 세대 간의 공정성(intergenerational equity), 수직적 공정성이 있으며, 적용대상에 따라서 학생 공정성, 직원 공정성, 조세 공정성으로 나눌 수도 있다. 직원 공정성은 교사들 간, 행정가들 간, 기타 직원들 간의 공정성을 말한다.

수평적 공정성은 동등한 것은 동등하게 취급함을 의미한다. 수평적 공정성을 측정하는 가장 실제적인 방법은 학생당 실질적인 경상지출이다. 본질적으로 서로 비슷한 능력을 가진 자들의 집단 간에 학생당 실제적인 경상지출이 동일하다면 수평적 공정성이 있는 것이다. 불공정이나 불평등의 정도를 측정하는 방법에는 범위, 제한적인 범위, 변량, 변량계수, 평균편차, 지니계수 등이 있다. 학생당 경비를 사용한 수평적 공정성 측정은 지역적인 가격차의 영향을 받지 않도록 실질가격으로 해야 한다. 납세자들 간에 수평적 공정성을 위한 가장 기본적인 준거는 실질 소득과 부의 측면에서 본질적으로 동등한 모든 사람에 대하여 동등한 세율을 적용하는 것이다.

세대 간의 공정성은 수평적 공정성과 수직적 공정성의 중간에 위치하고 있다. 공정성의 개념을 교육의 산출에 적용할 때, 학생들의 학문적인 능력과 부모들의 지불능력은 사실상 불평등하기 때문에 그 개념은 기회균등과 수평적 공정성의 수준을 넘어서게 된다. 인적 자본의 견지에서 보면 학생의 능력, 부모의 교육, 가정경제 등이 기술과 지식의 축적 혹은 인적 자본형성에 기여하고 있다. 이러한 기술과 지식 혹은 그들을 측정하고 선전할 수 있는 자격증은 학생 생애에 있어 훗날의 높은 소득에 기여한다. 재정적 중립성은 교육의 기회균등과 같이 부모의 빈부의 수준과 학생의 미래 간의 연결을 차단한다는 의미에서 세대 간 공정성의 개념으로서 해석될 수 있다.

수직적 공정성은 다른 것을 다르게 취급하는 것으로서, 이 범위는 교환적 공정성(선천적으로 또는 시장에 의하여 생겨난 불공정성을 교란시키지 않고 그대로 둠)으로부터 역차별(당초의 불이익을 교정하기 위하여 재분배하는)까지다. 조세의 측면에서 이 수직적 공정성의 단계는 역진적·비례적·누진적 세율과 비슷하다. 수익의 측면에서는 역진적 · 비례적 · 누진적 수익률에 해당한다. 후자는 어린이의 책임이 아닌 사회적 오류를 정정하려는 노력을 내포하고 있기 때문에 롤즈(Rawls)가 주장한 공정성에서의 역차별에 해당하는 것이다.

공정성 준거에는 다음과 같은 것이 있는데 이러한 준거체제로부터 공정성 원리를 선택하고 준거를 결정하는 것은 지역사회의 철학적, 윤리적 관점에 달려 있으며, 때로는 법원과 입법기관의 의견을 반영하기도 한다.

1) 교환적 공정성(commutative equity)

이 첫 단계의 공정성은 주정부가 경쟁의 결과를 수정하지 않고 그대로 두는 것을 의미한다. 이러한 자유주의 혹은 방임주의적인 접근은 순수한 경쟁을 강조하고 독점에 대하여 반대하는 것을 의미한다. 문제는 교환적 공정성 준거가 부모들 간의 부에 있어서의 무한정의 차이가 존재함을 허용하고 학생당 지출에 있어서 무한정의 차이가 존재함을 인정한다는 것이다. 그것은 불평등의 세대 간 전수를 허용한다.

2) 재정적 중립성(fiscal neutrality)

이 둘째 단계의 공정성에서는 주로 학교구나 개별 학생이 학생당 부의 수준을 동등하게 가진 것으로 취급될 수 있도록 하기 위하여 이전적 지불을 통하여 공정성을 달성하려고 노력한다. 재정적 기초를 동등하게 만들어 놓은 후에는 지방노력에 있어서 무제한의 차이와 학생당 지출에 있어 무제한의 차이를 허락한다. 실제적으로 주의 교육재정 체제는 교환적 공정성의 수준을 넘어서 재정적 중립성을 향하여 나가고 있다. 재정적 중립성의 달성은 현행 체제를 보다 수평적 공정성으로 향하도록 하고, 조세와 학생의 수직적 공정성의 수준을 높이고, 불평등의 세대 간 이전을 축소하는 방향으로 작용할 것이다.

3) 비례성(proportionality)

이것은 지불능력에 따라 동등한 세율을 요구하고, 지출에 따라 수익이 비례적이기를 요구한다. 비례적인 수직적 공정성은 학생당 총지출의 상당한 부분이 특수교육 프로그램을 통하여 불리한 상태에 있는 학생들에게 배분되는 것을 의미한다. 이것은 가정 간의 풍토 차이에 따라 총지출의 차이를 허용하며, 타고난 능력의 차이에 따른 지출의 차이도 허용한다. 이 수준의 공정성은 소득불평등의 세대 간 전수를 대폭적으로 축소하기는 하지만 그것을 해소하지는 못한다.

4) 역차별(positivism)

넷째 단계의 공정성 준거는 조세와 수익의 양 차원에서 누진율을 의미한다. 이 것은 현재의 소득분배를 조정하는 효과를 유발하고 가장 불이익을 받는 자를 돕도록 고안된 롤즈의 공정성이다. 역차별 공정성은 장애자나 불리한 상태에 있는 자를 위한 고비용의 특수교육 프로그램을 추가 전액 지원하는 제도나 차별철폐 조치 등으로 예시될 수 있다. 따라서 이 준거는 불평등의 세대 간 이전을 제거하고 동료 간에 세대 간 분배적 정의의 실현을 의미한다.

3. 책무성 준거

책무성이란 개인이나 기관이 자기가 한 일이나 산출에 대하여 기꺼이 책임을 지고 발견된 과오를 수정하는 정도를 말한다. 책무성은 책임성·설명성·해명성을 포함하는 말로서 교육의 효과 또는 결과에 대한 책임소재를 밝혀내려는 것보다 그러한 결과가 나오게 된 이유를 밝히고 설명하려는 데 역점을 둔다. 즉, 교육에 있어서의 책무성은 사회가 학교에 기대하는 것이 무엇이며, 그 기대가 어느 정도 충족되었으며, 기대수준에 미달한 학교와 능가한 학교가 있다면 그 원인은 무엇이며, 그 책임은 누구에게 있으며, 개선방안은 무엇인가 등을 종합적으로 분석·평가하는 것이다. 그러므로 재정평가는 교육의 책무성을 실현하는 수단이 되는 것이다.

교사들에 있어 책무성은 두 가지로 해석될 수 있다.[29] 학부모에 대한 책무성을 그들의 전문성에 대한 위협으로 간주하는 교사들은 책무성이 "다른 사람이 미리 결정해 놓은 역할 기대에 합치토록 하는 것"을 의미하는 것으로 이해하는 경향

29) John Elliott & Others, *School Accountability: The SSRC Cambridge Accountability Project*(London: Grant McIntyre Limited, 1981), pp. 15~23.

이 있다. 책무성은 외적인 규정에 동조하는 것이므로 전문적인 재량권을 행사할 여지가 없다는 것이다. 책무성에 대한 두 번째 의미는 교사는 고객에 대한 계약 의무보다는 전문가로서 도덕적인 측면에서 대답을 해야 한다는 견지에서 교사가 취한 결정과 행동을 다른 사람들에게 설명하고 정당화해야 한다는 것이다.

전자에 있어 책무성은 다른 사람의 판단과 결정에 합치하도록 행동하는 책임을 의미하는 것으로서 계약적 책무성이라고 하고, 후자는 자신의 판단과 결정에 대한 책임을 의미하는 것으로서 해명적 책무성이라고 한다. 계약적 형태의 책무성의 평가준거는 표준화되어 있으며 평가에 대한 책임이 계층화되어 있다. 해명적 형태의 책무성에서 평가준거는 자유롭고 개방적인 사회작용의 교섭결과로 생겨난다. 정부에 대한 계약적 책무성과 고객집단에 대한 해명적 책무성은 교육의 목적과 목표에 대한 사회적 합의를 세분화하는 대안적인 방법인 것이다.

책무성과 의무감은 타인들과의 지속적인 면대면의 상호관계로부터 흘러나오는 것이다. 상대방이 일상적인 업무로부터 멀리 떨어져 있다고 느낄수록 그들에 대한 책무성은 줄어들게 된다. 조직체의 계층이 많을수록 서로에게 책무성을 덜 느끼게 됨은 물론 고객집단에 대한 집단적인 책무성도 감소하게 된다. 교사들이 책무성을 느끼게 되는 집단은 학교체제 내의 다른 전문가 집단인 학과장·학년주임·교장 등과 고객이라고 할 수 있는 학생과 학부모 집단이다. 교사들이 학부모들에 대하여 갖게 되는 책무성에는 학생들의 성취, 과외활동 제공, 학교 교육과정상의 교과목, 교수방법, 학생 생활지도 등 그 영역과 범위가 대단히 광범하다.

책무성을 제고하기 위한 준거에는 다음과 같은 다섯 가지가 있다.[30]

1) 수행계약(performance contracting)

학생들의 성취수준에 따라 계약자와 급료의 수준을 결정한다. 계약자는 일반적으로 상업적인 회사이며, 이들은 자체적으로 개발한 독특한 교육과정을 가지고 있다. 표준화 성취검사가 성공의 준거를 제공한다. 수행계약은 넓은 의미에서 보면 교육적인 것보다는 산업적인 감각에서의 훈련과 연계되어 있다.

---

30) Scarvia B. Anderson, "Accountability: What, Who and Whither?", *School Management* (September 1971).

2) 완성인도방식(turn-keying)

이것은 수행계약하에서 수립된 프로그램을 학교체제가 채택하고 학교 직원들에 의해 운영하는 방법이다. 일부 수행계약은 턴키에 필요한 비용과 노력을 구체화하고 있다.

3) 감사(auditing)

감사는 공공신뢰를 고취하고, 경영관리를 설명하며, 예산절차를 개선하는 평가활동이다. 따라서 과정 · 인사 · 진척사항을 검사하고, 결과를 검증하며, 관심을 가진 외부기관에 독립적인 보고를 한다.

4) 교육비지불보증권(educational vouchers)

이것은 교육구나 정부기관에서 제공해 준 지불보증권을 가지고 학부모가 자유시장에서 자녀의 교육을 구입할 수 있도록 하는 것이다. 이것은 학생선발에 관련된 규정, 재정 및 프로그램 감사를 위한 학교에의 접근, 교육의 질에 대한 표준, 잠재적 구매자인 학부모에게 평가적인 자료의 제공 등을 의미한다.

5) 장려임금(incentive pay)

이는 학생들의 수행에 따라 교사에게 보수를 지급하는 것이다. 이것은 20세기 초에 실시했던 제도로 되돌아가는 것인데, 최근에 도입된 다른 어떤 성과급 체계보다도 인기를 얻고 있다.

이 밖에도 책무성 준거와 밀접한 관련이 있는 활동이나 개념으로서는 행동목표(Behavioral objectives), PPBS, 수요조사, 체제분석, PERT 등이 있다. 이들은 비록 다른 철학적 배경을 가지고 개발된 것들이지만 교육의 책무성을 강화하는 준거들과 연계되어 활용되고 있다.

4. 건전성 준거

건전성은 재정의 건강상태를 파악하는 것으로 재정의 구조적 요인과 함께 재정 적자 또는 흑자를 판단하고 부채증가로 인한 채무상환능력, 자치단체의 재정력 등 복합적인 요인을 통해 분석되고 있다. 즉, 재정 건전성은 수입과 지출의 불균형(imbalance), 현금부족 상태(deficit), 지불능력(solvency)에 의해 나타나는 현상으로 수지불균형으로 인해 현금부족이 발생하고, 이로 인해 유동성 위험에 이르면 상환해야 할 채무를 만기에 갚지 못하는 지불유예, 나아가 채무불이행 문제가 발생한다. 이때 재정수지 적자, 채무부담 초과, 재정력 악화가 중요한 유발요인으로 작용한다.[31]

우리나라 「지방자치법」 제122조에서는 "지방자치단체는 그 재정을 수지균형의 원칙에 따라 건전하게 운영하여야 하고 국가는 지방재정의 자주성과 건전한 운영을 조장하여야 하며, 국가의 부담을 지방자치단체에 넘겨서는 아니 된다."고 규정하여, 지방재정의 기본원칙으로 재정의 건전성을 재정의 수지균형에 중점을 두고 있다. 또한 「지방재정법」 제3조에서 지방재정 운용에 있어 재정 건전성 및 효율성에 중점을 두는 한편, 제4조에서는 지방채무관리에 초점을 맞추고 있다.[32]

최근 행정자치부에서 발표하는 지방자치단체 예산개요에 의하면 지방세로 공무원 인건비조차 해결하지 못하는 자치단체들이 많다. 이에 따라 일반 지방자치단체 지방재정분석 제도에서는 재정수지, 채무관리, 자체세입 조달능력 등의 지표를 통해 재정 건전성을 평가해 왔고, 2012년부터는 지방재정 위기관리대책으로 사전경보시스템을 도입하여 더욱 포괄적이고 종합적인 차원에서 재정 건전성의 측정 대상과 범위를 확대하고 있다. 우리나라의 현행 지방재정분석에서는 주로 재정수지, 채무관리, 자체세입조달능력에 중점을 두고 재정 건전성을 평가하고 있다.[33]

교육재정 분야에서도 지방교육채 발행, 교육시설 민간투자사업(Build-Transfer-Lease: BTL) 시행 등에 따라 시·도교육청 차원의 채무관리의 적정성에 대한 관심이 높아졌다. 최근에는 교육복지 재정수요의 급속한 증가, 일반 지자체의 재정위기 확대와 경기불황에 따른 세수결손 등에 따라 지방교육재정의 건전성과 위

---

31) 임성일 외, 지방자치 선진화를 위한 지방재정 건전성 강화 방안(서울: 한국지방행정연구원, 2011), pp. 502~504.

32) 이선호 외, 전게서, p. 66.

33) 상게서, p. 68.

기관리에 대한 관심이 더욱 높아지고 있다. 널리 인용되고 있는 재정 건전성 지표들을 간략하게 살펴보면 다음과 같다.

1) 미국 ICMA의 건전재정지표

재정 건전성과 관련하여 ICMA(International City/County Management Association)는 지방정부 재정상태의 건전성을 지불능력에 초점을 두고, 현금지불능력(cash solvency), 예산상 지불능력(budgetary solvency), 장기 지불능력(long-run solvency), 서비스 지불능력(service-level solvency)의 네 가지 관점에서 판단하고 있다.[34]

ICMA는 재정동향 모니터링시스템(Financial Trend Monitoring System)을 통해 지방정부의 재정상태를 분석하는데, 이 제도는 정부의 예산 및 재무 보고서로부터 정보를 도출하여 이를 경제·인구 데이터와 연결하는 방식을 통해 다양한 재정지표를 설정하고 있다. 재정지표는 크게 세입 측면, 세출 측면, 운영상태 측면, 채무구조 측면, 채무부담 측면, 자본시설 측면으로 구분하여 설정하고 있다.[35]

2) 스탠다드 앤드 푸어스(Standard & Poor's)의 채무부담능력지표

이 지표는 지방채 신용평가와 관련하여 지방정부의 재정상태를 측정하는 것이다. 주로 채무에 초점을 두어 지방정부가 채무를 부담할 능력과 함께 현재 상황에서의 채무위험수준을 평가하는 지표를 개발하고, 지표별로 재정압박의 판단기준을 설정하고 있다. 재정지표로는 부동산가치 대비 부채액의 비율, 총부채 증가율, 1인당 부채액, 단기성 부채액, 장기채무의 원리금상환비율 등이 있다.

3) 애런슨(Aronson)과 킹(King)의 재정압박측정 채무지표

이 지표는 주로 채무총규모와 채무상환능력을 지방정부의 수입능력 및 주민소득과 비교하여 재정압박 정도를 측정하는 지표를 중심으로 구성되어 있다. 즉, 채무총규모나 채무상환비율을 통해 단순히 지방정부의 채무상태만을 분석하는 것이 아니라, 채무액을 총수입액이나 자체수입액과 대비시켜 채무상환능력을

---

34) 임성일 외, 전게서, pp. 508~512.
35) 이하 건전성 지표에 관해서는 상게서, pp. 508~512를 참조하였음.

측정한다는 점에서 기업에 적용하는 측정지표와는 달리 공공부문의 채무상태를 측정하는 데 유용하다.

채무지표는 일곱 가지인데, 첫째, 전통적인 채무상환 비율을 나타내는 지표로서 장기 채무누적액과 이자지불액을 자체수입, 총수입, 1인당 주민소득의 비율로 표시하는 장기 측정지표들, 둘째, 단기채무를 포함하여 총채무액(단기채무+장기채무)을 분석하는 지표들, 셋째, 현금 및 유가증권 보유액에 대한 다음 연도 이월된 단기채무액의 비율을 통해 특히 지방정부의 단기적 현금유동성을 측정하기 위한 지표 등으로 구성되어 있다.

제3절 교육재정 분석 및 평가의 실제

1. 지방교육재정 분석 · 진단 제도

지방교육재정 분석 · 진단은 지방교육재정 운용의 효율성 · 책무성 및 투명성을 확보하고, 지방교육재정관리제도의 선진화를 도모함과 동시에 사전 재정위기 관리기능을 강화하고자 도입된 제도다. 정부는 2010년 시 · 도교육청 재정운영의 책무성 제고를 위한 방안으로 그동안 「지방재정법」에 규정되어 있었으나[36] 적극적으로 시행하지는 않았던 지방교육재정분석 · 진단 시행방안을 수립하였다. 2010년 6월 「지방교육재정 분석 및 진단규정」을 제정하여 지방교육재정분석 · 진단을 추진할 수 있는 구체적인 법적 근거를 마련하고, 지방교육재정에 대한 분석 및 진단을 매년 실시하고 있다.

1) 지방교육재정 분석 · 진단의 목적

지방교육재정 분석 · 진단 제도 시행의 목적은 크게 세 가지로 정리할 수 있다.[37] 첫째, 지방교육재정 운용의 효율성, 책무성 및 투명성을 확보한다. 지방교

---

[36] 구체적인 내용은 송기창, "지방교육재정 분석결과의 정책적 활용: 지방채 발행 및 상환제도 개선", 교육재정경제학회 제56차 학술대회 자료집(2011) 참조.

382

육재정 분석·진단은 지방교육재정 운용의 효율성과 책무성 제고를 위한 분석지표를 개발하고 시·도교육청 스스로 이를 점검하고 분석하게 할 뿐 아니라 이를 공개함으로써 재정운용의 투명성을 확보하고자 한다. 또한 교육부는 이를 종합적으로 비교·분석하고 평가하여 시·도교육청별 교육재정 운용의 건전성 및 효율성과 책무성 제고를 위한 컨설팅 지원을 한다. 지방교육재정 분석 결과를 매년 공개하여 주민에 의한 자율통제 강화 및 시·도교육청 간 선의의 경쟁을 촉진하는 것도 지방교육재정 분석·진단이 추구하는 목적 중의 하나다.

둘째, 지방교육재정 관리제도를 선진화한다. 이제까지 지방교육재정에 대한 종합적·체계적 분석체계 미비로 시·도별 교육재정운용 성과 비교 분석 등 정책적 시사점 도출에 한계를 가질 수밖에 없었다. 이 제도는 지방교육재정 분석방법과 체계를 훈령 등으로 명문화하여 매년 안정적인 재정분석을 실시하는 데 기여하고 있다. 또 자체수입 확대 노력, 분야별 투자현황 등 주요 재정지표들을 시·도교육청별로 시계열적 재정정보를 축적·관리하여 재정관리의 선진화를 도모하고자 한다.

셋째, 사전 재정위기 관리기능을 강화한다. 지방교육재정의 재원은 중앙정부재원 의존도가 매우 높다. 그럼에도 불구하고 지방자치단체 재정상황이 악화되면서 법정이전수입의 불안정성이 문제가 되고 있고, 2005년부터 추진된 민자사업 임대료가 교육재정 건전성에 심각한 위기요인이 될 수 있다. 지방교육재정분석·진단은 최근 대폭 증가한 지방채 및 민자사업임대료 등 부채현황을 사전에 분석·점검하여 지방교육재정 위기를 사전에 예방하는 제도라 할 수 있다.

2) 지방교육재정 분석·진단 추진 조직 및 절차

교육부는 지방교육재정 분석·진단 업무를 한국교육개발원 지방교육재정연구센터에 위탁하여 수행하고 있다. 한국교육개발원에서는 매년 지방교육재정분석·진단에 관한 기본계획 수립과 지방교육재정분석지표 개발 및 분석·진단을 실시하고 있다. 시·도교육청은 지방교육재정 운영의 효율성 및 책무성을 제고하기 위해 매년 지방교육재정분석지표 편람에 따라 해당 교육청의 지방교육

---

37) 이하 송기창 외, 2012 교육재정백서(서울: 한국교육개발원, 2012), pp. 483~505를 주로 참조함.

재정 분석을 실시하고 자체분석보고서를 교육청 홈페이지 등에 공개하도록 되어 있다.

지방교육재정 분석 · 진단 추진 절차는 [그림 11-1]과 같다. 매년 시 · 도교육감은 「지방재정법」에 따라 재정분석보고서를 교육부장관에게 제출하여야 하고, 교육부장관은 매년 지방교육재정 보고서의 내용을 분석한다. 재정분석 결과 건전성 · 효율성 등이 현저히 떨어지는 시 · 도교육청에 대해서는 심층 재정진단 실시 및 재정건전화계획 수립 · 이행 권고를, 우수한 교육청에 대해서는 특별교부금 지원을 할 수 있다.

교육부장관은 지방교육재정분석을 위하여 지방교육재정의 건전성, 효율성, 자율성 및 책무성, 적정성 등 지방교육재정 전반을 망라하는 지표를 개발하여야 하고, 지방교육재정 분석지표 분석은 지표별 산식을 개발하여 단년도 분석, 추세치 분석, 자료관리의 적정성, 우수사례 등을 적용하여 종합적으로 분석하여야 하되, 지방교육재정 분석지표의 분석, 점수산정 및 등급결정 등은 절대평가방법과 상대평가방법을 혼용하도록 하였다.

지방교육재정분석 결과, ① 주요 세입관련 지표의 분석결과 하위등급에 속하고 지방채 관리 및 민간투자사업 상환액에 대한 관리가 부진한 시 · 도교육청, ② 경상경비 비율 등 주요 재정지출 관련지표의 분석결과 하위등급에 속하고 경상경비 등의 증가가 현저한 시 · 도교육청, ③ 지방교육재정 운영분석 및 지표 분

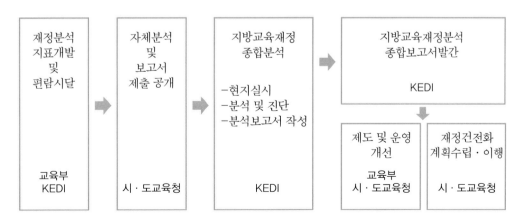

[그림 11-1] 지방교육재정 분석 · 진단 추진 절차

자료: 송기창 외, 2012 교육재정백서(서울: 한국교육개발원, 2012), p. 489.

석결과 지방교육재정진단이 필요하다고 인정하는 시·도교육청 및 지방교육재
정 운영과정에서 위기가 우려되어 긴급히 지방교육재정 진단을 실시하여야 할
필요성이 있거나 지방교육재정 진단을 요청한 시·도교육청을 지방교육재정 진
단 대상 단체로 선정하여 진단을 실시하도록 되어 있다. 그러나 제도시행 초기
인 점을 감안하여 진단대상을 선정하고 지방교육재정 건전화 이행계획 수립을
권고한 경우는 없다. 다만 지방교육재정 분석 결과 분야별로 타 시·도교육청에
비해 부진한 지표가 있는 시·도교육청을 대상으로 제도개선 추진을 요구하고
있다.[38]

2) 지방교육재정 분석·진단 지표

지방교육재정 분석·진단을 위한 지표는 매년 조금씩 변화가 있다. 첫해인
2010년 6월에 총 8개 영역의 41개 분석지표를 개발하여 지방교육재정 분석·진
단을 실시하였고, 2014년에는 〈표 11-1〉과 같이 총 8개 영역, 38개 분석지표를
활용하고 있다.

〈표 11-1〉 지방교육재정분석지표(2014)

영역	지표
1. 일반현황	1-1 기관현황 1-2 유아교육기관 현황 1-3 평생교육기관 현황 1-4 분교장 및 복식학급 현황 1-5 교육취약계층 학생 현황 1-6 세입·세출 예·결산 현황
2. 세입 및 채무 관리	2-1 자체수입 비율 2-2 법정이전수입 전입 비율 2-3 지방자치단체 등 외부재원 유치 2-4 지방채무 관리의 적정성 2-5 채무부담 비율

---

[38] 그동안의 주요 개선 요구사항으로는 법정이전수입 균등 전입, 자체수입 증대 노력, 민자사업(BTL)
을 고려한 지방교육채무 관리, 중기지방교육재정계획 예측도 제고, 신설학교 학생수용계획 개선, 분
야별 균형 투자 등이 있음. 상게서, pp. 490~502.

3. 재정 관리	3-1 중기지방교육재정계획 반영 비율
	3-2 중앙투·융자심사사업 예·결산 비율
	3-3 학생수용계획과 학교 신설과의 연계성
	3-4 적정규모 학교육성
	3-5 학교의 이전 재배치
4. 세출 관리	4-1 조직 및 인력관리의 적절성
	4-2 학교규모 관리의 적절성
	4-3 경상경비 비율
	4-4 시설비 편성 및 집행 비율
	4-5 인건비 편성의 적절성 및 교직원 1인당 평균 금액
	4-6 교육비특별회계 순세계잉여금 및 이월액
	4-7 발생원인별 불용액 현황
	4-8 예산전용 비율
5. 학교회계 관리	5-1 학생 1인당 공립학교회계전출금
	5-2 공립학교회계전출금 중 학교운영비 비율
	5-3 학교기본운영비 배분 기준
	5-4 사립학교 재정결함보조금 운영의 적정성
	5-5 사립학교 법인 법정부담금 관리의 적정성
6. 분야별 투자 현황	6-1 학생 1인당 교육비
	6-2 유아교육 투자
	6-3 특수교육 투자
	6-4 교육복지 투자
	6-5 방과후학교 투자
	6-6 교육환경개선시설비 투자
7. 재정 투명성	7-1 지방교육재정 운영 분석, 평가 및 환류 체계
	7-2 대국민 재정정보 제공
	7-3 예산편성 및 집행과정의 투명성 제고

자료: 한국교육개발원, 2014 지방교육재정 분석 종합보고서(서울: 한국교육개발원, 2014).

2. 국가 및 지방 재정의 분석 및 평가 제도

현재 국가재정을 사전·사후에 분석·평가하는 제도는 예비타당성조사 제도와 재정부문 성과관리 제도로 구분할 수 있다.[39] 정부는 이러한 재정관리 시스템

---

39) 기획재정부, 2014년도 예산안 편성 및 기금운용계획안 작성 지침(2014), p. 9.

을 통해 국가재정운영의 투명성을 높이고 위험관리를 강화하기 위해 노력하고 있다.

1) 예비타당성조사 제도

예비타당성조사 제도는 대규모 신규 재정사업을 우선순위에 입각하여 투명하고 공정하게 결정함으로써 불필요한 예산낭비를 방지하고 재정운영의 효율성을 제고하려는 목적에서 1999년 대규모 SOC사업에 우선적으로 도입되었다. 2007년부터는 정보화사업 및 국가연구개발사업에도 적용되었고, 2009년부터는 사회복지, 보건, 교육, 문화 분야 등까지 그 범위가 확대되었다.[40]

예비타당성조사는 경제성 분석, 정책적 분석, 지역균형발전 분석에 대한 평가를 종합적으로 고려하여 사업타당성에 대한 최종결론을 도출하는데, 정보화사업과 국가연구개발사업의 경우에 기술성 분석을 추가한다.[41] 첫째, '경제성 분석'은 예비타당성조사 대상사업의 국민 경제적 파급효과와 투자적합성을 분석하는 핵심적 조사과정으로서 비용-편익분석(Benefit-Cost Ratio)을 기본적인 방법론으로 채택하고 있다. 둘째, '정책적 분석'은 해당사업과 관련된 정책의 일관성 및 추진의지, 사업 추진상의 위험요인, 사업특수 평가 항목 등을 정량적 또는 정성적으로 분석한다. 셋째, '지역균형발전 분석'은 지역 간 불균형 상태의 심화를 방지하고 지역 간 형평성 제고를 위해 고용유발 효과, 지역경제 파급효과, 지역 낙후도 개선 등 지역개발에 미치는 요인을 분석한다.

사업타당성에 대한 종합평가는 각 평가항목별 분석결과를 토대로 다기준분석의 일종인 계층화분석(Analytic Hierarchy Process)을 활용하여 계량화된 수치로 도출한다. 평가항목별 가중치는 건설사업의 경우, 경제성 분석 40~50%, 정책성 분석 25~35%, 지역균형발전 분석 15~30% 범위 내에서 적용하고 있다.

---

40) 예비타당성조사의 대상사업은 신규 사업 중 총사업비가 500억 원 이상이고 국가의 재정지원 규모가 300억 원 이상인 건설, 정보화, 국가연구개발사업과 중기재정지출 규모가 500억 원 이상인 사회복지, 보건, 교육, 문화 분야 등의 사업임.

41) 조사의 객관성, 전문성, 독립성 유지를 위해 한국개발연구원(KDI)의 공공투자관리센터(PIMAC)에서 총괄하고 있고, 순수 국가연구개발사업은 한국과학기술기획평가원(KISTEP)에서 총괄하고 있음. 이하 예비타당성조사 제도에 관한 설명은 주로 디지털예산회계시스템의 '주요 재정제도'를 바탕으로 정리하였음(https://www.digitalbrain.go.kr/).

2) 재정부문 성과관리 제도

재정부문 성과관리 제도[42]는 크게 재정성과 목표관리제, 재정사업 자율평가제, 재정사업 심층평가제로 구분할 수 있다.[43] '성과목표관리'는 부처의 성과목표와 성과지표를 관리하는 제도이고, '자율평가'는 예산사업별 성과를 점검하는 제도이며, '심층평가'는 재정운용과정에서 문제가 제기된 사업별 또는 사업군별로 심층평가하는 제도다.[44]

구체적으로 보면 첫째, 재정성과 목표관리제도(Program Monitoring)는 성과계획서 및 성과보고서를 작성하여 전략목표−성과목표−단위사업의 체계를 바탕으로 성과지표를 작성하여 재정성과를 모니터링하는 것으로 2003년부터 시행되고 있다.[45]

둘째, 재정사업 자율평가제도(Program Review)는 재정사업의 성과를 판단하는 기준을 서술한 체크리스트를 중심으로 재정사업의 성과를 점검하는 것으로 기존 성과목표관리제의 한계[46]를 보완하기 위해 미국의 PART(Program Assessment Rating Tool)를 벤치마킹하여 2005년부터 도입하였다. 각 부처는 자율적으로 소관 재정사업을 매년 1/3씩 3년 주기로 평가하고 그 결과를 재정당국이 예산심사에 활용한다. 평가항목은 12개 내외의 공통질문과 사업유형별 1~2개의 추가질문으로 구성된다. 공통질문은 계획(사업계획, 성과계획), 관리, 성과/환류의 영역

---

42) 현행 정부의 성과관리 제도는 「정부업무평가기본법」과 「국가재정법」에 의해 이원화되어 있다. 중앙행정기관의 경우에 「평가기본법」에 따라 성과관리전략계획과 성과관리시행계획을 수립해야 하고, 「국가재정법」에 따라 성과계획서를 수립해야 함. 「정부업무평가기본법」 제2조(정의)에서는 성과관리를 정부업무를 추진함에 있어서 기관의 임무, 중·장기 목표, 연도별 목표 및 성과지표를 수립하고, 그 집행과정 및 결과를 경제성·능률성·효과성 등의 관점에서 관리하는 일련의 활동이라고 명시하고 있으며, 이 외에도 동법과 그 시행령에서는 정부업무평가의 대상 및 범위로 성과관리 내용을 평가의 대상 및 범위로 설정하여 정부업무평가제도를 운영하는 관련 내용들을 다루고 있음. 한편, 「국가재정법」에서는 국가의 예산·기금·결산·성과관리 및 국가채무 등 재정에 관한 사항을 정함으로써 효율적이고 성과지향적이며 투명한 재정운용과 건전재정의 기틀을 확립하는 것을 목적으로 주요 재정사업에 대한 성과평가를 규정하고 있음.

43) 이하 재정부문 성과관리체제에 관한 설명은 주로 그 운영을 전담하고 있는 한국조세재정연구원의 재정성과평가센터(http://cpem.kipf.re.kr/)의 자료를 바탕으로 작성하였음.

44) 배득종, 유승원, 신 재무행정, 3판(서울: 박영사, 2014), p. 377.

45) 더 자세한 내용은 기획재정부, 2011년도 성과계획서 작성 지침(2010) 참조.

46) 성과지표만으로는 사업 특성, 집행상 문제, 성과부진 사유 등에 관한 구체적인 정보 부족으로 예산편성 시 활용이 어렵다는 것임.

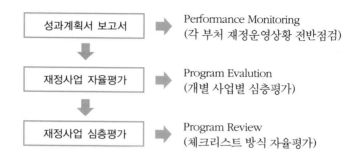

[그림 11-2] 우리나라 재정성과 관리제도 기본체계

자료: 한국조세재정연구원의 재정성과평가센터(http://cpem.kipf.re.kr/).

으로 구성된다.47) 평가결과는 사업별로 5단계로 등급화되어 예산 요구 및 편성에 반영된다.48)

셋째, 재정사업 심층평가제도(Program Evaluation)는 재정사업자율평가 결과 또는 내외부의 문제 지적이 있는 소수 재정사업을 대상으로 하는 그 운영성과를 심층적으로 분석ㆍ평가하는 제도로서 2006년부터 시행 중이다. 이를 위해 재정사업심층평가추진단을 구성하여 적절성, 효과성, 효율성, 효용성, 지속가능성 등을 평가하고 있다.49)

3. 지방재정의 분석 및 평가 제도

일반 지방자치단체 재정관리장치로는 중기재정계획, 투ㆍ융자심사제도, 지방채발행한도제, 예산편성기준, 재정정보공시제도 등이 있는데, 이 제도들을 통해 지방의 방만한 재정운영을 규제 및 감시하고 건전하고 투명한 재정운영을 통해 책임성을 제고하고 있다.50) 재정분석ㆍ평가와 직접 관련된 제도로는 지방재정

---

47) 자세한 내용은 기획재정부, 2009년도 재정사업 자율평가 매뉴얼(2009) 참조.

48) 2014년도의 경우, '매우 우수' 및 '우수' 등급 사업은 원칙적으로 예산증액, '보통' 등급 사업은 사업의 성과가 객관적으로 검증되지 않은 경우 원칙적으로 예산증액 불가, '미흡' 및 '매우 미흡' 등급 사업은 수정평가를 통한 등급 개선이 없는 경우 차기평가 도래연도까지 10% 이상 삭감 추진, '매우 미흡' 등급 사업은 예산 삭감 원칙 적용과 함께 사업폐지도 검토. 기획재정부, 전게서(2014), pp. 40~41.

49) 자세한 내용은 고영선, 김정호, 재정사업 심층평가 지침, 제2판(서울: 한국개발연구원, 2007) 참조.

분석·진단 제도와 지방재정 위기관리 제도가 있다.

1) 지방자치단체 재정분석·진단 제도

이 제도는 지방자치단체의 재정현황 및 성과를 객관적인 자료에 근거하여 종합적으로 분석·평가함으로써 지방재정의 건전성과 효율성을 제고하고, 자치단체별 재정운영 결과를 분석·공개함으로써 지방재정의 책임성과 투명성을 확보하며, 재정건전성·효율성이 미흡한 자치단체에 대한 원인분석과 대안제시를 통한 재정여건 개선을 지원하는 데 목적이 있다.[51]

이 제도는 지방재정법 제55조 및 동법 시행령 제65조를 근거로 1998년부터 매년 시행되고 있는데, 최근에는 지방재정 운영결과에 대한 정례적인 분석·공개를 통해 지방재정운영의 건전성·효율성·책임성을 확보하고 재정위기를 사전 예방하는 데 초점을 두고 있다. 재정분석 절차는 [그림 11-3]과 같다. 재정분석 결과는 유사단체별로 비교표를 활용하여 재정위상을 확인·점검할 수 있도록 하고, 우수단체에는 정부포상 및 인센티브 등을 지원하고, 미흡단체에는 원인분석과 대안을 제시하며, 필요시 심층 재정진단을 통해 재정여건 개선을 추진한다. 자치단체에서 지방재정관리시스템(e-호조)을 통해 기초자료를 작성하도록 하여 편리성과 정확성을 도모하고 있다.

재정분석 지표는 건전성, 효율성, 재정운용노력 분야로 구분되는데, 2014년 기준 건전성 9개, 효율성 6개, 재정운용노력 10개의 핵심지표 25개가 있고, 이와 별도로 재정통계 관리목적으로 참고지표 15개(기존 관리지표 11개+신규 추가 4개 지표)를 활용하고 있다. 첫째, 건전성은 현재 및 중장기적 관점에서 건전재정 원칙에 입각한 재정상태의 건전성 여부를 재정수지, 채무관리, 공기업 관점에서 분

---

50) 지방재정의 관리제도를 좀 더 넓게 주체별로 보면, 첫째, 자치단체 차원에서는 자체감사부서 운영, 재정분석 및 진단제도, 재정위기관리시스템, 지방재정공시제도, 중기지방재정계획제도, 투·융자심사제도, 사업예산제도 등을 통해, 둘째, 지방의회 차원에서는 행정사무감사 및 조사권 제도, 전문위원 제도, 지방의회 정책연구실 운영 등을 통해 지방재정을 관리하고 있음. 또 주민에 의한 견제장치로 주민참여예산제도, 주민투표제도, 주민감사청구제도, 주민소송제도, 주민소환제도 등이 있음. 이창균, 지방재정운용 효율화를 위한 자치단체 내부 견제시스템 확충방안(서울: 한국지방행정연구원, 2011).

51) 이하 지방자치단체 재정분석 제도는 주로 안전행정부, 한국지방행정연구원, 2014년도 지방자치단체 재정분석 편람(2014)을 바탕으로 설명함.

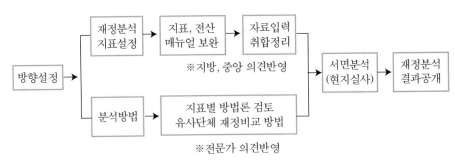

[그림 11-3] 지방자치단체 재정분석 절차

자료: 안전행정부, 한국지방행정연구원, 2014년도 지방자치단체 재정분석 편람(2014), p. 4.

석한다. 둘째, 효율성은 재원조달 및 재정지출 효과 관점에서 세입관리, 세출관리, 자본시설 관리 효율을 측정한다. 셋째, 재정운용노력은 세입확충 노력과 세출절감 노력을 측정한다. 재정건전성과 재정효율성 지표는 재정진단에, 그리고 재정운영노력은 보통교부세에 연계되어 운영, 참고지표들은 통계관리 및 지표 체제 개편에 대비하여 운영되고 있다.

〈표 11-2〉 일반자치단체 재정분석 지표체계(2014)

분야	세부지표(25개)	비고
재정 건전성	• 통합재정수지비율 등 재정수지 3개 지표 • 관리채무비율 등 채무관리 4개 지표 • 공기업부채 등 공기업관리 2개 지표	재정진단 연계
재정 효율성	• 자체세입비율(증감률)을 통한 세입관리 1개 지표 • 민간이전경비비율(증감률) 등 세출관리 3개 지표 • 자본시설지출비율(증감률) 등 자본시설관리 2개 지표	재정진단 연계
재정 운영노력	• 지방세 징수율제고 등 세입확충 노력 5개 지표 • 행사축제경비 등 낭비성 지출 절감노력 5개 지표	보통교부세 연계
참고지표	• 중기재정계획반영비율, 예산집행률, 정책사업투자비 비율, 투·융자심사사업 예산편성비율, 행정운영경비 비율, 유동비율, 경상재원비율 등 15개 지표	통계관리 및 지표체계 개편 대비

자료: 안전행정부, 한국지방행정연구원, 2014년도 지방자치단체 재정분석 편람(2014), p. 16.

2) 지방재정 위기관리 제도

지방재정 위기관리를 강화하는 취지에서 지방재정분석과 별개로 지방재정위기 사전경보시스템이 도입되었다. 이 제도는 「지방재정법」 제55조의2의 재정위험 단체의 기준과 지정 절차 등에 근거하고 있다. 일반적으로 '지방재정위기'는 총세입과 총세출의 불균형에 따라 부채수준의 지속적인 증가로 재정 신뢰성이 하락하여 상급단체 긴급재정지원 등 긴급한 재정조치가 요구되는 상태로 정의되고 있다.[52]

지방재정위기 사전경보시스템 목적은 조기경보의 기능으로 상시 모니터링을 통한 재정위기 사전예측을 강화하고, 재정위기 예방기능으로 주의/심각단체 집중관리로 사전 위기대처능력을 제고하며, 신뢰유지 기능으로 국가 재정위기로 파급될 수 있는 위험요인의 사전해소로 지방재정의 신뢰성을 제고하는 데 있다.

재정위기 사전경보시스템의 기본흐름은 모니터링 → 사전경보 → 심층진단 및 위원회 심의 → 지정 순으로 되어 있다. 재정운영 상황의 상시 모니터링을 위해 분기단위로 지표가 관리되고 있다. 긴급 시 월별 모니터링을 실시한다. 지방재정위기관리제도는 재정수지, 채무비율(지자체, 공기업) 등이 일정기준 초과 시 모니터링 결과(주의, 심각)에 따라 중앙과 지방의 역할분담을 통한 신속한 재정위기를 해소하는 체계로 되어 있다.

지방재정 위기관리 제도는 기존 재정분석·진단 제도가 상시 점검 곤란의 한계를 극복하여 지방재정 운영상황을 월별, 분기별, 반기별로 점검하려는 것이다. 지자체별로 재정위기가 우려되는 경우 위기단체로 지정할 수 있고, 재정위기단체로 지정되면 재정건전화계획을 의무적으로 수립한 후 지방채 발행 및 일정규모 이상 신규사업에 제한을 받으며, 정기적으로 건전화계획 이행여부를 지방의회와 행정자치부장관에게 보고해야 한다.[53] 그러나 재정분석·진단 제도의 효용성 저하를 초래하고, 두 제도의 취지와 용어·절차가 비슷하여 중복 소지가 있어서 두 제도를 일원화하여 새로운 지방재정분석체계를 구축하는 것이 과제로

---

52) 이하 더 자세한 내용은 이창균, 지방재정관리체계 개선방안: 자치단체 재정분석 및 재정공시제도를 중심으로 (서울: 한국지방행정연구원, 2013)를 참조 바람.
53) 정성호, 정창훈, 전게서, p. 11.

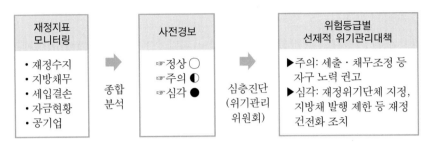

[그림 11-4] 재정위기 사전경보시스템 기본 흐름도

자료: 이창균, 지방재정관리체계 개선방안: 자치단체 재정분석 및 재정공시제도를 중심으로
(서울: 한국지방행정연구원, 2013), p. 34.

대두되고 있다.[54]

제4절 교육재정 평가 및 분석의 발전방향

현재까지 우리나라에서는 교육재정의 두 측면 중 재원확보 측면에 대하여 지나친 관심을 집중시킨 반면에 재정지출 측면에 대하여는 거의 무관심하였다. 그 이유는 재정지출의 측면이 덜 중요해서가 아니라, 교육재정 규모 자체가 매우 영세하였기에 논의의 초점을 재원확보에 두어 왔으며, 교육재정정책의 핵심도 재원확충에 있었기 때문이다. 그러나 지난 20여 년간 정부에서도 교육재정 확충을 위해 지속적으로 노력해 왔다.[55] 이제는 재정지출 측면에도 관심을 돌려서 확보된 재원을 어떻게 공정하고도 효율적으로 운용하느냐에 보다 많은 노력을 경주해야 할 것이다. 앞으로 교육재정 평가 및 분석이 지향하여야 할 주요한 몇 가지 방향을 제시하면 다음과 같다.

첫째, 교육재정 평가(분석)의 목적을 명료화하고 설정된 목적이 균형 있게 달성되도록 해야 한다. 재정평가의 목적은 평가의 범위, 평가준거, 평가결과의 활

---

54) 상게서, pp. 32~33.

55) 예컨대, 김영삼 전대통령이 대선공약대로 교육재정을 GNP의 5% 수준으로 확보하였고, 대선 당시 교육재정 GNP 6% 수준 확보를 약속한 김대중 대통령도 IMF 외환위기를 거치면서 대폭 삭감된 교육재정을 GDP 대비 4.73% 수준으로 끌어올렸음. 또한 노무현 대통령은 대선과정에서 교육재정을 GDP 6% 수준으로 임기 내에 확충할 것을 공약한 바 있음.

용과도 직결되어 있다. 그동안 실시된 교육재정평가(분석)를 보면 교육재정의 공정성이나 효율성 제고보다는 책무성을 묻기 위하여 평가를 수행하는 경우가 많았다. 이는 교육청 평가나 학교평가의 경우에도 마찬가지다.

　책무성에 대하여 지나치게 관심이 높다는 것은 교직의 능력과 의지에 대한 총체적 상실을 의미하는 것이다. 교육변화를 강요하는 아이디어, 생산성 증대와 경제적 요인에 대한 초점, 교육분야 이외의 기관에 의한 효과성 평가의 개념 등은 교육위기를 해결하기 위한 적절한 방안이 되지 못한다. 외부로부터 교육적 변화를 강요하고, 평가하는 것은 교사의 역할을 전문가로부터 숙련된 노동자로 전환시키기 때문이다.[56] 선진 산업사회에서는 지식의 생산이 더 이상 일차적인 관심사가 아니며, 교육의 강조점이 결과에서 과정으로, 교육과정 내용과 방법에서 과정에 있는 인간으로, 순전히 학문적인 것으로부터 인간적인 발달과 인간관계로 옮겨 가고 있다.

　둘째, 교육재정 평가(분석)의 내용과 범위를 설정하고 이에 부합하는 평가준거와 평가지표를 설정·적용해야 한다. 교육재정 평가의 평가단위는 평가의 목적에 따라서 교육부, 시·도교육청, 지역교육청, 단위학교(사립학교 포함)의 네 가지로 구분된다. 평가의 내용과 범위는 각 평가단위별로 다르게 설정할 수 있겠으나 이 장에서 제시한 바와 같이 교육재정 체제와 교육재정 운영으로 구분하거나 세입과 세출로 혹은 교육재정의 네 가지 영역인 재원확보·배분·지출·평가의 네 가지로 설정할 수 있다. 평가영역이나 내용이 설정되면 각각에 대하여 평가준거를 설정하고, 이를 구체적으로 측정할 수 있는 지표를 개발해야 한다.

　교육재정 평가(분석)를 위한 지표는 명확하고 신뢰할 수 있는 통계치로서 일반적으로 수용될 수 있어야 하고, 한 시점의 특성뿐만 아니라 시간에 따른 변화를 제시할 수 있어야 하며, 자료수집을 위해 요구되는 시간·비용·전문적 지식 등의 측면에서 실현 가능해야 한다.[57] 예를 들면, 공정성이라는 준거를 평가하기

---

56) Hannelore Wass, *op. cit.*, pp. 618~620.

57) J. Oakes, *Educational Indicators: A Guide for Policymakers* (Santa Monica, LA: The Rand Corporation for the Center for Policy Research in Education, 1986), 오영수, "지방교육특별회계를 중심으로 한 교육재정평가 지표개발", 교육재정경제연구, 한국교육재정·경제학회 동계 학술대회 발표논문(1998)에서 재인용.

위하여는 지역별 혹은 단위학교별로 학생 1인당 교육비, 교사 1인당 학생 수, 학급당 학생 수 등과 같은 지표를 측정하여 비교하여야 한다.

셋째, 교육재정 평가(분석)는 평가대상 기관의 교육재정 운영의 자율권을 확대하는 방향으로 실시되어야 한다. 한 가지의 평가모델이나 평가준거를 가지고 각 시 · 도의 교육재정을 평가하고 공립학교와 사립학교의 재정을 평가할 때 각 시 · 도와 학교들이 자체의 특성에 적합한 재정운영을 하지 못하고 획일적인 운영을 하게 될 가능성이 크다. 교육재정은 교육활동이 가능하도록 지원하는 활동이므로 시 · 도별 혹은 학교별로 독특한 교육프로그램을 운영할 경우에는 교육재정 운영에 있어서도 독자적인 운영이 가능해야 하며, 이것이 권장되고 높게 평가되어야 한다.

각 시 · 도가 재원확충의 능력이 있음에도 불구하고 중앙집권적인 교육재정 체제로 인하여 자구적인 노력이 제약을 받게 되고, 사학이 국고로부터의 지원 없이도 충분히 재정적으로 자립할 수 있음에도 불구하고 획일적인 재정정책과 제도로 인하여 사학의 특성을 상실하고 준공립학교로 전환되는 일이 있어서는 안 된다. 따라서 시 · 도별로 교육재원을 확충하려는 동기를 유발할 수 있는 방향으로 교육재정을 평가하고, 사학의 경우에는 공학과는 다른 평가준거와 지표를 개발 · 적용해야 할 것이다.

넷째, 교육재정 평가(분석)결과는 지역 간에, 학교 간에 차등을 심화시키는 방향으로 활용되기보다는 공정성과 형평성을 보장하는 방향으로 활용되어야 한다. 교육청 간에 선의의 경쟁을 유발하고 개선을 유지할 목적으로 재정평가 결과에 따라 우수한 교육청에 보다 많은 재정지원을 하고, 열등한 교육청이 상대적으로 불이익을 받도록 하는 차등지원책을 채택한다면 이는 재정평가의 기본목적과 상치되는 것이다. 학생의 입장에서 보면 우연히 우수하지 못한 교육청 관내의 학교에 배치를 받았는데 그 교육청과 학교가 지속적으로 재정지원에서 차별을 받게 된다면 학생은 자신의 노력 여하와는 관계없이 교육기회에 있어 차별을 받게 되는 것이다.

초 · 중등의 보통교육에 있어서는 경쟁의 원리보다는 기회균등의 원리가 우선되어야 할 것이다. 따라서 교육부나 교육청은 재정적으로 불리한 지역이나 학교에 대하여 우선적으로 지원하는 정책을 채택하며, 지역 간 · 학교 간 형평을 유지할 수 있도록 해야 할 것이다. 학생들이 어느 지역, 어느 학교에 다니든지 교육기회를 균등하게 보장받을 수 있도록 역차별적인 재정지원정책을 수립·실시하되 재원확보를 위한 자구적인 노력을 지속적으로 경주하고자 하는 동기를 교육청이나 단위학교에 부여할 수 있는 제도적 장치를 별도로 강구해야 할 것이다.

다섯째, 교육재정 평가 및 분석을 위한 정보관리 시스템을 계속 발전시켜 나가야 한다. 최근 들어 공공부문에서 교육분야와 다른 부문과의 예산확보 경쟁이 점점 더 치열해지고 있다. 특히 복지, 경제를 위한 공공투자가 대폭 확대되면서 국회나 예산부처 등 관련기관에서는 학령인구 감소에도 불구하고 내국세 일정률로 재원이 확보되어 있는 지방교육재정에 대해 재정운용의 효율성 제고를 요구하는 것은 물론이거니와 일반 지방재정과 통합, 재정규모 축소까지 요구하고 있는 실정이다.

교육계 외부에서 학생 수 감소에 따른 잉여재원을 예상하고 있어 교육재정에 대한 효율성 및 책무성 제고 요구가 그 어느 때보다 높아지고 있고, 교육계 내부적으로는 새로운 재원 확보 없이 무상급식, 누리과정, 반값등록금, 고교의무교육 등과 같은 교육복지 수요가 폭증하였고, 앞으로도 교육환경 개선 및 교육방법의 변화에 따른 추가 재정수요가 증가될 것으로 예상된다. 막대한 재정수요를 동반한 교육정책의 안정적 추진을 위해 추가 재원확보도 중요하겠지만 이에 못지않게 현재 확보된 교육재정 운용의 효율성 및 책무성 제고 노력이 필요한 때다.

예컨대, 지방교육재정의 효율성 및 책무성 제고를 위해서는 지방교육재정 분석·진단제도에서 교육투자와 교육성과와의 연계 분석이 가능하도록 개선할 필요가 있다. 현재도 교육투자 성과 유형에 분석지표를 포함하고는 있으나, 이 지표는 시·도교육청 평가에서 활용되고 있는 지표를 그대로 제시한 수준에 그치고 있다. 장기적으로 지방교육재정 분석·진단 도입취지에 부응하기 위해서는 분석·진단 결과의 적극적 활용방안 모색이 필요하다. 그렇지 않는다면 지방교육재정 분석·진단 역시 과거 여러 제도처럼 형식적이고 기계적인 분석에 그칠 우려가 있다. 이를 위해 시·도교육청 평가에 지방교육재정 분석결과를 반영하는 방안들을 고려할 필요가 있다.[58]

---

58) 송기창 외, 전게서(2012).

참고문헌

고영성, 김정호, 재정사업 심층평가 지침, 제2판, 서울: 한국개발연구원, 2007.

고현민, "단위학교재정 배분의 적절성 분석 연구", 전북대학교 대학교 박사학위논문, 2012.

구균철, "지방교육재정 재원조달체계의 평가와 개선방안", 한국지방재정논집, 제19권 제1호, 2014.

국무조정실, 2014년도 정부업무평가 시행계획, 2014.

국회예산정책처, 국가재정법: 이해와 실제, 2014.

기획재정부, 2009년도 재정사업 자율평가 매뉴얼, 2009.

기획재정부, 2011년도 성과계획서 작성 지침, 2010.

기획재정부, 2014년도 예산안 편성 및 기금운용계획안 작성 지침, 2014.

김재홍, 김태일, 공공부문의 효율성 평가와 측정, 서울: 집문당, 2001.

김재훈, "좋은 교육서비스를 위한 지방교육재정관계 평가: 효율성, 책임성 및 충분석을 중심으로", 정부학연구, 제18권 제2호, 2012.

김화영, "DEA와 MPI를 이용한 대학의 효율성 분석: 2008~2012년 대학정보공시자료를 중심으로", 이화여자대학교 대학원 박사학위논문, 2013.

나민주 외, 국립대학 적정 재정지원 규모 산정 및 배분 방법에 관한 연구, 교육과학기술부 정책연구보고, 2009.

반상진 외, 교육재정학, 서울: 학지사, 2014.

배득종, 유승원, 신 재무행정, 3판, 서울: 박영사, 2014.

서정섭, 주운현, "우리나라 지방재정분석제도의 평가와 시사점", 한국행정학회 동계학술대회, 2011.

송기창, "지방교육재정 분석결과의 정책적 활용: 지방채 발행 및 상환제도 개선", 교육재정경제학회 제56차 학술대회 자료집, 2011.

송기창 외, 2012 교육재정백서, 서울: 한국교육개발원, 2012.

안전행정부, 한국지방행정연구원, 2014년도 지방자치단체 재정분석 편람, 2014.

오영수, "지방교육특별회계를 중심으로 한 교육재정평가 지표개발", 교육재정경제연구, 한국교육재정·경제학회 통계 학술대회 발표논문, 1998.

유금록, 공공부문의 효율성 측정과 평가, 서울: 대영문화사, 2004.

윤정일, "교육재정 평가의 과제와 발전방향", 교육재정경제연구, 제8권 제1호, 1~24, 1999.

윤홍주, "교육재정의 공평성 분석: 단위학교 재정을 중심으로", 서울대학교 대학원 박사학위논문, 2004.

이선호 외, 지방교육재정분석 결과 활용도 제고 방안 연구: 교육재정 운영 지수 개발, 서울: 한국교육개발원, 2012.

이창균, 지방재정관리체계 개선방안: 자치단체 재정분석 및 재정공시제도를 중심으로, 서울: 한국지방행정연구원, 2013.

이창균, 지방재정운용 효율화를 위한 자치단체 내부 견제시스템 확충방안, 서울: 한국지방행정연구원, 2011.

임성일 외, 지방자치 선진화를 위한 지방재정 건전성 강화 방안, 서울: 한국지방행정연구원, 2011.

전용수, 전태성, 김성호, 효율성 평가를 위한 자료포락분석, 인천: 인하대학교 출판부, 2002.

정성호, 정창훈, 지방자치단체의 재정위기, 과제와 해법, 서울: 조명문화사, 2013.

최준렬, "교육재정 배분의 공평성, 적절성의 개념과 측정방법의 적용 가능성 탐색", 교육재정경제연구, 제22권 제4호, 2013.

한국교육개발원, 2014 지방교육재정 분석 종합보고서, 서울: 한국교육개발원, 2014.

한국지방재정공제회, 지방재정위기관리론, 2013.

한유경, "국민의 정부 교육재정운영정책 평가", 교육재정경제연구, 제11권 제2호, 2002.

Alexander, K., & Salmon, R. G., *Public School Finance*, Mass.: Allyn and Bacon, 1995.

Anderson, Scarvia B., "Accountability: What, Who and Whither?", *School Management*, September 1971.

Berne, R., & Stiefel, L., *The Measurement of Equity in School Finance: Conceptual, Methodological and Empirical Dimensions*, The Johns Hopkins University Press, 1984.

Elliott, John, & Others, *School Accountability: The SSRC Cambridge Accountability Project*, London: Grant McIntyre Limited, 1981.

Forbis, Jordan K., & Lyons, Teresa S., *Financing Public Education in an Era of Change*, Bloomington, IN: Phi Delta Kappa Educational Foundation, 1992.

Juday, Suzanne L., "Evaluating Education Finance Policy Decisions", *Financing School Choice, School Finance Series*, ERIC ED 335779, 1991.

McMahon, Walter W., "Efficiency and Equity Criteria for Educational Budgeting and Finance", in Walter W. McMahon & Terry G. Geske, Eds., *Financing Education: Overcoming Inefficiency and Inequity*, Urbana, IL: University of Illinois Press, 1982.

Oakes, J., *Educational Indicators: A Guide for Policymakers*, Santa Monica, LA: The Rand Corporation for the Center for Policy Research in Education, 1986.

Odden, A. R., & Picus, L. O., *School Finance: A Policy Perspective,* 4th ed., McGraw-Hill, 2007.

Pipho, Chris, "Satisfying the School Finance Customer", *Phi Delta Kappan,* May 1996.

Wass, Hannelore, "Educational Accountability: Here and Abroad", *Educational Leadership, 29,* April 1972.

제 **12** 장
취학전
교육재정

최근 들어 국가경제가 점차 선진국 수준에 진입하게 되면서 유아교육의 중요성이 강조되어 왔다. 이러한 측면에서 2012년에 만 5세 누리과정이 도입되었고, 2013년에는 만 3, 4세까지 누리과정이 확대되었다.

유아단계에서 이루어지는 적절한 교육은 아동의 이후 생애에 매우 중요한 기여를 하게 된다. 개인의 자아실현을 위한 토대로서의 유아교육도 중요하지만, 질 높은 유아교육은 미래 사회의 생산성과 사회통합을 좌우하는 중요한 기초를 제공한다. 유아단계의 교육에 정부의 적극적인 개입이 필요하다는 사실은 많은 학자가 공통적으로 지적하여 왔다. 대표적으로 노벨경제학상 수상자인 헤크먼(Heckman)도 인지과학, 심리학, 경제학 등의 최근 학문성과를 개관하면서 유아교육의 중요성을 강조하였다.[1]

---

1) J. J. Heckman, *National Commission on Fiscal Responsibility and Budget Reform*, Department of Economics, University of Chicago(2010).

이제는 우리나라도 유아교육에 대한 국가지원의 확대를 통해 출발선 평등을 제공할 단계에 이르렀다. 최소한 만 5세에 대해서는 소득계층 하위 일정 비율이 아닌 실질적인 무상교육의 도입이 필요하다. 그러한 측면에서 2012년에 만 5세 누리과정 도입이 가지는 의미는 크다. 그러나 단순하게 모든 유아에게 교육의 기회를 제공하는 것만이 능사는 아니다. 중요한 것은 유아에게 어떤 교육을 제공할 것인가 하는 것이며, 전국의 어디서나 모든 유아에게 일정 수준 이상의 유아교육 서비스를 받을 수 있도록 하는 것이다.

유아교육의 대상인 모든 3~5세아에게 양질의 교육을 제공하기 위해서는 다양한 관심과 노력이 필요하다. 여기에는 유치원이나 보육시설을 이용하지 않는 20%의 만 3~5세 유아에게 양질의 교육을 제공하는 일, 유치원과 보육시설의 교육격차를 해소하는 일, 공·사립 간 격차를 줄이는 일 등이 중요한 과제로 등장한다.

여기서는 주로 취학전 교육에 대한 재정지원 확대의 필요성, 공·사립 간 교육지원 격차 문제 및 향후 지원이 요구되는 사업 등에 초점을 맞추어 취학전 교육재정을 정리한다.

제1절 유아교육에 대한 재정지원 확대의 필요성

취학전 교육재정은 취학전 영유아의 교육을 위한 재정이며, 이는 대부분의 유아교육기관과 넓게 보면 보육시설의 운영을 위해 소요되는 경비를 의미한다. 취학전 교육기관에는 유치원과 보육시설(어린이집)을 포함할 수 있기 때문이다. 「유아교육법」 제2조 제2호(유치원이라 함은 유아의 교육을 위하여 설립·운영되는 학교를 의미)에 근거할 때 유치원은 교육기관으로 볼 수 있다. 보육시설(어린이집)에 관한 법률인 「영유아보육법」에서도 "보육이란 영유아를 건강하고 안전하게 보호·양육하고 영유아의 발달 특성에 맞는 교육을 제공하는 보육시설 및 가정양육 지원에 관한 사회복지서비스를 말한다."고 하여 교육의 개념을 포함하고 있다.

유아교육과 보육은 배타적 개념이 아니라 상호 보완적 개념이라 할 수 있다. 선진국에서는 여성의 모성권, 노동권 중시 경향('보육')에서 수혜자인 유아 중심

(유아 '교육')으로 전환하고 있다. 이는 사회복지 개념에서 교육복지 개념으로 전환하는 것이며, 보육과 교육을 통합한 서비스로 발전하는 것이다. 유아교육과 보육은 상호 분리될 수 없는 동전의 앞뒷면이라 할 수 있다. 유치원에서 교육받는 유아들도 유아교육과 함께 보육을 받아야 하며, 보육시설에 다니는 영유아들도 보육과 함께 유아교육을 받아야 한다. 어머니들이 대부분의 시간을 가정에서 보낼 경우에 보육보다는 유아교육의 필요성을 더 강조하며, 어머니들이 직장을 갖게 되어 가정을 떠나 있을 때에는 보육의 필요성을 더 강조한다. 최근에는 보육과 유아교육을 통합하는 경향이 강하게 나타난다.[2]

유아교육에 대한 재정지원 확대의 필요성은 크게 다섯 가지 측면에서 논의가 가능하다. 유아기 교육투자의 성과, 유아교육의 학교준비도 향상효과, 교육평등의 실현, 저출산 완화에의 기여, 여성의 사회진출 확대에의 기여가 그것이다.

1. 유아기 교육투자의 성과

노벨경제학상 수상자인 헤크먼은 교육투자 대비 효과가 유아기에 가장 크다고 하였다.[3] 즉, 미래 경제를 위해 유아교육이 가장 효과적인 방법이라는 것이다. 그는 국가 경제력과 효율적인 노동력 확보를 위해 유아교육이 효율적·효과적 투자이며, 유아교육은 사회 경제에 직접적으로 영향을 미친다고 본다. 이는 학교, 건강, 직업, 인생의 성공에 필요한 인지적, 사회적 기술의 기초를 형성하기 위해 출생에서 만 5세 유아기에 인간의 두뇌가 급속히 발달하기 때문이다. 따라서 유아기의 질 높은 프로그램은 초·중등교육이나 그 후의 직업훈련보다 교육투자당 훨씬 더 큰 이익 효과가 있다.[4]

유아에 대한 투자는 정부의 사회적 비용을 감소하는 효과를 가져온다. 생애초기 교육은 학업성취도 증진, 특수교육과 유급율의 감소, 고등학교 졸업률, 대학 재학률 등을 높이고 문제행동, 청소년 비행, 범죄, 고용, 건강관리 비용(흡연, 약물 남용, 우울, 10대의 임신)을 줄임으로써 장기적 측면에서 사회적 비용을 감소시

---

2) 김병주, 조형숙, 만5세 공통교육과정 도입을 위한 법적, 재정적 가능성 검토(한국교육개발원, 2011).

3) J. J. Heckman, *op. cit.*

4) 김병주, 조형숙, 전게서.

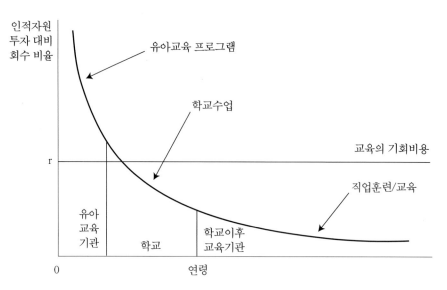

[그림 12-1] 인적자원 투자 대비 회수 비율

자료: Flavio Cunha, et al., "Interpreting the Evidence on Life Cycle Skill Formation", in E. Hanushek & F. Welch, Eds., *Handbook of the Economics of Education* (Amsterdam: North Holland, 2006), Chapter 12, pp. 697~812.

킨다. OECD의 학습의 사회적 효과(Social Oucomes of Learning) 연구결과에 의하면, 개인에게 제공되는 유아기 교육의 혜택은 확산효과로 인하여 이후 사회를 위한 더 광범위한 혜택을 가져온다.[5] 미국에서도 질 높은 취학전 교육정책은 유아, 가정, 사회에 모두 이익을 가져다주며 학업능력 증가에서부터 경제적 절약이라는 효과를 가져온 것으로 평가된다.[6]

영국 동일연령집단연구(British Cohort Study)의 결과, 유아기 교육경험이 인지와 사회성에 영향을 미치며, 이는 학교교육에 대한 결정(schooling decisions)과 노동시장, 건강에 영향을 주었다. 유아교육 경험은 다양한 측면에 영향을 미치며, 이는 결국 국민 지출을 감소시키는 영향을 가져오게 된다.[7] 생애초기부터 10세까지의 가정환경 및 교육경험이 30세 남녀 성인의 임금, 취업, 규칙적 운동을 통

5) 김병주, 조형숙, 전게서.

6) Pre-K Now(http://www.preknow.org).

7) G. Conti & J. J. Heckman, "Understanding the Early Origins of the Education-Health Gradient: A Framework That Can Also Be Applied to Analyze Gene-Environment Interactions", *Perspectives on Psychological Science, 5*(5)(2010), pp. 585~605.

한 건강관리 능력과 상관이 있는 것으로 나타났다. 생애초기 교육에 대한 국가의 투자가 장기적인 국가 경제력에 중요한 요인이 될 것임을 시사하는 것이다.[8]

2. 유아교육의 학교준비도 향상 효과

유아교육 경험은 초등 학교준비도와 신체운동 능력에 많은 영향을 미친다.[9] 유치원에 가장 오래 다닌 그룹(5년)이 학교준비도와 신체운동 능력에서 가장 높은 점수를 보였으며, 1년 미만 짧게 유치원에 다닌 유아그룹이 학교준비도와 운동능력에 가장 낮은 점수를 나타냈다. 유치원 경험은 학교준비도와 운동능력에 상당한 영향을 미치는 것이다.

유치원 경험은 초등 학교준비도와 학업성취도에 많은 영향을 미치는 것으로 나타났다.[10] 공립, 사립의 설립 유형에 관계없이 유치원을 경험한 그룹이 유치원 경험이 없는 그룹에 비해 종합시험, 수학, 영어, 과학 등 모든 시험에서 높은 결과를 나타냈다. 유아교육의 교육적 효과는 OECD PISA 결과[11]에서 뚜렷하게 나타난다. 즉, 1년 또는 그 이상 유아교육기관에 다닌 학생의 경우에 다니지 않은 학생에 비해 만 15세에 읽기평가에서 최대 30점 이상 높은 성취를 나타냈다.[12]

3. 교육 평등의 실현

유아교육기관의 취원아 현황을 보면, 유치원과 보육시설 모두 사립 및 민간 시설의 취원아 비중이 높아서 부모의 경제적 부담이 가중된다. 누리과정이 시행되기 전, 유치원과 보육시설을 이용하는 경우에 입학금 및 수업료와 수업료 이외 비용을 합해 보면, 유치원을 이용하는 유아는 월평균 33만 원, 보육시설을 이용

---

8) 김병주, 조형숙, 전게서.

9) G. Bala et al., "Effects of Kindergarten Period on School Readiness and Motor Abilities", *Original Scientific Paper*, 1(2009), pp. 61~67.

10) D. L. Prince et al., "Longitudial Effects of Kindergarten", *Journal of Research in Childhood Education*, 16(1)(2001), pp. 15~27.

11) OECD, *Education at a Glance 2011: OECD Indicators*(2011).

12) 김병주, 조형숙, 전게서.

하는 유아는 월평균 29만 5천 원을 지출하였다.[13) 이는 소득계층에 따라 적지 않은 부담이 된다.

　가구 소득 수준은 학업능력 점수와 사회적 기술에 영향을 미쳐 학교준비도의 격차를 가져온다.[14) 특히 영국의 종단연구(EPPE)에서는 취약계층의 아동이 유아교육으로부터 가장 많은 혜택을 받는다는 것을 입증하였다. 이는 초등학교 입학 시, 취약계층 아동의 발달이 또래 아동에 비해 현저하게 낮아 능력의 차이가 나타나는 범위가 더욱 커지기 때문이다. 이러한 능력 차이는 읽기, 수리 등의 인지적 측면뿐만 아니라 사회성 측면에서도 확연히 나타난다. 저소득층가정 아동의 경우에 어휘에 대한 노출수준이 낮고 부정적인 언어 상호작용을 경험하는 비율이 높은데,[15) 이러한 언어적 경험은 미래 성공에 필요한 자신감과 자기주도적 성향에 큰 영향을 미치게 된다. 따라서 소득 격차에 따른 차등적 교육 및 보육료 지원이 아닌 보편적 측면에서의 공적 재원을 통한 유아교육의 지원확대가 필요하다.

4. 저출산 현상 완화에 기여

　저출산 추세를 막기 위해서는 유아단계에서 양질의 교육을 제공하고 교육·보육비 부담을 완화할 수 있는 대책 마련이 필요하다. 우리나라 출산율은 2.82명(1980)에서 1.66명(1985), 1.57명(1990), 1.63명(1995), 1.47명(2000), 1.08명(2005)으로 급격히 줄었고, 최근 1.22명(2010)으로 약간 회복되었지만, 여전히 세계 최저 수준이다. 이에 따라 만 3~5세아는 133만 명(2010)에서 128만 명(2015), 117만 명(2020)으로 줄어들 것으로 예상된다.

　이러한 출산율 저하를 막기 위해서는 유아교육에 대한 투자가 필요하다. 유아교육에 대한 국가지원 여부는 출산율과 긴밀한 관계가 있는 것으로 파악된다. 만

---

13) 한국교육개발원, "교육정책 분야별 통계자료"(2010).

14) W. S. Barnett et al., *The Effects of State Prekindergarten Programs on Young Children's School Readiness in Five States*(The National Institute for Early Education Research, Rutgers University, 2005).

15) B. Hart & T. Risley, *Meaningful Differences in the Everyday Experience of Young American Children* (Boltimore: Paul H. Brookes Publishing, 1995).

5세아 무상교육을 실시하는 스웨덴, 영국, 프랑스의 경우에 유상교육을 시행하
는 나라보다 출산율이 높다. OECD 국가의 만 5세아 유/무상교육에 따른 출산율
변화와 저출산에 관련한 여러 연구를 참고해 볼 때, 유아교육비에 대한 경제적
부담감이 자녀 출산에 적지 않은 영향을 줄 수 있다.[16] 우리나라의 경우에도 자
녀 양육의 어려움으로 취업이나 출산에 지장이 있음이 보고되고 있다.[17] 따라서
만 5세아에 대한 무상교육은 출산율 제고에 기여할 수 있다.

5. 부모 지원 및 여성의 사회진출 확대에 기여

양질의 유아교육과 보육 서비스 제공으로 인한 여성의 경제활동참여 증대는
다음과 같은 세 가지 혜택을 창출한다. 먼저, 일하는 여성이 가정의 소득수준을
향상시켜 빈곤으로부터 벗어나는 데 기여한다. 둘째, 여성의 지속적인 커리어 추
구 및 경제적 독립, 평생 수익 보장, 연금 혜택 등을 제공한다. 마지막으로, 유아
교육과 보육서비스의 안정적인 제공 및 경력 추구 기회로 출산율 향상에 긍정적
인 영향을 미친다.[18] 높은 여성취업률은 평생수익 보장에 따른 세금 징수로 환수
가능하며, 기초생활수급대상 가정 및 부적절하게 연금을 받는 노인여성인구를
감소시킨다.

우리나라 여성 고용률·경제활동참가율은 OECD 고용선진국의 평균을 밑돈
다. 2012년 기준 25~54세 여성 경제활동참가율은 62.8%로 OECD 고용선진국
평균 76.2%보다 13.4%p 낮다.[19]

3세 이상의 취학전 자녀를 둔 어머니가 취업하지 않는 가장 큰 이유는 자녀양
육과 가사에 전념하기 위하여(52.1%), 자녀를 맡길 곳이 없어서(23.4%), 적당한

---

16) 김병주, 조형숙, 전게서.

17) 한국보건사회연구원, "2004년도 전국 보육·교육 실태조사5: 보육·교육 실태조사 총괄보고"(여성
부, 2005).

18) Roseveare, D., "Investing in high quality early childhood education and care", 육아정책연구소,
OECD-Korea 유아교육과 보육 정책포럼 자료집(2011), pp. 6~26.

19) 여성 전체의 경제활동 참가율은 55.2%로 OECD 34개 회원국 중 30위임. OECD 회원국 평균은 62.3%
로 한국보다 7.1%p 높음. 유병홍, 이정훈, OECD 회원국의 노동시장 지표 비교연구(한국고용노사관계학
회, 2013); 변양규, 이진연, 고용선진국과 한국의 노동시장 지표 및 유연안전성 비교(한국경제연구원, 2014).

일자리가 없어서(16.8%)로 나타났다.[20] 따라서 적절한 취학전 교육 및 보육기관의 지원이 필요하다.

제2절 유아교육재정의 현황과 문제

1. 유아교육재정 정책의 변천과 현황

정부는 1980년대부터 민간주도형의 유치원교육에 공적으로 개입하기 시작하였다. 1982년에 「유아교육진흥법」을 제정·공포하여 정부가 보다 적극적으로 유아교육에 관심을 가지게 되었으며, 취원율도 대폭 증가하게 되었다. 1990년 말부터 2000년대 들어서면서 정부는 유아교육비 지원 확대 및 유아교육의 질 제고를 위해 노력하였다. 2004년에는 「유아교육법」을 제정하여 유아교육 공교육화 및 만 5세 무상교육을 위하여 본격적으로 노력하였다. 유아교육 재정정책의 주요 사항을 정리하면 다음과 같다.[21]

- 1999년 9월: 농어촌 만 5세아 저소득층자녀 유치원 학비지원사업 시작
- 2000년 2월: 국민경제자문회의의 '일자리 창출 등을 통한 저소득층 생활향상대책' 만 5세아 학비지원 사업 전국으로 확대
- 2001년 9월: 저소득층자녀 유치원 학비 지원에서 만 5세아 무상교육비로 지원 확대
- 2004년: 저소득층 가구의 만 3·4세아 차등교육비 지원사업 시작
- 2005년: 두 자녀 이상이 동시에 취원하고 있는 저소득층 가구에 대하여 둘째아 이상에게 교육비 일부 지원 시작

- 2008년 3월: 「지방교육재정교부금법」 개정(내국세 교부율 상향조정: 19.4%→ 20.0%)에 따른 유아학비 지원 예산의 지방 이양
- 2008년: 저소득층 유아학비 지원 사업을 도시근로자 월평균 가구소득 100% 수준 이하(4인기준, 398만 원) 자녀에게 확대 지원
- 2009년 3월: 저소득층 유아에게 유치원 종일반비 지원
- 2011년부터 취학전 학비의 지원이 만 5세와 동일하게 만 3 · 4세까지도 소득 하위 70% 이하로 지원단가 전액을 지원하는 것으로 전면 확대. 국 · 공립 월 59천 원, 사립 만 3세 월 197천 원, 만 4 · 5세 월 177천 원 지원[22)]
- 2011년 5월: 만 5세 공통과정 도입 계획 발표
- 2011년 9월: 만 5세 누리과정 고시
- 2012년 3월: 만 5세 누리과정 실시(소득에 관계없이 유아교육기관에 재학하는 모든 만 5세 유아에게 월 20만 원씩 지원하고 지원액은 연차적으로 인상)
- 2013년 3월: 누리과정을 만 3, 4세까지로 확대 실시

〈표 12-1〉 만 5세 누리과정의 도입 전후 비교

구분	기존	만 5세 누리과정
지원 대상	소득하위 70%	전 계층으로 확대(100%)
교육 · 보육 과정	유치원 교육과정, 표준보육 과정으로 이원화	표준화된 유아 공통과정으로 일원화
지원 단가	공립유치원(월 5.9만 원) 사립유치원 및 민간보육시설 (월 17.7만 원)	공립유치원(현행 유지) 사립유치원 및 민간보육시설 (연차적으로 현실화)
재원 부담	유아학비 및 보육료로 이원화 (지원범위 및 단가는 동일)	공통과정 학비 지원으로 일원화 (지방교육재정교부금에서 부담)
관리 체제	유치원(교육부) 보육시설(보건복지부)	현행 유지

자료: 교육과학기술부, "만5세 유아 공통과정 도입추진계획안", 내부자료(2011).

---

22) 교육과학기술부, "만5세 유아 공통과정 도입추진계획안", 내부자료(2011).

2. 유아교육재정의 문제

1) 지역별 교육재정의 편차

지역별 총 교육예산 대비 유아교육예산은 편차가 심하다. 경기, 경남의 경우에 가장 높은 비율인 4.2%를 차지하는 반면, 서울은 그 절반에 해당하는 2.1% 수준이다. 2010년 기준 시 · 도별 유아 1인당 연간 교육예산은 최고 5.5백만 원(경남)에서 최저 1.8백만 원(서울)으로 3.7백만 원의 차이가 있으며, 7개의 시 · 도(서울, 부산, 대구, 인천, 대전, 울산, 경기)는 전체 평균인 약 2.8백만 원에 미치지 못한다.[23]

종일반비 지원액 비율에 있어서도 경기, 충남, 광주는 10%에 미치지 못하며, 대전과 경북은 각각 18.1%, 17.8%에 달하여 지역 간 차이가 크다. 특히 지방자치단체의 유아교육 지원액은 경기, 서울, 전남과 같이 지원 수준이 높은 지역부터 전혀 지원이 없는 제주도에 이르기까지 매우 편차가 심하다.[24]

2) 유아교육의 확대를 위한 재원 확보책 미비

2012년부터 「유아교육법」과 「영유아보육법」의 제정 취지를 살려 만 5세아에 대한 누리과정이 무상으로 실시되었고, 2013년부터 3, 4세아로 확대되었다. 이는 수조 원의 추가재정소요를 발생시킨 대규모사업이다. 2012년부터 만 5세아 누리과정을 도입하기 위해서만도 매년 9천억 원 이상이 추가 소요될 것으로 추정하였고,[25] 실제로 그만큼이 추가되었다. 만 3, 4세아 누리과정을 위해서도 1조 8천억 원의 추가재정이 소요되었다. 사립유치원 교원인건비 보조사업, 종일제 유치원 보조에도 수천억 원이 소요된다.

이러한 유아교육 재정소요를 기존의 지방교육재정 내에서 해결하도록 하는 것은 불가능하다. 2014년 말 전국 시 · 도교육청의 누리과정 예산지원을 둘러싼 논란은 여기서 출발하였다. 누리과정의 확대를 포함한 각종 유아교육 재정지원 사업들의 시행의 전제는 추가적인 재원 확보대책의 마련에 있다 할 것이다.

---

23) 김병주, 문무경, "전게논문".
24) "상게논문".
25) 교육과학기술부, "전게논문" (2011).

3) 공·사립 간 교육비 지원 격차

우리나라 취원 대상아의 22.2%는 공립(국립 포함)유치원에 다니고 있으며, 77.8%는 사립유치원에 다니고 있다. 그러나 재정적인 투자에 있어서는 공·사립 유치원 간 교육비의 지원 격차가 크다.[26] 누리과정 지원비는 지원대상 유아가 다니는 유아교육기관의 설립에 관계없이 지원되지만, 그것은 유아에게 지원되는 비용이며, 사립유치원에 대한 직접지원은 매우 적다. 이와 같이 공·사립 간 격차가 크다는 점은 그간 여러 차례 지적된 바 있다.[27]

2005년 기준 아동 1인당 교육비 지원액이 공립(국립 포함)유치원은 연간 350만 원 수준이지만, 사립유치원은 46.8만 원 수준으로 공립이 사립에 비하여 7.5배가 된다.[28] 누리과정 지원에도 불구하고 사립유치원의 학부모들은 지역에 따라 추가로 월 수십만 원 정도를 추가로 부담해야 한다. 교육비 이외에 수요자가 부담하는 종일반비, 급식비 등의 추가 비용에 대한 무상 지원은 제대로 이루어지지 못하고 있다. 특히 저소득층 학부모 입장에서는 정부의 지원액 수준이 비현실적이어서 적지 않은 부담이 되고 있다.

정부의 무상교육비 지원액과 실제 유치원 교육비용 간에 차액이 발생하느냐에 대한 설문에 국·공립유치원 관계자의 79.9%가 차액이 발생하지 않는다고 응답한 반면, 사립유치원 관계자는 80.1%가 차액이 발생한다고 응답하였다. 차액이 발생할 경우, 부모로부터 수납한다는 응답률이 국·공립유치원의 경우 14.2%인 반면, 사립유치원은 76.9%로 조사되었다.[29]

유아 1인당 지원액은 공립이 7.5배 더 많이 지원받고 있다. 사립의 학부모는 부담금이 175만 2천 원으로, 공립 22만 4천 원의 7.8배를 더 부담하면서도 1인당 교육비는 191만 원으로 공립의 246만 원보다 부족하다.[30] 재정의 편중된 지원은 교원의 처우로 연결된다. 여성부의 유치원 실태조사보고에 따르면, 사립유치원

---

26) 김병주, 문무경, "전게논문".

27) 김병주, "유아교육재정 확보방안"(국회 정책토론회, 2005); 천세영, "유아교육 및 교육복지를 위한 지방교육재정의 역할 검토", 현 정부의 교육재정 관련 정책 중간 점검, 2009년도 한국교육재정경제학회 학술대회자료집(2009); 김병주, 문무경, "전게논문"; 김병주, 조형숙, 전게서.

28) 나정 외, 유치원 실태조사 보고(한국교육개발원, 2005).

29) 서문희, 박수연, 보육시설과 유치원 이용시간 유형별 비용 차등 적용 방안(육아정책개발센터, 2008).

30) 상게서.

교원의 평균 연봉은 1,387만 원으로, 국공립 유치원 교원 2,484만 원의 55.8%에 불과하다.[31] 공·사립 간의 격차는 교원의 처우뿐만 아니라 교원당 원아 수, 1인당 교육비, 원아당 운영비에서도 큰 차이를 보이고 있다. 2006년 사립유치원의 교원당 인건비와 1인당 교육비는 공립유치원의 36% 수준이고, 원아당 운영비는 65% 수준이다. 2006년 공·사립유치원의 재정을 비교해 보면, 교원당 인건비는 사립이 공립의 35.8% 수준, 1인당 교육비는 35.7% 수준, 원아당 운영비는 65.6% 수준에 불과하다.[32]

4) 사교육 부담의 증가

2012년 누리과정 전면 시행을 포함하여 유아학비에 대한 지원은 꾸준히 증가하여 왔지만, 실제로 학부모가 부담하는 사교육비도 지속적으로 증가하고 있다. 〈표 12-2〉에서 보는 바와 같이 유아의 사교육비는 1992년의 8만 4천 원에서 2007년에는 25만 원으로 증가하였다.

〈표 12-2〉 유아 사교육비의 증가추이　　　　　(단위: 원)

연도	1992 (우남희 외)	1997년 (신진)	1999년 (곽수란 외)	2001년 (박수진)	2007년 (김보림 외)
사교육비	84,000	126,000	165,000	230,000	246,000

자료: 신은수 외, 유아 무상공교육체제 구축에 관한 요구 조사(한국교육개발원, 2009).

제3절　취학전 교육재정의 쟁점[33]

1. 취학전 사립교육기관 재정지원 전제로서의 공공성

정부는 사립기관에 대한 재정지원에 앞서 선 공공성 및 책무성 확보를 요구하는 반면, 취학전 교육기관들은 공공성 및 책무성 확보를 위한 선 재정지원을 요

---

31) 한국보건사회연구원, "전게논문" (2005).
32) 신은수 외, 유아 무상공교육체제 구축에 관한 요구 조사(한국교육개발원, 2009).
33) 김병주, "전게논문" (2011), pp. 93~114의 내용을 정리하여 보완함.

구한다. 정부의 입장에서 보면 유치원을 포함한 취학전 교육에 대한 공공 지원이 확대되고 있지만, 이를 뒷받침할 수 있는 공공성 기제가 미흡하다.

첫째, 기관 운영 및 재정현황 등이 외부에 제대로 공개되지 않고 있다. 물론 재정이 열악하여 공개할 필요도 없다는 주장이 있을 수 있고, 예·결산을 정리하여 공개할 만한 인력도 부족하다는 주장도 제기될 수 있다. 그러나 예·결산의 공개는 기관 운영 공공성 증진을 위한 첫걸음이 될 수 있다. 둘째, 대부분의 사립기관에는 외부의 참여기제가 부족하다. 학부모들이 교육에 참여하는 경우가 있기는 하지만, 이는 운영에 참여하기보다는 자녀교육에 보조교사로 참여하거나 자원봉사자로 참여하는 경우가 대부분이다. 특히 예산문제에 관한 계획 및 결정과정의 참여나, 교육기획·정책을 계획하고 평가하는 과정에의 참여, 특별활동 실시 여부 결정, 유아모집에 관한 사항 결정, 비용 징수결정 등 자문 및 정책결정자로 참여하는 경우는 거의 없다.[34) 셋째, 사립기관 운영 공공성 증진의 핵심은 재정문제라 할 것이며, 재정문제의 핵심은 회계에 있다고 해도 과언이 아니다. 사립유치원 재무회계규칙은 아직도 마련되어 있지 못하다.

반면, 사립유치원의 공공성을 확보하기 위해서는 우선 재정지원이 전제되어야 한다는 주장도 제기된다.[35) 사립유치원이 국가를 대신하여 취학전 교육을 담당해 온 만큼 그에 대한 인정이 필요하며, 먼저 재정지원을 한 후에 공공성 확보를 유도해야 한다는 것이다.

2. 취학전 교육재정 지원의 정당성과 근거

취학전 교육에 대한 재정지원의 정당성이 확보되기 위해서는 취학전 교육에 대한 재정지원이 타당한 근거를 가져야 한다. 취학전 교육 재정지원에 따른 편익이 사회에 고르게 전달되는가, 취학전 교육 당사자에게 국한되는가에 대한 논의에 근거한다. 헤크먼의 교육 투자 대비 효과가 유아기에 가장 크다는 연구결과[36) 는 이에 대한 근거를 제공한다. 유아교육 경험은 다양한 측면에 영향을 미치며,

34) 김병주, 김선연, "유치원 교육에 대한 학부모의 참여행태 분석", 열린유아교육연구, 제9권 제3호(2004).
35) 김병주, 김성기, 사립유치원의 공공성 확보방안(교육인적자원부, 2005).
36) J. J. Heckman, op. cit.

이는 결국 국민 지출을 감소시키는 영향을 가져오게 된다.[37] 우(Ou)와 아서 (Arthur)는 유아교육을 시작한 시기, 기간, 교육의 질이 초등시기의 학업 동기, 학업능력, 사회적응 및 가정과 학교의 지원을 높이는 결과를 나타냈으며, 청소년기 이후 학업성취를 높이고, 특수교육 서비스 필요성과 청소년 비행 위험을 줄이는 효과를 나타낸 것으로 보고 있다.[38]

시장실패는 시장이 효율성을 달성하는 데 실패할 경우에 발생하게 되는데 시장의 효율성 달성을 위하여 정부개입을 통해 사회후생을 향상시켜야 한다. 시장실패를 발생시키는 요인으로 독과점, 외부효과, 공공재, 정보의 비대칭성이 있다. 유아교육 및 보육의 시장실패 요인으로 외부효과의 발생과 수요자와 공급자 간 정보의 비대칭성을 들 수 있다. 먼저 유아에 대한 수준 높은 교육은 향후 훌륭한 인적 자본을 형성시켜 국가의 경쟁력과 성장에 긍정적인 영향을 미친다. 또한 유아교육 및 보육서비스의 수요자는 서비스 공급자의 서비스 내용이나 질에 대해 잘 알 수 없고, 따라서 높은 비용을 제공하고 보육서비스를 이용하는 것을 포기하며 이에 따라 서비스 공급 역시 질이 저하되는 현상이 발생할 수 있다. 수요자 입장에서는 공급자가 제공하는 프로그램의 질이나 내용 등에 대해 제대로 파악하기 힘들어 공급자에게 도덕적 해이가 발생할 가능성이 있다.[39]

유아교육 및 보육서비스를 공공재로 정의하게 되면 정부가 직접적으로 서비스를 공급해야 한다는 결론을 도출할 수 있다. 효율성과 형평성 차원에서 정부개입은 필요하며, 정부개입의 형태는 형평성 차원에서 저소득층이나 어려움에 처해 있는 취약계층의 유아에게 교육 및 보육서비스를 직접 제공하거나 보조하는 형태로 이루어지는 것이 바람직하다는 주장이 가능하다. 긍정적 외부효과를 발생시키는 유아교육 및 보육에 대해 정부는 보조금을 지급하여 사회적으로 적합하다고 생각되는 질적 수준과 양까지 사적인 서비스의 수준과 공급량을 확대시키고, 정보의 비대칭성으로 인한 역선택의 문제나 도덕적 해이 문제를 해결하기 위해 정부는 수요자에게 정보를 제공하여 정보의 비대칭성으로 인한 시장실패

37) G. Conti & J. J. Heckman, *op. cit.*

38) S. Ou & Reynolds Arthur, *Preschool Education and School Completion, Encyclopedia on Early Childhood Development* (Centre of Excellence for Early Childhood Development, 2004).

39) 김병주 외, 교육재정 정책 현안 진단 및 아젠다 발굴 연구(한국교육개발원, 2011).

를 교정할 필요가 있다.

유아교육 및 보육서비스의 공급을 전적으로 시장에 의존할 경우에 시장실패에 따른 보육서비스의 과소공급과 기회의 불평등이 문제된다. 반면, 정부가 시장에 개입할 경우에는 서비스의 재원조달과 적정수준의 개입이 문제로 대두된다. 유아교육 및 보육의 공공성을 강화하는 정책이 필요하다.

반면에, 유아교육 및 보육서비스는 공공재라기보다 사적 재화라는 시각도 있다. 사적 재화일 경우에 정부가 시장에 개입할 논리적 이유가 없다. 그러나 유아교육 및 보육은 일반 사적 재화와 달리, 정부가 반드시 시장에 개입해야 하는 필요성으로 세 가지 형태의 시장실패를 들 수 있다.

첫째, 유아교육 및 보육은 경제적 외부효과를 유발한다. 유아 시기에 사회적으로 바람직한 수준의 교육 및 보육서비스를 받지 못하게 되면, 성장 후에 여러 가지 사회적 문제를 발생하게 된다. 따라서 시장에만 맡겨 둘 경우, 소득이 충분하지 않은 저소득 계층의 유아들은 교육 및 보육서비스를 받지 못하게 되어, 미래에 사회적으로 더 높은 비용을 발생하게 된다. 헤크먼(Heckman)과 클레너우(Klenow)는 경제적 비용-편익분석을 통해 영유아 시기의 보육투자에 대한 효과를 실증적으로 보여 주었다. 영유아기에 정부에서 1단위 투자할 경우, 긍정적인 효과가 7, 8단위 나타났다.[40)]

둘째, 저소득 계층에 대한 자본시장의 불완전성을 들 수 있다. 저소득 계층의 경우에는 교육 및 보육서비스가 필요하지만, 소득이 없으므로 서비스를 받을 수 없게 된다. 저소득층에 대한 교육 및 보육서비스는 근본적으로 정부가 시장에 개입해서 해결할 수밖에 없다.

셋째, 재분배 기능을 달성하기 위함이다. 정부가 유아교육 및 보육서비스 시장에 개입해야 하는 당위성이 있으므로, 유아교육 · 보육재정의 확충은 바람직하다. 그러나 확대된 재정의 대상계층을 어떻게 잡느냐가 중요하다.

---

40) J. Heckman & P. Klenow, "Human Capital Policy", in M. Boskin, Ed., *Policies to Promote Capital Formation*(Hoover Institution, 1998).

3. 아동직접지원 대 기관지원의 문제

유아교육에 대한 정부지원이 확대되면서 기관에 직접 지원하기보다 영유아의 보호자에게 지원하는 것을 원칙으로 하고 있다. 「유아교육법」 제24조에서는 무상교육 등에 필요한 비용은 국가 및 지방자치단체가 이를 부담하되, 유아의 보호자에게 지원하는 것을 원칙으로 하고 있으며, 「영유아보육법」에서도 영유아의 학부모에게 보육시설 이용권(바우처 방식)으로 지원하고 있다. 이는 사립기관의 공공성 및 책무성에 대한 불신에서 출발하며, 기관 간 경쟁을 통한 교육 및 보육의 질 개선을 목적으로 하고 있다. 뿐만 아니라 사립기관의 교사 처우개선비도 교사의 통장에 직접 입금하는 방식을 취한다.

이러한 바우처 방식 및 교사 직접 지원방식에 대하여 찬반의 의견이 있다. 찬성 측의 입장은 사립유치원의 불투명성을 이유로 제시한다. 하지만 반대하는 측에서는 아동에 대한 직접지원, 교사에 대한 직접지원이 유치원 교육비를 증가시키지는 못하기 때문에 실질적인 유치원 교육의 질적 제고에 기여하지 못한다는 점을 지적한다.[41]

4. 관리 · 감독기관의 일원화 문제

현재 취학전(교육) 기관의 관리 · 감독은 교육부와 보건복지부로 이원화되어 있다. 교육 및 재정지원의 효율성을 높이기 위해서는 관리 · 감독기관을 일원화하는 것이 필요하다는 주장이 제기된다. 대부분의 OECD 국가의 유아교육과 보육행정체계를 살펴보면, 유아교육과 보육 간의 중복된 기능을 교육중심으로 일원화하거나 담당 연령을 이원화하고 있다.[42]

일원화 체계를 운영하는 나라는 노르웨이, 뉴질랜드, 스웨덴, 스페인, 영국(이상 교육부), 핀란드(복지부)다. 이원화 체계를 운영하는 나라 중 대만, 독일, 싱가포르, 이탈리아, 프랑스, 홍콩은 연령별로 교육부와 복지부의 분리체제를 운영한다.

41) 김병주, 김성기, 전게서.
42) 신은수 외, 전게서(2009).

일본과 한국은 교육부와 복지부가 병행 중복체제를 운영한다. 미국의 경우는 주에 따라 차이가 있기는 하지만, 5세는 교육부가 관리하며, 4세 이하는 교육부와 복지부가 중복 관리한다. 스웨덴의 경우는 1996년 보육담당부서가 보건사회부에서 교육부로 이관되면서 복지 차원에서 보호의 측면을 강조한 초기의 보육체제가 교육을 중시하는 공교육체제로 전환되었다. 2000년 영국의 경우에 0~4세까지의 공통교육과정(Early Year Foundation Stage: EYFS)을 개발하여 교육부에서 교육 강화 및 교육기관 평가를 통해 질관리를 하고 있다.[43]

선진국의 교육강화 방향을 살펴볼 때, 미래 교육정책은 초등학교에서 시작하는 것이 아니라 생애초기부터 교육이라는 관점에서 복지와 보호 기능도 수행할 수 있을 때 진정한 유아의 삶의 질 보장과 국가 교육력의 강화를 기대할 수 있다. 따라서 장기적으로는 누리과정 도입에 있어 이에 대한 관리·감독과 재정을 지원하는 중앙부처를 일원화하는 체제를 법적으로 명시하는 것이 필요하다.

교육·보육의 관리·감독체제가 유치원은 교육부로, 어린이집은 보건복지부로 이원화되어 있어 장학지도 등 교육의 균등한 품질관리에 의문이 제기되므로 교육을 제대로 실시할 수 있는 하나의 중앙부처로 일원화하여 교육의 질을 개선해 나갈 수 있도록 지도해 나가야 한다.

5. 재정지원 주체의 문제

교육과 보육의 관리·감독체제가 이원화되어 있어서 재정지원의 주체 역시 이원화되어 있다. 특히 누리과정의 도입 및 확대에 따른 추가재정을 지방교육재정교부금으로 부담토록 함에 따라 재정지원 주체의 문제가 제기된다. 누리과정 도입을 위해 지방교육재정교부금을 재원으로 하는 교육비특별회계로 유아교육/보육시설을 모두 재정 지원한다는 발상은 획기적인 것이다. 그러나 법논리적으로 보육시설은 '학교'가 아니기 때문에 지방교육재정교부금으로 보육시설을 지원하는 것에 대해서는 논란의 여지가 있다. 따라서 정책목표만을 고려하여 지방교육재정교부금으로 보육시설을 지원토록 하는 것은 자칫 국가재정운용사업의 원

---

43) 김병주 외, 전게서(2011).

칙을 흐트러뜨리고 법적인 문제를 야기할 수도 있다. 따라서 교육재정으로 보육시설을 지원함에 있어서 고려해야 할 몇 가지 기본원칙을 논의할 필요가 있다.[44]

첫째는 소관 사무의 원칙이다. 「유아교육법」과 「영유아보육법」에서 규정하고 있는 행정부처 및 지방자치단체의 소관사무를 넘어서는 안 된다. 현행 법령상 유치원에 관한 사무는 교육부가 관장하고, 보육시설에 대해서는 보건복지부가 관장하도록 되어 있다. 현행 「영유아보육법」에 보육시설의 기능 중 '교육'이 포함된 것에 대한 논의는 차치하더라도 보육시설에서 임의로 교육을 행할 수는 없다. 교육은 교육전문가에 의해서 이루어져야 하기 때문이다. 물론 동일한 대상인 만 5세아를 두 시설로 구분하여 수용하는 것은 바람직한 형태는 아니다. 하지만 현행 이원화된 체제가 통합되지 않는 한 각 시설에 대한 소관부처는 다를 수밖에 없다. 따라서 교육부에서 보육시설을 직접 지원한다거나 보육시설에서 직접 교육을 한다는 내용이 들어가는 것은 이러한 소관사무의 원칙에 어긋나는 것으로 볼 수 있다.

둘째는 교육전문성의 원칙이다. 누리과정을 도입하고 동일하게 재정지원을 한다면, 보육시설에 차별적인 교사가 배치되어서는 안 된다. 유치원과 보육시설이 누리과정을 도입하는 데 있어서 동일한 전문 자격의 교사를 갖추고 있어야 한다. 「헌법」 제31조 제4항의 '교육의 전문성' 규정에 따라 교육은 전문직에 의해 이루어져야 한다. 전문직은 장기간의 교육·훈련, 고도의 전문적 지식과 기술, 자격증을 필수적으로 갖추어야 한다. 이 때문에 유치원 교사가 되기 위해서는 통상적으로 4년 이상의 장기간 교육을 받고, 고도의 전문적 지식과 기술을 확인하기 위하여 자격증 제도를 시행하고 있다. 그러나 현행 보육시설 교사들은 유치원 교사들과 동일한 자격을 갖추고 있지 못하다. 따라서 교육을 맡기고자 할 때는 그 사람이 충분한 자격을 갖고 있는 사람인지를 보증하는 장치가 있어야 한다.

셋째는 교육의 질관리 원칙이다. 누리과정 도입을 위하여 보육시설에 재정지원을 한다면, 당연히 누리과정이 제대로 적용되고 운영되는지를 유치원과 보육시설에 똑같이 지도·감독하고 질관리를 할 수 있는 권한이 감독청에 부여되어야 한다. 질관리가 제대로 되지 않고 있다면 지원을 중단할 수 있는 권한이 부여

44) 김병주, 조형숙, 전게서.

되어야 한다. 교육에 대한 질관리가 제대로 되지 않는다면 그 피해는 고스란히 학생에게 돌아간다. 물론 초·중등학교에 산학겸임교사라는 제도가 있어 정교사들과 달리 교사자격증이 없지만 학교에서 학생들을 가르칠 수 있는 교사들이 있다. 하지만 이들은 산업체에서 장기간 근무하면서 그 지식과 기술을 공인받은 사람들일 뿐만 아니라 학교에서 활동할 때 계속적으로 교육전문가인 교장·교감 등에 의해 관리가 되고 있다. 또한 교육청의 교육전문직에 의해 장학의 대상이 된다. 현행 제도하에서 유아교육에 대한 일차적 지도·감독권은 교육감에게 있을 뿐만 아니라 그 교육비가 교육청에서 지출될 경우에 교육감이 그 원아들을 수용한 시설에 대해 지도·감독·장학·감사의 권한과 책임을 갖는 것은 당연하다.

넷째는 자발성의 원칙이다. 교육시설에 대한 지원 여부는 시장원리에 따라 학부모들은 물론이고, 보육시설의 자발적인 선택에 의해 이루어지도록 해야 한다. 보육시설과 학부모가 자발적으로 지원의 수혜 여부를 선택할 수 있도록 해야 한다. 만약 보육시설에 강제로 원아를 위탁하여 교육을 강제할 경우 자칫 원아에 대한 교육이 파행으로 이어질 수 있기 때문이다. 교육청에서 질관리를 한다고 하면 형식적으로 대응할 가능성이 크며, 그 피해는 학생에게 돌아갈 것이다. 따라서 충분히 수긍할 만한 명분하에 인력과 비용을 충분히 지원하면서 자발적으로 원아교육을 맡도록 유도하면서 정책을 추진하여야 할 것이다.

결국 지도·감독기관의 분리와 유아교육 및 보육에 따른 지원기관의 분리 문제의 검토가 필요하다. 「유아교육법」 및 동 시행령·시행규칙과 「영유아보육법」 및 동 시행령·시행규칙에 의하면, 유아교육에 소요되는 비용은 교육부장관 및 교육감이, 영유아보육에 필요한 비용은 보건복지부장관, 시·도지사, 시장·군수·구청장이 부담한다. 「유아교육법」 및 동 시행령·시행규칙과 「영유아보육법」 및 동 시행령·시행규칙에 의하면, 무상으로 실시하는 유아교육(또는 보육)에 드는 비용을 국가 및 지방자치단체가 부담하도록 하고 있고, 관련기관을 명시하지 않고 있지만, 지도·감독 등에 관한 다른 조항을 토대로 할 때 유아교육에 드는 비용은 교육부가, 보육에 필요한 비용은 보건복지부가 부담한다고 보는 것이 타당할 것이다.

「지방교육재정교부금법」 제11조에서도 시·도의 교육·학예에 소요되는 경비는 당해 지방자치단체의 교육비특별회계에서 부담하되, 의무교육에 관련되는 경비는 교육비특별회계의 재원 중 교부금과 제2항의 규정에 의한 일반회계로부터의 전입금으로 충당하고, 의무교육 외의 교육에 관련되는 경비는 교부금과 전입금에 더하여 수업료 및 입학금 등으로 충당하도록 하고 있다. 여기서 중요한 것은 '교육'에 소요되는 경비로 한정하고 있다는 것이며, '교육'은 통상적으로 교육부 산하의 '교육기관'에서 이루어지는 것으로 본다는 점이다. 따라서 교육부장관이 교육감에게 보육에 대한 비용을 부담하도록 하기 위해서는 관련 법령의 개정이 필요하다.

6. 만 4세 이하 유아에 대한 재정지원의 확대

취학전 교육 재정지원의 범위를 만 5세아를 넘어 3~4세까지로 확대해야 한다는 주장이다. 취학전 교육 재정지원의 범위를 만 4세 이하로 확대하자는 주장은 다음에 근거한다. 즉, 취학전 교육은 사회에 미치는 외부효과가 크며, 개인의 전 생애 발달에 큰 영향을 미친다. 특히 저출산에 더 직접적으로 영향을 미치는 것은 0~4세 아동에 대한 지원이며, 이의 해결을 위해서도 범위의 확대는 필요하다. 선진국의 국가별 유아교육학제를 살펴보면 만 1~5세까지를 발달의 연속상에 있는 단계로 보고 유아교육 맥락에서 유아의 삶의 질을 보장하고 유아교육의 효과를 증진하기 위해 유아학교 체제의 교육과정을 공고히 하고 있다. 이러한 맥락에서 장기적으로 만 3~5세 유아교육체제를 정립할 필요가 있다는 것이다.

반면에, 소득과 관계없이 재정지원의 범위를 확대하는 것은 바람직하지 않다는 지적도 제기된다. 비록 유아교육의 중요성이 인정된다 하더라도 소득을 고려하지 않고 모두에게 지원하는 것은 결국 국민들에게 적지 않은 부담으로 돌아갈 것이라고 본다.

7. 기관별 취원 영유아 제한의 완화 문제

누리과정의 전면 도입에 따라 유치원과 보육시설의 격차가 허물어지고 있다.

학부모들의 요구로 유치원 교육에 보육이 강화되고 있고, 종일제 운영 등 보육서비스가 보편화되고 있다. 이러한 측면에서 차제에 유치원과 어린이집의 벽을 허물 필요가 있다는 주장이 제기된다. 누리과정의 정착과 운영을 위해서는 유치원과 보육시설의 역할 분담이 필요하지만, 그것이 어렵다면 유치원과 보육시설의 역할 분담을 아예 없애는 것이 필요하다는 것이다. 예를 들어, 취원연령을 자유롭게 만 5세 이하 영유아는 어디든 선택할 수 있도록 하는 것이다. 그럴 경우 자연스럽게 취학전 교육기관 차원에서 일원화가 달성될 수 있을 것이다.

또한 유아교육과 보육을 국가가 책임지고 있는 OECD 선진국처럼 유·보 통합을 앞당길 수 있으며, 이원화되어 있는 교육과 보육 서비스체제를 일원화할 수 있어 행·재정의 중복을 막을 수 있다.

8. 무상교육비의 범위

무상교육의 범위를 둘러싼 쟁점이 있다. 무상교육의 범위를 교육비에 한정할 것인지, 학부모부담경비까지 포함할 것인지, 더 나아가 필요한 경비를 모두 지원할 것인지에 관한 것이다. 특히 2012년부터 도입된 누리과정이 실효를 거두기 위해서는 무상교육의 범위를 명확히 하는 것이 필요할 것이다.

누리과정이 도입되어 모든 유아에게 교육비 지원이 이루어졌지만, 유치원 표준교육비와 정부 지원액의 차이를 감당할 수 없는 저소득층은 더 소외될 수 있으므로 이에 대한 추가지원은 필요하다. 2010년 기준으로 만 5세아 43만 5천 명 가운데 유치원이나 어린이집에 다니지 않는 약 4만 명(9.1%) 중 상당수는 전혀 교육·보육의 혜택을 받지 못한다. 급식비, 재료비, 현장학습비, 교통비 등을 포함하면 유치원비는 2010년 기준 월평균 36만 원(표준교육비)이 된다. 따라서 월 22만 원(2014년 기준)을 지원받는다 하더라도 상당한 금액은 추가로 내야 하는데 극빈층은 여전히 부담이 되고 있어 교육·보육의 혜택을 받지 못하는 사각지대로 남게 된다.

제4절 취학전 교육재정의 과제

1. 만 5세 무상교육 지원의 현실화

만 5세 무상교육은 「초 · 중등교육법」(1997)과 「유아교육진흥법」(1998)에 차례로 명시된 이후 「유아교육법」(2004)으로 단일화되었다. 무상보육은 「영유아보육법」(1997)에 명시되었다. 이에 따라 정부는 만 5세아에 대한 국가지원 확대를 통해 출발선 평등을 보장하기 위하여, 2012년부터 만 5세아 누리과정을 도입하였다. 만 5세아 무상교육 · 보육 원칙은 1997년 이래 법률로 명문화되었으나, 2012년에야 실현된 것이다. 그러나 만 3, 4세 누리과정의 확대에 치중한 나머지, 1인당 지원 단가가 현실화되지 않아 실질적인 만 5세 무상교육은 실현되지 못하고 있다.[45]

2012년 만 5세 원아당 지원액인 20만 원은 사립유치원의 유치원비(30~50만 원)에도 턱없이 부족함은 물론 표준교육비에도 훨씬 못 미친다. 2008년 기준으로 보아도 표준교육비는 36만 원, 표준보육료는 31만 원으로서 정부 지원 단가를 크게 초과한다. 2008년도 결산 기준 국 · 공립유치원 원아의 1인당 교육비 지원액은 월 43만 원이었다.[46] 만 5세 누리과정의 지원금액을 현실에 맞게 조정할 경우 지금보다 두 배 이상이 되어야 할 것이며, 이 경우 매년 1조 원 이상의 추가재정이 소요된다.

2. 사립유치원 교사 인건비 지원

전체 유치원 교사의 76%를 차지하는 사립유치원 교사의 처우 수준이 공립유치원 교사에 비해 열악하여 이직률이 높고, 이는 유아교육의 질 저하로 연결된다. 경력 5년 미만의 사립유치원 교사 비율은 68.5%로서 국 · 공립교사의 20%보

---

45) 누리과정 도입 당시 교육과학기술부(2011)는 2012년 20만 원에서 22만 원(2013년), 24만 원(2014년), 27만 원(2015년), 30만 원(2016년)으로 인상할 계획을 가지고 있었지만, 예산 부족으로 2014년에도 22만 원으로 동결하였다. 이는 실질적인 소요교육비에 크게 모자라는 것이다.
46) 신은수 외, 전게서(2009).

다 매우 높다.[47] 2008년 기준 사립유치원의 초임교사 평균 연봉은 1,451만 원으로서 국·공립유치원(2,367만 원)에 크게 미치지 못한다.[48]

사립유치원 교사에 대한 처우 개선 및 인건비 지원이 지속적으로 확대되어 왔지만, 두 배에 가까운 공·사립 간 교원인건비 격차를 줄이기에는 턱도 없이 부족한 현실이다. 장기적으로 누리과정이 제대로 정착하기 위해서는 2만 8천여 명 (2010년 기준)에 달하는 사립유치원 교사에 대한 인건비 지원이 필요하다. 유치원 원아당 누리과정 지원비의 현실화에 소요되는 추가예산은 유치원이나 교사에 지원되는 금액이 아니라 무상교육을 위해 원아에게 학비로 지원되는 것이므로, 유치원의 운영에는 직접적인 도움이 되지 못한다.

3. 유아교육 선진화 과제의 지속적 추진을 위한 예산 확보

유아교육 선진화 정책은 지난 30년간 유아교육 정책 분야의 제반 과제들을 총 정리한 후 핵심과제를 선정하여 2009년 말부터 추진하였다.[49] 재정지원을 요하는 별도의 과제들이 많지만, 이들 과제가 성공적으로 달성될 수 있도록 적극적 지원이 필요하다.

유아교육 예산은 교직원운용지원, 교육활동지원, 유아교육비지원, 운영 및 교육여건개선지원에 소요되고 있다. 다양한 유아교육 재정지원은 계속되어야 하며, 재정지원 규모가 보다 현실화되어야 한다. 특히 유아교육 선진화 사업의 경우는 선택과 집중을, 시·도별 자체사업의 경우는 비용투자 대비 성과 우수사례를 특성화할 수 있도록 예산지원 규모 및 배분의 적정화를 도모하여야 한다.

4. 누리과정의 지속을 위한 충분한 재정의 확보

이제 취학전 교육, 특히 유아교육은 공교육이고 보편교육이라는 데 이의를 제기하는 이는 많지 않을 것이다. 취학전 교육 재정지원 확대는 국민 기본권과 연

---

47) 김현숙, "표준유아교육비용 산정에 관한 일 연구", 교육재정경제연구, 제17권 제2호(2008), pp. 161~188.
48) "상게논문"; 김현숙, 서병선, 보육료 지원체계 개편방안 연구(보건복지가족부, 2008).
49) 김병주, 문무경, "전게논문".

결된다. 균등한 교육기회를 제공받을 권리는 헌법적 권리다.

영유아기는 모든 발달에 있어서 결정적 시기이기 때문에 사회·경제적으로 불리한 배경을 가진 취약집단에 속한 가정환경 때문에 적절한 교육적 지원을 받지 못할 경우에 그 격차를 보충하는 것은 상당히 어려울 수 있고, 따라서 유아기에 있는 아동을 위한 교육적 지원체제, 특히 취약집단의 아동을 위한 교육지원체제를 유아기부터 마련해야 한다.[50] 이런 인식을 바탕으로, 북유럽 국가들은 취학전 교육을 무상으로 제공하고 있으며, 이는 필연적으로 정부의 재정 지출을 수반하게 된다. 스웨덴의 경우는 취학전 교육에서 교육비가 부모의 월급의 1~3%를 넘지 않도록 교육비 상한선제를 도입하고 있다. 초과되는 교육비 지출액은 국가가 부담하는 것이다. 유아교육이 명실상부한 공교육이 되기 위해서는 정부의 획기적 재정 지원이 필요하며, 이것이 경제적으로도 가장 효율적이고, 사회적으로도 출발점에서의 교육 불평등을 해소할 수 있는 가장 정의로운 길이다.[51]

생애 출발점에서의 교육 형평성 실현은 사회적 정의다. 취학전 교육에 대한 재정지원은 교육불평등 해소의 출발점이며, 이것이 유아교육 공교육화를 완성하기 위해 정부가 나서야 할 이유다. 「유아교육법」 및 「영유아보육법」의 제정취지를 살리고, 누리과정의 지속적인 추진과 낙후된 유아교육을 활성화하기 위해서는 적정 수준의 재정확보가 필수적이다.

참고문헌

교육과학기술부, "2010년도 유아교육 예산 집행현황 및 2011년도 유아교육 예산 편성현황", 내부자료, 2011.

교육과학기술부, "2011학년도 유아학비 지원계획", 내부자료, 2011.

교육과학기술부, "만5세 유아 공통과정 도입추진계획안", 내부자료, 2011.

교육과학기술부, "2010년 사교육비조사 결과", 2011.

교육부, 한국교육개발원, 교육통계연보, 각연도.

김병주, "유아교육재정 확보방안", 국회 정책토론회, 2005.

김병주, "취학전교육 재정지원의 쟁점과 방향", 교육정치학연구, 제18권 제3호, 2011.

- - -

50) 류방란 외, 외국의 교육안전망 사례: 스웨덴, 독일, 영국, 일본, 미국(서울: 한국교육개발원, 2007).
51) 상게서.

김병주, 김민희, 정성수, 지방교육재정 운영 합리화 방안 연구, 한국교육개발원, 2010.

김병주, 김선연, "유치원 교육에 대한 학부모의 참여행태 분석", 열린유아교육연구, 제9권 제3호, 2004.

김병주, 김성기, 사립유치원의 공공성 확보방안, 교육인적자원부, 2005.

김병주, 김성기, 오범호, 유치원 재무회계규칙 도입방안 연구, 육아정책연구소, 2010.

김병주, 문무경, "유아교육재정의 과제", 교육재정 투자: 현실과 대안, 한국교육개발원과 한국교육재정경제학회 공동포럼 자료집, 2011. 12. 15.

김병주, 조형숙, 만5세 공통교육과정 도입을 위한 법적, 재정적 가능성 검토, 한국교육개발원, 2011.

김병주, 김동훈, 김민희, 나민주, 문무경, 오범호, 우명숙, 이정미, 교육재정 정책 현안 진단 및 아젠다 발굴 연구, 한국교육개발원, 2011.

김은설, 문무경, 최윤경, 김경미, 2009~2010 유아교육 연차보고서, 교육과학기술부, 2010.

김은설, 유해미, 김선화, 유아교육 정책의 성과와 과제, 육아정책연구소, 2010.

김은설, 이윤진, 김경미, 2010~2011 유아교육 연차보고서, 교육과학기술부, 2011.

김현숙, "표준유아교육비용 산정에 관한 일 연구", 교육재정경제연구, 제17권 제2호, 2008.

김현숙, 서병선, 보육료 지원체계 개편방안 연구, 보건복지가족부, 2008.

나정, 유치원교육 공교육화를 위한 단계적 발전방안 연구, 한국교육개발원, 1996.

나정, 영유아 교육과 보육발전방안, 교육인적자원부, 2003.

나정, 류숙희, 고미경, 유치원 실태조사 보고, 한국교육개발원, 2005.

나정, 서문희, 유희정, 박기백, 영유아 교육과 보육 발전방안, 한국교육개발원, 2003.

류방란, 허준, 김수영, 최윤정, 외국의 교육안전망 사례: 스웨덴, 독일, 영국, 일본, 미국, 서울: 한국교육개발원, 2007.

류방란, 김경애, 이은미, 김인희, 이광현, 교육복지투자우선지역 지원사업 제도화 방안 연구, 한국교육개발원, 2011.

문무경, 저소득층 유아 지원, 교육복지마스터 플랜(2008), 한국교육개발원, 2008.

문무경, 권미경, 황미영, 유치원교육과정과 표준보육과정의 통합 추진 방안 연구, 육아정책연구소, 2011.

변양규, 이진연, 고용선진국과 한국의 노동시장 지표 및 유연안전성 비교, 한국경제연구원, 2014.

부산광역시교육청 학교수용팀, "부산 유치원의 현황 및 과제", 2011.

서문희 외, 전국 보육실태조사, 보건복지부, 2009.

서문희, 박수연, 보육시설과 유치원 이용시간 유형별 비용 차등 적용 방안, 육아정책개발센터, 2008.

서문희, 최혜선, 보육정책의 성과와 과제, 육아정책연구소, 2010.

신은수, 박은혜, 김병주, 만 3-4세 유아지원체계 강화방안 연구, 교육과학기술부, 2011.

신은수, 박은혜, 김재춘, 유아교육 정책 현안 분석 및 발전방향 연구, 서울: 육아정책연구소, 2010.

신은수, 정미라, 박은혜, 유아 무상공교육체제 구축에 관한 요구 조사, 한국교육개발원, 2009.

유병홍, 이정훈, OECD 회원국의 노동시장 지표 비교연구, 한국고용노사관계학회, 2013.

아이사랑 보육포털(http://www.childcare.go.kr/), 2010. 12 보육통계.

이윤진, 문무경, 김미정, 양시내, 유아학원 이용 및 운영 실태, 육아정책연구소, 2009.

장명림 외, 초등학교 취학 연령 및 유아교육 체제 개편 연구, 교육과학기술부, 2010.

정현승, "의무교육의 무상성", 교육법학연구, 제17권 제1호, 2005.

차성현 외, 유아 사교육 실태 및 영향 분석, 한국교육개발원, 2010.

천세영, "유아교육 및 교육복지를 위한 지방교육재정의 역할 검토", 현 정부의 교육재정 관련 정책 중간 점검, 2009년도 한국교육재정경제학회 학술대회자료집, 2009.

한국교육개발원, 2004년도 전국 보육·교육 실태조사 3: 유치원 실태조사 보고, 여성부, 2005.

한국교육개발원, "교육정책 분야별 통계자료", 2010.

한국교육개발원, 2011 지방교육재정분석 종합보고서, 2011.

한국보건사회연구원, "2004년도 전국 보육·교육 실태조사1: 보육·교육 이용 및 욕구 실태조사 보고", 여성부, 2005.

한국보건사회연구원, "2004년도 전국 보육·교육 실태조사2: 보육시설 실태조사 보고", 여성부, 2005.

한국보건사회연구원, "2004년도 전국 보육·교육 실태조사5: 보육·교육 실태조사 총괄 보고", 여성부, 2005.

Bala, G., Krneta, Z., & Katic, R., "Effects of Kindergarten Period on School Readiness and Motor Abilities", *Original Scientific Paper*, 1, 61-67, 2009.

Barnett, W. S., Lamy, C., & Jung, K., *The Effects of State Prekindergarten Programs on Young Children's School Readiness in Five States,* The National Institute for Early Education Research, Rutgers University, 2005.

Cunha, Flavio, Heckman, James J., Lochner, Lance J., & Masterov, Dimitriy V., "Interpreting the Evidence on Life Cycle Skill Formation", in E. Hanushek & F. Welch, Eds., *Handbook of the Economics of Education*, Amsterdam: North Holland, Chapter 12, 697-812, 2006.

Conti, G., & Heckman, J. J., "Understanding the Early Origins of the Education-Health

Gradient: A Framework That Can Also Be Applied to Analyze Gene-Environment Interactions", *Perspectives on Psychological Science,* 5(5), 585-605, 2010.

Hart, B., & Risley, T., *Meaningful Differences in the Everyday Experience of Young American Children,* Boltimore: Paul H. Brookes Publishing, 1995.

Heckman, J. J., *National Commission on Fiscal Responsibility and Budget Reform,* Department of Economics, University of Chicago, 2010.

Heckman, J., & Klenow, P., "Human Capital Policy", in M. Boskin, Ed., *Policies to Promote Capital Formation,* Hoover Institution, 1998.

OECD, *Education at a Glance OECD Indicators 2010,* 2010.

OECD, *Education at a Glance 2011: OECD Indicators,* 2011.

Ou, S., & Arthur, Reynolds, *Preschool Education and School Completion. Encyclopedia on Early Childhood Development,* Centre of Excellence for Early Childhood development, 2004.

Pre-K NOW, http://www.preknow.org

Prince, D. L., Hare, R. D., & Howard, E. M., "Longitudial Effects of Kindergarten", *Journal of Research in Childhood Education,* 16(1), 15-27, 2001.

Roseveare, D., "Investing in high quality early childhood education and care", 육아정책연구소, OECD-Korea 유아교육과 보육 정책포럼 자료집, pp. 6-26, 2011.

World Bank, Constructing knowledge societies: New challenges for tertiary education, 2002, 고등교육연구팀 역, 지식사회 만들기: 고등교육의 새로운 도전, 한국교육개발원, 2004.

제 **13** 장

사학재정[1)](#)

사립학교에 대해서는 설립자 부담원칙을 적용하여 왔기 때문에 국가의 사학재정정책은 사학에 대한 지원정책이라기보다는 사학에 대한 규제정책의 기능을 해 왔다. 1969년 중학교무시험정책과 1974년 고등학교 평준화시책의 도입과 더불어 시작된 사립중등학교에 대한 재정지원정책이 재정결함보조제도로 정착되어 오늘에 이르고 있으나, 재정지원과 동시에 등록금 규제가 시작되어 사립중등학교의 자율성에 심각한 제약요인이 되고 있다. 대학에 대하여는 기본적으로 수익자 부담원칙을 적용하고 있었고, 사립대학에 대하여는 설립자 부담원칙을 더해 왔기 때문에 사립대학에 대한 재정지원정책은 없었다고 해도 과언이 아니다. 다만 1990년대 중반 이후 대학의 경우는 평가에 의한 재정지원이 이루어지면서 사립대학도 재정지원의 대상에 포함되었으나, 사립중등학교와 마찬가지로 재정

---

1) 이 장은 송기창, "사립학교의 안정적인 재정제도 확립 방안," 한국사학법인연합회 사학정책토론회 발표원고(2013. 5. 14, 국회도서관)를 바탕으로 수정 · 보완한 것임.

지원과 함께 행정규제가 늘어나 자율적으로 사학을 경영하는 데 많은 어려움을 겪고 있다.

통상적으로 사학재정정책이라 함은 사학에 대한 재정지원정책을 의미하나, 엄밀한 의미에서 본다면 사학재정정책이란 사학에 대한 재정지원에 국한하지 않고 사립학교가 교육목적 달성을 위하여 필요한 교육활동을 전개하는 데 필요한 교육재원을 확보·배분·지출·평가하는 일련의 정책이라 할 수 있다. 따라서 사학재정정책은 사학에 대한 재정지원정책뿐만 아니라 사립학교의 설립과 운영을 위한 재원확보책을 요구하는 설립·인가정책과 학교법인의 책임과 의무에 관한 정책, 등록금에 관한 정책 등을 포함한다고 볼 수 있다.

제1절 사학의 특성과 의의

우리나라 교육이 양적으로 확대되고 교육에 대한 사회적 수요가 증대하는 과정에서 사립중등학교는 교육수요의 상당부분을 충족함으로써 공공재정을 보충하고 중등교육의 보급 확대를 통하여 민주교육의 기초 확립에 이바지하였다. 또한 산업화의 과정에서 사립대학은 산업발전의 주도적 역할을 담당할 고급인력을 양성·공급하는 기능을 수행해 왔다. 즉, 교육기회의 확대와 인재 양성이라는 측면에서 사학의 중요성과 그 기여도는 어느 누구도 부인할 수 없다.[2]

사립학교는 사학의 특수성에 따른 자주성의 확보와 공공성의 앙양이란 양대 원리를 지주로 하고 있다. 「사립학교법」 제1조의 입법정신은 명백히 사학의 자주성과 공공성의 조화를 명시적으로 제시하고 있다.

교육의 자주성이란 교육이 타의 간섭 없이 그 전문성과 특수성에 비추어 독자적·자율적으로 실시·운영되어야 한다는 것이다. 이는 무엇보다도 국·공·사립학교 설립자의 구별 없이 어떠한 형태의 교육에 있어서도 교육의 본래 목적을 기반으로 하여 자주적으로 실시되어야 한다는 원칙이며, 이에 더하여 교육행정과 일반행정의 분리·독립을 의미하는 것이다. 교육의 자주성 보장 원칙은 「대

---

2) 윤정일 외, 한국교육정책의 탐구(서울: 교육과학사, 1996), p. 141.

한민국헌법」 제31조 제4항에 명시되어 있으며, 이 헌법조항을 반영하여 「교육기본법」 제5조(교육의 자주성 등) 제1항(국가와 지방자치단체는 교육의 자주성과 전문성을 보장하여야 하며, 지역 실정에 맞는 교육을 실시하기 위한 시책을 수립·실시하여야 한다)과 「지방교육자치에 관한 법률」에 반영되어 있다.[3)]

「사립학교법」에서는 특별히 사학의 자주성을 보장할 것을 천명하고 있는 바, 이는 교육의 자주성을 보장하기 위한 목적과 함께 사학의 특수성을 보장하기 위한 목적을 가지고 있다. 사학의 자주성은 크게 학사운영의 자율성과 행·재정 운영의 자율성을 포함하는데, 학사운영의 자율성이란 교육내용의 선정, 조직이나 학생선발 등 학사운영을 자체적으로 해 나간다는 것을 말하며, 행·재정 운영의 자율성이란 등록금의 결정이나 행정조직, 인사관리를 사학 나름대로 자주적으로 해 나간다는 것을 의미한다. 이렇게 사학이 교육과정과 재정의 운영을 정부나 교육당국의 간섭과 통제를 받지 않고 건학 정신에 맞추어 자율적으로 이루어 나갈 때 사학 본연의 독자성은 자연스럽게 확보될 수 있는 것이다.[4)]

교육의 공공성이란 국가에 의해 제공되는 교육의 특성을 서술하는 말이기도 하고 그러한 교육이 마땅히 갖추어야 할 규범을 의미하기도 한다.[5)] 특히 사학의 공공성이란 모든 학교 교육사업은 사회 공공의 복지를 위해서 그 의의가 인정되는 것이기 때문에 사립학교라 할지라도 설립자의 이익만을 꾀하거나 자의적인 운영에 맡겨서는 안 된다고 하는 공교육 개념에서 온 것으로, 사립학교가 갖는 공공적 성질을 가리킨다. 이는 교육의 사회적인 공기성(公器性)을 중요시하여 국가와 사회가 요청하는 교육에 대한 통일성과 평균성, 동질성을 의미하는 것이기도 하다.

사학이 존재해야 할 의의를 당위적인 입장에서 살펴보면 다음과 같다.[6)]

---

3) 「지방교육자치에 관한 법률」 제1조는 "이 법은 교육의 자주성 및 전문성과 지방교육의 특수성을 살리기 위하여 지방자치단체의 교육·과학·기술·체육 그 밖의 학예에 관한 사무를 관장하는 기관의 설치와 그 조직 및 운영 등에 관한 사항을 규정함으로써 지방교육의 발전에 이바지함을 목적으로 한다."고 규정함으로써 지방교육자치가 헌법에서 규정한 교육의 자주성과 전문성을 보장하기 위한 수단임을 천명하고 있다.

4) 박언서, 농어촌 중등사학의 운영실태와 개선방안(서울: 대한사립중고등학교장회, 1997), p. 17.

5) 나병현, "공교육의 의미와 교육의 공공성 문제," 한국교육, 제29권 제2호(2002. 6), pp. 549~571.

6) 박휜구 외, 사학운영의 과제와 개선방안(한국개발연구원, 1986), p. 35.

첫째, 사학은 다양성 있는 교육이념과 교육목표를 추구하는 데 없어서는 안 될 구성요소다. 자유 민주사회에서는 다양한 가치관과 능력을 가진 사람들이 균형과 조화를 이루는 것이 바람직하며, 그와 같은 다양성은 교육에 있어서도 조장될 필요가 있다.

둘째, 사학은 진보적이고 효율적인 교육체제 및 교육운영방식을 개발·적용하는 데 선도적인 역할을 담당한다. 국·공립학교는 모든 사람에게 동등한 교육기회를 제공해야 한다는 사회적 압력이 강하고, 경직된 관료적 행정체제에 의하여 운영되므로 새로운 개혁을 시도하는 데 제약이 따른다.

셋째, 사학은 정부 재정능력의 한계를 보완하는 역할을 담당한다. 대부분의 국가가 학교설립에 소요되는 막대한 재원과 학교운영경비를 공교육재정만으로 감당하기 어려운 것이 현실이다. 이에 민간 독지가나 육영재단 등이 그러한 재정을 자발적으로 분담하고 있는 형태가 사립학교다.

요컨대, 사립학교는 국가 교육발전에 중요한 보완적인 기능을 하고 있으며, 민주사회에 합당한 다양한 가치관을 지닌 인재를 양성·공급함으로써 사회발전에 기여하고 있다.

제2절 사립학교의 재정구조

1. 사립학교 회계의 구분

학교법인의 회계는 그가 설치·경영하는 학교에 속하는 회계와 법인의 업무에 속하는 회계로 구분한다. 학교에 속하는 회계는 이를 교비회계와 부속병원회계(부속병원이 있는 경우에 한한다)로 구분할 수 있고, 교비회계는 등록금회계와 비등록금회계로 구분하며, 각 회계의 세입·세출에 관한 사항은 대통령령으로 정하되 학교가 받은 기부금 및 수업료 기타 납부금은 교비회계의 수입으로 하여 이를 별도 계좌로 관리하여야 한다. 학교에 속하는 회계의 예산은 당해 학교의 장이 편성하되, 대학교육기관은 대학평의원회의 자문 및 「고등교육법」 제11조 제2항에 따른 등록금심의위원회의 심사·의결을 거친 후 이사회의 심사·의결

〈표 13-1〉 사립학교 회계제도

구분	사립대학회계			사립초·중·고회계	
	법인일반업무회계 및 학교회계	부속병원회계	수익사업회계 및 산학협력단회계	법인일반업무회계	교비회계
적용 기준	사학기관재무회계규칙에 대한 특례규칙	의료기관회계기준준칙	기업회계기준	사학기관재무회계규칙	사학기관재무회계규칙
재무 제표	대차대조표 운영계산서 자금계산서 합산 또는 종합재무제표(학교회계와 법인회계)	대차대조표 손익계산서 기본금변동계산서 현금흐름표	대차대조표 손익계산서 이익잉여금처분계산서 현금흐름표 연결재무제표	대차대조표 손익계산서(단식부기하는 경우에는 수지계산서)	재무보고서
기타	부속명세서	부속명세서	부속명세서	부속명세서	

자료: 한국사학진흥재단, 2013 사립대학재정통계연보(2013), p. 147을 보완함.

로 확정하고 학교의 장이 집행하고, 「초·중등교육법」 제2조에 따른 학교는 학교운영위원회의 자문을 거친 후 이사회의 심사·의결로 확정하고 학교의 장이 집행하며, 유치원은 학교의 장이 집행한다.

법인의 업무에 속하는 회계는 이를 일반업무회계와 수익사업회계로 구분할 수 있다. 대학의 경우에는 「산업교육진흥 및 산학연협력촉진에 관한 법률」에 의해 학교규칙으로 정하는 바에 따라 법인으로서 산학협력단을 둘 수 있고, 산학협력단에는 산학협력단회계를 둘 수 있다. 다만 산학협력단회계는 사립대학에만 두는 것이 아니며, 국·공립대학에도 둘 수 있다.

교비회계에 속하는 수입이나 재산은 다른 회계에 전출하거나 대여할 수 없다. 다만 차입금의 원리금을 상환하는 경우와 공공 또는 교육·연구의 목적으로 교육용 기본재산을 국가, 지방자치단체 또는 연구기관에 무상으로 귀속하는 경우(다만 대통령령으로 정하는 기준을 충족하는 경우에 한한다)에는 그렇지 않다.

2. 사립학교의 세입과 세출

학교에 두는 교비회계의 세입은 ① 법령 또는 학칙에 의하여 학교가 학생으로부터 징수하는 입학금·수업료 및 입학수험료, ② 학사관계 제증명 수수료, ③ 학교시설의 사용료 및 이용료, ④ 다른 회계로부터 전입되는 전입금, ⑤ 학생의 실험실습에서 생기는 생산품 등의 판매대금, ⑥ 교비회계의 운용과정에서 생기는 이자수입, 교육용 기자재 등의 불용품 매각수입, ⑦ 교비회계의 세출에 충당하기 위한 차입금, ⑧ 기타 학교법인의 수입으로서 다른 회계에 속하지 아니하는 수입 등으로 구성된다. 세출은 ① 학교운영에 필요한 인건비 및 물건비, ② 학교교육에 필요한 시설·설비를 위한 경비, ③ 교원의 연구비, 학생의 장학금, 교육지도비 및 보건체육비, ④ 차입금의 상환원리금, ⑤ 기타 학교교육에 직접 필요한 경비 등으로 구성된다(「사립학교법」 제29조와 「사립학교법 시행령」 제13조). 초·중·고등학교의 경우에는 「사학기관 재무회계규칙」에, 대학의 경우에는 「사학기관 재무회계규칙에 대한 특례규칙」에 세입과 세출 과목이 제시되어 있다.

「사학기관 재무회계규칙」 별지서식을 중심으로 초·중·고등학교의 구체적인 교비회계 세입항목을 살펴보면, 사용료 및 수수료(입학금, 수업료, 수험료, 증명료, 기타 납입금), 전입금(연금부담금, 재해보상부담금, 건강보험부담금, 기타 부담금), 원조보조금(국고보조, 시·도보조, 특정보조, 외국기관단체보조, 재외재단보조), 이월금(전년도 불용액, 이월사업비), 과년도수입, 기부금(특정기부금, 일반기부금), 차입금(은행차입금, 개인차입금), 적립금(노후건물의 개축·증축 등 목적의 적립금), 학교운영지원비(회비수입, 교육활동경비, 수익자부담경비 등), 잡수입(생산품매각대, 불용품매각대, 예금이자, 교내재산임대료 등)으로 구분된다.

요컨대, 사립학교의 세입재원은 크게 보면 법인회계 등 다른 회계로부터의 전입금, 학생등록금, 자체수입, 차입금, 국가 및 지자체 보조금, 기부금 등으로 구분된다. 법인회계 등 다른 회계로부터의 전입금은 법인 일반회계로부터의 전입금(법정부담금, 학교운영비전입금, 학교시설비전입금 등), 산학협력단회계로부터의 전입금, 학교기업회계로부터의 전입금, 학교발전기금으로부터의 전입금, 학교 내 다른 회계로부터의 전입금으로 구성되며, 학생등록금은 입학금 및 수업료, 단기수강료, 학교운영지원비(사립고) 등으로 구성된다. 자체수입은 사용료 및 수수료 수입, 입시수수료, 실험실습생산품 판매수입, 자산임대 및 매각수입, 이자수입, 적립금인출수입, 잡수입 등이며, 차입금은 단기차입금, 장기차입금, 차관 등이다. 국가 및 지방자치단체 보조금은 국고보조금, 지방자치단체보조금, 재정결함보조금 및 교육환경개선보조금 등 목적사업비보조금(초·중·고) 등이며, 기부금은 일반기부금, 지정기부금, 연구기부금(대학) 등이다.

세출항목을 살펴보면 인건비, 관리운영비, 연구장학비, 보건체육비, 실험비, 입시관리비, 학생지도비, 상환반환금, 과년도 지출, 재산조성비, 적립금, 예비비, 학교운영지원비 등으로 구분된다.

제3절 사립학교 재정제도의 현황과 문제

사립학교 세입재원 중 비교적 규모가 크고 사회적 관심의 대상이 되고 있는 재원은 법인전입금, 학생등록금 및 적립금, 재정결함보조금 및 국고보조금 등이다. 이 장에서는 사립학교 재정제도의 근간을 이루는 학교법인의 수익용기본재산 및 법인전입금제도, 학생등록금 및 적립금제도, 국가 및 지방자치단체 보조금제도 등을 중심으로 현황과 문제점을 분석한다.

1. 학교법인의 수익용기본재산제도와 법인전입금제도

1) 학교법인 수익용기본재산제도의 현황 및 문제점

학교법인은 학교운영경비를 충당할 목적으로 학교경영에 필요한 재산, 즉 수익용기본재산을 갖추어야 한다. 「사립학교법」제5조에 의하면, 학교법인은 그 설치·경영하는 사립학교에 필요한 시설·설비와 당해 학교의 경영에 필요한 재산을 갖추어야 하며, 사립학교에 필요한 시설·설비와 재산에 관한 기준은 대통령령으로 정하도록 규정하고 있다.

고등학교 이하 각급학교의 수익용기본재산 확보기준은 「고등학교이하 각급학교 설립·운영규정」제13조 제1항에 규정되어 있다. 고등학교 이하 학교법인의 경우, 연간 학교회계 운영수익총액의 1/2을 수익용기본재산으로 확보해야 한다.[7] 대학의 경우에는 수익용기본재산 확보기준이 「대학설립운영 규정」제7조

---

[7] 고등학교 이하 학교법인의 수익용기본재산 확보기준은 연간 학교회계 운영수익총액의 2분의 1인 바(「고등학교이하 각급학교 설립·운영규정」제13조 제1항), 「고등학교이하 각급학교 설립·운영규정 시행규칙」제9조 제1항과 제2항에 따르면, 연간 학교회계 운영수익총액은 편제완성연도의 학교회계

제1항에 규정되어 있다. 대학법인의 경우, 연간 학교회계 운영수익총액에 해당하는 수익용기본재산을 확보해야 하되, 대학 100억 원, 전문대학 70억 원, 대학원대학 40억 원 이상을 확보하여야 한다(다만 국가가 출연하여 설립한 학교법인이 설립·경영하는 대학에 국가가 그 대학의 연간 학교회계 운영수익총액의 2.8% 이상을 지원하는 경우에는 해당 학교법인은 수익용기본재산을 확보한 것으로 본다).

수익용기본재산으로 인정하는 조건은 고등학교 이하 학교법인의 경우에 수익용기본재산 총액의 3.5% 이상에 해당하는 가액의 연간수익이 있는 것이어야 하며, 대학의 경우에도 연간 학교회계 운영수익총액에 해당하는 가액의 수익용기본재산 총액의 3.5% 이상에 해당하는 가액의 연간 소득이 있는 것이어야 한다.

한편, 고등학교 이하 각급학교가 학급 또는 학과를 증설하거나 학생정원을 증원하는 경우에는 그 증설 또는 증원분을 포함한 전체에 대하여 설립·운영기준을 갖추어야 하나, 수익용기본재산의 경우에는 증설 또는 증원분에 대하여 적용한다. 대학(대학원 및 대학원대학을 포함한다)의 학과 또는 학부를 증설하거나 학생정원을 증원하는 경우에는 그 증설 또는 증원분을 포함한 전체에 대하여 기준(교사·교지·교원 및 수익용기본재산에 관한 기준)을 충족하여야 한다.

수익용기본재산 수익의 교비회계 전출기준은 연간 학교회계 운영수익총액은 편제완성연도의 학교회계 운영수익총액이며(학급·학과 또는 학생정원을 증설 또는 증원하는 경우에는 그 증설 또는 증원하는 연도의 직전연도 학교회계 운영수익총액에 그 증설 또는 증원에 따라 증가하는 학교회계운영수익을 합한 금액으로 함), 학교세입 합계액에서 전입금수입액, 재정결함지원금을 제외한 원조보조금수입액, 기부금수입액, 학교운영지원비수입액을 제외한 것이다. 「대학설립운영 규정」 제8조 제1항 "학교법인은 그가 설립·경영하는 대학에 대하여 매년 수익용기본재산에서 생긴 소득의 100분의 80 이상에 해당하는 가액을 대학운영에 필요한 경비로 충당하여야 한다."고 규정하고, 「대학설립운영규정 시행규칙」 제11조는 "수익용기본재산에서 생긴 소득의 범위는 수익용기본재산에서 생긴 총수입에서 당

운영수익총액이며(학급·학과 또는 학생정원을 증설 또는 증원하는 경우에는 그 증설 또는 증원하는 연도의 직전연도 학교회계 운영수익총액에 그 증설 또는 증원에 따라 증가하는 학교회계운영수익을 합한 금액으로 함), 학교세입 합계액에서 전입금수입액, 재정결함지원금을 제외한 원조보조금수입액, 기부금수입액, 학교운영지원비수입액을 제외한 것임.

〈표 13-2〉 2011~2013년 수익용기본재산 재산유형별 수익률 추이　　　(단위: 억 원)

연도	구분	토지	건물	유가증권	신탁예금	기타	계
2011	평가액	46,480	11,838	5,162	7,685	875	72,040
	수익액	276	1,543	58	351	19	2,247
	수익률(%)	0.6	13.0	1.1	4.6	2.2	3.1
2012	평가액	50,300	11,774	4,553	7,835	875	75,337
	수익액	246	2,035	62	293	32	2,667
	수익률(%)	0.5	17.3	1.3	3.7	3.6	3.5
2013	평가액	50,856	12,789	4,802	8,296	197	76,942
	구성비(%)	66.1	16.6	6.2	10.8	0.3	100
	수익액	287	1,819	61	281	20	2,469
	수익률(%)	0.6	14.2	1.3	3.4	10.3	3.2

자료: 한국사학진흥재단, 2013 사립대학재정통계연보(2013).

해 수익용기본재산에 관한 제세공과금 및 법정부담경비를 뺀 금액으로 한다. 이 경우 총수입 중 수익사업회계로 경리되는 수익용기본재산에서 생긴 수입은 그 수익사업회계로부터 일반업무회계로 전입되는 금액을 말한다."고 규정하고 있다.

2013년 대학법인의 경우, 수익용기본재산의 재산유형별 구성을 보면 토지가 5조 856억 원으로 66.1%를 차지하고 있으나, 수익률은 가장 낮은 0.6%에 불과하다. 건물의 수익률이 14.2%로 재산 중 가장 높으며, 전년대비 수익률은 3.5%에서 법정 기준에 못 미치는 3.2%로 0.3%p 가량 감소하였다.

정부가 교육수요를 충족하는 과정에서 국·공립학교를 설립하는 대신에 사립학교 설립을 장려하는 정책을 선택하였고, 사립학교 설립을 장려하기 위하여 낮은 설립기준을 적용하였고, 폭발적으로 늘어나는 교육수요를 쉬운 방법으로 조기에 충족하기 위해 학교 신설하는 정책과 함께 기존 학교의 입학정원을 증원하는 정책을 채택하였다.[8]

대학의 경우, 학생 1인당 20만 원이라는 낮은 수익용기본재산 확보기준을 설정함으로써 영세 학교법인을 양산하였다.[9] 낮은 수익용기본재산마저 수익률을

---

8) 송기창 외, 사립대학 재정의 현안 및 쟁점에 관한 연구(한국교육재정경제학회, 2012), p. 50.

9) 「학교법인의 학교경영재산기준령」(대통령령 제8132호, 1976. 5. 21 제정) 제3조 제1항은 "학교법인은 연간학교운영경비의 10배 이상에 해당하는 수익용기본재산을 확보하여야 한다."고 규정하고, 제5조

묻지 않고 재산가액만을 요구함으로써 수익용 재산이 임야, 전답 등 수익이 나지 않는 재산으로 확보할 수 있게 하였다. 학생정원을 증원할 때 추가정원에 따른 수익용기본재산을 추가적으로 확보하도록 요구하지 않음으로써 수익용기본재산 확보율이 낮아지는 것을 방치한 측면도 있었다. 1976년에 「학교법인의 학교경영재산기준령」과 「학교법인의 학교경영재산기준령 시행규칙」을 제정하여 연차별로 수익용기본재산을 보충하도록 요구하였으나,[10] 이미 불가능한 상황이었다. 전 재산을 출연하여 학교를 설립한 설립자에게 추가적으로 수익용기본재산을 확보하도록 요구하는 것은 현실적으로 실효성이 없었기 때문이다. 기준에 미달할 경우 확보재산에 맞춰 정원을 감축하는 제재방법을 고려할 수 있었으나, 고등교육수요 충족에 급급한 상황에서 그러한 제재방법을 채택하기도 어려웠다.

1996년에 「대학설립·운영규정」을 제정하였고, 1997년에 「고등학교이하 각급학교설립·운영규정」과 「기술대학설립·운영규정」을 제정하였으며, 2008년에 「사이버대학설립·운영규정」을 제정하였으나, 기존의 학교법인 및 학교의 수익용기본재산에 관하여는 종전의 「학교법인의 학교경영재산기준령」의 규정을 적용할 수밖에 없어서 기존 학교에 대한 실효성을 기대하기 어려웠다. 학과 등의 증설, 학생정원의 증원, 학생의 모집, 행정 및 재정지원정책에는 새로운 기준을 반영하여야 한다고 되어 있으나 이 또한 현실적으로 반영하는 데 한계가 있었다.

수익용기본재산 확보기준인 학교회계 운영수익은 매년 증가하기 때문에 학교회계 운영수익 증가율만큼 수익용기본재산의 재산가치가 늘어나지 않는 한 확보율은 계속 낮아질 수밖에 없다는 점도 문제점 중의 하나다.[11] 학과증설이나 학생정원 증원이 없더라도 학교회계 세입이 늘어나면 수익용기본재산 확보기준액

에서 "학교법인은 수익용기본재산에서 생긴 수익의 100분의 80 이상에 해당하는 액을 그가 설치·경영하는 학교의 연간운영경비에 충당하여야 한다."고 규정하고 있으나, 「학교법인의 학교경영재산기준령 시행규칙」(문교부령 제395호, 1976. 10. 27 제정) 제3조 제1항 제3호에서 학교법인이 확보할 수익용기본재산의 최저기준액은 "대학을 설치·경영하는 학교법인에 있어서는 학생 정원에 20만 원을 곱한 액으로 한다."고 완화하여 적용하였음.

10) 「학교법인의 학교경영재산기준령」 부칙 제3항은 "이 영 시행 당시 제3조의 규정에 의한 기준에 미달되는 학교법인의 수익용기본재산은 이 영 시행일로부터 5년 이내에 제3조의 기준에 적합하게 보완하여야 한다."고 규정하고 있음.

11) 상게서, p. 137.

도 늘어나게 되어 있어서 확보기준 자체가 매우 유동적이다. 수익용기본재산 확보기준은 학교회계 운영수익, 즉 세입결산 총액에서 전입금수입(법인전입금수입, 산학협력단 및 학교기업회계로부터의 전입금수입)과 기부금수입을 제외하는 방식으로 산정하기 때문에, 등록금수입, 국고보조금수입, 교육부대수입, 교육외수입 등이 많을수록 확보기준액이 늘어나는 문제도 있다. 대학이 자구노력을 많이 할수록 수익용기본재산 확보기준액도 올라가는 것이다. 단기수강료수입(교육기간이 1년 미만인 평생교육과정 등의 특별강좌의 수강료 수입), 국고보조금수입, 수입대체경비인 입시수수료수입, 대여·사용료수입, 예금이자수입 등이 많아질수록 확보기준도 높아지기 때문이다.

　수익용기본재산 확보기준인 학교운영수익총액에 해당하는 재산을 확보하고, 기준대로 연간 3.5% 수익을 낸다 해도 법정부담금을 100% 부담할 수 없다는 것도 문제다. 수익용기본재산 확보기준은 1996년 7월 제정된 「대학설립·운영규정」에 의해 정해졌으며, 당초 수익률 기준은 5%였으나 2004년 3월 5일 개정 규정에 의해 3.5%로 조정되어 오늘에 이르고 있다. 최초 수익률이 적정하게 설정되었다면, 논리적으로 수익률이 5%에서 3.5%로 조정되려면 수익용기본재산 확보기준은 연간 학교회계운영수익 총액의 143%로 상향 조정되어야 했으나, 확보기준은 그대로 유지함으로써 학교법인의 법정부담금 부담능력은 3.5/5, 즉 70%로 낮아지는 결과가 되었다. 결과적으로, 학교법인이 법정기준에 따라 수익용기본재산을 확보하고 기준대로 수익을 낸다 해도 법정부담금을 100% 부담할 수 없게 되어 있다는 것이다.

　「대학설립운영규정 시행규칙」 제11조(소득의 범위)는 "영 제8조 제2항의 규정에 의한 수익용기본재산에서 생긴 소득의 범위는 수익용기본재산에서 생긴 총수입에서 당해 수익용기본재산에 관한 제세공과금 및 법정부담경비를 뺀 금액으로 한다. 이 경우 총수입 중 수익사업회계로 경리되는 수익용기본재산에서 생긴 수입은 그 수익사업회계로부터 일반업무회계로 전입되는 금액을 말한다."고 규정하고 있다.[12] 수익용기본재산 수익률 3.5%는 제세공과금 및 법정부담경비를 빼지 않은 소득의 수익률을 지칭하지만, 대학운영에 필요한 경비로 충당해야

12) 상계서, pp. 138~139.

하는 수익용기본재산에서 생긴 소득의 100분의 80 이상에 해당하는 가액의 기준이 되는 '수익용기본재산에서 생긴 소득'은 수익용기본재산에서 생긴 총수입에서 당해 수익용기본재산에 관한 제세공과금 및 법정부담경비를 뺀 금액을 말하며, 이 경우 총수입 중 '수익사업회계로 경리되는 수익용기본재산'에서 생긴 수입은 '그 수익사업회계로부터 일반업무회계로 전입되는 금액'을 말한다고 되어 있다. 수익사업회계 총수입액에서 제외되는 제세공과금 및 법정부담경비의 기준이 없기 때문에 법정기준 수익률 3.5%의 소득이 발생했다고 해도 학교회계 전출률 80%의 기준이 되는 수입은 3.5%보다 낮을 수밖에 없다. 극단적으로는 3.5% 소득 전부를 제세공과금이나 법정부담경비로 지출할 수도 있다. 실제로, 법인 수익사업회계의 수입이 있을 경우에도 제세공과금과 법인의 법정부담경비를 제외하고 인건비 부담, 관리운영비 부담 등을 이유로 일반회계로 전출시키지 않을 수 있는바, 이는 의무전출 기준이 불분명한 데 원인이 있다.

수익용기본재산에서 나온 소득을 경리하는 방식에는 법인일반회계방식과 법인수익사업회계방식, 또는 재산에 따라 법인일반회계와 수익사업회계를 혼합하는 방식이 있을 수 있는바, 수익사업회계로 관리하는 수익용기본재산의 경우에는 수익사업회계에서 일반회계로 전출하는 수입액만 기준으로 잡는 문제가 있다. 수익사업회계에 소득이 발생해도 이런저런 이유를 붙여 일반회계로 전출하지 않을 경우 소득이 발생하지 않은 것과 마찬가지가 된다.

「고등학교이하 각급학교 설립·운영규정 시행규칙」제10조에는 '수익의 범위'를 "수익용기본재산에서 생긴 총수입에서 다음 각 호의 비용을 동호의 순서에 의하여 공제한 금액으로 한다. 다만, 시·도교육감은 학교법인의 재정여건을 감안하여 필요하다고 인정하는 경우에는 그 공제순서를 조정할 수 있다."고 규정하고, 공제순서로 "1. 제세공과금, 2. 법정부담경비, 3. 교육시설비부담액, 4. 학교법인운영비부담액, 5. 감가상각비"를 제시하고 있으나, 「대학설립·운영규정 시행규칙」에는 교육시설비부담액, 학교법인운영비부담액, 감가상각비 등과 같은 공제항목이 없고, 대학의 경우에 법정부담경비는 학교법인 직원의 법정부담경비를 지칭하나, 고교 이하의 경우에 법정부담경비는 학교법인 및 소속 학교 교직원의 법정부담경비를 지칭함으로써 법정부담경비를 전액 부담하지 않는 한 법인운영비조차 지출할 수 없다는 문제도 예상할 수 있다.

2) 법인전입금제도의 현황 및 문제점

학교법인 일반회계로부터 교비회계로 들어오는 법인전입금은 크게 법정부담금 전입금과 학교운영비를 지원하는 경상비 전입금 및 시설비 전입금으로 구분된다.

학교법인의 법정부담금은 관련 법률에 따라 학교법인이 일부를 부담하는 전임교원 관련 각종 부담금과 전액 부담하는 직원 및 비정규 교원에 대한 각종부담금을 말한다. 정규교원에 대한 각종 부담금은 본인, 학교법인, 국가가 각각 50%, 30%, 20%의 비율로 부담하고 있다.

연금부담금의 법률적 부담근거는 「사립학교교직원연금법」 제47조 제3항 및 시행령 제68조의2 제3항이며,[13] 재해보상부담금의 근거는 「사립학교교직원연금법」 제48조의2 제1항 및 시행령 제69조의2 제1항이고,[14] 건강보험료부담금의 부담근거는 「국민건강보험법」 제67조 제1항이다.[15] 퇴직수당부담금은 설립·경영자의 재정상태가 호전될 때까지 국가가 대신 부담하도록 되어 있어서 현재 사립학교의 설립·경영자는 부담 책임을 지지 않고 있다. 직원에 대한 각종 부담금은 교원과 달리 본인 50%, 학교법인 50%로 되어 있으며, 기간제교원과 시간강사에 대한 4대보험부담금(국민연금부담금, 건강보험부담금, 산재보험부담금, 고용보험부담금),[16] 기간제교원의 퇴직금부담금도 법인부담으로 되어 있다.

연금에 대한 법인부담금 조항의 연혁을 살펴보면 다음과 같다. 「사립학교교원연금법」이 제정된 것은 1973년 12월 20일의 일로, 제47조 제1항에서 "법인부담

---

13) 기준소득월액의 1,000분의 70에 상당하는 금액을 부담하는 개인부담금 합계액의 7천분의 4,117을 학교법인이 부담하고, 나머지 7천분의 2,883은 국가가 부담함.

14) 연금 개인부담금 합계액의 1만분의 454를 학교법인이 부담함.

15) 「국민건강보험법」 제73조 제1항 및 제76조 제1항과 「국민건강보험법 시행령」 제44조 제1항에 의해 직장가입자가 부담해야 하는 보수월액의 1만분의 599이며, 교원의 경우에는 해당하는 보험료액의 100분의 30은 학교법인이, 100분의 50은 개인이, 100분의 20은 국가가 부담하고, 직원의 경우에는 해당하는 보험료액의 100분의 50은 학교법인이, 100분의 50은 개인이 부담함.

16) 「국민연금법」 제88조 제3항에 의해 학교법인이 기준소득월액의 1천분의 45에 해당하는 금액을 부담하는 국민연금보험료, 「고용보험 및 산업재해보상보험의 보험료징수 등에 관한 법률」 제13조 제1항과 제2항에 따라 보험가입자로부터 징수하는 고용안정·직업능력개발사업 및 실업급여의 보험료인 고용보험료(자기의 보수총액에 실업급여의 보험료율의 2분의 1을 곱한 금액을 근로자가 부담하고, 학교법인은 근로자의 보수총액에 고용안정·직업능력개발사업의 보험료율과 실업급여의 보험료율의 2분의 1을 각각 곱하여 산출한 각각의 금액을 합한 금액)와 산재보험료(사업주가 경영하는 사업의 보수총액에, 같은 종류의 사업에 적용되는 산재보험료율을 곱한 금액), 그리고 「국민건강보험법」에 의해 학교법인이 부담하는 건강보험료부담금을 말함.

금은 학교경영기관이 이를 부담함."이라고 되어 있었으나, 연금부담금 규모가 작았으므로 법인에게 크게 부담을 주지는 않았다. 1978년 12월 5일 개정에서 "법인부담금은 학교경영기관이 이를 부담하되, 학교경영기관이 당해 학교에 소요되는 법인부담금의 전액을 부담할 수 없는 때에는「사립학교법」제4조의 감독청의 승인을 받아 그 부족액을 학교에서 부담하게 할 수 있음."으로 바뀌었다. 이는 1979년부터 직원에 대해서도 연금부담금을 부담하도록 확대하는 데 따른 문제를 해소하기 위함이었다.

1982년 12월 27일 개정에서는 "법인부담금은 학교경영기관이 이를 부담하되, 학교경영기관이 당해 학교에 소요되는 법인부담금의 전액을 부담할 수 없는 때에는 그 부족액을 학교에서 부담하게 할 수 있음."으로 바뀌었고, 2012년 1월 26일 개정에서는 "학교법인의 연금부담금은 학교경영기관이 부담하되, 학교경영기관이 그 학교에 필요한 법인부담금의 전부 또는 일부를 부담할 수 없을 때에는 그 부족액을 학교에서 부담하게 할 수 있으나, 법인부담금의 부족액을 학교가 부담하게 하는 경우에는 교육부장관의 승인을 받도록 함."으로 바뀌었다.

다음으로, 건강보험부담금에 법령 연혁을 보면, 보험료부담금을 처음으로 규정한 법률은「공무원 및 사립학교교직원 의료보험법」이었다. 동법은 1977년 말 제정되어 1978년부터 시행되었다. 동법 제50조 보험료의 부담 등 규정에 의하면, 공무원인 피보험자의 보험료는 피보험자와 정부가 각각 보험료액의 100분의 50을 부담하고, 사립학교 교직원인 피보험자의 보험료는 피보험자·학교경영자 및 정부가 각각 보험료액의 100분의 50, 100분의 30 및 100분의 20을 부담한다고 되어 있었다. 1995년 8월 4일 개정법률에서 "다만, 학교경영자가 그 부담금의 전액을 부담할 수 없을 때에는 그 부족액을 학교가 부담할 수 있다."는 단서규정을 추가하여 의료보험부담금을 교비회계에서 부담할 수 있는 길을 열어 놓았다.

1997년 말「공무원 및 사립학교교직원 의료보험법」을 폐지하고 새로 제정된「국민의료보험법」도 제49조 보험료의 부담 등에 관한 규정은 "공무원인 피보험자의 보험료는 피보험자와 정부 또는 지방자치단체가 각각 보험료액의 100분의 50을 부담한다. 교직원인 피보험자의 보험료는 피보험자·학교경영자 및 정부가 각각 보험료액의 100분의 50, 100분의 30 및 100분의 20을 부담한다. 다만, 학교경영자가 그 부담금의 전액을 부담할 수 없을 때에는 그 부족액을 학교가 부담할 수 있다."로 변함이 없었다.

그러나 「의료보험법」과 「국민의료보험법」을 통합하여 1999년 2월 제정된 「국민건강보험법」은 제67조에서 보험료의 부담을 규정하면서 종래의 단서 규정을 누락한 채 "직장가입자의 보험료는 직장가입자와 다음 각 호의 구분에 의한 자가 각각 보험료액의 100분의 50씩 부담한다. 다만, 직장가입자가 교직원인 경우의 보험료액은 그 직장가입자가 100분의 50을, 제3조 제2호 다목에 규정된 자[17]가 100분의 30을, 국가가 100분의 20을 각각 부담한다."로 규정함으로써 보험료부담에 문제를 야기하였다. 이에 2002년 12월 18일 개정에서 제67조 제1항 각 호 외의 부분 단서 중 "국가가 100분의 20을 각각 부담한다."를 "국가가 100분의 20을 각각 부담하되, 제3조 제2호 다목에 규정된 자가 그 부담액의 전액을 부담할 수 없을 때에는 그 부족액을 학교에 속하는 회계에서 부담하게 할 수 있다."로 개정하여 오늘에 이르고 있다. 2012년 9월 1일부터 시행된 개정법률에서도 제76조 제1항에 종전 법률과 동일하게 규정함으로써 학교법인이 건강보험부담액 전부를 부담할 수 없으면 그 부족액을 학교에 속하는 회계에서 부담하게 할 수 있다는 규정을 현재까지 이어오고 있다. 2014년 1월 1일 개정 「국민건강보험법」은 사립학교 직원의 경우에는 보험료 국가부담을 폐지하고, 학교경영기관이 100분의 50 전액을 부담하도록 하였다.

1973년까지 설립된 학교법인의 경우, 수익용기본재산 확보기준에 법정부담금은 고려되지 않았다. 학교설립기준에 법정부담금이 고려되지 않았다는 것은 법정기준대로 수익용기본재산을 확보하고 수익이 충분히 날 경우에도 법정부담금을 모두 부담할 수 없는 경우가 생길 수 있음을 의미한다. 연금부담금과 건강보험부담금 등 법정부담금을 나중에 수익금에서 우선 부담하도록 하는 것은 학생

---

17) 교직원이 소속되어 있는 사립학교(「사립학교교직원 연금법」 제3조에 규정된 사립학교를 말한다. 이하 이 조에서 같다)를 설립·운영하는 자.
  * 「사립학교교직원 연금법」 제3조(적용범위) 이 법은 다음 각 호에 규정된 학교기관에서 근무하는 교직원(「공무원연금법」 또는 「군인연금법」의 적용을 받는 공무원 또는 군인은 제외한다)에게 적용한다. 1. 「사립학교법」 제3조에 따른 사립학교 및 이를 설치·경영하는 학교경영기관, 2. 「초·중등교육법」 제2조의 특수학교 중 사립학교 및 이를 설치·경영하는 학교경영기관, 3. 제1호와 제2호에 해당하지 아니하는 사립학교 및 학교경영기관 중 특히 교육부장관이 지정하는 사립학교와 이를 설치·경영하는 학교경영기관.

들에게 우선 투자하기 위하여 갖춘 수익용기본재산의 수익금을 다른 용도로 전용시키는 결과가 되어 학생등록금 인상요인으로 작용할 수 있다.

2012년도 사립대학 전입금 결산현황을 보면, 1조 6,444억 원으로 매년 늘어나고 있는 추세다. 그러나 2012년 사립대학 교비회계 세입 결산액 중 전입금 총액 1조 6,444억 원이 모두 법인전입금은 아니다. 법인전입금(8,281억 원)뿐만 아니라 부속병원전입금(5,953억 원), 산학협력단전입금 등 기타전입금(2,210억 원)도 포함되어 있다. 2012년 법인전입금 8,281억 원 중 법정부담금은 2,161억 원으로 법인전입금의 26.1%에 불과하다. 주로 의과대학 임상교수들의 인건비로 충당되는 부속병원전입금은 5,953억 원으로 전입금총액의 36.2%를 차지하고 있다.

법정부담금을 학교법인이 전액을 부담할 수 없을 때에는 그 부족액을 학교에 속하는 회계에서 부담할 수 있도록 하고 있다. 현실적으로, 사립학교 법인들은 수익용기본재산을 기준에 맞게 확보하고 있지 못하며, 수익용기본재산액이 기준에 미달하고 수익용기본재산이 전답과 임야 등 저수익성 위주로 구성되어 있어서, 법적으로 부담하도록 되어 있는 법정부담경비를 부담할 수 없는 상황이다.

〈표 13-3〉 최근 3년간 사립대학 평균 전입금 수입 (단위: 백만 원)

구분	2010			2011			2012		
	전입금 수입	학교 수	평균 전입금	전입금 수입	학교 수	평균 전입금	전입금 수입	학교 수	평균 전입금
일반대학	1,348,797	152	8,874	1,426,901	150	9,513	1,617,598	152	10,642
산업대학	5,211	7	744	3,178	6	530	4,525	2	2,263
대학원대학	12,249	37	331	28,485	39	730	22,301	39	572
계	1,366,257	196	6,971	1,458,564	196	7,480	1,644,424	193	8,520

자료: 한국사학진흥재단, 2013 사립대학재정통계연보(2013).

〈표 13-4〉 최근 3개년간 학교법인의 법정부담금 부담 현황 (단위: 백만 원)

연도	법정부담금 부담액	기준액	부담률(%)
2010	135,283	314,462	43.0
2011	176,827	358,478	49.3
2012	216,108	388,679	55.6

자료: 한국사학진흥재단, 2013 사립대학재정통계연보(2013).

학교법인은 비영리법인이며, 수익용기본재산을 운용하여 생긴 수익의 80% 이상을 교비회계로 전출해야 하기 때문에 설립 당시의 수익용기본재산을 증액하는 것도 불가능하다.

법정부담금을 제대로 부담하지 못하는 학교법인의 대부분은 법정부담금제도가 도입되기 이전에 설립되었다. 법정부담금을 예상하지 않은 상태에서 낮은 수익용기본재산 확보기준에 의해 설립된 학교법인에게 소급하여 법정부담금을 부담하도록 요구하는 것은 불합리하다. 법정부담금제도가 도입되기 이전의 수익용기본재산 확보기준은 현재의 기준보다 낮았고, 수익용기본재산의 수익률 기준(현재는 연간 3.5% 이상 수익이 있는 재산만 수익용기본재산으로 인정함)이 없었기 때문이며, 학생정원을 증원할 때 추가적으로 수익용기본재산을 확보하도록 요구받지도 않았다. 결과적으로, 법정부담금제도가 도입되기 전에 설립된 학교법인은 수익용기본재산 확보율이 낮을 뿐만 아니라 수익률도 기준에 미치지 못함으로써 수익용기본재산 수익금에 의해 부담하는 법정부담금을 부담할 수 없는 구조를 가지고 있다.

교직원 인건비 비중이 높은 학교회계 세출구조상 늘어난 세입의 대부분이 인건비를 충당하기 위한 것이므로 법정부담금도 계속 증가하게 되어 있다. 수익용기본재산 수익에 의해 부담하게 되어 있는 법정부담금이 기하급수적으로 늘어나게 되어 있다는 것이다. 건강보험에 의해 보장하는 의료복지의 범위가 늘어나고, 수명연장으로 교직원연금 수혜 대상자가 늘어남에 따라 개인은 물론 법인의 부담률이 늘어나고 있으며, 교직원 보수현실화와 교직원 확보율 제고가 교직원 인건비 부담을 늘리고 결과적으로 법정부담금을 증가시키는 원인이 된다.

수익용기본재산제도의 불합리성 때문에 학교법인이 수익용기본재산을 기준대로 확보하고, 기준수익률을 달성한다 해도 법정부담금조차 전액 부담할 수 없는 대학이 많다. 수익용기본재산의 기준수익률은 3.5%이나, 수익금액의 80%를 교비회계로 전출하도록 되어 있기 때문에 법정부담금에 충당할 수 있는 기준수익률은 최고 2.8%(실제는 수익금에서 제세공과금 등을 공제한 후 80%를 전출하므로 2.8%보다 낮게 되어 있음)라고 볼 수 있다. 운영수익에서 제외되는 전입금이나 기부금이 많으면 수익용기본재산 확보기준액이 적어지고, 전입금이나 기부금수입은 유동적이기 때문에 매년 기준액도 유동적일 수밖에 없으며, 확보된 수익용기본재산액의 변화가 없어도 확보율은 매년 유동적이다. 수익용기본재산 수익금은 줄어들 수도 있으나, 법정부담금 기준액은 매년 늘어나는 상황이기 때문에 필연적으로 법정부담금을 전액 부담할 수 없는 상황이 발생하게 된다.

원래 수익용기본재산에서 나오는 수익금은 설치·경영학교의 인건비가 아닌 운영비를 지원하는 재원이었으나,[18] 수익금에서 법정부담금을 우선 부담하도록 함에 따라 인건비 부담 재원으로 변질되었다는 문제도 있다. 늘어나는 법정부담금을 추가로 부담하기 위하여 추가적인 수익용기본재산을 출연해야 하지만, 대부분의 학교법인은 추가적인 수익용기본재산을 출연할 능력이 없을 뿐만 아니라 수익금 대부분을 법정부담금으로 전출해야 한다면 출연할 인센티브도 없다는 문제도 있다. 법정부담금은 넓게는 법인전입금 속에 포함되고, 법인전입금도 법정임에도 불구하고 법인부담금에 대해서만 법정부담금이라고 지칭하는 것은 본래의 의미를 왜곡하고, 법정부담금을 부담하지 못하면 마치 법을 위반하고 있는 것처럼 인식시키는 결과가 되어 문제점으로 지적할 수 있다.

의무교육을 대행하는 사립중학교에 대해서도 교원에 대한 법정부담금을 학교법인이 부담하도록 함으로써 의무교육비는 국가와 지방자치단체가 부담한다는 「지방교육자치에 관한 법률」 제37조 제1항과 「지방교육재정교부금법」 제11조 제1항을 위반하는 문제도 있으나,[19] 시정되지 않고 있다.

2. 학생등록금 제도

1) 등록금 제도 현황

학교의 설립·경영자는 수업료와 그 밖의 납부금(이하 '등록금'이라 함)을 받을 수 있으나(「고등교육법」 제11조 제1항),[20] 2010년 1월 '취업 후 학자금 상환제도'를

---

18) 「고등학교이하 각급 학교 설립·운영 규정」 제14조(학교운영경비의 부담) ① 학교법인은 매년 수익용기본재산에서 생긴 수익의 100분의 80 이상에 해당하는 가액을 소속학교의 운영에 필요한 경비로 충당하여야 한다. ② 제1항의 규정에 의한 학교운영에 필요한 경비는 학교 및 그 부속시설의 운영에 소요되는 경상비에서 인건비를 제외한 경비로 한다. ③ 제1항 및 제2항의 규정에 의하여 학교운영에 필요한 경비를 충당하고 남은 금액은 이를 인건비로 충당할 수 있다. ④ 제1항의 규정에 의한 수익의 범위는 교육부령으로 정한다.

19) 송기창, 사립학교에 대한 재정결함보조제도 개선방안(한국사립초중고등학교법인협의회, 2011), p. 60.

도입하면서 대학들이 학자금 융자제도를 악용하여 무분별하게 등록금을 인상할 가능성이 있다고 하여 「고등교육법」을 개정하여 등록금인상률 상한제도를 도입하였다. 각 대학은 등록금의 인상률을 직전 3개 연도 평균 소비자 물가상승률의 1.5배를 초과하게 하여서는 아니 되며, 이를 초과하여 인상한 경우에는 교육부장관은 해당 대학에 행정적·재정적 제재 등 불이익을 줄 수 있도록 되어 있다.

등록금 인상률은 연간 학교 평균 등록금을 기준으로 계산하되, 학부와 대학원은 구분하여 계산하고, 등록금 인상률 산정방법에 관하여 필요한 사항은 교육부장관이 정하여 공고한다. 2010년 1월 「고등교육법」을 개정하면서 "각 대학은 등록금을 책정하기 위하여 교직원·학생·관련 전문가 등으로 구성되는 등록금심의위원회를 설치·운영하여야 한다."고 규정함으로써 논란이 된 바 있다. 등록금심의위원회는 「교육관련기관의 정보공개에 관한 특례법」의 등록금 및 학생 1인당 교육비 산정근거, 도시근로자 평균가계소득, 고등교육 지원계획, 등록금 의존율 등을 감안하여 해당 연도 적정 등록금을 산정하여야 한다고 규정하여 등록금심의위원회에 등록금 책정권을 부여하였고, 2011년 9월에 개정된 「고등교육법」에서는 등록금심의위원회 관련 규정이 다음과 같이 추가되었다. 즉, 학생 위원은 전체 위원 정수의 10분의 3 이상이 되도록 하고, 학교의 설립자·경영자는 등록금심의위원회의 심의결과를 최대한 존중하여야 하며, 등록금심의위원회는 등록금 산정을 위하여 필요한 경우 대통령령으로 정하는 바에 따라 학교의 장에게 관련 자료의 제출을 요청할 수 있고, 그 요청을 받은 학교의 장은 정당한 사유가 없는 한 이에 따라야 한다고 하였다.[21]

2013년 1월에는 「사립학교법」을 개정하여 교비회계의 예산편성 및 결산 시 대학평의원회의 자문만 거치던 것을, 2013년 7월부터 대학평의원회의 자문과 등록

---

20) 중학교는 의무교육이므로 등록금을 징수하지 않으며, 고등학교는 등록금(입학금, 수업료, 학교운영지원비)을 징수하지만, 박근혜 정부가 무상교육을 공약했으므로, 사립 중·고등학교 등록금제도는 논의 대상에서 제외함.

21) 2011년 11월 28일 신설된 「고등교육법 시행령」 제4조의2(등록금 자료의 제출): ① 법 제11조 제2항에 따른 등록금심의위원회는 법 제11조 제5항에 따라 적정하게 등록금을 산정하기 위하여 필요한 경우 학교의 장에게 등록금 산정 근거자료, 학교 회계운영 현황자료 등 관련 자료의 제출을 요청할 수 있다. ② 제1항에 따라 요청을 받은 학교의 장은 요청받은 자료를 지체 없이 등록금심의위원회에 제출하여야 한다. ③ 등록금심의위원회는 제2항에 따라 제출받은 자료에 누락이 있거나 보완이 필요한 경우 학교의 장에게 자료를 추가하거나 보완하여 제출할 것을 요청할 수 있다.

금심의위원회의 심사·의결을 거치도록 하여 등록금심의위원회의 기능을 강화하였고, 등록금의 징수, 등록금심의위원회의 설치·운영, 행정적·재정적 제재 등에 필요한 사항은 교육부령으로 정하도록 하였다. 「대학 등록금에 관한 규칙」 제2조에 규정된 등록금심의위원회 설치·운영에 관한 내용은 다음과 같다. 「고등교육법」 제2조 각 호에 해당하는 학교의 장은 수업료와 그 밖의 납부금을 정할 때 법 제11조 제2항에 따른 등록금심의위원회의 심의를 거쳐야 하며, 위원회는 7인 이상의 위원으로 구성하고, 위원회는 교직원, 학생, 관련 전문가 중에서 각각의 구성단위를 대표할 수 있는 자로 구성하되, 학부모 또는 동문(同門)을 포함할 수 있고, 어느 하나의 구성단위에 속하는 위원의 수는 전체 위원 정수(定數)의 2분의 1을 초과하여서는 안 되고, 학부모 및 동문 위원의 총수는 전체 위원 정수의 7분의 1을 초과하여서는 안 되도록 하였다.

등록금재원의 경우, 담보가 금지되어 있으며 적립도 제한되어 있다. 등록금을 받을 권리와 별도 계좌로 관리되는 등록금 수입에 대한 예금채권은 압류하지 못하도록 되어 있다.[22] 교비회계 중 등록금회계로부터의 적립은 해당 연도 건물의 감가상각비 상당액을 교육시설의 신축·증축 및 개수·보수 목적으로 적립하는 경우에 한하도록 제한된다.[23]

최근 3년간 사립대학 교비회계 용도별 적립규모를 보면, 반값등록금정책의 추진으로 매년 1조 4천억여 원에서 1조여 원으로 적립금이 줄어들었으며, 2012년에 일시적으로 장학금 적립금이 늘어났으나, 2013년에 원래대로 돌아갔다.

---

22) 「사립학교법」 제28조 제3항: 「초·중등교육법」 제10조 및 「고등교육법」 제11조의 규정에 의한 수업료 기타 납부금(입학금·학교운영지원비 또는 기성회비를 말한다. 이하 같다)을 받을 권리와 이 법 제29조 제2항의 규정에 의하여 별도 계좌로 관리되는 수입에 대한 예금채권은 이를 압류하지 못한다.

23) 「사립학교법 개정법률」(법률 제10906호, 2011. 7. 25) 제32조의2(적립금) ① 대학교육기관의 장 및 대학교육기관을 설치·경영하는 학교법인의 이사장은 교육시설의 신축·증축 및 개수·보수, 학생의 장학금 지급 및 교직원의 연구 활동 지원 등에 충당하기 위하여 필요한 적립금(이하 "적립금"이라 한다)을 적립할 수 있다. 다만, 등록금회계로부터의 적립은 해당 연도 건물의 감가상각비 상당액을 교육시설의 신축·증축 및 개수·보수 목적으로 적립하는 경우에 한한다. ② 제1항에 따른 적립금은 원금보존적립금과 임의적립금으로 구분하고, 성격에 따라 연구적립금·건축적립금·장학적립금·퇴직적립금 및 기타적립금으로 구성한다.

〈표 13-5〉 최근 3년간 사립대학 교비회계 용도별 적립규모　　(단위: 백만 원, %)

구분		건축 적립금	연구 적립금	장학 적립금	퇴직 적립금	기타 적립금	합계
2010	금액	768,133	82,441	115,772	11,020	357,412	1,411,657
	구성비	57.5	6.2	8.7	0.8	26.8	100.0
2011	금액	541,776	82,902	641,576	4,151	265,308	1,334,778
	구성비	35.3	5.4	41.8	0.2	17.3	100.0
2012	금액	587,980	67,809	104,438	9,261	254,880	1,024,368
	구성비	57.4	6.6	10.2	0.9	24.9	100.0

자료: 한국사학진흥재단, 2013 사립대학재정통계연보(2013).

2) 등록금 제도의 문제점

먼저, 등록금인상률 상한제의 문제점을 보면, 등록금의 인상률을 직전 3개 연도 평균 소비자 물가상승률의 1.5배를 초과하지 못하도록 규정한 것도 대학의 자율성을 침해한 것이지만, 등록금 인상 자체를 못하도록 행정적으로 규제하는 것이 더 큰 문제다. 「고등교육법」은 각 대학이 등록금의 인상률을 직전 3개 연도 평균 소비자 물가상승률의 1.5배를 초과하여 인상한 경우에는 교육부장관은 해당 대학에 행정적 · 재정적 제재 등 불이익을 줄 수 있다고 규정하였다. 「대학등록금에 관한 규칙」은 인상률 상한선을 위반하여 등록금을 인상한 경우에는 시정 또는 변경 명령 및 취소 · 정지나 그 밖의 조치나, 학과 등의 증설, 학생정원의 증원, 학생의 모집, 재정사업의 참여, 재정지원 등에 관한 차등 조치를 취할 수 있다고 되어 있다.[24] 인상률 상한선을 위반했을 때에 취할 수 있는 재정사업의 참여, 재정지원 등에 관한 차등 조치 등 행 · 재정적 제재를 등록금을 인하하지 않았거나 동결하지 않았을 때도 적용한다는 문제가 있다.

등록금심의위원회의 경우, 그 설치 · 운영에 관한 세세한 사항을 「고등교육법」과 「대학등록금에 관한 규칙」에 규정함으로써, 위원회의 구성과 운영에 필요

----

24) 「대학등록금에 관한 규칙」: 제9조(행정적 · 재정적 제재) 교육부장관은 학교의 설립 · 경영자가 법 제11조 제7항을 위반하여 등록금을 인상한 경우에는 법 제11조 제8항에 따라 다음 각 호의 어느 하나에 해당하는 행정적 · 재정적 제재를 할 수 있다. 1. 법 제60조 제1항에 따른 시정 또는 변경 명령 및 같은 조 제2항에 따른 취소 · 정지나 그 밖의 조치, 2. 학과 등의 증설, 학생정원의 증원, 학생의 모집, 재정사업의 참여, 재정지원 등에 관한 차등 조치.

한 사항 중 학칙으로 정할 사항이 거의 없을 정도로 대학의 자율성을 제약하고 있다. 2013년 7월부터 교비회계의 예산편성 및 결산 시에 대학평의원회의 자문을 거친 후, 등록금심의위원회의 심사·의결을 받도록 함으로써 등록금심의위원회의 기능을 등록금 책정뿐만 아니라 교비회계 전체에 대한 예·결산심의까지 확대한 것은 조직의 원리에도 맞지 않는다. 교원, 직원, 학생 대표로 구성하는 대학평의원회는 심의기구이지만, 예·결산에 대하여는 자문기능을 수행하도록 규정한 것은 이사회의 심사·의결권을 존중하기 위함이었다. 그러나 대학평의원회의 예·결산 자문기능을 그대로 두면서 등록금심의위원회의 심사·의결권을 규정한 것은 대학평의원회와 등록금심의위원회의 기능 중복을 초래할 수 있다. 대학평의원도 교직원 및 학생대표가 참여하고, 등록금심의위원도 교직원 및 학생대표가 참여한다면 위원의 중복이 불가피하고, 위원회의 기능도 중복될 수밖에 없다. 세입의 일부인 '등록금'을 책정하는 위원회에 세입 전체를 심사·의결하는 기능을 부여한 것은 논리적 모순이며, 예·결산에 관하여 등록금심의위원회의 심사·의결을 거친 후 이사회의 심사·의결로 확정한다고 되어 있으나, 「고등교육법」 제11조 제3항에 "학교의 설립자·경영자는 등록금심의위원회의 심의결과를 최대한 존중하여야 한다."고 되어 있으므로 이사회의 기능을 침해할 여지가 있고, 예·결산을 둘러싸고 대학구성원 간에 갈등이 초래될 수 있다.

마지막으로, 등록금재원 적립제한의 문제점을 보면, 2009년 12월 22일 「사학기관재무회계규칙에 대한 특례규칙」이 개정되어 2010년부터 고정자산에 대한 감가상각비 상당액을 적립할 수 있도록 허용하였고, 2011년 7월 25일, 등록금회계의 적립금은 건물의 감가상각비 상당액에 한정하도록 「사립학교법」이 개정되었으나, 아직도 사립대학 적립금을 불법적인 것으로 오해하는 경우가 많다.

등록금재원에서 과도하게 적립금을 적립하는 대학에 대한 규제는 필요하지만, 적립금 자체에 대한 부정적인 시각은 지양되어야 한다. 개정 「사립학교법」과 개정 「사학기관재무회계규칙에 대한 특례규칙」에 의해 등록금회계로부터의 적립은 건물의 감가상각비 상당액을 교육시설의 신축·증축 및 개수·보수 목적으로 적립하는 경우로 제한한 것은 적립금제도 운용을 지나치게 제약하는 것이다.[25] 대학들이 등록금 의존도를 낮추기 위하여 각종 프로그램을 개발하여 수강료수입을 확충할 경우, 수강료수입이 등록금회계수입에 포함됨으로써 자구노력에 의한 수입도 적립을 제한받는 결과가 되고 있다.

3. 사립학교에 대한 재정지원제도

1) 사립학교에 대한 국고보조금제도의 법률적 근거

「교육기본법」 제17조는 국가와 지방자치단체에게 학교와 사회교육시설을 지도·감독할 권한과 책임을 부여하고 있으며, 「고등교육법」 제5조의 규정에 따라 사립대학은 교육부장관의 지도·감독을 받게 되어 있다. 「교육기본법」 제25조는 국가와 지방자치단체로 하여금 사립학교를 지원·육성하도록 규정하면서 사립학교의 다양하고 특성 있는 설립목적을 존중하도록 규정하고 있다. 「고등교육법」 제7조는 국가 및 지방자치단체는 학교가 그 목적을 달성하는 데 필요한 재원을 지원·보조할 수 있도록 규정함으로써 사립대학에 대한 국가와 지방자치단체의 재정지원이 가능하도록 했다.

「사립학교법」 제43조에는 "국가 또는 지방자치단체는 교육의 진흥상 필요하다고 인정할 때에는 사립학교교육의 지원을 위하여 대통령령 또는 당해 지방자치단체의 조례가 정하는 바에 의하여 보조를 신청한 학교법인 또는 사학지원단체에 대하여 보조금을 교부하거나 기타의 지원을 할 수 있다."고 규정하고 있어 사립학교에 대한 국가와 지방자치단체의 포괄적 지원을 명시하고 있다.

사립 초·중등학교의 경우에는 「지방교육재정교부금법」과 동법 시행령 및 시행규칙에 보조대상 사립학교를 공립학교와 동등하게 취급하고 있기 때문에 「사립학교법」 제43조를 위한 재원이 지방교육재정교부금이라고 볼 수 있으나, 사립대학 지원에 필요한 재원에 대한 규정이 없기 때문에 경상비 지원은 이뤄지지 않고 있으며, 사업비 지원에 그치고 있다.

---

25) 송기창 외, 전게서(2012), p. 216.

2) 초 · 중등학교에 대한 재정결함지원제도

(1) 초 · 중 · 고등학교 재정결함지원제도의 역사[26]

사립중학교에 대하여 국고보조금이 본격적으로 지원되기 시작한 것은 1971년이다. 1979년 사립 고등학교에 대한 지원도 시작되었으나, 처음에는 재정자립도가 낮은 일부 사립학교만을 지원대상으로 하였고,[27] 1990년대 이후에는 거의 모든 학교를 지원하고 있다. 현재는 입학금과 수업료가 자율화된 자율형 사립고등학교와 사립 특수목적고등학교를 제외한 모든 사립 중 · 고등학교와 일부 사립 초등학교가 재정결함지원을 받고 있다(사립초교는 1989학년도부터 재정결함지원을 중단했으나 최근 일부 시 · 도에서 지원하고 있음).

사립중학교에 대한 재정결함지원제도는 무시험진학, 학군별 학생 추첨배정, 교원봉급 평준화 등의 시책을 추진하면서 공 · 사립 간의 등록금을 동일 수준으로 징수함에 따라 인건비와 운영비의 지원이 불가피하여 1971년부터 시작하였다. 1971년부터 1973년까지는 공 · 사립중학교의 수업료를 같은 수준으로 조정함에 따라 발생한 차액을 운영비로 지원하였고, 1974년부터 1976년까지는 인건비 증가액과 수업료 인상액의 차액을 인건비와 운영비로 지원하였다. 1977년부터 공립학교 기준의 기준재정수요액과 기준재정수입액의 차액, 즉 재정결함을 지원하기 시작했다.

1984년부터 사립중학교에 대해 시설비(교실 개축비)를 지원하기 시작하여 교육환경개선특별회계가 설치되었던 1990~1992년에는 교육환경개선사업비가 지원되었고, 이후에는 교육환경개선사업비 형태로 시설비가 계속 지원되고 있다. 2002년부터 중학교 교육이 의무교육으로 전환되면서 모든 사립중학교가 재정결함지원을 받게 되었다. 사립중학교에 대한 국가시책사업비, 목적사업비가 언제부터 지원되었는지 확실하지 않으나, 1990년 이후로 추정된다.

---

26) 송기창, 전게서, pp. 5~7.
27) 고호봉 교사가 많아 인건비 부담이 많은 기존 사립학교가 주로 지원 대상이었으며, 신설학교는 저호봉 교사로 채워져 있어서 오히려 자립하는 상황이었음. 그러나 신설학교도 점점 인건비 부담이 늘어났고, 교육여건 개선에 따라 점점 학급당 학생 수가 줄어들어 재정적으로 자립하는 학교 수가 급격히 줄어들게 되었음.

〈표 13-6〉 사립 중 · 고등학교에 대한 국고지원 경과

연도	지원기준
1971~1973	5, 6급지 운영비 지원, 실험 · 실습비 등
1974~1976	5, 6급지 운영비 지원, 인건비 일부 지원, 실험 · 실습비 등
1977~1979	재정결함지원, 실험 · 실습비 등

자료: 교육부, 교육 50년사(1998).

고등학교에 대한 재정결함지원은 1979년도에 시작되었다. 1974년부터 20개 대도시에 대하여 고교평준화시책을 시행함에 따라 공 · 사립 간의 등록금을 동일 수준으로 징수하고, 기타 지역에 대하여도 물가정책적 고려에서 등록금 인상률을 동률로 억제함에 따라 1979년부터 인건비와 운영비 부족분을 지원하였다. 사립고등학교에 대한 시설비는 교육환경개선특별회계가 설치되었던 1990년부터 교육환경개선사업비 형태로 지원되기 시작하여 이후에도 계속 지원되고 있다. 시설비 외의 각종 국가시책사업비가 지원되기 시작한 것은 1988년으로, 실업계 고교의 실험실습기자재 확충비가 지원되었고, 이후 전산실운영비 등 각종 사업비가 지원되고 있다.

(2) 재정결함지원제도의 문제점

'재정결함보조금' 또는 '재정결함지원금'이라는 용어는 언제부터 사용되었는지 확실하지 않으나, 정부 자료에 의하면[28] 1977년부터 재정결함지원을 시행한 것으로 나타나 있다. '재정결함지원'이라는 용어는 공립학교를 기준으로 하는 기준재정수요액과 기준재정수입액을 산출하여 그 차액, 즉 재원부족액을 지원한다는 취지에서 사용한 것으로 추측된다.

재정결함지원제도는 영세 사학이 쓰러지지 않고 유지될 수 있도록 지원하는 역할을 함으로써 일정 부분 기여한 것은 사실이나, 우수 사학을 육성하는 데 실패하였고, '재정결함지원'이라는 용어가 사학에 대한 부정적인 인식을 심어 주는 결과를 초래하였다. '재정결함지원금' 명칭의 부정적 의미가 사학에 대한 왜곡된 이미지를 고착화하여 무능력한 학교법인이 설립자로서의 책임을 다하지

---

28) 교육부, 교육50년사(1998), p. 286.

못함으로써 국가가 사학재정의 결함을 보조해 줌에도 불구하고 사립학교 경영의 자율성만을 주장하는 것은 모순이라는 부정적인 사회적 인식을 초래하였다.

또한 시·도교육청은 재정결함지원금을 사학에 대한 통제 수단으로 이용하는 경우도 나타나고 있다. 대부분의 시·도교육청이 법정부담금을 부담하지 못할 때 학교운영비를 삭감하고 있으며, 사립학교에 대한 경영평가를 실시하여 평가결과를 재정결함지원금 산정과정에 반영하는 교육청도 있다. 이에 따라 재정결함지원금제도는 중학교무시험진학, 고교평준화시책을 추진하면서 공·사립 간의 등록금을 동일 수준으로 징수함에 따라 인건비와 운영비를 국가가 보전하는 제도임에도 불구하고, 국민들은 사립학교법인이 부담해야 할 운영비를 부담하지 않아 국가가 대신 지원하는 제도로 오해하고 있다.

재정결함지원금은 공립학교 기준으로 사립학교에 재정을 지원하기 때문에 문제가 없는 것처럼 보이나, 실제로는 기준재정수요액과 기준재정수입액을 산정하는 과정에서 포함시키는 비용 및 수입과 제외하는 비용 및 수입을 결정하는 기준에서 공·사립 간 격차가 발생하며, 공립학교에 대하여는 시설비와 각종 목적사업비가 사립학교보다 더 많이 지원되기 때문에 공립학교와 사립학교의 학생 1인당 교육비 격차는 점점 늘어나고 있는 실정이다.

(3) 사립 초·중등학교에 대한 재정지원 실적

사립 초·중등학교에 대한 재정지원은 크게 인건비 및 운영비 재정결함지원과 목적사업비인 시설비 및 각종 사업비 지원으로 구분된다. 사학재정결함지원금은 2000년 1조 6,012억 원에서 2012년에는 4조 6,068억 원으로 2.9배 규모로 증가하였다. 재정결함지원을 할 때, 학교별 보조규모를 산정한 후, 인건비를 우선 지원하고, 나머지를 운영비로 지원하는 교육청과 일정비율의 인건비와 운영비로 구분하여 지원하는 교육청이 있으므로 보조금 증가가 인건비에 의한 것인지, 운영비에 의한 것인지 판단하기 어려우나, 인건비 증가 추이를 볼 때 인건비 증가가 보조금 규모를 결정하는 것으로 판단된다.

2008년 이후 학생 수 감소로 인한 교원 수 감소와 낮은 인건비 인상률로 재정결함 지원규모 증가속도가 둔화되기는 했지만, 계속 늘어나는 추세에 있고, 시설비 지원을 포함한 각종 목적사업비 지원규모가 계속 확대되고 있다.

⟨표 13-7⟩ 사립학교 재정결함보조금 지원 실적(2000~2012, 결산기준)　　　　(단위: 억 원)

연도	합계	재정결함 지원			시설비 지원	목적사업 지원
		인건비	운영비	소계		
2000	22,121	15,011	1,000	16,011	1,678	4,432
2001	27,099	19,577	1,159	20,736	3,686	2,677
2002	33,711	24,535	1,307	25,842	5,538	2,331
2003	36,625	28,425	906	29,331	4,664	2,631
2004	39,752	31,357	1,079	32,436	4,294	3,022
2005	41,091	32,341	1,696	34,037	3,399	3,655
2006	43,098	33,431	1,932	35,363	2,814	4,921
2007	46,809	35,498	2,051	37,549	3,577	5,684
2008	52,147	37,115	2,728	39,843	5,511	6,792
2009	57,592	37,513	2,945	40,458	7,240	9,894
2010	59,682	38,060	2,566	40,626	5,585	13,471
2011	65,576	39,565	3,791	43,356	4,470	17,750
2012	73,266	41,571	4,497	46,068	4,123	23,075

자료: 송기창 외, 지방교육재정연감 발간을 위한 기초연구(한국교육개발원, 2014. 1).

3) 사립대학에 대한 재정지원제도

(1) 사립대학에 대한 재정지원 개황 및 실적

국가의 사립대학에 대한 재정지원은 주로 사업비를 통해서 이루어진다. 정부의 고등교육지원사업은 크게 일반지원사업, 장학사업, 국·공립대 경상운영비 지원사업으로 구분할 수 있으며, 이는 다시 지원대상별로 대학단위 지원과 개인 지원으로, 사업목적별로 HRD 목적 사업, 공통목적 사업, R&D 목적 사업으로 구분할 수 있다.[29]

국·공·사립대학을 대상으로 하는 재정지원사업 규모는 8조 748억 원으로, 총 재정지원사업 규모 10조 5,074억 원의 76.8%지만, 그중에서 실제 사립대학이 지원받은 보조금 비율은 64.7%에 불과하다.

---

29) 한국교육개발원, 고등교육재정지원 정보시스템(https://hiedupport.kedi.re.kr)의 고등교육재정지원 사업 분류방식임.

〈표 13-8〉 중앙정부 및 지자체 고등교육 재정지원사업 개황(2013)   (단위: 억 원)

구분	사업유형	사업 수	지원금액	비율(%)
중앙부처	일반지원사업	336	50,971	45.9
	학자금 지원사업	20	29,777	26.8
	국 · 공립대 경상운영비 지원사업	22	24,327	21.9
	간접지원사업	14	2,079	1.9
	소계	392	107,154	96.6
지방자치 단체	중앙부처 사업의 지자체 대응투자 사업	493	1,558	1.4
	지방자치단체의 자체 사업	827	2,261	2.0
	소계	1,320	3,819	3.4
합 계		1,712	110,973	100

자료: 한국교육개발원, 고등교육재정지원 정보시스템(https://hiedupport.kedi.re.kr).

〈표 13-9〉 대학특성별 고등교육 재정지원사업(2013)   (단위: 억 원)

대학특성		학교 수	재학생 수	사업 수	지원금액	비율(%)
국 · 공립대학교 경상운영지원사업비 포함						
설립	국 · 공립	57	518,120	317	52,795	50.2
	사립	385	1,774,738	315	52,279	49.8
소재지	수도권	175	1,028,302	320	36,665	34.9
	비수도권	267	1,264,556	329	68,409	65.1
규모	대규모	114	1,388,042	320	62,119	59.1
	중 · 소규모	328	904,816	326	42,955	40.9
합계		442	2,292,858	646	105,074	100.0
국 · 공립대학교 경상운영지원사업비 제외						
설립	국 · 공립	57	518,120	295	28,474	35.3
	사립	385	1,774,738	314	52,274	64.7
소재지	수도권	175	1,028,302	306	34,323	42.5
	비수도권	267	1,264,556	310	46,424	57.5
규모	대규모	114	1,388,042	309	47,404	58.7
	중 · 소규모	328	904,816	304	33,344	41.3
합계		442	2,292,858	616	80,748	100.0

자료: 한국교육개발원, 고등교육재정지원 정보시스템(https://hiedupport.kedi.re.kr).

(2) 사립대학에 대한 재정지원사업의 문제점

국·공립대학만을 대상으로 하는 경상운영비 지원사업은 30개에 이르나, 사립대학만을 대상으로 하는 국고보조사업은 한국사학진흥재단의 융자사업 하나뿐이다. 이는 사립대학의 특수성을 반영한 재정지원이 이루어지지 않고 있다는 뜻이다. 2013년 결산기준으로 볼 때, 사립대학에 대한 국고보조금 비율은 49.8%에 불과하며, 국·공립대학에 대한 경상운영비지원사업비를 제외해도 사립대학 학생 수 비중에 훨씬 못 미치는 64.7%다. 국가가 국립대학 설립자로서의 역할을 떠나서, 대단히 차별적으로 국립대학을 편중 지원하고 있다.

국가장학금이 증액되기 전에 비해서 사립대학에 대한 재정지원사업비 비율이 높아졌지만, 엄밀한 의미에서 재정지원시스템의 문제에서 기인한 것이다. 국가 장학금사업의 경우, 국가장학금의 수혜자가 학생 개인임에도 불구하고, 개인에게 직접 지원하지 않고 대학을 통해 지원함으로써 사립대학에 대한 재정지원 실적이 부풀려지는 문제가 나타나는 것이다.

그럼에도 불구하고 사립대학에 대한 국고지원 규모가 늘어난 것은 사실이다. 그러나 대부분의 국고지원금이 특정 목적사업에만 집행할 수 있는 사업비여서 사립대학 자체의 재정수요를 대체하는 데 실패하였다. 사립대학들은 사업비를 지원받기 위해 정부가 요구하는 정책을 따라 이리 뛰고 저리 뛰는 상황을 반복하였지만, 정작 지원받은 사업비는 등록금을 낮추는 기제로 작용하지 못하는 한계가 있었고, 정부가 사립대학에 대하여 사업비 지원을 늘린다 해도 미리 세입예산에 반영하기 어렵고, 지원목적에만 사용해야 하기 때문에 부족한 사립대학 재정을 대체할 수 없었다. 이는 사립대학에 대하여 경상비 지원이 이루어지지 않기 때문에 나타나는 현상이다.

제4절 사학재정정책의 발전방안

1. 수익용기본재산제도와 법정부담금제도 개선

수익용기본재산을 "학교법인이 학교운영비를 교비회계로 전입하기 위한 수입원을 마련하기 위한 재산"이라고 본다면, 학교법인의 학교에 대한 책임이라 할 수 있으며, 이는 학생의 등록금 부담을 경감하기 위한 제도적 장치로 볼 수 있다. 따라서 수익용기본재산의 확보기준을 교비회계 운영수익총액(초·중등학교의 경우 반액)이 아니라 학생 등록금 총액으로 하는 방안을 검토할 필요가 있다. 학생 등록금 총액을 확보기준으로 한다면, 운영수익에서 전입금과 기부금만 제외함으로써 국고보조금, 교육수입, 교육외수입, 이자수입 증대 등 자구노력을 많이 할수록 확보기준금액이 늘어나는 문제점을 해결할 수 있다. 이러한 방안은 국가로부터 의무교육을 위탁받아 학생등록금을 징수하지 않는 사립중학교 법인의 수익용기본재산 확보책임을 면제하는 효과도 있다.

또 하나의 방안은 수익용기본재산 확보기준을 계열별 교육비차이도를 고려한 가중학생당 경비로 개선하는 방안이다. 계열별·학교급별 가중학생당 일정액으로 정할 경우, 교육비차이도가 높은 계열이나 학교급의 학생정원이 많은 학교는 자연스럽게 수익용기본재산 확보기준도 높아지는 효과가 있다.

한편, 수익사업회계에서 발생하는 수익 중 법인일반회계로 전출해야 하는 비율을 구체화할 필요가 있다. 법인일반회계로 계리되는 수익용기본재산의 경우에 총수익에서 제세공과금과 법정부담경비를 제외한 나머지 수익의 80% 이상을 교비회계로 전출하도록 의무화하듯이, 수익사업회계로 관리되는 수익용기본재산의 경우에도 총수익에서 제세공과금과 법정부담경비를 제외한 나머지 수익의 일정비율 이상을 법인일반회계로 전출하도록 의무화하고, 수익사업회계에서 일반회계로 전출된 수익금은 전액 교비회계로 재전출하도록 할 필요가 있다.

마지막으로, '법정부담금' 명칭이 주는 부정적인 효과를 불식하고, 법정부담금의 인건비 성격을 고려하여 '학교부담금'으로 개칭하여 학교가 부담하도록 함으로써 법정부담금을 둘러싼 논란을 해소할 필요가 있다. 실제로 법정부담금 부담률은 40% 정도에 불과하고, 교과부의 전방위적인 압박과 노력에도 불구하고 법정부담금 부담률은 점점 줄어들고 있는 실정이다. 법인수익금이 법에 정한대로 교비회계로 이전된다면 그것의 명칭이 경상비전입금이든 법정부담금이든 차이가 없으나, 학교부담금으로 명칭을 바꾼다면 학교법인은 법위반이라는 누명을 벗게 되는 효과가 있다. 또한 학교법인의 투자의지를 고취한다는 측면에서 법정부담금 대신에 대학시설이나 기자재 확보 등에 법인수익금을 투자하도록 하면 학교법인에 대한 구성원의 인식과 사회적 인식을 긍정적으로 바꾸는 효과도 예상된다. 아울러 각종평가 및 재정지원지표에서 법정부담금 부담률 및 학교법인 전입금 수준을 제외하는 대신, 학교법인 전입금 투입의 결과를 반영한 교육여건 지표를 개발하여 반영해야 할 것이다. 법정부담금제도를 유지해야 한다면, 법정부담금 부담 의무를 「대학설립·운영규정」 제정 이전에 설립된 대학과 이후에 설립된 대학을 구분하여 차등 적용할 필요가 있을 것이다.

2. 학생등록금제도 개선

물가상승이 계속되고 있는 상황에서 등록금인상을 계속 규제하는 것은 대학교육의 질적 저하를 초래할 수밖에 없다. 따라서 등록금인상률 상한제든, 등록금인상액 상한제든 원칙을 정하여 등록금 인상을 허용해야 할 것이다.

등록금인상률 상한제를 유지해야 한다면, 현행 '직전 3개 연도 평균 소비자물가상승률의 1.5배 이내'에서 '직전 5개 연도 평균 소비자물가상승률의 1.2배 이내'로 완화하는 방안을 검토할 수 있을 것이다. 등록금인상액 상한제를 일률적으로 적용할 경우, 대학의 지역별·계열별·설립별 특수성을 반영하지 못하는 한계가 있으므로, 인상액을 세분화하여 제시한다면 사립대학들이 수용할 수 있을 것이다. 다만 물가상승률의 일정비율을 반영하여 인상액을 산정하여야 할 것이다.

또한 「고등교육법」과 「대학등록금에 관한 규칙」에 규정된 등록금심의위원회의 구성과 운영에 필요한 사항의 상당부분을 학칙에 위임함으로써 대학의 자율성을 보장할 필요가 있다. 2013년 7월부터 교비회계의 예산편성 및 결산 시에 등록금심의위원회의 심사·의결을 받도록 규정한 것은 대학평의원회의 기능과 중복되고 이사회의 권한을 침해할 여지가 있으므로 원래대로 환원할 필요가 있다.

건축적립금에 한하여 등록금회계로부터 적립이 가능하도록 법에 규정한 것도 개선할 필요가 있다. 등록금회계에서 교비장학금을 10% 이상 지원하고 있다는 점을 고려하여 교비장학금의 범위 내에서(예컨대, 등록금 수입액의 5% 이내) 장학적립금을 적립할 수 있도록 허용하여 세계잉여금으로 장학기금을 확충하는 길을 열어 줄 필요가 있다. 등록금회계로부터의 적립금을 규제할 때, 수강료수입에 한하여 연구적립금이나 장학적립금, 기타적립금으로 적립할 수 있도록 허용할 필요도 있으며, 적립금을 감가상각비 개념으로 본다면, 국립대학도 등록금 재원에서 감가상각 적립금을 적립하도록 제도화함으로써 사립대학의 적립금에 대한 사회의 부정적 시각을 해소해야 할 것이다.

3. 국가 및 지방자치단체 보조금제도 개선

중학교 무시험진학정책이나 고등학교 평준화시책에 의하여 자신의 의사와는 관계없이 사립학교에 배정된 학생들은 공립학교와 똑같은 환경에서 교육받을 권리가 있으므로, 사립 중·고등학교의 안정적인 재정제도를 확립할 책임은 일차적으로 국가와 지방자치단체에 있다. 사립대학은 전적으로 학생들이 선택한 결과지만, 그렇다고 국가가 사립대학에 다니는 학생들의 교육권을 보장할 책임으로부터 자유로운 것은 아니다. 왜냐하면 국립대학의 학생 수용률이 20%에 불과한 상황에서 충분한 선택기회를 보장해 주었다고 볼 수 없기 때문이다.

오늘날 사립중등학교의 침체는 사립중등학교에 대한 지나친 재정적 통제에서 비롯된 바 크며, 결과적으로 사립중등학교 재정을 국가가 전적으로 책임질 수밖에 없는 상황에 이르렀다. 사립중등학교의 노후교실 개축 수요가 늘어나기 시작하면, 학교법인에 대한 재정적 통제의 결과를 정부가 실감하게 될 것이다.

사립대학에 대한 등록금 통제, 적립금 통제, 법정부담금 통제, 재정·회계 통제는 필연적으로 사립대학으로 하여금 사립중등학교의 전철을 밟아가게 할 것이다. 사립학교는 사립학교일 뿐이라지만, 우리나라처럼 사학의 비중이 높은 경우에는 교육의 질을 국·공립학교가 결정하는 것이 아니라 사립학교가 결정한다는 점에서 정책적으로 고민할 필요가 있다. 규제를 통해서는 안정적인 재정제도를 확립할 수 없다. 안정적인 사학재정제도는 자율과 지원을 통해서 정착될 수 있다.

우선, 사립 초·중·고등학교에 대한 '재정결함지원금' 명칭의 부정적 의미를 해소하기 위하여 공립학교와 마찬가지로 교비회계에는 '교육비특별회계로부터 받은 전입금'으로 표기하고, 시·도교육청에서는 '교육비특별회계 사립학교전출금' 또는 줄여서 '사립학교전출금'이나 '사학전출금'을 사용할 수 있을 것이며, '사립학교지원금'이나 '사학지원금'도 사용하는 데 문제가 없어 보인다. 아울러 의무교육을 대행하는 사립중학교에 근무하는 교직원에 대한 법정부담금은 「지방교육자치에 관한 법률」 제37조 제1항과 「지방교육재정교부금법」 제11조 제1항에 따라 국가와 지방자치단체가 전액 부담하도록 기준재정수요액에 반영할 필요가 있다.[30]

또한 재정결함지원금에 포함되지 않는 시설비와 각종 목적사업비도 공립학교와 동등하게 지원함으로써 학생들이 사립학교에 다닌다는 이유로 차별을 받지 않도록 설립별 교육비형평성 지표를 개발하여 적용할 필요가 있다.

국가의 경우, 사립대학만을 대상으로 하는 국고보조사업을 설계하여 사립대학에 지원함으로써 국가의 사립대학에 대한 교육진흥 책임을 이행해야 할 것이다. 또한 사업비 지원에 따른 보조금의 경직성을 완화하고 대학의 예산운용의 자율성을 신장시키기 위하여 사립대학에 대하여 경상비 지원을 검토해야 할 것이다.

참고문헌

교육부, 교육 50년사, 1998.

나병현, "공교육의 의미와 교육의 공공성 문제", 한국교육, 제29권 제2호, 2002. 6.

박언서, 농어촌 중등사학의 운영실태와 개선방안, 대한사립중고등학교장회, 1997.

박환구 외, 사학운영의 과제와 개선방안, 한국교육개발원, 1986.

송기창, 사립학교에 대한 재정결함보조제도 개선방안, 한국사립초중고등학교법인협의회, 2011.

송기창, "사립학교의 안정적인 재정제도 확립 방안", 한국사학법인연합회 사학정책토론회 발표원고, 2013. 5.

송기창, 한유경, 김병주, 고장완, 남수경, 오범호, 사립대학 재정의 현안 및 쟁점에 관한 연구, 한국교육재정경제학회, 2012.

송기창 외, 지방교육재정연감 발간을 위한 기초연구, 한국교육개발원, 2014.

윤정일, "대학재정지원방식 개선－포뮬러펀딩에 의한 사립대 운영비 지원을 중심으로－", 교육재정경제연구, 제10권 제2호, 2001.

---

30) 송기창, 전게서, pp. 63~64.

윤정일, 교육재정학, 서울: 세영사, 1992.

윤정일 외, 한국교육정책의 탐구, 서울: 교육과학사, 1996.

윤정일, 송기창, 조동섭, 김병주, 교육행정학원론, 서울: 학지사, 2008.

이종성 외, 사립학교 교육여건 개선에 관한 연구, 대한사립중고등학교장회, 1990.

이종재, "평준화 정책과 중등사학", 21세기 중등사학의 진로와 과제, 대한사립중고등학교
    장회, 1996.

임후남, 권기석, 엄준용, 이정미, 고등교육 재정지원 현황분석 연구, 한국교육개발원, 2012.

한국교육개발원, "고등교육재정지원 정보시스템 2013년 사업 결과보고 자료", 2014.

한국사학진흥재단, 2013 사립대학재정통계연보, 2013.

제 **14** 장
대학 등록금
정책

 등록금은 교육기관이 제공하는 교육프로그램의 혜택을 받는 학생에게 금전의 형태로 부과되는 것으로, 등록금을 책정하는 방식은 교육기회균등, 소득분배 효과, 교육재정확보와 밀접한 관련이 있기 때문에 등록금 정책의 교육적·사회경제적 의의가 매우 크다. 또 대학재원 중 등록금이 차지하는 비중이 높기 때문에 등록금은 대학교육의 여건 및 교육의 질적 수월성을 확보하는 중요한 요인이고, 대학 등록금의 합리적인 책정 여부는 효율적인 대학경영의 관건이 되고 있다.

 1980년대 말부터 대학 등록금 자율화 정책이 추진·시행되면서 대학 등록금 책정문제는 대학사회뿐만 아니라 국가사회적 관심사로서 대학과 사회의 주요 현안문제로 대두되어 왔다. 그동안 정치권과 정부에서는 등록금 인상 억제를 위한 다양한 방안을 제시해 왔고, 등록금 상한제와 국가 장학금제를 도입하였으며, 등록금 인상 억제와 책정과정의 투명성·합리성 제고를 목적으로 관련법령을 개·제정하는 등 정책을 확대하고 있다.

 우리 정부는, 특히 2011년 반값등록금 문제가 국가적 관심사로 부각된 이후 강력한 등록금 인상 억제정책을 추진하고 있다. 그러나 대학 등록금 문제는 단순히 인상 억제냐 자율 책정이냐의 차원을 넘어서는 복합적인 현상으로서 이에 대한 이론적 논의와 현실 분석, 역사적 이해가 필요하다. 이 장에서는 대학 등록금의 개념과 책정현황을 개관한 후, 대학 등록금 정책의 역사와 동향, 등록금 정책의 쟁점과 과제에 관해 살펴보고자 한다.

제1절 대학 등록금의 개념과 현황

1. 대학 등록금의 개념 및 책정

1) 대학 등록금의 개념

등록금[1]은 교육기관이 제공하는 교육프로그램의 혜택을 받는 학생에게 금전의 형태로 부과되는 것이다. 일반적으로 등록금은 대학생이 입학할 때나 학년초ㆍ학기초 등에 학교에 등록할 때 납부하는 돈으로서 대학교육을 받는 대가로 지불하는 비용으로 이해되고 있다. 그러나 대학 등록금은 일반 상품을 구매하는 비용과는 다른 특성을 갖고 있다. 대학 등록금은 생산비용, 사용비용, 합의비용, 목적비용의 네 가지 관점에서 이해할 수 있다.[2]

첫째, '생산비용'의 관점은 등록금을 대학교육 서비스를 생산하는 데 소요되는 돈과 물자, 인력의 비용으로 보는 것이다. 이는 대학이 학생에게 교육서비스를 제공하기 위해 사용하는 생산요소의 양이나 가치의 비용을 등록금으로 보는 관점이다. 대학교육의 비용은 직접적, 명시적 실질비용뿐만 아니라 간접적, 잠재적 기회비용, 단기 혹은 장기 비용, 변동 혹은 고정 비용 등 그 비용의 성격이 매우 다양하게 표현되는데, 이러한 대학교육 생산비용의 산출근거를 어디에 두느냐에 따라 등록금이 달라진다.

---

1) '등록금'은 '납입금'과 혼용되기도 하였음. 대학정원 정책 등 주로 통제위주의 대학정책이 실시되던 1980년대까지는 '대학 납입금 정책'이라는 용어가 일반적으로 사용되었으나, 대학의 자율성이 확대되면서 납입금보다는 등록금이란 용어가 보편화되었음.

2) 김병주, "대학등록금 결정의 과정 및 주체 분석", 교육재정경제연구, 제11권 제1호(2002), pp. 35~38.

둘째, '사용비용' 관점에서 등록금은 공공기관의 시설물이나 교육서비스를 사용한 학생에게 청구되는 보상적 공과금의 성격으로 설명된다. 오늘날 등록금은 대체로 이러한 사용비용의 차원에서 책정되고 있다. 현재 사용비용으로서의 등록금은 비용보상주의와 이익보상주의 중 이익보상주의를 따르고 있고, 대표적인 것이 수익자 부담의 원칙이다. 수익자 부담의 원칙은 대학교육을 통한 수익을 받는 만큼의 비용을 부담해야 한다는 것인데, 이때 누구를 주된 수익자로 볼 것인지, 학생 수익자의 경우 각기 다른 교육환경과 질에 따른 차이를 어떻게 반영할 것인지에 따라 등록금 수준에는 차이가 발생하게 된다.

셋째, '합의비용' 혹은 '계약비용' 관점에서의 등록금이다. 계약비용 또는 합의비용의 관점은 대학교육에 있어 학교는 공급자, 학생은 수요자로 파악한다. 이때 수요자와 공급자 사이에서 교육활동을 매개로 서로 합의하에 계약이 이루어지면, 학교는 교육서비스를 제공하고, 학생은 그 서비스에 대한 계약상 의무로 비용을 지불한다. 이러한 합의비용 혹은 계약비용은 법리상 완전쌍방계약 이론에 근거하고 있는데, 이는 당사자 쌍방은 서로 대가적 의미를 가진 의무를 부담한다는 것이다.

마지막으로, '목적비용' 또는 '학업성취비용' 관점에서 등록금을 살펴볼 수 있다. 대학 등록금은 대학교육의 본래 목적을 달성하기 위해 필요한 교육재정 수요에 따라 결정된다는 것으로, 학생이 내는 등록금은 대학교육의 목적을 보다 질적으로 높게 달성하기 위해 필요한 재정을 충당하거나, 모자라는 것을 보태주는 성격으로서의 의미를 갖는다. 이러한 목적비용의 관점에서 교육의 질은 교육재정의 규모와 학생 1인당 교육비로 결정된다. 대학의 교육비는 많을수록 좋고, 이는 수입에 의해 결정되는데, 수입이 많아지면 교육비 지출도 커짐을 가정하고 있다.

2) 대학 등록금 책정모형

대학 등록금 책정모형은 이론적 측면과 현실적 측면에서 몇 가지로 유형화할 수 있다.[3] 첫째, 이론적 측면에서 등록금의 성격과 의사결정의 근거를 기준으로

---

3) 이정미 외, 대학 등록금 및 학생1인당 교육비 산정근거 공시방안 연구(서울: 한국교육개발원, 2009).

〈표 14-1〉 대학 등록금 책정에 관한 이론적 모형

책정모형	등록금 성격	의사결정 근거
수리모형	생산비용	-총교육비, 교육원가
	목적비용	-대학발전계획, 추가 소요경비
합의모형	협의비용	-계약 -대학 내부 합의
비교모형	생산비용	-타 대학 수준, 물가수준, 경제성장률
	사용비용	-정부 방침

자료: 송광용 외, 1997학년도 대학 등록금 책정 과정 및 결과 분석(서울: 한국대학교육협의회 고등교육연구소, 1997)을 부분 수정함.

수리모형, 합의모형, 비교모형으로 구분할 수 있다.[4] 수리모형은 총교육비, 교육원가 등을 분석한 결과를 바탕으로 계량적인 자료를 근거로 등록금을 책정하는 것으로, 등록금의 성격을 주로 생산비용에 대한 수요자의 부담 측면에서 규정하고 있다. 수리모형 가운데 대학발전계획, 시설·설비나 서비스 개선 등을 추진하기 위해 필요한 추가적인 소요경비를 반영할 경우에는 목적비용의 관점에서 등록금을 규정하는 것이다. 합의모형은 수요자와 공급자 간의 서비스 계약 혹은 대학 구성원 간 의견 교환 및 협의 과정을 중시하는 모형이다. 비교모형은 타 대학의 등록금 수준, 물가 및 경제성장률, 혹은 정부의 등록금 인상률 지침 등을 기준으로 등록금을 책정하는 방식이다.[5]

둘째, 실제 대학의 등록금 책정과정, 책정 시 고려사항 등을 기준으로 〈표 14-2〉와 같이 정리해 볼 수 있다. 등록금 책정절차에서 원가분석, 학생 참여 정도, 별도위원회 구성 등에 따라 책정방식을 유형화할 수 있다. 책정 시 활용되는 자료의 측면에서는 원가분석자료 반영, 계열별 책정 근거자료 활용, 부서별 혹은 단과대학별 예산요구 수렴 및 조정 등에 따라 구분할 수 있다.

또한 등록금 책정 시 산정근거로 반영되는 요소 측면에서는 대학 내·외부의

---

4) 송광용 외, 1997학년도 대학 등록금 책정 과정 및 결과 분석(서울: 한국대학교육협의회 고등교육연구소, 1997).

5) 대학 등록금 책정에서는 어느 하나의 이론적 모형에 의존하기보다는 수리+합의+비교모형을 혼합한 방식이 일반적으로 활용되고 있고, 등록금의 성격 역시 생산+목적+사용+협의비용의 관점이 혼재되어 나타나고 있음.

〈표 14-2〉 현실에서 사용 중인 등록금 책정유형 구분 기준

영역	구분 기준(예시)
책정 절차	−원가 분석 −학생 참여 −별도 위원회 구성 등
책정 시 활용 자료	−원가 분석 자료 반영 여부 −계열별 책정 자료 활용 여부 −부서별/단과대학별 예산요구 수렴·조정 등
책정 시 반영 요소	−대학 외부 요인: 물가, 타 대학 등 −대학 내부 요인: 인건비, 운영비, 사업비 등

자료: 이정미 외, 대학 등록금 및 학생1인당 교육비 산정근거 공시방안 연구(서울: 한국교육개발원, 2009).

요인 조합에 의해 책정방식을 유형화할 수 있다. 등록금 책정요인들은 내적 요인과 외적 요인, 내생변인과 외생변인, 현상유지변인과 교육여건변인, 인상요인과 억제요인, 직접적 요인과 간접적 요인 등으로 분류되고 있다. 국내 대학의 경우, 원가 반영 여부, 등록금 결정 시 세부 예산내역을 활용하는지 아니면 인건비, 사업비 등과 같은 일반요인을 주로 활용하는지에 따라 원가반영형, 세부근거 제시형, 일반요인 제시형 등으로 구분할 수 있다.[6]

셋째, 이상적 모형(normative models)은 합리적인 등록금 책정을 위한 절차와 고려요소를 제시하는 방식이다. 1980년대 후반 이후 학계에서는 교육학, 회계학 분야를 중심으로, 그리고 정부의 정책연구보고서 형태로 이상적인 등록금 책정 모형을 제시하려는 시도가 많이 있었다. 크게 보면 대학교육원가 분석모형에 관한 연구와 대학등록금 책정모형에 관한 연구로 구분할 수 있는데, 초기 연구들은 교육원가 계산모형이나 분석모형을 바탕으로 대학등록금 책정모형을 제안하기도 하였으나,[7] 최근에는 교육원가의 계산(costing)과 등록금의 책정(pricing)을 구분하고 있다.[8] 또 등록금 책정과정 시스템 구축, 산정방식 표준화 연구도 수행되었다.[9]

---

6) 이정미 외, 전게서(2009). 더 자세한 등록금 책정과정은 나민주, 대학등록금 실태와 책정문제(서울: 한국대학교육협의회, 2010) 등을 참조 바람.

7) 최근 원가분석을 활용한 예는 송동섭 외, 대학 등록금의 합리적 책정을 위한 실행방안 연구, 교육과학기술부 정책연구보고서(2010) 참조.

8) 김영식 외, 대학등록금 실태조사 및 책정모델 개발 연구(서울: 한국대학교육협의회, 2006).

〈표 14-3〉 대학 등록금 책정에 영향을 주는 요인

구분	유형		세부 요인	
박내회 외(1984) (대학 총비용에 영향을 미치는 변인)	내생 변인		-등록 학생 수 -교수 수 -교수당 인건비 -직원 수	-장학생 비율 -장학금 -연건평 -중앙난방비율
	외생 변인		-GNP -물가수준 -정부예산수준	-공무원 급여수준 -기타 교육정책
이종재 외(1989) (교육비 추가 소요에 영향을 미치는 변인)	현상유지변인		-물가상승률 -급여인상률	-학생수증감률
	교육여건변인		-교수 1인당 학생 수 -교수 1인당 조교수 -사무행정직원 1인당 학생 수 -시간강사 비율 -시간당 시간강사료 -학생 1인당 교내장학금 -학생경비 순증률 -전년도 총예산 대비 신규사업비 비율	
송자 외(1991) (대학 등록금 책정요인)	내적 요인		-대학교육의 목표 -대학정원 -대학재정구조 -일반재원	-인건비 -계열별 학과 수 -대학시설 확충
	외적 요인		-정부 지원	-물가
김병주(1994) (등록금 결정 요인)	내적 요인	직접 요인	-대학의 재원구조 -인건비	-계열별 학과 수 -대학시설 확충
		간접 요인	-대학교육의 목표 -대학의 정원	
	외적 요인	직접 요인	-외부의 지원 -물가	
		간접 요인	-국민소득 -가계소득	-교육기회 형평의 관점

자료: 김영식 외, 대학등록금 실태조사 및 책정모델 개발 연구(서울: 한국대학교육협의회, 2006).

2. 대학 등록금 책정 현황

1) 대학생 1인당 연평균 등록금 추이 및 분포

최근 대학생 1인당 연평균 등록금 금액은 감소추세를 보이고 있다. 일반대학 학사과정의 학생 1인당 연평균 등록금은 2011년 6,927천 원에서 2012년 6,707천 원으로, 2013년에는 6,504천 원으로 더욱 감소하여 2011년 대비 93.9% 수준으로 낮아졌다. 특히 국·공립대학의 감소폭(87%)이 컸다. 지역별로는 수도권대학의 감소폭(92%)이 비수도권에 비해 컸다.

전년 대비 등록금 증감률은 2011년 1.57%에서 2012년 −3.18%, 2013년 −0.42% 로서 증가에서 감소로 돌아섰다. 같은 기간의 소비자 물가상승률은 2008년 4.7%, 2009년 2.8%, 2010년 3.0%, 2011년 4.0%, 2012년 2.2%였다. 이렇게 최근 몇 년간 대학등록금이 물가상승률보다도 낮은 수준으로 감소 추세를 보이는 것은, 부분적으로 정부의 강력한 등록금 인상 억제책의 효과로 보인다. 정부는 시행 중인 각종 대학재정지원사업에 등록금 부담완화지수를 포함시키고 있다.[10]

2013학년도 기준 금액별 대학 분포를 보면, 학생 1인당 연간 평균등록금은 최고 9,117천 원에서 최저 1,680천 원까지 분포하여 최고−최저 간 격차는 약 5.4배에 달하였다. 최빈값을 보면, 설립별로 국·공립은 3,000~3,999천 원이 14개 대학(전체의 50.0%), 사립은 7,000~7,999천 원이 64개 대학(전체의 42.6%)으로 가장 비율이 높았다.

---

9) 예컨대, 정진환 등은 다양한 대학구성원의 교육적·재정적 수요를 반영하는 대학 등록금 책정모형을 제시하고, 델파이 프로그램(Delphi Program)을 활용한 등록금 책정프로그램을 개발하여 그 적용가능성을 모색하였음(정진환 외, 대학등록금 **책정방법** 개선방안연구, 교육부 정책연구, 1998). 그러나 원가산정의 어려움, 대학별 여건의 다양성, 구성원 간 합의 곤란 등의 이유로 실제 대학에 이를 적용하는 데는 한계가 있었음.

10) 거의 모든 재정지원사업에 평가지표로 포함된 등록금 부담완화지수는 '100−(0.4×전년도 등록금 변동지수+0.6×금년도 등록금 변동지수)'로 2개년간 등록금 변동지수를 평가하여 3~5점을 부여함. 또 등록금 인하 시에는 당해연도 등록금변동지수에 만점을 부여하기도 함. 일부 사업에서는 이 지표의 배점을 해마다 높이고 있음. 이 지표의 점수는 T점수로 상대 평가되므로 대학에 대한 등록금 인상 억제 압력은 매우 큼.

〈표 14-4〉 대학생 1인당 등록금(2011~2013)   (단위: 천 원)

구분		2011		2012		2013	
전체		6,927 193개교	(1.00)	6,707 197개교	(0.97)	6,504 179개교	(0.94)
설립	국·공립대	4,546 30개교	(1.00)	4,195 33개교	(0.92)	3,957 28개교	(0.87)
	사립대	7,678 163개교	(1.00)	7,485 164개교	(0.97)	6,976 151개교	(0.91)
소재지	수도권	7,803 72개교	(1.00)	7,591 72개교	(0.97)	7,194 68개교	(0.92)
	비수도권	6,462 121개교	(1.00)	6,233 125개교	(0.96)	6,082 111개교	(0.94)

주: 일반대학(산업대학, 교육대학 제외) 학사과정 기준.
　( ) 안은 2011학년도 대비 증감지수.
자료: 나민주, "대학 등록금 산정 현황 분석", 2013년도 하반기 대학정보공시(서울: 한국대학교육협의회, 2013), p. 81.

〈표 14-5〉 등록금 액수별 대학 분포(2011~2013)   (단위: 대학 수)

구분	2011			2012			2013		
	전체	국·공립	사립	전체	국·공립	사립	전체	국·공립	사립
10,000천 원 이상	1	0	1	0	0	0	0	0	0
9,000~9,999천 원	2	0	2	1	0	1	3	0	3
8,000~8,999천 원	48	0	48	25	0	25	15	0	15
7,000~7,999천 원	66	0	66	65	0	65	64	0	64
6,000~6,999천 원	38	2	36	57	2	55	51	0	51
5,000~5,999천 원	9	1	8	14	1	13	15	1	14
4,000~4,999천 원	22	21	1	16	14	2	13	12	1
3,000~3,999천 원	4	4	0	15	14	1	14	14	0
2,000~2,999천 원	2	1	1	3	2	1	2	1	1
1,000~1,999천 원	1	0	1	1	0	1	1	0	1
1,000천 원 미만	0	0	0	0	0	0	0	0	0
계	193	29	164	197	33	164	178	28	150

주: 일반대학(산업대학, 교육대학 제외) 학사과정 기준.
자료: 나민주, "대학 등록금 산정 현황 분석", 2013년도 하반기 대학정보공시(서울: 한국대학교육협의회, 2013), p. 83.

2) 대학 등록금 산정방법 및 납부제도

대학은 다양한 요소를 등록금 산정에 반영하고 있다. 정보공시에 예시된 요소별로 반영대학의 비율이 가장 높은 것은 전년도 평균 등록금 수준(92.7%)이고, 소비자 물가상승률(92.1%), 최근 5년간 등록금 증감률(91.0%)의 순이다. 학생 1인당 교육비(51.1%) 반영비율이 가장 낮았고, 사회여건 고려(68.0%), 주요 사업비 증감률과 장학금 규모(각각 69.7%) 역시 낮은 비율을 보였다.

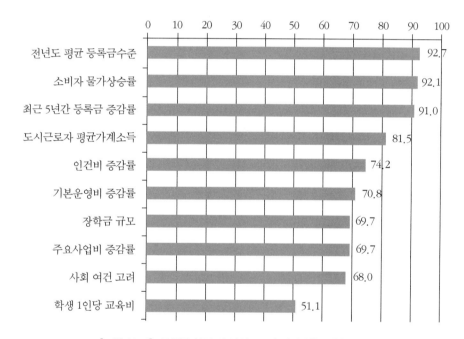

[그림 14-1] 등록금 산정 시 반영요소별 반영대학 비율(2013)

자료: 나민주, "대학 등록금 산정 현황 분석", 2013년도 하반기 대학정보공시(서울: 한국대학교육협의회, 2013), p. 99.

3) 학생 1인당 교육비 대비 등록금 수준

학생 1인당 교육비(대학원생 포함)는 2010학년도 10,664천 원에서 2011학년도 11,136천 원으로 증가하였으나, 2012학년도에는 10,540천 원으로 감소하였고, 2013학년도에 11,531천 원으로 다시 증가하였다. 학생 1인당 교육비[11] 대비 등

---

11) 여기서 주의할 것은 학생당 교육비 산출 시 대학원생도 포함되는 반면, 등록금은 학사과정을 기준으로 작성된 것이어서 학사과정 학생들이 자신들의 교육비에서 분담하는 비율은 아니라는 점임. 전체적인 경향을 알아보기 위한 참고자료임.

〈표 14-6〉 학생 1인당 교육비 대비 등록금 수준(2011~2013)   (단위: 천 원, %)

구분		2011			2012			2013		
		학생당 교육비 (A)	학생당 등록금 (B)	비율 (B/A)	학생당 교육비 (A)	학생당 등록금 (B)	비율 (B/A)	학생당 교육비 (A)	학생당 등록금 (B)	비율 (B/A)
전체		11,136	6,927	62.2	10,540	6,571	62.3	11,531	6,541	56.7
설립	국·공립	13,387	4,546	34.0	10,647	3,968	37.3	11,072	3,957	35.7
	사립	10,449	7,678	73.5	10,520	7,057	67.1	11,617	7,023	60.5
소재지	수도권	12,777	7,803	61.1	11,168	7,253	64.9	12,205	7,194	58.9
	비수도권	9,894	6,462	65.3	10,152	6,150	60.6	11,115	6,137	55.2

주: 4년제 일반대학(산업대학, 교육대학 제외), 학생당 교육비는 대학원생 수 포함(국가수준에서 추정한 자료
    이므로 실제 대학별 자료와는 다름).
자료: 나민주, "대학 등록금 산정 현황 분석", 2013년도 하반기 대학정보공시(서울: 한국대학교육협의회, 2013),
    p. 96.

록금 수준(%)으로 학생들이 자신의 교육비용에서 부담하는 비율, 즉 '학생당 분
담률'을 추정해 볼 수 있다. 그 비율은 2011학년도 62.2%에서 2012학년도
62.3%, 2013학년도 56.7%로 점차 낮아지고 있다.[12]

제2절 대학 등록금 정책의 역사와 동향

1. 대학 등록금 정책의 역사[13]

1) 대학 등록금 자율화 이전의 시기
광복 이후 1980년대까지는 등록금 자율화 이전의 시기라 할 수 있다. 미군정

●●●

12) 참고로 학생 1인당 등록금에서 장학금을 제외한 뒤, 그것이 교육비에서 차지하는 비율을 기준으로
    '실질 학생분담률'을 약식 추정한 결과, 2011학년도 49.5%에서 2013학년도 37.2%로 크게 감소하였
    음. 나민주, "대학 등록금 산정 현황 분석", 2013년도 하반기 대학정보공시(서울: 한국대학교육협의회,
    2013), p. 101.
13) 등록금 정책의 역사는 정부 규제의 관점에서 통제기, 통제완화기, 자율화 지향기, 자율화기로, 혹은
    등록금 수준의 측면에서 저등록금 정책기와 고등록금 정책기로 구분되기도 함. 이하 대학 등록금 정
    책의 역사는 김병주 외, 대학교육비와 등록금(서울: 교육과학사, 1996); 송광용 외, 전게서; 김형근 외,
    대학 등록금 책정실태 조사연구(서울: 한국대학교육협의회, 2004); 나민주, 전게서(2010) 등을 바탕으로
    작성되었음.

시대부터 이승만 정부까지의 대학교육정책은 자유방임적이었으나, 대학 등록금과 관련해서는 학부모의 교육비 부담 능력과 물가폭등 등을 고려하여 저등록금 정책을 시행하였다. 이 시기에는 문맹퇴치가 중요하고 시급한 과제여서 정부의 교육정책은 초등교육에 주안점이 주어졌고, 자연히 교육예산 중 초등교육 비중이 가장 클 수밖에 없었으며 고등교육재정은 등록금에 의존하게 되었다. 이 당시 대학재정 충당을 위한 중요한 역할과 기능을 하는 후원회가 국·공·사립을 불문하고 조직되었는데, 대학재정의 50% 이상을 후원회에 의존하게 되자 1953년 문교부장관훈령으로 후원회에 관한 사항을 문교부가 인가하고 회비징수 감독을 강화하기도 하였다.

1962년 경제개발 5개년 계획이 시행되면서 대학교육 부문에서도 과거의 자유방임적인 정책이 국가의 강력한 계획과 통제하에 놓이게 되었고, 난립되었던 대학을 정비하기 위해 대학정원의 결정 및 통제권을 전적으로 국가가 행사할 수 있도록 법령들이 제정되었다(1961년 「교육에 관한 임시특례법」, 「학교정비기준령」, 1965년 「대학학생정원령」 등). 이러한 법령들에 근거한 학생증원의 억제로 대학재정의 대부분을 학생 등록금에 의존한 사립대학들은 극심한 재정난에 봉착하게 되었고, 정부는 어려운 사립대학들의 사정을 감안하여 등록금 통제를 해제하는 방향의 정책을 추진하였다.[14] 1977년까지 대학정책은 엄격한 통제와 지원·육성정책이 병행되었으나, 대학 등록금의 경우 소비자 물가 상승률보다 대학 등록금 인상률이 훨씬 더 높게 됨으로써 결과적으로 고등록금 정책을 추진한 결과가 되었다.

그러나 사회불안과 물가폭등에 따라 1978년부터 1980년까지는 정부가 물가상승 억제를 위하여 등록금 인상을 최대한 억제하는 저등록금 정책을 시행하였다. 1980년대 들어 전두환 정부의 등록금 정책은 초기에는 대학의 입장을 적극 수용하여 고등록금 정책을 추진하다가 정권이 안정된 후에는 물가억제의 필요성을 내세워 저등록금 정책으로 전환하였다. 전두환 정부 후반기에는 문교부장관이 사립대 등록금에 관한 기준을 경제기획원장관과 사전 협의하여 제시하면 총·학장이 이에 따라 결정하도록 하는 행정통제를 실시하였다.[15] 이는 「물가안정 및 공정거

---

14) 1965년의 사립대학에 대한 등록금 한도액 철폐, 1969년의 사립대학에 대한 기성회비 징수한도액 폐지 등은 등록금 완화 정책의 일환이었음. 1969년에는 문교부령 제211호로 「학교수업료 및 입학금에 관한 규칙」이 제정되었음.

래에 관한 법률」제42조 제2항에 따라 국립대 등록금을 매년 문교부장관과 경제기획원장관이 협의하여 결정하여 오던 규정을 사립대에도 적용한 것이다.

2) 대학 등록금 책정 자율화 추진기

1980년대 말 노태우 정부는 사회의 모든 부문에 걸쳐 광범위하게 민주화를 추진하였고 대학정책도 민주화, 자율화, 개방화의 방향으로 전환되었다. 당시 문교부는 단계적 자율화 방안을 제시하여 1988년부터는 사립대 대학원부터 등록금 책정을 자율화하고, 1992년 이후에는 국·공·사립 모든 대학이 학부와 대학원의 등록금을 자율적으로 책정하도록 하였다. 이는 대학교육의 수월성 추구와 관련된 대학현장의 절박한 요청, 등록금 통제 근거 미흡, 그리고 대학별, 학과별 특성에 따른 소요교육비 차이도 등을 감안한 것이었다.

1988년 대학 등록금 자율화 정책의 주요 내용은 다음과 같다. 국립대학의 입학금 및 수업료는 종전과 같이 「학교수업료 및 입학금에 관한 규칙」제2조에 의거하여 문교부장관이 결정하고, 기성회비는 대학의 소요교육비를 감안하여 합리적 수준으로 자율 책정하되 한국대학교육협의회와 사전 협의토록 권장하며, 사립대의 입학금, 수업료 및 기성회비는 대학별 소요교육비를 감안하여 적정 수준으로 책정하되 역시 한국대학교육협의회에서 협의토록 권장하였다. 또한 당시 문교부는 계열별 소요교육비를 감안한 교육비차이도를 적용하고, 재학생의 기득권을 인정하여 신입생과 차등 조정하도록 함으로써 대학별 등록금 차이가 대학 지원의 선택 요소가 되도록 대학별 등록금 액수를 입시요강에 발표하도록 권장하였다. 2002년 2월에 개정된 「학교수업료 및 입학금에 관한 규칙」에서는 국립대의 입학금 및 수업료도 각급학교별 실정과 경제적 사정의 변동을 고려하여 당해 학교의 장이 정할 수 있도록 하였으나, 실질적으로는 입학금과 수업료는 교육인적자원부장관이 정한 기준에서 책정되었다.

---

15) 정부는 사립대학들이 여러 가지 재정운영상의 문제점을 내포하고 있다고 판단하였음. 첫째, 대부분의 대학이 교육여건이나 질적 수준의 고려 없이 마구잡이식 등록금 인상을 하고, 둘째, 대부분의 대학이 해당연도 소요 교육비 산정에 기초하지 않고 예산 편성·집행을 하고, 셋째, 대학별 인건비의 경쟁적 인상이 이루어져 부작용이 생겼으며, 마지막으로 일부 대학의 경우 등록금 재원으로 무리한 시설 투자를 함으로써 교육의 질적 향상을 외면한 것 등이 문제점으로 대두되었음. 김형근 외, 전게서.

노태우 정부가 들어서면서 대학 등록금 책정이 자율화됨으로써 등록금 책정 과정에 대학 구성원의 참여 범위와 기회가 확대되고, 개별대학들은 보다 합리적으로 등록금 책정을 위한 노력을 경주하게 되었다. 그러나 대학 등록금 책정의 자율화 정책으로 등록금 인상률과 책정과정이 학생운동의 표적이 되고 학원소요의 큰 원인이 되었다. 1992년부터 대학의 민주화 바람이 어느 정도 잠잠해지면서 사립대의 등록금은 매년 큰 폭으로 인상되었고, 1997년 말 IMF 관리체제 이후 대학 등록금은 잠시 동결되었으나, 다시 대학 등록금이 큰 폭으로 인상되면서 대학에서는 등록금 인상에 따른 학원소요로 진통을 겪었다.[16]

3) 대학 등록금 인상 억제기

2000년대 들어서 경기침체 속에서 대학 등록금이 물가상승률을 상회하는 수준으로 인상되면서 각 정당에서는 대학 등록금 인상제한 법률안, 선(先)무상교육안, 대학 등록금 부담 반으로 줄이기 대책안, 가계수지 연동 대학 등록금 상한제 등과 같은 방안을 제시하기도 하였다.[17] 대학 등록금 인상에 관한 사회적 반대여론이 높아지는 가운데 한편으로는 등록금 책정과정의 투명성에 관한 관심도 높아졌다. 물가상승률을 초과하는 높은 수준으로 대학 등록금이 인상됨에 따라서 경제적 약자에 대한 고등교육의 기회확대와 균등한 기회를 위한 여건조성이 중요한 정책의제로 부상하였다.

노무현 정부 들어서도 이전과 마찬가지로 자율화 정책을 적용하였으나, 등록금 문제가 대학사회는 물론 정치권에서도 쟁점으로 부각되면서 등록금과 관련된 종합적인 대응방안을 모색하게 되었다. 정부에서는 대학 등록금은 자율화되어 있어 등록금 인상을 제한할 수는 없으나, 물가안정 및 가계 부담 해소를 위해 등록금 인상을 최소화하고 합리적으로 등록금을 책정토록 수차례 공문을 통해 협조를 요청하고, 대교협에도 대응방안 강구를 요청하였다.[18]

---

16) 당시 대학가에는 봄이면 어김없이 시작되는 등록금 투쟁을 빗대어 '춘등투'라는 용어가 생겨나 유행하고 있고, 일부 대학에서는 극단적인 투쟁도 불사하여 학사행정을 마비시키기도 하고, 총장실을 점거하는 등 문제가 되었음. 김영식 외, 전게서, pp. 22~25.

17) 상게서, pp. 106~124.

18) 예컨대 대교협 정기총회 및 전국대학교 총장 회의 시 학교구성원의 이해와 참여를 통해 등록금을 적정수준에서 책정토록 당부하고, 국립대 혁신담당 처·과장 회의 시 협조사항을 당부하였음.

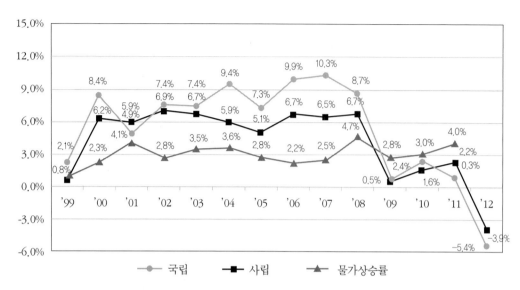

[그림 14-2] 대학 등록금 인상률 추이(1999~2012)

자료: 송기창 외, 사립대학 재정의 현안 및 쟁점에 관한 연구(한국교육재정경제학회, 2012), p. 40.

2006년 등록금 투쟁은 종래의 대학별 투쟁방식에서 전국대학연대를 통한 공동투쟁방식으로 전환되었다. 등록금 문제가 대학가의 전국적인 이슈로 떠오르면서 정치권에서도 대학 등록금 대책을 마련하였다.[19] 2007년도에도 지방 거점 국립대들이 높은 인상률을 예고하여 학내갈등이 고조되었다. 국립대는 인상요인으로 국립대 법인화 등 대비 경쟁력 강화를 위한 재원 확보, 타 대학 대비 낮은 등록금, 시설설비 확충, 만성적 적자 구조 개선을 위한 인상의 불가피성을 주장하였다. 이에 대해 당시 교육인적자원부는 등록금 인상 최소화, 구성원 의견 수렴 및 협조 확보, 과도한 적립금 조성 금지, 재정운영 투명성 확보 등을 대학에 요청하였다.

이명박 정부에서는 대학 등록금 책정의 합리성과 투명성 제고를 위해 관련법령을 개정하였다. 2010년 1월 「고등교육법」의 개정으로 등록금인상률 상한제, 등록금심의위원회 도입을 통해 등록금 수준 안정화 장치를 마련하고, 2011년 9월

_____

19) 당시 민주노동당은 등록금특별위원회를 구성하고, 기자회견, 투쟁학교 투어, 학생간담회 및 토론회 등의 방식으로 등록금 문제를 사회문제로 이슈화하며, 노학연대를 통한 등록금 문제 해결을 주장하였고, 열린우리당에서는 등록금 후불제 및 학자금 대출 확대를, 한나라당에서는 기여입학제, 장학기금 조성을 통한 등록금 반값 인하 방안을 제시하였음.

등록금심의위원회 제도를 개선하는 「고등교육법」 개정을 통해 학생위원 비중이 10분의 3 이상 되도록 하고, 회의록 공개와 위원회의 자료요청권을 명문화하였다. 2011년 7월에는 「적립금 제한에 관한 사립학교법」 개정으로 등록금에서 적립금 조성 시 적립 가능한 범위를 건물의 감가상각비 상당액으로 제한하였다. 2012년에는 교비회계에서 법정부담금 부담을 제한하는 「사립학교 교직원연금법」 개정을 통해 법인부담금(교직원 연금 등)을 교비회계에서 부담할 경우에는 교육과학기술부 승인을 받도록 하였다.

또한 정부는 등록금 부담을 완화함으로써 대학생들이 안정적으로 학업에 전념할 수 있는 제도적 장치로서 2009년 한국장학재단을 설립하고, 국가장학금, 학자금대출 등 다양한 유형의 학자금 지원정책을 대폭 확대하였다. 2010학년도 1학기부터는 한국형 소득연계 학자금 대출제도로서 취업 후 학자금을 상환하는 '든든학자금' 제도를 시행하였다.

2. 대학 등록금 정책의 현황

1) 등록금 및 학생 1인당 교육비 산정근거 공시

정부는 등록금 및 학생 1인당 교육비 산정근거를 공시함으로써 등록금 책정에 대한 교육수요자의 신뢰를 제고하고 등록금 책정의 합리화를 유도하기 위해서 2009년에 「교육기관의 정보공개에 관한 특례법」을 개정하였다. 등록금 현황은 등록금 현황과 납부제도를, 등록금 산정근거로는 책정 시 고려요소, 산정근거 등을 공개하고, 등록금 책정절차와 관련해서는 책정단계, 단계별 책정조직, 참여주체, 활동내용 등을 제시하도록 하였다.

2) 등록금 인상률 상한제

2010년 1월에는 등록금을 책정하기 위하여 교직원(사립대 재단인사 포함) · 학생 · 관련 전문가 등으로 구성되는 등록금심의위원회를 설치 · 운영하고, 등록금의 인상률을 직전 3개 연도 평균 소비자 물가상승률의 1.5배를 초과하지 못하도록 하였으며, 이를 위반할 경우 행정적, 재정적 불이익을 줄 수 있도록 「고등교육법」이 개정되어 4월부터 시행되었다. 정부에서는 대학 등록금 책정과 관련하

〈표 14-7〉 2011 등록금 산정을 위한 평균 소비자 물가상승률(2008~2010)

구분	2008	2009	2010	평균 소비자 물가상승률
물가인상률	4.7%	2.8%	2.8%	3.4%
산출근거	통계청 발표 (전년 대비)	통계청 발표 (전년 대비)	통계청 발표 (전년동기 대비)	기하평균*

* 변동률에 대한 평균은 기하평균으로 산출.
 2011년 기준 직전 3개년 평균 인상률: 3.4%

$$(1 + r/100) = \sqrt[3]{1.047\ 1.028\ 1.028} \Rightarrow r = 3.4(소수점 둘째자리 반올림)$$

여 소비자물가상승률, 연간 학교 평균등록금[20] 산출방식을 공고하고 있다. 예컨 대 2011학년도 대학 등록금 책정과 관련하여 정부에서 공고한 직전 3개 연도 소 비자물가상승률은 2008년 4.7%, 2009년 2.8%, 2010년 2.8%(2009년 1~10월 대비 2010년 1~10월까지의 평균 물가상승률)이며 3개 연도 평균은 3.4%다.

3) 국가 장학금 제도

'반값등록금'으로 지칭되는 등록금 부담 경감 요구가 정치적 이슈로 급부상하 면서 2012년부터는 기존 저소득층 대상 장학금을 대폭 확대하고 소득분위에 따 라 중산층에도 무상장학금을 차등 지급하는 대규모 국가장학금 사업을 시행하 고 있다.[21] 2011년 9월에 교육과학기술부는 1.75조 원의 국가장학금 지원 및 이 에 상응하는 대학의 자구노력 유도방안 등이 포함된 '대학생 등록금 부담 완화 방안'을 발표하였다. 2012년 국가장학금사업은 기존 저소득층 장학금을 국가장 학금사업으로 통합하고 규모를 확대하여, 등록금 부담이 큰 저소득층에 대한 재

---

20) 연간 학교 평균등록금은 계열·학년을 따로 구분하지 않은 학교 전체의 평균 등록금을 의미하는데, 단 학부와 대학원 평균을 별개로 산출함. 대학원의 경우 일반·전문·특수대학원을 포함하고, 석 사·박사·석박사 통합과정을 포괄하는 전체 평균으로 산출함. 평균산출 시 계절제·원격·산업체 위탁·특별과정·계약학과·산학협력취업약정제·학사학위 전공심화 과정은 제외함. 신청한 학점 으로 등록금을 산출하는 경우, 실제 신청 학점의 과소에 불구하고 연 35학점을 기준으로 산출함. 다 만 사이버대학의 경우 1~3학년은 연 36학점, 4학년은 연 32학점을 기준으로 산출함.
21) 그 이전까지 우리나라 학자금지원 정책은 2005년 2학기부터 학자금대출 규모 증가, 2008년부터 기 초수급자 장학금 시행, 2010년부터 취업후상환 학자금대출(Income Contingent Loan) 시행에 이르 기까지, 전체 학자금 지원 규모에서 차지하는 비중으로 볼 때 무상장학금보다는 학자금 대출을 중심 으로 발전해 왔음. 남수경, "대학 등록금 및 장학금 지원의 방향과 과제", 교육재정경제연구, 제21권 제 1호(2012), pp. 57~90.

	2011				2012	
	사업명		지원규모		사업명	지원규모
기존예산 이관문	저소득층 장학금	기초생활 수급자 장학금	2,025	국가 장학금	I유형 (소득 분위별 최저지원)	7,500 −기초생: 450만 원 −1분위: 50% −2분위: 30% −3분위: 20%
		차상위계층 장학금	288			
		저소득층 성적우수 장학금	1,000		II유형 (대학 자구노력 연계지원)	7,500+2,500 −소득7분위 이하 대학여건별 지원
	소계		3,313			
추가 증액분	소계		14,187			

[그림 14-3] 국가장학금 지원 규모(금액단위: 억원)

자료: 이정미, 이상돈, "신규 국가장학금사업 추진의 쟁점 및 논리분석", **교육행정학연구**, 제30권 제1호(2012), p. 87.

정지원을 강화하였다.

국가장학금사업은 I유형과 II유형으로 구분되었다. I유형은 3분위 이하 저소득층 학생에 대해 국가가 직접 학자금을 지원하는 사업, II유형은 대학을 경유하여 7분위 이하 학생에게 지원하는 유형으로 명목등록금 인하효과와 함께 대학의 자구노력을 유도하기 위한 사업으로 구성되었다. II유형은 대학이 등록금 부담 완화에 동참하도록 정책적으로 유도하기 위하여 설계되었고, 대학이 등록금을 인하하거나 장학금을 확충하는 규모에 대응하여 국가의 지원 금액이 결정된다. 2013년에는 전년 대비 1조 250억 원이 증액된 2.75조 원 규모로 국가장학금을 대폭 확대하고, I유형을 통해 기초생활수급자에서 소득8분위까지 확대 지원하며 소득분위별 지급금액도 상향 조정하였다. 2013년 기준 국가장학금 사업 예산은 고등교육 전체 예산 7조 2천억여 원의 약 38%를 차지하고 있다.

3. 외국의 대학 등록금 정책

외국의 경우, 일반적으로 공립대학(public higher education)과 사립대학(private higher education)은 대학의 운영방식이나 재정운영 측면에서 서로 분명하게 구분되어 왔다. 특히 대학운영 재원의 경우, 공립(혹은 국립)대학이 거의 전적으로 정부 의존적인 반면, 사립대학은 사적 부문의 재정을 지원받는 것이 보편적인 현상이며 하나의 법칙이라고 할 수 있다.[22] 이 절에서는 공립대학과 사립대학을 구분하여 대학 등록금 정책, 대학재정 구조 등에 관한 국제적 동향을 분석하고, 등록금 책정에 대한 정부 규제, 그리고 학비보조제도에 관하여 개관한다.[23]

1) 공립대학과 등록금

대부분의 유럽 국가와 사회주의 국가는 사립대학이 아예 없거나, 공립대학에는 등록금이 없는 것이 일반적이다.[24] 벨기에와 네덜란드의 공립대학은 대부분 공공재정으로 운영되고, 등록금이 매우 적다. 영국의 경우에는 등록금이 있으나, 거의 모든 자국 학생에 대해서 정부가 이를 보조한다. 프랑스계 아프리카 국가들도 대부분 등록금이 없고, 아프리카, 아시아, 라틴아메리카의 개발도상국들도 사립대학의 수가 많으나 공립대학은 등록금이 아예 없거나 대단히 낮은 수준이다.

이들 국가에서 이렇게 공립대 등록금이 없거나 낮은 이유는 다음과 같다. 첫째, 대학교육은 경제성장, 정치 민주화와 안정, 삶의 질 향상에 기여함으로써 대학생뿐만 아니라 모든 시민에게 도움을 주고 있고, 등록금은 대학교육 기회를 제약함으로써 이러한 공익을 저해할 가능성이 있다. 둘째, 아무리 보조금이 많더라도 등록금은 결국 저소득층, 농촌, 소수인종 출신 아동의 대학 진학과 학업 지속을 방해하고, 결과적으로 국민의 교육수준과 사회적 평등을 저해할 가능성이 높다. 셋째, 간접교육비(하숙비, 식비, 교통비, 피복비 등)가 이미 학생이나 학부모가 감당하기 어려운 수준으로 증가하고 있고, 대학교육의 기회경비(포기된 소득) 역시 높아지고 있어서 등록금 이외에도 교육비 부담이 과중하다. 마지막으로, 무상 대학교육의 일차적인 수혜자인 중류 및 상류층 학생과 학부모가 막대한 정치적 영향력을 소유하고 있는 국가의 경우 등록금 부과는 정치적 모험이다.

22) D. C. Levy, "Private Institutions of Higher Education", in B. R. Clark & G. Neave, Eds., *The Encyclopedia of Higher Education*(Oxford: Pergamon Press, 1992), pp. 1183~1195.

23) 이하 외국 사례는 송광용 외, 전게서; 김영식 외, 전게서; 이정미 외, 전게서(2009) 등을 바탕으로 작성함.

24) D. B. Johnstone, "Tuition Fees", in B. R. Clark & G. Neave, Eds., *The Encyclopedia of Higher Education*(Oxford: Pergamon Press, 1992), pp. 1502~1505를 주로 참조함.

미국, 캐나다, 일본, 인도, 필리핀, 영국계 아프리카 국가들은 적정한 수준에서 등록금을 부과하고 있다. 대학교육비의 1/3~1/5 정도를 학부모가 부담하고, 나머지 대부분은 정부가 보조하고 있다. 이러한 등록금 정책의 근거는 첫째, 대학교육의 이익은 근본적으로 학생에게 돌아가고, 이를 위한 교육비 전부를 학생에 비하여 적은 이익을 얻는 일반 납세자가 부담하는 것은 공평하지 않다. 둘째, 사회계층별로 볼 때, 전체 대학진학자 중 비용이 많이 들고 인기가 높은 학문계열 진학자는 중상위층 출신이 많은 상황에서 모든 비용을 납세자가 부담하는 것은 공평하지 않으며, 역진적 소득재분배 효과를 가져오게 된다. 따라서 적정한 학비지원제도를 정립하면서 등록금을 부과하는 것이 더욱 능률적이고 형평성 있게 공공재정을 사용하는 방법이다. 셋째, 시장기제의 활용을 통하여 대학 간 경쟁, 소비자중심 교육, 대학교육의 다양성 및 책무성 등을 강화할 수 있다. 마지막으로, 등록금 재원은 재정지출에 대한 대학의 자유재량권을 확대시킨다. 일반적으로 공립대학 등록금은 명확한 비용분담이론에 근거하기보다는 역사, 국가재정, 정치적 상황, 소비자 수용 범위 등에 따라 결정되고 있다.

2) 사립대학의 등록금과 정부지원

일반적으로 사립대학의 주된 재원은 등록금이며, 정부로부터 보조를 받거나 개인 혹은 기업으로부터 기부금을 제공받기도 한다.[25] 사립대에 대한 공재정지원은 국가별로 매우 다양한데, 거의 공립대와 같은 보조를 받는 경우부터 지원을 거의 받지 못하는 경우까지 있다. 네덜란드, 벨기에, 칠레와 같은 국가의 사립대는 거의 전적으로 공공재정에 의존하고 있다.[26] 이때 국가적·사회적·경제적·역사적 맥락에 따라 사립대학에 대한 공적 지원의 규모가 달라진다.[27]

즉, 사학비중이 높고 공학이 소수를 차지하여 사학우위형을 보이는 국가(미국, 일본, 필리핀, 인도, 브라질, 콜롬비아, 아르헨티나, 멕시코 등)에서는 사학에 대하여 부분적으로 보조금을 지원하고, 등록금이 대학의 주된 재원이 된다. 사학과 공학

25) *Ibid.*, pp. 1506~1509.

26) D. C. Levy, *op. cit.*, p. 1188.

27) Roger L. Geiger, *Private Sectors in Higher Education: Structure, Function and Change in Eight Countries* (Ann Arbor: The University of Michigan Press, 1986).

이 대학교육을 거의 비슷하게 분담하는 경우(벨기에, 네덜란드 등), 국가는 사학에 대하여 완전보조정책을 실시하고 학생 등록금은 없다. 마지막으로 사학 수가 적고 특수한 이익을 반영하는 국가(프랑스, 스웨덴, 스페인, 이탈리아, 영국 등)에서는 세금감면 등의 정책이 나타나고, 사립대에는 소수 특권계층이 주로 입학하며, 이때 등록금은 사학에 대한 접근기회에 중요한 영향을 미친다.

일반적으로 선진국의 경우, 사립대학에 대한 정부재정지원은 점차 증가되고 있고, 그 증가율은 연평균 5% 정도다.[28] 그러나 개발도상국가의 경우에는 몇몇 예외를 제외하면 사립대에 대한 정부재정지원은 10% 미만이고, 거의 없는 국가도 많다. 사립대에 대한 공적 재정지원규모는 의무교육연한, 조세제도, 등록학생 수의 변화, 교수의 봉급 및 근무여건, 사학보조 입법 등이 큰 영향을 미치고 있고, 이때 공·사립 간 평등과 같은 형평성이 중요한 원리로 작용하였다.[29]

미국의 경우, 사립대 등록금 수준은 대학에 따라 매우 다양하고 그 폭도 크다. 1989년을 기준으로 할 때 평균 등록금은 8,737달러였고, 지방 소재 종교관련 소규모 대학은 최저 4,000달러이고 연구중심대학은 최고 14,000달러에 이르렀다. 등록금 수준은 대학의 재원구조보다는 주로 수요 측면, 즉 입학지원 학생 수에 따라 달라진다. 하버드, 예일, 프린스턴, 스탠퍼드와 같은 부유한 대학들이 오히려 가장 높은 등록금을 부과하였다. 이 대학들은 등록금을 높게 부과할 뿐만 아니라 인상률을 점차 높였다.[30] 그 이유는 첫째, 등록금 인상률이 높지만 학생등록금은 여전히 자신의 교육에 투입되는 학생 1인당 교육비보다는 낮은 수준이다. 둘째, 자격을 갖춘 학생들은 대학 수학에 필요한 장학금과 보조금을 충분하게 지급받고 있다. 셋째, 등록금 인상률이 높은 것은 높은 대학교육비용 증가율을 그대로 반영하기 때문이다. 마지막으로, 학생 및 학부모는 높은 등록금 증가율에도 불구하고 공립대에 비하여 사립대를 선호하고 그 비용을 지불하려고 한다.

28) J. R. Hough, "Finance", in B. R. Clark & G. Neave, Eds., *The Encyclopedia of Higher Education* (Oxford: Pergamon Press, 1992), pp. 1353~1358.

29) OECD, *Public Educational Expenditure, Costs and Financing: An Analysis of Trends 1970~1988* (Paris: OECD, 1992).

30) D. B. Johnstone, *op. cit.*, p. 1507.

3) 정부규제와 학비보조 제도

공립대의 등록금 책정에 대한 정부의 규제 혹은 간여 방식은 매우 다양하다. 첫째, 정부가 법률 혹은 교육부를 통한 직접적인 방식으로 혹은 등록금 수입 총 규모의 결정이나 간접적인 방식을 통하여 대학 등록금을 설정할 수 있다. 둘째, 실제 등록금 액수 결정은 대학에 맡기고 적정한 등록금 수준을 장려하면서 그 결과를 정부지원금에 반영함으로써 저등록금을 유도할 수 있다. 셋째, 정부가 등록금 최고 수준(maximum tuition)을 결정하고 대학이 그 이하 수준에서 이를 결정하도록 할 수 있다. 공립대학이 법적으로 등록금을 자유재량하에 결정할 수 있도록 보장받는 경우도 있다. 그러나 대학교육재정에 대한 보조 책임을 맡고 있는 정부가 공립대의 등록금 책정에 전혀 개입하지 않을 수는 없다. 특히 정치적 반대를 불러일으킬 정도로 등록금 수준이 매우 높거나, 정부의 대학재정 지원규모를 대폭 확대해야 할 만큼 등록금 수준이 아주 낮은 경우에 그렇다.[31]

미국의 경우를 보면, 공립대 등록금 책정 유형은 주의 규제방식에 따라 네 가지로 구분된다.[32] 첫째, 등록금 책정과 관련하여 모든 대학 혹은 일부 대학이 주로부터 법적 자율권을 부여받은 경우가 있다.[33] 둘째, 주와 대학이 상호 조율과정을 거쳐서 등록금을 결정하는 모형이다. 오하이오와 콜로라도에서는 등록금과 정부보조에 의한 수입의 비율을 결정하는 공식에 근거하여 등록금이 차지하는 부분이 결정되고, 이에 따라 등록금 최고액이 결정된다. 셋째, 주정부가 등록금을 완전히 통제하는 모형이다. 뉴욕 주에서는 연간 교육예산이 결정되기 전에는 등록금이 책정될 수 없고, 모든 등록금 수입이 대학예산에 계상되고 모든 초과수입은 주에 반납해야 한다. 마지막으로, 등록금 책정과 대학의 수입이 무관한 유형이 있다. 매사추세츠 주에서는 등록금을 주정부가 관리하고 대학예산도 모두 주정부가 지원한다. 따라서 대학은 등록금 책정절차에 관여할 수 없다.

사립대의 등록금은 주로 시장원리에 따라 책정된다.[34] 사립대 이사회는 등록

• • •

31) *Ibid.*, p. 1504.

32) 박남기 외, 합리적인 대학등록금 결정 및 고시를 위한 교육비차이도 분석 연구(교육비차이도분석연구위원회, 1996), pp. 26~27.

33) 예컨대 펜실베이니아 주의 경우 피츠버그 대학, 펜실베이니아 주립대학, 템플 대학, 링컨 대학의 4개 주립대학은 다른 공립대학에 비해 많은 자율권을 보장받음. 그러나 미시간 대학, 미시간 주립대학, 웨인 주립대학 등은 등록금 인상을 동결하도록 강요받거나 인상된 등록금만큼 주정부 보조가 삭감됨.

금을 결정할 수 있는 법적 권한을 소유하고, 학생수요와 등록금 지불의지 등을 고려하여 등록금을 책정한다. 물론 정부가 원할 경우 사립대학에 막강한 압력을 행사할 수도 있다. 정도의 차이는 있으나 모두 사립대학이 정부의 직간접적 보조와 지원을 받고 있기 때문이다. 학생 장학금, 융자금뿐만 아니라 면세, 기부금 공제 등이 그 예다. 그러나 정부의 압력은 특별법이나 규정을 통하여 행사된다.

세계적 경기불황과, 정부 긴축재정 속에서 민영화(privatization)의 일환으로 등록금제를 도입하는 추세가 확대되는 한편으로 다양한 학비보조제도 함께 발달하여 왔다.[35] 전통적으로 대학생에 대한 재정지원방식은 무상지원, 학자금 대출, 근로장학 지원, 세금감면 등으로 구분된다.[36] 첫째, 무상지원은 상환을 전제하지 않는 것으로 재정적 필요나 학업능력 등을 기준으로 무상장학금(grant or bursary)과 성적우수장학금(scholarship or fellowship)으로 구분된다. 필요기준 무상지원은 학생, 학부모에게 현금으로 지원되는 것이 일반적이나, 최근 교육비지불보증(voucher), 교육저축계좌(education savings account), 개인학습계좌(individual learning account) 등이 새롭게 등장하고 있다. 둘째, 학자금 대출은 상환을 전제로한 것으로 전통적인 형태인 모기지형 대출(mortgage-style loan)과 은행대출(bank loan)에서 소득연동상환형 대출(income-contingent loan), 학위세(graduate tax), 인적자원계약(human capital contract) 등으로 다양해지고 있다. 셋째, 근로장학금은 정부와 대학이 일정 비율의 재정을 지원하는 시간제 근로수당지원이라 할 수 있다. 넷째, 세금감면에는 학생, 학부모의 가계지출에 대한 소득공제나 고등교육비 마련을 위한 저축에 대한 세액감면 등이 있다.

4) 주요국의 최근 정책 동향

우리나라뿐만 아니라 미국, 유럽 각국에서도 대학 등록금에 대한 사회적 관심

---

34) 상게서, p. 27.

35) 미국의 경우, 높은 수준의 등록금, 그리고 대학수학을 위해 필요한 간접비용 증가 등으로 인하여 학부모부담 지원제, 학생부담 지원제, 정부 보조금, 그리고 민간 기부금이 확대되고 있음. 이 가운데 학부모를 지원하기 위한 제도로는 월별 분납제(Time Payment Plans), 중앙정부가 관장하는 장기저리의 학부모 대여금제(Parent Loans for Undergraduate Students: PLUS), 선납제(Prepayment) 등이 있음.

36) 남수경, "대학생 학자금 지원", 윤정일 외, 전환기의 한국교육정책(서울: 학지사, 2008), pp. 421~422.

이 매우 높다. 미국의 경우, 사립대는 물론 주립대의 등록금 책정에서도 개별대학의 자율성을 보장해 왔다. 그러나 경기침체 속에서 주정부의 재정지원액이 감소하면서 대학들이 등록금을 급격하게 인상하고, 이를 억제하기 위해 등록금 상한선 내에서 등록금을 책정하도록 하거나 개별대학이 책정한 등록금에 대해 주정부가 사후 승인하도록 함으로써 실질적 통제를 가하는 주정부가 늘어나고 있다.[37]

지난 몇 십 년간 미국 대학의 등록금은 꾸준히 상승하였고, 특히 공립대의 경우 물가상승률보다 훨씬 많이 인상되었다. 대학위원회(College Board)의 2009년 자료에 따르면, 공립대학 등록금은 1988년 2,868달러에서 2008년 6,453달러로 약 2.25배 인상되었다. 이에 반하여 물가상승률은 같은 기간에 82%가 올라 등록금 인상률이 물가상승률을 크게 상회하는 것으로 나타났다. 2000년대 들어오면서 이러한 급격한 등록금 인상이 사회문제로 대두되자 연방정부 차원에서 등록금 인상을 규제해야 한다는 논의가 계속되었고,[38] 미국 경제의 침체와 대학들의 등록금 인상이 가계, 특히 저소득층과 중산층에 부담으로 인식되면서 연방정부의 간여가 자연스럽게 이루어지게 되었다.

연방정부 차원에서는 대학의 순교육비에 관한 정보를 공시하고, 다른 대학보다 높게, 혹은 물가상승률보다 빠르게 등록금을 인상하는 대학들에 대해 대중적인 감시체계를 통해 등록금 상승을 통제하고 있다.[39] 등록금 수준 및 등록금 인상률 상위대학 명단을 공시하고, 해당기관에 대해 비용증가와 관련된 주요 예산항목 및 증가 이유, 비용절감을 위해 향후 취할 조치 등에 관한 보고서를 정부에 제출하게 한다.

---

37) 이하 내용은 김영식 외, 전게서; 이정미 외, 전게서(2009), 송동섭 외, 전게서 등을 바탕으로 작성하였음.

38) 개별대학에 대한 연방정부의 규제논의는 논쟁점이 되었는데, 미국의 경우 전통적으로 연방정부는 교육에 크게 간여하지 않고, 교육에 대한 일차 책임은 주정부가 갖고 있기 때문임. 고등교육도 예외는 아니어서 주정부에 행·재정적 권한이 있고, 연방정부는 학생 장학금과 융자 등의 직접적 재정지원과 연구비 지원과 관련해서만 제한적으로 간여하였음.

39) 예컨대, 적정 등록금 인상 지수(College Affordability Index: CAI)는 물가상승률에 비해 대학 등록금이 얼마만큼 올랐는가를 수치로 보여 주는 지표임. 이는 최근 3년간의 대학 등록금 인상률을 같은 기간의 물가상승률로 나눈 값으로, CAI가 2.0이라는 것은 대학 등록금이 물가상승률보다 2배 정도 더 인상되었다는 것을 의미함. CAI가 2.0 이상인 대학들은 '위험(At risk)' 대학으로 따로 분류됨. 고장완, "미국 연방정부의 등록금 통제 효과 분석", **교육재정경제연구**, 제20권 제3호(2011), pp. 163~182.

그러나 한편으로는 과도한 등록금 억제로 인해 우수한 교수진이 다른 주로 떠나고, 수업규모가 증가하는 등 교육의 질에 있어서 많은 문제점이 나타나면서 등록금 인상을 제한할 경우 결국 학생교육에 들어가는 비용이 축소되어 교육의 질이 낮아질 가능성이 있다는 점 때문에 등록금 인상률을 높이는 경우도 있다. 즉, 등록금의 인상을 무조건 제한하는 것이 아니라 등록금 인상이 궁극적으로 학생에게 제공하는 교육의 질을 제고하는 데 기여하는지에 관심을 두고 있다.

전통적으로 엘리트 중심의 대학교육체제를 유지하면서 저등록금, 고보조금 정책을 실시하던 유럽 국가들도 최근에는 대학교육기회를 확대하고 등록금을 부과·인상하면서 반대시위가 일어나는 등 사회적 논란이 확산되고 있다. 예컨대 독일의 경우, 사회 및 경제 개혁의 여파 속에서 오랜 기간 공교육 체제를 유지하였으나, 대학교육개혁의 일환으로 등록금 제도를 도입하였다. 교육을 상품이나 기회가 아닌, 인간이 지닌 기본적 권리로 보고 교육의 기회균등과 분배정의의 가치를 내세워 공교육 체제를 유지해 온 독일에서 등록금 징수가 지닌 개혁적, 사회적 의미는 충격적인 것이었다. 그러나 제도 도입의 과정에서 사회복지적 관점을 배제하지 않았고, 교육의 기회균등과 분배정의의 가치를 수호하여 학생 개인의 환경요소에 따라 등록금을 면제하는 방안을 함께 고려하고 있다. 대내외적으로 위기에 처한 독일 대학이 많은 논란에도 불구하고 등록금제를 도입하게 된 것은 대학개혁과 국제경쟁력 확보라는 과제를 안고 있기 때문이다.

제3절 대학 등록금 정책의 쟁점과 과제

1. 대학 등록금 정책의 쟁점

대학 등록금은 교육적, 사회적으로 매우 복합적인 성격을 지니고 있어서 대학 등록금 정책 및 책정과 관련해서는 다음과 같은 쟁점들이 내재해 있다.[40]

---

40) 이하 논의는 김병주, "교육비 분석에 근거한 대학 납입금 차등화에 관한 연구", 서울대학교 대학원 박사학위논문(1994); 송광용 외, 전게서; 김영식 외, 전게서; 이정미 외, 전게서(2009)를 바탕으로 정리하였음.

1) 대학교육의 기회균등과 등록금

사회평등의 관점에서 대학교육기회는 매우 중요한 사회경제적, 정책적 관심사로 중시되어 왔고, 대학 등록금은 대학교육기회에 영향을 주는 주요인으로 인식되었다. 대학교육의 기회균등 측면에서 대학 등록금 수준은 대학교육의 접근성 문제와 함께 논의된다. 개인의 부담 능력의 차이로 인하여 대학교육의 기회균등이 실질적으로 제약될 수 있다. 대학교육기회는 일차적으로는 학생의 학업능력에 의해 결정되지만 보다 근본적으로는 대학 등록금 부담능력에 의해 영향을 받는다.

대학 등록금의 인상은 저소득층의 대학교육기회를 제약하는 요인이 된다. 소득수준에 따라 교육비의 상대적 부담 정도가 크게 차이가 나기 때문에 계층별로 교육기회에 제약이 가해진다. 특히 저소득층의 대학교육기회에 대하여 등록금은 부적 영향을 주며, 학생에 대한 재정보조는 정적 영향을, 그리고 가계소득은 강력한 정적 영향을 주며, 교육의 질은 부적 영향을 준다는 연구가 있다.[41] 또 가계소득은 대학교육가격에 대한 반응도와는 역관계가 있다는 분석도 있다. 즉, 저소득층 학생은 중소득층 학생보다 약 2배의 반응을 하며 고소득층 학생은 중소득층 학생의 약 3분의 2의 반응을 한다는 것이다.[42] 저소득 집단일수록 대학교육가격변화에 매우 민감하지만, 고소득층은 교육비가 인상되더라도 대학취학에 있어서 실질적 변화는 없다는 것이다.[43]

대학 등록금 수준이 높을 경우 저소득층의 대학교육기회를 제약하는 요인으로 작용할 수 있으므로 기회균등을 보장하는 차원에서는 등록금 수준은 낮을수록 좋다. 그러나 저등록금 정책은 저소득층뿐 아니라 고소득층에게도 함께 적용되기에 오히려 기회균등에 위배가 된다는 주장도 제기된다. 극빈가정의 경우 자

41) Joseph J. Seneca & Michael K. Taussig, "Educational Quality, Access, and Tuition Policy at State Universities", *Journal of Higher Education, 58*(1)(Jan./Feb. 1987), pp. 31~33.

42) James C. Hearn & David Longanecker, "Enrollment Effects of Alternative Postsecondary Pricing Policies", *Journal of Higher Education, 56*(5)(1985), pp. 491~492.

43) 미국에서 발표된 대학생 수요분석 연구들에 의하면, ① 대학취학률이 등록금 가격과는 부적 관계가 있고, ② 학생보조금과는 정적 관계가 있으며, ③ 경쟁관계에 있는 대학(예컨대, 주립대와 사립대) 등록금과는 정적 관계가 있음. Larry L. Leslie & Paul T. Brinkman, "Student Price Response in Higher Education: The Student Demand Studies", *Journal of Higher Education, 58*(2)(1987), pp. 181~204.

녀의 대학진학을 포기하는 경우가 많은데, 국민들의 세금을 재원으로 하는 국고로 대학을 보조하여 저등록금을 유지하게 되면, 결국 대학교육을 받지 못하는 극빈가정에는 더 불리한 요소로 작용한다는 것이다. 이에 따라 일률적인 저등록금 정책보다는 학생에 대한 보조를 늘려 실질적인 기회균등을 지원할 필요가 있다는 것이다.[44]

학생의 학비보조 방식 여하에 따라서도 대학취학률이 상이하게 결정될 수 있다. 교육기회 균등의 입장에서 보면 등록금 수준은 가계부담 능력의 범위 안에 있을수록 좋고,[45] 능력은 있으나 교육비 부담능력이 부족한 학생을 위하여 실효성 있는 학비보조가 제공되어야 한다. 대학교육의 기회균등의 이념에 비추어 볼 때, 등록금은 학부모의 등록금 부담능력을 고려하여 책정되어야 하고, 특히 저소득층의 대학교육기회를 제약하는 요인으로 작용하지 않도록 해야 한다.

2) 대학교육의 질과 등록금

대학재정은 대학교육의 질, 특히 산출의 질에 영향을 주는 중요한 과정변인의 하나다. 대학교육의 질적 수준과 등록금은 상호 영향을 주고받는 관계로서 등록금에는 대학의 질적 수준이 반영되어야 하고, 대학교육의 질적 수준을 높이기 위해서는 등록금의 인상이 필요하다. 이 점에서 대학에서 제공하는 교육서비스의 수준에 비추어 볼 때, 등록금 수준은 적정한가, 대학별 등록금 차이에는 교육서비스의 질적 차이가 반영되어 있는가, 대학교육의 질적 발전을 위한 투자에는 등록금이 어느 정도 기여해야 하는가 등의 문제가 제기된다. 등록금의 성격을 목적비용으로 규정할 때, 다른 재원이 동일하다고 가정할 경우 교육의 질을 향상시키고자 하는 의욕이 높은 대학의 등록금은 높아지고 그렇지 않은 대학은 낮은 등록

---

44) 이정미 외, 전게서.

45) 참고로 등록금 부담 한계치를 결정하기 위하여 미국에서 작성된 소득계층별 대학교육을 위한 학부모부담 기대액을 적용해 보면, 우리의 경우 가계소득 중 등록금 부담비율이 20% 이내가 적정한 수준임. 이 기대액은 가계별 소비유형, 경제적 이유로 유능한 졸업자가 진학을 포기하는 정도, 대학교육비를 고려하여 ETS가 중심이 되어 개발한 학생보조 필요액 분석모형에 의거하여 산출된 것임. 미국의 경우 소득계층별로 평균소득에 대한 부모의 대학교육비 부담 가능액의 비율을 보면 최하위 소득층은 2.3%이며, 최상위 소득층은 14.6%로 나타났음. 이종재, 한국교육의 정치경제학 서설(서울: 한국교육개발원, 1980), pp. 171~172.

금을 받아야 하는 원칙을 적용할 수 있다.

다른 측면에서 본다면, 대학교육의 질이 높으면 더 높은 수준의 등록금 책정이 가능하고, 반대로 대학교육의 질이 낮으면 높은 수준의 등록금을 책정하기 어렵게 된다.[46] 또 교육의 질이 상대적으로 우수한 대학이 그렇지 못한 대학보다 더 많은 등록금을 받는 것이 합리적이다. 대학들이 경쟁대학과 비교모형을 활용하여 등록금을 책정하는 것은 이러한 질적 수준과 등록금의 관계에서 해석할 수 있다. 미국 대학의 경우에도 경쟁관계에 있는 다른 대학의 등록금 수준은 등록금 결정 시 중요한 고려요인이다. 특히 사립대의 경우에 등록금 수준은 학생들이 지원 여부를 결정하는 핵심요인이므로 이를 마케팅 전략(marketing strategy)으로까지 활용하기도 한다.[47]

그러나 대학교육의 질과 등록금의 관계는 획일적으로 논할 수는 없다. 대학교육의 질을 신입생의 SAT(학업적성 검사) 성적으로 정의하고 등록금과의 관계를 분석한 연구[48]에 의하면 등록금은 교육의 질에 통계적으로 의의 있는 영향을 주지 못하며, 가계소득과 교수의 봉급에 정적 영향을, 그리고 저소득층의 교육기회에는 부적 영향을 준다는 것이다. 또한 대학의 질과 등록금의 관계를 분석한 결과, 비록 뚜렷한 유형의 증거는 없지만 정적 관계가 있어야 한다는 주장도 있다.[49] 대학교육의 질을 침식당하지 않기 위하여는 등록금을 소비자 물가상승 추세보다 더 빠르게 인상시켜야 한다는 주장도 있다.[50]

미국에서도 대학교육의 질과 대학 등록금 수준의 적정성에 관한 논란이 거세지고 있다.[51] 경기침체로 주정부의 보조금이 많이 축소되는 상황에서 미국 공립

---

46) 김병주, "전게논문"(2002), pp. 24~25.

47) 이에 따라 재정여건이 양호한 대학들이 오히려 등록금 수준이 더 높은 경우가 많고, 등록금이 높은 대학에 더 많은 지원자가 몰리고, 높은 명성을 유지하며, 더 많은 기부금을 받고 있는 실정임. 여기에는 '등록금이 비쌀수록 더 좋은 대학'이라는 인식이 반영되어 있다고 할 수 있음. D. B. Johnstone, *op. cit.*, p. 3; 김동건, 현대재정학: 공공경제의 이론과 정책(서울: 박영사, 1998), p. 3.

48) Josep J. Seneca & Michael K. Taussig, *op. cit.*, p. 33.

49) James J. Rusk & Larry L. Leslie, "The Setting of Tuition in Public Higher Education", *Journal of Higher Education, 49*(6)(1978), p. 537.

50) William G. Bowen, "Why Tuition Goes Up So Fast and Why Setting Rates Too Low: Could Erode Democratic Values", *The Chronicle of Higher Education, 33*(26)(March 11, 1987), pp. 42~43.

51) 이정미 외, 전게서.

대학들은 그 자구책으로 등록금을 인상하는 반면, 주 의원들은 등록금 인상의 상한선을 제시하거나 예측 가능한 다른 방법을 도입함으로써 이를 억제하려고 시도하고 있다. 그러나 등록금 인상 제한을 반대하는 의견도 제기되고 있다. 대학 관계자들은 등록금만이 경기침체 기간 주정부 보조금의 삭감을 보완해 줄 수 있는 유일한 방안이라며 반대하고 있다. 학생들도 등록금 인상 제한을 반대하는데, 그 이유는 대학교육의 질이 저하된다는 것이다.[52]

3) 교육비 부담의 형평성과 등록금

대학교육비 부담의 형평성과 관련하여 관심의 대상이 되고 있는 것은 대학 내 계열별·전공별·과정별 형평성이다. 1987년까지는 전공계열에 관계없이 인문계·자연계의 두 계열로만 구분하여 등록금을 책정하였으나, 1989년 등록금 책정 자율화 이후 인문사회, 이학, 공학, 예체능, 의학 등 다양한 계열별로 등록금을 차등적으로 책정하고 있다. 더 나아가 계열구분이 더욱 세분화되고 있으며 책정된 등록금의 격차 역시 커지고 있다.

이와 관련하여 중요한 개념은 교육비차이도 또는 교육비환원율이다. 계열별·학과별 교육비차이도는 다양한 방식으로 산출할 수 있으나, 국내 선행 연구물을 종합해 보면, 인문사회계를 기준으로 계열에 따라 0.87~6.95의 분포를 보이고 있다.[53] 윤정일 등의 연구에 의하면, 교육비환원율이 계열별로는 4배까지 차이가 나는 경우가 있고, 대체로 모든 계열이 환원율 100%를 초과하고 있으나, 사립대 인문·사회계의 경우 환원율이 84%에 불과한 것으로 나타났다.[54] 계열별로 학부 학생 1인당 교육비에 큰 차이가 있다.[55]

이러한 교육비차이도와 교육비환원율의 차이를 감안하지 않은 상태에서 대학

---

52) 예컨대, 2009년 플로리다 주에서는 학생과 대학 관계자, 주지사의 지지 속에서 등록금 인상을 15%까지 허용한다는 법안이 통과되기도 하였음. 이러한 법안이 나오기 전에는 플로리다에서 우수한 교수진이 다른 주로 떠나고, 강좌의 크기가 커지는 등 교육의 질에 있어서 많은 문제점이 제기되었음. 등록금 인상을 제한한다 해도, 대학에서의 비용은 증가할 수밖에 없음. 그리고 이렇게 증가하는 비용을 충당하지 못할 경우, 결국 학생교육에 들어가는 비용이 축소될 수밖에 없는 것이라는 주장임. 상게서.

53) 이현청 외, 대학 및 전문대학 실험·실습 설비기준 폐지에 따른 방안 연구(서울: 한국대학교육협의회, 1997), p. 43.

54) 윤정일 외, 대학납입금 자율화 정책에 관한 연구(서울: 한국대학교육협의회, 1989), p. 43.

55) 이정미 외, 대학교육비와 수익률 분석 연구(서울: 한국교육개발원, 2008).

등록금이 책정될 경우, 일부 계열의 경우에 자신이 납부한 교육비에 해당하는 혜택도 받지 못하는 경우가 발생하게 되고, 한 학생이 다른 학생의 교육비를 보조하는 결과를 낳게 된다. 따라서 대학의 등록금은 대학교육비의 형평 배분을 위해서 계열별 교육원가의 차이를 반영하여 책정될 필요가 있다. 그러나 기본적으로 교육서비스의 특성상 정확한 계열별 교육원가 산정이 어려울뿐더러, 이러한 계열별 차등화 정도를 그대로 등록금에 반영하는 것은 사실상 불가능하다. 등록금 책정에는 산정된 교육원가 이외에도 사회적 수요, 사회정책적 사항이 고려되어야 하기 때문이다.

신청학점과 등록금 간 관계도 문제가 된다. 학생들의 신청학점 수와는 무관하게 등록금을 일률적으로 책정하는 경우에는 적은 학점을 수강한 학생들이 불이익을 받게 된다. 학점단위당 등록금액을 책정함에 있어서 학점단위별로 책정하는 방법과 기본학점을 설정하고 기본학점을 초과하는 학점에 대하여 학점당 등록금액을 적용하는 방법이 있을 수 있다.[56]

한편, 국·공립대와 사립대 간 등록금 격차로 인하여 교육비 부담의 형평성 문제도 제기될 수 있다. 국립대의 저등록금 정책은 역진적 소득재분배 효과를 초래할 가능성이 높다. 국립대에는 우수한 학생이 입학하는 경향이 있고, 선천적 능력수준이 비슷할 경우에 부모의 소득수준이 높을수록 학업성적이 높을 가능성이 크기 때문이다. 따라서 낮은 등록금은 국립대 학생에 한하여 일률적으로 국고보조금을 차등 지급하는 것과 같은 결과를 초래하여 형평의 문제가 있다.[57] 더욱이 국립대에서는 사립대보다 더 많은 장학금 혜택을 제공하므로 고소득층 학생이 오히려 장학금을 포함하여 학생보조금을 많이 받은 결과가 된다. 이것은 국립대의 경우만은 아니다. 소위 일류 사립대의 경우에 각종 학생보조가 많기 때문에 고소득층의 자녀가 이 대학에 입학한다고 가정할 경우, 소득수준과 학생당 보조금과는 정적 상관을 나타내게 된다.[58] 마찬가지로 성적만 고려하여 장학금을

---

56) 윤정일, 교육재정학원론(서울: 세영사, 2004).

57) 김명숙, "교육재정의 현황 및 문제점과 정책 방향", 김종웅, 최광 편, 국가예산과 정책목표: 1984년도(서울: 한국개발연구원, 1984).

58) 관련 연구로 George M. Vredeveld, "Distributional Impacts of Alternative Methods of Financing Higher Education", Journal of Higher Education, 49(1)(1978), pp. 47~69 참조.

지급한다면 교육비 부담 형평의 문제를 야기할 수 있다.

4) 등록금 정책의 성과와 한계, 역사적 순환

장기적 관점에서 보면, 해방 이후 등록금 관련 정부정책은 규제와 자율, 고등
록금과 저등록금 정책이 반복되는 양상을 보였고, 일정한 요인들이 반복적으로
나타나는 현상을 발견할 수 있다. 대학 등록금 책정 시 자율 폭이 확대되면, 대학
의 등록금 인상률이 점차 상승하고, 이어 학생운동이 점차 격화되면 정치적 쟁점
으로 비화되어 정부의제로 다루어지기 시작하고, 정부에서는 등록금 인상을 억
제하기 위한 다양한 정책방안을 강구하게 되었다. 그러나 등록금 인상 억제가 지
속되면 각 대학은 재정운영에 압박을 느끼고 정부에 재정지원 확충을 요구하고,
한편으로는 대학운영의 자율성 확대를 주장하게 되어 이것은 다시 등록금 책정
의 자율성을 확대하는 정책으로 이어졌다.

이러한 대학 등록금 정책의 변화과정에서 대학재정의 문제가 해결되고 등록
금 책정이 합리화되기도 하였다. 등록금 인상억제 정책은 상당기간 대학의 등록
금 인상률을 최소화하는 직접적 효과가 나타났고, 등록금 자율화 정책으로 등록
금 책정방식이 합리화되고 등록금 책정 시 학내 구성원의 참여범위가 확대되었
다. 그러나 적극적이든 소극적이든 등록금 관련 정부정책은 학생운동의 격화 등

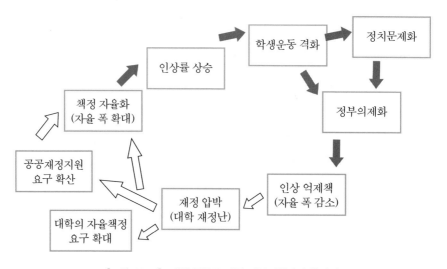

[그림 14-4] 대학 등록금 관련 정부정책의 순환과정

자료: 김영식 외, 대학등록금 실태조사 및 책정모델 개발 연구(서울: 한국대학교육협의회, 2006).

대학 내 갈등요인의 하나로 작용하였다.

등록금 인상문제에 대한 정치권이나 정부의 적극적인 관여는 등록금 문제에 관한 대학사회의 관심과 논쟁을 확산시켜 '대학입시'나 '사교육비'와 같이 매년 일정시기만 되면 정부가 자동으로 개입하게 되는 반복적 의제로 고착될 가능성이 높다. 등록금 문제가 반복적 의제화되면 정부는 규제와 규제 완화 사이를 오가며 정부정책에 대한 이해당사자들의 불만을 지속적으로 가중시킬 가능성이 있고, 그 해결이 더욱 복잡해지는 일종의 정책 딜레마 상황에 봉착할 수 있다.

2. 대학 등록금 정책의 과제

1) 대학 등록금 정책의 기본방향

대학의 기능과 대학교육의 특성을 감안할 때, 대학 등록금에 관한 정책결정은 고등교육의 수월성을 추구하고, 대학운영을 자율화하며, 고등교육기회를 균등히 보장하고, 교육비 부담의 형평을 유지하며, 등록금 책정의 합리성을 제고시키는 방향으로 추진되어야 할 것이다.[59]

① 고등교육의 수월성 확보: 고등교육의 질적 수준을 향상시키기 위하여는 각 개인이 잠재능력을 최대한으로 개발하고 국제경쟁력을 신장시킬 수 있도록 교수요원, 시설환경 등 교육여건을 획기적으로 개선하여야 한다. 이를 위하여는 대학 간에 선의의 경쟁은 물론 협동을 도모할 수 있는 여건을 조성함과 동시에 제도적·정책적 배려가 있어야 한다.

② 고등교육기회의 균등 보장: 우리 헌법정신과 민주주의 기본원칙의 하나인 평등원칙을 실현하기 위하여는 고등교육의 기회가 균등히 보장되어야 한다. 고등교육인구의 적정화와 더불어 고등교육의 기회가 지역별·사회계층별로 균점될 수 있도록 해야 한다. 고등교육기회를 사회계층별로 균등하게 보장하기 위하여는 학생의 필요에 따라 장학금 및 학비지원 제도를 크게 확대하여야 한다. 그리고 정시제·전일제 등 교육프로그램을 다양하게 운영하

---

59) 윤정일 외, 전게서(1989) 일부를 수정하였음.

여 모든 사람에게 대학교육의 기회가 확대되도록 해야 한다.

③ 등록금 책정의 합리성 제고: 대학 등록금 수준을 합리적으로 책정하기 위하여
는 전공계열별 및 학과별로 차이를 나타내는 소요교육비는 물론 교육비환
원율 및 평생소득을 고려한 수익률까지 감안하여야 한다. 이와 더불어 학점
단위당 등록금이 고려되고, 등록금이 물가상승에 미치는 영향, 가계소득 중
교육비 부담률 등을 종합적으로 고려하여야 한다. 또한 등록금 수준을 결정
하는 과정에서 실질적으로 교육비를 부담하는 학부모와 관련집단을 참여
토록 해야 한다.

④ 교육비 부담의 형평 유지: 대학교육비 부담주체는 정부・학생・재단의 세 가
지로 구분되는데 이들 간에 교육비 부담의 형평이 이루어져야 한다. 교육비
인상요인이 발생했을 경우에 어느 한 가지 재원에 의존하려고 해서는 안 된
다. 현실적으로 볼 때 국・공립의 경우에는 주된 재원이 국고와 학생부담이
고, 사립의 경우에는 학생부담과 재단이 주된 재원이다. 따라서 대학재원을
더 다양화해서 재원별로 과중하지 않도록 해야 한다.

⑤ 대학의 자율역량 제고: 등록금 책정을 합리화하기 위해서는 대학운영의 투명
성 제고와 더불어 재정운영역량을 높이는 것이 중요하다. 대학에서는 재정
분야 전문부서를 설치하고 관련자료를 체계적으로 분석하여 등록금 책정
에 활용할 수 있는 시스템을 구축하며, 이를 담당할 재정・회계분야의 전문
인력을 확보・양성해야 한다. 대학간협의체에서도 대학 간 협력 및 전문성
제고를 지원하여 등록금 책정의 합리성을 높여야 한다.

2) 대학 등록금 정책의 과제

대학 등록금 정책 및 책정은 물가인상, 학생운동과 같은 사회적, 정치적, 경제
적 요인뿐만 아니라 교육의 기회균등, 교육비 부담의 형평성, 대학교육의 경쟁
력 등과 같은 다양한 요인이 연관된 복합적인 문제다. 정부에서는 공교육비 분
담수준과 학생당 교육비 수준은 낮으나, 중앙정부예산 가운데 교육부문의 비중
이 차지하는 비중이 높은 상황에서 대학교육에 대한 재정지원을 대폭 확대할 수
없다는 현실적 어려움이 있다. 각 대학은 현상유지 차원에서 물가인상에 상응하
는 수준으로 등록금을 인상해야 할 뿐만 아니라, 교육여건을 개선하여 대학 경

쟁력을 강화하기 위한 투자 확대에 필요한 추가재원을 마련해야 하는 고민을 안고 있다.[60]

대학 등록금과 관련한 정부 정책의 선택지는 크게 보면 등록금 인상률 억제에 초점을 둔 '저등록금 정책'과 '대학 자율적 책정'으로 구분해 볼 수 있다. 저등록금 정책에 의하여 단순히 대학 등록금 인상률을 억제하는 것은 대학재정의 압박을 가져오고 교육여건을 악화시키며 정치적 논쟁을 격화시킬 가능성도 있다. 저등록금 정책이 성공하기 위해서는 등록금 인상분에 상응하는 수준으로 국고지원이 확대되어야 하고 대학의 재원을 다양화해야 하는 등 전제조건의 충족이 필요하다. 다른 한편으로 등록금 자율화가 지속되기 위해서는 대학의 등록금 책정이 더욱 합리화되어야 하고 재정운영의 효율성도 제고되어야 한다.

대학 등록금 책정을 합리화하기 위해서는 정부에서도 인상률만을 기준으로 하는 일률적인 억제정책보다는 지나치게 등록금 혹은 등록금 인상률이 높은 대학을 선별하여 집중적으로 관리하는 방안이 필요하다.[61] 대학 등록금 수준을 정부의 대학재정지원사업과 연계하는 경우에도 인상률을 일률적으로 적용하기보다는 절대 금액을 동시에 고려할 필요가 있다.

또 대학알리미의 정보제공 양식을 개선하여 학생, 학부모, 교사 등 정보수요자들이 편리하게 정보공시자료를 활용할 수 있도록 해야 한다. 예컨대 계열별로 등록금액 상위/하위 20개 대학, 등록금 증감률 기준 상위/하위 20개 대학을 공지하거나, 계열별 등록금 순위나 등급을 공개할 수 있다.[62] 이 경우에도 대학단위 순위보다는 계열별, 학문분야별 혹은 학과별 정보(순위)를 제공하는 것이 학생, 학부모, 교사 등 공시정보 소비자의 정보활용의 유용성과 편의성을 높이는 방법인 동시에, 무분별한 대학 간 경쟁을 조장하지 않으면서 대학 특성화를 촉진하는 방안이 될 것이다.

그러나 대학 등록금에 관한 정부의 규제가 불가피한 경우에는 최소에 그쳐야

60) 나민주, 전게서(2010), p. 47.
61) 미국의 경우에도 등록금 수준 상위대학과 등록금 인상률 상위대학 명단을 공시하고 그 대학에 대해 비용증가 이유, 비용절감을 위한 조치 등을 보고하도록 하고 있음. 이정미 외, 전게서(2009).
62) 등록금과 더불어 학생당 교육비, 학생분담률을 참고로 제공할 필요도 있음. 교육비 환원률, 학생분담률 등을 기준으로 상위/하위 20개 대학을 공지하거나, 대학 순위나 등급을 공개할 수 있음. 나민주, "대학생의 등록금 부담 및 학자금 대출 비중 추이 분석", 한국대학교육협의회 이슈페이퍼(2012).

한다. 물가인상, 학부모 부담 등을 이유로 대학 등록금을 적극적으로 규제하는 것은 그 효과가 분명하지만, 단기적으로는 학내분쟁을, 장기적으로는 대학교육의 질적 수준 저하 문제를 야기할 수 있다.[63] 역사적으로 보면 단기적인 등록금 인상 억제는 몇 년 뒤 더 높은 등록금 인상을 유발하는 원인이 되기도 하였다. 대학별 등록금 수준이 현격하게 차이가 나고 책정방식이 다양화되어 있는 상황에서 인상률을 기준으로 하는 일률적인 등록금 억제정책은 바람직하지 않다.[64]

정부는 대학 등록금 책정문제가 대학 자율성의 핵심요인이라는 점을 분명히 하고, 대학 자율화 기조 위에서 중장기적인 정책방향을 재설정할 필요가 있다.

한편, 2012년 이후 국가장학금 사업이 실시된 이후에 등록금 인하 및 동결, 교내외 장학금 확충 등 대학의 자구노력이 지속적으로 요구되면서 대학, 특히 사립대학은 매우 심한 압박을 받고 있다.[65] 등록금 수준이 안정되면 국가장학금사업 II유형 운영을 대학자율에 맡기거나 폐지하고, 장학금제도 전반에서 학생의 필요를 좀 더 체계적으로 반영할 수 있도록 국가장학금 제도 설계 시 실질적인 경제적 부담을 완화할 수 있는 방안이 필요하다.[66] 또 장학금을 필요중심(need-based)과 능력중심(merit-based)으로 구분하는 등 학생유형별로 다양화하여 우수인재에게도 장학금이 지원될 수 있도록 국가장학금, 교내장학금 제도를 개선하고, 대학 내 근로장학금을 더 확대하며, 장기적으로는 국가장학금 제도와 든든학자금 대출 제도의 균형을 유지할 필요가 있다.[67]

---

63) 지난 3년간의 대학 등록금관련 정보공시 내용을 분석한 결과를 보면, 학생 1인당 등록금은 94% 수준으로 낮춰졌고, 전년 대비 등록금 증감률 역시 1.57%에서 −0.42%로 대폭 낮아지는 등 정부의 등록금 인상 억제정책은 그 효과가 분명하게 드러나고 있음. 등록금 인상률은 물가상승률에 훨씬 못 미치는 수준임. 그러나 학생당 교육비는 매년 증감을 반복하면서 비슷한 수준을 유지하고 있어서 대학교육 질적 수준의 측면에서 한계를 보여 주고 있음. 나민주, "전게논문"(2013).

64) 현재 추진 중인 등록금 관련제도들은 등록금 인하를 위한 근본적 해결로 보기 어렵고 오히려 대학 자율화를 억제하는 부작용을 초래하고 있음. 반상진, "대학등록금의 쟁점 분석과 합리적 대안 모색", 교육재정경제연구, 제21권 제3호(2012).

65) 국가장학금사업 전후를 비교하면 사립대의 재정규모가 실질적으로 감소하고, 운영수익이 전반적으로 악화되고 있음. 또 등록금 인상률이 낮은 대학일수록 국가장학금 의존도는 높음. 김진영, 이정미, "국가장학금 사업에 따른 사립대학 재정의 변화 탐색", 교육재정경제연구, 제23권 제1호(2014), pp. 157~183.

66) 이필남, 곽진숙, "국가장학금이 대학생의 근로 및 학업활동에 미치는 영향", 교육재정경제연구, 제22권 제4호(2013), pp. 213~242.

본질적으로 대학 등록금 문제는 대학교육비 분담체제와 연계되어 있다. 등록금 인상억제 정책이 대학재정의 악화와 대학교육의 질적 저하를 초래하지 않도록 하기 위해서는 대학교육에 대한 공공투자를 지속적으로 확대하는 방법 이외에 특별한 대안이 없다.[68] 등록금 정책의 악순환을 막기 위해서는 대학차원에서는 등록금 책정을 합리화하고, 정부차원에서는 재정지원 확대를 통한 대학재정 구조 개선이 요청된다. 대학에 대한 정부재정지원이 대폭 확대되고 대학재정(분담) 구조가 근본적으로 변화하지 않는 상태에서 등록금 정책의 순환구조가 바뀌기는 어려울 것으로 보이기 때문이다. 등록금 정책의 악순환을 근본적으로 예방하기 위해서는 설립형태에 따라 대학재정의 분담논리와 구조를 정립해 나갈 필요가 있다.

3) 대학차원의 등록금 책정방향

대학차원에서는 등록금 책정의 합리성을 제고하고, 사회적 신뢰를 높이기 위해 적극 노력해야 한다. 현재 분할납부제를 거의 대부분 실시하고 있으나, 신용카드 납부제는 일부 대학만 실시하고 있으므로 이를 도입하고, 학기별 징수 이외에 신청학점별 징수, 월별 징수 등 등록금 납부방식을 학생 및 학부모의 입장에서 개선해야 한다. 또 고등교육분야에서 평생교육이 확대되면서 학습자중심으로 교육방식이 변화하고 있으므로 그에 맞도록 등록금 산정 및 납부방식을 개선할 필요가 있다.

무엇보다도 대학별 상황에 맞게 등록금 산정방식과 반영요소를 차별화하는 것이 중요하다. 정보공시자료에 의하면, 대다수의 대학은 전년도 평균 등록금 수준, 소비자 물가상승률, 최근 5년간 등록금 증감률을 등록금 산정 시 주요소로 반영하고 있어서, 경쟁대학의 등록금 수준이나 물가상승률을 핵심요인으로 하는 비교모형이 여전히 우세한 것으로 보인다. 대학 등록금은 사용비용, 생산비

---

67) 이정미 외, 국가장학금사업의 성과 분석(서울: 한국교육개발원, 2012). 예컨대 단순히 학생의 경제적 수준만을 기준으로 장학금을 주는 것보다는 미국과 같이 등록금 지불능력, 학생 필요경비 등을 통해 정밀한 장학금 정책을 마련할 필요가 있음. 김수경 외, "국가장학금 대학배분 제도 분석: 미국 국가장학금 배분 제도와의 비교를 중심으로", 교육행정학연구, 제30권 제1호(2012).

68) 김진영, 이정미, "전게논문"; 송기창, 윤홍주, "대학등록금 결정요인 분석 및 정책방향 탐색", 교육행정학연구, 제29권 제4호(2011).

용, 합의비용, 목적비용의 성격을 복합적으로 갖고 있으므로 등록금 책정 시 교육원가를 적절히 반영하고, 일률적인 인상 혹은 인하보다는 대학발전계획, 학과별 투자계획, 경쟁률, 미래소득 등을 종합적으로 반영함으로써 등록금 산정방식을 합리화할 필요가 있다.

등록금 책정과정을 좀 더 투명화하고 학생, 학부모, 동문 등 관련집단의 참여와 단과대학 및 학과단위의 의사결정권한을 더욱 확대할 필요가 있다. 학문영역별(단과대학별) 책임경영제를 통해 자율적, 추가적 교육계획을 수립하고, 선 예산편성 후 등록금 책정을 통해 투명성을 제고해야 한다. 대학발전전략과 예산, 등록금을 긴밀하게 연계하여 결산결과를 예산편성에 적극 반영하고, 중간결산제, 영기준예산제, 중기재정제 등을 적절히 활용하여 재정운영의 합리성을 높여야 한다. 또 등록금 관련정보를 공개하고 학생, 학부모에게 타당한 자료를 제시하여 적극적으로 대처할 필요가 있다.

참고문헌

고장완, "미국 연방정부의 등록금 통제 효과 분석", 교육재정경제연구, 제20권 제3호, 2011.

김동건, 현대재정학: 공공경제의 이론과 정책, 서울: 박영사, 1998.

김명숙, "교육재정의 현황 및 문제점과 정책 방향", 김중웅, 최광 편, 국가예산과 정책목표: 1984년도, 서울: 한국개발연구원, 1984.

김병주, "대학등록금 결정의 과정 및 주체 분석", 교육재정경제연구, 제11권 제1호, 2002.

김병주, "교육비 분석에 근거한 대학 납입금 차등화에 관한 연구", 서울대학교 대학원 박사학위논문, 1994.

김병주 외, 대학교육비와 등록금, 서울: 교육과학사, 1996.

김수경 외, "국가장학금 대학배분 제도 분석: 미국 국가장학금 배분 제도와의 비교를 중심으로", 교육행정학연구, 제30권 제1호, 2012.

김영식 외, 대학등록금 실태조사 및 책정모델 개발 연구, 서울: 한국대학교육협의회, 2006.

김진영, 이정미, "국가장학금 사업에 따른 사립대학 재정의 변화 탐색", 교육재정경제연구, 제23권 제1호, 2014.

김형근 외, 대학 등록금 책정실태 조사연구, 서울: 한국대학교육협의회, 2004.

나민주, "대학 등록금 산정 현황 분석", 2013년도 하반기 대학정보공시, 서울: 한국대학교육협의회, 2013.

나민주, "대학생의 등록금 부담 및 학자금 대출 비중 추이 분석", 한국대학교육협의회 이슈페이퍼, 2012.

나민주, 대학등록금 실태와 책정문제, 서울: 한국대학교육협의회, 2010.

나민주, 시장 · 정부 · 대학: 대학재정지원정책의 이해, 서울: 한국학술정보, 2008.

남수경, "대학 등록금 및 장학금 지원의 방향과 과제", 교육재정경제연구, 제21권 제1호, 2012.

남수경, "대학생 학자금 지원", 윤정일 외, 전환기의 한국교육정책, 서울: 학지사, 2008.

박남기 외, 합리적인 대학등록금 결정 및 고시를 위한 교육비차이도 분석 연구, 교육비차이도
　　분석연구위원회, 1996.

반상진, "대학등록금의 쟁점 분석과 합리적 대안 모색", 교육재정경제연구, 제21권 제3호,
　　2012.

송광용 외, 1997학년도 대학 등록금 책정 과정 및 결과 분석, 서울: 한국대학교육협의회 고등
　　교육연구소, 1997.

송기창 외, 사립대학 재정의 현안 및 쟁점에 관한 연구, 한국교육재정경제학회, 2012.

송기창, 윤홍주, "대학등록금 결정요인 분석 및 정책방향 탐색", 교육행정학연구, 제29권
　　제4호, 2011.

송동섭 외, 대학 등록금의 합리적 책정을 위한 실행방안 연구, 교육과학기술부 정책연구보고서,
　　2010.

윤정일, 교육재정학원론, 서울: 세영사, 2004.

윤정일 외, 대학교육재정의 국제비교 연구, 서울: 한국대학교육협의회, 1988.

윤정일 외, 한국 교육정책의 탐구, 서울: 교육과학사, 1996.

윤정일, 김윤태, 김영철, 대학납입금 자율화 정책에 관한 연구, 서울: 한국대학교육협의회,
　　1989.

이정미 외, 국가장학금사업의 성과 분석, 서울: 한국교육개발원, 2012.

이정미 외, 대학교육비와 수익률 분석 연구, 서울: 한국교육개발원, 2008.

이정미 외, 대학 등록금 및 학생1인당 교육비 산정근거 공시방안 연구, 서울: 한국교육개발원,
　　2009.

이정미, 이상돈, "신규 국가장학금사업 추진의 쟁점 및 논리분석", 교육행정학연구, 제30권
　　제1호, 2012.

이종재, 한국교육의 정치경제학 서설, 서울: 한국교육개발원, 1980.

이종재 외, 대학의 자율과 등록금 책정과정에 관한 연구, 서울: 한국대학교육협의회, 1989.

이필남, 곽진숙, "국가장학금이 대학생의 근로 및 학업활동에 미치는 영향", 교육재정경제
　　연구, 제22권 제4호, 2013.

이현청 외, 대학 및 전문대학 실험 · 실습 설비기준 폐지에 따른 방안 연구, 서울: 한국대학교육
　　협의회, 1997.

이현청 외, 대학등록금 책정의 차등화 방안연구, 서울: 한국대학교육협의회, 1999.

정진환 외, 대학등록금 책정방법 개선방안연구, 교육부 정책연구, 1998.

Bowen, William G., "Why Tuition Goes Up So Fast and Why Setting Rates Too Low: Could Erode Democratic Values", *The Chronicle of Higher Education, 33*(26), 1987.

Geiger, Roger L., *Private Sectors in Higher Education: Structure, Function and Change in Eight Countries,* Ann Arbor: The University of Michigan Press, 1986.

Hearn, James C., & Longanecker, David, "Enrollment Effects of Alternative Postsecondary Pricing Policies", *Journal of Higher Education, 56*(5), 1985.

Hough, J. R., "Finance", in B. R. Clark & G. Neave, Eds., *The Encyclopedia of Higher Education*, Oxford: Pergamon Press, 1992.

Husen, Torsten, & Postlethwaite, T. Neville, Eds., *The International Encyclopaedia of Education*, Oxford: Pergamon Press, 1985.

Johnstone, D. B., "Tuition Fees", in B. R. Clark & G. Neave, Eds., *The Encyclopedia of Higher Education*, Oxford: Pergamon Press, 1992.

Leslie, Larry L., & Paul T. Brinkman, "Student Price Response in Higher Education: The Student Demand Studies", *Journal of Higher Education, 58*(2), 1987.

Levy, D. C., "Private Institutions of Higher Education", in B. R. Clark & G. Neave, Eds., *The Encyclopedia of Higher Education*, Oxford: Pergamon Press, 1992.

OECD, *Public Educational Expenditure, Costs and Financing: An Analysis of Trends 1970~1988*, Paris: OECD, 1992.

Rusk, James J., & Leslie, Larry L., "The Setting of Tuition in Public Higher Education", *Journal of Higher Education, 49*(6), 1978.

Seneca, Joseph J., & Taussig, Michael K., "Educational Quality, Access, and Tuition Policy at State Universities", *Journal of Higher Education, 58*(1), 1987.

Vredeveld, George M., "Distributional Impacts of Alternative Methods of Financing Higher Education", *Journal of Higher Education, 49*(1), 1978.

제 **15** 장

대학재정
지원정책

    대학재정은 대학의 운영방식과 생산성에 영향을 주고, 대학교육의 질을 결정하는 가장 핵심적인 투입 요인의 하나다. 특히 정부의 대학에 대한 재정지원 방식은 대학교육의 효과성, 자원 활용의 효율성, 그리고 대학의 운영행태 등을 연결하는 가장 중요한 고리라는 인식이 확대되면서 이와 관련된 대학재정지원정책은 중앙정부의 핵심적인 교육정책분야로 자리 잡고 있다.

    우리나라에서도 교육정책에서 대학교육 부문의 중요성은 계속 높아져 왔고, 대학재정지원사업의 종류와 규모도 확대되어 왔다. 1990년대에 대학평가에 따른 선별·차등적 재정지원방식이 도입된 이후 교육부뿐만 아니라 중앙 및 지방 정부차원에서 다양한 재정지원사업을 추진하여 왔고, 2000년대 중반부터는 사업단 및 개인단위 지원사업을 확대하고, 포뮬러 펀딩을 적용하기도 하였다. 그러나 대학재정지원정책에 대한 이론적, 실제적 논쟁이 지속되고 있고, 대학재정 지원방식에 관한 학술적 분석과 논의도 심화되고 있다.

    대학교육 발전을 위해서는 대학차원의 노력이 가장 중요하나, 정부차원의 적절한 재정지원이 없이는 대학교육의 성장과 발전을 기대하기 어렵다. 정부는 다양한 정책수단을 통해 대학교육을 선도·지원하고 있고, 대학교육에서 가장 중요한 재정지원자이기 때문이다. 대학에 대한 공공재정지원은 그 규모뿐만 아니라 지원방식이 중요하다. 이 장에서는 정부의 대학재정지원정책의 논거와 유형, 역사와 현황, 그리고 쟁점과 과제를 분석·제시한다.

제1절 대학재정지원정책의 논거와 유형

1. 대학재정지원정책의 논거

대학에 대한 공공재정지원은 교육기회의 확대, 교육불평등의 해소, 사회적 통합, 경제발전을 위한 대학교육의 역할 등에 근거하고 있고, 고등교육의 외부효과와 고등교육재화의 개념을 통해 이론적으로 뒷받침되고 있다.[1] 고등교육은 외부효과가 크므로 교육재화의 공급을 시장기능에만 의존하는 경우에 시장 균형거래량은 사회적 최적거래량에 비해서 항상 부족하게 된다. 또 시장이 완전한 기능을 수행한다고 해도 분배적 불평등을 해결하기는 어렵기 때문에 공적 재원을 통한 대학재정지원이 필요하다. 우리나라의 경우는 고등교육의 여건이 열악하고, 학생부담수준이 지나치게 높다는 현실적 이유도 있다. 법적 측면에서도 설립자로서 혹은 지원·조성자로서 국가가 대학재정을 지원해야 할 책무가 있다.

대학재정지원정책의 논거를 좀 더 구체적으로 살펴보면 다음과 같다.[2] 첫째, 고등교육은 사회적 가치를 지니고 있다. 고등교육기회의 형평성은 사회이동성을 높인다. 투자수익률과 노동시장에서의 취업 및 승진에서 유리한 영향력을 보장하는 고등교육에 대한 정부지원이 전혀 없다면, 학생의 등록금이 비싸지게 되고, 가정의 경제력에 따라 고등교육기회가 결정될 것이다. 따라서 능력에 따라

---

1) 윤정일 외, 대학지원 예산구조 및 지원방식 개선연구(교육인적자원부 정책연구보고서, 2000); 유현숙 외, 고등교육개혁 국제동향 분석 연구(서울: 한국교육개발원, 2005); 반상진, 고등교육경제학(서울: 집문당, 2008).
2) 이하 고등교육에 대한 공공재정 투자의 논거는 주로 이정미 외, 고등교육 재정 확충 및 효율적 운영방안 연구(서울: 한국교육개발원, 2011)를 바탕으로 정리하였음.

모든 학생에게 균등한 고등교육기회를 보장하고 결과적으로는 고등교육기회 불균등으로 인한 빈익빈 부익부 현상을 막기 위해서 정부는 고등교육기관에 재정적 지원을 하고, 학생 개인에게 장학금이나 보조금을 지급한다.

둘째, 고등교육은 경제적 효과를 갖고 있다. 지식기반사회에서 경제성장을 위한 고등교육의 역할의 중요성이 더욱 증대되고 있다. 또한 고등교육은 지역발전을 선도하는 중추적인 역할을 수행하고 있다. 고등교육은 민주적 시민의식 고양, 지식의 보전 및 연구, 예술·인문·과학 분야 등 학문적 발전을 통한 지식발전, 기술 및 문화의 창조와 보급, 국가경제성장, 사회통합, 사회개혁을 위한 지도력 향상 등의 금전적 또는 비금전적인 경제적 외부효과(external effect)를 지니고 있다. 따라서 국가와 지역사회의 발전을 위해서는 고등교육에 대한 투자가 필요하다.

셋째, 고등교육 보편화와 인구구조의 변화에 따른 추가적인 재정이 필요하다. 앞으로 고령화, 저출산에 따라 고등학교를 졸업하고 대학에 바로 입학하는 인구 수는 줄어드는 반면 중장년층, 직장인이 늘어나고,[3] 한편으로는 다문화자녀, 외국인학생의 수가 더욱 늘어날 전망이다. 고등교육수요가 다양해짐에 따라 대학별로 수요자, 프로그램, 운영방식도 다양해지고 특성화될 것으로 보인다. 우리나라 고등교육 진학률이 80%대이므로 보편화된 고등교육에 대한 지원이 강화될 필요가 있다. 아울러 저출산에 따른 고등교육 과잉공급 현상과 고령인구의 고등교육에 대한 재교육 수요증대 등의 문제를 해결할 수 있도록 고등교육체제의 재구조화가 요구되며, 이를 위해 추가적인 재정소요가 예상된다.

넷째, 법적 측면에서 국가는 고등교육을 실질적으로 지원해야 할 법적 의무가 있다. 정부의 대학에 대한 재정지원은 「교육기본법」, 「사립학교법」, 「고등교육법」 등에 기반을 두고 있다.[4] 국·공립대에 대해서 국가 및 지방자치단체는 설

---

3) 현재 저출산으로 2010년대 중반 이후에는 18세 학령인구보다 대학정원이 더 많아질 것이라는 예측임. 그러나 이것은 전통적인 대학생 수요, 즉 당해연도 고졸자만을 고려한 것으로 직장인, 노년층, 주부 등 평생교육, 직업교육 등 새로운 고등교육 수요를 충분히 고려하지 못하고 있음. 인구전망을 좀더 자세히 보면, 2016년부터는 학령인구보다 노령인구가 더 많아질 것으로 예상됨. 나민주, "대학재정배분의 쟁점과 방향", 교육재정경제연구, 제18권 제3호(2009), pp. 123~154.

4) 예컨대, 「헌법」 제31조 제6항에 근거하여 「교육기본법」 제7조 제1항은 "국가 및 지방자치단체는 교육재정을 안정적으로 확보하기 위하여 필요한 시책을 수립·실시하여야 한다."고 규정함. 또한 「고등교육법」 제7조 제1항은 "국가 및 지방자치단체는 학교가 그 목적을 달성하는 데 필요한 재정을 지원·보조할 수 있다."고 규정하고 있음.

립자로서 설립·경영에 필요한 역할을 수행해야 하고, 사립대에 대해서는 대학 설립·인가기준을 엄격히 적용하고 사후에도 지도·감독해야 하는 책임이 있다. 재정지원을 위한 구체적인 재원, 지원의 범위와 규모 등은 법령에 명시되지 않았지만, 정부가 대학에 대하여 재정을 지원할 책임과 의무가 있다.

2. 대학재정 지원방식의 유형

고등교육에 대한 공공재정 지원방식은 〈표 15-1〉과 같이 지원대상, 배분준거, 부담주체, 의사결정준거 등을 기준으로 다양하게 분류되고 있다. OECD는 고등교육에 대한 정부재정 지원방식을 지원대상을 기준으로 기관지원형과 학생지원형으로 구분하였다.[5] 이와 비슷하게, 지더먼(Ziderman)과 알브레히트(Albrecht)는 대학에 대한 직접지원형과 학생을 통한 간접지원형으로 구분하였다.[6] 해럴드(Harrold)는 국가수준에서 이루어지는 자원배분방식을 총액배분형, 관료형, 시장형으로 구분하였다.[7]

국내의 경우, 반상진 등은 대학재정 지원방식을 세 가지 차원, 즉 재원종류(공적, 사적), 지원방법(총괄, 수식기준, 시장경쟁), 지원대상(학생, 대학)에 따라 분류하였고,[8] 김병주는 사업단위지원, 학생단위지원, 기관단위지원으로 구분하고 있다.[9] 이 가운데 사적 재원을 대학에 배분하는 방식을 제외하면, 대학재정지원정책에서는 공공재정을 어떻게 배분할 것인가와 어디에 지원할 것인가를 결정하는 것이 핵심문제라 할 수 있다. 따라서 재정지원의 대상과 규모에 관련된 의사결정준거를 기준으로 협상협, 수식형, 시장형으로 구분할 수 있다.[10]

5) OECD, *Financing Higher Education: Current Patterns*(1990).

6) A. Ziderman & D. Albrecht, *Financing Universities in Developing Countries*(Washington, DC: The Falmer Press, 1995).

7) R. Harrold, "Resource Allocation", in B. R. Clark & G. Neave, Eds., *Encyclopedia of Higher Education* (Oxford: Pergamon Press, 1992).

8) 반상진 외, 고등교육재정 지원제도 개선 방안(교육인적자원부 정책연구, 2005).

9) 김병주, "고등교육 재정지원", 윤정일 외, 전환기의 한국교육정책(서울: 학지사, 2008).

10) 이하 유형에 관한 설명은 나민주, 시장·정부·대학: 대학재정지원정책의 새로운 이해(서울: 한국학술정보, 2008), 제2장, 제3장을 바탕으로 작성하였음.

〈표 15-1〉 대학재정 지원방식의 유형 분류

연구자	OECD (1990)	Harrold (1992)	Ziderman & Albrecht(1995)	반상진 외 (2005)	김병주 (2008)	나민주 (2008)
유형 분류	• 기관지원형 –점증형 –수식형 –계약형 • 학생지원형	• 관료형 • 총액배분형 • 시장형	• 직접지원형 –협상형 –투입형 –산출형 • 간접지원형	• 지원방법 –총괄지원 –수식기준지원 –시장경쟁지원 • 지원대상 –학생지원 –대학지원	• 사업단위 지원방식 • 학생단위 지원방식 • 기관단위 지원방식	• 협상형 • 수식형 • 시장형

자료: 나민주, 시장 · 정부 · 대학: 대학재정지원정책의 새로운 이해(서울: 한국학술정보, 2008), p. 31에서 일부 수정함.

1) 협상형 재정지원

정부의 재정지원이 객관적인 준거에 의하여 이루어지지 않는 경우를 포괄적으로 '협상형'이라 할 수 있다. 즉, 등록학생 수와 같은 대학의 구체적인 특징에 의해서가 아니라, 정부와 대학과 같은 당사자 간 정치적 협상에 의하여 지원대상과 규모가 결정되는 경우다.[11] 협상과정을 통해서 정부는 대학에 대하여 강력한 영향력을 유지할 수 있으나, 재정배분의 결과는 대학의 실제 운영 · 활동과는 직접적인 관계가 적다.[12]

일반적으로 협상형은 효과적인 대학재정 지원방식으로 보기 어려우나, 정부는 협상과정을 통해서 대학에 대해 강력한 영향력을 유지하고, 대학은 비교적 안정적인 재원확보를 보장받을 수 있다. 협상형의 가장 큰 약점은 효율성에 대한 유인가가 적다는 점이다. 예컨대 재정지원의 증가가 반드시 새로운 기능의 추가를 의미하지 않는다. 먼저 예산이 배정되고 그에 따라 교육과 연구활동이 이루어진다. 따라서 효율적인 대학운영에 대한 자극제가 없고, 기존의 비효율적 방식이 지속되기 마련이다. 각 대학은 예산확보를 위해 현재상황을 그대로 유지하려는

11) 시장형에서도 협상과정은 포함될 수 있음. 예를 들어서 계약 체결을 위해서는 구매자와 판매자 간 협상이 필요함. 그러나 협상형에서 의미는 '정치적' 협상으로서 시장형에서 구매관계를 전제로 이루어지는 협상과는 차이가 있음.

12) 협상형에는 점증형 예산(incremental budgeting), 특별협상(ad hoc negotiation), 고정비율 배정협정(fixed revenue agreement) 등이 포함되고, 정부예산의 편성방법으로 널리 사용되는 품목별 예산제(line item budget system) 역시 협상형에 가까움. 협상형에 관한 자세한 설명은 OECD, *op. cit.*(1990), 제4장; A. Ziderman & D. Albrecht, *op. cit.*, 제6장 참조.

경향을 보인다. 또 협상형은 대학이 노동시장이나 학생 요구에 민감하게 반응할 수 없게 한다. 대학이 노동시장에 반응하기 위해서는 재정을 자율적으로 사용할 수 있는 자율권이나 그것을 권장할 수 있는 유인체제가 필요하나, 협상형에는 재정지출에 대한 정부의 엄격한 통제가 수반되어 대학의 자율성을 제약하고 있다.

2) 수식형 재정지원

1970년대 이후 대학재정지원정책에서 나타난 커다란 변화의 하나는 핵심적인 재정지원의 준거로 수식(formula)의 사용이 확대되고, 수식도 점차 정교화되어 왔다는 점이다.[13] 수식형은 대학운영에 필요한 경비를 미리 결정된 배분공식에 의하여 지원하는 방식으로서 가장 일반적인 방법은 단위비용에 등록학생 수를 곱하는 것이다. 수식형에는 학생중심형, 직원중심형, 혼합형, 한계비용형(marginal cost formula), 성과형(performance incentives) 등의 다양한 방식이 있으나, 교육과정의 유형별로 가중치를 달리하는 등록학생 수 중심형이 보편적으로 사용되고 있다.[14]

모두 그렇지는 않지만 대부분의 경우, 원칙상 개별대학들은 수식에 의해 배정받은 예산을 자유재량에 따라 사용할 수 있다. 즉, 수식형에 의한 재정지원은 총액배분(block grant)으로 이루어지는 것이 일반적이다. 이것은 대학의 자율성을 보장하고, 그 자율성에 따른 효과성과 효율성을 기대하기 때문이다. 수식의 각 요소에 부여되는 가중치는 대학들이 재정을 지원받는 데 무엇이 유리한지를 판단하는 강력한 신호역할을 하게 된다.

일반적으로 수식형[15]에 의하여 재정을 지원하는 경우, 입학생 수에 대한 특별한 규제가 없는 상황에서는 각 대학이 예산확대의 방법으로 등록학생 수를 더 많

---

13) OECD, *op. cit.*(1990); A. Ziderman & D. Albrecht, *op. cit.*; A. L. Darling et al., "Autonomy and Control: A University Funding Formula as an Instrument of Public Policy", in J. A. Acherman & R. Brons, Eds., *Changing Financial Relations between Government and Higher Education*(Enschede, The Netherlands: Center for Higher Education Policy Studies, 1989), pp. 83~120.

14) *Ibid.*

15) 수식형은 국내에서 2008년 대학교육역량강화사업부터 본격적으로 적용되었는데, 대학별 지원액 결정 시 배분 '포뮬러'라는 용어를 사용하였다. 이후 '수식형 재정지원'이라는 용어보다는 '포뮬러 펀딩'이라는 용어가 널리 사용되게 되었다. 이하에서는 협상형, 시장형 등 다른 유형과 대비되는 일반적인 의미에서는 '수식형 재정지원'으로, 정부재정지원사업을 특정할 때에는 '포뮬러 펀딩'을 주로 사용하기로 한다.

이 늘리려는 경향이 있다. 이 경우, 대학은 무한팽창의 가능성이 있고, 정부의 재
정부담이 가중된다. 이 문제를 해결하기 위해서 정부가 인정하는 일정한 인원에
대해서만 재정을 지원할 경우, 학생당 지출이 줄어들고 교육의 질이 저하되는 문
제가 발생한다. 따라서 투입요소를 기준으로 하는 수식형 지원은 효율적 운영에
대한 유인가가 미흡하고, 여전히 노동시장에 대한 반응성이 미약하며, 대학 간
지나친 동질성을 조장할 가능성이 높고, 기준단가를 계산할 때 활용해야 하는 대
학교육 관련 통계자료의 불확실성에 따른 문제도 발생한다. 수식형은 자율적인
대학운영을 도모하고 형평성을 향상시켰으나, 학생 수 증가에 따른 정부 부담,
대학 간 동질성 조장, 외부시장에 대한 반응성 미흡 등과 같은 문제점이 있다.

3) 시장형 재정지원

시장형 재정지원방식은 협상형과 수식형의 여러 가지 문제점을 해결하기 위
한 대안으로 등장한 것으로서 관련당사자 간의 정치적 협상이나 객관적인 수식
이 아니라, 다양한 시장기제와 시장적 요소를 활용하여 대학에 재정을 지원하는
방식이다. 1980년대 후반 이후 대학교육 재정지원과 관련된 가장 큰 변화는 시
장모형의 도입과 확대 추세다.[16] 대학에 대한 재정지원이 늘어나지 않거나 감소
하고 있는 상황에서 정부는 대학이 다른 부문의 재원, 특히 대학 자체의 기업적
활동에 의한 재원조달을 강조하고, 대학재원의 다양화를 장려하였다.

이에 따라 대학과 정부·학생관계가 서비스 판매자와 구매자 관계로 변화하
였다. 또 계약제가 도입·확대되고, 사용자 지불방식, 즉 학생등록금의 부과가
확대되었다.[17] 시장모형에서는 경쟁과 기업가적 태도를 강조한다. 이제 대학도
다른 경제기관들과 마찬가지로 재정적 유인체제에 반응하는 것이 일반적인 현
상으로서 시장적 접근방식의 도입에 따라 재정사용의 자율화, 학생등록금 비중
의 증가, 연구지원과 교육지원의 분명한 구분, 공재정지원 중 기관 간 경쟁입찰

16) R. Harrold, *op. cit.*; OECD, *op. cit.* (1990); A. Ziderman & D. Albrecht, *op. cit.*
17) 예컨대, 영국에서는 교육서비스의 구매와 판매를 기초로 고등교육체제를 전환하였고, 스웨덴에서도
　 정부와 학생은 교육서비스의 구매자로 정의되고, 경제계와 산업계가 연구재정에 더욱 직접적으로
　 기여할 것으로 기대되었음. 프랑스에서는 1984년 입법을 통하여 계약제를 도입하였고, 1989년에는
　 이를 대학의 모든 활동으로 확대하였음. *Ibid.*

에 의한 방식의 비중 증가, 회사·기업과의 계약에 의한 수입의 비중 증가 등이 나타나고 있다.

시장형 재정지원방식으로는 다양한 모형이 시행 혹은 제안되고 있어서, 그것을 체계적으로 이해하기가 쉽지 않다. 재정배분방식으로서 시장모형의 성격을 이해하고 이를 정리하기 위한 한 가지 접근방법은 재원과 지원대상(혹은 주체)의 두 차원에서 시장모형을 분류하는 방법이다. 대학에 지원되는 재정을 크게 공적 재원과 사적 재원으로, 그 지원대상을 대학과 개인으로 구분해 보면, 시장형 지원방식은 대학지원형, 학생지원형, 재원다양화형, 학생부담형으로 구분할 수 있다.[18]

시장적 재정지원은 다음과 같은 부정적 영향을 끼치고 있다는 비판을 받고 있다. 단기효과와 금전적 가치가 있는 활동이 중시됨에 따라 대학에서 경영관리적 측면이 지나치게 강조되고, 관리·홍보비용이 과도하게 상승하며, 재원의 외부 의존성이 높아짐에 따라 대학 자율성이 오히려 위축되고 있다. 또 학문 간 불균형이 심화되고, 직업주의적 관심이 팽배해져서 진정한 의미에서 학문발전이 어려워지고 대학은 학문연구기관이 아닌 직업훈련기관으로 변질되고 있다. 그리고 정부재정지원의 규모가 감축되고, 학생 부담이 증가되며, 기존의 교육 불평등이 더욱 심화될 가능성이 높다.[19]

제2절   대학재정지원정책의 역사

1. 대학재정지원정책의 태동기(1980년대까지)

해방 이후 대학재정지원정책에서 가장 큰 특징은 설립자 부담원칙과 수익자

---

18) 첫째, 공적 재원을 대학단위로 지원하는 대학지원형으로 계약, 경쟁형, 인센티브형, 목적지원형 등이 포함됨. 둘째, 공적 재원을 학생단위로 지원하는 학생지원형으로 장학금, 초·중등분야에서 많이 논의되어 온 지불보증제(voucher), 그리고 최근 주목을 받고 있는 대여금(loan), 졸업세(graduate tax) 등이 있음. 셋째, 사적 재원으로 대학교육재정을 지원하는 재원다양화형은 정부재정 지원방식에 관한 논의에서 다루기 어려운 측면이 있으나, 서비스 판매, 기부금 유치, 민영화 등이 포함됨. 넷째, 사적 재원을 개인단위로 부담하는 것은 학생등록금 부과방식으로 대학교육의 사적 수익률과 공부담 경감 등을 이유로 과거와는 다른 차원에서 논의가 이루어지고 있음. 나민주, 전게서(2008).
19) 대학재정 지원방식의 장·단점, 상호 비교 등에 관한 상세한 논의는 상게서, 제3장 참조.

부담원칙의 적용이다.[20] 설립자 부담원칙이란 국립대학은 국가, 공립대학은 지방자치단체, 사립대학은 학교법인이 각각 설립자로서 대학재정에 대해 책임을 져야 한다는 것이다. 이에 따라 국·공립대학에 대해서는 정부가 대학운영에 필요한 경상적 경비를 부담하고, 대학의 세입 및 세출을 엄격하게 통제하는 체제를 유지하였다. 반면, 사립대학에 대해서는 기본적으로 학생을 수익자로 규정하여 그 경비를 부담하도록 하고, 설립자 부담원칙을 내세워 정부는 재정을 지원하지 않고, 학교법인이 재정적 책임을 담당하도록 하였다.[21]

  1990년대 이전의 대학재정정책은 주로 등록금과 장학금의 두 영역을 중심으로 이루어졌으나, 이는 대학에 대한 재정지원정책으로 보기 어려운 측면이 있다. 따라서 초·중등교육 재정정책과 달리 대학교육에 대한 재정지원정책에 관해서는 역사적으로 뚜렷한 사례나 변천과정을 기술하기가 매우 어려우나, 국립대에 대한 경상비 지원을 제외하고, 대학에 대한 국고지원사업이 시작된 것은 대체로 1960년대부터였다. 1963년에는 대학교수 및 대학부설연구기관을 대상으로 지급하는 학술연구조성비가 제도화되고, 빈약한 국가재정을 감안하여 세계은행의 교육차관 도입, 사립 이공계대학 시설 확충을 위한 교육차관의 주선 등과 같은 사학조성정책을 추진하였다.[22]

  1970년대에 들어서는 국가발전을 위한 개발의 논리가 최고조에 달했던 시기로서 대학교육분야에서는 대학특성화 정책이 추진되었다. 대학특성화는 교육재정의 효과적 활용, 대학 간 역할 분담, 지방대학의 육성, 산학협동의 촉진 등을 목표로 1974년부터 시행되었다. 처음에는 18개 대학에서 이공계 51개 학과(공업계 25, 농학계 19, 수산계 3, 해양계 2, 항공계 2학과)를 선정하고,[23] 이들 특성화 학과에 대해서는 정원, 연구비, 장학금 등에 관하여 특별한 행·재정지원을 실시하였다. 1974년도의 경우, 학과당 약 300만 원 정도가 지급되었고, 대학에서도 자

20) 윤정일 외, 교육행정학원론(서울: 학지사, 1994), pp. 406~407.

21) 곽영우, "대학등록금의 합리적 책정", 대학 등록금의 합리적 책정을 위한 워크숍 자료집(한국대학교육협의회, 1996), p. 14.

22) 대학재정 지원정책의 역사는 주로 한국교육30년 편찬위원회 편, 한국교육 30년(문교부, 1980), pp. 133~153; 김종철, 한국 교육정책 연구(서울: 교육과학사, 1989), pp. 192~205를 참조함.

23) 특성화 학과 선정 시 지역별 산업의 특수성, 교수진·시설 등 대학의 능력 등을 기준으로 하였음. 김종철, 상게서, p. 196.

체적으로 특성화 계획을 수립·추진하였다. 이후 특성화 학과는 점차 공학계에 치중하게 되었다. 1980년대에는 부산대(기계공학), 경북대(전자공학), 전남대(화공학), 전북대(금속·정밀기계공학), 충남대(공업교육), 충북대(건설공학)의 6개 공대에서 특성화가 추진되어 교수·시설·재정 등 여러 측면에서 특별지원이 이루어졌는데, 1976~1979년 사이에 약 139억 원이 투입되었다.[24] 한편, 1979년에는 학술진흥재단이 설립되어 학술활동에 대한 재정지원이 본격화되었다.

1980년대에 들어서는 과학기술교육진흥을 위하여 1980년부터 1986년까지 약 3,600명의 대학원생들에게 모두 19억 원의 장학금을 지급하였다. 또 대학에 기초과학연구소를 설치·운영하도록 지원하였는데, 9개 국립대학과 12개 사립대학의 21개 대학의 기초과학연구소를 지원하였다. 그 지원금액은 1979년 600만 원을 포함하여 1979년부터 1986년까지 총 50억 원에 달하였다. 또한 특성화 공과대학의 지원을 위하여 2억 2천만 달러(1,900억 원) 규모의 차관을 도입하여 실험·실습 기자재를 확충하였다. 그 밖에 서울대에 20억 원의 예산으로 반도체 공동연구소를 설치하여 5억 3천만 원의 연구비를 지급하고, 전국 6개 유전공학연구소에 9억 7천만 원의 연구비를 지원하였다.

2. 대학재정지원정책 본격화 시기(1990년대부터 2007년)

대학에 대한 정부의 재정지원은 1990년대 들어서부터 본격화되었다. 정부에서는 대학교육에 대한 재정지원을 확대하면서 재정배분과 관련된 새로운 정책을 시행하였다. 첫째, 사립대에 대한 재정지원제도를 도입하여 그 규모를 점차 확대하였다. 1990년에 처음으로 사립대의 시설·설비확충을 위한 직접 지원금으로 200억 원과 간접 지원금으로 사학진흥기금에 300억 원을 지원하기 시작한 뒤, 사립대에 대한 국고보조금을 매년 큰 폭으로 확대하여 1996년에는 시설·설비 확충지원으로 전년 대비 50%가 증가된 1,050억 원(1997년 1,250억 원)을 지원하고, 국·공·사립대학 공통지원으로 자구노력지원비 600억 원(1997년 1,300억

---

24) 이러한 특성화 정책은 국립대를 위주로 이루어졌으나, 경쟁과 선별에 의한 시장형 재정지원정책이 시도된 역사적 사례라고 할 수 있음. 1973년부터 시행된 실험대학 정책에서도 대학 간 선의의 경쟁이 강조되었음.

원)을 배정하였다. 특수목적지원사업에서 국·공립대와 사립대를 구분하지 않고 재정을 지원하였다. 이러한 변화는 대학을 설립별, 유형별로 차등을 두고 재정을 지원하는 방식에서 탈피하여 일원적인 재정지원체제로 전환하는 중요한 시발점이 되었다.

둘째, 교육부는 기존의 평등원리에 의한 대학지원정책을 대학 간, 교육프로그램 간 자유경쟁을 통해 수월성을 도모하는 지원정책으로 전환하였다. 이와 관련된 사업은 공과대학중점지원, 대학원중점지원, 교육개혁추진 우수대학지원, 국제전문인력 양성지원, 지방대학 특성화지원 등으로 대학이 제출한 신청서와 서면 및 방문평가를 통한 대학평가결과에 따라 선별된 대학에 대해서만 재정을 차등적으로 지원하였다.

우리나라에서 대학재정지원정책이 본격화된 1990년대 이후, 특히 5·31 교육개혁방안은 어느 개혁방안보다 광범위하고 포괄적인 대학교육개혁으로서 정부의 대학재정지원정책이 본격화되는 계기가 되었다. 1990년대 문민정부에서 본격화된 대학재정지원정책은 국민의 정부를 거치면서 더욱 다양화되고 그 규모도 확대되었다. 중앙정부 교육예산 가운데 대학교육관련예산의 비중은 1980년대 9%대에서 1995년에 10%대로 증가하였고, 1999년 이후에는 12% 내외를 유지하였다.

1990년대의 대학재정 지원방식은 일반재정지원사업, 특수목적지원사업으로 구분되었다. 일반재정지원사업은 형평성이 중요한 원칙으로 중시되었고, 학생 수 및 교수 수와 같은 기본지원지표를 배분준거로 사용하였으나, 체계화된 수식을 적용하지 않고, 사업목적지원과 정책지원지표에 의한 배분비율을 점차 확대함으로서 그 성격을 단정하기는 어렵다. 그러나 대체로 일본의 사립대 지원방식과 유사한 성과주의형(performance incentive), 즉 '변형된 수식형' 혹은 '수식형의

〈표 15-2〉 교육예산 중·고등교육 부분의 비중 및 추이(1997~2008)   (단위: 억 원)

구분	1997	1998	1999	2000	2001	2002	2003	2004	2005	2006	2007	2008
교육부 예산(A)	181,710	174,029	179,029	197,255	200,188	225,281	244,044	263,997	279,820	291,273	310,447	358,974
대학교육 예산(B)	20,743	19,771	24,097	24,097	25,210	28,804	30,800	33,000	35,700	33,925	36,986	43,538
비율 (B/A, %)	11.4	11.3	12.2	12.2	12.6	12.8	12.3	12.3	12.7	11.6	11.9	12.1

자료: 2005년 이전은 교육인적자원부 내부자료; 2006년은 반상진(2008); 2007~2008년은 송기창 외(2007)에 근거함.

〈표 15-3〉 주요 대학재정지원사업(1994~2008)

(단위: 억 원)

사업명	1994	1995	1996	1997	1998	1999	2000	2001	2002	2003	2004	2005	2006	2007	2008
대학원중점육성지원사업		200	200	200	170	110									
국제전문인력양성			200	200	160	100	100								
이공계대학기초과학 첨단화			150	170	170	119	120	150	150						
공과대학중점육성지원	400	400	400	400	400										
교육개혁추진우수대학			300	270	200	200	150	145							
국립대 구조조정							150	250	121	121					
국립대학 성과급						200	200	200	200	200					
지방대학특성화				180	150	150	150	150	500	500					
전문대다양화·특성화지원				259	400	660	800	800	1,656	1,656	1,678	1,679	1,680	1,680	1,680
대학원연구중심대학육성						2,000	2,000	1,700	1,382	1,382	1,850	1,850	2,900	2895	2,721
대학구조개혁 지원												800	700	520	500
수도권대학특성화												600	599	600	599
산학연협력체제활성화지원												450	500	500	690
2단계 연구중심대학육성												1,850	2,900	2,895	2,721
지방대학신 역량강화											2,400	2,400	2,600	2,594	2,563
지방연구중심대학 육성											100	100	100	100	100
세계적수준의 선도대학육성															1,000
우수인력양성대학교육역량강화															1,000
지방대학특화분야육성															400

자료: 100억 원 이상 사업. 1994~2001년은 유현숙 외(2001), 2002~2004년은 송기창 외(2007), 2005~2008년은 송기창(2008)에 근거함.

맹아'로 볼 수 있다. 특수목적지원사업은 국가정책에 따라 특정분야를 집중적으로 육성하기 위해 대학에서 제출한 사업계획서를 평가하고 그 결과에 따라 선별적, 차등적으로 재정을 지원하는 것으로 국제전문인력양성, 교육개혁추진우수대학, 지방대학특성화, 대학원연구중심대학육성(Brain Korea 21: BK21) 등이 있었다.

2000년대 들어서는 대학교육을 담당하는 주된 부처인 교육인적자원부 이외에 과학기술부, 산업자원부, 농림부, 국방부, 정보통신부, 보건복지부, 노동부 등의 중앙부처의 대학재정지원사업도 관심의 대상이 되었고, 중앙정부 이외에 일부 지방자치단체에서도 고등교육기관의 경상비, 시설비, 연구지원사업비를 지원하는 것으로 분석되었다.[25] 또한 재정지원사업은 종전에 지원목적에 따라 구분하던 것을 2004년부터는 지원대상에 따라 기관단위지원, 사업단위지원, 학생단위지원으로 구분하였다. 그동안 시행된 주요 사업들은 〈표 15-3〉과 같다.

5·31 교육개혁 이후 재정지원은 정부의 대학정책을 추진하기 위한 가장 중요한 정책수단으로 활용되었다.[26] 문민정부 이후 각 정부에서 중점을 두고 추진한 세부 고등교육개혁 방안들은 조금씩 차이가 있지만 고등교육 경쟁력 강화라는 기본목표, 그리고 경쟁, 평가, 선별적 지원방식이 비교적 일관성 있게 유지되어 왔다. 참여정부에서는 이전의 대학재정지원정책을 계승하였으나, 정책의 이념과 세부사업 면에서 상당한 변화도 있었다.[27] 특히 지역 간 평등에 많은 관심을 기울이면서 국가균형발전과 지방분권을 대학교육개혁의 중심축으로 설정하고, 이를 위해 학벌타파와 대학서열 완화 및 지방대학 육성사업 등을 추진하였다.

3. 대학재정지원정책 재정립 시기(2008년 이후)

이명박 정부 출범 이후 고등교육 재정지원 규모가 크게 늘어났을 뿐만 아니라 재정지원방식에도 변화가 있었다. 수식형 총액배분 지원방식을 도입하고, 교수·연구자 및 학생중심의 재정지원을 확대하였다. 평가기반 차등지원방식을

25) 반상진 외, 전게서; 유현숙 외, 정부부처의 고등교육기관에 대한 재정지원 분석 및 효율화 방안(교육인적자원부, 2001).
26) 나민주, 전게서(2008).
27) 유현숙 외, 고등교육개혁을 위한 정부의 재정지원사업 평가연구(서울: 한국교육개발원, 2006).

보완하기 위해[28] 수식형 지원제도(formula funding)와 총액배분제도(block grant)가 도입되었다. 2008년에 시작된 대학 교육역량강화사업은 대학 자율성, 다양성 신장 및 평가부담 경감을 위해 객관적·정량적 지표에 의해 재정을 배분하는 수식형 재정지원제도로서 수도권대학특성화, 지방대학혁신역량강화(New University for Regional Innovation: NURI) 등 기존 사업단중심의 재정지원사업을 통폐합한 것이다. 2010년부터는 그 일환으로 학부교육선진화(Advancement of College Education: ACE) 사업을 신설하였다.

한편, 2010년 「고등교육법」 개정으로 정부는 국가재정 중 고등교육에 대한 지원비율을 확대하기 위해 '고등교육재정투자 10개년 기본계획(안)'을 발표하고 이를 반영한 고등교육 지원계획을 2년마다 국회에 보고하도록 의무화하였다.[29] 또 연구관리전문기관(과학재단, 학술진흥재단, 국제과기협력재단)을 통합하여 '한국연구재단'을 설립하고, 학술진흥재단, 과학재단 및 학자금대출 신용보증기금의 학자금 업무를 통합하여 '한국장학재단'을 설립하였다.

대학교육역량강화사업은 교육여건 및 성과지표의 지속적인 관리를 통해 대학의 전반적인 교육역량을 강화하는 것이 주목적이었다. 이 사업은 대학으로부터 사업계획서를 받아 평가하고 그 결과에 따라 사업단단위로 재정을 지원하던 기존 사업들과 달리, 미리 정해진 재정지원지표에 따라 대학단위로 지원대상을 선정하는 수식형 지원방식을 적용하였다. 또한 지원금을 대학에 총액으로 교부하여 대학별로 특성과 여건에 맞게 자체계획에 따라 사업비를 자율적으로 집행하도록 하였다. 지원대학은 대학의 교육성과 및 교육여건을 나타내는 핵심지표[30]

---

28) 다른 한편에서는 대학의 연구지원과 대등한 규모로 교육부문 강화를 위한 재정지원사업을 도입할 필요가 있다는 주장도 제기되었음. 송기창, "대학재정 지원정책의 과제와 개선방향", 교육재정경제연구, 제9권 제2호(2000), pp. 1~25.

29) '고등교육 재정투자 10개년 기본계획'에서는 고등교육의 환경을 저출산·고령화, 글로벌화 진전, 산업구조 변화, 새로운 기술 트렌드로 요약하고, 10년 후 대학발전방향으로 창의인재 양성, 글로벌 지식 허브, 사회통합, 연구개발을 통한 미래 먹거리 창출을 들고 세계적 연구중심대학 육성, 차별화된 인재를 양성하는 학부중심대학 육성, 지역산업과 상생하는 산학협력 활성화 지방대학 육성, 작지만 강한 전문대학 육성을 제시하였음.

30) 정부는 대졸자 취업률, 재학생 충원율, 전임교원확보율, 장학금지급률, 학생 1인당 교육비 등 관련지표를 활용하여 학사과정의 교육역량을 제고하기 위한 재정지원사업을 도입하였음. 김병주 외, 대학재정 지원을 위한 포뮬러 지표개발 및 재정운용의 자율성 확대방안 연구(교육과학기술부 정책연구, 2009).

를 적용한 정량평가를 통해 획득점수가 높은 순서에 따라 선정하였다. 대학교육
역량강화사업 예산규모는 2008년 500억 원에서 2012년에는 2,411억 원(학부교육
선도대학 지원 포함)으로 증가하였다.[31]

기존 사업단중심의 재정지원사업들은 사업명이나 사업규모는 다소 변화가 있
었으나 대체로 유지되었다. 2단계 BK21사업, WCU(World Class University), WCC
(World Class College), 산학협력 선도대학사업 등은 그 대표적인 사업이다. 또한
개인단위로 연구자를 지원하기 위한 사업을 확대하고 기초학문연구, 융복합연
구를 위한 재정지원사업을 시행하였는데, 인문한국지원(Humanities Korea: HK)사
업, 한국사회과학연구지원(Social Sciences Korea: SSK)사업 등이 그 대표적인 사업
이다.

BK21사업은 세계적 수준의 대학원 육성과 우수한 연구인력 양성을 위해 석 ·
박사과정 대학원생 및 신진연구인력(박사후 연구원 및 계약교수)을 집중 지원하는
고등교육 인력양성사업으로서, 1999년부터 2005년까지 진행된 1단계 사업에서는
1조 3천억 원이, 2006년부터 2012년까지 진행된 2단계 사업에서는 연 2,900억 원,
총 2조 300억 원이 지원되었다.[32] 한편, 세계 수준의 연구중심대학 육성사업(WCU)
은 2008년부터 2012년까지 5년간 총 사업비 규모 8,250억 원 규모로 기획되었다.
2008년, 2009년 두 차례 공모를 거쳐 38개 대학, 160개 사업단을 선정하였다.

제3절 대학재정지원정책의 현황

1. 대학재정지원의 현황 개관

현행 정부의 고등교육 재정지원은 크게 세 가지 유형으로 구분할 수 있다.[33] 첫

---

31) 수식형 지원은 대학재정 지원방식으로 OECD 국가에서 보편적으로 사용되어 왔으나, 그 대상이 주
로 국립(주립)대학의 경상운영비로서 이를 안정적으로 지원하는 데 목적을 두고 있는 데 반해, 대학
교육역량강화 지원사업은 설립별 구분 없이 대학을 선별하여 단년도 사업비 위주로 사용하도록 하
고 있다는 점에서 '한국형 재정지원방식'이라 할 수 있음. 변기용 외, 글로벌 대학 경쟁력 제고 전략과
지속가능한 재정투자 방안(교육과학기술부 정책연구보고서, 2012).
32) 한유경 외, 2단계 BK21사업 백서(서울: 교육부, 한국연구재단, 2013).

〈표 15-4〉 대학재정지원사업 유형별 현황(2011~2012)   (단위: 억 원, %)

구분	2010			2012		
	사업 수	지원금액	비율	사업 수	지원금액	비율
일반 사업지원	374	4,624,417	55.4	372	4,407,052	46.6
학자금 지원	10	698,153	8.4	14	2,102,300	22.2
국 · 공립대 경상운영비 지원	25	3,018,709	36.2	32	2,940,854	31.1
합 계	409	8,341,279	100	418	9,450,208	100

자료: 한국교육개발원, 정부의 고등교육 재정지원사업 평가항목 개선방안 연구(서울: 한국교육개발원, 2014), p. 16.

째, 국 · 공립대 경상운영비 지원으로서 국가가 설립자로서 국립대 설립 · 운영에 소요되는 인건비, 운영비, 시설비를 지원하는 것이다. 둘째, 학자금 지원으로서 균등한 교육기회를 제공 · 확대하기 위해 학생학비를 지원하는 방식이다. 셋째, 일반 사업지원으로서 앞의 두 가지 유형의 재정지원을 제외한 거의 모든 재정지원사업을 포함하는 정책사업을 의미한다. 국 · 공립대 경상운영비 지원과 학자금 지원은 그 종류는 많지 않으나 전체 고등교육 공공재정 중 상당한 비중을 차지한다. 2012년의 경우에 학자금 지원과 국 · 공립대 경상운영비 지원의 비율은 각각 22.2%와 31.1%였다.

중앙부처 및 지자체에서 지원한 고등교육 재정지원 규모는 총 10조 86억 원으로 추산된다(2012년 결산기준). 중앙부처에서 9조 7천억 원, 지방자치단체에서 3,086억 원을 지원하였다. 금액비율로는 중앙부처지원이 96.9%로 거의 대부분을 차지하나 사업 수로는 지방자치단체가 1,068개로 다수를 차지한다. 대학에 재정지원하는 중앙부처는 20여 개인데, 교육부가 137개 사업에 7조 9천억 원을 지원하여 사업 수나 지원금액이 가장 많다.[34]

현행 대학재정지원사업의 지원대상 선정 및 사업비 배분방식은 매우 다양한데 다음과 같이 정리해 볼 수 있다.[35] 첫째, 지원대상 선정방식은 사업계획서 기

---

33) 임후남 외, 고등교육 재정지원 현황분석 연구(서울: 한국교육개발원, 2012).

34) 그 다음으로는 지식경제부가 35개 사업에 4,200억 원을, 보건복지부가 65개 사업에 2,300억 원을, 중소기업청이 12개 사업에 약 1,700억 원을, 고용노동부가 11개 사업에 약 1,400억 원을 각각 지원하였음. 한국교육개발원, 정부의 고등교육 재정지원사업 평가항목 개선방안 연구(서울: 한국교육개발원, 2014), p. 20.

35) 임후남 외, 전게서, p. 102.

〈표 15-5〉 정부부처 고등교육 재정지원 총규모(2012)　　　　　　　(단위: 백만 원, %)

구분	사업 수	지원액	비율
중앙부처	413	9,699,990	96.9
지방자치단체	1,068	308,629	3.1
합 계	1,481	10,008,619	100

자료: 한국교육개발원, 정부의 고등교육 재정지원사업 평가항목 개선방안 연구(서울: 한국교육개발원, 2014),
　　 p. 15.

반 선정, 포뮬러 기반 선정, 사업계획서 및 포뮬러 기반 병용 선정으로 구분할 수
있는데, 병용방식이 가장 많이 활용되고 있다. 둘째, 지원액 결정방식은 균등배
분, 포뮬러 기반 배분, 제반경비기준 차등배분으로 구분된다. 셋째, 지원액 교부
방식으로는 포괄지원(block funding)과 항목지원(line-item funding)으로 구분된다.

2. 주요 대학재정지원사업 개요

　　2014년 기준 교육부에서 시행하고 있는 주요 대학재정지원사업으로는 대학특
성화, 전문대학 육성사업, 학부교육 선도대학 육성사업, 산학협력 선도대학 육성
사업 등이 있다.[36]

1) 대학특성화 사업

　　2014년부터는 기존 교육역량강화지원 사업을 대학특성화 사업으로 개편하였
다. 대학특성화 사업은 수도권 대학과 지방 대학을 구분하여 지원하고 있다.[37]
이 사업은 구조개혁을 통한 대학 체질개선과 특성화 기반 조성을 목표로 하여 개
별 대학이 여건과 특성 등을 고려하여 자율적으로 사업을 설계 · 추진하도록 하
고 있다. 이 사업은 5년단위 계속사업(2014~2018년, 2+3년)이고, 2014년 기준 사
업비는 지방대학 특성화사업이 2,031억 원(지역선도대학 육성사업 100억 원 포함),
수도권대학 특성화사업이 546억 원이다.

---

36) 교육부, "대학 재정지원사업 기본계획 모음", 교육부 내부자료(2014).

37) 지방대학 특성화사업은 'CK-I'(University for Creative Korea)으로, 수도권대학 특성화사업은 'CK-II'
　　로 약칭하고 있음.

'대학특성화'란 비교우위에 있는 분야의 경쟁력 심화과정을 의미하고, 개별 대학 내 또는 대학 간 비교우위에 있는 분야에 자원을 집중하여 경쟁력을 높이려는 사업이다. 사업유형은 대학자율(I유형), 국가지원(II유형)으로 구분되나, 지방대학 특성화사업에는 지역전략(III유형)이 있다.[38] 권역별, 유형별로 학생 수, 학교 수 및 지리적 여건을 고려하여 수도권대학은 2개 권역(서울, 경기·인천), 지방대학은 4개 권역(충청권, 대경·강원권, 호남·제주권, 동남권)으로 구분하였다.

지원대상 선정을 위한 평가는 대학평가와 사업단평가로 구분되고, 특성화 여건과 계획을 평가하며, 1단계 서면평가, 2단계 발표평가를 실시하였다. 대학 구조개혁(정원 감축 규모 및 시기), 국가장학금 II유형 참여에 가점을 부여하였다. 지원예산의 70%는 사업단 특성화계획에 따른 운영을 위해 집행하고, 30%는 대학 전체 차원에서 교육역량 강화를 위해 활용하도록 하였다.

2) 전문대학 육성사업

전문대학 육성사업은 특성화 전문대학 육성, 평생직업교육대학 육성, '세계로 프로젝트추진' 사업으로 구성되어 있다. 첫째, 특성화 전문대학 육성사업은 산업현장 맞춤형 핵심전문인력 양성을 목표로 하는데, 2014년 예산은 2,696억 원이고, 78개 전문대학(평생직업교육대학 8교 포함)을 지원할 예정이다.[39] 이 사업은 5년단위 계속사업(2+3년)이고, 연차평가(매년) 및 중간평가(2년 후)를 통해 계속 지원 여부를 결정한다. 2017년까지 연차적으로 84개교를 선정할 예정이고, 지원금은 대학에 총액으로 교부하며, 대학의 효율적 구조개혁을 위해 80%는 특성화 계열에 집행하고, 20% 범위 내에서 대학 구조개혁 혁신비로 집행한다.

둘째, 평생직업교육대학 육성사업은 전문대학을 일터에서 언제든 원하면 최신 기술 및 지식을 습득할 수 있는 진·출입이 자유로운 미래형 고등직업교육기관으로 전환·육성하려는 사업이다. 사업기간은 5년이고, 연차평가 및 중간평가

---

38) 사업예산은 사업유형별로 지방대학 특성화사업은 대학자율에 60%, 국가지원에 25%, 지역전략에 5%를, 그리고 수도권대학 특성화사업은 대학자율에 75%, 국가지원에 25%를 배정하였음.

39) 특정산업분야와 연계한 주력계열(1~2개) 집중화, 국가직무능력표준(NCS)기반 교육과정 운영, 취업·창업지향적 산학협력 강화, 재정지원과 구조개혁 연동 등을 지원함. 지원유형은 단일 산업분야 특성화(I유형), 복합 산업분야 특성화(II유형), 프로그램 특성화(III유형), 평생직업교육대학(IV유형)으로 구분한다. I, II유형은 수도권과 지방으로 구분하여 지원대상을 선정함.

(2년 후)를 통해 계속지원 여부를 결정한다. 총 사업비는 400억 원이고 2015년까지 연차적으로 16개교를 선정한다. 지원대상은 수도권, 강원·충청권, 호남권, 동남·제주권, 대경권으로 구분한다.

셋째, '세계로 프로젝트'는 전문대학생을 글로벌 전문직업인으로 양성하여 해외 한국산업체 우수인력 공급과 해외 한국산업체·외국대학과 연계를 통해 한국형 고등직업교육시스템을 구축하도록 지원하는 사업이다. 세계로 1유형(전문대학 재학생), 세계로 2·3유형(외국인 유학생 및 해외한국산업체 근로자)으로 구분한다. 5년 동안 연차평가 및 중간평가(2년 후)를 통해 계속지원 여부를 결정한다. 2014년 사업비는 31억 원이고, 사업대상은 기본역량평가(정량평가) 50%와 운영계획 평가(정성평가) 50%를 통해 선정된다.

3) 학부교육선도대학 육성사업

학부교육 선진화 선도대학 지원(ACE) 사업은 다양한 학부교육 선진모델 창출을 위해 경쟁력 있는 선도대학을 중점 지원하는 사업으로 한정된 재원을 선택과 집중 원칙에 따라 지속적으로 지원하여 선진 학부교육 모델의 정착을 유도하는데 목적을 두었다. 이 사업은 교육역량강화사업과 동일한 비전·목표를 지향하되, 차별화된 지원방식(4년 지원, 정성평가 도입)으로 2010년부터 시작되었다. 이 사업은 대학에서 교육활동의 중요성에 대한 인식과 사회적 분위기가 확산되는 과정에서 대학특성을 바탕으로 학부교육 선진화를 촉진하기 위해서 도입된 것이다.

2010년에 11개교(수도권 4, 지방 7)에 총 300억 원을 지원하였고, 2011년에는 11개교(수도권 3, 지방 8)를 신규 선정하여 총 600억 원을 지원하였으며, 2012년에는 3개교(수도권 1, 지방 2)를 추가 선정하여 총 25개교에 600억 원을 지원하였다. 사업기간은 4년(2+2년)이고, 2년 지원 후 중간평가를 실시하여 실적이 현저히 떨어진 대학에 대해서는 지원을 중단한다.

4) 산학협력 선도대학 육성사업

산학협력 선도대학 육성사업(Leaders in INdustry-university Cooperation: LINC)은 산업체 수요에 부응하는 대학교육체제로 전환하고, 일자리 미스매치를 해소하고,

대학의 특성과 지역 여건에 맞는 다양한 산학협력 선도모델을 발굴·확산하며, 대학과 지역(기업)의 경쟁력 강화를 지원하기 위한 사업이다. 이 사업은 2012년 도입되어 2년간의 1단계가 완료되었고, 3년간 2단계(2014~2016년) 사업이 진행 중이다. 2014년도 사업예산은 4년제 대학의 경우 2,388억 원으로 총 57개교를, 전문대학의 경우 195억 원으로 총 30개교를 지원한다. 참여유형은 4년제 대학은 기술혁신형(전국)과 현장밀착형(권역별)으로, 전문대학은 산학협력 선도형과 현장실습 집중형으로 구분된다.

2단계 사업에서는 1단계 사업을 수행해 온 기존 LINC사업단 중에서 성과가 미흡한 대학은 탈락되고, 신규 대학을 선정하여 다양한 산학협력 선도모델을 발굴·확산한다. 특히 산업체 수요에 부응하는 맞춤형 교육과정과 창업교육 내실화, 창의인재와 기술·특허·아이디어 등 대학이 보유하고 있는 창의적 자산의 활용을 적극 추진한다.

제4절 대학재정지원정책의 쟁점

1. 대학재정지원정책의 가치와 이념

교육정책에서 수월성(excellence)과 평등성(equality)은 가장 중요한 가치로서 미국이나 영국의 교육정책 동향을 보면 평등과 자유, 형평성 이념과 수월성 이념이 일정한 주기로 반복되어 강조되어 왔다.[40] 우리나라의 경우, 선진국의 신자유주의적 정책 동향과 국제사회의 치열한 생존경쟁 속에서 1990년대 이후 수월성이 지속적으로 강조되었다. 5·31 교육개혁은 대학교육에서 형평성보다는 수월성 또는 경쟁에 초점을 두었고, 이후 정부에서도 형평성보다는 수월성을 중시하였다. 참여정부에서는 이전에 비해 형평성을 많이 강조하였지만, 수월성에 더 비중을 두었다. 그러나 시장논리를 기반으로 수월성과 효율성을 중시하는 정부정책은 대학사회에 갈등과 논쟁을 불러일으켜 왔다.

---

40) 나민주, 전게서(2008), 제4장, 제9장 참조.

대학재정지원정책에서 가장 근본적인 쟁점의 하나는 공공성을 중시할 것인가 혹은 시장원리를 중시할 것인가에 있다.[41] 공공성을 강조하는 관점에서는 교육의 평등성, 기회균등을 강조하는 반면, 시장원리를 중시하는 관점에서는 교육의 수월성, 경쟁력, 시장가치를 강조한다. 고등교육에 대한 재정배분에서도 전자는 공평성의 가치를 최우선으로 한다. 지역별, 설립별로 대학에 대한 재정지원이 공평하게 이루어져야 하고, 학문분야별로, 또 교육과 연구 간에도 균형이 유지되어야 한다.

그러나 시장원리를 중시하는 입장에서는 재정배분에서 효율성과 수월성을 우선시한다. 우수한 인재를 양성하기 위해서는 수요자중심의 경쟁체제를 구축하고 민영화를 적극 추진해야 한다. 정부통제를 받는 교육기관은 관료화되어 경직적이므로 그 개선에는 한계가 있다. 고등교육에 대한 시장통제를 강화하고 대학 간 경쟁을 통하여 교육의 질을 높여야 하며 이를 위해서는 평가를 통한 선별적, 차등적 지원을 확대하고 대학보다는 학생에 대한 직접 지원을 통해서 교육선택권을 확대해야 한다.

2. 재정지원의 대상

대학재정지원정책에서 그 대상은 대학뿐만 아니라 학과·학문단위, 사업단위, 교수, 학생 등으로 다양하다. 과거에는 대학단위의 재정지원방식이 중심이 되었으나, 최근 학생, 교수 등 개인에 대한 직접지원이 점차 확대되면서 고등교육분야에서 개인단위 재정지원의 적합성과 한계도 점차 논란의 대상이 되고 있다.

OECD 국가들에서는 경쟁과 선별, 자율과 책임, 계약과 성과를 중시하는 시장형 재정지원이 널리 확산되어 왔다. 그러나 어떤 형태든 기관단위 지원방식은 고등교육시장에서 소비자보다는 대학의 지위를 강화하고 관료에 대한 의존성이 더 높아질 수 있다. 대학들은 자원획득을 최대화하기 위해서 정부관료에게 로비하려는 속성을 갖게 된다.[42] 우리나라의 경우에 대학에 대한 직접적인 재정지원사업들은 그 성과를 측정하기 어렵고, 대학단위 지원금을 받기 위한 비생산적

---

41) 반상진 외, 전게서.
42) 나민주, 전게서(2008).

인 지대추구행위(rent-seeking behavior)가 늘어날 수 있다[43]는 점도 문제로 지적된다.

기관단위지원에 비해 개인단위지원은 여러 장점이 있는 것으로 평가된다. 학생단위지원은 학생의 선택을 받기 위한 대학의 노력을 가속화하고, 학생단위지원의 확대는 고등교육에서 공부담과 사부담의 균형, 교육기회의 형평성과 사회이동성 제고, 그리고 사회통합에 크게 기여할 수 있을 것으로 기대되고 있다. 또 연구자에 대한 지원방식은 지원대상자의 적극적인 연구활동을 촉진하여 연구산출물의 질적 수준을 높일 수 있고 성과측정이 용이하며 연구비지원을 받는 우수연구자 유치를 위한 대학 간 경쟁을 유도할 수 있는 장점도 있다.[44] 이에 따라 OECD 주요국에서는 학자금융자(대여금)를 확대하였고,[45] 우리나라에서도 학생단위지원이 점차 확대되었다.[46]

그러나 학생대여금의 증가는, 대학재정구조가 취약하고 자발적 상환문화가 조성되지 않을 경우에 등록금 인상으로 교육비 증가 문제가 발생할 수 있고, 경제적 능력을 갖추지 못한 졸업생들에게 과중한 채무부담을 안길 가능성도 있다. 또한 정부예산의 제약 때문에 기관지원, 연구지원, 학생지원은 서로 상충관계(trade-off)를 보일 수 있다.[47] 즉, 학생에 대한 재정지원액이 증가하는 반면, 기관지원뿐만 아니라 연구활동에 대한 지원규모는 감소할 수 있다. 그리고 연구인프라가 충분히 갖추어지지 않은 상황에서 연구자단위 재정지원만을 확대할 경우에는 장기 연구, 대규모 연구, 기초연구가 원활하게 이루어질 수 있는 기반이 조성되기 어려울 수 있다.

---

43) 장수명 외, 고등교육재정지원 성과분석 및 효율화 방안연구(서울: 한국교육개발원, 2004). 지대추구행위(地代追求行爲)는 경제주체들이 자신의 이익을 위해 취하는 비생산적 활동으로 자원 낭비와 비율적 자원배분이 초래되는 현상을 말함. 예컨대 기업이 생산활동에 전념하기보다는 대정부 또는 대국회 로비 등을 통해 수입을 규제하거나 다른 기업의 진입을 방해하여 국내시장에서 독점적 지위를 확보·유지하려는 행위가 이에 해당함. 이 경우 기업은 독점의 확보를 통해 획득 가능한 독점이윤이 지대추구과정에 드는 비용보다 클 경우 지대추구를 위한 행동유인을 갖게 됨. 국세청 법령정보용어 (http://taxinfo.nts.go.kr/docs/customer/dictionary).

44) 이영, "고등교육 질 관리 체제와 대학 재정", 대학교육(2008, 9·10월호).

45) 유현숙 외, 전게서(2005).

46) 기관단위지원과 학생단위지원의 비중은 2003년 각각 65.1%와 1.7%에서 2005년 54.6%와 3.4%로 변화되었음. 김병주, "전게논문"(2008).

47) 남수경, "대학생 학자금 지원", 윤정일 외, 전환기의 한국교육정책(서울: 학지사, 2008).

3. 재정지원방식의 적용방법

대학재정 지원대상은 설립별로 국·공립대와 사립대, 용도별로 경상운영비·사업비·자본비, 혹은 지원목적에 따라 교육·연구활동 등으로 매우 다양하다. 1990년대 중반 이후 시행된 대학재정지원사업들, 예컨대 BK21, NURI 등은 대학평가를 통해서 선별적, 차등적으로 지원금을 배분하는 시장형으로서 선택과 집중의 원리를 강조하였다. 그러나 유사한 사업 간 중복투자, 대학평가의 만연으로 인한 과중한 부담 등의 문제가 지속적으로 제기되었고, 대학의 규모나 명성 등이 평가결과에 직간접적으로 작용한다는 비판도 제기되었다.[48] 그 대안으로 수식형(포뮬러 펀딩)이 도입되었는데, 그 적용범위와 적용방법 등에 관해서는 논란이 계속되고 있다.

가장 큰 쟁점은 수식형의 적용대상(지원대상)이다. 예컨대 대학교육역량강화사업의 경우, 대학단위로 총액 지원하면서 대학유형을 8개로 구분하여 상대 평가하였으나, 국·공립과 사립, 그리고 일반대학과 산업대·교육대를 구분하여 평가할 것인지가 논란이 되었다. 한편으로는 수식형을 기본으로 하는 고등교육재정교부금제를 도입하여 국·공립대는 물론 사립대 경상비(교원보수 반액 포함)를 지원하자는 제안도 있다.[49]

수식형 재정지원에서 배분공식에 포함되는 요소를 무엇으로 할 것인지도 논란의 대상이다.[50] 예컨대 교육역량강화사업에서는 여건지표와 성과지표를 사용하였는데 이에 관한 논란이 끊이지 않았고, 지원대상대학 선정지표는 해마다 약간씩 변화가 있었으며, 같은 지표라도 세부 지표내용(산식)은 매년 약간씩 변화되었다.[51]

48) 김병주, "전게논문"(2008).
49) 송기창, "고등교육재정의 합리적 배분방안", 한국교육재정경제학회, 교육재정 배분의 합리화 방안 탐색, 제50차 학술대회자료집(2008).
50) 김병주 외, 전게서(2009); 나민주 외, 국립대학 적정 재정지원 규모 산정 및 배분 방법에 관한 연구(교육과학기술부 정책연구, 2009).
51) 2011년도까지는 성과지표, 여건지표, 지표별 향상도로 구성되었음. '성과지표'는 취업률, 재학생 충원율 등이고, '여건지표'는 교원 확보율, 학사관리 및 교육과정 운영, 장학금 지급률, 학생교육 투자, 등록금 부담 완화지수 등임. 2012년에는 이를 국·공·사립대 공통지표로 하고, 국·공립대에는

〈표 15-6〉 대학교육역량강화지원사업 선정지표 변화(2008~2012)

구분	2008	2009	2010	2011	2012
성과 지표	취업률	취업률	취업률	취업률	취업률 지수
	재학생 충원율	재학생 충원율	재학생 충원율	재학생 충원율	재학생 충원율
	–	국제화 수준	국제화	국제화**	
여건 지표	전임교원 확보율	전임교원 확보율	전임교원 확보율	전임교원 확보율	교원 확보율
	–	–	학사관리 및 교육과정 운영	학사관리 및 교육과정 운영	학사관리 및 교육과정 운영
	장학금 지급률	장학금 지급률	장학금 지급률	장학금 지급률	장학금 지급률
	학생 1인당 교육비	학생 1인당 교육비	학생 1인당 교육비	학생 1인당 교육비	학생 교육 투자
	–	–	등록금 인상 수준	등록금 인상 수준	등록금 부담 완화 지수
	–	–	–	대입전형 지표**	–
선진화 지표*	–	–	–	–	총장직선제 개선
	–	–	–	–	기성회회계 건전성

주: * '선진화 지표'는 국 · 공립대에만 적용함.
　　** '대입전형'과 '국제화'는 2012년에 '학사관리 및 교육과정 운영' 세부지표로 포함됨.

　　　외국 사례를 보면, 수식형은 주로 국 · 공립대에 대한 재정지원방식으로서 학생 수, 교수 수를 기준으로 기본단가를 결정하고 인원수를 고려하여 대학별 지원액을 결정하는 것이 일반적이다. 학생이나 대학의 특성을 반영하는 비용차이도가 활용되는데, 학생특성과 관련해서는 전공, 학년, 학위과정, 이수학점, 출신지역 · 계층 등이 고려된다. 또 대학특성과 관련해서는 소재지역, 특수대학 여부 등이 고려된다.[52]

　　　그동안 수식형 배분방식은 교육역량강화사업, 국립대 경상비지원 등에 제한적으로 적용되었으나, 그 적용범위가 확대되면 수식형의 적용비율도 문제가 될 것이다. 수식형 적용비율은 국가마다 상당한 차이가 있다. OECD 국가 사례를 종합해 보면, 기본지원성격의 수식형은 대략 전체 대학지원예산의 50%에서 90%까지 분포되어 있으나, 70~80%를 차지하는 경우가 다수다. 예컨대 영국은

　　　'선진화 지표'로 총장직선제 개선, 기성회회계 건전성을 추가하였음. 지표별 향상도는 2009년도부터 2011년도까지만 적용하였음.
52) 나민주 외, 전게서(2009); 김병주 외, 전게서(2009).

HEFC(Higher Education Funding Councils) 교부금의 83%, 미국은 주립대 지원금의 90%, 스위스는 기본지원의 70%, 체코는 교육활동 주요지원의 78%, 노르웨이는 전체 지원금의 60% 정도가 수식형을 적용하는 기본지원금이다.[53]

4. 재정지원정책의 성과와 한계

그동안 교육정책에서 고등교육부문의 중요성은 점증하였고, 재정지원사업의 종류와 규모도 점차 확대되어 왔다. 정부는 대학교육의 다양화·특성화·자율화를 중요한 정책가치로 선정하여 상당히 일관성 있는 정책방안들을 추진하였다. 그 결과 대학교육기회가 지속적으로 확대되었고, 대학에 대한 평가와 재정지원의 연계, 대학 간 경쟁의 확대를 통해 대학의 변화와 개혁을 유도하였다는 긍정적인 평가를 받기도 하였다. 개별 사업별로도 대학의 교육 및 연구의 여건과 성과를 단기간에 개선하는 효과도 있었다.[54]

고등교육재정정책은 개별사업의 목표달성 측면뿐만 아니라 그 파급효과의 측면에서도 고등교육 전반에 많은 영향을 주었다. 최근 10여 년간 고등교육 진학률, 이수율, SCI 논문 수 등은 급성장하여 세계 최고수준에 이르렀다. 지난 10여 년간 양적 측면에서 대학의 연구산출은 비약적으로 발전하여 SCI 논문 총수를 기준으로 한국은 10위권을 꾸준히 유지하고 있다.[55] 이것이 전적으로 대학재정지원 사업이나 정책만의 효과라고 볼 수는 없으나, 대학에 대한 재정투자가 확대

53) 나민주 외, 전게서(2009). 유럽 국가들은 대부분 공립대 중심의 고등교육체제를 유지하고 있음. 참고로 윤정일 등은 수식형의 적용비율을 75%, 경쟁형을 25%로 제안한 바 있음. 윤정일 외, 전게서(2000).

54) 장수명 외, 전게서; 이정미 외, 고등교육 재정지원사업 발전방안 연구(서울: 한국교육개발원, 2010); 한유경 외, 전게서 참조. 정부에서도 자체평가를 통해 사업별 성과를 분석하고 있음. 예컨대 교육역량 강화사업을 통해 각 대학의 목표와 여건에 맞춘 다양한 대학교육의 모델 구축, 대학이 교육과정에 대한 관심을 갖고 개선하도록 유도, '잘 가르치는 대학'을 만들기 위한 대학의 제도 및 지원 시스템 개선, 학부교육의 질 제고를 위한 교직원, 학생 등 구성원의 공감대 형성 등 긍정적 인식 변화, 사업 우수 모델의 공유·확산을 위한 노력 지속 등의 성과를 거둔 것으로 분석하였음. 교육부, "전게 논문".

55) 1990년대 초반만 하더라도 500위권에 드는 대학이 없다고들 하였으나, 이제는 100위 내에도 2~3개 대학이 있음. SCI 논문 수를 보면, 우리나라는 1996년 이후 연평균 논문 수 증가율이 20~30%로서 세계 1위이고, 국가별 SCI 순위도 1998년 18위에서 1999년, 2000년 16위, 그리고 2001년 14위로 상승하여 10위권 초반을 유지하고 있음.

되면서 연구산출물도 늘어난 것은 분명한 사실이다. 이는 국민의 교육열과 이를 지원하기 위한 고등교육정책, 그리고 대학의 지속적인 노력이 가져온 성과로 볼 수 있다.[56]

그러나 여전히 한국 대학의 연구생산성과 경쟁력은 낮은 수준에 머물러 있다는 인식이 상존한 가운데, 한편으로는 양적 경쟁이 보편화되어 대학 및 교수 간 지나친 경쟁위주의 풍토가 조성되어 왔다. 또한 질적 측면에서는 여전히 세계 최고 수준에 도달하지 못하고 있다. 양적 지표를 중심으로 하는 국내 대학 간 상호 경쟁, 상대평가를 통한 선별지원방식에 치중한 대학정책과 대학평가로 이미 성장의 한계에 직면한 지 오래되었다.[57] 소수의 우수대학 혹은 거점대학에 대한 집중적 지원을 통하여 대학교육의 질적 향상을 도모하려는 정책은 이미 산업부문에서 실패한 '거점중심 발전전략'을 무비판적으로 적용하려 한다는 지적도 있다.

대학재정지원이 확대되면서 대학 간 형평성, 재정지원의 편중성, 재정지원방식의 실효성 등에 관한 논란이 계속되었다. 대학개혁정책이 너무 성급하게 추진되고, 수많은 개혁방안이 동시다발적으로 추진되면서 대학들에 많은 부담을 주었다. 대학의 입장에서는 정부가 원하는 각종 평가의 지표들에 민감하게 반응할 수밖에 없었다.[58] 그러나 많은 개혁방안이 상호 중복적이고 정책방안 간 유기적 연계성이 불분명하며, 대학의 규모나 특성을 충분히 반영하지 못한 획일적 평가기준들은 오히려 대학을 획일화하고 대학의 자율적 조정·관리능력을 약화시키는 경우도 발생하였다.[59]

또한 재정지원이 대학에 대한 정부의 통제력을 유지할 수 있는 가장 효과적인 혹은 유일한 분야로 인식됨에 따라서 또다른 종류의 통제를 양산하여 대학의 자율성과 다양성을 근본적으로 위협할 수 있다는 비판을 받았다.[60] 정부방침의 준

---

56) 하연섭 외, 고등교육재정 확보 및 재구조화 방안(교육부 정책연구, 2013).

57) 예컨대 SCI 논문 수는 2000년 13,458편(16위)에서 2010년 38,843편(12위)으로 계속 순위가 높아졌음. 그러나 SCI 논문 피인용횟수는 2005년 2.79(30위), 2007년 3.11(31위), 2010년 3.57(30위)로 비슷한 순위를 유지하고 있음.

58) 유현숙 외, 전게서(2006).

59) 장수명 외, 전게서.

60) 이에 관해서는 1990년대부터 논란이 있었다. 정부에서는 정부방침 준수여부를 재정지원과 연계하였는데, 학과 및 석·박사과정 통·폐합, 학부제, 영어강의, 심지어 교육개혁박람회 참가에 따라 재

수 요구는 직접적인 규제나 법령보다는 재정지원방식과 준거를 통해서 이루어 졌으나, 대학재정지원정책은 명확한 근거법령이 없이 이루어졌고, 정부가 세부 적인 대학개혁방안을 설계하고, 그것을 각 대학이 시행해 줄 것을 요구하는 경우 가 많았다.

제5절 대학재정지원정책의 과제

대학에 대한 공공재정지원은 그 규모뿐만 아니라 지원방식이 중요하다. 이를 위해서 세부사업별로 타당성과 운영성과를 체계적으로 평가해야 할 것이다. 그 러나 세부사업별 개선방안을 모색하는 것보다 더 중요한 것은 대학재정지원정 책의 중장기적인 방향을 설정하고, 거시적 맥락에서 세부사업들이 일관성을 갖 도록 조율하는 일이다.[61]

1. 대학재정에 관한 정부의 역할과 책임 정립

고등교육단계에서 정부의 역할과 책임범위를 분명히 설정할 필요가 있다. 대 학재정지원정책의 기본방향을 설정하기 위해서는 먼저 고등교육 이수율 및 진 학률, 그리고 고등교육 인구규모의 적정 수준, 고등교육에서 국·공립대와 사립 대의 분담 비율, 고등교육단계에서 직업교육 비중 등에 관한 정책목표에 대한 사 회적 합의가 필요하다. 정부는 이러한 거시적 논쟁점을 정리하여 중장기적 목표 를 설정하고, 이를 바탕으로 재정투자계획을 수립해야 한다.[62]

정부의 일차적인 책무는 지역별, 분야별로 학문의 다양성이 보존되고 고등교

정을 차등 지원하겠다고 한 것으로 언론 보도됨으로써 재정지원이 마치 '전가(傳家)의 보도(寶刀)' 처럼 사용되고 있다는 비판을 받았다. 나민주, 전게서(2008), p. 118.

61) 이하 논의는 주로 나민주, 전게서(2008); 나민주, "전게논문"(2009); 변기용 외, 전게서; 이정미 외, 고등교육 선진화를 위한 재정지원 방향과 과제(한국교육개발원, 2012) 등을 바탕으로 작성하였음.

62) 인구변화는 OECD의 고등교육 미래 전망 프로젝트에서 고등교육의 중요한 환경요인으로 다루어지 고 있음. 나민주, "전게논문"(2009).

육기회가 골고루 제공되도록 하는 것이다.[63] 각 대학이 가용자원과 시장상황을 고려하여 효율적이고 효과적인 운영방안을 찾아서 특성화를 도모하게 되면, 단기적으로는 학생, 학부모, 기업, 대학 등의 시장주체가 선호하는 분야가 서로 중복될 수 있다(예컨대 BINT: Bio-Information-Nano-Technology). 이 분야를 정부가 집중 지원하면 그 상황은 더욱 고착된다. 장기적으로는 특성화 전략만으로는 대학교육의 다양성을 보장하기 어렵다. 따라서 정부는 특성화가 아닌 다양화를 정책목표로 삼아야 한다.

기본적으로 정부는 시장실패를 방지하고 보완하는 기능을 담당해야 한다.[64] 즉, 대학, 학생, 기업의 선택에 의해서는 해결하기 어려운 교육기회 보장, 연구 인프라 확충을 위한 기본토대를 구축할 필요가 있다. 또 고등교육에서는 연구활동에 비해서 교육활동이 경시되고 기회균등이 훼손될 가능성이 높기 때문에 정부에서는 학생교육과 직접적으로 관련된 분야에 더 많은 재정이 투입될 수 있도록 지원·유도해야 할 것이다. 대학교육에 대한 공공투자의 목표와 규모를 설정하고 대학에 대한 적절한 재정지원방식을 설계하는 것은 대학교육의 질적 수준을 높이기 위한 정부의 핵심적인 역할이다.

2. 재정지원의 안정성 및 관리체제의 효율성 제고

앞으로 대학재정지원정책에서 더욱 중시되어야 할 원칙과 가치는 안정성과 예측가능성이다. 우리나라 대학재정지원정책은 명확한 근거법령이 없이 이루어져 왔다. 이에 따라 일시적 여론과 단기적 정책목표에 의해서 재정배분방식이 급격하게 변화하고, 정부와 대학 간 균형관계가 조성되지 못하여 여전히 정부 주도적인 경향이 계속되고 있다. 대학이 국가사회적 환경의 변화에 대응하여 적극적인 대응전략과 목표를 설정하고 투자계획을 마련하기 위해서는 충분한 재정지원이 필요한 것은 물론이지만, 정부로부터 지원받을 수 있는 재정규모가 어느 정도인지를 중장기적으로 예측할 수 있어야 한다. 대학재정지원정책의 기본방향

63) World Bank, *Constructing Knowledge Societies: New Challenges for Tertiary Education*(2002).
64) 천세영, "국립대학 재정확보 논리와 정책 제안", 교육재정경제연구, 제9권 제2호(2000), pp. 27~53.

을 확립하고, 재정의 안정성과 자율성을 보장하며, 세금을 재원으로 하는 재정지원의 형평성과 책무성을 확보하기 위해서는 재정지원의 범위와 대상, 기본적인 지원준거와 절차 등을 내용으로 하는 법률을 제정할 필요가 있다.[65)]

대학재정지원을 위한 정부-대학-사회 간 협력체제를 구축할 필요도 있다. 재정배분의 안정성과 대학의 자율성을 보장하기 위해서는 대학재정지원을 담당하는 정부와 대학 간의 중간적 성격의 기구도 활용할 필요가 있다.[66)] HEFC(Higher Education Funding Council) 등이 설치되어 있는 영국의 경우, 중간기구를 통하여 정부는 특정한 정책목표를 달성할 수 있고, 대학은 자율성을 보장받는 등 많은 긍정적 효과가 나타났다.[67)] 재정배분기구의 활용은 OECD 국가들의 공통된 개혁추세이기도 하다.[68)] 우리나라에서도 고등교육평가원 설립이 추진된 바 있으나, 정부기관보다는 '대학재정위원회' 같은 별도의 기구를 설립하는 방안이 바람직하다.[69)] 또한 연구재정지원과 관련해서 기존 기관을 통합하여 단일화하는 것은 재정지원의 일관성을 위해서는 바람직하나, 한 기관의 영향력을 과대하게 만들 우려가 있으므로 분야별, 대상별로 기관을 다양화하여 재정지원에 관한 의사결정에 독립성을 부여할 필요가 있다.

대학회계제도를 정비할 필요도 있다.[70)] 우리나라 대학재정은 복잡한 회계구조 속에서 운영되고 있다.[71)] 대학에서 재정을 효율적으로 운영하기 위해서는 고등교육의 특성을 반영한 회계제도를 종합적으로 정비함으로써 대학재정회계제도의 개선 및 통합을 도모할 필요가 있다. 대학의 회계연도는 학년도에 일치시키고 독립적으로 운영되는 산학협력단회계, 발전기금회계 등을 통합하여 단일회계제

65) 최청일 외, 고등교육재정 규모 및 지원방식 등에 관한 국제비교 연구, 교육인적자원부 정책연구보고서 (2002); 나민주, "전게논문" (2009).
66) 최청일 외, 전게서.
67) 나민주, 전게서(2008).
68) 유현숙 외, 전게서(2005).
69) 이영 외, 고등교육 재정배분방향(서울: 정보통신정책연구원, 2006).
70) 이정미 외, 대학재정 실태와 성과 분석(서울: 한국교육개발원, 2009).
71) 국립대의 경우, 대학회계, 산학협력단회계, 발전기금회계, 소비조합회계 등으로 구분되어 회계주체, 적용회계, 적용법규, 회계내용, 회계기간 등이 서로 달라 대학별로 재정규모를 정확하게 파악하기 어려움. 사립대의 경우에도 사학기관 재무회계규칙에 대한 특례규칙뿐만 아니라 산단회계처리규칙, 학교기업회계처리규칙, 의료기관회계규칙 등 여러 회계규칙이 적용되고 있음.

도를 도입할 필요가 있다. 또 국·공·사립대 간 상호비교를 위해서는 회계항목을
정비하되 국제적으로 통용되고 비교 가능한 제도가 될 수 있도록 해야 한다.[72]

3. 기관단위 지원방식의 개선

고등교육에서 지역 간, 계층 간, 집단 간 기회균등을 도모하고 고등교육기회를
확대하기 위해서는 기관단위 지원방식에 대해서도 장기적인 계획을 마련할 필
요가 있다. 고등교육의 지역 간 형평성을 지속적으로 제고하기 위해서 지역별로
국·공·사립대학 간 연계·협력을 강화하고, 지방소재 국·공립대학에 대한
지원을 확대하여 지역 고등교육의 안전판 역할을 강화하며, 우수 소규모 사립대
학에 대한 재정지원을 확대하여 특화된 교육 및 연구 서비스를 제공할 수 있도록
육성할 필요가 있다.

국·공립대에 대한 중장기 재정투자계획을 수립·시행해야 한다. 그동안 거
버넌스 개선과 운영효율화에 초점을 두었으나, 이것만으로 국·공립대 발전을
도모하는 데는 한계가 있으므로 재정확충계획[73]을 분명히 제시할 필요가 있다.
국·공립대 재정지원방식으로는 수식형을 적용하고, 그 세부내용을 법령으로
규정해야 한다. 예컨대 시·도교육청에 특별회계를 설치하고 「지방교육재정교
부금법」에 의해 교부금을 지원하는 것과 유사한 형태로 국·공립대 재정지원에
관한 법제화가 필요하다.

사립대 비중이 높은 상황에서 정부지원도 확대되어야 한다.[74] 그 방식과 관련

---

72) 영국의 경우에 HESA(Higher Education Statistics Agency)를 중심으로 일관성 있게 재정구조를 파악
할 수 있음. 미국의 경우에는 비영리 사립대는 FASB(Financial Accounting Standards Board), 공립대
는 GASB(Governmental Accounting Standards Board)의 규정을 각각 따르고 있으나 재정보고의 측
면에서는 그 차이가 미미하고 수입 및 지출 항목과 관련해서는 일대일 비교가 가능할 만큼 용어의
정의가 비슷함. 이정미 외, 전게서(2009).

73) 참고로 국립대 적정 재정지원규모 산정연구에 의하면, 그 규모는 현재보다 최소 30% 이상 증액되어
야 함. 나민주 외, 전게서(2009).

74) 사립대에 대한 정부재정지원을 대폭 확대해야 한다는 주장이 지속적으로 제기되어 왔는데 그 주요
논리와 반대논리에 관해서는 나민주, "전게논문"(2009) 참조. 최근 반값등록금 정책은 대학에 대한
재정지원의 원칙을 크게 바꾸는 계기가 되었음. 김병주, "고등교육재정 확보 및 지원방식", 한국고등
교육정책학회 연차학술대회자료집(2012).

하여 기관지원과 개인지원에 대하여 논란이 있으나, 교수 및 연구자, 학생, 재정지원사업 등에서는 설립별 차별을 폐지할 필요가 있다. 기관지원, 특히 경상비지원의 경우 더욱 세밀한 논의가 필요하나, 사립대에 대한 재정지원을 이원화하는 방안도 검토할 필요가 있다.[75] 평가인증 사립대를 다시 국고지원을 받는 사립대(준국립대학)와 국고지원을 받지 않는 사립대(완전사립대학)로 구분하여, 전자에 대해서는 충분한 재정지원을 전제로 국립대 수준으로 국가가 지도·감독할 수 있다. 반면, 후자에 대해서는 규제를 최소화해서 설립목적에 맞추어 세계수준의 수월성을 지향할 수 있도록 지원해야 한다.

장기적으로 국·사립 간 대학교육 분담의 측면에서 선택 가능한 대안으로는 우선, 국·사립 구분 없이 재정을 지원하면서 평가에 의한 차등지원, 학생 및 교수에 대한 개인지원을 확대하는 방안이 있다.[76] 그러나 사학의 존재의의, 사립대에 대한 공적 책임과 규제 확대, 사학운영의 자율성과 독창성의 저해 등을 초래하여 사학의 존립 자체를 위협하고 존재의의를 무색케 할 수 있으며, 이로 인해 사립대가 중등사학과 유사한 상황에 직면할 수 있다. 따라서 사립대 재정지원을 확대하고, 국·공립대 수는 늘리지 않되 학생수용인원을 더욱 확대하는 방안이 바람직하다.[77]

전문대학의 역할과 기능, 재정지원방식에 대해서도 재검토가 필요하다. 전 국민을 위한 직업교육·훈련이 원활하게 이루어지도록 하기 위해서는 고등교육부문에서 이를 위한 체계적인 시스템을 갖출 필요가 있다. 고등교육부문의 직업교육 및 훈련은 공공부담으로 이루어지는 것이 선진국의 일반적인 경향이다.[78] 직

75) 김병주, "전게논문" (2008).

76) 영국의 경우 다양한 방식으로 설립되었으나 재정적인 측면에서는 모든 대학이 정부의 재정지원을 받고 있는 공립우위체제를 유지하고 있음. 교육활동에 대해서는 학생 수를 기준으로 형평성을 중시하는 재정지원이 이루어지고, 연구활동에 대해서는 연구성과에 대한 주기적인 평가를 통해 선별적, 차등적인 재정지원이 이루어짐. 나민주 외, 전게서(2009).

77) 이영, "전게논문". 국가별 고등교육의 경쟁력, 그리고 사립대에 재학 중인 학생비중을 고려할 때, 우리나라에 가장 적합한 것은 미국 유형이라 할 수 있음. 미국의 경우 대학 수는 사립이 많으나 재학생 수는 공립이 더 많음.

78) 미국의 2년제 지역사회대학(community college)의 경우, 대부분 공립으로 운영되고 4년제 대학편입과정, 직업기술교육훈련, 이민자 교육, 지역사회 문화 프로그램 등의 개설·운영을 통하여 4년제 대학과는 다른 평생교육기관으로서의 역할을 담당하고 있음(공립 비율 84%). 영국은 성인계속교육을

업교육의 경우 여러 비고등교육기관과 전문대학을 통합·운영할 필요도 있다. 전문대에 대한 재정지원 효율성 제고를 위해 직업훈련의 경우에 학생단위 재정지원방식을 확대하여 장학금 및 직업교육 지원사업을 취업 여부와 연계하는 성과중심형으로 개선할 필요가 있다.

4. 재정운영의 책무성 제고

대학운영이나 재정사용의 책무성을 확보하기 위해서는 이를 판단할 수 있는 자료를 수집·분석하고 정기적으로 공표하는 방법이 더욱 체계화되어야 한다. 대학정보공시 내용은 정부의 대학교육정책결정, 기업의 인력활용 및 지원, 학생 및 학부모의 대학선택 등 대학교육과 관련된 다양한 의사결정에 광범위하게 사용될 것으로 기대되었으나, 현재 포함된 정보가 매우 방대해서 오히려 정보과잉으로 이해당사자의 혼돈과 무관심을 낳고 있다. 대학정보는 대학의 질적 수준과 밀접하게 관련된 핵심지표를 반드시 포함하되, 정보이용자들이 이해하기 쉽고 활용하기 편하도록 공개할 필요가 있다. 정부 차원에서도 고등교육 전반의 질적 수준과 발전정도를 국민들이 판단할 수 있도록 매년 연차보고서, 성과평가서를 작성·공개해야 한다.[79]

재정운영에 대한 책무성을 확보하기 위해서는 대학평가인증제와 재정지원을 적절히 연계해야 한다.[80] 수식형 재정배분에서 대학평가결과를 가산치 혹은 가중치로 활용할 수 있다. 사업비 지원방식에서도 일부 대학만 선별하는 경우에 지원자격으로 대학평가결과를 활용할 수 있다. 그러나 재정운용의 안정성, 자율성, 효율성을 보장하기 위해서는, 매년 평가를 통해서 성과를 점검하고 지원대상과 지원규모를 결정하는 것보다는 주기적인 대학평가(4년 내외)와 연계하여 재정지원의 예측가능성과 안정성을 높여서 대학이 장기적인 투자전략을 수립할 수 있

담당하는 계속교육기관(further education institution)에 대해서 고등교육기관(higher education institution)과는 별도의 재정지원방식을 채택하고 있음. 계속교육기관에 대해서는 졸업률, 취업률 등을 중심으로 성과주의 재정지원이 이루어지고 있음. 나민주, 전게서(2008).

79) 최청일 외, 전게서.

80) 나민주, 전게서(2008); 송기창 외, 고등교육재정사업 재구조화방안 연구(교육인적부, 2007); 최정윤 외, 한국 대학의 질적 수준 분석 연구(II)(서울: 한국교육개발원, 2008).

도록 지원할 필요가 있다.

책무성 강화를 위해 고등교육의 투입, 산출과 관련된 중요한 지표뿐만 아니라 부가가치(value-added) 및 효율성(efficiency)의 관점에서 대학을 평가할 필요가 있다. 지금까지 한국의 대학평가는 주로 영역별, 지표별로 대학을 비교하고, 그 점수를 종합하여 순위를 내는 총합적 방법을 사용하였다. 그러나 더 중요한 것은 각 대학이 주어진 여건에서 효율적인 운영을 통해서 성과를 극대화하고 있는지를 평가하는 것이다. '우수한 학생들을 얼마나 보유하고 있는가'보다는 '학생들을 얼마나 성장시켰는가'를 핵심 평가지표로 삼아야 한다.[81]

대학평가에 의해서, 특히 교육활동에 사용하는 경비에 대한 차등지원이 이루어지는 것은 대학교육의 질적 차이를 가져오고 결국 교육평등을 저해할 수 있으므로 신중한 접근이 필요하다. 오히려 대학행정가(담당자), 교수 등이 평가결과에 대해 직접 책임질 수 있는 제도를 개발할 필요가 있다(예: 인센티브 차등지급, 우수기관에 대한 자율권 확대 등). 또 성과와 재정배분을 더 직접적으로 연계하기 위해서는 대학재정지원 시 정책목표집단(예: 저소득층, 장애자, 특정분야 인력 등) 등록생 수를 기준으로 재정을 지원하는 방식도 가능하다.

5. 적극적 공공재정 투자정책으로 전환

우리 고등교육은 양적 · 질적으로 크게 성장하여 왔으나, 재정적 측면에서 공공투자가 미약한 가운데 과도한 사학의존도, 과중한 민간부담구조로 운영되어 왔다. 국민의 교육수요를 만족시키고 고등교육의 질적 경쟁력을 높이기 위해서는 고등교육 보편화에 상응하는 적극적인 공공재정 투자확대 정책으로 전환해야 한다.

해방 이후 성장과정에서 우리 고등교육재정은 두 가지 면에서 일관성을 유지해 왔다. 첫째, 높은 수익자 부담과 사학의존도를 특징으로 하는 민간의존적 구조다. 둘째, 정부는 최소 투자를 통한 효율성 추구에 주력하였다.[82] 고등교육기

---

81) 나민주, 상게서.
82) 우리나라는 OECD 국가 가운데 GDP 순위는 9위나, 대학생 1인당 공교육비 순위는 22위, GDP 대비 고등교육기관에 대한 교육비 중 공공재원 순위는 31위에 불과함. 대학당 예산을 비교하면 자원 투입 수준이 매우 미약한 상황임. 예컨대 하버드 등 국제적 수준의 대학에 비하면, 국내 대학 재정은 1/4에 도 못 미치고 있음. 김병주 외, "전게논문"(2012).

〈표 15-7〉 교육단계별 학생 1인당 교육비 비교(2008)   (단위: PPP달러, %)

구분	초등	전기중등	후기중등	고등	초등~고등
OECD 평균(A)	6,741	7,598	8,746	12,907	8,216
한국(B)	5,437	6,287	9,620	8,920	7,325
비율(B/A)	80.7	82.7	110.0	69.1	89.2

관에 대한 공공재정 분담비중을 보면, OECD 평균은 69.1%이고, 독일 84.7%, 영국 35.8%, 미국 31.6%이며, 한국은 20.7%로 가장 낮다.[83] 고등교육에서 공립비중을 보면, OECD 평균은 79.1%이고, 미국 72.6%, 일본 24.4%이며, 한국은 22.4%로 가장 낮다(2005년도 학생 수 기준).

우리나라 대학진학률은 세계 최고수준이고 대학생 수가 급증하여 이미 고등교육 보편화단계에 진입한 지가 오래되었으나, 고등교육재정은 영세성을 면치 못하고 있다. 학생 1인당 교육비를 OECD 평균과 비교하면, 초등은 80.7%, 전기중등교육 82.7%, 후기중등교육 110.0%, 고등교육 69.1%이고, 초등에서 고등교육까지 학생당 누적교육비는 89.2% 수준이다.

세계적으로 대학재정지원정책은 고등교육기관의 경쟁력을 높이는 핵심수단이라는 점에서 중시되고 있고,[84] 주요 선진국에서는 정부차원에서 고등교육부문의 장기발전전략을 수립하고, 국가적 차원의 장기적인 마스터 플랜에 기초한 중기재정계획에 따라 대학발전을 위한 체계적인 재정지원이 이루어지고 있다.[85]

고등교육에 대한 정부재정투자를 확대하기 위해서는 국회에 보고하는 투자계획으로 그칠 것이 아니라, 「고등교육재정교부금법」, 「국립대학재정지원법」 등으로 법제화하는 것이 필수적이다. 현행 고등교육 재정확보방식은 매우 불안정하다. 초·중등교육재정과 달리 고등교육재정의 확보는 법적 근거와 확보규모

83) OECD, *Education at a Glance OECD Indicators*(2011).
84) 이 국가들의 고등교육정책의 공통점으로는 대학교육의 질(quality) 강조, 노동시장 요구 적합성 강화, 자율성과 책무성 제고, 성인학습자·소외계층을 위한 고등교육기회 확대 강조, 지역혁신, 재정확충 등을 들 수 있음. 유현숙 외, 전게서(2005); 나민주, 전게서(2008); 김경근 외, 차기 정부 고등교육정책 10대 과제(고려대학교 고등교육정책연구센터, 2008); 채재은 외, 고등교육 장기발전방안 수립을 위한 정책연구, 교육과학기술부 연구보고서(2009).
85) 나민주 외, 전게서(2009).

나 방식 등이 명확하지 않기 때문이다.[86] 재정확보의 안정성을 고려할 때 가장 효과적인 방안은 고등교육재정교금법(가칭)을 제정하는 것이다.[87] 우리는 그동안 만성적 정부재정 저투자 상황에서 대학운영의 효율성을 강조하는 민간부담형 고등교육 재정분담구조를 지극히 당연시해 왔으나, 앞으로는 적정 공공투자 위에서 경쟁력 제고를 추구하는 방향으로 선회가 필요하다.

참고문헌

곽영우, "대학등록금의 합리적 책정", 대학 등록금의 합리적 책정을 위한 워크숍 자료집, 한국대학교육협의회, 1996.

교육과학기술부, 고등교육 재정투자 10개년 기본계획(안), 2010.

교육부, "대학 재정지원사업 기본계획 모음", 교육부 내부지표, 2014.

김경근, 김정숙, 차기 정부 고등교육정책 10대 과제, 고려대학교 고등교육정책연구센터, 2008.

김병주, "고등교육 재정지원", 윤정일 외, 전환기의 한국교육정책, 서울: 학지사, 2008.

김병주, "고등교육재정 확보 및 지원방식", 한국고등교육정책학회 연차학술대회자료집, 2012.

김병주 외, 교육재정 정책 현안 진단 및 아젠다 발굴 연구. 서울: 한국교육개발원, 2011.

김병주, 박정수, 이영, 나민주, 대학재정 지원을 위한 포뮬러 지표개발 및 재정운용의 자율성 확대방안 연구, 교육과학기술부 정책연구, 2009.

김종철, 한국 교육정책 연구, 서울: 교육과학사, 1989.

나민주, "대학재정배분의 쟁점과 방향", 교육재정경제연구, 제18권 제3호, 2009.

나민주, 시장·정부·대학: 대학재정지원정책의 새로운 이해, 서울: 한국학술정보, 2008.

나민주 외, 국립대학 적정 재정지원 규모 산정 및 배분 방법에 관한 연구, 교육과학기술부 정책연구, 2009.

남수경, "대학생 학자금 지원", 윤정일 외, 전환기의 한국교육정책, 서울: 학지사, 2008.

남수경 외, 국가 장학사업 통합 및 발전방안 연구, 서울: 한국장학재단, 2012.

---

86) 초·중등교육재정은 「지방교육재정교부금법」과 「교육세법」 등을 통하여 매년 내국세 총액의 일정률을 안정적으로 확보하고 있음. 반면, 고등교육재정의 경우 사업별로 국고에 의해 확보하는 방식으로 대학에 대한 국가의 책임은 다소 임의적이며 재량사항에 속함.

87) 송기창, "고등교육재정교부금법 제정방안에 대한 논의", 교육재정경제연구, 제19권 제2호(2010); 김병주, "전게논문"(2008). 고등교육재정지원의 필요성이 대두되고 있는 차제에 국세 교육세는 고등교육세로 개편하여 고등교육을 지원하는 고등교육세와 지방교육을 지원하는 지방교육세로 역할을 명료화하는 것이 필요함. 고등교육세로 전환할 경우 지방교육재정 입장에서는 명분과 실리를 얻을 수 있음. 송기창 외, 2006 교육재정백서(교육인적자원부, 2006).

반상진, 고등교육경제학, 서울: 집문당, 2008.

반상진 외, 고등교육재정 지원제도 개선 방안, 교육인적자원부 정책연구, 2005.

변기용, "고등교육기관에 대한 성과주의 예산의 적용 가능성과 한계: 미국에서의 성과주의 예산 시행경험을 바탕으로", 비교교육연구, 제18권 제1호, 2008.

변기용 외, 글로벌 대학경쟁력 제고 전략과 지속가능한 재정투자 방안, 국가교육과학기술자문회 연구보고서, 2012.

송기창, "고등교육재정교부금법 제정방안에 대한 논의", 교육재정경제연구, 제19권 제2호, 2010.

송기창, "고등교육재정의 합리적 배분방안", 한국교육재정경제학회, 교육재정 배분의 합리화 방안 탐색, 제50차 학술대회자료집, 2008.

송기창, "대학재정 지원정책의 과제와 개선방향", 교육재정경제연구, 제9권 제2호, 2000.

송기창 외, 2006 지방교육재정백성, 교육인적자원부, 2006.

송기창 외, 2006 고등교육재정사업 재구조화방안 연구, 교육인적자원부, 2007.

신정철 외, "대학에 대한 정부의 재정지원 규모 영향 요인 분석", 교육재정경제연구, 제18권 제4호, 2009.

유현숙 외, 정부부처의 고등교육기관에 대한 재정지원 분석 및 효율화 방안, 교육인적자원부, 2001.

유현숙 외, 고등교육개혁 국제동향 분석 연구, 서울: 한국교육개발원, 2005.

유현숙 외, 고등교육개혁을 위한 정부의 재정지원사업 평가연구, 서울: 한국교육개발원, 2006.

윤정일, "대학재정 지원방식 개선", 교육재정경제연구, 제10권 제2호, 2001.

윤정일, 교육재정학원론, 서울: 세영사, 2004.

윤정일 외, 교육행정학원론, 서울: 학지사, 1994.

윤정일, 박영준, 오용규, 김병주, 대학지원 예산구조 및 지원방식 개선연구, 교육인적자원부 정책연구보고서, 2000.

이영, "고등교육 질 관리 체제와 대학 재정", 대학교육, 2008년 9, 10월호.

이영 외, 고등교육 재정배분방향, 서울: 정보통신정책연구원, 2006.

이정미 외, 고등교육 선진화를 위한 재정지원 방향과 과제, 한국교육개발원, 2012.

이정미 외, 고등교육 재정 확충 및 효율적 운영방안 연구, 서울: 한국교육개발원, 2011.

이정미 외, 고등교육 재정지원사업 발전방안 연구, 서울: 한국교육개발원, 2010.

이정미 외, 대학재정 실태와 성과 분석, 서울: 한국교육개발원, 2009.

임후남, 엄준용, 권기석, 이정미, 고등교육 재정지원 현황분석 연구, 서울: 한국교육개발원, 2011.

장수명 외, 고등교육재정지원 성과분석 및 효율화 방안연구, 서울: 한국교육개발원, 2004.

채재은 외, 고등교육 장기발전방 수립을 위한 정책연구, 교육과학기술부 연구보고서, 2009.

천세영, "국립대학 재정확보 논리와 정책 제안", 교육재정경제연구, 제9권 제2호, 27-53, 2000.

최상덕 외, 평생학습사회 실현을 위한 고등교육체제 혁신방안 연구, 서울: 한국교육개발원, 2007.

최정윤, 이정미, 나민주, 이병식, 한국 대학의 질적 수준 분석 연구(Ⅱ), 서울: 한국교육개발원, 2008.

최청일, 정일환, 주철안, 나민주, 고등교육재정 규모 및 지원방식 등에 관한 국제비교 연구, 교육인적자원부 정책연구보고서, 2002.

하연섭 외, 고등교육재정 확보 및 재구조화 방안, 교육부 정책연구, 2013.

한국교육30년 편찬위원회 편, 한국교육 30년, 문교부, 1980.

한국교육개발원, 정부의 고등교육 재정지원사업 평가항목 개선방안 연구, 서울: 한국교육개발원, 2014.

한유경 외, 2단계 BK21사업 백서, 서울: 교육부, 한국연구재단, 2013.

Darling A. L. et al., "Autonomy and Control: A University Funding Formula as an Instrument of Public Policy", in J. A. Acherman & R. Brons, Eds., *Changing Financial Relations between Government and Higher Education,* Enschede, The Netherlands: Center for Higher Education Policy Studies, 1989.

Harrold, R., "Resource Allocation", in B. R. Clark & G. Neave, Eds., *Encyclopedia of Higher Education,* Oxford: Pergamon Press, 1992.

Hauptman, A. M., Higher education finance: Trends & issues, in J. J. Forest & P. G. Altbach, Eds., *International handbook of higher education*, Springer, 2006.

Neave, G., "On the Cultivation of Quality, Efficiency and Enterprise: An Overview of Recent Trends in Higher Education in Western Europe, 1986~1988", *European Journal of Education, 23*(1/2), 1988.

OECD, *Education at a Glance: OECD Indicators*, 2011.

OECD, *Financing Higher Education: Current Patterns*, 1990.

World Bank, *Constructing Knowledge Societies: New Challenges for Tertiary Education,* 2002, 고등교육연구팀 역, 지식사회 만들기: 고등교육의 새로운 도전, 한국교육개발원, 2004.

Ziderman, A., & Albrecht, D., *Financing Universities in Developing Countries,* Washington, DC: The Falmer Press, 1995.

제 **16** 장

교육민영화 정책[1]

교육민영화(privatization of education)는 상당히 급진적인 교육개혁 방안 중의 하나로 평가받고 있다. 관료집단은 경직된 의사결정 구조를 가지고 있고, 다양한 이익집단으로부터 영향을 받기 때문에 공익을 추구하지 못하는 한계를 지니고 있어 개혁의 주체로서 적절하지 못하다. 따라서 관료집단에 의한 교육개혁이 아닌 새로운 방식의 접근이 필요한데, 시장의 힘에 의해 추진되는 개혁이 바로 그 대안이라는 것이 교육민영화가 지향하는 논리다.[2]

---

1) 이 장은 윤정일, 윤홍주, "교육민영화의 실현가능성 및 한계", **교육행정학연구**, 제17권 제1호(1999)를 수정·보완하였음.

2) 이상덕은 민영화(privatization)의 가장 적확하고 솔직한 번역어는 '사화(私化)', '사경제화(私經濟化)'라고 전제하고, 민영화는 공기업을 민간(사적 주체)이 경영한다는 의미에 치우쳐 있는 번역어라고 비판함. 우리 말에는 '사(私)'라는 표현에 대한 부정적인 어감이 강하나, '민간(民間)'이라는 용어는 구시대적 잔재로서 빨리 청산해야 할 대상인 '관치(官治)'와 선명하게 대조됨으로써 긍정적인 어감을 가지고 있다는 것임. 그는 민영화라는 번역어에는 정부정책에 긍정적인 이미지를 부여하고자 하는 의도가 다분히 개입되어 있다고 봄. 이상덕, "영조물에 관한 연구-공공성 구현단위로서 영조물

교육개혁위원회가 1995년에 발표한 5·31 교육개혁안 중 교육수월성 강조, 교육경쟁력 강화, 다양한 교육기회의 제공, 학부모의 학교선택권을 보장해 주기 위한 자립형 사립고의 신설 등은 전반적으로 교육의 공익성을 강조하기보다는 교육의 민영화의 방안을 지향하는 것으로 이해할 수 있다.

1999년 교육부에서 발표한 「교육발전 5개년 계획 시안」에서도 교육부문의 민영화 추진계획이 포함되는 등 우리나라에서도 교육민영화에 대한 관심이 점차 고조되어 왔다. 이 장에서는 교육민영화의 목적, 개념, 유형 및 교육민영화에 대한 찬·반론을 살펴봄으로써 교육민영화 정책에서 쟁점이 되는 사항을 검토하고, 교육민영화 정책의 가능성과 한계를 기술한다.

제1절 교육민영화의 개념 및 유형

민영화 정책은 재산권 이론과 공공선택 이론에 근거하고 있다.[3] 재산권 이론은 이윤에 대한 권리가 보다 명확하게 규정될수록 업무를 수행하기 위한 유인동기가 증가한다는 점을 이론적 논거로 한다. 공기업이 민영화됨으로써 소유권이 명확해지고 보다 나은 업무수행을 위한 유인동기를 갖게 된다는 점에서 보다 효율적으로 운영될 수 있다는 것이다.

공공선택 이론은 정치가나 관료의 행동을 경제학적인 관점에서 설명한다. 일반적으로 사람들이 자신의 이익을 위해 행동하듯이 관료들도 공적인 이윤의 추구가 아닌 자신의 이익을 위해 행동한다는 것이 이 이론의 핵심이다. 따라서 관료들은 공익을 위해 봉사하기보다는 소관부처의 예산극대화, 위험의 회피, 비효율적인 사업의 추진, 정실에 의한 인사, 불필요한 인원의 유지 등을 통하여 자신의 지위나 특권을 유지시키며, 공익보다는 정치적 선거에 보다 많은 관심을 기울이게 된다. 물론 관료에 의한 의사결정 모두가 이기적 목적에 의한 것은 아니라

개념의 재정립-," 행정법연구, 제26호(2010), p. 300. 이치가와쇼우고(市川昭午)는 privatization을 사사화(私事化)로 번역하고 있음. 市川昭午, 教育の私事化と公 教育の 解體豊一義務教育と私學教育(東京: 教育開發研究所, 2006), 김용 역, 교육의 사사화와 공교육의 해체(교육과학사, 2013), p. 59.

3) 윤성식, 공기업론(서울: 박영사, 1995), pp. 541~545.

할지라도 정부가 제공하는 서비스에 의해서는 고질적인 관료주의의 문제들을 해결하는 데 한계가 있다는 점은 충분히 설명된다.

　재산권 이론과 공공선택 이론의 논리를 교육에 적용해 볼 때, 교육개혁의 가장 큰 장애요소는 교육서비스가 관료화된 정부에 의해서 제공된다는 것이다.

1. 교육민영화의 개념

　민영화의 개념은 두 가지 의미에서 사용되고 있다. 첫째, 민영화는 작은 정부의 지향, 작은 재정규모, 공공문제에 대한 정부개입의 최소화 등을 의미하는 이념적 수준에서의 원리를 의미한다. 보수주의자들은 지나치게 많은 규제와 서비스가 정부주도하에 이루어지고 있는데 이 중 많은 부분은 정부가 아닌 민간조직이 시장에서의 수요공급의 원리에 따라 제공되어야 한다고 주장한다. 둘째, 민영화는 공공프로그램을 운영하고 공공서비스를 제공하는 데 민간조직을 이용하는 실제적 수준에서의 원리를 의미한다. 여기서의 핵심적 문제는 서비스 제공의 주체가 정부인지 아닌지가 아니라 어떻게 그것들이 제공되느냐는 것이다. 이러한 관점에서 본다면 정부의 규모가 문제되는 것이 아니라, 정부의 수행이 문제가 되는 것이다.[4]

　민영화의 개념을 명확히 규정하는 것은 어려운 일이다. 논자들에 따라 민영화는 각각 다르게 정의되며 그것이 포함하는 범위도 다양하다.[5] 이는 민영화라는 개념이 비교적 최근에 등장한 개념이기 때문인데 사전에 민영화라는 용어가 등장한 것이 1983년이며, 민영화에 대한 정의도 '공공분야를 사적 통제나 소유로 변화시키는 것'이라고 좁게 규정되어 있다.[6] 그러나 민영화란 비효율적인 공공부문의 기능·활동·조직을 자유시장경제하에서 효율적인 민간부문의 기능·활동·조직으로 전환시키려는 시도이며, 규제의 완화 혹은 해제까지를 포함하

- - -

4) Carl E. Van Horn, "Myths and Realities of Privatization", in William T. Gormley, Jr., Ed., *Privatization and Its Alternatives*(The University of Wisconsin Press, 1991), pp. 261~262.

5) 이강국, "민영화정책에 대한 비판적 연구: 영국 대처정권의 정책경험이 주는 시사점", 서울대학교 대학원 석사학위논문(1996).

6) E. S. Savas, *Privatization: The Key to Better Government*(N.J.: Chatham House, 1987), p. 3.

는 폭넓은 개념으로 이해하여야 한다. 즉, 협의의 의미로 민영화는 정부부문으로 부터 민간부문으로의 소유권과 경제활동의 이전을 의미하지만, 광의의 의미로 는 소유권의 이전을 넘어 경제의 전 영역에서 국가의 경제활동을 줄이고, 시장작 동의 확대를 통해서 경제의 효율성을 높이려는 전반적인 시도로 이해될 수 있다. 비판적으로 보는 입장에서는, 민영화는 사인에게 재산권 양도, 국가의 임무포기, 국가의 임무실행(계획, 수행, 재정, 통제, 절차)에서 사인의 활용, 국가의 임무실행 권한을 사인에게 이전, 임무실행의 조직 내지 행위형식을 사법적(私法的) 형식으 로 변경 등을 포괄하는 것으로 정의된다.[7]

이렇게 볼 때 민영화에는 공영주택과 같은 국가 소유자산이나 공기업을 민간 부문에게 매각하는 것뿐만 아니라 국가가 책임지고 있던 각종 사회복지 서비스 제공의 축소와 규제완화 및 경제활동의 자유화 조치, 국가의 경제활동에 시장적 요소를 도입하는 행위 등이 모두 포함될 수 있을 것이다.[8] 천세영은 정부의 개입 을 최소화하고, 시장기능을 최대화하기 위하여 정부예산을 축소하고, 규제를 완 화하는 신자유주의적 정책의 일환으로 민영화를 규정한다.[9]

교육의 민영화 역시 교육체제의 운영을 결정하는 데 시장의 기능을 최대한 허 용하고, 교육체제에 자본주의적 시장원리를 적용하여 경쟁의 효율성을 강조하 는 교육시장화로 이해할 수 있을 것이다.[10] 즉, 교육민영화는 공교육 체제의 비 효율적 운영을 극복할 목적으로 민간부문에 소유권이나 경영권 등을 적절히 배 분하여 시장경쟁의 이점과 소비자의 선택을 최대한 보장함으로써 정책목표를 보다 효과적이고 효율적으로 달성하려는 제반의 노력인 것이다.

2. 교육민영화의 목적

민영화의 개념을 보다 잘 이해하기 위해서 민영화 정책의 목적을 살펴볼 필요가

7) 이상덕, "전게논문," p. 300.
8) 이강국, "전게논문".
9) 천세영, "공교육의 민영화 동향에 관한 아시아지역 비교연구," 충남대학교인문과학연구소, 인문학연 구, 제33권 제2호(2006), p. 414.
10) 강순원, "한국교육의 민영화에 관한 비판적 고찰", 한신논문집, 제14권(1997), p. 3; Geoffrey Walford, *Privatization and Education*(RKP, 1988), p. 61.

있다. 민영화의 목적은 크게 거시적 수준과 미시적 수준으로 나누어 볼 수 있다.

1) 거시적 수준의 목적

거시적 수준에서의 민영화는 국가의 정치적 · 경제적 구조에 영향을 미칠 수 있을 만큼의 거대한 변화를 목적으로 한다.[11] 즉, 자산이나 서비스 기능과 관계된 경제적 수행의 향상, 경제적 의사결정의 탈정치화, 판매행위를 통한 공공예산의 창출, 공공비용 및 조세의 감축, 공공분야 노조의 영향력 감소, 자산소유 범위의 확대를 통한 대중자본주의(popular capitalism) 증진, 작은 정부의 지향 등이 민영화가 지향하는 거시적인 목적이다. 공공부문을 축소하는 이유는 정부에 경제력이 집중되면 고용, 재화나 서비스의 제공, 재원의 공급 등이 정치적인 영향을 받거나 정치적 통제하에 놓이기 때문이다.[12] 민영화는 종종 '공공서비스의 선택'을 증진하는 전략으로 사용되기도 하며,[13] 학교선택론자들은 민영화가 추가적 비용의 증가 없이 개인의 선택범위를 넓혀 줄 것이라고 주장하기도 한다.[14]

2) 미시적 수준의 목적

미시적 수준에서 민영화의 목적은 사회의 경제적 · 정치적 하부구조에 영향을 미치는 것이다. 따라서 미시적 수준에서 민영화는 정부의 기능 혹은 부서 단위의 기능의 개선에 초점을 둔다. 가장 중요한 목적으로 효율성 증진이 제시될 수 있으며, 이는 비용감소로 표현될 수 있다. 민영화 전략의 하나인 위탁계약의 경우 가장 중요한 장점은 정부에 의해 제공되는 서비스의 비용을 절감하는 것이다. 이외에도 효과성과 신뢰성, 서비스 제공의 질적 향상, 행정의 유연성, 책무성 증진, 시민참여 증대 등도 목적으로 제시될 수 있을 것이다.

---

11) Steve H. Hanke, "Privatization versus Nationalization", in Steve H. Hanke, Ed., *Prospects for Privatization: Proceedings of the Academy of Political Science 36*(VT: Capital City Press, 1987), p. 2.

12) Janet R. Pack, "The Opportunities and Constraints of Privatization", in William T. Gormley, Jr., Ed., *Privatization and Its Alternatives*(The University of Wisconsin Press, 1991), pp. 284~285.

13) E. S. Savas, *op. cit.*, p. 5.

14) Paul Starr, "The Limits of Privatization", in Steve H. Hanke, Ed., *Prospects for Privatization: Proceedings of the Academy of Political Science 36*(VT: Capital City Press, 1987), p. 131.

3. 교육민영화의 유형

민영화는 목적이 다양할 뿐만 아니라 유형 역시 간단하게 제시하기는 쉽지 않다. 민영화의 기법들은 매우 다양하며, 복잡한 형태를 지니기 때문이다.

[그림 16-1]은 머피(Murphy)[15]의 유형분류에 근거하여 민영화의 정도, 재원부담의 주체, 서비스 제공 및 배분의 주체를 기준으로 민영화의 유형을 나타낸 것이다.

1) 민간이양(load shedding)

민간이양은 가장 오래되고, 가장 급진적인 민영화의 유형이며, 논쟁의 여지가 많은 방안이기는 하지만 비용절감의 측면에서 상당히 탁월한 제도로 평가받고 있다. 민간이양은 특정분야의 서비스 생산이나 공급을 민간부문에 이양함으로써 정부가 서비스 생산 및 제공을 중단하는 것이다. '영리 기업에 이양', '비영리

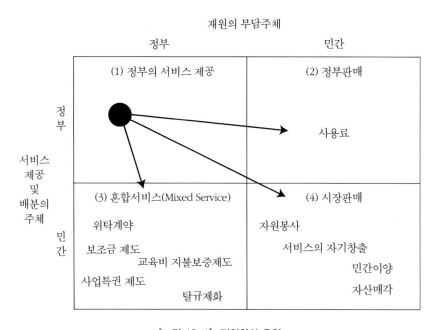

[그림 16-1] 민영화의 유형

---

15) Joseph Murphy, *The Privatization of Schooling: Problems and Possibilities*(Corwin Press Inc., 1996).

기관에 이양', '서비스 중지(straight discontin-uance)'의 세 가지 형태가 있으며,[16] 민간이양을 촉진하기 위해 정부에서는 세금감면, 규제완화 등 다양한 유인책을 사용하기도 한다. 민간이양은 다음과 같은 두 가지 경우에 가능하다. 어떤 재화나 서비스가 완전히 사적인 경우나, 재화나 서비스가 공공부문에 의해 제공될 경우 지나치게 비효율적이어서 민간부문이 재화나 서비스를 제공함으로써 비용을 절감할 수 있는 경우다.[17] 교육부문에서는 통학버스 서비스, 보조교육활동 프로그램 및 여름학교 프로그램에 대한 서비스의 중단 등을 민간이양의 예로 들 수 있다.

2) 자산매각(asset sales)

급진적인 민영화 형태의 하나인 자산매각은 정부소유의 자산을 매각함으로써 정부의 기능을 포기하는 것이다. 미국에서 자산매각에 의한 민영화는 그리 활성화되어 있지 못한데, 그 이유는 미국에서는 이미 국유자산의 많은 부문이 민간에 의해 운영되고 있기 때문이다. 그러나 영국 등 유럽의 여러 국가에서 이러한 형태의 민영화는 상당히 일반적이다. 자산매각은 다양한 목적으로 이루어진다. 첫째, 정부경영보다 기업경영이 보다 효율적이며, 소비자들은 보다 나은 재화와 서비스 제공이 가능하다. 둘째, 자산매각을 통하여 정부가 자금을 마련하기 위해서다. 최근 유럽 국가들의 활발한 자산매각은 바로 이러한 목적에서 이루어지고 있다. 셋째, 정부가 소유권을 가지고 경영하는 것보다 자산을 매각하는 것이 보다 효과적으로 공적인 목적을 달성할 수 있기 때문이다.[18] 이러한 점에서 자산매각에 의한 민영화는 재산권 이론의 관점에 근거한다고 할 수 있다. 국가의 소유란 국민의 소유라는 뜻이지만 사실상 주인 없는 자산이 되어 자산이용 차원에서도, 유지와 보수의 차원에서도 관리가 소홀해지기 쉽기 때문에 국유재산을 민간에 매각하여 소유권을 명확히 함으로써 효율적인 경제행위를 유도할 수 있게 된다.[19]

16) K. W. Clarkson, "Privatization at the State and Local Level", in P. W. MacAvoy, W. T. Stanbury, G. Yarrow, & R. J. Zeckhauser, Eds., *Privatization and State-Owned Enterprises: Lessons from the United States, Great Britain and Canada*(Boston: Kluwer, 1989), p. 150.

17) Janet R. Pack, *op. cit.*, p. 283.

18) Stuart Butler, "Privatization for Public Purposes", in William T. Gormley, Jr., Ed., *Privatization and Its Alternatives*(The University of Wisconsin Press, 1991), pp. 19~20.

19) 윤성식, 전게서, p. 516.

물론 자산매각에 의한 민영화에 대한 우려의 소리도 높다. 영국의 경우 자산매각은 거대한 공공부문의 독점을 민간부문의 독점으로 이양하는 결과만을 초래하였다. 특히 거대한 자산의 경우 민간부문의 독점으로 인해 민영화의 이점이 사라지고, 또한 정부의 정책목표 달성 기회를 포기하는 결과마저 초래하였다.[20] 교육부문의 경우 사용하지 않는 학교시설을 기업이나 봉사단체에 매각하는 경우를 자산매각의 예로 들 수 있다.

3) 자원봉사(volunteerism)

자원봉사는 정부에서 보수를 지급하지 않고 개인을 자원봉사자로 채용하여 민간의 재정지원하에 공공서비스를 제공하도록 하는 것이다. 정부는 자원봉사자를 이용하여 공공서비스를 제공하면서 동시에 조세지출을 줄이는 효과를 거둘 수 있다. 교육부문의 경우에 학부모들이 교실을 자발적으로 청소해 주거나, 명예교사가 학생들을 가르치는 경우가 자원봉사의 좋은 예가 된다.

4) 서비스의 자기창출(self-help)

서비스의 자기창출은 가장 효용성이 떨어지는 민영화 방안이다. 서비스 자기창출의 경우에 서비스 공급자와 수혜자가 바로 자신이 된다는 점에서 자원봉사와 구분된다. 교육에서의 서비스 자기창출의 예를 들면 학부모들이 자녀를 학교에 보내지 않고 집에서 직접 자녀를 교육시키는 상당히 급진적인 재택교육(home schooling)에서 학부모가 직접 자녀들을 통학시키는 온건한 방법까지 다양한 서비스의 자기창출 방법이 있다.

5) 사용료 부과(user fees)

사용료 부과에 의한 민영화는 민간에 의해 제공되는 공공서비스에 대해 사용료를 부과하는 것이다.[21] 즉, 공공서비스 제공에 대한 비용부담을 납세자들이 지는 것이 아니라 수익자들이 직접 부담하는 것이다. 사용료 부과가 민영화의 방안이

---

20) Stuart Butler, *op. cit.*, pp. 18~20.

21) P. E. Fixler, "Service Shedding-A New Option", in R. L. Kemp, Ed., *Privatization: The Provision of Public Services by the Private Sector* (Jefferson, NC: McFarland, 1991), p. 39.

될 수 있는지에 대한 논쟁이 있는 것은 사실이지만 많은 학자는 사용료 부과를 민영화 방안 중의 하나로 제시하고 있다. 조세에 의해 서비스를 제공하는 것보다 사용료 부과에 의해 서비스를 제공하는 것은 비용소요의 소재를 명확히 알 수 있도록 해 준다는 장점을 지니고 있다. 미국교육에 있어 사용료 부과의 예를 찾아보기는 어렵지만 정규교육활동 이외의 과외활동에는 사용료가 부과되고 있다.

6) 위탁계약(contracting out)

위탁계약은 교육부문의 민영화에서 가장 일반적으로 찾아볼 수 있는 형태다. 위탁계약 제도는 소유권의 이전여부와는 관계없이 정부가 책임지고 있던 재화나 서비스에 대한 생산을 외부의 사기업에게 위탁 계약하는 것을 말한다.[22] 즉, 공무원이나 정부가 고용한 종업원에 의해 제공되는 특정 행정서비스를 일정기간 동안 민간업자와 계약하여 공급하도록 하는 것이다. 위탁계약에 의해 민간에 이양될 수 있는 서비스는 차량유지, 도로보수 및 유지, 병원 경영, 건물청소, 쓰레기 처리, 전산업무, 도서관 운영, 방송시설 운영, 회계업무 등 다양하다. 미국의 경우에 이미 많은 주에서 사기업에게 교도소의 설립·운영을 허용하고 있으며, 주정부는 계약에 의해 이들 시설을 활용하고 있다. 최근에 교육부문에서도 교육활동에 필요한 보조적 서비스뿐만 아니라 교수-학습 서비스까지 포함하는 광범한 위탁계약이 이루어지고 있다.[23] 교육서비스의 경우에 위탁계약자가 반드시 영리기업이나 개인기업이어야 할 필요는 없으며, 비영리 조직도 서비스를 제공할 수 있다.[24]

위탁계약은 경쟁으로 인한 효율의 증진, 행정서비스 질 향상, 예산절감을 목적으로 한다. 행정서비스 제공에 대한 계약과정에서 민간기업들은 서로 경쟁하게 되고 이러한 경쟁에 의해 사람들은 저렴한 가격에 양질의 행정서비스를 제공받을 수 있게 된다.[25] 또한 정부가 비용이 많이 드는 기능을 유지하지 않음으로써 정부 재정운영에 융통성을 부여하며, 낮은 비용으로 보다 혁신적인 서비스를 제

---

22) 이강국, "전게논문".

23) Joseph Murphy, *op. cit.*, p. 30.

24) Myron Lieberman, *Privatization and Educational Choice*(N.Y.: Saint Martin's Press, 1989), p. 7.

25) 윤성식, 전게서, p. 496.

공할 수 있는 장점을 지니고 있다.

그러나 시장에서 경쟁이 제한되거나 존재하지 않는 경우에 또는 재화나 서비스의 제공을 시장에 맡기기 어려운 경우에 위탁계약을 통한 민영화는 실현되기 어렵다. 예를 들어 무기제조와 같이 국가의 안전과 직결되어 있는 경우에 민간위탁이 어려울 것이다. 이 외에도 위탁자의 업무태만, 서비스 공급을 특정한 공급자에 지나치게 의존하게 됨으로써 민간부문에 의한 서비스 독점현상,[26] 정부와 민간기업 사이의 정보의 비대칭 문제, 정치적 영향력에 대한 배제의 어려움, 위탁계약 과정에서 민간업체의 지나친 로비활동으로 인한 비효율성 등은 문제점으로 지적될 수 있다.

7) 사업특권 제도(franchises)

사업특권 제도란 정부가 민간기업을 서비스 생산자로 지정하여 보조금을 지급하고 특정 서비스를 생산하도록 하는 제도다. 사업특권 제도는 공급자에 대한 지불방식에서 위탁계약과 구분된다. 위탁계약에서는 정부가 서비스 공급자에게 비용을 지불하지만 사업특권 제도에서는 서비스 제공자가 서비스 수혜자에게 직접 사용료를 부과한다. 사업특권 제도는 신원확인이 가능한 개인(identifiable)이 서비스를 받는 경우에 한하여 매우 제한적으로 이용된다. 교육의 경우에 고등학교 졸업반지·모자·가운 등을 독점적으로 공급하는 계약체결 등에서 사업특권 제도가 이용되고 있다.[27]

8) 교육비 지불보증제도(voucher)

정부에서 특정수혜자에게 특정재화나 서비스를 획득할 수 있도록 현금에 상당하는 권리를 가진 증서를 교부하는데, 이와 같이 현금처럼 사용할 수 있도록 정부가 승인한 증서를 지불보증서(voucher)라고 한다.[28]

교육비 지불보증서는 시장은 존재하지만 경제적으로 재화나 서비스를 구매할

26) Stuart M. Butler, *op. cit.*, p. 22.
27) Joseph Murphy, *op. cit.*, pp. 30~31.
28) William T. Gormley, "The Privatization Controversy", in William T. Gormley, Jr., Ed., *Privatization and Its Alternatives*(The University of Wisconsin Press, 1991), p. 4.

수 없는 저소득층에게 정부가 제공한다. 교육비 지불보증제도는 저소득층의 사회복지를 보장하면서 시장의 기능도 손상시키지 않는 두 가지 효과를 얻을 수 있는 장점이 있다. 교육비 지불보증제도가 소득재분배 문제를 효과적으로 해결하는 기제이기는 하지만 교육비 지불보증서를 받은 사람이 본래 목적과 다르게 사용하거나 올바른 의사결정 능력이나 정보수집 능력을 갖지 못한 경우에는 문제가 될 수 있다.

교육비 지불보증제도는 교육부문에서 비교적 널리 사용되고 있다. 저소득층 자녀들의 학교선택권을 보장하기 위해 시행되었던 밀워키 주의 교육비 지불보증제도가 대표적인 경우다.[29] 교육비 지불보증 제도의 기원은 애덤 스미스(Adam Smith)의 『국부론(Wealth of Nation)』에서 찾을 수 있다.[30] 물론 스미스가 명시적으로 교육비 지불보증제도를 제안한 것은 아니지만, 교육에 대한 그의 견해는 이후 교육비 지불보증제도에 많은 영향을 미치게 된다. 이에 비하여 프리드먼(Friedman)은 그의 저서 『자본주의와 자유(Captialism and Freedom)』에서 교육비 지불보증제도를 상당히 구체적으로 제안하고 있다.[31]

이렇듯 교육비 지불보증제도에 대한 학문적 논의는 꾸준히 있었으나 교육비 지불보증제도가 정치적으로 관심을 끌기 시작한 것은 1970년대 초에 미국의 연방정부가 교육비 지불보증제도를 시행하면서부터였다. 교육비 지불보증제도는 학생유치를 위한 학교 간의 경쟁이 학생들의 필요를 충족하는 유인을 창출함으로써 학생의 학업성취도를 높일 수 있는 장점이 있다. 반면, 학부모들이 개인적인 가치에 의해서 자녀의 학교를 선택하거나 학교가 교육의 공적 목적에 대한 관심은 뒤로 한 채 사회·경제적 계층에 따라 유형화될 수 있기 때문에 사회의 분열을 조장할 것이라는 비판을 받기도 한다.[32]

---

29) J. P. Greene & Greg Forster, "Rising to the Challenge: The Effect of School Choice on Public Schools in Milwaukee and San Antonio", *Civil Bulletin, 27*(2002).

30) Adam Smith, *Wealth of Nation*(N.Y.: Random House, 1937).

31) Milton Friedman, *Capitalism and Freedom*(Chicago: University of Chicago Press, 1962).

32) Henry M. Levin, "School Choice: Market Mechanism", in T. Husen & N. Postlethwaite, Eds., *International Encyclopedia of Education*(Elsevier Science, 1994), p. 5203.

9) 보조금 제도(grants and subsidies)

보조금 제도란 공공서비스 제공을 목적으로 정부가 민간기업에 물적·재정적 지원을 하는 것이다.[33] 보조금 제도는 유인구조(incentive structure)를 변화시킴으로써 공공재의 수요를 변화시키는 일반적인 전략이다. 보조금 제도는 민간부문이 공공의 목적에 보다 민감하게 반응하도록 하고, 낮은 비용으로 사용자에게 서비스를 제공할 목적으로 사용된다. 보조금 제도는 현금보조·저금리 대부·조세감면·현물제공 등 다양한 방법으로 운영되며, 교육의 경우에 비영리 학교에 대한 세금감면이나, 교육비 공제제도(education tax credit) 등을 보조금 제도의 예로 들 수 있다.

10) 탈규제화(deregulation)

탈규제화란 자유로운 경제활동에 방해가 되는 법적 통제를 제거하거나 약화시키고, 시장에 대한 진입장벽을 철폐하는 것을 의미한다.[34] 탈규제화의 목적은 역사적으로 공공부문에서만 제공되었던 서비스를 민간부문에서도 제공할 수 있도록 규제를 완화시키는 것이다. 탈규제화는 경쟁을 통한 효율성과 경제적 편익의 향상 때문에 주장된다. 교육구에서 교수학습 및 경영서비스를 외부로부터 구매하는 것은 교육에서의 규제완화에 대한 예가 될 수 있다.[35]

---

33) K. W. Clarkson, *op. cit.*, p. 146.

34) P. Bell & P. Clocke, "Concepts of Privatization and Deregulation", in P. Bell & P. Clocke, Eds., *Deregulation and Transport: Market Forces in the Modern World*(London: David Fulton, 1990), p. 9.

35) 천세영과 김재웅은 사립학교의 팽창도 교육민영화의 사례로 제시하고 있으며, 김태완은 자립형사립학교와 같이 경쟁적인 사립학교체제로 전환하는 것도 교육민영화로 보고 있으나, 이 장에서는 사립학교 개편이나 확대를 교육민영화 사례로 보는 것은 교육민영화 개념을 지나치게 광의로 해석한 것이므로 논의에서 제외하였음. 천세영, "전게논문", pp. 418~431; 김재웅, "학교 민영화의 개념, 유형, 그리고 전망," 교육행정학연구, 제23권 제1호(2005), p. 37; 김태완, "교육의 민영화와 사학의 자율성 신장," 사학, 제84호, 1998, p. 15.

제2절 교육민영화의 전개과정

1. 공공부문의 민영화 전개과정

미국의 경우에 1980년대까지 정부의 역할, 규모, 지출 등은 지속적으로 팽창해 왔다. 예를 들어, GNP 대비 정부지출은 1902년에는 8%이던 것이 1950년 24.4%, 1970년 32.8%, 1987년에는 35%로 약 5배 정도 증가하였다.[36] 왜 정부지출이 이렇게 급격하게 증가해 왔는지를 이해하는 것은 중요하다. 대체로 경제학자들은 다음과 같은 이유를 들어 정부의 재정규모 팽창을 설명하고 있다. 첫째, 서비스를 공적으로 제공함으로써 엽관주의 체제(spoil system)의 병폐를 극복하고, 민간 기업의 영향력이 과다해지는 것을 방지할 수 있다. 둘째, 시장의 실패. 시장의 내·외재적 결함으로 시장이 이상적으로 작동하지 못하게 되고, 때문에 공공재, 사회재, 가치재 등이 사회에 과소 공급되는 문제가 발생한다. 셋째, 소득재분배 문제다. 부와 소득의 재분배 문제는 사회의 공정성과 정의를 실현하기 위한 국가의 중요한 기능이다. 넷째, 정치적인 이유에서다. 선거에서 승리하기 위해 정부는 재정지출 증가를 통한 각종 공공사업을 시행하게 되고 이는 정부의 재정규모의 팽창을 초래하게 되었다.

그러나 정부의 역할과 규모가 과다하게 커지면서 정부개입의 역기능적 측면이 대두되기도 하였다. 모든 사회·경제활동에 과다한 정부개입은 원활한 시장 기능 작동에 방해요소가 되었으며, 차츰 정부의 역할과 기능을 민간부문에 이양하는 방안을 검토하는 작업이 사회 각 분야에서 이루어지게 되었다. 이러한 맥락에서 1970년대 후반부터 현대적 의미의 민영화 운동이 본격적으로 전개되기 시작하였다.[37] 물론 이전에도 민영화에 대한 개념이 없었던 것은 아니며, 여러 분야에서 민간에 의한 경제활동이 유지되어 왔다. 그러나 그동안 정부에 의해 제공

---

36) Richard A. Musgrave & Peggy B. Musgrave, *Public Finance in Theory and Practice*, 5th ed.(N.Y.: McGraw-Hill, 1989), pp. 114~129.

37) E. S. Savas, "The Efficiency of the Private Sector", in S. M. Butler, Ed., *The Privatization Option: A Strategy to Shrink the Size of Government*(Washington, DC: The Heritage Foundation, 1985), p. 17.

되어 오던 공공서비스를 민간부문에 이양시키고자 하는 민영화는 비교적 최근에 등장한 개념으로 볼 수 있다.

민영화가 대두하게 된 이유는 크게 두 가지로 볼 수 있다. 첫째, 공적으로 제공되는 상품과 서비스에 대한 대중들의 불만이 증가해 왔으며, 둘째, 정부의 역할에 대한 대안적 관점들이 등장하게 되었다는 점이다. 많은 여론조사에서 정부가 제공하는 공공서비스에 대한 불만들이 표출되었으며, 정부의 규모가 지나치게 커지고 정부의 간섭이 심해진다고 생각하는 것으로 나타났다. 지난 30여 년 동안 정부 재정규모의 팽창은 정부에 대한 재정적 압박으로 작용하게 되었고, 비용절감의 측면에서 정부는 적극적으로 민영화를 추구하게 되었다. 동시에 정부의 역할에 대한 철학적 재검토 작업이 이루어지게 되었다. 1970년대 후반 보수주의와 자유시장론자들의 부활은 지난 75년 동안 지나치게 비대해진 정부규모의 축소에 대한 커다란 압력으로 작용하게 되었다.[38]

1980년대는 정부소유 공기업의 매각과 정부주도하에 제공되던 서비스 부문의 축소 등 정부의 경제개입을 축소하고, 자유로운 시장의 작동을 최대한 보장하려는 민영화 정책이 전 세계적으로 확대되었던 시기였다. 1979년 대처 정권의 출범 이후 대대적으로 민영화 정책을 실시하였던 영국의 경험에 고무되어 선진 각국에서도 민영화 정책이 대거 추진되었으며, 세계은행(World Bank)과 IMF의 지원 하에서 제3세계에서도 민영화 정책은 유행처럼 실시되었다.

한편, 1980년대 후반부터는 사회주의 몰락 이후 동구권과 중국 등의 구 사회주의 국가에서도 민영화 정책이 실시되고 있어 이제 민영화 정책은 전 세계적으로 확대되고 있다. 1980년대에 민영화 정책이 급속히 추진되었던 이유는 1970년대의 경제위기와 밀접한 관련이 있다. 케인즈적 국가개입과 사회복지정책을 양 기둥으로 하는 이른바 서구의 복지국가는 1970년대에 들어서면서 경제·정치·사회·문화적으로 심각한 위기에 직면하게 되었다. 즉, 경제적인 면에서는 경기가 침체되고 실업률이 증가하는 동시에 인플레이션이 나타나는 스태그플레이션 현상이 만연하고, 정부의 재정적자 역시 급증하게 되었다. 또한 정치적인 면에서는 합의에 기초한 사회민주주의 정치가 위기를 맞게 되었으며 사회·문화적으로도

---

38) Joseph Murphy, *op. cit.*, pp. 61~62.

사회통합의 이완, 복지지출의 정당성이 약화되는 등의 문제가 나타났던 것이다.

하이에크(Hayek), 프리드먼 등 신보수주의자들은 개인활동에 대한 정부개입의 증가로 인해 정부부담이 증대되고 정부기능의 실패로 복지국가의 위기가 도래했다고 주장하였다. 특히 영국과 미국에서는 이들의 주장이 대처리즘, 레이거노믹스 등의 경제정책으로 나타나기 시작하였다. 그리하여 전후의 경제에 대한 국가개입을 기초로 하는 케인즈적 복지국가는 국가의 경제개입을 축소하는 신보수주의적인 방향으로 재편되었던 것이다.[39] 신보수주의는 기본적으로 국가부문의 축소와 시장의 확대를 지향하기 때문에 예산축소, 민영화, 규제완화 등의 정책으로 이어지게 된다. 이 외에도 민영화 정책은 1970년대 이후 기술의 발전 및 세계경제의 변화와도 밀접한 관련을 맺고 있다. 기술의 발전과 수요의 증대, 다양화는 산업의 비용구조를 변화시켜 민영화 정책의 물질적 기반이 되었다고 할 수 있다.

2. 교육민영화 정책의 배경

미국의 거대한 공교육체제는 미국이 산업국가로서의 기반을 형성하면서 유치원에서 고등학교까지의 무상교육을 전통으로 발전해 왔다. 교육은 민주주의의 생존문제와 밀접한 관련을 맺고 있으며, 개인의 발전, 문맹퇴치, 사회문제 해결 등의 기제로 인식되어 왔다. 때문에 사람들 사이에서 교육은 절대적인 공공재로 인식되어 왔던 것이다. 물론 미국에 사학이 존재하지 않았던 것은 아니다. 국가 성립시기부터 다양한 형태의 사학이 미국 내에 존재하고 있었으며, 주로 학문과 대학진학 준비를 강조해 온 일부 명문 사립학교는 정부의 재정지원을 받지 않고서도 번창해 왔다. 그러나 최근에 사학이 주목을 받게 된 이유는 사학에 대한 정부의 지원이 점차 늘고 있다는 것이다. 사학에 대한 정부지원의 기원은 프리드먼의 교육비 지불보증 제도로 거슬러 올라갈 수 있다. 프리드먼은 1955년에 교육비 지불보증제도를 처음으로 제안하였으나, 당시 정치가나 교육자들에게 별다른 관심을 받지 못하였다.

---

39) 이강국, "전게논문".

이후 1982년 레이건 행정부는 교육비지불보증서(voucher)를 통한 사학지원을 제안하였으며, 부시 행정부 당시 첩(Chubb)과 모우(Moe) 등이 교육에 대한 시장통제모형에 대한 이론적 토대를 마련하면서 정치가, 교육자, 학부모 등으로부터 사학은 상당한 관심을 받게 되었다. 첩과 모우에 의한 학교선택방안은 두 가지 방향에서 가능하다. 소비자의 입장에서 학생들은 바우처를 가지고 학교를 선택할 수 있으며, 학교는 학교의 이념과 맞지 않는 학생들을 받아들이지 않을 수 있는 권리를 갖게 된다.[40] 즉, 1980년대 들어 학교선택론, 소비자 주권론, 교육부문에 대한 시장기능의 강화에 대한 활발한 논의가 교육민영화를 부추기게 되었던 것이다.

물론 1980년대 이전에도 교육부문에 대한 민영화가 없었던 것은 아니다. 이미 1970년대에도 150개가 넘는 학교에서 다양한 과목에 대하여 민간부문 위탁에 의한 교수-학습 서비스가 제공되었다. 당시 닉슨 행정부는 공교육을 향상시키기 위해 교육민영화를 시도하였는데, '수행계약(performance contracting)'이 바로 그것이다. 본래 수행계약은 베트남전쟁 당시 막대한 군비를 절감하기 위해 국방성에서 추진한 것이었지만, 보상교육 프로그램(Head Start)과 1965년의 「초·중등교육법」 등을 통하여 교육부문에도 도입되게 되었다. 1970년대 초의 교육민영화 운동 역시 관료주의의 병폐를 개선하는 수단으로 도입되었으나 많은 문제점을 드러내게 되었다. 민영화로 인하여 교사들의 잡무가 늘었으며, 행정관료들 역시 수행계약 업체와의 행정업무 조정문제 등에 대한 불평을 토로하였다. 또한 교육민영화는 위탁업체의 수행을 평가하기 위해 별도의 독립된 평가기구의 설립을 요구하기 때문에 추가적인 비용을 발생시키며, 여러 연구에서 수행계약의 비효과성이 지적되기도 하였다.[41]

1980년대에 미국교육에 대한 위기의식이 다시 고조되면서 교육개혁에 대한 논의가 활발해지기 시작하였다. 1983년 미국의 교육수월성 향상을 위한 교육진흥위원회(National Commission on Excellence in Education)는 『미국의 위기(A Nation at Risk)』라는 보고서에서 미국교육의 질적 수준에 대한 심각한 우려를 나타낸 바

40) John E. Chubb & Terry M. Moe, *Politics, Markets and America's Schools*(Washington, DC: Brookings, 1990).
41) Carol Ascher, "Performance Contracting: A Forgotten Experiment in School Privatization," *Phi Delta Kappan, 77*(March 1996), pp. 615~621.

있으며, 교육평가원(Educational Testing Service)이 수행한 연구에서는 성인의 절반 정도가 편지를 쓰지 못할 정도로 영어에 능숙하지 못하며, 거의 10% 정도의 성인이 영어를 읽고 쓰는 데 상당한 어려움을 겪는 것으로 나타났다.

성인뿐만 아니라 미국의 학생들은 경쟁국가의 학생들에 비해 학업성취도도 낮으며, 생산적인 시민에게 요구되는 창의적 사고도 잘 하지 못한다는 점은 이미 많은 보고서에서 지적되었다. 많은 기업지도자는 공립학교가 기술의 진보를 무시하고 100년 전에 배웠던 내용을 그대로 답습함으로써 경쟁력 없는 학생을 양산해 내는 것에 대해 심각한 우려와 불만을 나타내었다.[42] 미국 공교육 체제에 대한 사회 각계각층의 이러한 불만은 시장통제에 의한 교육체제의 개혁을 요구하게 되었다. 국가경제의 위기, 사회적 구조의 변화, 후기 산업사회의 정치와 조직에 대한 관점의 변화 등이 교육민영화를 가속화하게 되었던 것이다. 특히 머피는 학교교육의 실패, 변화된 환경, 교육체제 재구조화 논의 등을 교육민영화 정책에 직접 영향을 미친 가장 중요한 요소들로 지적하고 있다.[43]

1) 학교교육의 실패

교육민영화를 주장하는 사람들은 학교교육의 실패를 교육민영화의 중요한 논거로 삼는다. 다른 나라 학생들에 비해 미국 학생들은 기초교과에 대한 낮은 학업성취도, 높은 문맹률과 중퇴율을 나타내었고, 지리학이나 경제학 등 특정교과에 대한 지식, 고난도 기술의 습득, 창의력, 책임감, 시민정신 등에서 매우 뒤지고 있었다. 이는 현재 미국학교의 위계적 구조, 개인의 개성을 살리지 못하는 교육, 책무성의 결여 때문이며, 시장통제에 의한 교육개혁을 통해 개선되어야 한다는 것이다. 이러한 관점에서 교육민영화는 학교교육의 실패를 교정할 수 있는 매력적인 정책으로 간주되었다.

2) 변화된 환경

시장통제에 의해 학교를 개혁해야 할 또 다른 필요성은 변화된 환경이다. 특히

42) Thomas H. Kean, "Three Privatization Models for Public Schools", in Simon Hakim, Ed., *Privatizing Education and Educational Choice: Concepts, Plans, and Experiences*(Praeger Publishers, 1994), p. 92.
43) Joseph Murphy, *op. cit.*, pp. 137~167.

경제위기, 사회구조의 변화, 후기산업사회의 도래 등은 교육민영화 정책의 전개와 밀접한 관련을 맺고 있다.

① 경제위기: 이미 미국은 세계경제에서 주도적 역할을 상실하고 있으며, 상업, 산업, 과학, 기술혁신 등의 독보적 위치마저 위협을 받고 있었다.[44] 이러한 우려는 '미국의 위기' 보고서의 도처에서 찾아볼 수 있었다. 세계시장에서 미국의 경쟁력은 점차 나약해지고 있으며, 국민들에게 좋은 생활여건을 제공할 수 있는 경제적 능력조차 의심받고 있었다.[45] 한마디로 1980년대 미국 사회의 분위기는 국가경쟁력에 대한 광범한 재평가와 교육의 질에 대한 우려로 요약될 수 있다. 경제문제에 대한 위기의식이 고조되고, 정치나 교육에서 이를 효과적으로 대응하지 못하게 되자 교육민영화와 같은 급진적인 교육개혁안이 나오게 된 것이다.

② 사회구조의 변화: 당시 미국의 사회구조는 급격히 변화하고 있었으며, 이러한 변화는 학교교육에도 많은 영향을 미치고 있었다. 학교에서 소수민들의 수와 영어를 모국어로 사용하지 않는 학생들의 수가 꾸준히 증가하고 있었으며, 이혼율과 맞벌이 부부의 증가로 가정에서 아동들을 돌보는 시간이 절대적으로 줄어들고 있는 실정이었다. 또한 많은 학생은 빈곤과 범죄, 약물남용 등에 시달리고 있었으며,[46] 사회조직 특히 학교에서 이러한 학생들을 집중적으로 보호할 필요성이 보다 증대되고 있었다. 이제 학교는 가르치는 일 이외에도 많은 사회적 문제를 해결하는 장소로 변해 가고, 늘어난 학교의 업무들은 민간부문의 참여를 가속화하고 있었다.

③ 후기산업사회로의 이행: 산업사회에서 후기산업사회로의 이행은 시장통제에 의한 교육개혁을 촉진하게 되었으며, 후기산업사회에서의 경제, 정치, 조직의 역동성은 민영화를 조장하게 되었다.

---

44) National Commission on Excellence in Education, *A Nation at Risk: The Imperative of Educational Reform*(Washington, DC: Government Printing Office, 1983), p. 3.

45) Carnegie Forum on Education and the Economy, *A Nation Prepared: Teachers for the 21st Century* (Washington, DC: Author, 1986), p. 2.

46) D. L. Cohen, "Inordinate Share of Poverty Said to Rest on Children", *Education Week,* 11(6)(1991), p. 4.

경제적 영역에서는 산업경제에서 서비스 경제로의 이행이 이루어지고 있었으며, 서비스 경제의 발전은 새로운 시장을 필요로 했다. 민간부문의 적극적인 참여를 위해서는 공공부문의 서비스 독점구조를 변화시킬 필요가 있었다.

정치적 영역에서는 정보화 시대가 도래함으로써 새로운 방식에 의해 정치적 문제 해결이 이루어지고 있다. 관료적 통제보다는 전문적 통제가 강조되고, 관료주의적 권위의 위계, 몰인정성, 분업, 과학적 관리 등 고전적 조직관리 이론의 부적절성이 지적되면서 민간부문의 유연한 조직관리 기법을 도입하여 새롭게 변화된 환경에 적응할 필요성이 제기되었다.

3) 교육재구조화에 대한 노력

기존의 교수방법과 학교행정은 변화된 환경에 대응하기에 적절하지 못하다는 지적이 꾸준히 제기되었으며, 이는 학교경영방식과 교수–학습 방법에 대한 획기적인 변화를 요구했다. 중앙집권적이고 관료주의적인 교육개혁 방식에서 분권적인 교육개혁 방식의 필요성이 여러 학자에 의해 제기되었다. 현재 교육이 직면해 있는 문제를 해결하기 위해 민간 기업체들의 재구조화 방식과 공공부문의 민영화에 대한 지식이 이용되기 시작했다.

가장 효과적인 기업조직은 탈규제화, 분권화에 의해 경영되고 있는 조직이며, 이들 조직은 보다 소비자 지향적이며, 통제에서 권한이양으로 변화된 경영철학의 실현, 질 관리, 기업규모의 축소 등을 통해 변화하고 있었다. 미래 사회에 교육이 적절히 대응하기 위해서는 교수–학습 방식의 변화와 함께 학교경영의 변화가 수반되어야 했다. 특히 학교경영은 관료적 통제로부터 기업가 정신에 의한 학교경영으로 변화될 필요가 있었으며, 분권화와 시장통제 등은 학교경영 민영화에 대한 압력으로 작용하고 있었다.

3. 공립학교 민영화 사례

기업가의 학교와 교실에 대한 진출은 더 이상 새로운 사실이 아니다. 1980년대 후반 학교에서의 상업주의(commercialism)는 아주 일반적인 것이며, 교육개혁의 수단으로 진지하게 고려되고 있었다.[47] 미국 공립학교에서 가장 일반적 형태의 민영화 전략은 위탁계약이다. 1997년 미국의 28개 주에서는 헌장학교(charter school), 교육비 지불보증서 제도, 영리단체에 의한 교육서비스 제공에 대한 위탁계약 등 교육민영화를 지원하는 법안이 시행되었다.[48] 교육민영화에 대한 논쟁은 1980년대 후반에 휘틀(Whittle)사가 미국 공립학교에 상업방송을 시작하면서 가속화되기 시작하였다. 물론 민영화 운동은 1960년대에서 1970년대 '수행계약(performance contracting)'의 형태로 공교육에서 광범하게 시도되기도 하였지만,[49] 영리추구를 목적으로 하는 기업이 학교경영에 본격적으로 참여하고 학교를 운영하기 시작한 것은 1980년대 후반부터라고 볼 수 있다. 휘틀사의 에디슨(Edison) 프로젝트와 EAI(Educational Alternatives Inc.)의 교육서비스 위탁경영은 공립학교 민영화의 대표적인 사례로 볼 수 있다.

한국의 경우, 미국과 같은 교육민영화 사례는 없으나, 2005년부터 학교신설사업에 적용된 BTL(Build-Transfer-Lease)사업(임대형 민간투자사업)이 일종의 교육민영화 사례라고 볼 수 있다. 민간자본을 끌어들여 학교를 신설한 후, 일정기간 동안 학교시설 운영을 민간투자회사에 맡기는 것이므로 미국의 위탁계약과 유사한 것으로 볼 수 있다. 다만 BTL에 의한 학교신설사업은 학교운영을 위탁하는 것이 아니라 학교시설 관리 · 운영을 위탁하는 것이므로 학교교육 프로그램을 위탁하는 미국사례와 근본적인 차이가 있다.

1) 에디슨(Edison) 프로젝트

휘틀사의 에디슨 프로젝트는 교육민영화의 대표적인 사례 중의 하나다. 휘틀사는 예일 대학의 총장 슈미트(Schmidt)를 프로젝트에 참여시키고, 타임-워너(Time-Warner)사와 필립스(Phillips)사의 재정적 지원을 받아 영리를 목적으로 에디슨 프로젝트를 시작하였다. 1988년 휘틀사는 채널 원(Channel One)이라는 방송프로그램을 통하여 미국 전역의 학교에 상업 TV에 의한 교육을 시작하였으며,

---

47) Alex Molnar, "Commercialism in Schools", *Educational Leadership, 53*(September 1995), p. 70.

48) Phyllis Vine, "To Market, to Market⋯ the School Business Sells Kids Short", *The Nation, 265* (September 1997), p. 11.

49) Alex Molnar, "Education for Profit: a Yellow Brick Road to Nowhere", *Educational Leadership, 52* (September 1994), p. 66.

1990년에는 매일 2분 동안의 상업광고를 시청하는 조건으로 학교에는 방송장비를 지원하고 학생들에게는 매일 12분 동안의 뉴스와 정보를 무료로 제공하였다.

휘틀사의 상업방송 프로그램이 학생들에게 시사문제에 대한 이해도를 높이는 데는 실패했지만 상업방송을 통해 많은 이윤을 남겼다는 연구결과도 제시되고 있다.[50] 이후 휘틀사의 채널 원 방송프로그램에 에디슨 프로젝트를 병행하면서 더욱더 교육에 대한 상업주의를 강화하였다. 에디슨 프로젝트는 첨단 교육장비를 이용하여 교수–학습 서비스를 제공하고 이를 통하여 영리를 추구하는 것이다. 1997년 에디슨 프로젝트는 교육과정을 설계하는 데 4,500만 달러를 투자하였으며, 당시 8개 주 13개 시에서 에디슨 프로젝트에 의해 학교가 운영되었다.

2) EAI사의 공립학교 위탁경영

골(Golle)이 설립한 EAI(Educational Alternatives Inc.)는 미네소타에 소재한 영리추구 경영컨설팅 기업이다. EAI는 공립학교와의 계약에 의해 학교를 운영하며, 학교로부터 재정적 지원을 받는다. 물론 학교운영, 행정가와 교사의 고용 등은 교육위원회의 승인하에 이루어지며, 학생들의 학업성취도 향상 정도를 학부모와 교육청에 정기적으로 보고해야 하지만 전반적인 학교경영에 고도의 자율성을 보장받는다. EAI는 1991년 플로리다 주의 데이드(Dade) 교육구 내의 한 초등학교 경영을 1,200만 달러에 5년간 위탁 계약하였으며, 1992년에는 볼티모어 주 테서랙트(Tesseract) 교육구의 9개 공립학교를 4년간 운영하는 조건으로 1억 달러에 계약을 맺기도 하였다. 물론 EAI에 학교 자체를 매각한 것은 아니며, 교사 역시 지방교육구와의 협의 아래에서 임용되는 조건으로 이루어진 위탁계약이었다.

이전에도 건물유지 · 급식서비스 등을 민간업체에 위탁 계약하는 경우는 흔히 있는 일이었지만, 교수–학습 서비스 제공에 대해서도 영리기업과 위탁 계약한 경우는 볼티모어 주가 최초였다. EAI는 1995년 하트포드(Hartford) 교육구에 있는 32개 학교와 학교경영에 대한 위탁계약을 맺는 성과를 거두기도 하였다.[51] EAI가 하트포드에 있는 공립학교를 인수할 때 많은 사람은 공립학교의 많은 문제가

---

50) Alex Molnar, *op. cit.*(1995), pp. 70~71.

51) Peter Schrag, "'F' is for Fizzle: The Faltering School Privatization Movement", *The American Prospect*, 26(March-June 1996), pp. 67~68.

해결될 수 있을 것으로 믿었다. 하지만 1996년 하트포드 공립학교는 EAI와의 위탁계약을 철회하였는데, 이는 학생들의 학업성취도 향상에 대한 뚜렷한 증거가 없었고 학교운영 위탁에 대한 교원노조의 거센 반대 때문이었다.

3) BTL에 의한 학교신설

BTL(Build-Transfer-Lease)사업은 민간이 자금을 투자하여 사회기반시설을 건설 (Build)한 후 국가나 지방자치단체로 소유권을 이전(Transfer)하고, 국가나 지방자치단체에게 시설을 임대(Lease)하여 투자비를 회수하는 사업을 말한다. 민간사업자는 시설을 건설하여 국가에 기부 채납한 대가로 「사회기반시설에 대한 민간투자법」 제26조에 근거하여 시설의 관리운영권을 획득하고, 관리운영권 행사의 방법으로 약정한 기간 동안 주무관청에 시설을 임대, 약정된 임대료 수입을 통해 투자비를 회수하게 되는데, 간단히 말해 민간이 공공시설을 짓고 정부가 이를 임대해서 쓰는 민간투자방식이다. 관리운영권 설정기간은 보통 20년이며, 짧게는 10년에서 길게는 30년까지다. 민간사업자의 투자비는 준공 후 시점에서 매년 원리금 균등방식으로 상환하며, 민간사업자가 관리 운영하는 기간의 운영비용은 정부에서 최종수요자로부터 받은 사용료 및 정부의 각 주무부처에 배정된 예산을 통해서 운영비 명목으로 환급한다.[52]

학교신설(2005년부터 추진)과 다목적강당 및 교실 개축 등 시설사업을 BTL 방식으로 추진하기 시작한 것은 2005년으로, 표면적으로는 학교시설에 대한 설계·건설·운영을 모두 전적으로 민간에게 맡김으로써 민간의 창의와 효율을 최대한 활용한다는 차원에서 추진되었으나, 실상은 지방교육재정 부족을 해결하는 데 주목적이 있었다. 그러나 상환해야 하는 BTL지급금 규모가 총사업비의 2배 이상이라는 사실과 이자율 하락에도 불구하고 이미 계약된 일정 수익률을 보장해 줌으로써 향후 재정부담이 가중될 우려가 있다는 사실, 그리고 영세업체가 시설관리운영을 맡음으로써 시설관리운영의 창의성을 기대하기 어렵다는 사실 등에 따라 BTL사업은 중단되었다.

교육부는 2005년부터 2011년까지 BTL 방식에 의한 학교신설을 승인해 왔으

---

52) 송기창 외, 사립 중등학교 BTL사업 적용방안 연구(한국교육개발원 정책연구보고서, 2007), p. 10.

나, 2012년부터 BTL 방식에 의한 학교시설사업 승인을 중단했다. 이후에도 이미 승인된 사업이 일부 추진되어 2013년까지 BTL 방식에 의해 추진된 학교신설 및 체육관 신축 규모는 1,207교, 7조 7,944억 원에 이른다. 2013년까지 3조 212억 원을 상환하였고, 2014년 이후 10조 1,546억 원을 상환해야 하는 상황이다.[53]

제3절 교육민영화에 대한 찬반론

1. 교육민영화에 대한 찬성논리

그동안의 관료적인 교육통치에 반대하여 교육민영화를 지지하는 사람들은 시장경제에서의 경쟁의 이점을 교육민영화의 주요 논거로 한다. 이들은 교육에서의 보다 많은 경쟁은 비용을 절감시키며, 공립학교로 하여금 고객의 요구에 보다 잘 반응하도록 한다고 주장한다.[54] 대체로 다음과 같은 것들은 교육민영화를 찬성하는 사람들이 주장하는 논거다.

1) 규모의 경제 실현

규모의 경제는 모든 민영화 방안에서 중요하게 고려된다. 규모의 경제란 생산에 필요한 모든 생산요소를 동일한 비율로 증가시킬 때, 총생산량이 생산요소의 증가율보다 큰 비율로 증가하는 경우에 발생하며, 전문화, 물리적 법칙, 경영의 효율성, 대량구매를 통한 금전상의 이익 때문에 생겨난다.[55] 학교구마다 다양한 규모의 학교가 존재하며, 학교의 크기도 규모의 경제를 실현하기 위해 적정한 것이 아니기 때문에 공교육 체제에서도 규모의 경제에 대한 논의가 필요하다. 예를 들어, 교육서비스에 대한 위탁계약은 규모의 경제를 실현하는 데 상당히 유용한 도구가 될 수 있는데,[56] 학교의 규모가 효율적인 교육서비스를 제공하기에 지나

---

53) 한국교육개발원, 2014 지방교육재정분석 종합보고서(2014), p. 95.

54) Paul C. Bauman, *Governing Education: Public Sector Reform or Privatization* (Allyn & Bacon, 1996), p. 169.

55) 김대식 외, 현대경제학원론(서울: 박영사, 1992), pp. 219~221.

치게 크다면 위탁계약을 통해 서비스 단위를 보다 잘게 나누어서 제공할 수 있으며, 그 반대의 경우도 가능하다.

2) 효율성의 증진

민영화를 옹호하는 사람들이 민영화에 대한 찬성의 논거로 드는 두 번째 요소는 효율성의 추구다. 이들은 정부실패와 서비스 제공에 있어 지나치게 공공부문이 개입함으로써 시장기능이 위축되었다는 점을 강조한다. 효율성은 경제학이 추구하는 최선의 가치다. 효율성은 크게 배분적 효율성과 기술적 효율성으로 나눌 수 있다. 배분적 효율이란 경제학에서 말하는 파레토 효율(Pareto efficiency)을 의미하며, 자유시장경제에서 민간기업의 경영참여로 제품이나 서비스의 질적 향상과 자원의 효율적 이용에 보다 유익한 결과를 가져오게 된다는 것이다. 또한 경영개선을 통한 기술적 효율성 즉, 생산적 효율 역시 높아지게 된다.[57] 경제적 효율성은 증가된 소비자 주권과 경쟁에 의한 압력에 의해 증대되며, 이러한 효율성은 민영화를 통해 보다 잘 달성될 수 있다는 것이다.

3) 작은 정부의 실현(관료적 통제의 약화)

공공부문에 의한 서비스의 제공이 비효율적이라는 것은 공공선택 이론이 제기하는 근본적인 문제다. 니스카넨(Niskanen)[58]이 개발한 관료제 모형은 관료들이 그가 속한 부서의 예산을 극대화하려 한다는 기본가정으로부터 출발하고 있다. 개개인의 이득을 추구하는 관료들은 직책상의 특권, 사회적인 명성, 권한, 영향력 등에 관심을 갖게 되는데, 자신이 속한 부서의 예산이 커질수록 이것들도 커지기 때문에 예산의 극대화를 원하게 된다는 설명이다. 예산의 크기는 관료적 생산의 크기와 정비례하고 있으므로 예산의 극대화는 바로 관료적 생산의 극대화를 의미하게 된다. 따라서 정부관료는 효율성의 추구보다는 예산극대화에 보다 많은 관심을 기울이게 된다. 민간부문에 의해 서비스를 제공하는 것은 정부관

---

56) Myron Lieberman, *op. cit.*, p. 38.

57) 윤성식, 전게서, po. 446~448.

58) William A. Niskanen, *Bureaucracy and Representative Government*(Chicago: Aldine-Atherton, 1971); 이준구, 재정학(서울: 다산출판사, 1997), pp. 150~152에서 재인용.

료주의의 규모를 최소화할 수 있다.

4) 비용절감

최근 교육민영화를 부추기는 중요한 요인 중의 하나는 '재정이 중요한 문제가 아니다.'라는 믿음과 관련되어 있다. 열악한 학교구가 겪는 문제는 재원의 부족에 기인한 것이 아니라 가용재원 내에서 이것을 효율적으로 사용하지 못하는 학교당국의 무능력 때문이라는 것이다.[59] 단위학교에서는 통학버스 · 자료처리기 등 값비싼 자본재 구입을 회피하게 된다. 그러나 민간기업은 보다 좋은 서비스를 제공하기 위해 다양한 최신의 장비를 구입하게 되고, 위탁계약을 맺은 학교에서는 이러한 시설을 보다 싼값으로 이용할 수 있게 된다. 또한 민간기업은 생산비용 절감을 통한 이윤추구에 관심을 가지게 되고, 이는 연구개발과 생산방식의 혁신을 통해 이루어진다. 민간기업에 의한 생산방식의 혁신은 비용절감의 효과를 가져오게 된다.

5) 수요자의 욕구충족 및 서비스의 개선

민간부문이 교육서비스를 제공하는 경우에 고객 확보는 조직생존의 문제와 직결되어 있다. 민간기업에서 고객확보를 위한 경쟁은 필연적이다. 보다 질 좋은 서비스를 통하여 많은 고객을 확보하기 위한 민간부문의 노력은 교육에서도 교육수요자에 대한 서비스 개선노력과 수요자의 요구에 부응하는 서비스 제공으로 이어지게 된다. 즉, 교육민영화에 의하여 학생 및 학부모들의 선택의 폭이 확대되고, 소비자에 대한 대응성이 높아지게 된다. 교육민영화가 실현된 경우에 학부모들이 교육서비스에 만족하지 못한다면 다른 곳에서 교육서비스를 받을 수 있기 때문에 학교교육에 대한 책무성을 증진시킬 수도 있으며,[60] 민영화하에서는 교육서비스의 질적 개선을 위해 가장 우수한 교원을 고용하려는 유인을 갖게 되므로 질이 향상되는 효과도 가져올 수 있다.[61]

---

59) Alex Molnar, *op. cit.*(1995), p. 67.

60) Milton Friedman, *op. cit.*

61) Taryn R. Parry, "How Will Schools Respond to the Incentives of Privatization? Evidence from Chile and Implications for the United States," *American Review of Public Adminstration,* 27(September 1997), pp. 250~252.

2. 교육민영화에 대한 반대논리

1) 서비스 가격의 상승

공기업과 달리 사기업은 이윤추구를 최선의 목표로 삼고 있기 때문에 공기업처럼 생산비 이하로 상품을 판매하는 일은 불가능하다. 대체로 공공재 제공을 목적으로 하는 공공부문은 국가나 공공기관이 독점하고 있다. 국가가 공공재의 제공을 독점하고 있다고 해서 이를 민간부문에 이양한다면 공공재의 공급이 민간부문의 독점으로 이어지는 결과만을 초래하게 되고 오히려 가격상승 등 심각한 문제를 야기할 수도 있다.

2) 시장실패 교정의 어려움

불완전한 경쟁, 공공재, 외부성, 불확실성, 완비되지 못한 시장, 불완전한 정보 등 때문에 시장에 의한 자원배분은 효율적으로 이루어지지 못하게 되며, 정부가 개입하게 된다.[62] 사실 현대 정부가 수행하는 경제적 역할 중 많은 부분이 시장의 실패와 밀접한 관련을 맺고 있다. 교육재가 공공재적 성격을 지니고 있다는 점을 고려할 때 민간부문보다는 공공부문에 의한 서비스의 제공이 더 바람직하며, 시장실패의 교정도 용이하다.

3) 공정성 문제

민영화를 옹호하는 사람들은 효율성의 가치를 민영화 옹호의 논거로 드는 반면 반대론자들은 공정성의 가치를 주요 논거로 든다. 효율성만을 추구하는 경우에는 공공부문에 의해서만 제공될 수 있는 사회적 편익이 무시된다. 금전적인 면에서만 볼 때 민간부문에 의해 서비스가 제공되는 것이 보다 효율적으로 보이지만 눈에 보이지 않는 수익을 고려해 볼 때 반드시 민간부문에 의해 서비스가 제공되는 것이 효율적인 것은 아니다.

공공경제의 두 가지 중요한 목적은 자원배분과 소득재분배다. 공공부문이 시장에 개입함으로써 자원배분 면에서 시장실패와 비효율성을 야기하는 경우도

---

62) 이준구, 전게서(1997), pp. 73~79.

있지만 공공재가 지닌 성격을 고려해 볼 때 적절한 자원배분을 위해 정부의 개입이 어느 정도는 필요하다. 또한 자원배분 기능 못지않게 중요한 정부의 기능은 소득재분배를 통한 불평등의 해소다. 정부가 적극적으로 소득재분배 기능을 수행하는 것은 시장기능에 의해서는 실현되기 어려운 공정성의 가치를 실현하기 위함이다.

4) 공교육 제도의 황폐화

교육은 사회 내에 무제한으로 존재하지 않는 한정된 자원이다. 교육이 사회 내의 희소한 재화에 해당하기 때문에 그것은 분배의 대상이 될 수밖에 없다.[63] 특히 공교육은 공적 가치를 지니고 있기 때문에 모든 사람이 납득할 수 있는 합리적 기준으로 운영·배분되어야 한다. 때문에 교육적 기회균등의 원리, 공정성의 추구, 교육활동에 대한 정치적·종교적 중립성 보장 등은 공교육 제도를 운영하는 원리로 간주되어 왔다. 그러나 교육민영화는 사회계층 간의 불평등 심화, 헌법적 원리인 정교분리 원칙의 위배 등 많은 부작용을 초래할 수 있다. 공립학교는 빈민, 장애아들에게도 공평하게 교육기회를 부여해 주었으며, 사립학교에 비해 이질적 집단으로 구성됨으로써 인종통합에도 기여해 왔다. 그러나 민영화는 부와 인종에 의해 인종분리를 초래하게 될 것이며, 빈부의 격차로 인한 교육기회의 불평등을 더욱 심화시킬 것이다.

교육민영화는 상대적으로 부유한 학부모들이 살고 있는 교외지역의 학교에서만 상당히 매력적인 것이다. 특히 교육민영화를 통한 정교분리원칙의 위배는 심각한 문제다. 정교분리의 원칙은 교육영역에서도 견지되어야 할 기본원칙으로서 종교의 자유를 보장하기 위하여 미국의 수정헌법 제1조에 명시적으로 제시되어 있다. 교육비 지불보증 제도에 의한 종교계 학교의 공적 지원이 정교분리의 원칙에 위배된다는 점은 이미 여러 학자가 지적해 왔으며, 에디슨 프로젝트로 운영되는 학교에서 이윤추구를 목적으로 많은 예배프로그램을 설치할 가능성에 대해서도 지적되고 있다.[64] 근본적으로 공립학교의 민영화는 사회적 수익보다는 사적

---

63) 허병기, 교육의 가치와 실천(서울: 교육과학사, 1998), p. 29.
64) 상게서, pp. 27~29.

수익을 강조함으로써 모든 미국 국민에게 공통적으로 강조되어야 할 교육적 가치를 소홀히 하게 될 것이며, 공교육 제도의 황폐화를 초래하게 될 것이다.

교육개혁은 오랜 기간을 필요로 하는 과정이며, 교육이해당사자들의 헌신을 요구한다. EAI나 휘틀사와 같은 민간기업에 의한 학교경영이 과연 이윤추구보다 교육에 대한 헌신과 사명감으로 재원을 사용할 것인지는 상당히 의심스럽다. '교육이 민영화될 경우에 대학에서 교사양성이 제대로 이루어질 수 있을 것인가?' '민간기업이 도시빈민지역의 교육에 투자할 유인을 가질 것이며, 장애학생 등 특별한 배려가 필요한 학생들에게도 관심을 기울일 것인가?' 등의 문제도 교육민영화로 인하여 초래될 수 있는 문제들이다.[65]

5) 본인-대리인 문제 및 도덕적 해이

감추어진 행동이 문제되는 비대칭적 정보의 상황에서 생겨나는 문제의 전형적인 예가 바로 본인-대리인의 문제다. 이 문제는 어떤 일을 하려는 데 여건상 자신이 직접 그 일을 할 수 없어 다른 사람에게 일처리를 부탁하는 상황에서 발생하게 된다. 일을 부탁하는 사람을 본인, 그리고 의뢰를 받아 대신 일처리를 해주는 사람을 대리인이라고 부를 수 있다. 그런데 대리인은 나름대로 이해관계를 갖고 있어 언제나 본인의 완전한 분신처럼 행동하지는 않는다. 예를 들어 주주와 경영자 사이의 관계를 들면, 경쟁자의 개인적 이해관계가 주주의 이해관계와 완전하게 일치하지 않기 때문에 경영자는 자신의 이해관계를 쫓아 행동할 수 있는 여지를 갖게 된다.[66] 마찬가지 방식으로 교육서비스를 제공하는 민간업체를 경영자로, 교육서비스를 위탁한 교육당국을 주주로 볼 때, 서로의 목적과 이해관계가 달라 본인-대리인의 문제가 발생할 여지가 존재하게 되는 것이다.

이 외에도 자기 행동이 상대방에 의해 정확히 파악될 수 없다는 것을 아는 대리인은 자신의 이득을 추구하거나 위임된 업무를 소홀히 취급할 유인을 갖게 되는데 이를 도덕적 해이(moral hazard)라 부른다.[67] 교육서비스가 민간기업에 의해

---

65) Michael J. Rockler, "The Privatization of Education: Can Public Education Survive?", *Free Inquiry*, 16(Spring 1996), p. 27.

66) 이준구, 미시경제학(서울: 법문사, 1998), pp. 643~650.

제공되는 경우에 대리인이 정보를 보다 많이 소유하게 됨에 따라 도덕적 해이 문제가 발생하게 될 것이다.

제4절 교육민영화 정책의 한계

교육부문에 대한 민영화가 시도되기 시작한 것이 비교적 최근이기 때문에 교육민영화 정책의 성패를 판단하기는 아직 이르다. 이러한 상황에서 교육민영화 정책이 지닌 문제점을 살펴보는 것은 향후 교육민영화가 지향해야 할 바와 한계점을 시사받을 수 있다는 점에서 의의를 갖는다.

교육민영화를 주장하는 사람들은 관료적 통제를 받지 않는 학교만이 보다 강력한 지도성, 팀워크, 명확한 목표를 지닌 조직을 만들 수 있으며, 질적 향상을 기할 수 있다고 한다. 민영화된 학교는 자율성을 확보함으로써 공립학교에 비해 효과적인 조직으로 유지될 수 있다는 것이다. 공립학교에 대한 개혁은 현재와 같은 관료적 체제하에서는 불가능하며, 공립학교의 성과를 향상시킬 수 있는 유일한 방법은 공립학교를 민영화하는 것이다.[68] 공공서비스를 제공하는 비영리 조직을 영리조직으로 대치하려는 욕구는 적자생존이라는 사회적 다원주의(Darwinism)와 조세를 통한 재정적 지원의 증가 없이 학교를 개선시키려는 정치가들에 의해 영향을 받았다.

교육민영화에 대하여 비판적인 입장의 논리와 이를 입증하는 연구들도 꾸준히 수행되어 왔다. 민영화 지지자들은 재분배의 측면보다는 효율성의 측면에 지나치게 관심을 두고 있기 때문에 과정의 측면을 무시하기도 한다. 생산과정이 생산물만큼 중요하다면, 대중들이 서비스 공급자를 선택하거나, 민간부문의 불법적인 서비스 공급을 금지시키는 것은 중요한 일이다. 교육민영화를 지지하는 사람들은 의심의 여지없이 경쟁적 사기업이 독점적 공공 공급자를 대치하고 보다

---

67) Hal R. Varian, *Intermediate Microeconomics: A Modern Approach*(N.Y.: Norton & Company Inc., 1996), pp. 635~636.

68) John E. Chubb & Terry M. Moe, "The Forest and the Trees: A Response to Our Critics", in E. Rassell & R. Rothstein, Eds., *School Choice*(Washington, DC: Economic Policy Institute, 1993), pp. 219~240.

효율적으로 산출물을 생산할 것이라고 가정하지만 민영화의 논리를 세심하게 따져볼 필요가 있다.

교육은 국가가 복지적인 차원에서 모든 아이에게 제공하는 유일한 공공서비스다. 이러한 교육의 복지적인 기능 때문에 이윤을 추구하는 기업에 의한 교육서비스의 제공이 제한되어 왔으며, 학교나 병원과 같은 공공서비스 조직은 비영리 조직으로 운영되어 왔던 것이다. 드러커(Drucker)[69]도 미국의 비영리 가톨릭학교 등은 사적 기관이라기보다는 공적 기관이며, 시장의 힘이나 기업가 정신에 의해 운영되는 것이 아니라 공적인 통제에 의해 운영된다고 하였다. 비영리 기관의 생산성은 이윤에 의해서가 아니라 규모와 성장에 의해 판단되어야 한다. 민영화와 선택론의 옹호자들은 비영리 사립학교를 시장유인체제에 반응하는 사적 기관으로 잘못 범주화하고 있다. 또한 이들은 이와 유사하게 공립학교도 시장유인체제에 반응하는 것으로 가정하는 오류를 범하고 있다. 기업가는 이윤을 극대화하기 위해서 생산비용을 절감하는 방법을 추구하고, 보다 큰 시장을 찾게 된다.

일반적으로 학교는 보다 낮은 생산비용을 추구하는 곳도 아니며, 시장을 확대하기 위해 존재하는 것도 아니다. 선택론자들은 교육에서 승자와 패자가 존재하는 것을 가정한다. 그러나 미국교육에서 공공정책에 의한 패자가 만들어진다는 것을 받아들이지 않는다. 또한 교육에서의 경쟁은 학부모들이 교육적 상황을 개선하기 위해 노력하기보다는 학교를 떠나도록 하는 보다 공격적인 대응방식을 취하도록 만든다. 이러한 방법은 학교로 하여금 귀찮은 고객은 피하면서 비효율적인 방법으로 학교를 운영할 수 있도록 해 준다.[70]

공립학교에서 기업가의 이윤추구를 토대로 교육개혁을 단행한다면 공교육의 특성과 시민문화의 본질적 특성에 비추어 볼 때 심각한 문제가 야기될 수 있다. 공교육에서 민주적 가치가 시장가치로 상당부분 대치되고 있는 실정이며, 아마도 다음 세기에 학부모들은 그들의 자녀가 '학교에서 얼마만큼의 이윤을 얻고 왔느냐?' 라는 문제에만 관심을 갖게 될지도 모른다.

---

69) Peter F. Drucker, *Innovation and Entrepreurship* (N.Y.: Harper & Row, 1985), pp. 177~179.

70) R. Blackhouse, *A History of Modern Economic Analysis* (N.Y.: Basil Blackwell, 1987), p. 302; A. O. Hirschman, *Exit, Voice, and Loyalty* (Cambridge, MA: Harvard University Press, 1970), p. 50; Dennis C. Mueller, *Public Choice* (N.Y.: Cambridge University Press, 1979), p. 158.

 교육부문의 민영화의 문제점 및 실패를 지적하는 연구들은 교육민영화의 한계를 잘 지적하고 있다.

 첫째, 교육민영화 정책이 인종문제나 불평등 문제를 완화시키기보다는 오히려 심화시킨다는 점이다. 부시 행정부는 교육규제 완화정책을 시행하였지만 이러한 정책이 소외된 계층의 교육불평등 문제를 해결하지는 못한 것으로 연구되어 있다. 즉, 학교교육에 대한 시장모형은 인종문제를 해결하는 데 도움이 되지 못하며,[71] 경제적·정치적으로 불리한 입장에 놓인 도시빈민지역에 거주하는 빈곤계층과 소수민족의 교육적 불평등을 심화시키기고 있다.[72] 왜냐하면 영리를 목적으로 하는 학교가 가난한 사람들을 위해 설립·운영될 가능성은 거의 없기 때문이다.

 둘째, 민간부문에 의해 운영되는 학교와 기존의 공립학교 간에 효과성과 효율성 면에서 현저한 차이가 발견되지 않는다는 점이다.[73] 기존의 공립학교 체제에 대한 비판론자들은 1965년 이래 미국학생들의 SAT 점수가 계속 하락하고 있다고 주장하였다. 그러나 SAT 점수의 하락은 1965~1975년 사이에만 있었으며, 1975~1990년 사이의 SAT 점수는 상당히 안정적이었다. 더욱이 SAT 점수의 하락이 공교육의 문제로 인해 발생하였다기보다는 1960년대 이후 도시빈민, 소수민족 학생들이 SAT 시험에 대거 응시함으로써 발생하였다는 주장은 상당한 설득력을 지니고 있다.[74] 또한 미국은 고등교육에는 상대적으로 많은 투자를 하고 있지만, 여타 선진국 수준에 비하여 중등학교 이하의 교육에는 상대적으로 적게 투자하고 있다. 상대적으로 낮은 교육투자 수준에도 불구하고 미국교육의 생산성은 상대적으로 높은 편이라 할 수 있다.

---

71) Brown Frank & Contreras A. Reynaldo, "Deregulation in Education-United States", *Education and Urban Society, 23*(1991), p. 4.

72) Richard F. Elmore, "Options for Choice in Public Education", in W. L. Boyd & H. J. Walberg, Eds., *Choice in Education*(CA: McCutchan, 1990); Mary A. Raywid, "Pursuing Cottage Industry Benefits in Large System", *Educational Policy, 4*(2)(1990); Farrell Jr. et al., "Will Privatizing Schools Really Help Inner-City Students of Color?", *Educational Leadership, 52* (September 1994), pp. 72~75.

73) James Coleman & Thomas Hoffer, *Public and Private High Schools*(N.Y.: Basic Books, 1987).

74) D. C. Berliner, "Mythology and the American System of Education", *Phi Delta Kappan, 74*(1993), pp. 633~640.

셋째, 교육부문의 민영화가 비용절감의 측면에서도 효과가 없다는 것이다. 기업에서 학생들을 가르치는 것이 공립학교보다 우수하지도 않으며, 오히려 보다 많은 비용을 초래한다는 홀퍼드(Wholferd)[75]의 연구는 이러한 점을 잘 보여 주고 있다. 또한 몰나(Molnar)[76]의 연구도 민간업체와의 위탁계약과정에서 발생하는 감추어진 비용이 계상되지 않는다는 점에서 위탁계약에 의한 민영화의 이점이 실제보다 높게 평가되어 있으며, 오히려 민간에 대한 위탁계약은 단지 정부의 재정낭비만 초래할 수 있다는 점을 지적하고 있다.

이 외에도 볼티모어 시의 테서랙트 학교의 사례는 민영화 실패의 좋은 단서를 제공하고 있다. EAI사는 9개의 공립학교에 교수-학습을 포함한 경영을 맡았다. 물론 이전에도 건물유지·급식서비스 등을 민간업체에 위탁 계약하는 경우는 흔히 있는 일이었지만, 볼티모어 시의 경우에는 최초로 교수서비스에 대해서도 영리기업에 위탁계약을 하였다. 1992년 8월 EAI는 볼티모어 시의 180개 학교 중 9개의 학교를 5년 동안 평균교육비를 받고서 경영하기 시작하였다. 3년 후인 1995년에 EAI에 의해서 운영되는 학교와 그렇지 않은 학교 학생들의 기본 학습력 종합검사(Comprehensive Test of Basic Skills)에서 별다른 차이가 나타나지 않았다. 오히려 EAI가 운영하는 학교의 교육비가 7% 정도 더 높은 것으로 나타났으며, EAI와 테서랙트 학교의 계약은 4년 후 취소되었다.[77] 이 외에도 휘틀의 채널원 프로그램, 에디슨 프로젝트 등 많은 민영화 프로그램에 대한 계약 역시 감소하는 추세다.[78]

미국 이외의 국가에서도 민영화의 효과에 대한 부정적인 연구결과가 있다. 패리(Parry)[79]가 칠레 산디에고의 50개 학교를 대상으로 실시한 학교효과 연구는 교육민영화의 효과에 대한 부정적인 결과를 잘 보여 주고 있다. 칠레는 상당히 많은 공공부문이 민영화되어 있는 상태다. 패리는 공립학교와 공공지원을

---

75) G. H. Wholferd, "Performance Contracting Overview", ERIC ED #079339(1972).

76) Alex Molnar, *op. cit.*(1994).

77) Lois C. Williams & Lawrence E. Leak, "School Privatization's First Big Test: EAI in Baltimore", *Educational Leadership, 54*(October 1996), pp. 56~59.

78) Peter Schrag, *op. cit.*

79) Taryn R. Parry, *op. cit.*

받는 사립학교 학생들의 학업성취를 비교하였다. 결과는 공립학교에서 오히려 혁신적인 교육프로그램이 운영되고 있었으며, 학교장의 지도성 역시 공립학교 교장이 우수한 것으로 나타났다. 공공지원을 받지 않고 민간부문에 의해 이윤 추구를 목적으로 운영되는 사립학교는 학급 규모의 과밀화와 교사의 과소고용을 초래하게 될 것이다. 즉, 이윤지향적 사립학교는 학부모들이 교육의 질을 정확히 평가할 수 없기 때문에 비용절감을 위해 낮은 질의 교육을 제공하려 할 것이다. 교육민영화 및 학교선택에서의 교육서비스 공급자와 수요자 사이의 정보의 비대칭성 문제에 대한 보다 엄밀한 평가가 이루어져야 한다. 특히 학무모들은 교육의 질을 엄밀하게 평가할 능력이 부족하다. 칠레에서의 공·사립학교에 대한 효과성 연구에서도 공립학교 교장의 지도성이 사립에 비해 우수하며, 직업교육, 특별교육프로그램 운영 등 혁신적인 교육프로그램 운영도 공립이 오히려 우수한 것으로 나타났다. 이 외에도 민간부문에 의한 교육서비스의 제공은 교육의 경직성, 교육의 질 보장에 대한 불확실성, 공교육체제의 황폐화 등을 초래할 수 있다.

교육민영화는 만병통치약도 혐오의 대상도 아니다. 제한된 조건하에서 민영화는 정부서비스 비용의 절감이나 프로그램 혁신을 가져올 수 있는 유용한 경영의 도구가 될 수 있다. 과거의 많은 교육개혁은 교육체제 밖의 정책결정가나 지역사회 구성원들의 개입만으로 이루어지기 어려우며, 교육체제 내 구성원들의 참여와 협동에 의해서 성공할 수 있다는 점을 잘 보여 주고 있다. 교육민영화를 찬성하는 사람들이 주장하는 많은 문제는 민영화가 아닌 교육제도 및 체제의 재설계 등을 통해서도 해결이 가능하다. 관료들에게 보다 많은 책무성을 부여하고, 조직을 분권화하고, 조직운영에 조직구성원들의 의견을 적극 반영하고, 정책분석 및 감사제도 등을 통하여 관료주의화되어 있는 교육의 문제점이 극복될 수 있는 것이다. 이러한 점을 고려해 볼 때 교육민영화 정책은 제한된 영역과 제한된 범위에 한정해서 신중하게 추진되어야 할 것이다.

참고문헌

강순원, "한국교육의 민영화에 관한 비판적 고찰", 한신논문집, 제14권, 1997.

김대식 외, 현대경제학원론, 서울: 박영사, 1992.

김재웅, "학교 민영화의 개념, 유형, 그리고 전망," 교육행정학연구, 제23권 제1호, 2005.

김태완, "교육의 민영화와 사학의 자율성 신장," 사학, 제84호, 1998.

나병현, "교육개혁의 신자유주의적 성격: 오해와 이해," 아시아교육연구, 제4권 제2호, 2003.

송기창, 조석훈, 최병관, 사립 중등학교 BTL사업 적용방안 연구, 한국교육개발원 정책연구 보고서, 2007.

윤성식, 공기업론, 서울: 박영사, 1995.

윤정일, 윤홍주, "교육민영화의 실현가능성 및 한계", 교육행정학연구, 제17권 제1호, 1999.

이강국, "민영화정책에 대한 비판적 연구: 영국 대처정권의 정책경험이 주는 시사점", 서울대학교 대학원 석사학위논문, 1996.

이상덕, "영조물에 관한 연구-공공성 구현단위로서 영조물 개념의 재정립-," 행정법연구, 제26집, 2010.

이준구, 미시경제학, 서울: 법문사, 1998.

이준구, 재정학, 서울: 다산출판사, 1997.

市川昭午, 教育の私事化と公教育の解體豊一義務教育と私學教育(東京: 教育開發研究所, 2006), 김용 역, 교육의 사사화와 공교육의 해체, 서울: 교육과학사, 2013.

천세영, "공교육의 민영화 동향에 관한 아시아지역 비교연구," 충남대학교 인문과학연구소, 인문학연구, 제33권 제2호, 2006.

한국교육개발원, 2014 지방교육재정분석 종합보고서, 2014.

허병기, 교육의 가치와 실천, 서울: 교육과학사, 1998.

Ascher, Carol, "Performance Contracting: A Forgotten Experiment in School Privatization", Phi Delta Kappan, 77, March 1996.

Bauman, Paul C., Governing Education: Public Sector Reform or Privatization, Allyn & Bacon, 1996.

Belfield, Clive R., & M. Henry, Levin, Privatizing Educational Choice: Consequences for Parents, Schools, and Public Policy, Boulder: Paradigm Publishers, 2005.

Bell, P., & Clocke, P., "Concepts of Privatization and Deregulation", in P. Bell & P. Clocke, Eds., Deregulation and Transport: Market Forces in the Modern World, London: David Fulton, 1990.

Berliner, D. C., "Mythology and the American System of Education", *Phi Delta Kappan,* 74, 1993.

Blackhouse, R., *A History of Modern Economic Analysis,* N.Y.: Basil Blackwell, 1987.

Butler, Stuart M., "Privatization for Public Purposes", in William T. Gormley, Jr., Ed., *Privatization and Its Alternatives,* The University of Wisconsin Press, 1991.

Carnegie Forum on Education and the Economy, *A Nation Prepared: Teachers for the 21st Centry,* Washington, DC: Author, 1986.

Chubb, John E., & Moe, Terry M., *Politics, Markets and America's Schools,* Washington, DC: Brookings, 1990.

Chubb, John E., & Moe, Terry M., "The Forest and the Trees: A Response to Our Critics", In E. Rassell & R. Rothstein, Eds., *School Choice,* Washington DC: Economic Policy Institute, 1993.

Clarkson, K. W., "Privatization at the State and Local Level", in P. W. MacAvoy, W. T. Stanbury, G. Yarrow, & R. J. Zeckhauser, Eds., *Privatization and State-Owned Enterprises: Lessons from the United States, Great Britain and Canada,* Boston: Kluwer, 1989.

Cohen, D. L., "Inordinate Share of Poverty Said to Rest on Children", *Education Week, 11*(6), 1991.

Coleman, James, & Hoffer, Thomas, *Public and Private High Schools,* N.Y.: Basic Books, 1987.

Drucker, Peter F., *Innovation and Entrepreurship,* N.Y.: Harper & Row, 1985.

Elmore, Richard F., "Options for Choice in Public Education", in W. L. Boyd & H. J. Walberg, Eds., *Choice in Education,* CA: McCutchan, 1990.

Farrell Jr. et al., "Will Privatizing Schools Really Help Inner-City Students of Color?", *Educational Leadership, 52,* September 1994.

Fixler, P. E., "Service Shedding-A New Option", in R. L. Kemp Ed., *Privatization: The Provision of Public Services by the Private Sector,* Jefferson, NC: McFarland, 1991.

Frank, Brown, & Reynaldo, Contreras A., "Deregulation in Education-United States", *Education and Urban Society, 23,* 1991.

Friedman, Milton, *Capitalism and Freedom,* Chicago: University of Chicago Press, 1962.

Gormley, William T., "The Privatization Controversy", in William T. Gormley, Jr., Ed., *Privatization and Its Alternatives,* The University of Wisconsin Press, 1991.

Greene, J. P., & Forster, Greg, "Rising to the Challenge: The Effect of School Choice on

Public Schools in Milwaukee and San Antonio", *Civil Bulletin*, *27*, 2002.

Hanke, Steve H., "Privatization versus Nationalization", in Steve H. Hanke, Ed., *Prospects for Privatization: Proceedings of the Academy of Political Science 36*, VT: Capital City Press, 1987.

Hetland, Thomas, "The Milwaukee Choice Program", in Simon Hakim, Ed., *Privatizing Education and Educational Choice: Concepts, Plans, and Experiences,* Praeger Publishers, 1994.

Hirschman, A. O., *Exit, Voice, and Loyalty*, Cambridge, MA: Harvard University Press, 1970.

Kean, Thomas H., "Three Privatization Models for Public Schools", in Simon Hakim, Ed., *Privatizing Education and Educational Choice: Concepts, Plans, and Experiences,* Praeger Publishers, 1994.

Levin, Henry M., "School Choice: Market Mechanism", in T. Husen, N. Postlethwaite, Eds., *International Encyclopedia of Education*, Elsevier Science, 1994.

Lieberman, Myron, *Privatization and Educational Choice*, N.Y.: Saint Martin's Press, 1989.

Molnar, Alex, "Commercialism in schools", *Educational Leadership* 53, September 1995.

Molnar, Alex, "Education for Profit: A Yellow Brick Road to Nowhere", *Educational Leadership, 52*, September 1994.

Mueller, Dennis C., *Public Choice,* N.Y.: Cambridge University Press, 1979.

Murphy, Joseph, *The Privatization of Schooling: Problems and Possibilities*, Corwin Press Inc., 1996.

Musgrave, Richard A., & Musgrave, Peggy B., *Public Finance in Theory and Practice*, 5th ed., N.Y.: McGraw-Hill, 1989.

National Commission on Excellence in Education, *A Nation at Risk: The Imperative of Educational Reform*, Washington, DC: Government Printing Office, 1983.

Niskanen, William A., *Bureaucracy and Representative Government*, Chicago: Aldine-Atherton, 1971.

Odle, Maurice, "Towards a Stages Theory Approach to Privatization", *Public Administration and Development* 13, 1993.

Pack, Janet R., "The Opportunities and Constraints of Privatization", In William T. Gormley, Jr., Ed., *Privatization and Its Alternatives,* The University of Wisconsin Press, 1991.

Parry, Taryn R., "How Will Schools Respond to the Incentives of Privatization? Evidence from Chile and Implications for the United States", *American Review of Public Adminstration, 27*, September 1997.

Raywid, Mary A., "Pursuing Cottage Industry Benefits in Large System", *Educational Policy, 4*(2), 1990.

Rockler, Michael J., "The Privatization of Education: Can Public Education Survive?", *Free Inquiry, 16*, Spring 1996.

Savas, E. S., "The Efficiency of the Private Sector", in S. M. Butler, Ed., *The Privatization Option: A Strategy to Shrink the Size of Government*, Washington, DC: The Heritage Foundation, 1985.

Savas, E. S., *Privatization: The Key to Better Government*, N.J.: Chatham House, 1987.

Schrag, Peter, "'F' is for Fizzle: the Faltering School Privatization Movement", *The American Prospect, 26*, March-June 1996.

Smith, Adam, *Wealth of Nation*, N.Y.: Random House, 1937.

Starr, Paul, "The Limits of Privatization", in Steve H. Hanke, Ed., *Prospects for Privatization: Proceedings of the Academy of Political Science 36*, VT: Capital City Press, 1987.

Van Horn, Carl E., "Myths and Realities of Privatization", in William T. Gormley, Jr., Ed., *Privatization and Its Alternatives*, The University of Wisconsin Press, 1991.

Varian, Hal R., *Intermediate Microeconomics: A Modern Approach*, N.Y.: Norton & Company Inc., 1996.

Vine, Phyllis, "To Market, to Market⋯ the School Business Sells Kids Short", *The Nation, 265*, September 1997.

Walford, Geoffrey, *Privatization and Education*, RKP, 1988.

Wholferd, G. H., "Performance Contracting Overview", ERIC #ED079339, 1972.

Williams, Lois C., & Leak, Lawrence E., "School Privatization's First Big Test: EAI in Baltimore", *Educational Leadership 54*, October 1996.

찾/ 아/ 보/ 기/

인명

저자 소개

■ 윤정일(Yun, Chungil)

  서울대학교 교육학과(문학사)

  서울대학교 교육대학원 교육행정전공(교육학석사)

  미국 일리노이 대학교 교육재정학전공(철학박사)

  미국 일리노이 대학교 사범대학 조교수

  한국교육개발원 교육발전연구부장, 기획조정실장

  교육개혁심의회 및 교육정책자문회의 전문위원

  한국교육행정학회장, 한국교육재정경제학회장, 한국교육학회장

  서울대학교 교육행정연수원장, 사범대학장

  서울대학교 교육학과 교수

  현, 서울대학교 명예교수, 민족사관고등학교장

■ 송기창(Song, Kichang)

  서울대학교 교육학과(문학사)

  서울대학교 대학원 교육학과 교육행정전공(교육학석사)

  서울대학교 대학원 교육학과 교육행정전공(교육학박사)

  인제대 교육대학원 조교수

  교육개혁위원회 및 새교육공동체위원회 전문위원

  한국교육재정경제학회장

  숙명여자대학교 기획처장, 평생교육원장, 교육대학원장

  현, 숙명여자대학교 교육학과 교수

■ 김병주(Kim, Byoungjoo)
　서울대학교 교육학과(문학사)
　서울대학교 대학원 교육학과 교육행정전공(교육학석사)
　서울대학교 대학원 교육학과 교육행정전공(교육학박사)
　한국대학교육협의회 연구원
　국가교육과학기술자문회의 수석전문위원
　한국교육개발원 객원연구위원
　한국장학재단 이사
　영남대학교 사범대학장, 교육대학원장, 홍보협력실(처)장, 학교교육연구소장, 입학처장
　현, 영남대학교 교육학과 교수

■ 나민주(Rah, Minjoo)
　서울대학교 교육학과(문학사)
　서울대학교 대학원 교육학과 교육행정전공(교육학석사)
　서울대학교 대학원 교육학과 교육행정전공(교육학박사)
　한국대학교육협의회 연구원
　한국대학평가원 대학인증평가위원 및 인증기획위원
　한국지방교육연구소장
　현, 충북대학교 교육학과 교수

신교육재정학
New Educational Finance

2015년 3월 10일 1판 1쇄 인쇄
2015년 3월 20일 1판 1쇄 발행

지은이 • 윤정일 · 송기창 · 김병주 · 나민주
펴낸이 • 김진환
펴낸곳 • (주) **학지사**

        121-838 서울특별시 마포구 양화로 15길 20 마인드월드빌딩
대표전화 • 02-330-5114   팩스 • 02-324-2345
등록번호 • 제313-2006-000265호

홈페이지 • http://www.hakjisa.co.kr
커뮤니티 • http://cafe.naver.com/hakjisa

ISBN 978-89-997-0661-5 93370

Copyright © 2015 by Hakjisa Publisher, Inc.

정가 20,000원

저자와의 협약으로 인지는 생략합니다.
파본은 구입처에서 교환해 드립니다.

이 책을 무단으로 전재하거나 복제할 경우 저작권법에 따라 처벌을 받게 됩니다.

인터넷 학술논문 원문 서비스 **뉴논문** www.newnonmun.com

이 도서의 국립중앙도서관 출판시도서목록(CIP)은 서지정보유통지원
시스템 홈페이지(http://seoji.nl.go.kr)와 국가자료공동목록시스템
(http://www.nl.go.kr/kolisnet)에서 이용하실 수 있습니다.
(CIP 제어번호: CIP2015007056)